秦岭碑刻的田野调查与价值研究

吴敏霞 等／著

科学出版社
北京

内 容 简 介

本书立足大秦岭的广阔地域，配合国家大秦岭保护与开发战略，从挖掘秦岭文化资源的角度，首次对秦岭碑刻作专题田野调查与研究，初步厘清了秦岭碑刻的总体数量、类型及内容，揭示了秦岭碑刻的特点。在此基础上，结合传世文献，全面掌握秦岭区域碑刻的存藏、流失、损毁、保护等情况，对重要存藏单位和重点碑刻内容、存藏状况、著录情况等进行系统综述，对其特点与价值进行简要分析与研究。最后从史学价值、文学艺术价值、宗教学价值等方面重点分析了秦岭碑刻的总体特征及其价值。

本书的出版，既可展示秦岭文化构成的面貌，又可为秦岭文化深度开发提供直接依据，特别是对于摸清秦岭文化资源，展示中华优秀传统文化，弥补学术研究空白，都有着较为重要的作用。

图书在版编目（CIP）数据

秦岭碑刻的田野调查与价值研究 / 吴敏霞等著. —北京：科学出版社，2016. 6

ISBN 978-7-03-048424-6

Ⅰ. ①秦…　Ⅱ. ①吴…　Ⅲ. ①秦岭－碑刻－调查研究　Ⅳ. ①K877.42

中国版本图书馆CIP数据核字（2016）第119779号

责任编辑：付　艳　宋开金 / 责任校对：桂伟利
责任印制：张　倩 / 封面设计：黄华斌

编辑部电话：010-64033934
E-mail：fuyan@mail.sciencep.com

科学出版社 出版
北京东黄城根北街16号
邮政编码：100717
http://www.sciencep.com

中国科学院印刷厂 印刷

科学出版社发行　各地新华书店经销

*

2016年6月第　一　版　开本：787×1092　1/16
2016年6月第一次印刷　印张：25
字数：470 000

定价：158.00元

（如有印装质量问题，我社负责调换）

前　言

国家发展和改革委员会2012年2月发布的《西部大开发“十二五”规划》指出：西部大开发要“坚持中国特色社会主义文化发展道路，大力推进社会主义核心价值体系建设，促进民族文化交流，建设中华民族共有精神家园……加强文物和非物质文化遗产保护工作，实施西部文化和自然遗产保护专项工程。深入挖掘民族传统文化资源，促进优秀传统文化传承、创新和发展”①。随着国家新一轮西部大开发战略的部署，结合国家关中—天水经济区发展规划的实施和秦岭终南山世界地质公园的命名，保护和开发大秦岭自然和文化资源，使秦岭成为全国重要的自然和历史文化基地，已经成为相关省份文化事业和文化产业大发展的一个重要机遇。抓住这一机遇，积极开展秦岭历史文化研究，将秦岭这条中国南北方分水岭的历史文化内涵充分开发，建立起大秦岭文化品牌，使其具备重要的文化影响力，具有重大的学术意义和研究价值。

在现代社会，文化频带是区域政治、经济和社会各项事业发展的综合标志。以某一区域性文化品牌战略带动地区政治、经济、社会快速发展的成功案例已经不胜枚举，这给打造秦岭文化品牌提供了不少可供借鉴的经验。在国家西部大开发的战略布局中，关中—天水经济区的规划与发展，必然注重历史文化资源的开发与利用，因为关中—天水经济区本身就是一个具有丰富历史文化内涵的经济—文化频带，它是中华民族文化的重要发源地之一，是中国古代历史发展的重心所在，是中华历史文化的汇集地，保存至今的历史遗迹数不胜数，而秦岭及其文化则承载了这一经济—文化频带的重要内涵。秦岭区域绵延1600余千米，横跨甘肃、陕西、河南三省，现藏的历史文化重要载体——碑刻，就有着十分重要的学术价值和文化价值。对秦岭碑刻的调查、研究、保护、开发、利用，以及对其地域特点

①　《中国经济导报》2012年2月21日。

与文化价值的考察与探究，既是相关学科如历史学、文学、宗教学等研究的需要，也是打造大秦岭文化品牌的一个迫切而重要的课题。

挖掘秦岭文化的内涵，研究秦岭文化的历史发展，可以从不同角度、选择不同载体进行研究。本书选择秦岭文化的重要载体——秦岭碑刻作为研究对象，对秦岭历史文化进行研究。这一研究对象的确定，主要是因为碑刻及其承载的历史积淀，最能反映秦岭历史文化的丰富内涵。

对于碑刻文献的整理与研究，古已有之，如宋欧阳修《集古录》、赵明诚《金石录》、陈思《宝刻丛编》；清孙星衍《寰宇访碑录》、王昶《金石萃编》、陆心源《金石萃编补》、陆增祥《八琼室金石补正》等。到了近现代，随着考古事业的迅速发展，新发现、新出土的碑刻不计其数，碑刻的整理与研究遂成为一门显学，碑刻文献著录层出不穷。从目前全国碑刻研究的现状看，主要是对碑刻文字的释读、整理，如河南省文物研究所编《千唐志斋藏志》（文物出版社，1984）、毛汉光主编《唐代墓志汇编附考》（台北“中央研究院”历史语言研究所，1984—1994）、李希泌编《曲石精庐藏唐墓志》（齐鲁书社，1986）、北京图书馆编《北京图书馆藏中国历代石刻拓本汇编》（中州古籍出版社，1989—1991）、天津古籍出版社编《隋唐五代墓志汇编》（天津古籍出版社，1991）、赵超编《汉魏南北朝墓志汇编》（天津古籍出版社，1992）、周绍良主编《唐代墓志汇编》（上海古籍出版社，1992）、吴钢主编《全唐文补遗》（三秦出版社，1994—2007）、赵力光编《鸳鸯七志斋藏石》（三秦出版社，1995）、李献奇等编《洛阳新获墓志》（文物出版社，1996）、周绍良主编《唐代墓志汇编续集》（上海古籍出版社，2001）等。对于秦岭碑刻的整理与研究，尚没有整体性、全面性的论著出现，但有对某一地区存藏碑刻进行释读的整理性著作，如张沛编《安康碑石》（三秦出版社，1991），王忠信编《楼观台道教碑石》（三秦出版社，1995），张江涛编《华山碑石》（三秦出版社，1995），陈显远编《汉中碑石》（三秦出版社，1996），刘兆鹤、王西平编《重阳宫道教碑石》（三秦出版社，1998），刘兆鹤、吴敏霞编《户县碑刻》（三秦出版社，2005），穆晓军编《长安新出墓志》（文物出版社，2013）等。此外，还有很多关于个别碑刻的研究文章。这些基础性的研究具有一定的学术价值，但缺乏将碑刻资源与文化发展战略结合，以及开发碑刻资源的应用价值方面的研究。系统性的研究并不多见，尤其是将秦岭碑刻作为秦岭文化的重要载体进行研究，进而阐释秦岭碑刻的内涵及其文化意义，目前尚没有这方面的成果。

本书选择广义的“秦岭”碑刻作为研究对象，以陕西关中境内秦岭南北麓的碑刻为研究主体，旁涉甘肃省、河南省相关地区的碑刻。这主要是因为在我国古代很长的一段时间内，关中地区都是全国政治、经济、文化活动的中心区域，存留下来的历代碑刻数量多、价值高。仅秦岭北麓的楼观台就留存有不少珍贵的碑刻，如唐欧阳询撰并书的《大唐宗圣观记碑》、苏灵芝行书《唐老君显见碑》、员半千隶书《唐宗圣观主尹文操碑》，宋苏轼行书的《游楼观台题刻》、元赵孟頫隶书《上善池》等碑。如果仅将研究对象局限于陕西境内的秦岭，就会割裂“大秦岭”碑刻的完整性，因此，本书在对秦岭陕西段碑刻进行主体研究的基础上，旁及西至甘肃省、东达河南省的“大秦岭”范围内的碑刻资源。

在绵延1600余千米的大秦岭中，存留下来的碑刻资源的总量和价值都是十分巨大的，仅秦岭陕西境内的碑刻资源就相当丰富，内容非常广泛，涉及政治、经济、文化、历史、民俗、宗教、艺术等诸多方面。只有对这些碑刻资源进行全面的考察研究分析、综合利用开发，才能保证大秦岭碑刻资源的完整性。围绕“大秦岭碑刻”的重心，本书从基础性的“田野考察”与应用性的“当代价值”两个方面作全面综合的研究，打破传统碑刻研究“历史性阐述”的瓶颈，开辟碑刻研究、保护、开发、利用的综合研究新领域。因此，本书不仅强调全面核查存留至今的碑刻资源的历史沿革、现藏状况，而且强调对这些碑刻资源进行价值性分析、系统性保护以及可行性的开发利用。本书充分运用实证研究与理论研究相结合的研究方法，深入实际，通过田野考察与文献查阅，全面掌握大秦岭区域现藏碑刻的数量、地域特点等，并进行相关的比较研究，对其历史文化意义和当代价值进行比较广泛的分析，为相关学科如历史学、文学、宗教学等研究补充有益的资料和研究内容，为相关省份秦岭文化的开发提供决策参考。

本书从2010年年底开始设计课题，次年6月课题获准立项后，至2013年9月，课题组用了两年多的时间，对秦岭碑刻进行了全面的田野调查，足迹遍布陕西境内秦岭南北麓及甘肃、河南相关地区，如甘肃省的天水市、成县、徽县、两当县，陕西省宝鸡地区的太白县、凤县、岐山县，汉中地区的勉县、略阳县、城固县、洋县、佛坪县、留坝县，安康地区的汉阴县、旬阳县、宁陕县、石泉县，商洛地区的洛南县、柞水县、丹凤县、镇安县、山阳县，西安地区的长安区、周至县、户县、临潼区、蓝田县，渭南地区的华阴市、华县、潼关县，河南省的灵宝市、卢氏县等，较全面地掌握了秦岭碑刻的基本情况，并及时将田野调查的数据转化为阶段性成果，主要有《秦岭碑刻及其研究状况报告》、《秦岭南麓碑刻的考察》、《秦岭碑刻特点概说》、《秦岭碑刻的类别及内容略述》、《漫谈秦岭碑刻及其研究》、《秦岭碑刻发展历史述论》、《秦岭古代交通碑刻述论》七篇论文，正在陆续发表；同时，根据田野调查获得的资料，课题组编辑完成了82万字的《秦岭碑刻经眼录》，已由三秦出版社出版。上述阶段性成果，主要解决了以下几个方面的问题：

一是基本掌握了秦岭碑刻的数量、存藏场所及存藏特点。2011 年年初申报国家社科基金项目时，据课题组掌握的数据，初步估计秦岭碑刻有 2000 余种；2011 年 6 月项目立项到 2011 年年底，通过半年多的田野调查，掌握秦岭碑刻的数量达 2500 余种，超过了当初的估计；又经过一年多的田野调查，至 2012 年 9 月，共收集秦岭碑刻超过 5000 种，另有数百通为历史上著录今已亡佚不存者；至 2013 年 9 月，经与全国第三次不可移动文物和可移动文物普查的数据核对，以及进一步的田野调查，秦岭碑刻总数计有 7000 余种。从目前掌握的数据分析，秦岭碑刻的存藏有突出的特点：遍布秦岭南北麓及西秦岭，分布广泛；始于先秦迄于民国，时间跨度长；秦岭碑刻数量巨大，形制齐全，文体多样。

二是对秦岭碑刻进行了初步分类。对秦岭碑刻进行合理的分类，是深入研究其历史意义和现代价值的基本要求。对秦岭碑刻的分类，可以有不同的角度和思路，可以按历史时代分，从先秦到民国，历代均有不同特色的碑刻；可以按秦岭地理西东走向分，分为西秦岭、太白山、终南山和华山四大区域，各个区域亦有其典型代表；也可以按秦岭碑刻的具体内容分，分为纂言、记事、述德、路标、诗文、艺术六大类，涉及政治、经济、文化、历史、民俗、宗教、艺术等诸多方面；也可以从形制上分，有碑、碣、墓志、造像题记、摩崖题刻等。

三是初步梳理了秦岭碑刻的内容。目前，课题组初步研究了已收集到的 7000 余种秦岭碑刻的内容，并总结出秦岭碑刻鲜明的区域性特征。秦岭北麓碑刻以反映古代社会政治、经济生活及宗教文化为主，主要集中于几个较大的寺、观和博物馆内；秦岭南麓碑刻以反映古代移民及军事活动为主，多散见于大山深处和悬崖峭壁之上，也有一些碑刻存藏于比较集中的场所；西秦岭集中存藏碑刻的场所主要有伏羲庙、玉泉观，西狭颂景区，成县杜公祠等，内容多与当地政治、历史、文化、习俗等相关。

四是对秦岭碑刻的价值进行了宏观思考和分析。对秦岭碑刻的历史考察、现状调查及其当代价值的研究，是兼具理论和应用价值的综合性课题，特别是碑刻资源的应用价值的研究，是碑刻研究领域的创新和尝试。如从历史学视野分析，秦岭碑刻有着重要的资料价值。有些碑刻可补史之阙，纠史之讹，具有很高的研究价值。

五是发现了秦岭碑刻存藏的一些问题。课题组在田野调查中，发现了秦岭碑刻存藏中的一些普遍性问题，亟待有关方面予以重视、解决。主要是数量巨大，家底不清；保存分散，损毁严重；条块分割，利用受限等。

本书设计为三编二十章，按照以下思路展开研究。

第一编为秦岭、秦岭文化与秦岭碑刻述论。主要运用地理学、历史学、文学、宗教学等相关学科的研究方法，对秦岭、秦岭文化及秦岭碑刻进行研究。此编是对秦岭碑刻进行调查、保护、开发、利用及研究其文化价值的重要前提。其主要内容有：秦岭的地理学内涵、秦岭的文化学理解、秦岭的碑刻文化、秦岭碑刻的分类、秦岭碑刻的分布情况及特点等。

第二编为秦岭碑刻存藏状况综述。主要通过历史学、社会学以及田野调查的方法和理论，说明秦岭碑刻的特点，把握其内容，厘清其类型。重点是在实地考察的基础上，结合文献调研的方法，全面掌握秦岭区域碑刻的存藏、流失、损毁、保护等情况，特别是对重要存藏单位和重点碑刻内容、存藏状况、著录情况等进行系统综述。主要涉及：楼观台、周至老县城、重阳宫、草堂寺、户县文庙、长安区、临潼区、张子祠、辋川；华山、西岳庙、弘农杨氏墓、灵岩寺、宁陕城隍庙、五丈原诸葛亮庙、张良庙、石门、五门堰、古路坝、商洛博物馆、丹凤船帮会馆、镇安文庙、西狭、伏羲庙、玉泉观等。

第三编为秦岭碑刻的价值及保护开发。重点分析秦岭碑刻的总体特征及其价值，主要是从史学价值、文学价值、宗教学价值等方面作深入分析。同时，按照科学发展观的要求，充分把握秦岭碑刻保护和开发利用的重要性，提出保护和开发的总体思路。主要内容为：秦岭碑刻文化的总体特征、秦岭碑刻的历史学价值、秦岭碑刻的文学艺术价值、秦岭碑刻的宗教学价值、秦岭碑刻的保护、秦岭碑刻的开发利用等。

系统研究秦岭碑刻及其文化内涵，并着眼历史文化载体的开发利用战略需求，是一项艰巨且富有挑战性的工作，需要有一定的学术勇气。应该承认，对秦岭碑刻的田野调查及价值研究是一个全新的视角，具有一定的开拓性，可填补学术研究的空白。就整体而言，我们的研究力求展示秦岭碑刻的全貌及其丰富的文化内涵，但在研究过程中，由于主观和客观因素，所涉碑刻或有遗漏，研究体系或不完整，研究重点或不突出，所以我们的研究只能是初步的，肯定会存在这样那样的问题，只能在今后的研究中不断完善。但我们相信，我们的探索能给秦岭碑刻研究带来新的思考、新的认识，会有更多人关注秦岭碑刻，将会开拓出区域历史文化及其载体研究的崭新领域，为社会主义文化大繁荣贡献力量。

目录

第二编　秦岭碑刻存藏状况综述

第三编 秦岭碑刻的价值及保护开发

第一编

秦岭、秦岭文化与秦岭碑刻述论

秦岭东西延伸1600余千米，横贯甘肃、陕西、河南三省，在中国地理版图中具有重要意义。秦岭曾经是中华民族传统文化的汇集地，现藏历史文化遗迹不可胜数，所构成的秦岭文化在整个中华民族传统文化体系中颇具代表性。作为秦岭文化的重要载体——秦岭碑刻，承载了秦岭文化的深刻内涵，是秦岭文化的典型代表，在秦岭文化乃至中华民族传统文化中占有重要的历史地位，也有着十分重要的研究价值。对上述问题的研究，是对秦岭碑刻保护、开发、利用及对其价值进行研究的基本前提。

第一章　地理学视野中的秦岭

对秦岭碑刻的研究，首先需要对秦岭的地域范围、地域特点、地域作用等作简要的分析与研究。

一、广义的秦岭与狭义的秦岭

“秦岭”一词最早出现在东汉班固的《西都赋》，其在赞颂东汉西京长安时写道：“天人合应，以发皇明，乃眷西顾，实惟作京。于是晞秦岭，睋北阜，挟沣灞，据龙首。”[①]意思是说东汉王朝合天意而立国，以长安为西京，从西京可眺望秦岭，等等。长安之南山，是春秋战国时秦国的领地，也是秦国最高的山，故名秦岭。

广义的秦岭是指横亘于中国中部的东西走向的巨大山脉，西起甘肃省临潭县北部的白石山，以迭山与昆仑山脉分界，向东经天水南部的麦积山进入陕西。在陕西与河南交界处分为三支，北支为崤山，余脉沿黄河南岸向东延伸，通称邙山；中支为熊耳山；南支为伏牛山。山脉南部一小部分由陕西延伸至湖北郧县。明代何景明在描述秦岭时说：“太华、终南、太白实一山，延亘不绝。太华在华阴，终南在咸、长，太白在郿。各望其地，具号命尔。其山首枕嵩芒，尾贯羌蜀，表里秦关。”[②]秦岭山脉全长1600余千米，南北宽数十至二三百千米，面积广大，巍峨耸立，气势磅礴，蔚为壮观。秦岭主峰太白山海拔3767.2米，为秦岭山脉海拔超过3000米的少数山峰之一。山顶气候寒冷，长年白雪皑皑，天气晴朗时在百里之外也可望见银色山峰，故素有“太白积雪六月天”之说。

狭义的秦岭是指大秦岭山脉的中段部分，即介于关中平原和汉水谷地之间的山脉，因位于陕西关中以南，故名“南山”。海拔2000—3000米，山体雄伟，势如屏壁。因此，它有“九州之险”之称号。陕西境内的秦岭呈蜂腰状分布，东、西两翼各分出数支山脉。

① （汉）班固：《西都赋》，见：《六臣注文选》卷一，北京：中华书局，1987年，第25页。

② （明）何景明撰，吴敏霞等点校：《雍大记》卷九《考迹》，西安：三秦出版社，2010年，第118页。

西翼的三支为大散岭（海拔2819米）、凤岭（海拔2000米）和紫柏山（海拔2538米）。东翼分支自北向南依次为华山（海拔2154.9米）、蟒岭（海拔1500米）、流岭（海拔1200米）和新开岭（海拔1500米）。秦岭中段主体为太白山（海拔3767.2米）、鳌山（海拔3476米）、首阳山（海拔2720米）、冰晶顶（又名静峪脑，海拔3015米）、终南山（海拔2604米）、草链岭（海拔2646米）。但在习惯上，从陕西关中平原由东至西南视，华阴以南称华山或太华山，华县以南称少华山，长安以南称终南山，眉县以南称太白山，宝鸡以南称大散岭。

华山，亦称太华山，为五岳中的西岳。华山之险居五岳之首，有“华山自古一条路”的说法。华山是秦岭山脉的一部分，由一块完整硕大的花岗岩体构成，有东、西、南、北、中五峰，主峰有南峰“落雁”、东峰“朝阳”、西峰“莲花”，三峰鼎峙，人称“天外三峰”。还有云台、玉女二峰相辅于侧，36小峰罗列于前，虎踞龙盘，气象森森，因山上气候多变，形成“云华山”、“雨华山”、“雾华山”、“雪华山”，给人以仙境美感。

少华山位于秦岭北坡，山势呈“簸箕”形，其口向北，“簸箕”内称为主峰，余脉相连形成“簸箕”的边沿。边沿外侧几乎全是悬崖峭壁，内侧也只有石眼沟中的一条羊肠小道。少华山自古以来就是关中名山，具有深厚的人文历史积淀。据神话传说，少华山与太华山（即西岳华山）是天宫玉皇大帝御花园的一对使女华蓉仙子和华芙仙子下凡显形而成，因华山高五千仞被玉帝封为太华之主，盟冠五岳；少华山高四千仞，被封为太华之辅，赐号少华。据此，东汉著名文学家张衡在《西京赋》中才写下了“缀以二华”的佳句。此后，人们视两山为姊妹山，并将太华、少华并称“二华”。

终南山，又名太乙山、地肺山、中南山、周南山，简称南山，是秦岭山脉的一段，千峰叠翠，景色优美，素有“仙都”、“洞天之冠”和“天下第一福地”的美称。主峰海拔2604米。常见对联“福如东海长流水，寿比南山不老松”中的南山指的就是此山。终南山地形险阻，道路崎岖，大谷有五，小谷过百，连绵数百里。《汉书》称：“夫南山，天下之阻也。”① 明人何景明在其《雍大记》中引古人描述终南山时写道：“《春秋左氏传》曰：荆山、终南，九州岛之险也。……《汉书》曰：太乙山又为终南山。……《关中记》曰：终南一名中南，言在天中，居都之南也。”② 至于其千姿百媚的亮丽风景，唐代诗人李白写道：“出门见南山，引领意无限。秀色难为名，苍翠日在眼。有时白云起，天际自舒卷。心中与之然，托兴每不浅。何当造幽人，灭迹栖绝巘。”③ 楼观台宗圣宫存

① （汉）班固：《汉书》卷六十五《东方朔传》，北京：中华书局，1962年，第2849页。

② （明）何景明撰，吴敏霞等点校：《雍大记》卷九《考迹》，西安：三秦出版社，2010年，第108页。

③ （唐）李白：《望终南山寄紫阁隐者》，见：《全唐诗》：卷一百七十二，北京：中华书局，1960年，第1767页。

藏的《大元重修古楼观宗圣宫记》碑载："终南山者，中国之巨镇也。稽之古典，《书·大禹》、《诗·小雅》皆所称美焉。亦曰中南，以其在天之中，居都之南也。"① 汉中市北 18 千米有天台山，据明万历二十三年（1595）刻立的《天台山修建雷祖殿碑记》载："天台山者，汉之西北祖山也。其来接踵秦岭，迤逦终南。"② 则终南山所辖区域广泛，远及汉中。

太白山，是秦岭山脉的主峰，也是我国大陆东部的第一高峰。太白山由地质地貌、山岳冰川、源泉秀水、森林群落、天象景观、奇花异草、人文历史构成了完美的景观和人文体系。太白山以其巨大的高山落差，形成了独有的气候特点：气温随海拔升高而垂直递减，平均递减率在 0.4—0.5℃之间。在特有的气候环境下，动植物带有明显的垂直分布特点，在海拔 620—3511 米的山地范围内，形成了包括 3 个植物带、7 个植物亚带、15 个植被群系在内的最完整的山地植被垂直带谱。根据气候和植被的特点，由下向上分为暖温带、温带、寒温带、寒带、高山寒带五个明显气候带。

大散岭北连渭河支流，南通嘉陵江上源，其上的大散关亦称散关，为周朝散国之关隘，是关中四关之一。这里山势险峻，层峦叠嶂，大有"一夫当关，万夫莫开"之势。据史料记载，大散关曾发生战役 70 余次。楚汉相争时韩信"明修栈道，暗度陈仓"，就从这里经过；三国时曹操西征张鲁、诸葛亮北伐曹魏亦经由此地。据陈寿《三国志》载："（建兴六年）冬，亮复出散关，围陈仓，曹真拒之。"③ 散关设于西汉（一说散关之名最晚当始于秦代），废弃于明末。现在关址处立有"秦岭"石碑一块。在散关岭上的古散关关门遗址东面，立有"古大散关遗址"石碑一块。大散关是关中通西南的唯一要塞，是自古以来由巴蜀、汉中出入关中的咽喉，战略地位非常重要。因此，这里也就成为历代兵家必争之地。

本书从广义的秦岭视野入手，对整个秦岭山脉现藏碑刻进行全面普查，掌握其基本数量、特征、存藏地址等；在普查的基础上，研究则着重狭义的秦岭范围，以陕西省境内秦岭南北麓的存藏碑刻为主体，旁及秦岭山体漫延之甘肃、河南两省相关地区。

二、秦岭的地貌特征及其生态学意义

对秦岭地貌特征及其生态学意义的阐述，有利于把握和深刻理解地理环境对文化

① 《大元重修古楼观宗圣宫记碑》，青石质，螭首，通高 4.5 米，宽 0.76 米，厚 0.25 米。额篆书"大元重修古楼观宗圣宫记"。正文楷书 13 行，满行 74 字。落款"中统四年岁次癸亥三月乙未朔十二日丙午"。记载古楼观的选址、位置概况，文末阐述了重修宗圣宫的原因与必要性等。现藏楼观台。

② 《天台山修建雷祖殿碑记》，高 1.3 米，宽 0.72 米，厚 0.16 米。圆额，额书双行篆书"建雷祖殿碑记"。正文楷书 22 行，满行 35 字。张允升撰，韩文述书。落款"万历岁次乙未春三朔旦"。记载修建天台山雷祖三官宝殿经过及捐资人姓名。现藏汉中市天台山庙。

③ （西晋）陈寿：《三国志》卷三十五《蜀书》五《诸葛亮传》，北京：中华书局，1982 年，第 924 页。

形态及其内容的影响。

秦岭处在中国地质版图上中央造山带的一个重要部位——枢纽地带，即中央造山带和南北构造带交汇处，地质结构复杂，岩浆活动、地质变形、岩石变质、新矿成形等地质现象多有发生，因此这里可以说是天然的地质博物馆，也是野外的地质实验室。中央造山带由西昆仑造山带、东昆仑造山带、西秦岭造山带、东秦岭造山带和大别山造山带这五大造山带构成。由于它位于中国的中部，又位于中央，就像一条长龙，将中国地质分割为南北两大块，因此又把它称为“龙脉”。秦岭北部的渭河，是黄河最大的一级支流；南部的汉江，是长江最大的一级支流。中华大地上最大也是最重要的两条河流上最大的一级支流，夹裹着这样一条奇特的山脉，更确切地说，是这条博大精深的山脉养育出两条具有非凡意义的河流。与这两条河流相伴的是，渭河冲积出了关中大平原，汉江冲积出了汉中盆地，二者土地肥沃，适宜农业生产，中国最早的农业就产生于此。这与中华文明的产生直接相关。

从地理学上分析，从关中平原向南至秦岭山脉，从汉中盆地向北至秦岭山脉，是广大的冲积台塬。北部的冲积台塬位于渭河冲积平原区南侧的秦岭山前地带，东西狭长，一般宽 5 至 12 千米，中部最宽处为 25 千米（白鹿原），大致包括宝鸡、眉县、岐山、周至、户县、长安、蓝田、临潼、临渭、华阴、华县、潼关等地区。该区从地貌形态上可分为两部分，一部分是渭河南岸的黄土台塬，它受秦岭北坡河流切割，呈断续分布，而且多呈南北向长条状，仅中部西安、渭南一带的塬面保持平坦，面积较大，如神禾原、少陵原、渭南原、丰原等。另一部分是山前洪积扇裙。由于秦岭北坡峪口众多，且大多坡陡流急，冲积泥沙在峪口外堆积，形成洪积扇，其下缘逐步相连而形成洪积扇带。该区黄土台塬是关中重要的麦棉产区，洪积扇带地下水丰富，灌溉方便，土壤经长期耕种熟化，已成为粮棉产区的重要组成部分。该区以南至秦岭山脉以山地森林景观为主，从山麓到山顶垂直变化明显，动植物资源丰富，是关中木材和山货土特产品的重要产地。且由于山高坡陡，河溪深切，水流湍急，在许多地方形成瀑布和急流深潭，风光奇特，因而形成许多风景名胜。秦岭南坡山地自然区位于秦巴山区之间，跨越商洛、安康、汉中等地，一直延伸至河南省，自然资源极为丰富。

在地理学及生态学意义上，秦岭又是中国南方和北方的分界线，是长江、黄河的分水岭。中国地势自西向东分为三级阶地，陕西关中位于第二级阶地，背靠第一级高地，下临第三级平原，可谓山川环抱，气势团聚。地理学研究表明，东西走向的秦岭—淮河一线，是一月份 0℃等温线和 800 毫米年等降水量线的通过地，再加上冬天的时候，秦岭能够阻挡寒潮南下，夏天又能阻挡潮湿的海风进入西北地区，导致这条线的南北地区在气候、河流、植被、土壤、农业等方面存在差异，所以秦岭—淮河一线成为中国重要的地理分界线。概括地看，这一线是中国的南北方分界线：一月份中国 0℃等温线，湿润与半湿润地区分界线，800 毫米等降水量线，南方水田与北方旱地分界线，亚热带季风气候与温带季风气候分界线，亚热带常绿阔叶林带与温带落叶阔叶林带分界线，长江流域与黄河流域分界线，多水带与过渡带分界线，亚热带与暖温带分界线。

秦岭不仅是中国南北方的界山，而且还是南北方地理、气候、资源差异的缔造者和分隔者。正因为它庞大而绵长的身躯阻断了南北气流，才有了南雨北雪、南船北马，才有了八百里秦川和汉中盆地的风调雨顺，才有了南方的阴柔与北方的豪放等人文差异与文化的多样，才有了周、秦、汉、唐的绝代风华，也才有了秦岭碑刻的风光无限。

三、秦岭的古代交通

秦岭作为中国地理学意义上的南北分界线，并不意味着对古代中国南北方的封闭与阻隔。事实上，秦岭古代交通并不闭塞。当然，由于秦岭阻挡，古代川陕南北交通十分艰难，为了打通川陕交通，古人就在秦岭山中修筑了许多栈道。栈道是我国古代一种交通设施，又名阁道、栈阁，逢河架桥，绝壁凿洞，插木为梁，梁上铺板，即可行人走马，是古代在深山峡谷的悬崖上开凿的人工通道。秦岭栈道与长城、运河并称中国古代三大工程。秦岭自古就有七十二峪之说，主要是指秦岭北坡东起潼关，西至宝鸡较大的峪口，因水源形成河流，河流形成川道，川道形成小路，就是在这些小路的基础上，古人修筑了秦岭栈道。公元前 3 世纪，秦国为了开发四川，就修筑了栈道。《史记》记载：“栈道千里，通于蜀汉，使天下皆畏秦。”①

川陕之间的栈道始建于战国时代或更早的西周时代，传说周幽王“烽火戏诸侯”里那个“一笑倾国”的褒姒，其故国古褒国的都城，据考古学家考证就在今汉中汉台区河东店东三里骆驼坪。现在还能找到一个仍叫褒姒铺的地方，今人称之为褒姒故里。而当时为博褒姒一笑弄出那场闹剧的周幽王的都城，在秦岭以北的八百里秦川中部的镐京（今长安区斗门附近），南距汉中褒谷有千里之遥。因此至少在公元前 779 年，关中与汉中就有道可通。经过秦汉两代不断地开拓和沟通，穿越秦岭的栈道主要有陈仓道、子午道、褒斜道、傥骆道四条。

陈仓道，也称秦栈，又名故道、陈仓道，北起宝鸡西南大散关，沿嘉陵江上游（故道水）谷道至今凤县，经凤县陈仓沟口、留坝火烧关，过勉县入汉中，全长 466 千米。据说当年刘邦由汉中返回关中，用韩信“明修栈道，暗度陈仓”之计，走的就是这条陈仓道。子午道，又叫子午谷，北口在长安，叫子口，南口在洋县，叫午口，经宁陕、

① （汉）司马迁：《史记》卷七十九《范雎蔡泽列传》，北京：中华书局，1982 年，第 2423 页。

石泉，南至西乡县的子午镇，道上共有五道关口，分别是石羊关、夹岭关、高关、腰岭关、五古关，再经洋县至汉中，全长420千米。史载鸿门宴后，刘邦被项羽贬到巴蜀一带做汉王，就是沿子午道到汉中的。途中他听从了张良的计谋，烧了走后的栈道，以防止项羽南侵，又可使项羽不疑心刘邦北上。三国时魏、蜀多次沿此路交兵。唐玄宗时，杨贵妃吃的荔枝就是由四川涪陵经荔枝道转子午道日夜兼程送达长安的。褒斜道，南口在汉中以北的褒谷，北口在眉县的斜谷，通称褒斜谷，北自眉县斜谷关，经太白、留坝，沿褒河南出褒谷口入汉中，全长470千米。褒斜道通于春秋，开拓时间最早，使用时间最长，过往行人最多。秦代曾沿此道征服了蜀国。汉唐以至明清，代代修葺。历史上的"萧何月下追韩信"、"诸葛亮造木牛流马"等故事，都发生在褒斜道上。褒斜道上有石门隧道，通长16.3米、宽4.2米，南口高3.45米、北口高3.75米，当时开凿山石不是用的铁器或火药，而是原始的"火焚水激"法，隧道内壁和石门南褒河两岸崖上，留下汉魏以来历代著名官员和文人学士的题名题刻，通称"石门石刻"。傥骆道，南口为"傥"，指洋县的傥水河口；北口为"骆"，指周至县的骆谷口。途经太白、佛坪，长约240千米。傥骆道开通较晚，是秦岭中最短的通道。三国时魏将曹爽与蜀将姜维多次在此道交锋。唐代黄巢起义时，唐僖宗就是由傥骆道逃往成都的。

古人开通的秦岭栈道，因受当时物质和技术条件的限制，虽能勉强通行，但路况十分险峻。在汉代的摩崖题刻《石门颂》中，对褒斜栈道的险状作过这样的描述："上则县峻，屈曲流颠。下则入冥，倾写输渊。平阿淖泥，常荫鲜晏。木石相距，利磨确磐。临危枪砀，履尾心寒。空舆轻骑，滞导弗前。恶虫弊狩，蛇蛭毒蟃。未秋截霜，稼苗夭残。"[①]可见其险峭状况及恶劣的环境。但是，秦岭多条栈道的历史存在，说明古代秦岭的交通是通畅的，而交通通畅表明了古代秦岭南北的交流互动情景。这种交流互动有着丰富的内涵，特别是蕴涵着中华民族传统文化体系中不同文化子系的交流。

秦岭南北的传统文化各具特色。秦岭北麓的关中平原史称"八百里秦川"，自新石器时代就出现人类农耕、定居，是中国有名的文物古迹荟萃之地，以周秦文化为其特色。秦岭之南是沃野千里的"天府之国"，早在3000年以前的商周时代，那里的先民即掌握了非常先进的青铜冶炼、玉石加工工艺，以巴蜀文化为其特色。秦岭栈道的通畅，实现了秦岭北麓周秦文化与秦岭南麓巴蜀文化的交流，也丰富了秦岭碑刻的内容。

① 《石门颂》，东汉建和二年（148）刻。全称"故司隶校尉犍为杨君颂"。长2.05米，宽2.61米。正文隶书25行，满行31字。王升撰文，王戒书。原刻于石门隧道西壁，现迁藏于汉中市博物馆。

第二章　秦岭文化及其历史地位

选择秦岭碑刻进行研究，有一个基本前提，那就是秦岭山脉作为横亘中国大地东西，并具有地理学上的南北分界线等意义的同时，更具有其文化意义。也就是说，秦岭山脉蕴涵着深厚的文化内涵，并且在历史上不断积累形成了秦岭文化。这已经受到不少学者的关注。把秦岭碑刻的研究放在秦岭文化的大背景下进行研究，就是一个深厚而博大的课题，一个可以自由驰骋、大展宏图的广阔的学术天地。

一、秦岭文化系统及其主要构成

定义秦岭文化，首先需要明确什么是文化。一般认为，文化在汉语中实际是“人文教化”的简称。前提是有“人”才有文化，意即文化是讨论人类社会的专属语。“文”是基础和工具，包括语言和文字；“教化”作为名词是人类精神活动和物质活动的共同规范，作为动词是共同规范产生、传承、传播及得到认同的过程和手段。在这个意义上，文化是一种包括知识、信仰、道德、法规、习俗，以及所有社会成员所获得的其他能力和习惯的复合整体。① 所以，可以把秦岭文化定义为：秦岭山脉所承载的关于知识、信仰、道德、法规、习俗以及能够使社会成员获得能力和习惯的以文化形态表现的文化系统。在这个定义中，秦岭山脉承载是前提，表现了这一文化系统的区域性；文化形态表现是指秦岭文化所具备的显性特征，即通过文字、语言、绘画、雕塑、建筑等文化形式，来表现哲学、宗教、文学、艺术等社会意识的深刻内涵；能够使社会成员获得能力和习惯，则是指秦岭文化的社会功能。

一般认为，区域文化是由于地理环境和自然条件不同，经过长期的历史发展，导致文化背景产生差异，从而形成了明显与地理位置有关的文化系统，这一文化系统突出表现出了自身的特征，这种文化就是区域文化。秦岭这条横亘于渭河与汉江之间巍

① 张春华、杨红娟、尹小俊主编：《文化建设24题——社会学视角下的文化建设》，北京：中共中央党校出版社，2012年，第11页。

峨雄伟的山脉，是中国传统文化孕育、发生、发展以至繁荣的温床，是创造华夏文明的巨大宝库。从西秦岭经太白山、终南山以至华山，秦岭北麓弥漫着华夏始祖们的气息，蓝田人、半坡文化与北首岭文化是其代表。周秦文化、汉唐文化都在这里诞生并延续，不但影响了整个中国的历史发展，而且影响远及欧亚，在世界历史上也留下了重重的一笔。秦岭南麓因与四川、湖北接壤，兼有巴蜀文化和荆楚文化特色。西秦岭则以秦陇文化为主体。所以，秦岭文化从形态上讲，是融合渗透着秦陇文化①、巴蜀文化②、荆楚文化的基因联合体③。整体上，秦岭北麓具有关中文化的特色品质，南麓具有巴蜀文化的韵味风情，秦岭文化就是中华民族传统文化体系中一个重要的区域文化系统。

如果把秦岭文化作为一个区域文化系统，那么关于秦岭文化的构成，可以选取不同的角度来分析。

首先，从秦岭文化形成的时间来划分，可以把秦岭文化划分为：史前文化、古代文化、近代文化和现代文化。这种划分以历史发展进程为依据，突出了历史发展与文化发展的内在联系。如秦岭史前文化，以蓝田人遗址和洛南旧石器遗址群为代表。蓝田人遗址是 1964 年在今蓝田县城东南 17 千米处的公王岭发现的一个旧石器早期的遗址，有较为完整的人头盖骨和三枚牙齿化石，是亚洲北部发现的最古老的直立人化石，属旧石器时代早期。洛南旧石器遗址群是 1995—2012 年，由中国科学院古脊椎所、陕西省考古研究院、南京大学、加拿大安大略博物馆和洛南县博物馆等多家单位组成的联合团队，经过十余年的田野调查和考古发掘，在今洛南县东秦岭南坡南洛河上游的洛南盆地，发现了旧石器时代遗址群 300 余处，出土各类石制品 4 万余件，特别是发现了大量与西方旧石器时代早期流行的阿舍利工业类型相似器物，这对解决直立人技术行为演化和直立人与智人石器工业技术之间的关系，提供了重要的研究资料。这两处史前遗址，说明秦岭与人类的产生、发展与形成之间的重要联系，对于研究秦岭文化的历史渊源，有着重要的意义。

其次，从秦岭文化的构成要素划分，可以把秦岭文化划分为生态类文化和人文类文化。生态类文化从其构成生态诸要素及量比关系来看，可以细分为组分结构、时空

① 秦陇文化西起河西走廊，东抵太行山脉，南依秦岭，北至内蒙古，是典型的农耕与游牧文化交融区，是中国古代文化的摇篮，是古代文明发祥地之一。特别是关中这块地方，有十三个王朝更替的兴衰史，有周秦汉唐的盛世伟业，有中外文化交流与碰撞的硕果。秦陇文化曾长期成为中华多元文化中的主体文化。

② 巴蜀文化以四川和重庆为中心，辐射到陕南、鄂西和云贵部分地区，由川东的巴文化和川西的蜀文化共同构成。由于这里与中原地区存在自然阻隔，有助于强化地域色彩浓厚的文化传统。巴蜀文化的风格以热烈、诙谐、高亢为特征。四川和重庆虽同属于巴蜀文化，也因为地理不同而有差异。

③ 荆楚文化的分布包括今天两湖、安徽、江西的西北部和河南的南部，其中以两湖和安徽为核心地区。在上古的三苗文化基础上，华夏文化的主流汇合了当地蛮夷文化的支流，共同构成了荆楚文化。由于这里以丘陵和江湖为主要自然地理特征，加上民族文化源流的丰富，使荆楚文化极具特色，比如文学艺术神奇浪漫、民间生活崇巫尚鬼等。

结构、营养结构三个方面；人文类文化又可分为乡村文化、建筑文化、民俗文化、宗教文化、商业文化、农耕文化、军事文化、交通文化、教育文化等，主要是从人类社会的行业分工角度进行划分，体现了人类社会生活的完整性。就秦岭军事文化来看，以大散关为例，大散关，也称散关，关中四关之一，是秦岭西南由巴蜀、汉中出入关中的咽喉，在中国古代，其军事战略地位非常重要。古称“北不得此无以启梁益，南不得此无以固关中”[①]。古代围绕大散关这一“川陕咽喉”、兵家必争之地而发生的战役就有70余次。公元前206年，汉王刘邦采取韩信之说，“明修栈道，暗度陈仓”，自汉中由故道出陈仓还定三秦，经由此关；东汉建武二年(26)，延岑引兵进入散关至陈仓；汉献帝建安二十年(215)，曹操攻张鲁，自陈仓过散关；蜀汉后主建兴六年(228)，诸葛亮出散关围陈仓；南宋初年，金兀术为打通入蜀通道，曾与南宋名将吴玠在此展开拉锯战。不仅如此，大散关因其特殊的地理位置，从古到今，又是文人墨客、达官贵人及普通老百姓游览赏玩之地。最著名的有唐代王勃、王维、岑参、杜甫、李商隐等和宋代陆游、苏东坡等，都有关于大散关的诗词。上述这些，从军事文化或从其他方面都充分说明了秦岭文化的丰富内涵。

再次，从秦岭文化的表现形态上划分，可以把秦岭文化划分为物质性文化和非物质性文化。秦岭文化系统中的物质文化主要包括饮食文化、服饰文化、建筑文化、交通文化、村落文化等。如秦岭建筑文化，典型代表有传说自尹喜草创，后又不断扩建的道教圣地楼观。传说自尹喜草创后，秦始皇曾在楼观之南筑庙祀老子，汉武帝则于说经台北建老子祠。魏晋南北朝时期，北方名道云集楼观，增修殿宇，开创了楼观道派。进入唐代，因唐宗室认道教始祖老子为圣祖，大力尊崇道教，特别是因楼观道士岐晖曾襄助李渊起事，故李渊君临天下后，对楼观道特予青睐，曾修建了规模宏大的宗圣宫。当时主要建筑有文始、三清、玄门等列祖殿，还有紫云衍庆楼和景阳楼等，成为古楼观的中心。以后历代虽时有修葺，但屡遭兵燹，至清末宗圣宫仅存残垣断壁，一片废墟。此后，楼观的中心便转移到了说经台。新中国成立后，对古楼观进行了多次修葺，形成了以说经台为中心的建筑群，这从建筑文化的角度反映了秦岭文化的兴衰情景。秦岭文化中的非物质文化，主要包括科技文化、宗教文化、思想文化、艺术文化、语言文化、法律文化、道德文化、风俗文化等，这些在秦岭碑刻文字内容这种非物质文化中，都有所反映。秦岭思想文化是一个十分复杂的系统，是以儒家思想占主体地位，同时又兼蓄有释、道文化的综合文化形态。宋代儒家文化的代表之一“关学”，就诞生在秦岭太白山北麓。这些，

---

① （清）顾祖禹：《读史方舆纪要》卷五十二《陕西一》，北京：中华书局，2005年，第2497页。

在秦岭碑刻中都有所表现。如华山西岳庙保存的《西岳华山神庙碑》[①]，其云华山"显仁藏用，蕴智含灵，鼓以云雷，润以风雨。信群帝之所休憩，众神之所肸飨"，说明华山即栖神奉天之地，故历代帝王每逢大事，常祭告于华山。如明英宗朱祁镇登基伊始，便派遣礼科给事中张璿致祭于华山，向上天告知登基之事[②]。秦岭碑刻中，葬于秦岭北麓延伸部分山体的唐代墓志，很多都反映了以儒家为主体，释、道为辅翼的文化内涵。还有在涉及秦岭的区县中，古代有很多关于修建学校和警示生员的碑刻，如现藏华山西岳庙的《榜谕碑》[③]、现藏城固县博望镇的《城固县重修庙学记碑》[④]等，都彰显了儒家思想文化的教育和传承。在户县存藏的《敕旌节孝碑》[⑤]中，宣扬的是儒家的孝道与贞节观念。在张良庙所存诸多碑刻中，宣扬的是相国神仙、济世明哲、天人合应、帝王之师等观念。城固县三合乡存藏的《合修祖庙碑》[⑥]、凤县坎坪乡存藏的《陈氏宗系碑》[⑦]等，则呈现的是儒家宗法文化的内容。

对秦岭文化系统的构成的划分，还可以有不同角度，如从文化资源能否再生的角度，可以把秦岭文化系统划分为再生性文化资源和非再生性文化资源；从文化产业的角度，可以把秦岭文化系统划分为公益性文化和经营性文化，等等。严格来分析，对秦岭文化系统的划分，无论从什么角度，无论如何划分，都只有相对意义。因为秦岭文化是一个结构复杂、内容丰富的文化系统。其中的各个文化子系统，相互交织、相互渗透、相互关联，你中有我，我中有你，是一个复杂的综合性的存在。就本书研究的对象——秦岭碑刻来说，从其形态来看，石碑的形制及其存藏场所，可以说是秦岭物质性文化的遗存，但其内容却是非物质性文化的表现；从秦岭碑刻的内容来看，主要属于非物质文化，但却涉及政治、经济、法律、民俗、道德、宗教等，可以说是秦岭文化的"百科全书"；秦岭碑刻能够保留至今，从文化资源的角度，又可作为再生性文化资源开发利用，等等。所以，对秦岭文化系统的把握，需要有宏观性视野和整体性思维，只有在历史发展的全局中，把秦岭文化系统作为背景，才能对这一文化系统的各个文化子系统做出深入的研究，才能揭示其深刻的内涵。

---

① 《西岳华山神庙碑》，北周天和二年（567）立。螭首龟趺，高4.09米，宽1.12米，厚0.32米。隶书20行，满行50字。万纽于瑾撰，赵文渊书。现立于华山西岳庙。

② 《明天顺元年致祭碑》，高1.08米，宽0.63米。现立于华山西岳庙。

③ 《榜谕碑》，明洪武十五年（1382）立。高0.75米，宽2.16米。

④ 《城固县重修庙学记碑》，明嘉靖四十五年（1566）立。圆首，通高2.00米，宽0.80米。

⑤ 《敕旌节孝碑》，清道光四年（1824）立。高1.85米，宽0.79米。

⑥ 《合修祖庙碑》，清道光二十年（1840）立。花岗岩质，高0.60米，宽0.95米。首题"合修祖庙序"。正文楷书30行，满行20字。

⑦ 《陈氏宗系碑》，清道光二十三年（1843）立。青石质，高2.24米，宽1.2米。正文楷书。

二、秦岭文化举要——宗教文化

为了更深入地揭示秦岭文化系统结构的复杂性和内容的丰富性，有必要对最能反映秦岭文化系统特征的宗教文化进行分析。因为宗教文化在秦岭文化系统中占有十分重要的地位，是秦岭文化的重要构成内容，对秦岭宗教文化的分析，可以在总体上、全局上对秦岭文化系统作准确把握。

首先，秦岭是中国佛教的孕育地。秦岭终南山是中国佛教十大名山之一，是佛教七大祖庭的发源地，可以认为是中国佛教的摇篮。佛教自两汉之际传入长安后不久，便在终南山建立寺院，这就是秦岭北麓户县境内庞村的罗汉寺。罗汉寺建于东汉明帝永平年间（58—75），和洛阳白马寺建寺几乎同时。当时罗汉寺称“白马招觉院”，晋太安元年（302）敕建行香院；唐武德间（618—626）改为庄严院；唐贞观十九年（645）又改为白马寺；金大定三年（1163）改为洪福院；元代仍改为行香院；明永乐三年（1405）重建，改为罗汉禅寺；明景泰二年（1451）重修；明嘉靖元年（1522）及四十四年（1565）两次重修，仍称罗汉寺。现藏诸佛殿5间，残塔1座，石碑6通[①]。自此之后，秦岭修建佛教寺院蔚然成风。秦岭还是中国佛教诸多宗派的祖庭所在地，且相当集中。中国佛教的宗派，若将三阶教包括在内，共有九宗。其中三阶教、三论宗、唯识宗、净土宗、律宗、华严宗、密宗的祖庭都与秦岭有关。上述七宗之中，又有三论宗的草堂寺、三阶教的百塔寺、净土宗的香积寺、华严宗的至相寺和律宗的净业寺等五宗的祖庭或中心寺院，就在秦岭终南山中。至相寺，又名国清寺，位于终南山天子峪，是中国佛教华严宗的发祥地之一，隋文帝开皇初年，由静渊法师始建，唐朝时曾重建。至相寺在隋唐时极盛，高僧辈出，后渐凌夷。华严宗的初祖法顺、二祖智俨、三祖国师法藏（贤首）都曾在此研习、弘扬《华严经》教义。草堂寺，在户县境内秦岭终南山北麓的圭峰脚下，始建于西晋，姚秦时称为“大寺”。弘始三年至十三年（401—411），龟兹高僧鸠摩罗什应后秦皇帝姚兴之请，在大寺建立中国第一个译经场。由于该宗依“三论”而立宗，推鸠摩罗什为本宗初祖，大寺也便成了该宗的祖庭。西魏以后，大寺分为草堂、常住、京兆王寺、大乘等四寺，独草堂寺存留至今。净业寺，位于秦岭终南山沣峪口内柳林坪（昔名清官村）后庵山上。始建于隋末。唐初，道宣律师常住此寺，潜心研习，弘扬律学，麟德二年（665），奉诏于此寺内创设戒坛授戒。因此寺地处南山，故道宣律师依《四分律》而创立的律宗亦称南山宗。道宣律师圆寂后，门徒于寺后山峰起舍利塔供养，今寺后石崖间仍有其静

① 为《西晋孝惠皇帝碑》、《洪福院牒碑》、《罗汉寺重修记碑》、《重修罗汉寺画廊记碑》、《三教问答会名碑》、《罗汉寺图碑》。

修遗址。百塔寺，位于秦岭终南山天子峪。开皇十四年（594），三阶教创始人信行和尚入寂后葬于此，因成塔院。后代僧人慕其德行，死后亦多建塔于此。唐大历六年（771），正式更名为百塔寺，宋以后称兴教院。香积寺，位于秦岭终南山北麓子午峪口外数里处。据《隆禅法师碑》载，唐永隆二年（681），净土宗的创始人善导和尚入寂，弟子怀恽为其崇灵塔于神禾原，“其地前终（南山）峰之南镇，后帝城之北里”①，环境清幽，寺宇雅致。寺院建成后，不仅成了净土宗祖师的塔院，而且成了弘扬净土宗的中心道场。与中国佛教宗派祖庭形成相联系，历史上许多著名高僧大德多与秦岭有关，他们或长期讲经于斯，或译经于斯，或圆寂于斯。据不完全统计，见于《高僧传》、《续高僧传》和《宋高僧传》与秦岭有关的高僧，有西域的鸠摩罗什、昙摩流支、阇那崛多等，本土的僧人有僧肇、道生、道融、僧睿、慧观、昙（僧）影、善导等。可见，秦岭终南佛教誉满华夏，它作为一个佛教文化系统，不仅在秦岭文化系统中占有重要地位，在中国佛教史乃至中国历史上也有着重要地位。

其次，秦岭是中国道教形成和繁荣之地。道教文化是中国传统文化的根，鲁迅先生在 1918 年 8 月 20 日《致许寿裳》的信中说：“中国根柢全在道教。”② 道教始创于汉代，推春秋时期的道家代表人物老子为始祖，尊《道德经》为根本经典。秦岭道教之始，一般被追溯到传说中的老子入关传经设教之时。秦岭终南山西段有楼观台，在周至县东南 15 千米的山麓中，相传周大夫函谷关令尹喜最先于此结草为楼，以观星气，故名草楼观，后来简称楼观。老子在楼观南筑台为尹喜授经，故台称为说经台，又因位于楼观境内，故亦称楼观台。从老子完成道教经典《道德经》到东汉张鲁创立“五斗米教”，再到后来秦岭终南山成为神仙云集的道教仙山，道教的创立、发展、壮大，都没有离开东起函谷关、西到秦岭主峰、南及武当山的秦岭山脉之间。历魏晋南北朝至唐朝，道教由于李唐王朝的推崇，有了较大的发展。在秦岭，就有吕洞宾、陈抟、刘海蟾、张无梦、种放等人居山修道。至金、元时期，全真道创教祖师王重阳修道于秦岭终南山附近之刘蒋村，秦岭终南山遂成为全真道最早的发祥地。元杨天初撰《大元奉元路终南山增修通仙万寿宫碑》云：“夫天下名山，维终南为瑰奇，粤古之博大真人恒居于兹，故谓之神仙之窟宅者而良以为宜也。金大定间，重阳祖师结庐山下，已而东之，度弟子七人，辟全真之教于四夷。厥后，其徒兴建祖庭于山之阴、甘水之湄，繇是为其教者，莫不左右筑庵而羽翼之。”③ 后全真七子之一丘处机际遇成吉思汗，成就“一言止杀”的历史佳话，受到成吉思汗的尊奉，使全真道得以大兴。据载，从元初起，

① 《隆禅法师碑》，唐天宝二年（743）刻立。高 1.67 米，宽 0.93 米。正文行书 34 行，满行 65 字。首题“大唐实际寺故寺主怀恽奉敕赠隆阐大法师碑铭并序”。原立于长安神禾原香积寺，现藏西安碑林博物馆。

② 鲁迅：《鲁迅书信集》上卷，北京：人民文学出版社，1976 年，第 18 页。

③ 陈垣编纂，陈智超、曾庆瑛校补：《道家金石略·金元》，北京：文物出版社，1988 年，第 751 页。

秦岭终南山相继建起了以重阳万寿宫为中心的大批宫观。重阳万寿宫，在今户县祖庵镇（旧名刘蒋村），金代名灵虚观，经十余年之营建，蒙古乃马真后三年（1244）赐额重阳万寿宫。在重阳万寿宫周围，建有重阳成道宫，太宗七年（1235）营建，有三殿、五堂，宪宗二年（1252）改观为宫；还有遇仙观，在终南山之蔡村，传为王重阳甘河遇仙处。此外，见于诸书记载者，在重阳万寿宫周围还有通仙宫、栖云观、集仙观、太一观、玉华观、白鹿观、�溪道院、纯阳演化庵等，皆建于元代。元王守道撰《玉华观碑》云："当是时也，山林城郭，宫观相望，什伯为居，甲乙授受，靡然不劝而自勉，道化之行，自三代而下，未有如是之盛也。"[①] 此时出身于或活动于终南山的道士，更不胜枚举，仅据李道谦撰《终南山祖庭仙真内传》所载，即不下数十人，如玉蟾真人、灵阳真人、刘通微、史处厚、赵九渊、周全道、毕知常、清和真人、披云真人、无欲真人、圆明真人等。至此，秦岭终南山道教发展至顶峰时期。除此之外，历代于秦岭终南山中所建道观可考或现藏者尚有楼观台、通道观、仙游观、金台观、清凉山、望仙宫、丹阳观、长春观、太一观、四皓庙、玉真观、金仙观、开元观、灵泉观（原华清宫）、白鹿观、太元观、萯黎观（原萯阳宫）、化羊宫（亦称化羊庙）、太平观（原太平宫）等数十座。正因如此，有人将秦岭终南山列为道教名山。如华山为道教的"第四洞天"，山上现藏七十二个半悬空洞，道观20余座，其中玉泉院、东道院、镇岳宫被列为全国重点道教宫观。又如据道教经典《云笈七签》卷二十七记载，太白山是道教三十六小洞天之第十一洞天——玄德洞天[②]。山上有按道教神仙谱系建立起来的庙宇建筑群，如太白庙、文公庙、南天门、药王殿、老君庙、拔仙台、玉皇庙、三官殿等。这些庙宇中的神像、雕刻、壁画、碑碣、楹联等，也都具有较高的历史文化和艺术观赏价值。

再次，秦岭宗教文化体现了中国古代宗教的聚集与汇通。中国古代的儒、释、道三教在秦岭相会，并能够相融相通。秦岭太白山拔仙台曾建有一座三圣殿，主祀三位圣人，分别为老子、孔子和释迦牟尼，门上的楹联更是开宗明义，上联是"植松树栽桃李树栋梁九州昌盛万木荣"，下联是"想忠恕念慈悲思感应三教同源一心境"，认为儒家的忠恕、佛家的慈悲、道家的感应同源一体，殊途同归，都是重视人生道德、关心心性修养，根本上是为了成就人们的理想人格，这在全国其他宗教名山是很少见的。儒、释、道三教在秦岭聚集、繁荣的同时，随着丝绸之路的开通运行，伊斯兰教和基督教先后进入中国，同样选择了驻锡秦岭，开示关中，拉开了走向全中国的序幕。如唐代传来的景教，即基督教聂斯脱里派或东方亚述教会，起源于今日叙利亚，于唐贞观九年（635）由景教僧侣阿罗本传入中国，被视为最早进

① 陈垣编纂，陈智超、曾庆瑛校补：《道家金石略·金元》，北京：文物出版社，1988年，第724页。

② （宋）张君房编，李永晟点校：《云笈七签》卷二十七，北京：中华书局，2003年，第613页。

入中国的基督教派。景教初传大唐时，就在道教圣地楼观西侧建立了大秦寺。一种说法认为，唐代的《大秦景教流行中国碑》就出土于这里。该碑以汉字与叙利亚文的形式，记载了古波斯传教士阿罗本历经古西域诸国、到达唐朝首都长安进行传教之事。碑文还反映出用儒家、道家经典阐释景教教义的情况。同时，该碑作者景净曾著有《志玄安乐经》，教导世人如何得到安乐。经文按照儒家经典《中庸》的格式撰写，渗入"无为"、"清净"等中国道教的概念，经文曰："无动无欲，则不求不为。无求无为，则能清能净。能清能净，则能晤能正。能晤能正，则遍照遍境。遍照遍境，是安乐缘。"[①] 外来宗教就是这样在秦岭宗教文化的浸淫下，在秦岭文化的环境中开始中国化过程，这也成就了秦岭文化的包容、开放、发达、繁荣的历史图景。

三、秦岭文化的历史地位

有人认为：如果把黄河比作中华民族的母亲河，秦岭就应该是中华民族的父亲山[②]。这是对秦岭文化历史地位的最好评价。

首先，秦岭文化是中华民族传统文化的重要源头。秦岭的史前文化显示，秦岭曾经是蓝田人温暖的家园，蓝田人遗址、洛南旧石器遗址群，展示了华夏文化的滥觞。周秦汉唐一脉相承的政治格局，与秦岭不无关系，中国历史上第一个奴隶制国家、第一个封建制国家、第一个东方帝国，都诞生在秦岭温暖宽厚的怀抱里；秦始皇、刘邦、刘彻、李世民等，他们成就的千秋伟业，哪一个不曾获得过巍峨高耸的秦岭的荫庇？根据古籍记载和考古发掘以及诸多历史文化研究成果，"华夏族"、"中华"、"中国"、"炎黄子孙"之称都与秦岭文化有着密不可分的渊源关系，我们这个民族存留至今的称谓——"汉"，也是在秦岭汉水之间孕育并最终被确认。从中国传统文化生成、发展的轨迹和现状来说，秦岭文化才是容纳、兼容了黄河、长江之间华夏民族多种文化的集合体。如前所述，秦岭是道教理论的主要源头，《道德经》的诞生之地，又是后来全真教中兴的依托；秦岭是中国佛教初布的道场，更是中国佛教宗派形成的依托。秦岭承载的中国古代文学艺术成就，更是不胜枚举，从李白的《蜀道难》到白居易的《长恨歌》，从王维的《辋川图》到山水田园诗派，面对秦岭，历代才子或挥笔豪赋，书写秦岭或雄浑、奔放，或淡雅、内敛的气质，抒发自己对秦岭山水的感悟，等等。如果没有秦岭，就很难诠释华夏文明和传统文化发生、聚合、成长、衍变的轨迹。所以，秦岭文化是中华民族文化精神最为珍贵的标本和根脉。

---

① 朱谦之：《中国景教》，北京：人民出版社，1998 年，第 140—154 页。

② 陈永庆：《一次南北地理分界全程穿越》，CCTV《秦岭探访》2004 年 7 月 6 日。

其次，秦岭文化承载了中华民族的历史创造性。中华民族文化系统中无论是元典思想和政治制度的结构，还是汉文字和商业文明的肇造，乃至重大科技的发明与中医药的重大发现，都烙下了秦岭文化的胎记。传说中黄帝的史官仓颉，被认为是汉字的创造者和整理者。据史书记载，仓颉造字处，即在今秦岭洛南县的许庙[①]，其中立有清代镌刻的造字碑一通。在秦岭怀抱中产生的《易经》等元典对宇宙、社会、人生的独特发现，极大地影响了中国人的民族性格和民族文化心理。生活在秦岭北麓的周人主张“制礼作乐”，以“礼”治国。秦岭是周礼的发祥地，承载和保留了“礼仪之邦”的内容，周礼后来作为儒学的基础，构成了中国传统文化的核心，为源远流长的华夏文明奠定了坚实的基础。周人又是著名的农业民族，他们依托秦岭，对于秦岭北麓与八百里秦川的早期开发做出了巨大的贡献，他们率先摒弃了原始农业粗放的自然生产状态，最早将农艺措施运用于生产实践，进而带动了黄河流域的农业发展，确立了黄河流域在中华文明早期的中心地位，因此周族先祖被奉为中国的农神。在历史的长河中，秦岭文化继承并发展了周秦文化的优秀成果与遗风，在秦汉时期逐渐走向高峰，被誉为“秦汉气势”。公元前221年，秦王嬴政建立了统一的秦王朝，形成了中国历史上第一个大一统局面。西汉继秦之后，在中国历史上建立起第二个大一统封建王朝，汉时的政治、经济、科学、文化发展居于世界前列，其声威震荡寰宇。秦岭文化蕴涵的这种创造性，来源于老子《道德经》的“人法地，地法天，天法道，道法自然”的哲学召唤；来源于司马迁的“究天人之际，通古今之变”的博大理想；来源于张载的“为天地立心，为生民立命，为往圣继绝学，为万世开太平”的责任担当。

再次，秦岭文化以海纳百川的气魄融汇了不同文化体系。秦岭文化的形成过程，融汇了不同文化，显示了秦岭文化的多样性。从地域上看，秦岭文化兼具秦陇文化、中原文化、巴蜀文化、荆楚文化等文化内涵；从类型上看，秦岭文化兼具政治文化、经济文化、民俗文化、宗教文化等特质。特别是在唐代，国家统一，社会安定，经济、文化全面发展，中外文化交流出现了自汉代以来的又一次高潮，形成了宏伟博大的盛唐气象，号称“大唐雄风”。唐长安亦成为与世界特别是亚洲进行经济、文化交流的中心。唐代医学、绘画、雕塑超越前人，散文、诗歌达到古代最高水平。光辉灿烂的唐文化以其博大的内容，恢宏的气势，雍容华贵的风度，昂扬向上的进取精神，生动自然、兼容并包的开放性格，多种多样的表现形式和艳丽明快的色彩，而具有其独特的魅力，在同时期的世界文化史上占有一定的地位。这是秦岭文化开放进取的文化心理的集中体现，一方面进取精神与开放胸怀塑造了秦岭文化重实用的文化心理，另一方面强调礼仪、提倡务实，道不虚谈、学贵实效，性耿直、重气节等思想理念与品质又成为了秦岭文化的显著特点。

① （清）范启源：《洛南县志》，清乾隆十一年（1746）刻本。

第三章　秦岭的碑刻文化

对秦岭碑刻的分析与研究，前提是对碑刻及其文化内涵的准确把握，同时必须把对秦岭碑刻的研究，放在秦岭文化系统乃至中华传统文化体系的大背景下来审视。

一、碑刻及其文化内涵

碑刻，简单地说即是镌刻有文字内容的石刻，是中国古代历史文化的重要载体之一。契刻文字，一般认为于商王朝后期（公元前 14—前 11 世纪）就已较为成熟，王室用于占卜记事而在龟甲或兽骨上契刻文字，称为“甲骨文”、“契文”、“甲骨卜辞”或“龟甲兽骨文”。这种契刻主要是为了占卜，但其内容却记录和反映了商王朝的政治、军事和经济情况。殷商灭亡、周朝兴起之后，在甲骨上契刻文字逐渐被在青铜器上铸刻铭文所取代。这种铸刻在青铜器上的铭文称为“金文”。商周时期是青铜器的时代，青铜器的礼器以鼎为代表，乐器以钟为代表，故“钟鼎”是青铜器的代名词，金文也叫钟鼎文。在青铜器上铸刻铭文衰微后，碑刻出现了。据有关史料，真正开中国古代碑刻先河的，是并不称为“碑”的战国时代秦国的“石鼓文”。石鼓文，因其刻于形似鼓的石上而得名，又因其所记内容为春秋时期秦国君游猎之事，故又称为“猎碣”。石鼓文出土于今宝鸡石鼓山上，石鼓山位于渭河以南，是秦岭北麓延伸的一块丘陵台地。石鼓文的字体介于古文与秦篆之间，一般称为大篆，即秦始皇统一文字之前的籀文。石鼓共有十枚，其中一枚已无一字留存，其余九枚分别刻有四言诗 1 首，共刻 417 字，是秦文公四年（公元前 762）由西垂宫东猎初至汧渭之会，到文公四十八年（公元前 718）周桓王初立和文公孙新立太子时，邀集诸侯“宴乐天子”期间重要事件的叙事史诗，具有史料和书法的双重价值。另外，河北平山县发现的大篆（籀文）碑刻，刻立的时间约是春秋战国时期白狄人建立古中山国时期，也是中国最早的碑刻之一。

根据形制，碑刻大致可分为碑碣、墓志和摩崖题刻。碑碣一般是树立于陆地之上或镶嵌于墙壁之上、镌刻有文字的石刻，其完整形制包括碑首、碑阳、碑阴、碑侧、碑座。碑碣可分为记事碑、墓碑、经幢、造像题记等，一般为记事性和功德传记性。墓志是埋葬于地下墓室的镌刻有文字的方型石刻，其完整形态包括墓志、墓志盖。墓志盖一般题墓志标题，其字体可楷书，可篆书，可行书，可隶书，但大多为篆书。墓志则记叙墓主的姓氏渊源、族属源流、名讳字号、数代名讳官爵、籍贯、迁徙情况、学行功名、起家年代官职、宦游经历、事迹封赏及逝世年月日、葬时、葬地、葬礼情况与子嗣妻妾情况，之后附以纪念性铭文。摩崖题刻是镌刻于石山摩崖之上的文字，大致内容与当地修路、修桥、山场赏赐、诗词颂歌、名胜题名、风景题记等有关。

碑刻不是冰冷的石头上的文字，而是中国古代政治、经济、军事、文化、民俗、舆地、人物等的鲜活再现，是活生生的历史记忆。它承载着历史，记录着历史，展现着历史，是古人与今人沟通的桥梁，是历史与现实对接的渠道，是生活与艺术同存的载体。因此，碑刻不仅仅是历史资料的堆积，不仅仅是历史场景的再现，而且是一种文化载体或文化系统。以碑刻承载中国古代政治、经济、军事、民俗、舆地、人物等内涵的碑刻文化，是中国历史文化的一个重要组成部分，它集历史、文学、书法、镌刻于一体，具有重要的历史文化价值。

中国古代的碑刻具有重要的文化功能，仅就历史研究角度来分析，碑刻起码具有记述历史事件、保存历史文献、传播教化民众的功能。

在记述历史事件方面，人物传记碑及记事碑，记述了各朝各代许多政治、军事事件。其中北魏至唐初碑志，多反映这一时期的王朝变革及有关历史事件。冯景之，是西魏一品大员，其志文记述了北朝政权更迭中激烈的政治斗争和统治集团对农民起义军的残酷镇压①，文中涉及当时多个军政要人，如萧宝夤、贺拔岳、高欢、魏孝武帝等。西魏《韦彪墓志》②，记有其亲护魏孝武帝元修逃离高欢控制下的洛阳，投奔关中镇将宇文泰之事。再如北周郧襄公《韦孝宽墓志》③，记述了其率领西魏军队大胜东魏高欢的玉壁保卫战和围攻梁元帝萧绎的江陵之役。初唐碑刻，多反映王朝初建，平定四方割据势力和镇压隋末农民起义之事。如《史怀训墓志》④，叙及其父史万宝“擒煞李密，从平王世充、窦建德”，以“佐命功臣二等”得以荣升。这一时期碑

① 《冯景之墓志》，西魏大统十年（544）刻。长0.60米，宽0.64米。盖文篆书“魏故司空公冯君墓志”。志文楷书35行，满行38字。志题“魏故使持节侍中司空公都督瀛沧幽安平五州诸军事骠骑大将军瀛州刺史高阳县开国公冯公墓志”。志中多涉及北朝政权动荡，内部政治斗争，外部民族起义等历史资料。现藏陕西历史博物馆。

② 《韦彪墓志》，北周建德五年（576）刻。长0.54米，宽0.53米，厚0.12米。志文楷书31行，满行31字。出土于长安区韦曲北原。现藏长安博物馆。

③ 《韦孝宽墓志》，北周大象二年（580）刻。边长0.69米，厚0.10米。盖文篆书“周上柱国郧襄公墓志”。志文楷书40行，满行40字。志题“大周使持节大傅上柱国雍州牧郧襄公之墓志”。长安韦氏，北周时赐姓宇文。《周书》、《北史》有传。出土于长安区韦曲北原，现藏陕西省考古研究院。

④ 《史怀训墓志》，武周长安二年（702）刻。长0.58米，宽0.57米，厚0.11米。盖文篆书“大周故史府君墓志铭”。志文楷书32行，满行32字。志题“唐故东宫千牛备身济北史君墓志并序”。志主之父两《唐书》有传。原存长安区，现藏西安碑林。

刻，还记有太宗东征高丽，征讨契丹，平定安息道之乱，安北平突厥，九姓商胡叛乱等历史事件。盛唐以后，记载安史之乱、泾原兵变的碑刻如《马浩墓志》①，记其以帝使身份，衔命冒死抚绥安禄山官兵；《韦挺妻柏苕墓志》②，记叙了家人在安史之乱中的凄惨遭遇，真实地再现了一千多年前这一惊心动魄的历史画面；《李岘墓志》③，记广德元年，“犬戎乱华，西都失守”及代宗克复长安之事。五代任景述，身居高位，历经唐末、后梁、后唐、后晋四个朝代，其志文涉及诸多社会重大事件，反映了当时军阀混战、社会动荡、民不聊生的状况④。元代冯时泰、张谦墓志，前者记宋、金对峙带来的“兵荒”和南宋泸州安抚使刘整投诚元军的经过⑤，后者记中统改元，元军攻四川的东川、西川两川和至元十年（1273）元军围困南宋襄阳、樊城两大战役等历史事件⑥。清代《抗击白莲教阵亡民团人士碑》⑦，记载了清政府打击白莲教的相关事件。民国《王景墓表》⑧与《朱子桥墓碑》⑨及墓志，涉及清末、民国至抗日战争时期许多事件和人物，如直奉战争、豫战、信阳之围、西安八月围城、武昌起义、洪宪帝制、护法战争等，是研究我国近代史及西安地方历史的可贵资料。

在保存历史文献方面，东汉和曹魏以及唐代为官定儒家经典所刻的汉、魏石经和《开成石经》，可谓是其中的突出代表。汉石经称《熹平石经》，因只用了隶书一种书体镌刻，又名《一体石经》。《熹平石经》始刻于汉灵帝熹平四年（175），讫光和六年（183），凡历9

---

① 《马浩墓志》，唐贞元十四年（798）刻。边长0.44米。志文楷书25行，满行28字。志题“大唐故金紫光禄大夫行澶州别驾上柱国扶风郡开国公马府君墓志并序”。马莘撰并书。现藏西安碑林博物馆。

② 《韦挺妻柏苕墓志》，唐大中十年（856）刻。长0.40米，宽0.41米，厚0.08米。志文楷书25行，满行27字。志题“唐故青州司户参军韦君夫人柏氏墓志铭并序”。张台撰。记柏氏祖柏造曾告安禄山有反状，触怒唐明皇，后安禄山反，杀其满门，仅一子得全。其十八从军，屡立战功，封平原郡王。出土于长安区郭杜镇岔道口村北鱼池，现藏长安区博物馆。

③ 樊波、李举刚：《西安新出土唐徐浩楷书〈李岘墓志〉及〈李岘妻独孤峻墓志〉》，《书法丛刊》2005年第4期。

④ 《任景述墓志》，后晋天福七年（942）刻。志长0.97米，宽0.94米。志文楷书39行，满行38字。志题“有晋故兵部尚书西河任公墓志并序”。任珪撰并书。此志反映了后唐末年社会动荡，统治集团内部混乱的状况。1996年出土于长安区郭杜镇，现藏陕西历史博物馆。

⑤ 《冯时泰墓志》，元至元十八年（1281）刻。长0.65米，宽0.59米。志文楷书33行，满行36字。志题“大元故奉议大夫耀州知州冯公墓志铭”。马绍庭撰并书，曾益刻。出土于长安区韦曲镇，现藏西安碑林。

⑥ 《张谦墓志》，元大德十一年（1307）刻。长0.57米，宽0.51米，厚0.13米。志文楷书33行，满行33字。志题“大元故奉直大夫南阳屯田副总管张公墓志铭”。李允升撰，商庸书，石孟瑛题盖。出土于长安区郭杜镇香积寺村，现存长安区博物馆。

⑦ 《抗击白莲教阵亡民团人士碑》，清光绪八年（1882）刻立。高0.90米，宽0.48米。马鸣銮撰并书。落款“大清嘉庆六年岁次辛酉季春谷旦，光绪八年岁次壬午冬月廪生寇序臣重书”。记载清政府打击白莲教的相关事件。现藏洛南县石门镇。

⑧ 《王景墓表》，民国二十三年（1934）刻立。高2.15米，宽1.10米。正文隶书24行，满行43字。首题“处士王府君墓表”。王心白撰并书，高树基篆额，胡毓威校阅。现存长安区。

⑨ 《朱子桥墓碑》，民国三十三年（1944）刻立。碑残损，残高约1.18米，宽0.78米。额书“将军”。正文楷书11行，满行14字。现存长安区杜曲东韦村。

年而成，有儒家经典《鲁诗》、《尚书》、《周易》、《仪礼》、《春秋》、《公羊传》、《论语》等七种经文。魏石经称《正始石经》，因经文皆用古文、小篆和隶书三种字体镌刻，故又称为《三体石经》。《正始石经》所刻的儒家经典只有《尚书》、《春秋》两部。汉、魏石经原并立于洛阳故城南郊太学讲堂的东西两侧，石经于汉魏之后迭遭严重破坏，原碑已不存在，自宋代以来时有石经残石出土。《开成石经》为唐文宗太和四年（830）由艾居晦、陈玠等人用楷书分写，约用了七年时间刻成，计有《周易》、《尚书》、《诗经》、《周礼》、《仪礼》、《礼记》、《春秋左氏传》、《公羊传》、《谷梁传》、《孝经》、《论语》、《尔雅》等十二种儒家经典，共刻114块碑石，每石两面刻，共刻经文650 252字。开成石经的版面格式与汉、魏石经不同，每碑上下分列8段，每段约刻37行，每行刻10字，均自右至左，从上而下，先表后里雕刻碑文。每一经篇的标题为隶书，经文为正书，刻字端正清晰，按经篇次序一气衔接，卷首篇题俱在其中，一石衔接一石，故不易凌乱，现藏西安碑林博物馆。碑刻文字具有保存时间长的显著特点，故上述石经特别是《开成石经》一直是校勘儒家经典的重要依据。

在教化民众功能方面，西安碑林博物馆藏清咸丰二年（1852）刻立的《关圣帝君觉世真经碑》[①]，其言“敬天地，礼神明，奉祖先，孝双亲，守王法，重师尊，爱兄弟，信朋友，睦宗族，和乡邻，别夫妇，教子孙”，是每一个社会公民都应当做到的行为规范，以关圣帝君之名公布于天下，在于更有说服力地教导人们修身养性，明晓伦常道理。这些劝善良言，在历史上发挥了教化民众的作用。明朝开国皇帝朱元璋，在建立政权不久，即于洪武十五年（1382）在国子监颁学规，又颁禁例十二条于天下，镌立卧碑于明伦堂旁，以约束在学生员的行为规范。如户县文庙所藏卧碑、华阴西岳庙所藏卧碑等皆属此类。在中国古代，就基层社会来看，发挥传播教化民众功能的还有乡规民约碑刻。乡规民约是中国古代社会管理的一种有效措施，也是基层社会自我调适与自我约束的一种手段。在秦岭碑刻中，这种乡规民约碑刻比较常见。如南宋绍兴十九年（1149）在洋县刻立的《劝农碑》[②]，刻劝农文十条，提出“国以民为本，民以食为天，故圣王必躬耕帝籍”的理念，劝民当勤于耕作，“治田之法，深耕勤耨；耕耨之功，粪壤之力”以及“工欲善其事，必先利其器”等农耕经验，反映了农耕文化在“重农抑商”时代背景下的教化传播功能。清嘉庆十六年（1811）刻立的《大坪乡规碑》[③]，刊刻了当地公议禁止聚赌、禁止乱砍林木、禁止踩踏庄稼以及禁止诬陷告状等乡规六款。清道光十一年（1831）刻立的《十字村乡规碑》[④]，内容为禁赌、禁盗、护林等乡规及违规处罚条款。

① 《关圣帝君觉世真经碑》，高0.29米，宽0.61米。现藏西安碑林博物馆。

② 《劝农碑》，高0.96米，宽0.64米。现藏洋县博物馆。

③ 《大坪乡规碑》，青石质，圆首，高1.60米，宽0.73米。额题“皇清”二字。现藏山阳县松树坪乡。

④ 《十字村乡规碑》，青石质，圆首，座佚，高1.05米，宽0.49米。额题“皇清”二字。碑文楷书。萧满刊刻。现藏宝鸡陈仓区双白杨乡。

二、秦岭碑刻及其历史发展

所谓秦岭碑刻，不仅指现藏于秦岭腹地、秦岭南北麓及西秦岭山体漫延部分的碑刻，而且出土或原立于秦岭、今存藏于其他地方的有关碑刻，亦在考察之列；同时，通过翻阅历史资料，包括正史、杂史、野史、笔记、志书、金石文献等记载，历史上的秦岭碑刻佚碑存拓、佚碑存文、佚碑存名者，也包含其中。本书涉及之秦岭碑刻，以陕西境内秦岭南北麓现藏碑刻为主体，旁涉甘肃相关县区所存碑刻。

秦岭碑刻的历史发展，和中国古代碑刻产生、发展的历史过程相一致。如前所述，开秦岭碑刻先河的是并不称为“碑”的战国时代秦国的“石鼓文”。石鼓文是秦岭碑刻中保存至今最早的碑刻文字，也是我国至今发现的最早碑刻文字之一，现藏于北京故宫博物院。到了汉代，特别是东汉，中国碑刻以及秦岭碑刻有了飞跃的发展，不仅出现了真正意义上的碑刻，形制和文字的格式也已形成一定的制式，还出现了摩崖题刻、石经等诸多种类，且数量大增，内容更为丰富。清人朱彝尊曾把汉碑分为三类，即方整、流丽、奇古，而“惟延熹华山碑，正变乖合，靡所不有，兼三者之长，当为汉隶第一品”①。朱彝尊所推崇的汉代碑刻，都包括在秦岭碑刻之中，即留传下来的汉代隶书碑刻《西岳华山庙碑》及篆书碑额②、《仙人唐公房碑》及篆书碑额③等，而《鄐君开通褒斜道摩崖题刻》④、《石门颂》、《西狭颂》⑤、《郙阁颂》⑥、《武都太守耿君碑》⑦等，则是东汉隶书碑刻的典型代表，或雄强，或秀美，或凝重，或古朴，或优雅。

南北朝时期，刻碑之风再兴。北魏在孝文帝的改革下，经过战乱而遭到严重破坏的北方经济得到了恢复和发展。与之同时，也出现了文化上的繁荣。加之北朝并不禁止立碑，所以出现了碑版繁盛的景象。墓志这种碑版形式在此时得到逐渐完形，成为中国碑刻

---

① （清）朱彝尊：《曝书亭金石文字跋尾》卷二《跋汉华山碑》，《石刻史料新编》第一编第二十册，台北：新文丰出版公司，1982年，第18685页。

② 《西岳华山庙碑》，东汉延熹八年（165）刻立。高2.55米，宽1.20米。额篆书“西岳华山庙碑”六字。正文隶书22行，满行38字。原碑毁于明代关中大地震，现碑为清钱宝甫复刻。现藏华山西岳庙。

③ 《仙人唐公房碑》，东汉灵帝熹平、光和年间刻。碑圆首，高2.02米，宽0.67米。额篆书“仙人唐君之碑”六字。碑阳刻隶书17行，满行31字。碑阴刻隶书15行，行9至12字不等。原竖立于城固唐仙观小学内，现藏西安碑林博物馆。

④ 《鄐君开通褒斜道摩崖题刻》，东汉永平六至九年（63－66）刻。正文隶书16行，行5—11字不等。原刻于石门之南山崖间，现藏汉中市博物馆。

⑤ 《西狭颂》，东汉建宁四年（171）题刻。高2.20米，宽3.40米。额篆书“惠安西表”四字，正文阴刻12行，共385字。题刻于西秦岭天井山麓鱼窍峡中。

⑥ 《郙阁颂》，东汉建宁五年（172）题刻。高1.70米，宽1.25米。全文19行，满行27字，共472字，现存220字。仇靖文，仇绋书。原刻于略阳徐家坪上，现移藏至灵岩寺内。

⑦ 《武都太守耿君碑》，东汉熹平三年（174）刻立。高2.50米，宽2.10米。正文隶书22行，共计456字。位于甘肃成县西13千米处的天井山麓西峡之北壁。

中重要的一类，具有很高的史料价值。这种形式的碑刻，随着封建政治体制的逐渐完善，森严的封建等级制以这种形式得以充分体现，达官贵人、皇亲国戚的墓志在形制、材质、内容等方面远远优越于一般人。自魏晋南北朝至清朝，历朝历代的墓志皆体现出这一特征。在秦岭墓志类碑刻中，著名者有魏《杨颖墓志》、《杨阿难墓志》、《杨播墓志》、《杨暐墓志》①、《韦彧墓志》②、《拓拔育墓志》③、《乌六浑乐墓志》④、《赵佺墓志》⑤等。

随着隋唐盛世的到来，中国碑刻以及秦岭碑刻进入了成熟和鼎盛期。这一时期是中国封建社会政治、经济、文化大发展、大繁荣的时期。政治上的大统一、经济上的大繁荣和文化上的大发展，为碑刻的发展奠定了坚实的基础，提供了极其优越的条件。这一时期的碑刻，种类齐全，形制高大，内容广泛，数量空前，书法精湛，各方面均超越前代，并为后世所难以企及，给我们留下了大量具有史料价值和书法艺术价值的名碑和墓志。在秦岭碑刻中，隋《孟显达碑》⑥、《大唐宗圣观记》⑦、《智该禅师碑》⑧、《圭峰定慧禅师碑》⑨、《大唐尹尊师碑》⑩、《李元谅碑》⑪、《三藏法师

① 以上数方墓志，20世纪90年代出土于华阴五方村杨氏墓茔。

② 《韦彧墓志》，北魏孝昌二年（526）刻。志长0.78米，宽0.62米。楷书35行，满行44字。志题“魏故使持节散骑常侍太常卿尚书都督雍州诸军事抚军将军豫雍二州刺史文烈公韦使君墓志”。现藏长安区博物馆。

③ 《拓拔育墓志》，北周明帝二年（558）刻。志边长0.45米。志文楷书9行，满行10字。志题“周故淮安公拓拔育墓志”。现藏长安区小兆村。

④ 《乌六浑乐墓志》，北周天和五年（570）刻。志文13行，满行15字。志题“大周大都督朔州刺史故乌六浑乐墓志”。现藏长安区博物馆。

⑤ 《赵佺墓志》，北周天和六年（571）刻。志边长0.43米，厚0.09米。青石质。盖阳文篆书3行12字，志阴文楷书29行，850字。现藏甘肃天水市博物馆。

⑥ 《孟显达碑》，隋开皇二十年（600）刻立。通高2.50米，宽0.67米。额篆书“魏故假节龙骧将军中散大夫州刺史孟君之碑”。正文楷、隶相间，共26行，满行48字。1910年出土于长安县南里王村，后存西安市湘子庙街。1948年入藏西安碑林博物馆。

⑦ 《大唐宗圣观记》，唐武德九年（626）刻立。圆首龟趺，高3.75米，宽0.93米，厚0.37米。额楷书“大唐宗圣观记”。正文隶书23行，满行60字。除个别字外，大部分较为清晰。欧阳询撰序，陈叔达撰铭。竖立于楼观台说经台碑厅。

⑧ 《智该禅师碑》，唐贞观十三年（639）刻立。螭首方座，高3.73米，宽1.03米。额篆书“大唐故智该法师之碑”。碑正中书“大唐灵化寺故大德智该法师之碑”。正文楷书31行，满行67字。僧明俊文，僧明解书。原立于终南山天子峪，现藏西安碑林博物馆。

⑨ 《圭峰定慧禅师碑》，唐大中九年（855）刻立。螭首龟趺。碑身高2.16米，上宽0.97米，下宽1.04米，厚0.33米。额篆书“唐故圭峰定慧禅师碑”。碑文楷书36行，满行65字。裴休撰并书，柳公权篆额，邵建初刻字。现藏草堂寺。

⑩ 《大唐尹尊师碑》，唐开元五年（717）刻立。螭首龟趺，高4.50米，宽1.26米，厚0.23米。碑文隶书26行，满行71字。员半千撰文，侯少微等建。现藏楼观台。

⑪ 《李元谅碑》，唐贞元二年（786）刻立。螭首方座，碑身高2.95米，宽1.46米，首高0.84米，宽0.60米。额文4行，满行5字，篆书“大唐镇国军陇右节度使右仆射李公懋功昭德颂”；正文楷书32行，满行65字。张濛撰文，韩秀弼书，李彝篆额。现藏华县。

塔铭》[①]、《法藏禅师塔铭》[②]、《梁行仪墓志》[③]、《清源县主墓志》[④]等，都是至今仍然被史学界、书法界、金石学界推崇备至的碑刻。

经过唐末五代的战乱纷繁和宋代政权的飘摇不定，古代中国到元代又实现了国家的统一，并建立起了一个疆域空前广阔的帝国。各民族之间的经济文化交流达到很高的程度，促进了中华民族的大融合。元朝时期的秦岭碑刻带有非常明显的时代特征，蒙汉合刻碑在秦岭碑刻中出现。如在秦岭北麓延伸段的草堂寺存有《皇太子阔端令旨碑》[⑤]，在重阳宫存有《大元崇道圣训王言碑》[⑥]等，这些碑刻都用八思巴蒙古文字与汉文合刻，表现出了历史的时代特征。另外，由于成吉思汗与全真道教丘处机的关系，元代的统治者又是道教特别是全真教的坚定支持者和忠实信仰者，秦岭北麓山脚下的道教圣地楼观台与重阳宫，存有大量有关道教的碑刻，对于研究元代社会及元代宗教，以及元代统治者与道教的关系等，都具有非常重要的价值。

明代初期，朱元璋为巩固刚刚建立起来的政权，决定实行封藩制度，即将自己的诸子和个别宗室封为藩王，让他们率兵分驻各个要塞，建立起由皇权直接控制的军事中心，用以巩固边防，维护地方秩序。西安府作为明藩中“天下第一藩”，朱元璋派第二子朱樉为秦藩王。藩王之下又按世系依次为镇国将军、辅国将军、奉国将军、镇国中尉、辅国中尉、奉国中尉。在秦岭终南山脚下，埋葬着明代秦藩十三王，号称“小十三陵”，从这些陵墓中发掘出几十方墓志，如秦藩第二代秦隐王朱尚炳妃《唐玉真墓志》[⑦]、第三代镇国将军《朱公鏞墓志》[⑧]、第六代永兴荣惠王《朱诚澜墓志》[⑨]等，这些墓志的出土，为了解明代藩王制度、秦藩王宗室族系、职官、历史事件、历史人物等，提供了珍贵的第一手资料，特别对于研究明代陵墓文化，具有非常重要的价值。

---

① 《三藏法师塔铭》，唐开成四年（839）刻。长方形，长 0.79 米，1.62 米。正文行草 76 行，满行 42 字。刘轲撰文，沙门建初书，宋弘度镌石。现藏长安兴教寺。

② 《法藏禅师塔铭》，唐开元四年（716）刻。高 0.71 米，宽 0.85 米。正文楷书 36 行，满行 30 字。原存秦岭百塔寺，现藏西安碑林博物馆。

③ 《梁行仪墓志》，唐龙朔元年（661）刻。边长 0. 51 米。志文楷书 34 行，满行 35 字。出土于长安区杜曲街道东杨万村，现藏陕西省考古研究院。

④ 《清源县主墓志》，唐至德三年（758）刻。边长 0.49 米。志文楷书 20 行，满行 20 字。秦立信撰，李瑁书。出土于长安区少陵原，现藏西安碑林博物馆。

⑤ 《皇太子阔端令旨碑》，约蒙古定宗二年（1247）刻立。高 1.50 米，宽 0.66 米，厚 0.16 米。用八思巴蒙古文字与汉字合刻。现藏草堂寺。

⑥ 《大元崇道圣训王言碑》，约元至元十七年（1280）刻立。通高 3.69 米，宽 1.17 米，厚 0.31 米。用八思巴蒙古文字与汉字合刻。现藏草堂寺。

⑦ 《唐玉真墓志》，明永乐十八年（1420）刻。边长 0.63 米。志文楷书 14 行，满行 13 字。现藏长安区博物馆。

⑧ 《朱公鏞墓志》，明景泰六年（1455）刻。盖长 0.69 米，宽 0.68 米，厚 0.09 米，志边长 0.68 米，厚 0.15 米，志文楷书 26 行，满行 27 字。现藏长安区博物馆。

⑨ 《朱诚澜墓志》，正德二年（1507）刻。志长 0.98 米，宽 0.98 米，厚 0.14 米。盖文楷书 3 行，满行 4 字。志文楷书 17 行，满行 20 字。现藏西安市文物保护考古所。

清代在明代大一统的基础上，政治、经济、文化呈现出繁荣昌盛的局面。碑刻之学蔚然成风，刻碑遍地，以碑刻彰显文化，是这时的一大特征。在秦岭山中，代表清代碑刻的有各种寺观庙宇重建重修碑刻，如《重修净业寺记碑》[①]；有描述秦岭风景的碑刻，如《望仙坪志碑》[②]；有经幢，如周至老县城经幢[③]；有告示碑，如《禁止乱砍林木告示碑》[④]；有反映清代移民的墓碑，如《徐良善墓碑》[⑤]、《廖成秀夫妇墓碑》[⑥]、《郑承松柯氏夫妇合葬墓碑》[⑦]、《王维智夫妇合葬墓碑》[⑧]等。上述碑刻在秦岭南北麓山中比比皆是。

清末民初，历经战乱，加上20世纪50年代的“大跃进”和60年代的“文化大革命”，秦岭碑刻历遭劫难。根据《金石录》、《关中金石记》、《关中金石文字存逸考》、《雍州金石记》、《地理通释》以及各类地方志文献记载，秦岭碑刻在历代皆有流失。如南北朝时期王褒所撰的《温汤铭》，原碑早佚，现仅存其录文；原存于临潼骊山行台大门外的《大隋残碑》，清咸丰年间仅存其半，光绪年间佚失；原存甘肃天水卦台山的隋大业六年（610）《伏生墓志》，民国时期移至天水东学署存放，今佚；楼观台所藏欧阳询撰并书的《大唐宗圣观记》实为元代重刻，唐武德九年（626）之碑早佚；眉县的唐《柳宗元祷雨碑记》在南宋年间就已不存；原存户县甘峪口遇仙观元朝初年刻立的《重阳宫下院遇仙观碑》，今碑不存；宋《苏轼洋州三十景诗碑》于清中期流失；元至元三十年（1293）《终南山集仙观记碑》原藏户县，今佚。年代较近的碑刻也有流失，如河南灵宝清光绪年间的《创修三侯祠记》、《宏阳渠碑记》等有关当地民俗文化、水利制度等方面的碑刻，现亦不存。汉中市留坝县玉皇庙乡宴家坟村有宴氏墓冢一座，原存墓碑三通，今不存。汉中留坝县玉皇庙乡黄泥堡村一组碾子坪有清代陈氏家族墓，原有墓碑一通，今用作修建玉皇庙桥。张氏家族墓位于略阳县马蹄湾乡马蹄湾村后沟小组老坟湾宝成铁路北侧坡地，占地面积约5000平方米，为当地张氏家族墓地，原存清代墓碑20余通，1954年修建宝成铁路时被民工取走洗衣用，现仅存清乾隆、嘉庆、道光、同治墓碑四通，等等，如此情况，不胜枚举。所以，对秦岭碑刻进行搜集整理，

---

① 《重修净业寺记碑》，清乾隆十五年（1750）刻立。残高0.97米，宽0.56米。正文楷书，满行37字。王廷湛撰，王树恒书，盖永业、扬子严刻石。现藏秦岭终南山净业寺。

② 《望仙坪志碑》，清道光二十七年（184 7）刻立。通高2.06米，宽0.72米，厚0.13米。正文楷书25行，满行58字。李士□撰文，阎洪都书，郭继善刻石。现藏秦岭终南山望仙坪。

③ 清道光十八年（1838）刻立。汉白玉质，八棱形，通高1.80米，宽0.76米。现藏周至县厚畛子镇老县城行政村佛坪厅旧县城文物管理所。

④ 《禁止乱砍林木告示碑》，清道光十八年（1838）刻立。汉白玉质，八棱形，可见高0.78米，宽0.18米。现藏周至县厚畛子镇老县城行政村佛坪厅旧县城文物管理所。

⑤ 《徐良善墓碑》，清道光二十二年（1842）刻立。高1.40米，宽0.80米。现藏佛坪县长角坝镇沙坝村老长角坝。

⑥ 《廖成秀夫妇墓碑》，清咸丰四年（1854）刻立。高1.65米，宽0.90米，厚0.27米。现藏柞水县马家台乡。

⑦ 《郑承松柯氏夫妇合葬墓碑》，清咸丰五年（1855）刻立。高1.10米，宽0.75米。现藏宁陕县汤坪镇。

⑧ 《王维智夫妇合葬墓碑》，清同治十一年（1872）刻立。高1.25米，宽0.67米，厚0.15米。碑正中刻“皇清待赠故考王公讳维智老大人妣氏宋老孺人之墓”。右侧楷书8行，满行33字。现藏西乡县高川镇。

就显得尤为紧迫和重要。

三、秦岭碑刻与中华传统文化

目前尚无对秦岭区域碑刻的专门研究。就国内碑刻研究来看，主要是对碑刻文字的释读、整理，如《汉魏六朝碑刻校注》①、《昭陵碑石》、《楼观台道教碑石》、《华山碑石》等；一些论文也开始利用碑刻资料进行研究，如曹龙《唐神策军步军使李孝恭及夫人游氏墓志考释》②，王凤翔《唐秦王李茂贞之妻刘氏墓志考释》③，陈根远《唐〈韩秀实墓志〉及其他》④，徐雍初、王京阳《唐韦承庆及继母王婉两方墓志文释读》⑤，樊波、李举刚《西安新出土唐徐浩楷书〈李岘墓志〉及〈李岘妻独孤峻墓志〉》⑥等。毋庸讳言，这些基础性的研究有一定的学术价值，但未将碑刻资源与地域文化以及地域文化发展战略相结合。对于秦岭碑刻的历史考察、现状调查及其当代价值的研究，是兼具历史发现和应用价值开发的综合性研究，特别是开发碑刻资源的应用价值的研究，是碑刻研究领域内的创新和尝试。从这个角度出发，必须把对秦岭碑刻的研究，放在秦岭文化系统乃至中华传统文化体系的大背景下来审视。

首先，对秦岭碑刻的研究有着保护人类文化遗产的重要意义。人类文化遗产可分为物质文化遗产与非物质文化遗产。根据《保护世界文化和自然遗产公约》的定义，物质文化遗产包括古遗址、古墓葬、古建筑、石窟寺、石刻、壁画、近代现代重要史迹，及代表性建筑等不可移动文物；非物质文化遗产主要指人类以口头、动作方式相传和文字记录等方式，记述的具有民族历史积淀和广泛、突出代表性的民间文化遗产，包括民间传说、习俗、语言、音乐、舞蹈、礼仪、庆典、烹调以及传统医药等。我国文化遗产蕴含着中华民族特有的精神价值、思维方式、想象力，体现着中华民族的生命力和创造力，也是全人类文明的瑰宝。秦岭碑刻是人类文化遗产以及中华民族优秀文化遗产的重要组成部分，它作为一种特殊的历史文化，有着特殊的地位。从其物质形态来看，它是物质文化遗产；从它所承载的内容来看，又有着非物质文化遗产的内容。把秦岭碑刻作为文化遗产，无论是物质的还是非物质的，其在人类文化系统中，抑或在整个中华民族文化体系中，都具有重要的地位。

① 毛远明编：《汉魏六朝碑刻校注》，北京：线装书局，2008年。

② 曹龙：《唐神策军步军使李孝恭及夫人游氏墓志考释》，《文博》2012年第6期。

③ 王凤翔：《唐秦王李茂贞之妻刘氏墓志考释》，《唐史论丛》第9辑。

④ 陈根远：《唐〈韩秀实墓志〉及其他》，《文博》2010年第4期。

⑤ 徐雍初、王京阳：《唐韦承庆及继母王婉两方墓志文释读》，《出土文献研究》第7辑。

⑥ 樊波、李举刚：《西安新出土唐徐浩楷书〈李岘墓志〉及〈李岘妻独孤峻墓志〉》，《书法丛刊》2005年第4期。

其次，对秦岭碑刻的研究有着弘扬中华民族优秀传统文化的重要意义。中国是一个文明古国，中华民族在历史上创造了璀璨的文化，为人类文明进步作出了不可磨灭的贡献。在中华民族五千年的文明史上，留下了浩如烟海的文献，碑刻作为其中的重要组成部分，承载了中华民族优秀传统文化的重要内容。秦岭碑刻以其独特的方式，承载了秦岭文化乃至中华传统文化的内涵，记载了古代政治制度、经济状况、军事战争、天文历法、历史地理、宗教信仰、社会习俗、农业水利、医学医药等诸多内容，是中华民族优秀传统文化的重要组成部分。如果没有秦岭碑刻的承载，发生在秦岭山脉为中心的历史过程就会不完整，对秦岭山脉为中心的古代社会的认识与把握就不全面，或可以认为中国道教或中国佛教的历史就不会如此丰富，中国文学特别是唐代文学的全貌就不会展现在今天人们的面前，围绕秦岭的古代争纷就不会如此战马嘶鸣，等等。还需要强调，秦岭碑刻作为秦岭文化乃至中华传统文化的载体，现在能够保存下来数千通，实属不易。因为，中华传统文化的承载物在历史上一向不被重视，如唐朝末年朱温在屠杀了满朝的宦官之后，强迫唐朝皇帝李晔及整个长安居民东迁洛阳，“长安宫殿和所有民房，悉数拆除，……长安这个曾经作为中国首都，先后达一千零三十八年之久的巨城，受到最惨重的一次破坏，从此丧失被选为首都的资格”①。所以，对秦岭碑刻的把握与认知，应该把它与中华传统文化相联系，特别是应该认识到现藏秦岭碑刻作为文化载体，为当前建设中华民族共有的精神家园提供了深厚的文化根基。

再次，秦岭碑刻所承载的秦岭文化内容是中华传统文化的区域性代表。秦岭文化的核心是传统儒、释、道文化，以及它们之间的相互联系与融合。儒、释、道构成了中华传统文化的三大支柱，儒家主张修身、齐家、治国、平天下；道家讲求修身养性，道法自然；释家主张清心寡欲，摆脱“轮回之苦”。宋孝宗赵昚在《原道论》中将这三种文化的关系概括为“以佛修心，以道养生，以儒治世”。这些在秦岭碑刻中得到了充分的体现，这在一定程度上规定了中华传统文化的走向与影响力。代表佛教般若智慧的《心经》、《金刚经》、《维摩经》等，都是在秦岭终南山下翻译，从而成为在中华大地广泛流行与传播的佛教经典；净土宗、律宗、三论宗、唯识宗、华严宗等佛教宗派也都是在秦岭中创立，草堂寺、兴教寺、香积寺、净业寺、丰德寺、华严寺等祖庭，或在秦岭山中，或位于秦岭山脚下，这些代表了佛教文化在秦岭中的反映。老子在秦岭的楼观台讲授《道德经》，楼观台因此成为道教的祖庭；张道陵在秦岭南麓汉中创立五斗米教，汉中成为五斗米教的祖庭；王重阳在秦岭北麓祖庵创立全真教，重阳宫便成为全真教的祖庭；秦岭子午峪中的金仙宫，被韩国道教奉为祖庭，表现了秦岭文化的影响力。最早传入中国的基督教景教，在秦岭北麓建大秦寺，并使用儒家

① 柏杨：《中国人史纲》，北京：人民文学出版社，2010 年，第 106 页。

经典范式著书立说，用道家概念宣讲教义，说明了秦岭文化所具有的涵释力。上述这些都充分说明了秦岭文化是中华传统文化的重要内容，在中华传统文化中具有重要的地位，在中华传统文化的历史发展中发挥了重要的作用。

第四，秦岭碑刻所承载的秦岭文化充分体现了中华传统文化的地域性特征。如前所述，秦岭文化具有鲜明的地域文化特征，秦岭矗立于秦陇文化、中原文化、巴蜀文化、荆楚文化等文化地域核心，是中国古代南北方文化、东西部多种文化的屏障、聚合点和交汇点，秦岭一带文化融合渗进了上述多种文化的基因并且具有文化系统的独立稳定性，所以秦岭文化比上述诸多文化具有更为丰富的内涵和更强的包容性。秦岭碑刻就突出表现了这一特点。如秦岭碑刻中的墓志，它承载了秦岭文化中的民俗文化内容，这在秦岭南北麓亦不尽一致。中国古代人信奉“事死如事生”，故无论王公抑或平民百姓，都在建造墓茔方面花费颇大的心思与财力，在墓茔的选址、墓茔的规模、墓茔的建造、墓志的文字等方面，都颇费心思，特别是要在上述诸多方面表现身份等级的差别。秦岭北麓与渭河之间的关中平原，曾经是周秦汉唐政治文化的中心，因而在秦岭北麓一带有个别帝陵、后陵，如西汉宣帝葬许皇后的少陵原、葬西汉宣帝的杜陵原，还有明代秦藩王家族的陵墓等。同时，在秦岭北麓延伸段长安区西南方位，埋葬着大量的各级官吏，周秦汉唐的皇亲国戚、贤相名臣及历代文人雅士多选择这一“风水宝地”，尤其是唐代的韦、杜家族，埋葬在少陵原、毕原上的数以百计，出土墓志百余方。秦岭北麓所出土的各级墓志，内容多与祖荫、入仕、政绩等相关，对于我们了解当时社会的政治、经济、文化等，都有着非常重要的史料价值。在秦岭南麓的墓葬，往往以家族为单位，上溯三代、四代甚至五世祖，集中埋葬于一地，每一墓葬前，立有三方碑刻，正中为墓主墓碑，左右碑刻分记家族世系与家族渊源和辗转流迁过程，以及家族家规、家风等，鲜有墓志出土，古代宗法文化在这些碑刻中得到了充分的反映。

第四章　秦岭碑刻的分布及特点

秦岭碑刻的地域分布，涉及的行政区划包括甘肃、陕西、河南3省30余市县（区）。经过两年多的田野调查，课题组初步掌握了秦岭碑刻的数量以及存藏状况，在总体上把握了秦岭碑刻的分布及其特点。

一、秦岭碑刻遍布南北麓及西秦岭，数量巨大

据初步的田野调查，从目前已经取得的数据来看，秦岭南北麓包括西秦岭，现藏与历史文献记载的碑刻有7000余通。这7000余通碑刻具体的分布或存藏情况，可以从历史年代顺序和存藏地两个角度来划分。

一是按历史时代分：先秦两汉17通，魏晋南北朝55通，隋唐五代464通，宋金元393通，明代638通，清代4670通，民国657通，民国之前年代不详245通。

二是按存藏地域来划分：按照秦岭地理西东走向，可划分为西秦岭区域、太白山区域、终南山区域和华山区域四个区域。

(1) 西秦岭区域包括甘肃省的天水市、成县、徽县、两当县，合计285通，其中先秦至两汉3通，魏晋南北朝1通，隋唐5通，宋金元43通，明代66通，清代129通，民国19通，年代不详19通。按地域分，天水市44通，成县127通，徽县96通，两当县18通。

(2) 太白山区域包括陕西省的宝鸡市陈仓区、渭滨区、凤县、太白县、岐山县、眉县和汉中市的汉台区、略阳县、勉县、城固县、洋县、留坝县，合计2533通，其中先秦至两汉12通，魏晋南北朝8通，隋唐28通，宋金元128通，明代155通，清代1915通，民国217通，年代不详70通。按地域分，宝鸡市陈仓区155通，渭滨区15通，凤县135通，太白县93通，岐山县110通，眉县80通，汉中市的汉台区50通，略阳县767通，勉县323通，城固县296通，洋县339通，留坝县170通。

(3) 终南山区域包括陕西省西安市周至县、户县、长安区、蓝田县、临潼区、汉中市佛坪县、西乡县、安康市宁陕县、石泉县、汉阴县、旬阳县、商洛市镇安县、柞

水县，合计3281通，其中魏晋南北朝28通，隋唐410通，宋金元206通，明代272通，清代1977通，民国317通，年代不详71通。按地域分，陕西省西安市周至县362通，户县353通，长安区596通，蓝田县150通，临潼区102通，汉中市佛坪县129通，西乡县161通，安康市宁陕县325通，石泉县94通，汉阴县160通，旬阳县326通，商洛市镇安县290通，柞水县233通。

(4) 华山区域包括陕西省渭南市临渭区、华县、华阴市、潼关县、商洛市洛南县、丹凤县、山阳县、商南县、河南省灵宝市、卢氏县，合计1040通，其中先秦至两汉2通，魏晋南北朝18通，隋唐21通，宋金元16通，明代145通，清代649通，民国104通，年代不详85通。按地域分，陕西省渭南市临渭区47通，华县42通，华阴市443通，潼关县104通，商洛市洛南县72通，丹凤县275通，山阳县107通，商南县15通，河南省灵宝市18通，卢氏县14通。

在秦岭所涉各县市区，碑刻多有相对集中且主题鲜明的分布点，如玉泉观、伏羲庙、张良庙、武侯祠、灵岩寺、智果寺、五门堰、旬阳文庙、楼观台、重阳宫、草堂寺、长安博物馆、华清池、华山、西岳庙等。此外，仍有大量的碑刻分布在广袤的秦岭山脉之间。

从目前考察的情况看，秦岭碑刻的分布，主要表现为相对集中与广泛分布结合的特点。这样的分布特点，一方面与秦岭的自然条件密切相关，秦岭东西跨度极大，直接决定了其碑刻分布的广泛性；另一方面，碑刻本身就是文化的载体，地域性的文化在碑刻上的体现，表现了碑刻的区域文化特征。所以，各地都会出现相对集中的碑刻文化单元。

二、秦岭南北麓及西秦岭碑刻分布广泛，各执特点

秦岭北麓碑刻以反映古代社会政治、经济及宗教文化为主，主要集中存藏于几个较大的寺庙道观和博物馆内，自西而东，有五丈原诸葛亮庙① 、张子祠②、楼观台③、重阳宫④、草堂寺⑤、长安博物馆⑥、水陆庵⑦、华清池⑧、西岳庙⑨ 等。这些碑刻充分反映了我国古代

① 五丈原诸葛亮庙，位于秦岭北麓山脚下，所见碑刻22通。

② 张子祠，位于秦岭北麓山脚下，是我国北宋著名的思想家、关学领袖张载的讲学之地，所见碑刻8通。

③ 楼观台，位于秦岭终南山下，传为道教始祖老子的讲经之地，所见碑刻80通。又据史料记载，佚碑存文者28通。

④ 重阳宫，位于户县祖庵镇，南接秦岭，北临渭水，是全真教祖师王重阳早年修道和葬骨之地，所见碑刻45通，又据史料记载，佚碑存文者4通。

⑤ 草堂寺，位于秦岭终南山脚下，是东晋十六国时期著名高僧鸠摩罗什译经之地，所见碑刻23通。

⑥ 长安博物馆，位于秦岭终南山下韦曲镇，所见经考古发掘与征集的碑刻300余通。

⑦ 水陆庵，位于秦岭王顺山下，所见碑刻5通。

⑧ 华清池，位于秦岭骊山脚下，所见碑刻25通。

⑨ 西岳庙，位于秦岭华山以北5千米的岳镇，所见碑刻69通。

政治、经济、军事和宗教文化等。如纪念三国时期著名政治家、军事家的诸葛亮庙所存碑刻，反映了三国时期的政治情况及军事战争情况。张子祠所存碑刻，反映了宋代以后儒家重要学派——关学的基本情况及关学主要人物的生平事迹。楼观台和重阳宫所存碑刻，则充分展示了道家学说及全真教的基本情况和重要人物的生平事迹。草堂寺所存碑刻，反映了南北朝时期佛教传入中国后的第一个国家译经场对佛经的翻译情况、三论宗创始人及华严宗第五代祖师的生平事迹。长安博物馆存藏的唐代达官显贵及平民百姓的墓志，反映了唐代社会的政治、经济、军事、宗教、文化等情况。华清池所存碑刻，主要是歌颂临潼温泉及骊山秀美风景的散文诗赋。西岳庙所存碑刻，则反映了历代帝王祭祀华山神灵情况，及历代政客、文人、雅士歌颂华山险峻优美的诗赋等。

秦岭南麓碑刻以反映古代移民安居、道路开通、寺庙道观修建、诗赋游记及社会军事活动为主。碑刻大多散见于大山深处和悬崖峭壁之上，如《廖启权暨桂氏夫妇墓碑》[①]等大批墓碑，竖立于秦岭南麓各个墓冢之前，而《唐敕赐山田》[②]等摩崖题刻则高悬于秦岭南麓峭壁之上。秦岭南麓也有一些碑刻存藏比较集中的场所，如灵岩寺[③]、武侯祠[④]、鸡头关[⑤]、汉中市博物馆[⑥]、张良庙[⑦]、五门堰[⑧]、智果寺[⑨]、宁陕隍庙[⑩]、云雾山天台寺[⑪]、大云寺[⑫]、商州城隍庙[⑬]、丹凤博物馆[⑭]、镇安文庙[⑮]等。灵岩寺所存碑刻一部分反映了古代修筑道路情况，如《郙阁颂》摩崖题刻，就记载了东汉时期李翕重修郙阁栈道析里大桥的过程。《重修灵岩寺正殿偏桥路道碑》[⑯]记载了明天启元

---

① 《廖启权暨桂氏夫妇墓碑》，清道光十二年（1832）刻立。高1.47米，宽0.7米，厚0.2米，墓碑正中楷书“皇清例赠文林郎廖府君讳启权老大人孺人廖太君桂老孺人之墓”，记载墓主人祖籍江南安庆府潜山县，移居洋县之事及墓主人的生平事迹。竖立于洋县茅坪镇大耳耙山腰上。

② 《唐敕赐山田》，唐武德八年（625）题刻。隶书4行，满行26字，文为“敕赐山田周五百里，永远香火。唐武德八年住山沙门真觉大士记”。题刻于宁陕县新矿乡蜡烛山岩边。

③ 灵岩寺，位于略阳县城东南3千米秦岭南麓的嘉陵江畔，因历代文人墨客游览留下数量众多的碑刻，故称“小碑林”，所见碑刻45通。

④ 武侯祠，位于秦岭南麓，所见碑刻66通。

⑤ 鸡头关，位于秦岭南麓山脚下，所见碑刻34通。

⑥ 汉中市博物馆，位于汉中古汉台遗址之上，所见经考古发掘与征集的碑刻30余通。

⑦ 张良庙，位于秦岭南麓紫柏山麓，所见碑刻36通。

⑧ 五门堰，位于城固县城北15千米处，现为五门堰博物馆，所见碑刻40余通。

⑨ 智果寺，位于洋县县城西14千米处，所见碑刻17通。

⑩ 宁陕城隍庙，位于宁陕老县城东北方向的长安河沙洲之上，所见碑刻20通。

⑪ 天台寺，在秦岭南麓石泉县城以北20千米云雾山上，所见碑刻14通。

⑫ 大云寺，建于唐代贞观年间（627—649），武则天时改名大云寺，所见碑刻20余通。

⑬ 商州城隍庙，建于明洪武二年（1369），所见碑刻数通。

⑭ 丹凤县博物馆，位于丹凤县城西南船帮会馆内，所见碑刻20余通。

⑮ 镇安文庙，所见碑刻10余通。

⑯ 《重修灵岩寺正殿偏桥路道碑》，明天启元年（1621）刻立。石灰岩质，圆首，高1.10米，宽0.64米。额楷书“重修碑记”。正文楷书15行，行字不等。首题“重修灵岩寺正殿偏桥路道工完□□碑记”。落款“天启元年岁□□酉三月春立石”。现藏灵岩寺。

年（1621）重修灵岩寺正殿偏桥事件及功德人名等；一部分碑刻反映了灵岩寺历代修建情况及庙产情况，如《邑侯高太尹灵岩寺安置住持并清查常住地碑》[①]，就反映了清代乾隆时期因战争原因，灵岩寺常住地被人侵占引起官司，邑侯高太尹平息官司，并清查常住地，安置住持管理寺庙等事。诗赋游记类碑刻大多见于上述灵岩寺、武侯祠、张良庙等。武侯祠所存碑刻大多反映了诸葛亮的生平伟业及武侯祠修建情况。汉中市博物馆存藏的迁移石门摩崖题刻，反映了古代开通褒斜道的情况。五门堰所存碑刻主要反映了古代水利建设及管理章程等情况。在秦岭南麓所存碑刻中，还有一些反映了川楚白莲教义军和西捻军在此地活动的情况。如《谒诸葛武侯祠暨马征西将军墓碑》[②]记载张徐塽等人所作谒见武侯祠、马超祠诗作，其中记有白莲教义军在此地与官军作战等内容。现藏洛南县麻坪乡的《白莲教战事碑》[③]，记载嘉庆五年（1800）白莲教义军与本地团练鏖战之事。现藏宁陕县城关镇的《筹建护国宫碑》[④]，记载本地筹建护国宫祭祀唐代道人张七瑞，使该宫成为本镇之大观一事，文中涉及捻军在此地活动等内容。

在西秦岭，集中存藏碑刻的单位主要有伏羲庙[⑤]、玉泉观[⑥]、西狭颂景区[⑦]、杜公祠[⑧]等，内容多与当地政治、历史地理、宗教文化等相关。如著名的《西狭颂》摩崖题刻，就反映了东汉武都郡太守李翕率众开天井道的政绩。现藏甘肃徽县吴山的《吴玠墓志》[⑨]，记载了南宋抗金名将吴玠的生平事迹及当时宋朝抗金的情况。现藏玉泉观的《四面道流碑》[⑩]，元大德六年（1302）刻立，四面分别刻“元世祖皇帝褒封制词”、“全真祖宗之图”、“全真道演变过程”、“祖师五篇秘语”，内容皆为有关道教全真道之事，历时700余年，史料价值极为珍贵。现藏伏羲庙内先天殿前西侧的《秦州画卦台新建伏羲庙记碑》[⑪]，

① 《邑侯高太尹灵岩寺安置住持并清查常住地碑》，清乾隆年间（1736—1795）刻立。石灰岩质，高1.48米，宽0.90米。正文楷书21行，满行39字。现藏灵岩寺。

② 《谒诸葛武侯祠暨马征西将军墓碑》，清嘉庆六年（1801）刻立。高0.55米，宽0.76米，厚0.12米。正文行书19行，满行23字。余兆璎、张徐塽撰，王俊章刻。现镶嵌于勉县马超祠墙壁间。

③ 《白莲教战事碑》，清嘉庆六年（1801）刻立。青石质，圆首，高0.90米，宽0.50米。马鸣銮撰书。额篆书“皇清”，两侧分书“日”、“月”。现藏洛南县麻坪乡。

④ 《筹建护国宫碑》，清光绪三十一年（1905）刻立。青石质，圆首，高2.40米，宽1.06米，厚0.14米。现藏宁陕县城关镇。

⑤ 伏羲庙，位于甘肃天水西关，始建于明成化十九年（1483），所见碑刻25通。

⑥ 玉泉观，位于甘肃天水市城北，始建于元大德三年（1299），所见碑刻30余通。

⑦ 西狭颂景区，位于甘肃成县西13千米处的天井山麓鱼窍峡中，所见摩崖题刻23处。

⑧ 成县杜公祠，位于甘肃成县东南3.5千米处的飞龙峡口，所见碑刻12通。

⑨ 《吴玠墓志》，南宋绍兴十二年（1142）刻。残高2.96米，宽1.58米，厚0.31米。额篆书“宋故开府吴公墓志”。正文楷书21行，行字不等。王纶撰。现藏甘肃徽县吴山。

⑩ 《四面道流碑》，元大德六年（1302）刻立。高1.53米，宽0.50米。四面分别刻“元世祖皇帝褒封制词”、“全真祖宗之图”、“全真道演变过程”、“祖师五篇秘语”。现藏玉泉观。

⑪ 《秦州画卦台新建伏羲庙记碑》，明嘉靖十年（1531）刻立。高1.83米，宽0.86米。明翰林院修撰经筵讲官康海撰，陕西按察司佥事高夔书，陕西布政司左参政任洛篆。现藏伏羲庙内先天殿前西侧。

明嘉靖十年（1531）刻立，明翰林院修撰经筵讲官康海撰，陕西按察司佥事高夔书，陕西布政司左参政任洛篆，记述方远宜新建伏羲庙之事。现藏甘肃徽县文化馆的《申革市民碑》①，明崇祯二年（1629）刻立，记载当时市场管理的法规、条文等。现藏甘肃徽县嘉陵镇的《太白庙祈雨碑》②，清道光十五年（1835）刻立，碑文记道光四年（1824）因祈雨，白龙太子显灵降甘霖，人悦心服，作龙头水歌一首，刻于碑上以记。

散见的碑刻在秦岭山上亦可多见，内容多与人物、地理、游记等相关。如《汉武都太守汉阳河阳李翕西狭颂》、《汉武都太守李翕析里桥郙阁颂》、《汉司隶校尉楗为杨君颂》的“三颂碑”，还有《唐敕赐山田》、《新开白水路记》③、《修路记》④、《李吕等修桥摩崖题记》⑤、《游师雄等游记》⑥ 等摩崖题刻，还有终南山汤峪沟内崖壁上明清修路、游历、地名、堪界⑦ 等摩崖，以及华山上的数十处摩崖，都与修筑道路桥梁有关。此外，在今川陕公路33千米处的山脊上竖立有“秦岭”二字路标碑，在今洋县境内秦岭山上竖立有《指路碑》一通等，与当地地理及方位有关。太白县境内秦岭顶峰山神庙竖立的《重修秦岭山神庙碑》⑧，太白县境内秦岭山区竖立的《重修蒿坪寺碑》⑨，洋县境内太白山山顶竖立的《太白庙碑》⑩，户县紫阁峪寒泉北侧的《宝林寺塔碣》⑪，留坝县境内

① 《申革市民碑》，明崇祯二年（1629）刻立。青石质，圆首，通高1.34米，宽0.66米，厚0.19米。额书“申革市民碑记”。正文楷书17行，满行30字。落款“崇祯二年八月吉日徽州知州张鹏起刻”。现藏甘肃徽县文化馆。

② 《太白庙祈雨碑》，清道光十五年（1835）刻立。通高1.39米，宽0.69米，厚0.15米。落款“时道光十五年十二月十六日敬立”。现藏甘肃徽县嘉陵镇。

③ 《新开白水路记》，又名“大石碑”，北宋嘉祐二年（1057）题刻。高2.70米，宽1.80米。额篆书“新修白水路记”六字。碑文楷书26行，满行37字。雷简夫撰并书及篆额。记述了800余年间白水路之兴废变迁和修复情况。题刻于略阳白水江镇小河坝村与甘肃徽县大河乡瓦泉村交界处。

④ 《修路记》，明弘治二年（1489）题刻。高0.50米，宽6.50米。草书7行，共32字。记载当地修筑道路之事。题刻于凤县倒贴金村吴家河西岸崖壁上。

⑤ 《李吕等修桥摩崖题记》，明嘉靖三十七年（1558）、清嘉庆二十年（1815）题刻。南部高0.72米，宽0.4米，文字共5行，每行5—11字不等，记载当地村民出资修桥之事。北部高0.6米，宽0.21米，文字共2行。位于秦岭骆峪碾子坪岩壁上。

⑥ 《游师雄等游记》，北宋元祐八年（1093）题刻。高1.17米，宽0.80米，楷书3行，满行5字，共22字。题刻于秦岭终南山紫阁峪寒泉北侧崖壁上。

⑦ 题刻于秦岭终南山汤峪河上游，共七方，记载当地修路、勘界等事。

⑧ 《重修秦岭山神庙碑》，清嘉庆十五年（1810）刻立。碑文楷书，李殿元撰，郑致和书。记秦岭顶峰山神庙地处南北交通要冲及护佑过往行者之事。竖立于太白县嘴头镇黑龙庙内。

⑨ 《重修蒿坪寺碑》，清道光二十年（1840）刻立。高1.41米，宽0.5米，厚0.15米。现藏秦岭太白山蒿坪寺。

⑩ 《太白庙碑》，清光绪二十九年（1903）刻立。圆首，高1.6米，宽0.73米，厚0.12米。额阴刻楷书“皇清”二字，碑文7行，满行38字。主要记述了徐、王、郑、刘、杨五姓邑民重修太白庙一事。现藏洋县金水镇太白山山顶。

⑪ 《宝林寺塔碣》，北宋元祐七年（1092）刻立。高0.26米，宽0.24米。正文楷书9行，行7至12字不等。现藏户县太平乡紫阁峪宝林寺塔第五层龛内。

紫柏山上竖立的《张真人墓碑》[①]和清嘉庆十年（1805）刻立的《寒溪夜涨碑》[②]等等，则与修建庙宇及宗教人物生平事迹有关，不一而足。

三、秦岭碑刻时间跨度长，名碑荟萃

秦岭碑刻始于先秦迄于民国，时间跨度长。如前所述，秦岭碑刻的历史渊源，可以追溯到我国石刻文字最早的“石鼓文”。自石鼓启其先河，之后的各朝各代均在秦岭立有碑刻，其中有不少在中国历史上具有重要影响的名碑，列举如下。

汉有现藏华山西岳庙，延熹八年（165）刻立的《西岳华山庙碑》；现藏西安碑林博物馆，原竖立于城固县唐仙观小学内，灵帝熹平、光和年间（172—183）刻立的《仙人唐公房碑》，及著名的汉摩崖石刻“三颂碑”等。

晋有现藏华山西岳庙，永兴三年（304）刻立的《华百石都训造碑》[③]等。

北魏有现藏华清池御汤博物馆的《温泉颂碑》[④]；1974年出土于华阴县五方村，现藏陕西历史博物馆，永平四年（511）镌刻的《杨颖墓志》[⑤]；发现于户县庞光镇东焦将村北云游寺遗址，今藏户县文庙的《北魏造像碑》[⑥]等。

西魏有出土于陕西蓝田汤峪乡杨家沟村，现藏水陆庵，大统十四年（548）刻立的《张海珍四面造像碑》[⑦]；1998年出土于长安韦曲北原，大统十六年（550）镌刻的《韦彧妻柳敬怜墓志》[⑧]；1970年与《杨泰墓志》同出土于华阴司家村，现藏西岳庙，大统十七年（551）镌刻的《杨泰妻元氏墓志》[⑨]等。

北周有现藏长安大兆乡小兆村，明帝二年（558）镌刻的《拓拔育墓志》；现藏华山西岳庙，天和二年（567）刻立的《西岳华山神庙碑》；原弃置于户县甘河镇甘河村

---

① 《张真人墓碑》，清咸丰四年（1854）刻立。高0.97米，正中楷书“龙门正宗第十六代羽化恩师上合下清张真人墓”。现藏留坝庙台子村紫柏山。

② 《寒溪夜涨碑》，清嘉庆十年（1805）刻立。高1.08米，宽0.56米，厚0.14米。正中楷书“寒溪夜涨”四字。现藏留坝马道街北樊河岸边。

③ 《华百石都训造碑》，现藏残石三块，1999年出土于西岳庙。

④ 《温泉颂碑》，全称《魏使持节散骑常侍都督雍州诸军事安西将军雍州刺史松滋公河南元苌振兴温泉之颂》，螭首，高1.5米，宽0.70米。额篆书9行，行4字。碑文20行，满行30字。

⑤ 《杨颖墓志》，志长0.52米，宽0.48米。志文魏书24行，满行22字。志题“魏故华州别驾杨府君墓志”。

⑥ 《北魏造像碑》，四棱柱形，高1.18米，宽0.31米。碑四面之下截通体环刻记文与邑子题名，四面共约40行，满行10至11字不等。

⑦ 《张海珍四面造像碑》，长方形。碑文魏体16行，满行23字，共328字。

⑧ 《韦彧妻柳敬怜墓志》，志长、宽均0.45米，厚0.11米。楷书23行，满行23字。志题“故使持节抚军将军豫雍二州刺史阴槃县开国文烈公韦彧妻澄城郡君柳墓铭”。

⑨ 《杨泰妻元氏墓志》，志呈正方形，边长0.43米。志文魏书14行，满行18字。志题“魏故平西将军汾州刺史华阴伯杨保元妻华山郡主元氏志铭”。

桥头，现藏户县文庙，大象二年（580）刻立的《北周造像碑》①等。

隋有2003年出土于长安郭杜镇，现藏陕西省考古研究院，开皇十二年（592）镌刻的《吕思礼墓志》②；1977年出土于华阴县东塬，现私人收藏，开皇二十年（600）镌刻的《杨钦墓志》③；1910年出土于长安县南里王村，后存西安市湘子庙街，1948年入藏西安碑林博物馆，开皇二十年（600）刻立的《孟显达碑》；1975年出土于潼关县亢家寨，现藏潼关县文物局，大业三年（607）刻成的《杨素墓志》④等。

唐有现藏楼观台，武德九年（626）刻立的《大唐宗圣观记碑》；现藏草堂寺，约贞观二十三年（649）刻立的《唐太宗赞罗什法师碑》⑤；原竖立于陕西蓝田县厚镇乡空寂寺内，现藏水陆庵，宝应二年（763）刻立的《唐大福和尚碑》⑥；现藏华县政府大门外，贞元五年（789）刻立的《李元谅碑》；现藏长安兴教寺玄奘三藏舍利塔上，开成四年（839）刻立的《三藏法师玄奘塔铭》；现藏草堂寺，大中九年（855）刻立的《圭峰定慧禅师碑》等。

宋有现藏草堂寺，乾德四年（966）刻立的《重修建福禅院之记碑》⑦；现藏华山玉泉院，大中祥符三年（1010）刻立的《华岳醮告碑》⑧；现藏户县甘河镇马坊村宝峰寺，天圣六年（1028）刻立的《中书门下牒》⑨；现藏户县文庙，熙宁七年（1074）刻成的《马端墓志》⑩；位于灵岩寺，熙宁八年（1075）题刻的《新修白水路纪念碑》和《张百药等游记摩崖题刻》⑪；现藏草堂寺，政和七年（1117）刻立的《权邦彦偈言碑》⑫；现藏灵岩寺，淳熙八年（1181）刻立的《仪制令碑》⑬等。

---

① 《北周造像碑》，通高0.65米。两面造有线刻佛像与侍者以及供养弟子姓名，一面镌刻题记，楷书15行，满行10字。

② 《吕思礼墓志》，志呈正方形，边长0.52米，楷书32行，满行31字。志题“魏故七兵尚书汶阳吕侯墓志”。

③ 《杨钦墓志》，志呈正方形，边长0.70米。盖篆书4行，满行4字。文楷书33行，满行33字。志题“大隋使持节上开府兆燕恒三州诸军事太子左右宗卫率云朔二州道行军总管清水县开国公杨君之墓志”。

④ 《杨素墓志》，志呈正方形，边长0.89米。志文楷书40行，满行48字。志题“大隋纳言上柱国光禄大夫司徒公尚书令太子太师太尉公楚景武公墓志”。

⑤ 《唐太宗赞罗什法师碑》，高0.57米，宽0.58米，厚0.22米。碑文楷书14行，满行15字。

⑥ 《唐大福和尚碑》，螭首龟趺，通高4.65米，宽2.00米，厚0.40米。圭形额内篆刻“大唐空寂寺故大福和尚之碑”十二字。正文21行，满行60字。陆海撰文。

⑦ 《重修建福禅院之记碑》，残，额篆书“重修建福禅院之记”八字。碑文行书，残存19行。

⑧ 《华岳醮告碑》，碑文行书14行，满行36字。

⑨ 《中书门下牒》，高0.61米，宽0.51米，厚0.10米。正文楷书14行，行3至27字不等。

⑩ 《马端墓志》，青石质，呈正方形，边长0.89米。志文楷书32行，满行30字。

⑪ 《张百药等游记摩崖题刻》，正方形，边长0.70米。魏体7行，满行7字，共49字。

⑫ 《权邦彦偈言碑》，高0.26米，宽0.17米。正文7行，满行10字。

⑬ 《仪制令碑》，长方形，高0.60米，宽0.40米，厚0.14米。正中楷书“仪制令”，下并列4行各3字。

金有原立于福昌塔院，现藏长安杜公祠，大定九年（1169）刻立的《守护法藏诫文碑》①；现藏户县文庙，大定十年（1170）刻立的《尚书礼部兴国寺牒》②；现藏秦岭骊山华清池，大定十六年（1176）刻立的《骊山灵泉观凝真大师成道记碑》③；现藏重阳宫，承安五年（1200）刻立的《王重阳书无梦令碑》④；1966年前镶嵌于长安太乙镇原义安院塔上，现藏长安樊村乡道安国师寺，兴定二年（1218）刻立的《苻秦国师塔碑记》⑤；现藏草堂寺，元光二年（1223）刻立的《辨正大师奥公僧录塔铭》⑥及正大三年（1226）刻立的《赵闲闲诗碑》⑦等。

元代有现藏草堂寺，约定宗二年（1247）刻立的《阔端太子令旨碑》；现藏重阳宫，海迷失后元年（1249）刻立的《十方重阳万寿宫记碑》⑧；现藏成道宫，宪宗八年（1258）刻立的《丹阳马真人十劝碑》⑨；现藏重阳宫，至元元年（1264）刻立的《尹宗师碑铭》⑩；现藏重阳宫，至元十二年（1275）刻立的《全真教祖碑》⑪；现藏磻溪宫，至元十八年（1281）刻立的《全真第五代宗师长春演道主教真人内传碑》⑫；现藏重阳宫，延祐元年（1314）刻立的《大元玺书碑》⑬；现藏重阳宫，延祐四年（1317）刻立的《褒封五祖七真制辞碑》⑭；现藏华山全真观，泰定三年（1325）刻立的《太华山创建朝元

---

① 《守护法藏诫文碑》，螭首圭额，高1.01米，宽0.53米。碑文楷书12行，满行26字。

② 《尚书礼部兴国寺牒》，青石质，长方形，高0.89米，宽0.59米，厚0.12米。书体行草相间10行，行字不等。

③ 《骊山灵泉观凝真大师成道记碑》，圆首，高1.30米，宽0.70米。正文23行，满行20字。王缟撰，李辅书，南圭刻。

④ 《王重阳书无梦令碑》，圆首方座，通高2.3米，宽0.7米，厚0.27米。额行书“无梦令”三字。正文行草5行，满行9字。王重阳撰并书，吕道安、毕知常立石。

⑤ 《苻秦国师塔碑记》，圆首，通高1.5米，宽0.7米。额隶书“苻秦国师塔记”六字。正文楷书间以草书34行，满行61字。刘渭撰，张天纲书，樊世亨刻。

⑥ 《辨正大师奥公僧录塔铭》，高0.98米，宽0.49米。额篆书“草堂辨正大师奥公僧录塔铭”十二字。碑文楷书20行，满行40字。释方亨撰，义金篆额，徐繟书。

⑦ 《赵闲闲诗碑》，高0.40米，宽0.61米。碑文行草10行，满行10字。赵秉文撰并书，方亨题跋。

⑧ 《十方重阳万寿宫记碑》，螭首龟趺，通高5.16米，宽1.56米，厚0.5米。圭额篆书“十方重阳万寿宫记”八字。正文楷书35行，满行80字。孟攀鳞撰，张志敬书，孔元措篆，朱志完、杨口松同镌，田大明、田大器、田大成等建。

⑨ 《丹阳马真人十劝碑》，圆首方座，通高1.68米，宽0.5米，厚0.12米。额阴刻正书“丹阳真人十劝”六字。碑文楷书，分上下两栏镌刻。

⑩ 《尹宗师碑铭》，高3.55米，宽1.4米，厚0.38米。弋彀撰，员择书，李赞篆。

⑪ 《全真教祖碑》，螭首方座，通高5.12米，宽1.48米，厚0.5米。额篆书“终南山神仙重阳王真人全真教祖碑”十五字。碑文楷书36行，满行84字。金源璹撰，李道谦书并篆，高道宽、申志信、张志悦立石。

⑫ 《全真第五代宗师长春演道主教真人内传碑》，高2.57米，宽1.19米，厚0.26米。

⑬ 《大元玺书碑》，螭首龟趺，通高4米，宽1.1米，厚0.35米。额阴文篆书“皇帝玺书”四字。碑文蒙汉文合刻。

⑭ 《褒封五祖七真制辞碑》，螭首龟趺，通高4米，宽1.24米，厚0.4米。额篆书“皇元褒封全真五祖七真制辞”十二字。正文行书，分三截镌刻。孙德彧书。

洞之碑》[①]等。

明代有现藏华山西岳庙，洪武三年（1370）刻立的《诏示岳镇海渎碑》[②]；现藏终南山净业寺，天顺四年（1460）刻立的《唐宣律师遗迹塔铭》[③]；现藏伏羲庙，嘉靖三年（1524）刻立的《重建伏羲庙记碑》[④]；现藏户县草堂营学校，嘉靖二十一年（1542）刻立的《重云山图碑》[⑤]；原立华山青柯坪，今置华山莎萝坪，嘉靖三十年（1551）刻立的《华山始建青柯馆记碑》[⑥]；现藏五门堰，万历六年（1578）刻立的《敕谕儒学碑》[⑦]和万历十年（1582）刻立的《重修五门堰碑》[⑧]；现藏洋县文博馆，万历十六年（1588）刻立的《智果寺圣谕碑》[⑨]等。

清代有现藏华山北峰，顺治十三年（1656）刻立的《重修白云峰碑记》[⑩]；现藏华山玉泉院，顺治十七年（1660）刻立的《朝山建醮碑》[⑪]；现藏华山峪口，康熙二十一年（1682）刻立的《五岳真形图碑》[⑫]；现藏华山白鹿坎，康熙三十四年（1695）刻立的《重修白衣大士堂序碑》[⑬]；现藏甘肃两当县土峰村，康熙三十五年（1696）刻立的《土峰沟石窟寺碑》[⑭]；现藏华山西岳庙，咸丰九年（1859）刻立的《公议军需局章程碑》[⑮]；现藏宁陕县城隍庙，光绪三十一年（1905）刻立的《筹建护国宫碑》[⑯]等。

民国有现藏华山革命公墓，十四年（1925）刻成的《胡景翼墓志》[⑰]；现藏华山西岳庙，十六年（1927）刻立的《冯玉祥施政纲领碑》[⑱]；现藏长安兴教寺，二十年（1931）

---

① 《太华山创建朝元洞之碑》，螭首龟趺，高5.01米，宽1.2米。额篆书“创修朝元洞碑”六字。正文楷书27行，满行64字。

② 《诏示岳镇海渎碑》，圆首龟趺，高8.28米，宽1.90米，厚0.72米。正文楷书19行，满行40字。

③ 《唐宣律师遗迹塔铭》，正方形，边长0.52米，正文楷书28行，满行28字。

④ 《重建伏羲庙记碑》，高2.1米，宽1.08米。陕西按察司副使提督学政唐龙撰，成文篆，翟鹏书。

⑤ 《重云山图碑》，高1.38米，宽0.75米。图上端阴刻篆体横书“重云山图”四字。图下有楷书35字。

⑥ 《华山始建青柯馆记碑》，圆首，高2.2米，宽0.97米。额篆书“华山始建青柯馆记”八字，正文楷书26行，满行48字。

⑦ 《敕谕儒学碑》，高1.54米，宽0.92米，厚0.2米。额镌“敕谕”二字，正文楷书41行，满行70字。

⑧ 《重修五门堰碑》，高1.78米，宽0.92米，厚0.22米。正文楷书30行，满行73字。

⑨ 《智果寺圣谕碑》，高2.05米，宽0.94米，厚0.24米。额楷书“圣谕”二字。陕西按察司佥事郭元柱、汉中知府田理门和洋县知县李用中立石。

⑩ 《重修白云峰碑记》，高0.35米，宽0.28米。正文楷书16行，满行21字。

⑪ 《朝山建醮碑》，高2.05米，宽0.83米。正文楷书10行，满行48字。

⑫ 《五岳真形图碑》，圆首，高1.5米，宽0.67米。额篆文，图解楷书。

⑬ 《重修白衣大士堂序碑》，圆首，高1.07米，宽0.51米。上部楷书21行，满行16字。下部刻功德者姓名。

⑭ 《土峰沟石窟寺碑》，高1.3米，宽0.7米，厚0.1米，额篆书“重修碑记”四字。正文楷书18行，满行40字。

⑮ 《公议军需局章程碑》，圆首，高2米，宽0.71米。正文楷书26行，满行50字。

⑯ 《筹建护国宫碑》，青石质，圆首，高2.4米，宽1.06米，厚0.14米。

⑰ 《胡景翼墓志》，正方形，边长0.82米。盖篆书“延威将军胡励生之墓志”。志文行书40行，满行42字。于右任撰并书，吴昌硕篆。

⑱ 《冯玉祥施政纲领碑》，圆首，高1.34米，宽0.8米。正文楷书8行，满行13字。

刻立的《重修兴教寺塔记碑》①；现藏洋县万春村，二十三年（1934）刻立的《黄老夫子德教碑》②；现藏华山玉泉院，二十七年（1938）刻立的《抗战阵亡将士纪念碑》③；出土于长安杜曲镇，现藏西安碑林博物馆，三十年（1941）刻成的《朱子桥墓志》④；现藏长安圣寿寺，三十二年（1943）刻立的《莲宗十三祖印光大师塔铭》⑤；现藏西乡县金洋堰，三十七年（1948）刻立的《保护金洋堰布告碑》⑥等。

上述碑刻历史时间跨度长，充分彰显了秦岭碑刻的系统性；名碑荟萃，又彰显了秦岭碑刻的历史价值所在。

四、秦岭碑刻形制齐全，文体多样

秦岭碑刻从形制上可分为以下五类，每类中的碑刻文体或有多样⑦。

第一类为碑。竖立于地上，刻有文字的称为碑。完整者有碑首、碑身、碑座。碑又分为卧碑、竖碑。卧碑现藏不多，有华山西岳庙存藏的《乾隆卧碑》⑧，是一通乾隆皇帝为西岳庙颁授的牌匾碑；户县文庙存藏的《敕旨榜文卧碑》⑨，为明代开国皇帝朱元璋为振兴教育颁布的一通碑刻；城固杨侯禅院存藏的《重修杨侯院碑》⑩，记载杨侯院在明朝末年被毁，僧人渊坤于清顺治初年重修事等。竖碑现藏较多，碑刻文体多样。一是公文碑。如华山西岳庙存藏的《忽必烈敕光宅真人董若冲圣旨碑》⑪；太白王家堎乡存藏的《督宪牌示碑》⑫。二是乡规民约碑。

---

① 《重修兴教寺塔记碑》，高0.51米，宽0.68米。文行书24行，满行18字。康寄遥撰，释太虚书，郭希安刻。

② 《黄老夫子德教碑》，青石质，通高1.7米，宽0.72米，厚0.1米。碑文21行，满行58字。正中楷书“清例授修职郎候铨儒学训导戊申廪员生正中黄老夫子德教碑”。

③ 《抗战阵亡将士纪念碑》，高0.95米，宽0.8米。

④ 《朱子桥墓志》，长0.93米，宽1.03米。盖文阴刻草书3行，满行4字。志文楷书47行，满行44字。叶恭绰撰并书，于右任篆盖，郭希安刻。

⑤ 《莲宗十三祖印光大师塔铭》，长0.61米，宽0.53米。铭文行书28行，满行22字。释太虚撰，张凤翙书，郭希安刻。

⑥ 《保护金洋堰布告碑》，高0.8米，宽0.48米，厚0.14米。碑文楷书20行，满行15字。

⑦ 碑刻是内容与形式的统一，从形制上对碑刻进行分类，不可能回避碑刻的内容。本书第五章将集中从内容上对秦岭碑刻进行略述，为避免重复，本章的分类涉及碑刻内容时，将作简单叙述，以便下一章进一步叙述。

⑧ 《乾隆卧碑》，清乾隆四十年（1775）刻立。长3.5米，宽4.75米。正面为乾隆皇帝御笔“岳莲灵澍”四字，背面为毕沅撰书的“恳圣颁匾”碑。

⑨ 《敕旨榜文卧碑》，明洪武十五年（1382）刻立。长2.32米，宽1米，厚0.37米。正文楷书66行，满行23字。

⑩ 《重修杨侯院碑》，清顺治十四年（1657）刻立。青石质，长0.82米，宽0.51米，厚0.08米。正文楷书16行，满行14字。首题“重修杨侯院碑记”。

⑪ 《忽必烈敕光宅真人董若冲圣旨碑》，元至元十二年（1275）刻立。长2.16米，宽0.75米。席珍书。为元帝忽必烈敕光宅真人董若冲圣旨，令人不得骚扰庙宇。

⑫ 《督宪牌示碑》，清嘉庆四年（1799）刻立。页岩质，方首，高1.58米，宽0.81米，厚0.1米。碑文楷书。兵部尚书督察院右都御史陕甘总督茶马松颁文。记载革除贪墨、勒索百姓等积弊而颁立的有关使用民差、摊派鸡鸭、拉用民马、收取酒税等条规。其中有白莲教义军在本地活动等内容。

如勉县勉阳镇存藏的《刘旗营贾旗寨村规碑》[①]；城固双井村存藏的《双井乡规碑》[②]；宁陕皇冠镇存藏的《公和兴会公议条规碑》[③]。三是记事碑。如华清池存藏的《华清宫建雷神殿碑记》[④]；户县石井乡存藏的《新兴寺碑记》[⑤]等。四是告示碑。如旬阳蜀河镇存藏的《知县告示碑》[⑥]；旬阳县泰山庙存藏的《北路兰草坪铺刊禁赌碑》[⑦]。五是契约碑，如洋县华阳镇存藏的《公帮议举条规碑》[⑧]；旬阳仙河乡存藏的《卖地文契碑》[⑨]；石泉饶峰镇存藏的《卖房田地文契碑》[⑩]。六是墓碑。如略阳存藏的《刘继先墓碑》[⑪]；户县王丰川墓前存藏的《王丰川墓碑》[⑫]；宁陕存藏的《杨应瑚墓碑》[⑬]；城固张骞墓前竖立的《张骞墓碑》[⑭]；柞水存藏的《吴景贵墓碑》[⑮]等。七是神道碑。如原藏临渭区白居易族墓，现藏西安碑林博物馆的《白敏中神道碑》[⑯]；原竖勉县张氏祖茔，现藏勉县文物管理所的《张武南神道碑》[⑰]；旬阳

---

① 《刘旗营贾旗寨村规碑》，清乾隆五十八年（1793）刻立。青石质，高 0.55 米，宽 0.68 米。碑文楷书 24 行，满行 22 字。镌刻当地民俗乡规。

② 《双井乡规碑》，清道光十八年（1838）刻立。青石质，圆首，高 1.24 米，宽 0.58 米，厚 0.11 米。碑文楷书。记载了当地立社演戏成风，县令富某下令禁止之事。

③ 《公和兴会公议条规碑》，清同治三年（1864）刻立。青石质，高 1.78 米，宽 1 米，厚 0.18 米。碑文楷体。张洪运撰。记载本地乡绅公议制定公和兴会条规，以公置地产余利支付乡约、保正薪资一事等。

④ 《华清宫建雷神殿碑记》，明成化十五年（1479）刻立。高 1.5 米，宽 0.87 米。碑文 21 行，满行 37 字。赵鎧撰并书，杜缙篆，赵普中刻。记述了明正统十三年（1448）因大旱求雨，修庙宇之事。

⑤ 《新兴寺碑记》，清光绪二十五年（1899）刻立。圆首方座，通高 1.65 米，宽 0.6 米，厚 0.13 米。额楷书“皇清”二字。碑文楷书 11 行，满行 36 字。张兆瑞撰。记载了户县新兴寺历史及整修经过、寺内地产及寺规。

⑥ 《知县告示碑》，清同治六年（1867）刻立。青石质，圆首方座，高 1.25 米，宽 0.65 米。碑文楷书 8 行，满行 20 字。为严禁蜀河口埠头帮差借装载客和讹索过往船户的告示。

⑦ 《北路兰草坪铺刊禁赌碑》，清光绪三十四年（1908）刻立。高 0.45 米，宽 0.87 米。碑文 22 行，满行 10 字。为朝廷颁布的关于严禁聚众赌博及虚报诬蔑的告示。

⑧ 《公帮议举条规碑》，清同治十一年（1872）刻立。石灰石质，高 0.87 米，宽 0.5 米，厚 0.09 米。碑文楷书 11 行，满行 17 字。镌刻了华阳营公帮议举的约定条规。

⑨ 《卖地文契碑》，清光绪十七年（1891）刻立。青石质，高 0.46 米，宽 0.66 米。为泗王庙置买乡民杨德发坡地的文契。

⑩ 《卖房田地文契碑》，清光绪十八年（1892）刻立。额题“文约万古”四字。碑文为乡民徐文斗因欠债沉重，特将自家房屋、水田卖与他人的契约。

⑪ 《刘继先墓碑》，明崇祯六年（1633）刻立。石灰石质，通高 3.7 米，宽 0.95 米，厚 0.27 米。额竖书“恩荣”二字。碑正中楷书“明敕封承德郎初授承天府别驾再任湖州府斗岳刘公之墓”。

⑫ 《王丰川墓碑》，清乾隆五年（1740）刻立。圆首方座，通高 2.32 米，宽 0.74 米，厚 0.19 米。碑正中隶书“大清理学名儒丰川王先生之墓”。陈世倌题。

⑬ 《杨应瑚墓碑》，清嘉庆三年（1798）刻立。高 1.25 米，宽 0.65 米。碑文楷书。记载墓主祖籍地、生平事迹等。碑正中楷书“清故先考杨应瑚号时德老大人之墓位”。

⑭ 《张骞墓碑》，清光绪五年（1879）刻立。平首方趺，高 1.12 米，宽 0.65 米，厚 0.14 米。胡瀛涛撰，王润书。记载汉博望侯张骞的生平事迹。

⑮ 《吴景贵墓碑》，民国十一年（1922）刻立。正中楷书“故显考吴公景贵大人之墓”。

⑯ 《白敏中神道碑》，唐咸通三年（862）刻立。尖首方座，残高 3.4 米，宽 1.15 米，厚 0.38 米。碑文楷书 37 行。记载白敏中的生平、历官、事迹等。

⑰ 《张武南神道碑》，明万历四十七年（1619）刻立。青石质，圆首，下部深埋于土中，可见高 1.68 米，宽 0.77 米，厚 0.22 米。碑文楷书 7 行，满行 22 字。碑正中楷书“诰赠显考金吾将军武南张公妣夫人王氏神道”。记载张武南的生平事迹。

甘溪镇存藏的《钟公神道碑》[①]等。八是传记碑。如华县存藏的《郭子仪碑》[②]；秦岭华山革命公墓存藏的《姜感思医士纪念碑》[③]，是英国传教士姜感思来华传教行医等事迹记述；原立户县庞光镇史德性烈士墓前，现藏户县文庙的《史德性烈士传碑》[④]，记载了史德性生平事迹；户县秦渡镇存藏的《郭仰山世行传略》[⑤]，记载郭仰山的生平事迹及品行等。

第二类为碣。矩形或方形石板镶嵌于墙体上，或呈不规则形状放置于地下刻有文字的称为碣，其文体亦多样。如陈仓区存藏的《宋元祐碣》[⑥]，略阳白水江镇铁佛寺存藏的《铁佛寺宝塔碣》[⑦]，临渭区存藏的《庆安寺重修宝塔碣》[⑧]，洋县庙垭村存藏的《文昌至圣神会碑记碣》[⑨]，略阳徐家坪镇存藏的《清溪小引碣》[⑩]，太白嘴头镇存藏的《献黑龙江碣》[⑪]，嵌于勉县鸡头关道观内清代至民国30余方碣，有“佑安行人”、“感而遂通”、“一路平安”、“如斯响应”、“辅汉遗风”、“有求必应”等内容，再如长安圣寿寺存藏的《观音大士伏龙赋碣》[⑫]，嵌于洋县长溪乡文昌庙正殿山墙上的《文昌至圣神会碑记碣》[⑬]，勉县马超墓墙壁镶嵌的《谒马超墓碣》[⑭]等。

---

① 《钟公神道碑》，清宣统三年（1911）刻立。圆首，通高2.27米，宽0.88米，厚0.12米。额题“西山卯向”，碑正中楷书“皇清诰授奉政大夫吏部考功吏司郎中钟公神道碑”。

② 《郭子仪碑》，北宋嘉祐六年（1061）立石，明隆庆元年（1567）重刻。青石质，高2.7米，宽1.5米，厚0.36米。碑文楷书43行，满行70字。王彰撰。首行题“唐尚父汾阳王郭忠武王碑”。

③ 《姜感思医士纪念碑》，民国四年（1915）刻立。长1.35米，宽0.65米。碑文楷书15行，满行36字。

④ 《史德性烈士传碑》，民国八年（1919）刻立。残高1.04米，宽0.56米。碑文楷书13行，行存33字。南复堂撰，张厚坤书，□□升篆。

⑤ 《郭仰山世行传略》，民国二十二年（1933）刻立。圆首，首高0.37米，宽0.11米；身高1.35米，宽0.66米，厚0.15米。额楷书“民国”二字。碑文楷书22行，满行55字。

⑥ 《宋元祐碣》，北宋元祐七年（1092）刻。上刻“吴子平之部行宝鸡留此少顷。元祐壬申季冬”字样。

⑦ 《铁佛寺宝塔碣》，明正德十三年（1518）刻。镶嵌于宝塔底层，砖石质。为供养人祈求国泰民安的题名记。

⑧ 《庆安寺重修宝塔碣》，明嘉靖三十七年（1558）刻。青石质，嵌于塔身二层龛内，首题“大明国陕西西安府渭南县来化镇庆安寺重修宝塔记”。记载建塔缘由及重修事宜。有关于明代嘉靖关中大地震的记载。

⑨ 《文昌至圣神会碑记碣》，清光绪十二年（1886）刻。长0.88米，宽0.46米。正文楷书23行，满行17字。文记当地乡绅捐资修建学校，提倡教育立国之事。

⑩ 《清溪小引碣》，清乾隆三十年（1765）刻。青石质，方首，高0.44米，宽0.49米。碑文21行，满行19字。廷佐撰并书，高嘉寿刊。首行“清溪小引”四字。记述了山西高家寿游览徐家坪清溪的游记。

⑪ 《献黑龙江碣》，清道光十一年（1831）刻。汉白玉质，长0.63米，宽0.33米，厚0.20米。正中楷书“献黑龙江”四字。

⑫ 《观音大士伏龙赋碣》，清道光二十九年（1849）刻。高0.78米，宽1.33米，厚0.95米。文楷书34行，满行20字。文末附《释迦谱》及按语，楷书6行，满行38字。沙门午峰书。记隋时长安五台山大士伏龙的传说。

⑬ 《文昌至圣神会碑记碣》，清光绪十二年（1886）刻。边框用青砖镶砌，长0.88米，宽0.46米。文楷书23行，满行17字。记载王有升等20余人捐资修建学校事宜。

⑭ 《谒马超墓碣》，清嘉庆六年（1801）刻。高0.55米，宽0.76米，厚0.12米。文行书19行，满行20至23字不等。余兆璎、张徐堧题，王俊章镌。记载张徐堧等人所作谒见武侯祠、马超祠的诗作。另有关于白莲教义军在此地与官军作战的记载。

第三类为墓志。与逝者同室而置，埋葬于地下，记载墓主生平、事迹、籍贯、族系、职官、妻、子、葬地等内容的称为墓志。如出土于华阴五方村的北魏杨氏家族杨颖等数方墓志，出土于长安大兆乡的北周皇族《拓拔育墓志》，出土于长安郭杜镇的《吕思礼墓志》，出土于长安航天基地的《范天祐墓志》①，出土于户县张良寨、现藏户县文物管理委员会的《贺胜墓志》②，出土于长安韦曲、现藏西安碑林博物馆的《耶律世昌墓志》③，出土于长安、现藏长安区博物馆的《唐玉真墓志》，出土于略阳王家坪、现藏灵岩寺的《赵近臣墓志》④，出土于潼关沙坡、现私人收藏的《孙瑞翁墓志》⑤，出土于户县宋村、现藏户县文物管理委员会的《杨子威墓志》⑥，出土于华阴的《胡景翼墓志》，出土于蓝田三里镇的《杨仁天墓志》⑦ 等。另外，置于塔下或镶嵌于塔外，记载塔主生平、事迹、道行等内容的塔铭，亦为墓志之一种。如出土于秦岭终南山楩梓谷的《王居士砖塔铭》⑧ 、原藏长安神禾原香积寺的《净业法师灵塔铭》⑨、长安少陵原兴教寺存藏的《唐三藏玄奘塔铭》和《基公塔铭》⑩、户县草堂寺的《辨正大师塔铭》等。

第四类为造像题记。发愿人于造像碑身题记留名，记载造像缘由及造像人发愿文为造像题记。如出土于蓝田汤峪乡的《张海珍四面造像题记》，出土于华县金惠乡的《朱黑奴造像题记》⑪，现藏户县文庙的《北周造像题记》，现藏城固县文化馆的《石黑奴造像题记》⑫，现藏

① 《范天祐墓志》，宋熙宁八年（1075）刻。2010年出土于宋永兴军万年县洪固乡，即今长安区航天产业基地。记载范天祐的生平事迹及高尚品行。

② 《贺胜墓志》，元泰定四年（1327）刻。志长1.72米，宽1.03米，厚0.22米。盖隶书“大元故左丞相开府仪同三司上柱国赠推忠宣力保德功臣太傅谥惠悯贺秦国公墓志”九行三十六字。志文楷书85行，满行43字。虞集撰，同恕题盖，高绣书。

③ 《耶律世昌墓志》，元泰定三年（1326）刻。志长0.52米，宽0.51米。盖行书“元故安西路耀州尹耶律君墓”十二字。志文楷书28行，满行28字。卢惟善撰，刘斎书。

④ 《赵近臣墓志》，明万历三十一年（1603）刻。志长0.55米，宽0.75米，厚0.16米。志文楷书36行，满行25字。李培根撰。

⑤ 《孙瑞翁墓志》，清乾隆十二年（1747）刻。志长0.52米，宽0.40米。志文楷书36行，满行40字。徐尔温撰，李沛书。

⑥ 《杨子威墓志》，清道光元年（1821）刻。志石共二方，皆长0.45米，宽0.36米，厚0.06米。第一石右上方篆书“皇清恩赐粟帛太学生子威杨公墓志”十六字。志文楷书27行，满行19字。贾一中撰并书。

⑦ 《杨仁天墓志》，民国二十九年（1940）刻。石灰岩质，边长0.75米，厚0.10米。志文草书17行，满行25字。于右任撰并书，张继篆盖，郭希安刻。

⑧ 《王居士砖塔铭》，唐显庆三年（658）刻。正方形，边长0.45米，厚0.08米。志文楷书17行，满行17字。上官灵芝撰，敬客书。

⑨ 《净业法师灵塔铭》，唐开元十二年（724）刻。长0.68米，宽0.74米。志文楷书26行，满行24字。毕彦雄撰。现藏西安碑林博物馆。

⑩ 《基公塔铭》，唐开成四年（839）刻。长0.57米，宽0.84米。志文行书40行，满行23字。李弘庆撰，沙门建初书。

⑪ 《朱黑奴造像题记》，北魏刻立。圭形，高1.73米，上宽0.38米，下宽0.57米，厚0.23米，四面刻供养人题名。现藏西安碑林博物馆。

⑫ 《石黑奴造像题记》，晋太康八年（287）刻立。通高0.45米，宽0.32米，厚0.14米。雕佛像一尊，下座莲台。碑阴刻魏体铭文7行，行14至18字不等。

太白县文化馆的《唐代造像题记》[①]，灵岩寺存藏的《塑修大佛像题记》[②]，石泉两河镇存藏的《川主庙增修神像题记》[③]等。

第五类为摩崖题刻。就山崖方便之处刻字留存者称为摩崖题刻。陕西石门是古代褒斜道上的一个隧道，在隧道东西两壁和洞外山崖绝壁上，刻有汉代以来历代官员文人的留诗与题名或记事题刻，其中最为著名的是以汉代的《鄐君开通褒斜道》、《故司隶校尉楗为杨君颂》和北魏的《石门铭》为代表的“石门十三品”等摩崖题刻[④]。另有陕西凤县境内明代文岗题刻的“千流飞雪”等摩崖题刻，城固境内建基岩上“山阳春岗”等摩崖题刻，留坝境内的“紫柏留仙”等摩崖题刻和“汉张留侯辟谷处”、“收秦关”、“成功不居”、“功业垂宇宙”等摩崖题刻，宁陕的“月亮滩”等摩崖题刻，太白山上“老君洞”摩崖题刻，城固境内滴水崖“灵气成云”等摩崖题刻，宁陕境内油坊坪上“秦府牧羊山坡”等摩崖题刻，秦岭少华山上“五言律诗”等摩崖题刻，都是秦岭摩崖较为著名者。特别值得一提的是西岳华山，千百年来登临者络绎不绝，文人墨客以书寄情，题刻的摩崖刻石达200余处，如“云台峰”、“王猛台”、“中天积翠”、“华峰第一”、“一览众山小”、“天地奇观”、“天然变化”等摩崖，成为秦岭浑厚人文景致的代表。

---

① 《唐代造像题记》，唐天宝元年（742）刻立。汉白玉质，圆首，高0.7米，宽0.49米。碑身浮雕一佛二弟子，右边方框内有“大唐天宝元年岁次壬午四月八日书立，丰为□□七代先亡见存一□造”题记。

② 《塑修大佛像题记》，高0.48米，宽0.64米，厚0.16米。碑分三段，前段记塑修大佛事，魏体字6行，满行16字，明正德六年（1511）刻；中段记补塑诸佛事，楷书5行，满行15字，清乾隆四十八年（1783）刻；后段题五言绝句1首，楷书5行，满行9字，清嘉庆十四年（1809）王淑躬题。

③ 《川主庙增修神像题记》，民国三年（1914）刻立。青石质，圆首，高0.9米，宽0.75米，厚0.04米。首楷书“永垂千古”四字。碑文楷书。记述了川主庙增修神像的经过。

④ 位于古褒斜栈道南端石门隧道两壁及褒河沿岸悬崖上，凿移至汉中市博物馆的十三件摩崖题刻的合称。

第五章 秦岭碑刻内容概述

秦岭碑刻内容涉及中国古代及近代政治、经济、文化、历史、民俗、宗教、人物等诸多方面。同时，碑刻作为特殊的古代文献载体，也可以从古籍文体规范来把握秦岭碑刻的内容。因此，秦岭碑刻从内容上可分为纂言、记事、述德、路标、经文、文学艺术等六大类，每类中可进一步划分出不同子项。

一、纂言类碑刻

秦岭碑刻中数量最多者为纂言类碑刻。纂言或为撰述，韩愈《进学解》云："记事者必提其要，纂言者必钩其元[①]"。此类碑刻可分为以下几种：

(1) 公文案牍碑，为各级政府颁布的公文碑刻。如楼观台存藏的《宗圣宫设五品提点所公文碑》[②]，是元朝针对各处宫观没有专门职官管辖，致使钱粮物品多少无从查考，批准于奉元路大重阳万寿宫等处宫观设立提点所，行使官方簿书权，特刻石予以颁布。重阳宫存藏的《大蒙古国累朝崇道恩命之碑》[③]，是多道蒙古国诏书碑刻，第一、二道诏书讲述成吉思汗建国立业之不易和所取得的成就，以及礼贤下士、尊崇道教，邀请丘处机传道等事迹。其中有四道圣旨是免去道教差发赋税、授权丘处机管理天下道教事务、有关道士婚姻及饮食、令清和真人尹志平等挑选德行清高之道人向皇帝讲道论经；两道令旨一是阔端太子令相关官员保护重阳万寿宫，一是弥里杲带太子允准重阳宫建玉皇楼观等处宫观，并令当地官员保证宫观安全等。陕西五门堰存藏，明万历六年(1578) 刻立的《敕谕儒学碑》，是明神宗敕谕地方办学的碑刻，共计十六条，对违纪

① （清）董诰等编：《全唐文》卷五百五十八，北京：中华书局，1983 年，第 5646 页。

② 《宗圣宫设五品提点所公文碑》，元至正元年 (1341) 刻立。圆首方趺，高 1.50 米，宽 0.80 米，厚 0.18 米。碑文楷书 17 行，满行 30 字。

③ 《大蒙古国累朝崇道恩命之碑》，蒙古宪宗元年 (1251) 刻立。螭首，四方龙座，通高 3.96 米，宽 1.13 米，厚 0.31 米。主额篆书"大蒙古国累朝崇道恩命之碑"。碑文楷书。李庭撰，石志坚书并篆。分四截刻，共镌诏书二、圣旨四、令旨二及序文。

学生以及对教师与各级官吏在入学、考试、举贤、请封等方面徇私舞弊者，均有处分的规定。陕西智果寺存藏，明万历十四年（1586）刻立的《智果寺圣谕碑》，分《敕谕碑》、《御制圣母印施佛藏经序》和申时行所撰的《圣母印施佛藏经赞有序》三部分，记载明万历皇帝敕谕智果寺住持及僧众人等，将圣母慈圣宣文明肃皇太后颁布给本寺的佛教藏经四十一函，"务须庄严持诵，遵奉珍藏"，"以垂永久"，以及申时行奉敕撰写的颂扬皇帝、皇太后盛德的赞序。

（2）乡规民约碑，为民众自发议定的规约碑刻。有洋县上溢水村存藏的《乡规民约碑》①，记载上溢水村村民共议的乡约十条，包括禁止聚众赌博、不孝不悌、酗酒闹事、奸淫邪盗、自私自利、欺压善士等。智果寺存藏的《智果寺成立保甲联防碑》②，是智果寺合乡公议的抗盗贼条款碑刻，详为智果寺前社后社暨黄郑二村白庙村绅耆老民乡地人等，共立此约："倘一家被窃赶贼，比邻齐出帮赶；即不幸而有不测之患，其费用多少，亦合乡公议，随其事之轻重，酌量摊派"等。宁陕梅子乡存藏的《契约碑》③，记载道光十六年（1836）置买石姓田地的四至范围，田地收获的分配情况以及中证人姓名、工匠和代笔人姓名，是买卖双方订立的一份契约书。陕西凤县双石铺乡存藏的《买卖土地契约碑》④，碑两面刻有三份买卖土地契约，内容详细记载土地交易的过程、四至和地价、税银等，以及地媒人、中见人、户族见证人等。

（3）告示碑，为政府或乡里或社会贤达就某事发布的告示碑刻。有太白县王家堎乡存藏的《除弊安民告示碑》⑤，是清政府明令地方官吏体察"地瘠民贫"的现状，革除军营"官索夫马价，兵索口岸钱"的积弊，并要"永除积弊，严禁需索，而安地方"等。城固县桔园镇存藏的《禁止赌博碑记》⑥、甘肃两当县广香苑存藏的《禁赌博碑》⑦，都是官府明令禁止聚众赌博，以为赌博伤风败俗，违者严加治罪，绝不姑息的告示。

① 《乡规民约碑》，清光绪二十五年（1899）刻立。青石质，圆首，高1.21米，宽0.56米，厚0.13米。额篆书"皇清"二字。碑文楷书17行，满行34字，首题"从来淳风可淳浇俗宜挽如我"。

② 《智果寺成立保甲联防碑》，清道光二十年（1840）刻立。高1.00米，宽0.52米，厚0.14米。碑文楷书10行，满行28字。

③ 《契约碑》，清道光二十二年（1842）刻立。青石质，残高0.80米，宽0.60米，厚0.15米。

④ 《买卖土地契约碑》，清光绪十三年（1888）刻立。砂岩质，圆首，身首一体，通高0.88米，宽0.55米，厚0.06米。碑阳额楷书"青峰山"三字，正文楷书11行，满行18字。题为"立卖生熟山地房屋基址园圃文契人黄宗元"。碑阴楷书17行，满行24字。题为"宝德寺主持乐山和尚于寺内所买地土开列于碑永远为记"。

⑤ 《除弊安民告示碑》，清光绪九年（1883）刻立。砂岩质，圆首，身首一体，通高1.16米，宽0.60米，厚0.08米。碑文楷书11行，满行35字。

⑥ 《禁止赌博碑记》，清道光二年（1822）刻立。青石质，通高1.05米，宽0.48米，厚0.13米，碑文楷书8行，满行30字。

⑦ 《禁赌博碑》，清道光元年（1821）刻立。高1.60米，宽0.80米，厚0.12米。额题"皇清禁赌博"五字。碑文楷书24行，行34字。

宁陕筒车湾镇存藏的《禁止淘金告示碑》[①]，为汉中镇宁陕营参府发布的命令，禁止乡民淘金，以妨碍驻军营地、道路之事。太白嘴头镇存藏的《正风规事碑》[②]，记述招垦里六甲为整顿集市贸易秩序，特公议订立条规：规定今后粮食买卖不得随意定价，乡民杀猪卖肉缴纳100文管理费用，牛马上市买卖双方直接交易等。

(4) 诉讼碑，为某事诉讼结果的碑刻。如户县草堂镇大园寺存藏的《争山讼碑》[③]，记载西安府申金柳、觉祥等人互控争夺山地详由，经勘查了解取得证据，断案双方拥有地亩四至，以永息讼端。陕西渭南临渭区崇凝乡存藏的《崇凝告示碑》[④]，记载渭南县正堂韩氏奉陕西提刑按察使司礼部尚书川陕总督席氏批据，处理本邑孙士僎于尹村“纠合乡愚，私立集场，把持行市”引起纠纷一案，判决孙士僎“枷号一月，责三十杖”，并取缔尹村集场一事。华县金惠乡存藏的《公断渠水碑》[⑤]，记载了华县雷家村与支家村用水纠纷及县府断案经过。原藏勉县泉水堰，现藏张鲁女墓亭内的《处理泉水堰纠纷碑》[⑥]，记载汉中小中坝泉水堰历年用水纠纷，及官府断案平息争斗，用水双方私下协议和平解决用水问题等。

(5) 制诰碑，为皇帝为某事某人所作的嘉许或诰命碑刻。如现藏于户县文庙，清康熙四十一年（1702）刻立的《御制训饬士子文碑》[⑦]，是康熙皇帝亲自撰文并书的敕谕碑刻，要求学子们要“先立品行”、“朝夕诵读”、“躬修实践”、“敦孝顺以事亲，秉忠贞以立志”、“穷经考义”、“取友亲师”等。户县祖庵镇存藏的《诰赠王元正碑》[⑧]，是明隆庆元年（1567）正月初七日，朝廷对原任翰林院检讨赠奉议大夫光禄寺少卿王元正的诰命碑刻，碑文记载王元正因“刚直抗疏”被流放，死后颁发诰命，以使其“正气长存”，“宠光永贲”。户县白庙村王家坟存藏的《敕命碑》[⑨]，刊刻了明朝廷敕赠

① 《禁止淘金告示碑》，清道光二十九年（1849）刻立。圆首，高0.91米，宽0.69米。额楷书“永远遵行”四字。

② 《正风规事碑》，清同治五年（1866）刻立。石灰岩质，圆首，身首一体，通高1.62米，宽0.62米，厚0.12米。额楷书“皇清”二字。碑文楷书10行，满行36字。首行题“招垦里六甲为复古制以正风规事”。

③ 《争山讼碑》，清康熙六十年（1721）刻立。圆首，身高1.65米，宽80米。额楷书“皇清永固”四字。碑文楷书24行，满行90字。

④ 《崇凝告示碑》，清康熙四十一年（1702）刻立。圆首，通高1.40米，宽0.53米，厚0.10米。额题“宪台”二字。碑文楷书24行，满行57字。

⑤ 《公断渠水碑》，清乾隆二十七年（1762）刻立。青石质，圆首，高1.64米，宽0.64米。额题“皇清”二字。碑文楷书18行，满行48字。

⑥ 《处理泉水堰纠纷碑》，清咸丰九年（1859）刻立。石灰岩质，圆首，高1.15米，宽0.60米，厚0.15米。碑双面刻。碑阳额篆书“皇清”二字，碑文楷书14行，满行47字。首题“从来水利之兴创立章程无有不善者”。碑阴额篆书“皇清”二字，碑文楷书21行，满行47字，首题“事之有其据宿物之有其本也”。徐步云撰，谢勷勋书。

⑦ 《御制训饬士子文碑》，清康熙四十一年（1702）刻立。圆首，高1.95米，宽0.83米，厚0.17米。额篆书“御制宸翰”。正文楷书15行，满行50字。文末年月处有“康熙御笔之宝”方印一枚。康熙帝撰书。

⑧ 《诰赠王元正碑》，明隆庆元年（1567）刻立。圆首方座，高1.58米，宽0.72米，厚0.18米。额楷书“圣旨”。正文楷书13行，满行30字。

⑨ 《敕命碑》，明崇祯元年（1628）刻立。螭首龟趺，首高0.76米，宽0.82米，厚0.22米。身高1.35米，宽0.79米，厚0.20米。额篆书“敕命”二字。碑文楷书。分四栏镌刻。

故城公为文林郎制命、敕赠徐氏为孺人制命、敕赠管氏为孺人制命等事。临潼博物馆存藏的《诰封怀远将军双鹤张公碑》①，为明万历皇帝诰封太监张恩父为怀远将军的诰命。

(6) 颂碑，为对某物某事的赞颂碑刻。如原立华山西岳庙，现藏西安碑林博物馆，唐开元十三年 (725) 刻立的《述圣颂碑》②，记载祭祀华山及西岳庙的历史，并大加赞颂当时统治者的丰功伟绩。西乡金洋堰存藏的《邑侯刘父母重修金洋堰颂德碑》③，记载金洋堰对于当地百姓的诸多便利与实惠，歌颂了时任县令刘灼带领父老乡亲，不顾烈日炎炎重修金洋堰的业绩。华清池御汤博物馆存藏，北魏元苌撰的《温泉颂碑》，就是颂扬华清池温泉的碑刻，碑记此温泉"乃自然之经方，天地之元医。出于河渭之南，泄于骊山之下"，故"千城万国之氓，怀疾枕疴之客，莫不宿粮而来宾，疗苦于斯水"，告诉人们此温泉乃自然形成，具有疗疾治病之功效。原藏城固蜡神庙，现藏五门堰的《创建蜡神庙里民颂德碑记》④，颂扬了城固县令王邦光"补葺圣庙"、"建立两学衙署"、"重修养济院"、"置义冢"等丰功伟绩。

(7) 劝诫碑，为政府、官员或某人反对或提倡某事某物的劝诫碑刻。如洋县博物馆存藏的《劝农文碑》，就是时任洋州军州事的宋莘撰文并刻石，主要叙述了洋州当时的农业状况，包括房前屋后植树建厕以防疾病，改善环境；农田须深耕细作、施肥灌水以及改进农器具，以提高产量；农户实施井田之法，互相帮助，和谐相处等。户县祖庵成道宫存藏，蒙古宪宗八年 (1258) 刻立的《丹阳马真人十劝碑》，是从道教的立场规劝世人不得犯国法，要尊敬长者、断绝酒色、日省己过、遇宠不惊、知恩必报、慎言节行、常守本分、互相帮助、随时修行等。城固羊吼禅院存藏的《羊吼院警戒碑》⑤，记载王姓某人盗窃羊吼院树木，被严加处罚，因立此碑以警戒众人。陕西灵岩寺存藏的《济世良方碑》⑥，教导人们"发现良心，提倡道德，化除意气，开诚布公，不争权利，守本分，营正业，革除一切奢侈行为"，"实心向善，以身作则"等。

---

① 《诰封怀远将军双鹤张公碑》，明万历八年 (1580) 刻立。螭首龟趺，高 2.08 米，宽 0.84 米。碑文楷书 10 行，满行 75 字。孙继□撰，罗奎书，李时芳篆，高吉刻。

② 《述圣颂碑》，唐开元十三年 (725) 刻立。螭首龟趺，高 2.30 米，宽 0.82 米。额楷书"述圣颂"。正文楷书 19 行，满行 37 字。达奚珣撰序，吕向撰颂并书。

③ 《邑侯刘父母重修金洋堰颂德碑》，清乾隆十七年 (1752) 刻立。圆首，高 1.22 米，宽 0.57 米，厚 0.16 米。额横题"流芳百世"四字。碑文楷书 17 行，满行 34 字。

④ 《创建蜡神庙里民颂德碑记》，清乾隆四年 (1739) 刻立。高 1.38 米，宽 0.62 米，厚 0.14 米。碑文楷书 23 行，满行 55 字。秦天赐撰，杨春晖书。

⑤ 《羊吼院警戒碑》，清光绪十三年 (1887) 刻立。圆首方形，通高 0.99 米，宽 0.51 米，厚 0.10 米。额篆书"皇清"二字。碑文楷书 16 行，满行 21 字。首题"闻之国无旷土虽高岗峻岭皆非无主之地"。

⑥ 《济世良方碑》，民国十二年 (1923) 刻立。高 0.68 米，宽 1.03 米，厚 0.15 米。碑文行书 31 行，满行 21 字。任霈枝书，许文华镌，沈教林立。

(8) 奏疏碑，为官员上奏皇帝的奏疏碑刻。如华山西岳庙存藏的《恳圣颁匾碑》[①]，就是清代陕西巡抚毕沅向乾隆皇帝上的一道奏疏碑刻，毕沅恳请乾隆皇帝为华山题字，希望华山神灵有求必应，乾隆皇帝览奏后为华山题“岳莲灵澍”四字，毕沅率文武僚属出郊跪迎等。草堂寺存藏的《印公开堂疏碑》[②]，为陕西东路京兆府谨请印公堂头作本寺山主住持，为国开堂祝延圣寿所上的奏疏，认为草堂寺乃“宇宙福田，本罗什译经之场，实定慧谈空之境”，不可使“曹溪千载衣钵”，后继乏人，故上疏谨请任命印公为本寺住持，弘传佛法。楼观台存藏，约金代晚期的《祝延圣寿疏》[③]碑拓，为道教全真教栖霞长春子丘真人上疏朝廷，“伏愿当今皇帝永寿齐天，四时协律无灾，万国倾心顺化，乃至邪风不起，道教长兴”的奏疏。

二、记事类碑刻

秦岭碑刻中的第二大类为记事类碑刻，数量亦不少。记事或作叙事留存，以飨后世。此类可分为以下几种：

(1) 记叙寺庙道观学堂营署等建筑、道路桥梁等设施创建和重修碑刻。略阳白水江镇小河村青崖湾处于甘肃徽县大河乡瓦泉村高家山组交界处，有北宋嘉祐二年 (1055) 刻立的《新开白水路记》摩崖题刻，记载时任利州路主客郎中的李虞卿，以秦蜀要道青泥岭旧路高峻险拔，泥泞难行，特自凤州（今凤县）河池驿至兴州（今略阳）长举驿，新修五十一里余长的白水路以便公私之行的修路历程。洋县存藏的《统制李侯重建州治记碑》[④]，记载南宋嘉定十二年 (1219) 金军攻陷洋州，州、郡治尽遭焚毁，知州李信甫抚恤安民、修葺州城，以及绍定四年 (1231) 蒙古军屠洋州、焚州治，次年军统制权知洋州李显忠重建州治的情况。伏羲庙存藏的《重修伏羲庙记碑》[⑤]，是明代前七子之一翰林院修撰经筵讲官康海撰文、陕西按察司佥事张憓书、陕西布政司左参政任洛篆额，记载重修伏羲庙有关事宜的记事碑。华山青柯坪存藏的《创建茶房碑记》[⑥]，记因华山上“善士愈多，

① 《恳圣颁匾碑》，清乾隆四十年 (1776) 刻立。高 3.50 米，宽 4.75 米。楷书 74 行，满行 21 字。毕沅撰并书。

② 《印公开堂疏碑》，金元光二年 (1223) 刻立。高 0.54 米，宽 0.52 米，厚 0.10 米。碑文行书 21 行，满行 20 字。完颜□撰。

③ 《祝延圣寿疏》，金代 (1115—1234) 刻立。存拓上碑显圆顶，高 0.96 米，宽 0.50 米。额楷书“祝延圣寿”四字。碑文 9 行，行 3 至 19 字不等。

④ 《统制李侯重建州治记碑》，南宋绍定六年 (1233) 刻立。高 0.62 米，宽 0.74 米，厚 0.16 米。碑题“忠训郎沔州驻扎御前选锋军统制权知洋州弹压屯戍军马沙沟李侯重建州治记”。碑文楷书 31 行，满行 32 字。陈材撰并书。

⑤ 《重修伏羲庙记碑》，明嘉靖十一年 (1532) 刻立。高 2.25 米，宽 1.13 米。

⑥ 《创建茶房碑记》，清康熙二十七年 (1688) 刻立。圆首，高 0.94 米，宽 0.44 米。碑文楷书 10 行，满行 47 字。李仁明撰，张思明镌。

信女益众，且男女有别，宜异处而难于同居焉”，于是在华山青柯坪修建茶房，专供女香客会聚居住之事。洋县桑溪乡存藏的《修建万善桥碑》[①]，主要记述了子午河源于秦岭，西乡、洋县两邑群众往来不便，众人捐资修建万善桥以便民众等事宜。甘肃徽县文化馆存藏的《大河店修路碑》[②]，记录了自宋新开白水路，经元、明、清三代白水路之兴废、变迁情况，反映了秦陇人民开辟古蜀道，沟通秦、陇、蜀三地发展政治、经济和文化交流的史实。

(2) 记叙兴修水利改良农田碑。如重阳宫存藏的《栖云王真人开涝水记碑》[③]，记载栖云王真人率众凿渠引终南涝谷之水绕重阳宫，又绵延二十余里，普惠大众，使周边村镇潇然有江乡风景之事。周至二曲镇存藏的《改良农田碑》[④]，记周至县官员倡导乡民开垦荒地，并改旱田为水田，发展农业经济的措施等事。草堂寺存藏的《逍遥栖禅寺新修水磨记》[⑤]，记载逍遥禅寺修建水磨的缘由、地点及修建经过，水磨的修建，使“九夏绝于炎殃，则可滋于稼穑；一方溉于畦垅，则挹之弗穷”，既方便了民众日常生活之需，又为农业发展提供了保障。周至九峰乡存藏的《白马河水道碑记》[⑥]，介绍了白马河及其附近的地理位置及地形，记载了周至县令刘公下令修堤治水的事件经过。

(3) 某姓某族的宗祠碑刻。如周至仓峪村存藏的《创修宗祠碑》[⑦]，记载邓家后代因此地幽静雅观，为纪念祖先迁移之功，创建宗祠一座，及宗祠的四至、庙产等。洋县时家坡村存藏的《创修祠堂碑》[⑧]，记述了时氏家族从华阴县始迁至周至，再迁至洋县的历史，以及创修时氏祠堂的经过等。现藏于华山西岳庙的《华阴王氏家庙碑》[⑨]，是清代华阴大学者、号称“关中声气之领袖”的王弘撰家族的碑刻，较为详细地记载了王氏家族

① 《修建万善桥碑》，清乾隆十四年（1750）刻立。青石质，圆首，高1.22米，宽0.59米，厚0.11米。额楷书“万善同归”四字。碑文共7行，满行28字。山西夏县寄籍洋邑侯铨孺学贡生高五瑞撰文并书。

② 《大河店修路碑》，清光绪二十年（1894）刻立。高0.30米，通宽3.60米，厚0.31米。文自右至左刻在3通等高碑上，隶书竖书，共38行，满行20字。首行题“徽县大河店修路碑”。杨昌浚撰并书，樊先珍镌。

③ 《栖云王真人开涝水记碑》，元至元十六年（1279）刻立。圆首方座，身首一体，通高2.91米，宽0.97米，厚0.26米。额篆书“栖云真人开涝水记”八字。碑文楷书23行，满行41字。薛友谅撰文并篆额，孙德彧书，赵仁荣立石。

④ 《改良农田碑》，清康熙四十八年（1709）刻立。石灰岩质，圆首，高3.00米，宽0.84米，厚0.20米。额楷书“德滋奕祥”四字。碑文楷书27行，满行55字。

⑤ 《逍遥栖禅寺新修水磨记》，宋天圣八年（1030）刻立。高0.71米，宽0.73米。碑文行书25行，满行30字。沙门志陆撰并书，安晟刊石。

⑥ 《白马河水道碑记》，清光绪十五年（1889）刻立。青石质，圆首，首身一体，通高2.02米，宽0.70米，厚0.10米。额题“耿谷西堤记”五字。碑文首题“白马河水道碑记”。

⑦ 《创修宗祠碑》，清嘉庆十八年（1813）刻立。青石质，圆首，首身一体，通高1.41米，宽0.52米，厚0.14米。额楷书“皇清”二字。碑文楷书9行，满行23字。

⑧ 《创修祠堂碑》，清光绪五年（1879）刻立。圆首方座，高1.50米，宽0.66米，厚0.09米。额篆书“皇清”二字。碑文楷书20行，满行41字。首题“闻之本乎天者物本乎祖者人”。

⑨ 《华阴王氏家庙碑》，清康熙三年（1664）刻立。圆首，高2.06米，宽0.77米。碑文楷书19行，满行48字。李楷撰，王弘嘉书。

的渊源及其名讳职官身份。城固三合乡存藏的《合修祖庙碑》①，记载胡氏在明代成化年间（1465—1487）由湖北迁入此地的历史、创修宗祠的经过等。城固沙河营乡存藏的《创建祖祠碑》②，讲述了刘家曾祖及儿孙的苦难生活和修建刘家祠堂的情况，包括位置、规模、布局、祖祠田地等。

⑷ 记事件经过或自然环境碑刻。陕西灵岩寺的《顺政郡药水窟述记》③摩崖题刻，较为详细地记载了时称药水窟、今为灵岩寺的旖旎风光。临潼骊山存藏的《中五合施汤碑记》④，记载当地人为暑期过路人免费提供茶水之事。户县白庙乡望仙坪存藏的《望仙坪碑》⑤，是记载望仙坪名称由来及其景致的碑刻。五门堰存藏的《唐公车湃水利碑》⑥，详细地记载了车湃水利事件首发人及历汉唐宋元明清各个朝代的变化等。汉中天台山存藏的《天台胜迹汇志碑》⑦，记述了天台山“其脉远接秦岭，迤逦终南，山峰俊秀，林木苍翠，为陕南第一名山”，分述天台山“诸葛故堡”、“石堰交流”、“呼吸奇泉”、“飞仙灵岩”、“太极神图”等十八处胜迹。

(5) 游记碑。如陕西灵岩寺存藏的《游灵岩记碑》⑧，就是李仰游历灵岩寺的一方游记碑刻，碑记“至灵岩，石室突兀扦青霄”，“至罗汉洞，天柱石梁根若虬龙盘曲”，“拂石读蔡中郎刻字迹，千古有生动之色”，于是“洗盏更酌……致席灵岩，洒然有尘外之想焉”，古人陶醉青山绿水尽享人间美景的画面跃然纸上。现藏西安碑林博物馆的《华山记碑》⑨，为一篇华山游记，文记：“城南八里许至云台观，过小渎，抵玉泉院，拜陈图南卧像。进谷口……约五里许，有巨石塞人谷口，开一门，为第一关”，如此记载第二关、青柯坪、回心石、千尺幢、百尺峡、二仙桥、岭脊等，精彩地描绘了华山的美丽风景及沿途景观。华山西岳庙存藏的

① 《合修祖庙碑》，清道光二十年（1840）刻立。花岗岩石质，高 0.95 米，宽 0.60 米，厚 0.08 米。碑文楷书 30 行，满行 20 字。首题“合修祖庙序”。

② 《创建祖祠碑》，清宣统二年（1910）刻立。青石质，高 1.19 米，宽 0.59 米，厚 0.10 米。碑文楷书 24 行。周化南撰，刘怀智书。

③ 《顺政郡药水窟述记》，唐开元年间（714—741）刻立。高 0.95 米，宽 1.40 米。碑文行书 22 行，行 27 至 29 字不等。韦同彝撰并书及画图。

④ 《中五合施汤碑记》，清康熙十年（1671）刻立。高 1.95 米，宽 0.81 米。碑文 13 行，满行 27 字。马超俊书。

⑤ 《望仙坪碑》，清康熙四十七年（1708）刻立。圆首龟趺，身首一体，通高 2.06 米，宽 0.72 米，厚 0.13 米。额篆书“集仙观碑”四字。碑文隶书 21 行，满行 50 字。赵容止撰，杜宾王书。

⑥ 《唐公车湃水利碑》，清道光三年（1823）刻立。高 1.30 米，宽 0.68 米，厚 0.15 米。额行书“唐公车湃水利碑”七字。碑文楷书 24 行，满行 32 字。胡协时述，李经典书，李建福镌。

⑦ 《天台胜迹汇志碑》，民国二十七年（1938）刻立。高 0.70 米，宽 1.20 米，厚 0.14 米。碑文楷书 27 行，满行 54 字。吴坚础、吴寅三撰，陈凤俦书。

⑧ 《游灵岩记碑》，明万历二十三年（1595）刻立。圆首，高 1.05 米，宽 0.80 米，厚 0.14 米。碑文楷书 23 行，满行 31 字。李仰撰并书，周延申刻。

⑨ 《华山记碑》，清乾隆二十四年（1759）刻立。圆首，高 1.40 米，宽 0.54 米。碑文楷书 18 行，满行 52 字。易大鹤撰，郑炳虎书。

《太华山记》[①] 碑刻，记述了华山的总体面貌及沿途的自然风光，亦是一通游记性质的碑刻。

三、述德类碑刻

秦岭碑刻中第三大类为述德类碑刻。述德即称颂功德，多为后人或后代对著名历史人物或先祖功德的称颂，镌刻于石即为述德碑。秦岭碑刻中的述德类碑刻有以下几种：

(1) 墓志。如出土于华阴的一批北魏杨氏墓志，较为详细地记载了弘农杨氏的族系源流及各个墓主人的生平事迹。原在秦岭天子峪口百塔寺，现藏西安碑林博物馆的《法藏禅师塔铭》，记载法藏禅师俗姓诸葛，苏州吴县人，其曾祖、祖、父，历仕于北周、隋、唐，详细介绍了禅师出家经过、历任住持、圆寂时日、安葬地域等，并颂扬其寂行冲融、禅行高远等道行等。城固出土、现藏五门堰的《杨从仪墓志》[②]，记载南宋抗金将领杨从仪的籍贯族系、名讳生平，以及其屡次抗击金国来犯之敌的英勇事迹，并记杨公乞休后尽心修复当地水利设施，推行营田提高产量等事，歌颂杨公礼贤下士、勤奋治学、英勇善战等优良品德。楼观台说经台存藏的《终南山楼观宗圣宫提点成公先生墓志》[③]，记述了终南山楼观宗圣宫提点成志远的家世、出家修道经过及对光大道教所做的贡献。长安圣寿寺存藏，民国三十二年（1943）镌刻的《莲宗十三祖印光大师塔铭》，记载了印光大师的生平事迹及其德业功绩。出土于华山胡公祠民国十四年（1925）所刻的《胡景翼墓志》，由近代大书法家于右任撰文并书，详细记载了国民军第二军军长胡景翼的名讳籍贯，参加革命军的前后经过，任职升迁情况，参加战斗情况，赞扬了胡景翼豁达大度、爱兵如子的为人处世风度。

(2) 神道碑。神道即墓道，神道碑是指神道前的石碑，上面记载死者生前事迹等。如城固龙头镇存藏的《曾老夫子神道碑》[④]，介绍了曾老夫子的从教经历和主要业绩，赞颂了曾老夫子为教育事业作出的巨大贡献。陕西渭南临渭区信义乡存藏的《焦相栋神道碑》[⑤]，记载赏戴花翎户部湖南司员外郎加六级焦君的家族谱系、生平、历官等。城固天明镇存藏的《刘三才神道碑》[⑥]，记载邑庠生武略骑尉刘三才的生平及功业。陕西渭南临渭区出土，现藏西安碑林博物馆，唐咸通三年（862）刻立的《白敏中神道碑》，

---

① 《太华山记》，清康熙二十七年（1688）刻立。高 1.96 米，宽 0.27 米。碑文隶书 30 行，满行 40 字。

② 《杨从仪墓志》，宋乾道五年（1169）刻。身高 2.23 米，宽 1.06 米，厚 0.20 米，碑文楷书 41 行，满行 120 字，共 3775 字。袁勃撰文，李昌谔书，王椿篆额，王杰镌字。

③ 《终南山楼观宗圣宫提点成公先生墓志》，元至元十九年（1282）刻。志长 0.88 米，宽 0.66 米。志文楷书 28 行，满行 11 字。朱象先撰，何志清书，邓钦篆，杨志震刊，李志宗立石。

④ 《曾老夫子神道碑》，清道光二十年（1840）刻立。青石质，方首，高 2.13 米，宽 0.80 米，厚 0.13 米。

⑤ 《焦相栋神道碑》，清光绪六年（1880）刻立。高 2.36 米，宽 0.86 米，厚 0.18 米。楷书。薛尔升撰，黄自元书，刘集五刻。首题"赏戴花翎户部湖南司员外郎加六级焦君神道碑"。

⑥ 《刘三才神道碑》，清咸丰八年（1858）刻立。青石质，圆首，高 1.98 米，宽 0.85 米，厚 0.15 米。碑文楷书。

记载了白敏中长庆初年进士及第，武宗时迁户部、兵部侍郎，宣宗时入朝，历六朝，握国柄，多所建树等。城固水磨镇存藏的《鲜绍纲神道碑》[①]，记载鲜姓姓氏来历和鲜姓先主由川迁汉而后定居的由来，以及鲜绍纲的生平事迹。

(3) 德（道）行碑。如楼观台宗圣宫存藏，元元贞元年（1295）刻立的《尹宗师道行碑》，记载尹宗师名讳、籍贯、生平事迹及道行、封赐等。重阳宫存藏的《皇元孙真人道行碑》[②]，记述了陕西五路西蜀四川道教提点领重阳宫事孙德彧的生平、出家修行经过、师承关系及其道行、封赐等。勉县褒城镇存藏的《熊廷俊德教碑》[③]，褒扬了邑庠增广生熊廷俊的学行品德。旬阳县石佛寺存藏的《石佛寺道长功果碑记》[④]，记载石佛寺柯道长和管道长二位修建石佛寺的功德，颂扬了二位道长救济贫弱的事迹。

(4) 传记碑。如宝鸡陈仓区磻溪宫存藏，元至元十七年（1280）刻立的《全真第五代宗师长春演道主教真人内传》碑，详记全真教第五代宗师丘处机的生平事迹，是一通个人传记性质的碑刻。发现于长安鸣犊镇，现藏于西安碑林博物馆的《皇甫诞碑》[⑤]，记述了皇甫诞的名讳字号、祖籍祖先，及在隋为官的经历、获得的荣誉等，于志宁撰文，欧阳询书，故世称“三绝碑”。重阳宫存藏，蒙古至元十二年（1275）刻立的《全真教祖碑》，记载全真教祖王重阳的生平、道行、封赐等。原立于终南山天子峪，现藏西安碑林博物馆的《智该禅师碑》，在叙述隋唐之际佛教发展情况的同时，主要记载智该禅师的生平事迹和禅行。楼观台宗圣宫存藏的《楼观先师传碑》[⑥]，文上下分为七段，第一段刻“文始真人”传，第二至第六段每段各刻六位真人传，第七段刻四位真人传，共刻有35位真人传，各传中上部条形框内隶书真人姓名，分别记述了元至元三十年（1293）以前，楼观历代继任人，包括文始真人尹喜、太和真人尹轨、太极真人杜冲、赤城真人彭宗、太清真人宋伦等真人的生平事迹与道行，是一通汇总性质的传记碑刻。现藏于五门堰文保所的《祖师田真人传碑》[⑦]，

---

① 《鲜绍纲神道碑》，民国八年（1919）刻立。青石质，高1.00米，宽0.56米，厚0.09米。碑正中竖书“清故显考鲜公讳绍纲字成名老大人之神墓”，右侧有楷书小字6行，满行29字。

② 《皇元孙真人道行碑》，元元统三年（1335）刻立。螭首龟趺，首高1.01米，宽1.24米；身高2.61米，宽1.19米，厚0.34米；座高0.60米，宽1.24米。额阴文篆书“皇元孙真人行道碑”。碑文楷书35行，满行80字。邓文元撰，赵孟頫书，赵世延篆。

③ 《熊廷俊德教碑》，清光绪十八年（1892）刻立。青石质，方首，高2.15米，宽0.92米，厚0.22米。碑文楷书14行，满行61字。款题“熊叔庵先生德教碑序”，正中阴刻楷书“邑庠增广生叔庵熊老夫子大人讳廷俊德教碑”。

④ 《石佛寺道长功果碑记》，清光绪五年（1879）刻立。圆首方趺，身首一体，高1.60米，宽0.97米，厚0.12米。碑文楷书12行，满行43字。郭炎昌撰。

⑤ 《皇甫诞碑》，唐贞观年间（627—649）刻立。螭首，高2.68米，宽0.96米。额篆书“隋柱国弘义明公皇甫府君碑”。碑文楷书28行，满行59字。于志宁撰，欧阳询书。

⑥ 《楼观先师传碑》，元至元三十年（1293）刻立。螭首方趺，高2.80米，宽1.00米，厚0.30米。额篆书“楼观先师传碑”六字。碑文楷书，分上下七段刻。朱象先撰并书。

⑦ 《祖师田真人传碑》，清嘉庆二十五年（1820）刻立。高0.77米，宽1.08米，厚0.14米。碑文楷书33行，满行28字。张绳直撰并书，王恩成镌。

记载了田真人姓氏名讳、生平事迹、得道师承及生卒年月等。重阳宫存藏的《真元会题名记碑》[①]，记载了道教创始人老子的生平、道行，历代对道教的政策，真元会的来历以及题名会会众之姓名等。

(5) 墓碑。如陕西张良庙西北二里方丈坟的《潘一良方丈墓碑》[②]，采用一字顶真回文诗形式，介绍方丈自河南来紫柏山修炼成道，年八十尽羽化等生平事迹。原镶嵌于长安太乙镇义安院，现藏樊村乡道安国师寺金兴定二年（1218）刻立的《苻秦国师和尚塔碑记》，记述了东晋僧人苻秦国师道安和尚的生平事迹及其佛学经历，赞扬了道安弘扬佛法的精神。陕西古路坝教堂的《圣伯多禄保禄会司铎瑞公良大人墓碑》[③]，记载了古路坝教堂司铎瑞公良的生平及传教事迹。安康市博物馆存藏，南宋淳熙五年（1178）刻立的《安康郡侯任天锡墓碑》[④]，记载了南宋抗金名将任天锡的生平事迹，可补《宋史》之阙。陕西佛坪长角坝镇存藏的《田礼和墓碑》[⑤]，记载田礼和自沂州大同迁入此地安居的经历，以及生平事迹和品行。丹凤北赵川乡存藏的《陈永万墓碑》[⑥]，记载陈氏自江南太湖县金华乡于乾隆二十年（1755）迁来商洛五关河，创业立家之事，及墓主生平事迹等。

四、路标类碑刻

秦岭碑刻中第四大类为路标类碑刻。这是秦岭碑刻中特有的一类。在秦岭中，深山老林道路迷患，人进入后方位无法辨识，道路无从寻找，极易迷路。在这种情况下，路标类指路碑的竖立，就为人们出行提供了极大的方便。城固董家营乡存藏清代刻立的《指路碑》[⑦]，内容记述“东从庙后走孙家坪六十里，南走天明寺三十里，北走城固三十里，西过沙河走汉中府五十里”，额书“指路碑”三字，供经过此地的人们辨识路径。洋县寨沟

① 《真元会题名记碑》，元至元十八年（1281）刻立。螭首方座，通高3.90米，宽1.27米，厚0.36米。额篆书“重阳万寿宫真元会题名之记”。碑文楷书，分八截镌刻，上部为真元会题名记，44行，满行24字；下部为会众题名，行字不等。李道谦记。

② 《潘一良方丈墓碑》，清嘉庆十五年（1810）刻立。高0.93米，宽0.57米，厚0.15米。额楷书“山高水长”四字。碑正中楷书“龙门正宗第十一代羽化恩师讳一良潘老仙灵之墓”。右侧刻“一串铃”长诗铭文，楷书6行，满行20字。云山子撰并书。

③ 《圣伯多禄保禄会司铎瑞公良大人墓碑》，清光绪三十一年（1905）刻立。青石质，方首，高1.15米，宽0.65米，厚0.1米。碑分上下两栏刻，上部为意大利文，下半部为中文，碑题“圣伯多禄保禄会司铎瑞公良大人之墓”。

④ 《任天锡墓碑》，南宋淳熙五年（1178）刻立。圆首，首身一体，高1.80米，宽0.98米。额书“有宋复武功大父果州团练使安康郡侯任公之墓”。正文楷书24行，满行36字。

⑤ 《田礼和墓碑》，清乾隆六十年（1795）刻立。圆首方座，高1.70米，宽0.60米。碑文楷书。

⑥ 《陈永万墓碑》，清嘉庆十三年（1809）刻立。砂石质，圆首，高1.10米，宽0.48米，厚0.10米。额题“壬山丙向春秋祭祀”，碑正中楷书“显考（妣）陈公永万母侯氏老大（夫）人墓”。右侧楷书记载墓主生平事迹。

⑦ 《指路碑》，清代刻立。青石质，圆首，通高0.90米，宽0.55米，厚0.12米。

梨树垭存藏的《指路碑》[1]，内容为“东走新铺五十里，西走桑园四十里，南走西乡五十里，北走龙亭铺四十里”，较为准确地说明了此处的具体地理位置，为行人提供了方便。竖立于陕西凤县南星镇连云寺村的《对面古陈仓道碑》[2]，是由分巡陕西汉兴道兼管水利驿传事务丰吉立，据1988年文物普查，此碑对面分布古栈道遗址四处，标明此即连接陕川的古陈仓道。长安引镇嘉午台山破山寺存藏的《破山寺山界碑》[3]，标明破山寺在明代嘉靖年间（1522—1566）的山界地段。竖立于陕西凤县南星镇高桥铺村南的《柴关岭碑》[4]，由时任全国经济委员会筹备处道路股股长赵祖康题，标明此处地名。同样，陕西凤县双石铺镇酒奠梁顶民国二十五年（1936）刻立的《酒奠梁碑》，亦为赵祖康题，标明此处地名的路碑。略阳观音岩存藏明万历四十四年（1616）刻立的《路碑》，也是一通指路碑刻。在今陕西凤县黄牛铺镇存藏着一通清代的路标碑刻，中书“宝鸡县西南界”，标明了当时的宝鸡县西南界线所在。在今略阳两河口镇张家坝村大路坎组观音岩上，刻有“路碑”的摩崖题刻，为人工在连山石上浅浮雕而成，花岗岩质，圆首，莲花底座，高1.20米，宽0.61米，碑额正中阴刻楷书“路碑”二字，又横排阴刻“神明鉴照”四字，碑文竖排阴刻楷书，是一通指路性质的摩崖题刻。又如陕西石门著名的“石门”摩崖题刻，华山中“最高峰”、“玉女峰”、“朝阳台”、“迎阳洞”等，都是指路性质的摩崖题刻。

五、宗教经文类碑刻

秦岭碑刻中第五大类为宗教经文类碑刻。秦岭是中华传统文化的汇聚地，更是道教文化的发源地，是中国佛教文化的重要弘法场所和多个佛教宗派的祖庭，所以道教和佛教经典在这里以碑刻的形式多有展现。

（1）佛教经典碑刻。多为经幢，内容多为经咒。如现藏长安区博物馆的《佛顶尊胜陀罗尼经幢》[5]、陕西蓝田蓝关镇的《佛顶尊胜陀罗尼经幢》[6]、临潼博物馆的

---

① 《指路碑》，民国十年（1921）刻立。石灰石质，圆首，高0.43米，宽0.29米，厚0.05米。

② 《对面古陈仓道碑》，清乾隆四十九年（1784）刻立。青石质，圆首，高1.50米，宽0.48米，厚0.20米。碑阳正中楷书“对面古陈仓道”。分巡陕西汉兴道兼管水利驿传事务丰吉刊。

③ 《破山寺山界碑》，明嘉靖四十五年（1566）刻立。砂石质，长0.50米，宽0.23米，厚0.09米。碑文楷书2行。

④ 《柴关岭碑》，民国二十五年（1936）刻立。砂岩质，首身一体，首高0.23米，宽1.10米，厚0.19米，中部阴刻国民党党徽。身高1.82米，宽1.10米，厚0.19米，正中竖刻“柴关岭”三字，赵祖康题。

⑤ 《佛顶尊胜陀罗尼经幢》，唐永昌元年（689）后刻立。八棱柱体，身高1.12米，上宽0.14米，下宽0.15米。碑文每面均楷书7行，满行52字。

⑥ 《佛顶尊胜陀罗尼经幢》，唐永昌元年（689）刻立。八棱形，身高0.95米，每棱面宽0.13米。经文磨损严重，可辨认者共56行，行50字，共约2800字。

《尊胜陀罗尼经并序》[①]和《佛说尊胜陀罗尼经序》[②]、眉县政府院内的《陀罗尼经幢》[③]等，主要称颂陀罗尼的破地狱功能，并教授持诵此陀罗尼之法，以实现解脱，都是民间流行最广的佛教经典。现藏汉中市博物馆的《大悲心陀罗尼神咒》[④]，又称《千手千眼观世音大悲心陀罗尼》、《千手千眼观世音菩萨大身咒》、《广大圆满无碍大悲心陀罗尼》、《大悲陀罗尼》等，讲述观世音菩萨的大慈悲心、无上菩提心，以及如何济世度人、修道成佛的重要口诀。秦岭终南山净业寺存藏的《嘉句灵验佛顶尊胜陀罗尼神咒经幢》[⑤]，是佛教大乘的一部殊胜经典，佛教认为，持诵者能除一切恶道，能除一切罪障，永离一切恶病众苦。甘肃天水博物馆收藏五代时期刻立的《波罗蜜多经幢》，即《金刚般若波罗蜜经》，简称《金刚般若经》、《金刚经》，是一部重要的佛教经典，后秦法师鸠摩罗什译，佛教认为，诵读者可消灾、增福、增寿、度亡。长安牛头寺存藏的《八棱柱经幢》[⑥]，分十部分：第一部分为“佛顶尊胜陀罗尼”，第二部分为“圣千手千眼观世音自在菩萨摩诃萨广大圆满无碍大悲心陀罗尼真言”，第三部分为“阿閦如来根本灭恶趣陀罗尼”，第四部分为“净口业真言”，第五部分为“地藏菩萨破地狱真言”，第六部分为“普贤菩萨灭罪真言”，第七部分为“□解多生怨结真言”，第八部分为“文殊五髻真言”，第九部分为“吉祥真言”，第十部分为“佛顶尊胜大悲心及诸真言赞”，都是佛教修行的重要依据。

(2) 道教经典碑刻。现藏楼观台和磻溪宫的《道德经幢》[⑦]，镌刻了道教首经《道德经》，又名《老子》、《老子五千文》，为道教元典。

六、文学艺术类碑刻

秦岭碑刻中第六大类为文学艺术类碑刻。大致有诗词、警句和书法碑刻等。

---

① 《尊胜陀罗尼经并序》，唐开元二十八年（740）刻立。八棱八面，高 1.17 米，腹围 1.14 米，每面宽 0.18 米。经文 8 行，满行 57 字。

② 《佛说尊胜陀罗尼经序》，唐大和三年（829）刻立。八棱柱体，高 1.54 米，腹围 1.05 米。每面刻 6 行，满行 79 字。

③ 《陀罗尼经幢》，唐元和十三年（816）刻立。八棱柱体，通高 2.18 米，周长 1.65 米。

④ 《大悲心陀罗尼神咒》，明崇祯六年（1633）刻立。方额，通高 1.30 米，宽 0.60 米，厚 0.15 米。碑文楷书 23 行，满行 25 字。

⑤ 《加句灵验佛顶尊胜陀罗尼神咒经幢》，清道光七年（1827）刻立。八棱柱体，高 1.33 米，每面上宽 0.10 米，下宽 0.11 米。前六面各楷书 3 行，后二面各楷书 4 行，共 26 行，满行均 56 字。前 7 行书“嘉句灵验佛顶尊胜陀罗尼神咒”，以下为跋文。沙门际桂撰跋，容川采书，朱良桂刻。

⑥ 《八棱柱经幢》，唐乾符六年（879）刻立。八棱柱体，高 1.57 米，每面上宽 0.13 米，下宽 0.15 米。均楷书 5 行，满行 52 字。

⑦ 《道德经幢》，元大德三年（1299）刻立。八棱柱体，帽高 1.50 米，上有浮雕像 4 尊；幢高 2.75 米，分八面，每面宽 0.27 米。

(1) 诗词碑。如洋县博物馆存藏《昌黎公洋川诗碑》[①]，为宋大中祥符五年(1012)知洋州军州事韩亿、嘉祐五年(1059)知洋州军州事韩缜、南宋绍兴二十一年(1151)知洋州军州事宋莘等撰书并刻石，内容为颂扬古洋州之美景的诗词。碑身分上、中、下三段：上段正文31行，满行20字，刻宋莘序、韩亿《洋州诗》和韩缜《游崇法法水二院》诗，落款“大中祥符五年洋州知州韩亿”；中段正文30行，满行20字，刻韩缜前诗，并刻其《游贾氏南园》、《留题东山寺庚子七夕》等3首诗，落款“嘉祐五年洋州知州韩缜”；下段正文27行，满行15字，刻宋莘《裘美堂碑记》，颂扬韩氏父子在洋州任职业绩，落款“南宋绍兴二十一年知洋州军州事宋莘撰书并刻石”。华清池存藏的李埏撰《过临潼三绝句诗碑》[②]、宋政和四年(1114)刻立的无名氏撰《过骊山作诗碑》和苏庄撰《留题灵泉观诗碑》[③]，都是赞颂骊山之美景、温泉之绝伦的诗刻。五丈原诸葛亮庙存藏的《大复山人题刻》[④]，为明代前七子之一的文学家何景明，为颂扬诸葛亮功绩所作的诗文。华山玉泉院存藏的《望华山登华山别华山诗碑》[⑤]、《葛曦华山诗刻碑》[⑥]和《葛守礼华山诗刻碑》[⑦]，都是颂扬华山风景的诗词碑刻。现藏陕西张良庙的《怀山歌碑》[⑧]，是明代万历年间(1573—1620)文渊阁大学士赵贞吉，借诗歌描述紫柏山青翠幽邃风景及感悟人生的碑刻。现藏西安碑林博物馆的《林则徐游华山诗碑》[⑨]，是林则徐虎门销烟后，被贬戍新疆伊犁，途经华山时所作并书，诗文颂扬了华山的浑厚雄伟与壮丽美景，其碑刻书法亦甚精湛。户县文庙存藏的《甘亭十二景诗碑》[⑩]，赞颂了户县十二处独特的美景，分别是中楼远眺、西郊花柳、

① 《昌黎公洋川诗碑》，北宋大中祥符五年(1012)刻立。青石质，方首，长1.35米，宽0.75米，厚0.80米。额篆书“昌黎洋川诗”。

② 《过临潼三绝句诗碑》，宋大观三年(1110)刻立。长方形，长0.72米，宽0.43米。碑文楷书26行，行字不等。李埏诗，李熙民立石。

③ 《留题灵泉观诗碑》，宋政和五年(1115)刻立。长0.60米，宽0.43米。碑文楷书7行，满行8字。苏庄诗，王慎立石。

④ 《大复山人题刻》，明正德十五年(1520)刻立。长0.55米，宽0.38米。上刻草书五律1首。

⑤ 《望华山登华山别华山诗碑》，明万历七年(1579)刻立。长1.38米，宽0.80米。碑文楷书14行，满行25字。李长春题，陆鹤书。

⑥ 《葛曦华山诗刻碑》，明天启七年(1627)刻立。长0.86米，宽0.57米。碑文行草18行。另有记6行，行书。葛曦撰诗，葛麟撰记。

⑦ 《葛守礼华山诗刻碑》，明天启七年(1627)刻立。长0.44米，宽0.66米。碑文楷书7行，记行书10行。葛守礼撰诗，葛如麟撰记。

⑧ 《怀山歌碑》，明万历十五年(1587)刻立。高1.75米，宽0.68米，厚0.16米。额楷书“大明”二字。碑文5行，行13至14字不等，末刻小字跋语2行。赵贞吉撰。

⑨ 《林则徐游华山诗碑》，清道光二十二年(1842)刻立。长0.94米，宽0.27米。碑文行书35行，满行18字。

⑩ 《甘亭十二景诗碑》，清康熙五十九年(1720)刻立。圆首，高约2.25米，宽0.81米，厚0.18米。额篆书“杜亭佳胜”四字。碑文分上下6栏镌刻，每栏刻七言律诗2首，一诗一景，共12景。碑文行草98行，满行8字。每首诗后均刻有吴廷芝、卉长等印章一至二方。吴廷芝撰并书。

绣沟春禊、渼陂泛舟、钓台花浪、玉蟾稻塍、紫阁青冥、重云雪巘、圭峰夜月、高冠瀑布、草堂烟雨、灵沼瑞莲。洋县博物馆存藏的《洋州三十景诗碑》①，洋县知县石珩书并刻石，分4段，每段24行，每行12至13字不等，上刻苏轼咏洋州城郊景物诗30首。

(2) 警句碑。如原存华阴敷南村太白庙，今藏西岳庙的《弃恶从善箴言警句碑》②，警诫人们不要“轻秤小升”、“压良为贱”、“贪得无厌”、“嗜酒悖乱”、“轻慢先灵”、“违逆上命”、“损子堕胎”，否则“如是等罪，司命随其轻重，夺其纪算，算尽则死，死有余责，乃殃及子孙”，再告诫人们“一日有三善，三年天必降其福……一日有三恶，三年天必降之祸”。又如甘肃省徽县文化馆存藏的《程子言箴碑》③，告诫人们发言必谨慎，“凡人所言，必求其合诸道理，准诸经传”。原立于临潼县学，现藏西安碑林博物馆的《程子四箴碑》④，是宋代儒学大家程颐所撰视、听、言、动四箴警言碑刻。

(3) 书法碑。秦岭各类碑刻均有极高的书法艺术价值，在一定意义上，秦岭所有碑刻均可称为书法碑，现撮其要者略述一二。华清池存藏的《乔元龙草书碑》⑤，是一通出神入化的草书碑。华山西岳庙存藏唐开元八年(720)刻立的《华岳精享昭应之碑》⑥，为唐代大理评事咸廙撰，唐代大书法家刘升隶书，有汉隶遗风。长安存藏的《毕原露仙馆虚室记碑》⑦，是隶书碑刻，用笔浑圆，气韵生动，是学习隶书难得的一通碑帖。草堂寺存藏唐大中九年(855)刻立的《唐故圭峰定慧禅师碑》，晚唐著名书法家裴休撰文并书，柳公权篆额，1979年被确定为国家级第一批书法艺术名碑。玉泉观存藏的《赵孟頫书诗碑》⑧，内容为唐代李白、韦应物、宋代王安石等人诗文，赵孟頫书，行草兼备，笔法圆润，为赵孟頫书法之珍品。华山玉泉院存藏的《西巡至太华山下诗碑》⑨，是时任钦差巡按山西等处监察御史蒋春芳书的草书诗刻碑。华山西岳庙存藏，清乾隆四十年(1776)刻立的《岳莲灵澍》碑，是由乾隆皇帝御笔亲

① 《洋州三十景诗碑》，清嘉庆八年(1803)刻立。通高1.30米，宽0.66米，厚0.16米。

② 《弃恶从善箴言警句碑》，清乾隆十四年(1749)刻立。残长0.90米，宽0.38米。碑文楷书存32行，行15字。姚大烈书。

③ 《程子言箴碑》，明嘉靖六年(1527)刻立。青石质，高0.96米，宽1.34米，厚0.16米。额篆书“宸翰”二字。碑文楷书大字8行，满行60字；楷书小字21行，满行15字。

④ 《程子四箴碑》，明嘉靖六年(1527)刻立。共四石。方趺，均高0.97米，宽1.44米，厚0.17米。碑文楷书4至13行不等，行8字。程颢撰，朱厚熜注并书。

⑤ 《乔元龙草书碑》，宋元符三年(1100)刻立。圆首，高1.30米，宽0.70米。乔元龙书，姚有祥等立石，安延年刻。

⑥ 《华岳精享昭应之碑》，唐开元八年(720)刻。额篆书“华岳精享昭应之碑”。正文隶书20行，满行49字。咸廙撰，刘升书，李休光篆额。

⑦ 《毕原露仙馆虚室记碑》，唐贞元二十年(804)刻立。青石质，高0.57米，宽0.95米。碑文隶书18行，满行13字。吴善经撰，卢元卿书。

⑧ 《赵孟頫书诗碑》，明嘉靖二十九年(1550)刻立。高1.80米，宽0.78米。

⑨ 《西巡至太华山下诗碑》，明万历十九年(1591)刻立。高1.40米，宽0.75米。草书7行，行11至18字不等。蒋春芳书。

书的一通楷书碑刻。华山西岳庙存藏的《重修西岳庙记碑》[①]，是时任钦差大臣的左宗棠督办陕甘军务过华阴所作，碑文记重修西岳庙之经过、财用、董事、祈愿等事，用篆体书写，笔力浑厚雄健，为清篆中的佳品。特别值得一提的是，户县存藏的《雁字回文诗碑》[②]，凡24通，296首七言律诗，真、草、隶、篆、行五体兼备，以七言律诗为体，以“雁字”二字为题，可顺读，可倒读，被世人称为“三绝碑”。

① 《重修西岳庙记碑》，清同治九年（1870）刻立。螭首龟趺，高3.60米，宽0.77米。碑文篆书13行，满行32字。左宗棠撰并书，张国钧立石。

② 《雁字回文诗碑》，清道光元年（1821）刻立。共24石。均高1.54米，宽0.66米，厚0.20米。张玉德撰并书，刘义明、杜思白刻。

第二编

秦岭碑刻存藏状况综述

本编主要通过历史学、文献学、社会学的方法和理论，以及田野调查的方法，全面掌握秦岭碑刻的存藏、流失、损毁、保护等情况，特别是对重要存藏单位和重点碑刻的内容、存藏状况、著录情况等进行系统综述。

第六章　楼观台、周至老县城碑刻

楼观台别称草楼观、紫云楼、宗圣宫、宗圣观，位于陕西省周至县城东南 15 千米的秦岭终南山北麓。除了自然风光山清水秀，风景优美之外，楼观台在道教文化中的重要地位，以及诸多人文景观，也是它得以名留千古的关键因素。“周至老县城”是旧佛坪县遗址，位于秦岭太白山东岭下龙洞湾 5 千米处，为古傥骆道必经之路。楼观台及周至老县城现藏有大量碑刻，特别是楼观台现藏碑刻，数量巨大，其所涉内容在中国道教史乃至中国文化史上都具有重要意义。

一、楼观台碑刻

楼观台独特的自然景观和悠久的人文景观，从古至今，吸引了无数的慕名者亲临造访，被誉为“洞天之冠”、“道源仙都”。楼观台以道教名世，其道教派系被学界称为“楼观道”，在强化老子信仰崇拜中起到了承上启下的作用[①]。古迹主要有老子说经台、尹喜观星楼、秦始皇清庙、汉武帝望仙宫、大秦寺塔以及炼丹炉、吕祖洞、上善池等 60 余处，其中老子墓、大秦寺塔为省级重点文物保护单位。

（一）楼观道或道教楼观派

楼观台被道教尊为“祖庭”，“楼观”之得名，传说与道教尊为“文始真人”、“无上真人”、“玉清上相”的尹喜有关。关于尹喜的名字，有多种称呼，例如尹喜、关尹喜、关尹子、关令尹、关令尹喜、关尹、尹真人、尹生、尹子等。明代人周祁所著《名义考》认为：“关令尹喜，周之大夫也，人多读为关令尹，不知尹姓名喜，为函谷关吏，故曰关令，且令尹，楚上卿执政者，非关吏。”[②]可见，尹喜姓“尹”名“喜”，“关”乃以职官得“姓”。由于他所担任的官职是“关吏”或称“关尹”、“关令”，所以衍生出诸如关尹喜、关尹子、关令尹、关令尹喜、关尹等称呼。传

① 樊光春：《西北道教史》，北京：商务印书馆，2010 年，第 184 页。

② （明）周祁：《名义考》卷八《人部 · 尹喜》，明万历十二年刻本。

说尹喜与老子之际会，才开创了楼观台的道教事业。史载老子“居周久之，见周之衰，乃遂去”①。据唐人徐坚所撰《初学记》载：“周元极元年岁在癸丑冬十有二月二十五日，老子度函谷关，关令尹喜先敕门吏曰：若有老翁从东来，乘青牛薄板车，勿听过关。其日果见老翁乘青牛车求度关。”② 史传说尹喜见老子后，相得甚欢，遂弃关随老子西行，至楼观台所在地即结草为楼，老子即为尹喜“著《道德经》一卷，谓之《老子》”③。据《楼观本起内传》记载，自尹喜追随老子升天登真之后，历代君主相继在尹喜故宅建庙立观。战国至秦汉时期，神仙方术思想在社会上普遍流行，不少君主为了神化其政权，且希望其统治能够长久，对神仙方术活动大力提倡，楼观台因地处秦岭终南山，靠近秦汉京都，因此得到重视。另外，道家思想在秦汉时期出现了一种神学化的倾向，道教开始形成。在这种思潮中，隐居于终南山楼观的隐士逸人与神仙方士一起，逐渐创立起一个新的道教宗派，即楼观道或楼观派。东汉之后，老子被依托为道教开山祖师，楼观台逐渐成为道教圣地。魏晋南北朝时期，楼观道最终形成，此后北方高道云集楼观，使楼观成为当时北方道教的重镇。特别是北周武帝年间，敕命建“通道观”，命楼观道士严达、王延为通道观主，于通道观校定道书，纂《三洞珠囊》藏于观中，由此进一步确立了楼观派在北方道教中的主导地位④。

道教楼观派在魏晋南北朝时期形成，至隋唐进入鼎盛。隋文帝和炀帝都对道教和佛教采取兼顾优礼的政策。隋文帝开皇初，重修楼观宫宇，度道士120员。隋大业十三年（617），李渊起兵晋阳，时岐晖为楼观台观主，即宣扬“天道将改，将有老君子孙治世”⑤，并尽以观中粮草资助其军需。后李渊兵至蒲津关（今大荔县东、黄河西岸），岐晖率观中80余人前往迎接。因此，李渊入主关中之后，即遣使前往楼观建醮祈福，并授岐晖金紫光禄大夫，以酬其义。李唐王朝也借老子的神圣权威抬高李唐皇族的社会地位。有唐一代，对于楼观的恩崇非比寻常。唐武德二年（619）五月，高祖下令在楼观之侧立监职官，专门负责修造楼观之事，将老君殿、天尊堂、尹真人庙及观内其他殿堂屋宇重新修造，并赐楼观土田十顷，还将仙游寺的监地也拨给了楼观。武德三年（620）春，高祖率后妃百官亲礼楼观，改楼观为宗圣观，以此作为朝廷祭祀老子的专门道观。后来唐太宗李世民、高宗李治等皇帝对楼观道护持有加。史载唐玄

---

① （汉）司马迁：《史记》卷六十三《老子韩非列传》，北京：中华书局，1982年，第2141页。

② （唐）徐坚：《初学记》卷七《地部下·关第八·青牛》，北京：中华书局，1980年，第160页。

③ （汉）司马迁：《史记》卷六十三《老子韩非列传》，北京：中华书局，1982年，第2141页。

④ 王士伟：《楼观道源流考》，西安：三秦出版社，2007年。

⑤ （宋）谢守灏：《太上老君混元圣纪》卷八，见李一氓主编：《道藏》第十七册，北京：文物出版社等，1988年，第854页。

宗崇信道教，于说经台东南敕建会灵观[①]。

五代至北宋年间，封建王朝政治中心东移，楼观道在这一时期远不如其在北朝和唐代那样重要，开始走向衰落。尽管如此，端拱元年（988），宋太宗改宗圣观为“顺天兴国观”，宋仁宗天圣六年（1028），曾对顺天兴国观进行重修，从一个侧面说明了朝廷对楼观道的重视。宋室南渡以后，关中沦陷，楼观道进一步衰微。但到了元初，楼观道出现了短暂的鼎盛，主要是由于楼观道在金元之际衍化为全真道，其鼎盛也主要出现在元太宗、世祖、成宗三代的六七十年间。世祖即位之初，就于中统元年（1260）六月，下诏改宗圣观为宗圣宫，并赐匾额一面。元武宗以后，由于全真道与元代朝廷所奉行的国教“喇嘛教”矛盾不断激化，再加上全真道的上层人士结交权贵、生活腐化，逐渐失去了下层道徒及民间信徒的支持，最终导致盛极而衰。明清时代，楼观道总体上呈现停滞和衰落之势，明朝君主对道教采取了抑全真、扬正一、重方术、轻清修的政策，因此信奉全真道的楼观道在明代总体上处于衰落状态。到明代末年，楼观的宫观建筑中心已经逐步从宗圣宫南移至说经台上。清代前期，楼观曾出现了一二百年的中兴，尤其是雍正、乾隆两朝，楼观说经台经历了几次大的修建，老子祠、藏经阁、四子堂、灵官殿、迎仙门等处整修一新，接待天下十方道友，成为北方全真的著名十方丛林。但从清道光开始至民国，楼观道总体上一直处于衰落趋势。如民国元年时，楼观殿宇仅存宗圣宫内之三清殿、说经台、老子殿及山门数处，其余都残毁严重。

（二）楼观台碑刻存藏及著录情况

楼观台自周代到今天，已有两千七百多年的历史，经历了二十多个朝代。历代遗留下来的碑刻数量众多，经田野调查，现藏碑刻80余通。这些碑刻，从形制上主要为碑碣，另有少量墓志、塔铭、题刻等（下文统称为碑刻）；从内容上分，可分为记事类、传记类、公文类、经典类、题记类、诗文类和图文类。下面就楼观台主要碑刻的存藏情况及部分碑刻著录情况分而述之。

1. 记事类碑刻（29通）

《大唐宗圣观记》，唐武德九年（626）刻立。欧阳询撰序并书，陈叔达撰铭。此碑为欧书遗墨中仅存的隶书碑刻，是楼观台现藏时代最早的碑刻，记述宗圣观的历史渊源、四至及与诸多名人之间的关联。原竖于楼观下院会灵观内，清道光五年（1825）迁至说经台，“文化大革命”中被铺作路面，1978年修整后竖于说经台碑厅。《墨池篇》、《弇州续稿》、《石墨镌华》、《金石萃编》、《雍州金石记》、《正统道藏》、《道

① 《重建会灵观记碑》，元大德四年（1300）刻立。螭首方座，高3.05米，宽1.00米，厚0.36米。正文楷书18行，满行62字。朱象先撰并书，刘道常刻，潘道治立。记述重建会灵观缘由及经过。现竖于楼观台说经台东会灵观遗址内。

家金石略》、《楼观台道教碑石》等著录。

《老君显见碑》，又名《梦真容敕》、《梦真容碑》。唐开元二十九年（741）刻立。苏灵芝行书。记载了唐玄宗梦见老君显灵后，在楼观山中掘得老君玉像之事及所颁圣旨全文。原竖于为纪念老君显灵而建的会灵观内，原碑已佚，现藏碑为宋天圣六年（1028）重摹。清道光五年（1825）迁往西碑厅。“文化大革命”中被推倒致残，1978年经楼观台文物管理所修整后，仍竖于碑厅内。《墨林快事》、《金石文字记》、《观妙斋金石考略》、《关中金石记》、《潜言堂金石跋》、《授金堂石跋》、《石墨镌华》、《金石萃编》、《正统道藏》、《道家金石略》、《楼观台道教碑石》等著录。

《大元重修古楼观宗圣宫记》，元中统四年（1263）刻立。李鼎撰，朱象先书，刘道常刻。记载古楼观的选址、位置概况，文末阐述了重修宗圣宫的原因与必要性，对研究终南山的自然地形、人文历史及其关于古楼观宗圣宫历史等均有着重要意义。竖于宗圣宫遗址内三清殿前东侧。《正统道藏》、《道家金石略》、《楼观台道教碑石》等著录。

《建元始台玉清宫记》，元大德二年（1298）刻立。朱象先撰并书。记述玉清宫创建始末。竖于说经台东元始台道观遗址内。《楼观台道教碑石》等著录。

《重建会灵观记》，元大德四年（1300）刻立。朱象先撰并书，刘道常刻，潘道治立石。记述重建会灵观的缘由及经过。竖于说经台东会灵观遗址内。《道家金石略》、《楼观台道教碑石》等著录。

《大元重建文始殿记》，元大德七年（1303）刻立。杜道坚撰并书，孙德彧篆额，刘志贞等立石。记载文始殿肇始、沿革及重建诸事。对于研究宗圣宫历史以及文始殿的历史沿革及在元代的建制等有着重要意义。竖于宗圣宫遗址内。《道家金石略》、《楼观台道教碑石》等著录。

《重修说经台记》，元皇庆元年（1312）刻立。李道谦撰文，李志宗书，孙德彧篆额。记载重修和扩建说经台等事。竖于说经台东碑厅。“文化大革命”中被推倒断为两截，1978年由楼观台文物管理所修补粘结后仍竖原处。《正统道藏》、《楼观台道教碑石》等著录。

《楼观历受皇恩记碑》，约元中期（1294—1333）刻立。仅存残碑身一段。碑面中间被穿一方孔，又有多处剥蚀损伤。共残存290余字。碑文记元朝三下圣旨护持楼观之事。1985年楼观台文物管理所从东楼村收回，存于宗圣宫遗址内。《楼观台道教碑石》等著录。

《重修古楼观宗圣宫下院延生观记》，明嘉靖元年（1522）刻立。尹文振撰，高宗辅书，王旸篆额。记述重修古楼观宗圣宫下院延生观的缘由及经过。现藏延生观遗址旁。《楼观台道教碑石》等著录。

《重建五祖七真殿宇碑记》，明嘉靖三十二年（1553）刻立。夏言撰，蔡来聘书，富国等刻，景明太等立石。记述重建五祖七真殿宇的缘由及经过。现藏于宗圣宫遗址内。《楼观台道教碑石》等著录。

《宗圣宫铜章石兽铭》，明隆庆五年（1571）刻立。张炼撰，赵尔守书并篆额，杨雾镌。记载作者得获铜章和石兽的神奇经过等事。存于楼观台宗圣宫遗址内。《楼观台道教碑石》等著录。

《义记感格记》，明隆庆六年（1572）刻立。吴擢撰并书，何勋篆额，贺道征等同建，卜大庆刻石。记述玉堂真阳霍氏子对道教教义之感悟及对光大道教的贡献。原竖于宗圣宫三清殿前西侧，“文化大革命”中被打碎为数块，字迹尚清楚。《楼观台道教碑石》等著录。

《重建三清殿记》，明万历二年（1574）刻立。记载重建三清殿的原因及经过等，碑阴刻助缘功德主姓名。存宗圣宫三清殿西南侧。《楼观台道教碑石》等著录。

《重建吾老洞殿宇记》，明万历四年（1576）刻立。康海撰，方演惠书，王崇礼篆额。记载重修吾老洞殿宇诸事及捐资人姓名。现藏西楼观台道观内。《楼观台道教碑石》等著录。

《说经台创建救苦殿记》，明万历三十四年（1606）刻立。武烈撰，邓和德书，杨春泽刊。记述说经台创建救苦殿的缘由及经过。碑阴刻创建救苦殿时四方功德主及布施者姓名。竖于说经台救苦殿前。《楼观台道教碑石》等著录。

《补修纯阳洞碑记》，明万历四十二年（1614）刻立。张学道撰，武祯书，赵于逵篆额。记述补修纯阳洞的缘由及经过。碑阴刻纯阳洞补修中功德主姓名。竖于说经台东吕祖洞道院内。《楼观台道教碑石》等著录。

《显灵峰玄帝庙碑》，明万历四十二年（1614）刻立。赵崡撰，徐可为书，杨雾等刻。记述显灵峰名称由来及玄帝尊号之涵义。碑阴刻功德主姓名。竖于说经台东显灵山畔。《楼观台道教碑石》等著录。

《司理史公命建碑亭小记》，明天启四年（1624）刻立。梁克顺撰，武谟书，杨大明镌。记述司理史公命建碑亭的缘由及意义。嵌于说经台老子殿东山墙上。《楼观台道教碑石》等著录。

《重修古楼观说经台记》，清雍正十三年（1735）刻立。朱文炳撰，王容书，张松龄篆额，高兰广、仇孔章镌字。记述重修古楼观说经台的缘由及经过。竖于楼观台说经台东碑厅。《楼观台道教碑石》著录。

《说经台重修记》，清乾隆四年（1739）刻立。施阳烈撰，湛富书并篆额，张忠义、杜之章镌字。记述重修说经台的缘由及经过。碑阴详记重修中各州县助缘者姓名。竖于说经台东碑厅。《楼观台道教碑石》等著录。

《众善舍斋文序》，清乾隆十三年（1748）刻立。赵来成撰，高复义书，李春茂、马吉文刻。记载兴平县、周至县等众善友捐资助粮之事。碑阴刻舍斋众善姓名。竖于楼观台说经台前院东侧。《楼观台道教碑石》等著录。

《重建说经台记碑》，清乾隆四十年（1775）刻立。共两石，形制相同。毕沅撰，徐作梅书。记述重建说经台的缘由及经过。嵌于楼观台老子祠西碑亭。《楼观台道教碑石》等著录。

《重修楼观碑记》，清乾隆五十八年（1793）刻立。和守文撰并书，解去疑镌字。记述作者对儒释道各自宗旨的理解及重修楼观台的缘由。嵌于说经台西碑厅东墙上。《楼观台道教碑石》等著录。

《重修楼观台宗圣宫碑记》，清乾隆五十九年（1794）刻立。邓秉纶撰，李联宫书，周合理泐石。记述重修楼观台宗圣宫的缘由及经过。碑阴线刻楼观台崇圣宫全图。竖于说经台前东侧亭内。《楼观台道教碑石》等著录。

《重修楼观台记》，清嘉庆十五年（1810）刻立。刘合仑撰。此碑首、座均佚。记述重修楼观台的缘由及经过，文中谈及对儒、道的深层次理解。碑阴刻道众姓名。竖于说经台前东碑厅内。《楼观台道教碑石》等著录。

《新建楼观台碑亭记》，清道光五年（1825）刻立。康承禄撰，张玉德书，恒亮篆额，朱教先勒石，刘义明镌字。仅存碑身。记述新建楼观台碑亭的缘由及经过。嵌于说经台西碑厅墙上。《楼观台道教碑石》等著录。

《朱还虚律师增修说经台记碑》，清道光七年（1827）刻立。刘理罡撰并书，韩吕潮篆额。仅存碑身，记述朱还虚律师增修说经台的缘由及经过。碑阴刻布施者及执事道众姓名。竖于说经台东碑厅。《楼观台道教碑石》等著录。

《重修宗圣宫紫云楼并说经台碑记》，清咸丰十年（1860）刻立。谭理端撰并书。记述重修宗圣宫紫云楼、说经台的缘由及经过。嵌于说经台东碑厅东山墙上。《楼观台道教碑石》等著录。

《重修说经台记》，民国三十年（1941）刻立。王骧撰，贾仑书，刘毓麟刻字。记述重修说经台的缘由及经过。竖于说经台东碑厅。《楼观台道教碑石》等著录。

2．传记类碑刻（11通）

《大唐尹尊师碑》，唐开元五年（717）刻立，元大德元年（1297）重摹。员半千撰，侯少微立。记述大唐尹尊师文操家世、出家修道经过及对弘扬道教文化所作的贡献。

原竖宗圣宫内，清道光五年（1825）仆地，经周至县知县康承禄提议迁往说经台并建碑厅保护。“文化大革命”中被推倒断为三截，1978年经楼观台文物管理所粘接修补，仍竖碑厅内。《正统道藏》、《金石萃编》、《石墨镌华》、《道家金石略》、《楼观台道教碑石》等著录。

《同尘洪妙真人李尊师道行碑》，元至元七年（1270）刻立。李道谦撰，庞志和书并篆额。记载了洪妙真人李志柔倡导复修楼观宗圣宫等诸多建树。现藏楼观台宗圣宫遗址内。《正统道藏》、《楼观台道教碑石》等著录。

《终南山楼观宗圣宫提点成公先生墓志》，元至元十九年（1282）刻。朱象先撰，何志清书，邓钦篆额，杨志震刊，李志宗立石。记述终南山楼观宗圣宫提点成公先生家世、出家修道经过及对光大道教所作的贡献。出土时间、地点不详，现藏于说经台老子殿后。《楼观台道教碑石》等著录。

《终南山宗圣宫主石公道行记》，元至元十九年（1282）刻。李道谦撰。记述终南山宗圣宫主石公家世、出家修道经过及对弘扬道教教义所作的贡献。出土时间、地点不详，现嵌于说经台西碑厅墙上。《楼观台道教碑石》等著录。

《楼观先师传碑》，元至元三十年（1293）刻立。茅山朱象先制并书。记载了自老子至元初楼观道坛各宗派中35位著名先师修道事迹与学术活动。全篇上下分为七段，第一段刻“文始真人”传，第二至第六段每段各刻六位真人传，第七段刻四位真人传，共刻有35位真人传，各传中上部条形框内隶书真人姓名。碑阴刻有宗圣宫各下院道观名称及所在地。该碑为研究宗圣宫历史上各位真人的生平事迹，及宗圣宫的发展提供了珍贵的文字资料。现竖于宗圣宫遗址内。《道家金石略》、《楼观台道教碑石》等著录。

《大元尹宗师碑》，元元贞元年（1295）刻立。贾臧撰，马□书，聂志贞立石。记述大元清和妙道广化真人尹宗师志平家世、出家修道经过及对光大道教所作的贡献。竖于宗圣宫遗址内。下半部长期没入泥沙中，1985年经楼观台文物管理所掘出后仍竖原处。《正统道藏》、《楼观台道教碑石》等著录。

《云霞逸人传》，清康熙年间（1662—1722）刻立。李顒撰。记述李顒与云霞逸人交往之事。碑佚存拓，藏于楼观台文物管理所，并重摹于石。《楼观台道教碑石》等著录。

《说经台梁公道行碑铭》，清乾隆十一年（1746）刻立。杨绎撰，曾天义书并篆额。记述道人梁一亮修道始末及重修楼观台的功绩。竖于说经台西碑厅墙上。《楼观台道教碑石》等著录。

《龙门正宗第一十六代昆山刘合仑衣钵塔铭》，清道光四年（1824）刻立。路上林撰，杨清涟书，朱教先立石。简述刘合仑家世及修道始末。嵌于说经台山门外何承勋题“昆山律师衣钵塔”刻石下。《楼观台道教碑石》等著录。

《冲虚真人张元顺墓碑》，清道光二十二年（1842）刻立。吴明亮题。竖于说经台山门外西南100米处张元顺墓前。《楼观台道教碑石》等著录。

《刘至善碑》，民国二十四年（1935）刻立。简述刘至善籍贯及出家修道始末。嵌于说经台东碑厅东墙上。《楼观台道教碑石》等著录。

3. 公文类碑刻（6通）

《奉圣旨给地公据碑》，宋大观二年（1108）刻立。记述顺天兴国观与上清太平宫之间地租税的关系，是研究道教经济的珍贵资料。竖于宗圣宫三清殿遗址西侧。《楼观台道教碑石》等著录。

《楼观改名顺天兴国观牒碑》，宋皇祐元年（1049）刻立。记述楼观改名顺天兴国观之事。镶于说经台西碑厅东墙。《楼观台道教碑石》等著录。

《大元玺书碑》，元至元二年（1265）刻立。碑文系照刻元朝为护持楼观而先后下达的三次蒙汉合文圣旨全文，是古楼观历史沿革中的重要文献。原竖于宗圣宫三清殿前西侧，民国三十三年（1944）纂修《楼观台志》（抄本）时，此碑已半埋于地下，下部无法看到，修志者仅录其上半部第一次圣旨全文，蒙文未录。《楼观台道教碑石》等著录。

《宗圣宫设五品级提点所公文碑》，元至正元年（1341）刻立。刊刻宗圣宫设五品级管理机构“提点所”的敕文。对于研究道教管理机构“提点所”及宗圣宫相关管理问题具有重要意义。竖于宗圣宫遗址内。《楼观台道教碑石》等著录。

《监院梁一亮任职公文碣》，清雍正八年（1730）刻立。记述任命楼观台全真道人梁一亮为监院一事。嵌于说经台老子祠东碑厅内。《楼观台道教碑石》等著录。

《周至知县任张来泰住持吾老洞告示碑》，清乾隆三十六年（1771）刻立。记述周至县为解决吾老洞地棍滋扰，免除原住持翟无濯，重新任命张来泰主持日常事务之事。嵌于说经台老子殿东山墙外。《楼观台道教碑石》等著录。

4. 经典类碑刻（4通）

《玄元灵应颂》，唐天宝元年（742）刻立。刻于《大唐宗圣观记》碑阴。戴璇撰文，刘同升撰颂，戴伋书，肖□裕建，史荣刻。竖立于说经台碑厅。《金石萃编》、《潜言堂金石文跋》、《弇州山人续稿》、《金石文字记》、《正统道藏》、《道家金石略》、《楼观台道教碑石》等著录。

《篆书道德经碑》，元至元二十八年（1291）刻立。高翻书。此碑左右并列，共有两通，两碑碑阳皆篆额“古老子”3字。《道德经》全文依次刻于两碑之阴阳两面，《道德经》

之后，刻高翿题跋三行，篆书；续刻李道谦题跋六行，隶书。以篆书刊刻《道德经》，兼具书法价值，为全国现藏《道德经》十三种石刻版本之一。竖于说经台老子祠西碑亭内。《石墨镌华》、《楼观台道教碑石》等著录。

《正书道德经碑》，元代（1271—1368）刻立。似出于元时楼观道人杜道坚、李志宗辈之手。共两通，其中《道经》为一通，《德经》为一通，为研究《道德经》版本提供了一条依据。竖于说经台老子祠山门内东侧。《石墨镌华》、《楼观台道教碑石》等著录。

《道教养生诀题刻》，明正统年间（1436—1449）刻立。虚斋书，张浩刊。刻“玉炉烧炼延年药，正道行修益寿丹”，为道教养生之诀，容纳了道教养生丹经中十分精深的要旨与戒条，被称为道教养生之秘诀。刻于说经台老子祠大门内《篆书道德经》和《正书道德经》碑侧。《楼观台道教碑石》等著录。

5．题字类碑刻（8 通）

《溥光书“文始之殿”》，元中期（1294—1333）刻立。雪庵溥光楷书。可供研究溥光书法之用。刻于《大元重建文始殿记》碑阴。《楼观台道教碑石》等著录。

《吴琚书“天下第一福地”》，约元代刻。吴琚此书可能原刻于肺山，楼观道士可能为光耀门庭，摹刻于石。刻于《大唐尹尊师碑》碑阴。《楼观台道教碑石》等著录。

《米芾书“第一山”》，约元代摹刻。米芾行书。刻于元代《道经碑》碑阴，《石墨镌华》云：“此刻石在盱眙县，终南楼观台石乃摹刻耳。”《楼观台道教碑石》等著录。

《赵孟頫书“上善池”》，元代刻立。赵孟頫隶书。竖于说经台前西亭内。《楼观台道教碑石》等著录。

《“万圣洞”石匾》，明万历年间（1573—1620）刻立。杨宽刻石。现藏说经台大殿后。《楼观台道教碑石》等著录。

《“吾老洞”石匾》，清康熙二十年（1681）刻立。高宗砺书。嵌于吾老洞门额。《楼观台道教碑石》等著录。

《何承勋题“昆山律师衣钵塔”》，清道光四年（1824）刻立。隶书。嵌于楼观台说经台山门外昆山律师刘合仑衣钵塔上。《楼观台道教碑石》等著录。

《“洞天福地”》，清道光二十六年（1846）刻。李熙筠建，无书者姓名。刻石共 4 块，楷书“洞天福地”。嵌于说经台盘旋路中途。《楼观台道教碑石》等著录。

6．诗文类碑刻（14 通）

《苏轼楼观题记》，宋治平元年（1064）刻立。苏轼撰。刻于《老君显见碑》碑阴。

记述苏轼与章惇同游楼观之事。现立于楼观台说经台西碑厅内。《石墨镌华》、《楼观台道教碑石》等著录。

《薛绍彭书楼观诗》，宋元祐元年（1086）刻立。包括薛周“留题楼观”诗、大中“题楼观南楼”诗和“王工部诗”3首，薛绍彭书。嵌于说经台老子殿山墙。《天下金石志》、《金石萃编》、《楼观台道教碑石》等著录。

《王正臣楼观题咏》，约元代（1271—1368）刻立。王正臣题，郭起甫书，樊志亨刊。刻王正臣《楼观怀古》1首。碑佚，原拓藏于楼观台文物管理所。《楼观台道教碑石》等著录。

《永寿王楼观题咏》，明正德十四年（1519）刻立。永寿王题并草书。为永寿王朱秉櫄游览楼观说经台时所作七言律诗1首。碑佚，原拓藏于楼观台文物管理所，并重新刻石。《楼观台道教碑石》等著录。

《浒西山人楼观题咏刻石》，明嘉靖二年（1523）刻立。刻于说经台前西侧赵孟頫书“上善池”碑阴。漫漶严重。为浒西山人楼观题咏五言律诗1首。竖于说经台前西亭内。《楼观台道教碑石》等著录。

《陈棐访说经台题咏》，明嘉靖三十一年（1552）刻立。陈棐题。为陈棐《同王佥宪两曲年兄访说经台》诗1首。碑佚存拓，藏于楼观台文物管理所。《楼观台道教碑石》等著录。

《程轨题咏》，明嘉靖三十八年（1559）刻立。程轨题。刻程轨《秦渡四仙观同谢三洲□玄》、《宿说经台》、《过灵台有感示守令》3首诗。碑佚，原拓藏于楼观台文物管理所。《楼观台道教碑石》等著录。

《鹤洲楼观题咏》，明万历十二年（1584）刻立。鹤洲题，温器书，杨霖刊。刻鹤洲题七言绝句1首。嵌于说经台老君殿西山墙上。《楼观台道教碑石》等著录。

《佚名楼观题咏》，明万历二十一年（1593）刻立。刻佚名《说经台》、《吕翁洞》、《又君不见词》诗3首。存于说经台老子祠内四子殿阶前。《楼观台道教碑石》等著录。

《秦聚奎楼观题咏》，明万历三十六年（1608）刻立。秦聚奎题，武祯书，边卫君镌。刻《题说经台》、《题吕公祠》诗2首。嵌于说经台老子殿西山墙上。《楼观台道教碑石》等著录。

《胡松游楼观题咏》，明代刻立。胡松撰。刻胡松《游宗圣宫上说经台》诗2首。碑佚，原拓藏于楼观台文物管理所。《楼观台道教碑石》等著录。

《尹振鳞题“说经台谒老子像”诗》，清嘉庆十八年（1813）刻立。尹振麟题书。刻《说经台谒老子像》七言古诗1首。嵌于说经台老子殿东山墙上。《楼观台道教碑石》

等著录。

《尹振鳞咏“瓜道人”诗》，约清嘉庆十八年（1813）刻立。尹振麟题书。刻行书《瓜道人》七言古诗 1 首。嵌于说经台盘旋路中途。《楼观台道教碑石》等著录。

《黄蕴锦楼观题咏》，清道光二十六年（1846）刻立。黄蕴锦题书。刻五言律诗 1 首。刻于《重修说经台记》碑阴。竖于说经台东碑厅。《楼观台道教碑石》等著录。

7．图文类碑刻（4 通）

《终南山古楼观宗圣宫之图》，元至元二年（1265）刻立。碑上部隶书“终南山古楼观宗圣宫之图”11 字，其下线刻宗圣宫全图，下端刻石庭玉题跋，对于研究宗圣宫形制、宫苑分布有着重要意义，也是宗圣宫考古的重要参考资料。竖于宗圣宫遗址内。《正统道藏》收录跋文。《楼观台道教碑石》等著录。

《古楼观系牛柏图记》，元元贞元年（1295）刻立。朱象先撰并书，李志元等立石。刻于《终南山古楼观宗圣宫之图》碑阴。额隶书“古楼观系牛柏”6 字。碑身上部线刻系牛柏图，下刻“古楼观系牛柏记”。《道家金石略》、《楼观台道教碑石》等著录。

《二仙图》，元中期（1294—1333）刻立。长安庆云观王守真立石，江山道人刘志顺刊。线刻道教“八仙”中之钟离权、吕洞宾二仙画像。嵌于说经台老子殿东山墙上。《楼观台道教碑石》等著录。

《吾老洞四址山图刻石》，清乾隆十一年（1746）刻立。线刻吾老洞道观四至俯视图。嵌于老子殿东山墙外。《楼观台道教碑石》等著录。

（三）楼观台碑刻研究述要

楼观台碑刻存藏情况较好，记事碑反映了历代道观庙宇修葺与重建的历史事实，也保存了不少老子思想及道教义理方面的内容，约占全部存藏碑刻的三分之一；传记碑记述了楼观道先师们的生平事迹及弘扬道教的伟业功绩；诗赋题记碑则着重反映了当时的文学、书法、艺术成就。这些碑刻的内容多与道教有关，有着重要的史料价值和文学艺术价值。

首先，楼观台碑刻全面系统地反映了楼观道的发展历史，是秦岭宗教文化的重要载体。在楼观台 80 余通碑刻中，主要涉及道教特别是楼观道的内容，展示其历史发展的基本脉络和发展高峰。一是存藏碑刻基本上反映了楼观道教从先秦结草为庐到秦汉道教的演变，再从两汉道教至南北朝时期楼观道的形成，至隋唐宋元明清的发展历史，这期间历次重大修葺、宗教活动中心从宗圣宫到说经台的转移等，都有详尽的记载。二是从历朝所刻碑刻的数量及与之相关的宫观修建或重建的情况，可以发现楼观道教的两大历史发展高峰，即隋唐与元代。特别是唐代统治者在夺取政权时得到了楼观道教的直接帮助，最为重要的是楼观道教为李唐统治虚构了一个封建“意识形态”，即李唐王朝的先祖是老子，说明李唐取代杨隋的“合理性”。如唐武德九年（626）刻立的《大唐宗圣观记》所言：“皇帝命世应期，荣镜区宇，戡难静乱，亭毒无垠，广大配乎天地，光华方诸日月。”故在唐初，朝廷即大力支持楼观道的发展，大兴土木，广度道士，使楼观道教得以达到初步的鼎盛。元代统治者开国时崇信全真道，楼观台因与全真道的祖庭相去不远，能够及时“华丽转身”，逐渐成为全真道的重要道场，故受到元朝统治者青睐，所以才有至元二年（1265）刻立的《大元玺书碑》，即元朝统治者先后三次下达蒙汉合文圣旨，表明护持楼观道教的态度，特别是免去楼观道教的税赋，保护其利益。三是碑刻详细记述了楼观道教的师承关系。元至元三十年（1293）刻立的《楼观先师传碑》，记载了自老子至元初楼观道坛各宗派中35位著名先师的修道事迹与学术活动。尽管其中不乏附会，但基本上反映了历史事实，其中对先师们的经历说明，多有道教教义支撑，对研究中国古代道教人物有着直接的资料价值，是中国道教史上不可多得的碑刻文献。

其次，楼观台碑刻反映全真道入驻楼观台后，楼观台在全国道教中的地位，并受到民众的广泛崇信，以及道教教义与仪轨，特别是对儒、道关系的阐述，表现了秦岭文化的地域性特征。元中统四年（1263）刻立的《大元重修古楼观宗圣宫记碑》，记载古楼观的选址、位置概况，文末阐述了重修宗圣宫的原因与必要性。文曰：“金大定初，重阳祖师出焉，以道德性命之学，唱为全真。洗百家之流弊，绍千载之绝学，天下靡然从之。圣朝启运之初。其高弟丘长春征诣行在，当广成之问，以应对契旨，礼遇隆渥，且付之道教。自王侯贵戚，咸师尊之。于是玄元之教，风行雷动，辉光海寓。虽三家聚落，万里邮亭，莫不有玄学以相师受。教法之盛，自有初以来，未有若此时也。”这反映了道教全真派入驻楼观后的鼎盛局面。元皇庆元年（1312）刻立的《楼观大宗圣宫重修说经台记》，由当时道教五路提点、著名道家学者李道谦撰文，内容除记述了重修说经台的缘由始末外，以大量事例作了儒、道同源的论述，指出：“所谓道者，盖牺皇、周孔之所贯，岂复有所异哉？六经之学，纲纪万世，而二篇之要，又将有得于六经之外”；同时，他又论及先秦诸子之间关系来推崇道教，“为阴阳者，繁而致惑；为儒者，博而多虑；为墨者，苦而伤性；为名者，华而少实；为法者，酷而薄恩。惟老氏清虚无为，使人精神专一，动合无形，指约而易操，事少而功多，称为大道焉。是以先黄老而后六经。然善用之为黄昊，为唐虞，其不善用之则为两晋齐梁之弊”；进而指出：“明乎道，孔老相为终始矣。是则成己成物，内圣外王之道，此二子之所以彼此不言也。”可见，这是一篇贯通儒道，宣扬道教教义的学术论辩文章，表现了楼观台碑刻所承载内容在古代社会的认识高度，以及当时秦岭文化的精辟得妙之处。

再次，楼观台碑刻中不乏书法佳品，反映了当时的艺术成就。元至元二十八年（1291）刻立的《篆书道德经碑》和《正书道德经碑》，是全国现藏的十三种石刻《道德经》中镌刻时代较早、文字较近古本的两种版本，一直受到道教界和学术界的重视。此二碑兼具书法艺术价值，为不少书法爱好者所仰慕。特别是《篆书道德经》，为元代书法家高翿篆书，书法劲力苍古，风格绚丽，近看是字，远看如花，字字珠玑，如梅花初放，被后人誉为“梅花篆字碑”。唐开元二十九年（741）刻立的《老君显见碑》，又名《梦真容敕》、《梦真容碑》，唐代书法家苏灵芝的行书。苏灵芝，唐开元、天宝年间陕西武功人，著名书法家。其笔力遒劲端庄，与同时代书法大师北海李邕和平原太守颜真卿相媲美。可见此碑书法价值之高。说经台西碑厅内之《老君显见碑》碑阴所刻《苏轼楼观题记》，记述苏轼与章惇同游楼观之事。苏轼是北宋首屈一指的古文大家、诗人、书法家。苏轼擅行书、楷书，在书法艺术方面造诣颇深，与黄庭坚、米芾、蔡襄并称“宋四家”。此题记为行书，书文大气磅礴，引人入胜。另有《薛绍彭书楼观三首》，即薛绍彭书薛周留题楼观诗、大中题楼观南楼诗、王工部题楼观诗。薛绍彭为北宋著名书法家，其书与米芾齐名，这足以说明薛绍彭在书法方面的造诣。此三首诗刻，行笔流畅如行云流水，结体疏朗而不失严谨，笔力雄劲，用意深厚。

二、周至老县城碑刻

“周至老县城”并非现在的周至县城遗址，而是现在佛坪县遗址，今归周至县管辖。位于太白山东岭下龙洞湾5千米处，为古傥骆道必经之路。历史上曾经是商旅贸易的通道，也有着深厚的人文积淀。据田野调查，目前所存碑刻约27通，均为清代碑刻，内容多与区域政治、经济、宗教文化有关。

（一）周至老县城概述

老县城为佛坪厅故城，位于秦岭深处，海拔1800米，东西长约1200米，南北宽约250米，是清代厅城遗址。佛坪所辖旧为周至、洋县辖区，道光初在洋县秦岭南麓地区始设丞守，道光五年（1825）废丞，割周、洋地置佛坪厅，属汉中府。同年，首任同知景梁曾，招抚流民，伐木开石，筑佛坪厅城。民国二年（1913）废厅改县治，民国十四年（1925）因匪患，厅城废，次年，县府迁往袁家庄。1929年前后，佛坪新旧两任县长在工作交接时，在山上为土匪所杀，随后汉中府决定将县城南迁至较为平坦的地区，即今佛坪县城所在地。新中国成立后，将原佛坪厅城所在地（老县城村）划归周至县管辖，即成为今日的周至厚畛子乡老县城村。1996年6月12日，周至县人民政府将“老县城遗址”公布为第三批县级文物保护单位。2002年12月，“老县城遗址”被陕西省人民政府公布为第四批省级文物保护单位。

佛坪厅设立初期，呈现繁荣景象，辖区内人口最多近3万人。但仅十几年时间，已呈破败景象。刻立于道光十八年（1838）的《重建文庙文昌宫碑记》记载：“佛坪厅治建自皇上御极之四年。惟时老林初开，学校未兴，而文庙特建者，诚以崇奉圣贤之灵即为兴学立教之根本。丁酉冬，余掾兹土，下车祇谒蒿目，慨然者久之。泮桥、天成门、名宦乡贤诸祠，荡然无存；棂星门、东西庑倾圮过半；殿宇破陋，垣墙仅十之一二。马行于瓦砾草蔓之中，而卑□沮洳几不可以置足。嗟乎，庙成曾几何年，而颓废遂至于斯极！”此文为赐同进士出身署佛坪同知即用知县的潘政举撰，巡检兼司狱张体煐、袁家庄巡检李庚旸校镌。文中所言皇上御极之四年，为道光四年（1824），佛坪厅始建。丁酉年，即道光十七年（1837），潘政举上任伊始，即见县城已破败如此，可能一是由于此地地处“遐陬僻壤”（《重修文庙并增置乡贤祠碑》），皇权难及；二是由于“环城皆山高而水溢，其出无定所”，自然环境险恶，故城很快破败。20世纪初，土匪肆虐，迫使佛坪厅（县）治几经迁徙。随着政治、经济、文化中心的转移，居民逃徙，建筑失修，道路渐阻，曾繁华一时的佛坪厅城被湮没在幽谷老林之中而鲜为人知。老县城遗址遗存年代，大致为清道光初年至1926年。故城坐北向南，城内原有同知署、司狱署、守备署、外委署、学署、书院、文庙、武庙、义学、兵营、荣聚站等官署机构，今建筑多已倾圮，惟荣聚站仅存。城外有接官亭、演武场、社稷坛、历坛、先农坛、风云雷雨坛、城隍庙、财神庙、马王庙、关帝庙、风火虫神庙、佛爷庙等，多为残垣断壁。厅城建设和防卫方面有给水、排水、防洪、道路、守城等，设施齐全，布局合理。正如厅志所言：“古人因地建城，因城建署，而学校庙祠亦类及之，盖所以治民而事神者，非可苟焉已也。”[①]老县城遗址的保存，是集中展现该地区建筑物面貌的珍贵遗存，也是清代厅城建设的重要实例，对于清代晚期中国北方山区政治史、经济史、军事史、城市史、建筑史、科技史、艺术史等领域以及考古学、生态学、人类学等学科研究具有重要的学术价值。

老县城地处秦岭山脉中，四面环山，风光旖旎，有片未曾开发过的原始森林，据说其中金丝猴、羚牛、豹子等常有出没，还栖息着30余只大熊猫，同时还拥

① （清）刘煐：《佛坪厅志》卷一《建置志第二》，清光绪九年刻本。

有冷杉、竹叶草等珍稀野生植物。这里现在已经被开发为观光旅游圣地，被誉为“陕西最美的乡村”、“西安的香格里拉”、“世外桃源”，受到广大旅游爱好者的青睐。

（二）老县城碑刻及其存藏状况

周至老县城现藏碑刻50余通，主要存藏于老县城行政村佛坪厅旧城文物管理所内，此外尚有竖立于原地者。因碑刻数量较少，故不再将这些碑刻分类叙述，只按刻立年代分述如下。

《王孺人墓碑》，清嘉庆十五年（1810）刻立。汉白玉质，碑正中楷书“清故显妣黄母王老孺人之墓位”。落款“嘉庆十五年岁次庚午十月二十六日”。记载墓主祖籍四川潼川府乐至县崇仁乡。现藏厚畛子镇花耳坪行政村刘麻湾。

《关帝庙碑》，清嘉庆二十二年（1817）刻立。湖北武昌府通洋邑柏亭氏陈□临撰。额篆书“皇清”。落款“嘉庆二十二年岁次丁丑仲冬月中浣之二日”。现藏厚畛子镇八一村黑河森林公园附近。

《太白庙址碑》，清嘉庆二十四年（1819）刻立。额楷书“万古千秋”。正文楷书。落款“嘉庆二十四年十月廿四日吉旦”。现藏厚畛子镇姜家坪吴家梁。

《厚畛子无名碑》，清道光四年（1824）刻立。汉白玉质。正文楷书。落款“道光四年岁次甲申八月吉日”。现藏厚畛子镇厚畛子行政村。

《曹椽老大人墓碑》，清道光八年（1828）刻立。碑正中楷书“恩称故显考曹椽禄老大人坟”。落款“道光八年二月初一日立”。记载墓主祖籍广东饶州府罗昌县。现藏厚畛子镇花耳坪村侯凤祥家前院中。

《关帝庙碑》，清道光九年（1829）刻立。额篆书“皇清”。正文楷书。落款“道光九年岁次己丑季秋月下浣之六吉日谷旦”。现藏厚畛子镇八一行政村黑河森林公园收费站西南1.2千米。

《侯公宋氏合葬墓碑》，清道光十年（1830）刻立。记载墓主原籍湖南辰州府。现藏厚畛子镇钓鱼台行政村观音崖。

《佛坪营暨两汛公立义举碑》，清道光十年（1830）刻立。杨临川撰并书。落款“道光十年岁次庚寅孟秋月中浣吉旦”。记载汉中镇宪杨谕佛坪厅，准其所请，公立义举，帮扶贫困之事。现藏老县城文物管理所。

《佛坪厅合营重修关圣帝庙碑》，清道光十一年（1831）刻立。落款“道光十一年岁次辛卯十月谷旦立”。记载佛坪营守戎柯治仁率合营捐资重修关圣帝庙事。现藏老县城文物管理所。

《雷明高墓碑》，清道光十二年（1832）刻立。落款“道光十二年三月初五”。记雷明高族系源流及其生平、子嗣情况。现藏老县城文物管理所。

《捐资修建戏楼碑》，清道光十二年（1832）刻立。侯芳信建。额书“皇清”。落款“道光十二年四月吉日”。该碑对研究佛坪厅旧城清代社会生活提供了实物资料。现藏老县城文物管理所。

《创建四圣庙碑记》，清道光十四年（1834）刻立。张体熯撰并书，刘贵生刻石。汉白玉质，上半部残，正文楷书。落款“道光十四年六月谷旦”。记载了创建四圣庙的原因、四圣庙所祀、四圣庙的地址等。现藏老县城文物管理所。

《张孺人墓碑》，清道光十四年（1834）刻立。张体熯、汪振先立。汉白玉质，额楷书“皇清”。碑正中楷书“皇清诰封孺人系□□贵州候补县右堂汪官□□室张孺人之墓”。落款“道光十四年六月吉日”。记载墓主祖籍浙江。现藏老县城文物管理所。

《重修文庙文昌宫碑记》，清道光十八年（1838）刻立。佛坪同知潘政举撰。汉白玉质，正文楷书。落款“道光十八年岁次戊戌孟冬月谷旦”。记载佛坪厅始建及文庙文昌宫修建过程。现藏老县城村小学院内。

《禁止乱砍林木告示碑》，清道光十八年（1838）刻立。汉白玉质，额楷书“皇清”。正文楷书。落款“道光十八年九月吉旦”。为禁止乱砍林木的告示。内容涉及禁止乱砍之原因，禁止砍伐之范围，砍伐允许之条件等。现藏老县城文物管理所。

《老县城经幢》，清道光十八年（1838）刻立。汉白玉质，八棱形，现仅留幢身，所刻佛经或为《陀罗尼经》。该经幢是研究佛坪厅旧城佛教文化的实物依据。现藏老县城文物管理所。

《重修城隍庙碑记》，清道光二十二年（1842）刻立。黎保泰撰，张体熯书。汉白玉质。落款“道光二十二年岁次壬寅仲冬吉日立”。记载老县城重修城隍庙事。现藏老县城文物管理所。

《城隍庙塑像功德碑》，清道光二十七年（1847）刻立。白玉瑱书，朱念祖等立。记载城隍庙塑像事始末及功德人姓名。现藏老县城文物管理所。

《创建义学碑记》，清道光二十八年（1848）刻立。朱念祖撰，仇景廉镌。汉白玉质，身首一体，首题“创建义学碑记”。正文楷书。落款“道光戊申年仲春之月吉日立”。该碑为研究老县城村清代社会历史提供了史料。现藏老县城文物管理所。

《佛坪厅重修文庙并增置乡贤名宦祠碑记》，清道光二十八年（1848）刻立。朱念祖撰并书，仇景廉镌。正文楷书。落款“道光二十八年岁次戊申仲春月谷旦”。主要记载了修建文庙缘由及始末。现藏老县城文物管理所。

《重修湑水河石桥碑记》，清道光二十八年（1848）刻立。朱念祖撰文，刘贵生刻石。正文楷书。首题“重修湑水河石桥碑记”。落款“道光二十八年三月初八日立”。刻于《重修湑水河石桥碑记》碑阴。记载修建湑水河桥的原因、捐钱人姓名及捐钱数目。该碑是研究老县城村清代水利设施建设的重要实物资料。现藏老县城文物管理所。

《重修文庙捐输人姓名数目碑》，清道光二十八年（1848）刻立。记载重修文庙时捐输人姓名、钱数及支销项名目。落款“道光二十八年七月吉日谷旦”。现藏老县城文物管理所。

《佛坪厅募捐重修书院碑》，清道光二十九年（1849）刻立。汉白玉质。正文楷书，落款“道光二十有九年十二月谷旦立”。记载佛坪厅为提倡教育，重修书院，特募集捐资的告示。现藏老县城文物管理所。

《重修□□庙碑记》，清道光二十九年（1849）刻立。首身一体，额隶书“皇清”。首题“重修□□碑记”，正文阴刻楷书。落款“道光二十九年岁次己酉建”。正文大部风化、磨损严重，漫漶不清。现藏老县城文物管理所。

《计开粮当佃户各义民捐数碑》，清道光二十九年（1849）刻立。汉白玉质，正文楷书。落款“道光二十九年十二月谷旦”。记载捐资人姓名及钱数。现藏老县城文物管理所。

《计开绅耆粮户各义士民捐数碑》，清道光二十九年（1849）刻立。刘林镌。汉白玉质，正文楷书。落款“道光二十九年十二月谷旦”。该碑是研究佛坪厅清代社会生活的重要资料。现藏老县城文物管理所。

《计开板木厢各义商捐数碑》，清道光二十九年（1849）刻立。汉白玉质，正文楷书。落款“道光二十九年十二月谷旦”。记载捐资人姓名及钱数。现藏老县城文物管理所。

《计开铺户各义商捐数碑》，清道光二十九年（1849）刻立。汉白玉质，正文楷书。落款“道光二十九年十二月谷旦”。记载捐资人姓名及钱数。现藏老县城文物管理所。

《佛坪厅征收迎秀书院膏火费碑》，清道光三十年（1850）刻立。汉白玉质。正文楷书，落款“道光三十年六月十三日立”。记载佛坪厅为迎秀书院征收膏火费的具体规定的告示。现藏老县城文物管理所。

《重修神庙碑》，清道光三十年（1850）刻立。汉白玉质。正文楷书，落款“道光三十年季夏月朔日建立”。记载李廷锡、王正宏等善士为重修文公药王观音太伯财神山神诸尊神庙，特募集资金，领头重修一事。现藏老县城北秦岭梁。

《冉裕□墓碑》，清道光三十年（1850）刻立。汉白玉质，碑下部残缺，碑正中楷书“皇清待赠故显考妣公□讳裕□□□□□□□□□”。正文楷书，落款“道光三十年□阳月中□□□”。现藏老县城文物管理所。

《议收书院捐费碑》，清道光三十年（1850）刻立。汉白玉质，正文楷书。落款“道光三十年六月十三日立”。该碑记载了当时书院捐费的情况，为研究佛坪厅清代社会教育提供了资料。现藏老县城文物管理所。

《六神庙六神碑》，清道光三十年（1850）刻立。汉白玉质，首身一体，额楷书“皇清”。落款“道光三十年季夏月朔日建立”。记述了修建六神庙的经过。现藏厚畛子镇六神庙址。

《重修佛坪佛殿暨火神诸殿序》，清咸丰元年（1851）刻立。汉白玉质。正文楷书。落款“大清咸丰元年岁次辛亥小阳月吉日”。现藏老县城文物管理所。

《重修佛殿碑》，清咸丰元年（1851）刻立。汉白玉石质。为研究老县城村佛教文化提供了实物资料。现藏周至县老县城佛殿遗址。

《创立学校碑》，清咸丰五年（1855）刻立。汉白玉石质。落款“咸丰五年岁次乙卯仲夏谷旦”。为研究老县城创立学校、捐资助教之事提供了实物资料。现藏老县城文物管理所。

《曹氏墓碑》，清咸丰六年（1856）刻立。汉白玉石质。碑正中题“皇□西……老大人一……”。落款“咸丰六年三”。现藏老县城文物管理所。

《牛文杰墓碑》，清咸丰八年（1858）刻立。汉白玉石质。碑正中题“皇清待赠府君牛公文杰大人墓碑”。落款“大清咸丰八年二月二十二日立”。记载牛文杰家族世系、籍贯、子嗣、生卒年及事迹。现藏老县城故城东。

《潘公墓碑》，清咸丰八年（1858）刻立。汉白玉石质。碑正中题“故考潘□妣王氏老孺人魂下正性之墓”。落款“咸丰八年四月初七日”。现藏老县城文物管理所。

《佛坪厅木厢冲放各料章程碑》，清咸丰九年（1859）刻立。汉白玉石质。落款“咸丰九年十二月吉日”。是佛坪为防止木厢冲放各料时有捞取藏匿不报、特立章程予以规范的告示。现藏老县城文物管理所。

《佛坪厅公告碑》，清咸丰十一年（1861）刻立。汉白玉石质。落款“咸丰十一年月吉日”。镌刻佛坪厅惩治王永盛蒙官舞弊案的公告。现藏老县城文物管理所。

《重塑药王像碑》，清咸丰十一年（1861）刻立。汉白玉石质。落款“大清咸丰十一年岁次辛酉大晋月吉日立”。镌刻重塑药王像经过及捐资情况。现藏老县城行政村北秦岭南坡半山腰。

《周学智墓碑》，清同治十一年（1872）刻立。汉白玉石质。碑正中题“皇清待赠故显考周公学智待诰显妣陈府君老大人墓”。落款“大清同治十一年仲春月下浣日”。记载周学智夫妇世系源流及其籍贯、生卒年、子嗣等。现藏老县城文物管理所。

《重修湑水河桥碑记》，清同治十一年（1872）刻立。英惠撰，龚兴顺镌。记载同治年间重修湑水河桥之事及捐资人姓名等。现藏老县城文物管理所。

《荫峤公祖杨大人德政碑》，清光绪三十二年（1906）刻立。汉白玉石质。落款“光绪三十二年岁次丙午桂月十五日众绅仝立”。记载荫峤公祖杨大人因灾荒欠收减免税收事。现藏老县城文物管理所。

《礼部题准刊立卧碑》，清代刻立。汉白玉石质。首题“礼部题准刊立卧碑于明伦堂晓示生员”。记载官方刊立卧碑于明伦堂以晓示生员的具体规定。现藏老县城文物管理所。

《公议义举条规碑》，清代刻立。汉白玉石质。王士俊书。仅存下半部。首题“营旧立义举条其规固善”。记载官方刊立有关义举的条规。现藏老县城文物管理所。

《重修佛坪县衙署记》，民国十二年（1923）刻立。传令嘉奖陕西督军署行营执法官兼陕南边防总司令部军法官代理佛坪县知事孙培经撰，陕西督军署行营执法官书记长兼佛坪县科员吕厚泽书。汉白玉石质。落款“中华民国十二年季夏之月吉日立”。记载佛坪厅兴衰及重修事。现藏老县城文物管理所。

另有无名碑刻数通。

（三）老县城碑刻研究述要

周至老县城碑刻为数不多，但却有着重要的意义。

首先，老县城碑刻在秦岭碑刻及其文化中具有标本意义。据称，周至老县城是距离西安最远的一个村落，总共只有38户人家。这里曾经也繁盛一时，随着政治、经济、文化中心的转移，匪患猖獗，居民逃徙，建筑失修，道路渐阻，至民国十五年（1926），佛坪厅治不得不迁至现址。原址却给当代社会留下了一个文化之谜，那些承载文化内涵的遗迹特别是碑刻，与山群相伴，在不断地诉说着这里的兴衰变革。从道光五年（1825）置佛坪厅至民国十五年（1926）废，其间约100年。百年对于人类历史来说，只不过是白驹过隙，但秦岭以其恢弘的气度，在这治乱相间的百年内，完成了其系统的文化塑造与传袭，这是中华传统文化的成就，也是秦岭文化的成就。从老县城碑刻中，可以看出光绪初置厅后，在光绪年间就基本完成了一个封建社会厅（县）治所应该具有的各种功能设施，有佛教、道教寺观庙宇的修建或重建，有义学设置与教育事业的开展，有保护山林举措的告示，有河流架桥的公共事业，有社会捐助资助系统的完善，有封建礼制的普遍流行，等等。上述这些设施或事业充分说明了中华传统文化的渗透力，也说明秦岭文化的博大精深与广泛影响。再反过来分析，民国十五年（1926）县治迁移，治所被废，住民渐少，政治影响力削弱，但传统文化却没有因之而消失，破落的遗址，斑驳的碑刻，承载了老县城的文化底蕴，以另一种独特的方式承载着中华传统文化及秦岭文化。这就是它的标本性意义所在，值得深思与研究。

其次，老县城碑刻的内容表现了秦岭区域文化的共同特征。从现藏碑刻的内容可以看出，以儒家文化为中心，兼有佛、道文化，是秦岭文化的基本特征，这在老县城碑刻中得到全面反映。儒家文化渗透方式的核心是教化，而文庙、文昌宫是教化的重要场所，加之义学的创设，使儒家思想文化教化得以实行。与之同时，道教信仰与佛教信仰的配合，使这里形成了一个完整的"意识形态"体系，与中华传统文化乃至秦岭文化相呼应。在离县衙遗址不远的地方有一座佛教塔，塔分四层，六面都雕有不同佛像，其整体是由上等汉白玉砌雕而成，据说是当地一位得道高僧的塔墓。清咸丰元年（1851）刻立的《重修佛殿碑》，述及"坪以佛为名"，故有"佛坪"之名由佛教而来之说。据光绪《佛坪厅志》载："佛爷庙在关帝庙后，碑碣无存，莫考所自，居民相传佛坪之名实自此始云。"[①] 加之《老县城经幢》等佛教碑刻的存在，较为系统地反映了佛教流行的历史轨迹。《创建四圣庙碑记》、《重修佛坪佛殿暨火神诸殿序碑》、《关帝庙碑》、《六神庙六神碑》等，反映了道教的流行情况。需要特别关注的是，在上述"意识形态"系统的影响和支配下，老县城形成了完整的社会运行与管理体系，即如前所述的那些一个封建社会厅（县）治所应该具有的各种功能设施，这不能不说是中华传统文化乃至秦岭文化的影响力所在。

再次，老县城碑刻的保护利用可采取与众不同的形式。现代社会，人们已经把旅游作为一种生活方式。有山有水就有旅游者，有古代遗存的地方也会有旅游者。作家叶广岑在周至县当县委副书记的时候，就曾长期在老县城采风，后来写成长篇散文《老县城》，将周至老县城推向了全国。许多游客就是因为读了这本书，而专门前来体验周至老县城的风情与文化，老县城因而获得陕西的"香格里拉"美称。这为老县城碑刻保护利用提供了相应的机缘。老县城的碑刻保护利用应该与其整体保护利用相结合，包括对城墙、城门、衙署遗址、荣聚站、文庙遗址、城隍庙遗址、佛爷庙遗址等的保护利用。这就要求制定整体的保护与利用方案，稳步推进，分段实施，以期收到文物保护与旅游创收双赢的良好效果。

---

① （清）刘爕：《佛坪厅志》卷一《建置志第二》，清光绪九年刻本。

第七章　重阳宫、草堂寺、户县文庙碑刻

户县汉初置县，地处秦岭北麓汉唐近畿，为三秦名邑，历来文风昌盛，因之碑碣随处可见。在历史发展进程中，虽然很多碑刻已遭损毁，但留存下来的数量仍旧非常可观，品质也相当高。如《圭峰定慧禅师碑》、重阳宫元代道教碑刻、《雁字回文诗碑》和《北魏造像碑》等。这些碑刻上起西晋，下讫民国，时代跨度大，内容非常丰富，有重要的史学价值、书法价值、文学价值。户县碑刻主要集中存藏于秦岭终南山北麓的重阳宫、草堂寺和县城文庙，现分而述之。

一、重阳宫碑刻

重阳宫，又称重阳万寿宫，位于秦岭终南山北麓的户县祖庵镇，为道教全真教祖师王重阳早年修炼成道和遗蜕葬骨之所，也是全真教的发祥地，历来就有“天下祖庭”、“全真圣地”之盛名。重阳宫在历史上已经毁圮，现藏建筑是晚清和近代以来所重建，计有山门、灵官殿、祖师殿等处。祖师殿后来被作为碑石聚集之地，俗称“重阳宫碑林”（又名“祖庵碑林”）。据田野调查，祖庵碑林现藏碑刻45通，均与全真教相关。由于重阳宫所存道教碑刻的重要价值，2001年国务院公布其为全国第五批重点文物保护单位。

（一）重阳宫与全真道

重阳宫全称为“大重阳万寿宫”，因全真教道祖王重阳（1112—1170）而得名。王重阳，名喆，字知明，道号重阳子，故称王重阳。北宋末年京兆咸阳大魏村人。出生于庶族地主家庭。幼好读书，后入府学，时值宋金交兵于陕，南宋建炎四年（1130）金人长驱入关破陕，王重阳目睹战乱之患、黎民之苦，深感“天遣文武之进，两无成焉，于是慨然入道”（《全真教祖碑》），隐栖山林，避处秦岭终南山北麓的南时村。金正隆四年（1159），自称于甘河镇遇异人，授以内炼真诀，悟道出家。金大定元年（1161），

在南时村挖穴墓，取名“活死人墓”，自居其中，潜心修持，功成丹圆，迁居刘蒋村结庵（今户县祖庵重阳宫现址）。金大定七年（1167）抵山东，先后在文登、宁海、福山、登州（今蓬莱）、莱州（今掖县）建立三教七宝会等，传道说法。收马钰、谭处端、刘处玄、丘处机、王处一、郝大通、孙不二等七人为徒，后世称“全真七子”。大定九年（1169）十月，与弟子马钰、谭处端、刘处玄、丘处机四人西归，次年一月殁于大梁（今河南开封），葬终南刘蒋村故庵。金章宗赐庵名为灵虚观，元太宗加封为重阳万寿宫，被全真道尊为祖庵或祖庭。

王重阳所创立的道教派别被称为全真教或全真道，因王重阳以“屏去妄幻，独全其真者”为修身之大旨，故其曾在山东宁海（今山东牟平）自题所居庵为全真堂，凡入道者皆称全真道士而得名。该派汲取儒、释部分思想，主张儒、释、道三教平等，三教合一，提出“三教从来一祖风”的融合学说。以《道德经》、《般若波罗蜜多心经》、《孝经》为主要经典，教人“孝谨纯一”和“正心诚意，少思寡欲”。早期以个人隐居潜修为主，不尚符箓，不事黄白之术。全真道认为清静无为乃修道之本，除情去欲，心地清静，才能返朴存真，识心见性。该派注重修炼“性命”，认为“性者，神也；命者，气也”，“气神相结，谓之神仙”。主张修道者必须出家，并忍耻含垢，苦己利人，戒杀戒色，节饮食，少睡眠。王重阳死后，其弟子马钰等七人分别在陕西、河南、河北、山东等地继续传道，创遇仙、南无、随山、龙门、嵛山、华山、清静七派，但教旨和修炼方式，大致相似。王重阳之后，全真教由马钰、谭处端、刘处玄依次掌教，至丘处机掌教（1209—1227，共 18 年）和尹志平掌教（1227—1251，共 24 年），全真教得到了飞跃发展。

丘处机本名不详，金熙宗皇统八年农历正月十九日（1148 年 2 月 10 日）生于山东登州栖霞。少即学道，拜王重阳为师，王重阳为他取名处机，字通密，号长春子。王重阳在河南汴梁逝世后，丘处机跟随同门马钰、谭处端和刘处玄等，将王重阳迁葬于终南山祖庵。后丘处机在宝鸡磻溪和陇州龙门山修炼十余年，自此声望日隆。金世宗大定二十八年（1188）春，应金世宗邀请前往中都会面，受命主持万春节醮事，其间获得金世宗三次召见。丘处机成为全真道第五任掌教后，他在政治和社会上积极发挥自己的影响，使全真道的发展进入兴盛时期。元太祖十四年（1219）五月，成吉思汗派使者携诏书前往山东邀请丘处机来蒙古帝国相见，丘处机欣然同意。元太祖十五年（1220）正月，丘处机与弟子赵道坚、宋道安、尹志平、李志常等，离开山东启程西去，这时他已经年届 73 岁。途经铁门关抵达大雪山（今兴都库什山）八鲁湾行宫，觐见成吉思汗。成吉思汗三次召见丘处机，询问治国和养生的方法，丘处机以敬天爱民、减少屠杀、清心寡欲等为回应，得到成吉思汗的赞许。成吉思汗下诏豁免全真道的赋役，并沿途派兵护送返回。全真教自此得到了当局者的首肯，并因此得以发扬光大。

由于全真教掌教与成吉思汗的这次机缘，蒙元帝王对全真教护持有加，使全真教在北方地区有了很大的发展，当时的山东、河南、河北、陕西等地全真教宫观星罗棋布，道士女冠难以数计，祖庭重阳万寿宫也得到不断营建修葺。特别是在尹志平掌教其间，重阳宫经过前后数十年的营建，其规模大致已定。史载重阳宫东至涝水、西至甘河、南抵秦岭终南山、北临渭水，殿阁廊庑，碑塔楼门，星罗棋布，整体建筑5048间，住道士近万人。但全真教在发展中，不断侵占佛教寺院，宣传“老子化胡”之说，引起僧人不满。为此，元宪宗八年（1258），元朝组织了僧道大辩论，结果全真道失败。宪宗诏令全真道归还侵占的寺院200余处，又令道士落发，焚毁《老子化胡经》及其雕版。元世祖至元十八年（1281），僧道再次进行辩论，全真道又以失败告终，诏令除《道德经》外，其他道经尽行焚毁，全真道遭到沉重打击。元成宗时（1295—1307），禁令渐松，全真道又见恢复。明代朝廷重视正一道，全真道相对削弱。明末清初，历经战乱的重阳宫，“垣墉崩塌，殿宇倾颓”①。乾隆四十七年（1782）有过重修，但属民间捐资小修小补，远不及元之盛况。解放初仅存老君殿、灵官殿和祖师殿等建筑。

（二）重阳宫碑刻存藏及著录情况

重阳宫碑林现藏碑刻45通，大部分保存完好。根据内容，可分为记事、公文、传记、题记、诗文、图等六个类别。

1．记事类碑刻（10通）

《十方重阳万寿宫记》，蒙古海迷失后元年（1249）刻立。碑螭首龟趺，通高5.16米，宽1.56米，厚0.50米。额篆书“十方重阳万寿宫记”。正文楷书35行，满行80字。孟攀鳞撰，张志敬书，孔元措篆额，朱志完、杨□松同镌，田大明、田大器、田大成等建。碑文分三部分，首先阐释何为“道”，以及道对万物生灵的重要意义；其次介绍王重阳姓名、家世以及出家修道之经过；再次，介绍王重阳去世后，其所创立的教派被发扬光大，以及重阳宫之创建始末。对于研究“道”的精髓以及王重阳修道始末、重阳宫修建历史、元代的宗教政策有着重要的参考价值。该碑原散置在重阳宫灵官殿东南约100米处的田野，1962年移竖于重阳宫后院。《重阳宫道教碑石》著录。

《清和真常二大宗师仙翰碑》，蒙古宪宗元年（1251）刻立。额篆书“清和真

① 《重修大重阳万寿宫文》，现镶嵌在重阳宫祖师殿后台北侧。

常二大宗师累赐仙翰”。正文行楷相间，分5栏镌刻，通碑末行为篆字。第一栏共13行，满行12字。第二栏26行，满行11字。第三栏24行，行字不等。第四栏31行，满行16字。第五栏19字，满行13字。碑身中部横断，有粘接痕迹一道，字迹略有残损。第三、第四部分字迹漫漶。尹清和、李真常撰并书。碑文分别记录了清河老人尹志平及玄门掌教大宗师真常李真人对重阳宫事务的关注、支持，以及对教门兴废的看法。对于研究道教人物及其对重阳宫发展所起的作用有重要价值。该碑刻于《大蒙古国累朝崇道恩命之碑》碑阴。现藏重阳宫。《重阳宫道教碑石》著录。

《重阳成道宫记》，蒙古宪宗四年（1254）刻立。碑螭首龟趺，通高3.82米，宽1.05米，厚0.37米。额篆书“重阳成道宫记”。正文楷书30行，满行70字。冯志亨撰，李道谦书并篆，梁守一、潘志素立石。记载道门中人修葺王重阳修炼变化成道之地——活死人墓、蒙古蒙哥皇帝下诏祭祀并改观为宫、全阳高弟五人各主其观发扬全真教义，以及全真教发展始末等史实。原散置在祖庵镇成道宫村西田野，1962年移至重阳宫后院。《宫观碑志》、《道家金石略》、《重阳宫道教碑石》等著录。

《栖云王真人开涝水记碑》，元至元十六年（1279）刻立。薛友谅撰并篆额，孙德彧书，赵仁荣立石。记载栖云王真人率众凿渠引终南涝谷之水绕重阳宫，又绵延二十余里，普惠大众，使周边村镇潇然有江南风景。原散置在祖庵镇北郊田野，1962年移至重阳宫。《长春道教源流》、《关中金石记》、《西安府志》、《寰宇访碑录》、《陕西金石志》、《续修陕西通志稿》、《道家金石略》、《重阳宫道教碑石》等著录。

《真元会题名记》，元至元十八年（1281）刻立。李道谦撰。分八截镌刻。记载道教创始人老子的生平、道行，历代对道教的政策，真元会的来历以及题名会众之姓名。原散置在户县祖庵镇北郊田野，现藏重阳宫。《重阳宫道教碑石》著录。

《大元创建清阳宫记》，元至元十八年（1281）刻立。王道明撰，李若虚书，孙德彧篆额，孙志久、马志显、严道威、李志亨等建。记载仕马村清阳宫创建始末及创建人冲虚大师杨志谨的出家修道始末及道行。原在户县白庙乡四马村清阳宫，该宫后改建为清阳学校，“文化大革命”中，碑石被用于垒铺操场讲台。1987年移竖于重阳宫。《重阳宫道教碑石》著录。

《大元敕藏御服之碑》，元延祐二年（1315）刻立。赵世延撰，赵孟頫书，李孟篆额。记载元成宗因感异梦而敕赐御服一袭于孙真人，藏之重阳万寿宫，开玄真人感皇恩之浩荡，撰此文以颂扬。原曝露于祖庵镇北郊田野，1962年移至重阳宫。《弇州山人稿》、《石墨镌华》、《天下金石志》、《关中金石记》、《西安府志》、《陕西金石志》、

《续修陕西通志稿》、《重修周至县志》、《碑帖叙录》、《道家金石略》、《重阳宫道教碑石》等著录。

《重修祖庭碑》，明正统十年（1445）刻立。张楷撰，戴弁书，庄观篆额。记载侯园为振兴全真教、弘扬道法，重修万寿宫事。原散置在户县祖庵镇北郊田野，1963年移至重阳宫。《陕西金石志》、《续修陕西通志稿》、《重阳宫道教碑石》等著录。

《重阳宫庙产碑》，明弘治五年（1492）刻立。记载明朝弘治年间重阳宫四至及庙产诸事。原散置在户县祖庵镇北郊竹园南约50米处田野，1962年移至重阳宫。《重阳宫道教碑石》著录。

《重修大重阳万寿宫文》，清乾隆四十七年（1782）刻立。熊仪柬撰，李树声书。记载清乾隆四十七年重修重阳宫之事。现藏祖庵重阳宫，镶嵌在祖师殿后台北侧。《重阳宫道教碑石》著录。

2．公文类碑刻（7通）

《大蒙古国累朝崇道恩命之碑》，蒙古宪宗元年（1251）刻立。碑螭首方座，通高3.96米，宽1.13米，厚0.31米。额篆书“大蒙古国累朝崇道恩命之碑”。正文楷书，李庭撰，石志坚书并篆额。碑文分四截镌刻，共镌诏书二、圣旨四、令旨二及序文等。第一、二封诏书讲述成吉思汗建国立业之不易和所取得的成就，以及礼贤下士，尊崇道教，邀请丘处机入朝传道等史事。恭敬之情，溢于言表。四道圣旨：其一，免去道教差发赋税；其二，授权丘处机管理天下道教事务；其三，有关道教中人婚姻及饮食；其四，令清和真人尹志平、仙孔八合识李志常挑选德行清高之道人，向皇帝讲道论经。两封令旨：其一，阔端太子令授予重阳万寿宫于、宋、綦、李四位真人管理宫内事务以及宫观财产安全的权力；其二，弥里杲带太子允准重阳宫建玉皇、楼观等处宫观，并责令当地官员保证宫观的安全。原在重阳宫祖师殿前东端，1962年移至该宫后院。《长春真人西游记》、《辍耕录》、《元代白话碑》、《元代白话碑集录》、《道家金石略》、《重阳宫道教碑石》等著录。

《大元崇道圣训王言碑》，约元至元十七年（1280）刻立。碑文为四封圣旨、令旨，用蒙文和汉文两种文字书写。对于研究元代文献译名的还原及演变，具有重要价值，也是研究古代蒙古语珍贵的第一手资料。原散置在重阳宫献殿前，1962年移至后院。汉字碑文，《元代白话碑集录》、《道家金石略》、《重阳宫道教碑石》等著录。

《蒙汉文合刻令旨碑》，元至元二十四年（1287）刻立。先秉彝书并题额，张德宁刻，冯志显、严道成、孙志久立。正文用蒙古畏兀（回鹘）文和汉文楷书两种文字书写，文意相同。内容是关于道教宫观庙产的记载。现藏重阳宫文物管理所。《重阳宫道教碑石》

著录。

《蒙汉文合刻皇帝玺书碑》，元延祐元年（1314）刻立。碑文用蒙文和汉文两种文字书写，文意相同。保存完好。碑阴左上方有蒙古八思巴文篆书与草书各一行，其右还有波斯文一行。记载元朝廷关于重阳宫庙产的政策。原曝露于祖庵镇北郊荒野，1962年移至重阳宫。汉文碑文《关中金石记》、《西安府志》、《元代白话碑》、《元代白话碑集录》、《道家金石略》、《重阳宫道教碑石》等著录。

《褒封五祖七真制辞碑》，元延祐四年（1317）刻立。孙德彧书。记载元武宗加封道教北五祖之一王玄甫以及钟离权、吕纯阳、刘海蟾、王重阳、丘处机等人的诏书。原曝露于祖庵镇北郊田野，1962年移至重阳宫。《道家金石略》、《重阳宫道教碑石》等著录。

《宸命王文碑》，元延祐五年（1318）刻立。记载元仁宗加封开玄真人孙德彧的圣旨，以及元朝历代对道教宫观产业的政策。原散置在户县祖庵镇北郊竹园南约50米处田野，1962年移至重阳宫。《陕西金石志》、《续修陕西通志稿》、《元代白话碑集录》、《道家金石略》、《重阳宫道教碑石》等著录。

《蒙汉文合刻大元宸命碑》，元至正十八年（1358）刻立。碑额圭形，阴文篆书“大元宸命”4字。记载元代统治者保护重阳宫庙产及蠲免税收的政策。该碑原散置在重阳宫献殿西南，1962年移至该宫后院保护。《元代白话碑集录》、《道家金石略》、《重阳宫道教碑石》等著录。

3．传记类碑刻（16通）

《洞真于真人道行碑》，蒙古宪宗二年（1252）刻立。碑龟趺，残损，残高3.01米，宽1.02米，厚0.40米。正文楷书30行，行现存60字。杨奂撰，员择书。介绍洞真于真人生平、家世及出家修道的过程及事迹。原散置在户县祖庵镇北郊田野，1962年移至重阳宫后院。《甘水仙源录》、《还山遗稿》、《陕西金石志》、《重阳宫道教碑石》等著录。

《李无欲本行碑》，蒙古宪宗五年（1255）刻立。何道宁撰，李道谦书，骆天骧篆额。记载无欲观妙真人李仲美家世、生平、出家修道以及转战南北宣传道教教义的事迹。原散置在户县祖庵镇北郊田野，1962年移至重阳宫后院。《甘水仙源录》、《道家金石略》、《重阳宫道教碑石》等著录。

《碧虚杨真人碑》，蒙古中统三年（1262）刻立。禹谦撰，李道谦书并篆额，张志悦立石。记载碧虚杨真人生平、出家修道经过以及对继承发扬全真教的贡献。原散置在户县祖庵镇北郊田野，1962年移至重阳宫后院。《甘水仙源录》、《陕西金石志》、《续修陕西通志稿》、《道家金石略》、《重阳宫道教碑石》等著录。

《尹宗师碑铭》，元至元元年（1264）刻立。弋彀撰，员择书，李兟篆额。记载全真嗣教六世祖尹志平生平、家世、出道经过及对道教事业的贡献。原散置在户县祖庵镇北郊田野，1962年移至重阳宫后院。《甘水仙源录》、《道家金石略》、《重阳宫道教碑石》等著录。

《诚明真人道行碑》，元至元九年（1272）刻立。王磐撰，贾庭臣书，商挺题额。记载全真教嗣法掌教宗师诚明真人张志敬家世、生平、出道经过及对全真教发扬光大的贡献。《甘水仙源录》、《寰宇访碑录》、《陕西金石志》、《续修陕西通志稿》、《道家金石略》、《重阳宫道教碑石》等著录。

《全真教祖碑》，元至元十二年（1275）刻立。金源璹撰，李道谦书并篆额，高道宽、申志信、张志悦立石。记载王重阳生平事迹甚详。原散置在户县祖庵镇北郊田野，1962年移至重阳宫。《甘水仙源录》、《石墨镌华》、《天下金石志》、《金石萃编》、《西安府志》、《陕西金石志》、《续修陕西通志稿》、《道家金石略》、《重阳宫道教碑石》等著录。

《全阳周尊师碑》，元至元十二年（1275）刻立。李道谦撰，陈德定书，孙德彧篆额，李志源立石。记载全阳真人周全道家世、生平及传道解惑之事迹。原散置在户县祖庵镇北郊田野，1962年移至重阳宫。《甘水仙源录》、《道家金石略》、《重阳宫道教碑石》等著录。

《终南山重阳祖师仙迹记》，元至元十三年（1276）刻立。刘祖谦撰，姚燧书并题额，高道宽、申志信、张志悦立石。记载全真教祖师王重阳家世、生平、出道经过及对光大全真教的贡献。原散置在户县祖庵镇北郊古银杏树西侧，1962年移至重阳宫。《甘水仙源录》、《弇州山人稿》、《石墨镌华》、《天下金石志》、《书画跋跋》、《关中金石记》、《关中胜迹图志》、《西安府志》、《寰宇访碑录》、《金石萃编未刻稿》、《陕西金石志》、《续修陕西通志稿》、民国《重修周至县志》、《道家金石略》、《重阳宫道教碑石》等著录。

《圆明真人高公碑铭》，元至元十五年（1278）刻立。姚燧撰，权璹书，萧𣂏篆额。记载全真教圆明真人高道宽出家修道之经过及其光大全真教之事迹。原散置在户县祖庵镇北郊田野，1962年移至重阳宫。《甘水仙源录》、《道家金石略》、《重阳宫道教碑石》等著录。

《弘玄真人赵公道行碑》，元至元十七年（1280）刻立。李谦撰。记载弘玄真人赵子深生平、家世及出道修行始末。原散置在户县祖庵镇北郊田野，1962年移至重阳宫。《甘水仙源录》、《道家金石略》、《重阳宫道教碑石》等著录。

《马真人道行碑》，元至元二十年（1283）刻立。王利用撰，孙德彧书，李頍篆额，李道谦、高志隐、冯志安、王志和立石，张德宁镌字。记载全真教马真人从义家世、生平、出家修道经过及对弘扬全真教的贡献。原散置在户县祖庵镇北郊田野，1962 年移至重阳宫。《石墨镌华》、《关中金石记》、《寰宇访碑录》、《金石萃编未刻稿》、《陕西金石志》、《续修陕西通志稿》、《道家金石略》、《重阳宫道教碑石》等著录。

《綦公本行碑》，元至元二十五年（1288）刻立。李庭撰，孙德彧书并题额，苏志和等立石。记载白云真人綦志远家世、生平、出家修道经过及对弘扬道教文化的贡献。原曝露于祖庵镇北郊荒野，1962 年移至重阳宫。《甘水仙源录》、《陕西金石志》、《续修陕西通志稿》、《道家金石略》、《重阳宫道教碑石》等著录。

《清阳宫孙公道行碑》，元至元二十六年（1289）刻立。李道谦撰，孙德彧书并题额。记载清阳宫玄通凝素大师孙志久生平、出家修道过程及对弘扬道教文化的贡献。1987 年由清阳宫移至重阳宫。《重阳宫道教碑石》著录。

《天乐真人李公道行碑》，元大德十年（1306）刻立。宋渤撰并书，张孔孙篆额。记载天乐真人李道谦出家修行始末及相关著述。原散置在户县祖庵镇北郊田野，1962 年移至重阳宫。《陕西金石志》、《续修陕西通志稿》、《道家金石略》、《重阳宫道教碑石》等著录。

《披云宋真人道行碑》，元延祐七年（1320）刻立。王利用撰，韩冲书并篆额。记载披云真人宋德方出家修道始末、元朝数位皇帝对其所加封号以及其对道教的贡献。原散置在户县祖庵镇北郊田野，1962 年移至重阳宫。《陕西金石志》、《续修陕西通志稿》、《道家金石略》、《重阳宫道教碑石》等著录。

《皇元孙真人道行碑》，元元统三年（1335）刻立。邓文原撰，赵孟頫书，赵世延篆额。记述孙德彧生平、道行等情况。原散置在户县祖庵镇北郊田野，1962 年移至重阳宫。《石墨镌华》、《关中金石记》、《书画跋跋》、《潜研堂金石文跋尾》、《西安府志》、《寰宇访碑录》、《金石萃编未刻稿》、《陕西金石志》、《续修陕西通志稿》、民国《重修周至县志》、《碑帖叙录》、《道家金石略》、《重阳宫道教碑石》等著录。

4．题记类碑刻（3 通）

《真元会题名记碑阴》，约元延祐四年（1317）前后刻立。记载全真教有关真人及大师的题名碑。原散置在户县祖庵镇北郊田野，1962 年移至重阳宫。《重阳宫道教碑石》著录。

《溥光书“敕赐大重阳万寿宫”》，约元中叶（1301—1330）刻立。溥光书。题刻于《大元敕藏御服之碑》碑阴。原曝露于祖庵镇北郊田野，1962 年移至重阳宫。《重阳宫道教碑石》著录。

《孔潜真书“天下祖庭”》，明正统二年（1437）刻立。孔潜真书，侯圆方等刻。题刻于《全真教祖碑》碑阴。原散置在户县祖庵镇北郊田野，1962年移至重阳宫。《重阳宫道教碑石》著录。

5．诗文图类碑刻（9通）

《王重阳书无梦令碑》，金承安五年（1200）刻立。王重阳撰并书，吕道安、毕知常立石。刻王重阳撰并书词一首。原散置在祖庵镇北郊王重阳墓侧田野，1962年移竖于重阳宫后院。《金石萃编》、《寰宇访碑录》、《陕西金石志》、《续修陕西通志稿》、《金石续编》、《重修周至县志》、《道家金石略》、《重阳宫道教碑石》等著录。

《杨奂等挽悼李无欲诗碑》，蒙古宪宗五年（1255）刻立。杨奂、王万庆、赵复、敬铉、谢珏撰。刊刻河南路漕长兼廉访致仕奉天杨奂所作悼念无欲观妙真人祭文及诗词。刻于《无欲观妙真人李公本行碑》碑阴。原散置在户县祖庵镇北郊田野，1962年移至重阳宫后院。《重阳宫道教碑石》著录。

《重阳祖师之图》，约元初（1271—1285）刻立。线刻重阳图像，右上角刻有张邦直所撰“重阳祖师画像赞”。原在重阳宫祖师殿后露天放置，1962年移至该宫后院。《道家金石略》、《重阳宫道教碑石》等著录。

《玄门七真之像》，约元初（1271—1285）刻立。刻于《重阳祖师之图》碑阴。碑面阴刻两株参天劲松，下刻七位真人立像。现藏重阳宫。《重阳宫道教碑石》著录。

《摹刻商挺等诗词碑》，元至元二十五年（1288）刻立。商挺、赵著等题。摹刻商挺《浪淘沙》、《登通明阁》等诗词。题刻于《洞真于真人道行碑并序》碑阴。原刻石当在重阳宫附近的�溪道院，此碑为摹刻，现藏重阳宫。《重阳宫道教碑石》著录。

《重阳万寿宫之图碑》，元至元二十五年（1288）之后刻立。图刻于《白云真人綦公本行碑》碑阴。此图描绘了重阳万寿宫最兴盛时的全貌。现藏重阳宫。《重阳宫道教碑石》著录。

《王重阳诗歌碑》，元大德十年（1306）刻立。杨太初书，刘道希刻。刻于《全真开教秘语之碑》碑阴。刊刻了王重阳“甘河遇仙”、“自焚刘蒋茅庵”、“谒洛阳上清宫”等情境下所作诗词若干首。原散置在户县祖庵镇北郊田野，1962年移至重阳宫。《重阳宫道教碑石》著录。

《刘海蟾诗碑》，约元大德十年（1306）刻立。宋渤书。刊刻刘海蟾《代州寿宁古诗十韵》。刻于《十方重阳万寿宫记》碑阴。现藏重阳宫。《道家金石略》、《重阳宫道教碑石》等著录。

《全真开教秘语之碑》，元大德年间（1297—1307）刻立。孙德彧、范道和、杨志瑞等立石。记载全真教创始人王重阳礼泉遇仙所留秘语五篇。原散置在户县祖庵镇北郊田野，1962年移至重阳宫。《道家金石略》、《重阳宫道教碑石》等著录。

（三）重阳宫碑刻研究述要

重阳宫碑刻存藏情况较好，其内容多与全真教有关，对于研究全真教乃至道教及其文化具有重要意义，特别是蒙汉文合刻的圣旨、令旨类碑刻，保存了当时封建政治与宗教关系的历史资料，可以补充史书记载之不足，也是研究蒙元文字的重要资料。重阳宫碑刻中有些碑刻书法上佳，可为研究中国书法史提供资料。在重阳宫所有碑刻中，蒙元时期高道的“道行碑”有十数通之多，这些传记性质的碑刻，保存了大量全真教人物的历史资料和全真教的师承关系，亦保存了不少全真教及道教义理方面的内容，有着重要的史料价值。

首先，重阳宫碑刻反映了全真教的历史发展与封建政治的联系。全真教肇始于宋金之际，发展于蒙元，到了元朝初期发展到了顶峰。全真教发展的历程及其与封建政治的紧密联系，在重阳宫碑刻中得到充分展现。一是全真教与政治关系的近疏，决定其发展兴衰。据重阳宫碑刻载，王重阳初创全真教时，在关中传教并不顺利，多受金朝统治者打击，不得已才东赴山东；山东传教初期，也多是“地下”传教，与金朝统治者并未发生联系；在山东传教亦不顺利，又不得已率弟子重返关中；王重阳死后，马钰继任掌教十三年（1170—1183）。金世宗大定二十一年（1181），马钰被迫离开关中，率徒东归山东宁海，至金章宗明昌元年（1190），以惑众乱民，禁罢全真及五行毗卢。面对这种现实，全真诸子在不断遭受打击中，主动与封建政治联系，欲改变自己的命运。据《全真教祖碑》载，早在金世宗大定二十八年（1188），世宗就遣使访王重阳之门人，令其讲论至道，圣情大悦。到了金章宗承安二年（1197）六月，章宗“再诏王处一至阙下，特赐号体玄大师及赐修真观一所。十月，召刘处玄至，命待召长天观”。由于高道王处一、丘处机、刘处玄先后受金世宗、金章宗的召请礼重，全真教才得以发展；金承安三年（1198），王处一在京师请祖庵为灵虚观得准后，在封建政治的大力支持下，全真教及祖庭才得以大振玄风。二是全真教与最高统治者之间的机缘，决定了全真教的发展格局。全真教的发展，一方面与封建政治的护持相关，另一方面又与其对封建政治的影响分不开。据《白云真人綦公本行碑》，丘处机率弟子风餐露宿，跋涉数万里，在西域雪山见成吉思汗，并对以“民为邦本，本固邦宁”之策，“深契上心”，故敕赐以虎符，“宗主天下道流”。从此，元太祖成吉思汗“放下屠刀，立地成佛”，由重杀伐到重道德，将丘处机奉为神仙、国师，屡下诏免除全真教所有道观“差发税赋”，全真教在蒙元皇帝的护持下得到了重大发展，“重道尊教未有今日之极，道教蕃衍，教门增广未有如斯之盛”（《十方重阳万寿宫记》），重阳宫成为天下道观之冠。

其次，重阳宫碑刻揭示了全真教的教义及修炼要旨。宋元之前的中国道教史上，曾经出现过“五斗米道”、“天师道”、“太平道”等名称，还有金丹与符箓之分，但都不是真正意义上的道派。宋元之间或以后，中国道教才出现了真正意义上的宗派。此时，正一道已露端倪，真大道开始形成，太一道和净明道也已经出现。上述诸宗派中，或注重金丹，或注重符箓，或金丹符箓并行。全真教则是另立旨趣，以三教合一为前提，要求信徒出家修行，以得入仙。这在重阳宫碑刻中得到充分体现。如《王重阳书无梦令碑》中，镌刻了王重阳作“无梦令”一首：“大道长生门户，几个惺惺觉悟。铅汞紧收藏，方始澄神绝虑。心慕心慕，便趋蓬莱仙路。”阐述了大道自觉，无人能体悟，应该放弃金丹符箓，定神弃虑，弃家避世，超凡脱俗，才能得道。这是对全真教教义非常形象的说明。在重阳宫数通“道行碑”中，也有此类阐述。如《马真人道行碑》记述了马钰论修道要旨，即“凡人入道，必戒酒色财气、攀缘爱念、忧愁思虑，此外更无良药矣”。《尹宗师碑铭》记述了尹志平论及的修道要旨，与上述精神一样，“以谦逊勤约为治心之要，以践履功行为入道之基”。他们都强调修道要旨，在于清心寡欲，修身重德。关于修道的原则、方式，《马真人道行碑》论述道：“夫道以无心为体，忘言为用，柔弱为本，清静为基，节饮食，绝思虑，静坐以调息，安寝以养气。心不驰则性定，形不劳则精全，神不扰则丹结，然后灭情于虚，宁神于极，不出户庭，而妙道得矣”；“行则措足于坦途，住则凝神于太虚，坐则匀鼻端之息，卧则抱脐下之珠”。这些都是全真教提倡的性命双修、先性后命的清修真言，接近于佛教禅宗的修炼方式，与其他道教宗派有着明显的不同。

再次，重阳宫碑刻具有重要的文字学、历史学及书法艺术价值。一是文字学价值。重阳宫现藏有 7 通元代圣旨碑，其中 5 通为蒙汉文合刻，是非常重要的文字学资料。其中 4 通碑刻镌刻的蒙古文字是藏传佛教萨迦派法王八思巴受元世祖忽必烈之命，于至元六年（1269）以藏文字母为基础创制而成的“八思巴”蒙古文字。此文字创建后，由元世祖下诏颁行，官方文书均用此种文字书写。现藏八思巴蒙古文字碑，全国范围内发现约有 20 余件，而重阳宫即保存有数通，对于研究元代文献译名的还原及演变，尤其具有重要价值，对于古代蒙古语言的研究也是非常珍贵的第一手资料。另外，据《重阳宫道教碑石》作者介绍，重阳宫所存元至元二十四年刻立的《蒙汉文合刻令旨碑》，所刻蒙古文字与八思巴蒙古文字不同，长期无人辨识，从该碑汉字译文中能判断为帖木儿大王令旨。国内研究古代少数民族文字的学者，曾发表过关于元代蒙古文字的研究成果，认为元代碑刻中的蒙古文字，包括畏兀蒙古文字与八思巴蒙古文字两种，由此初步认定此蒙古文字当为畏兀蒙古文字。此判断经《重阳宫道教碑石》作者与中国少数民族语言研究中心主任道布研究员、中国民族语言学会副会长照那斯图教授沟通，两位学者均认定《蒙汉文合刻令旨碑》的蒙古文字，确系已经废绝的畏兀蒙古文字。该文字为元太祖时用畏兀（回鹘）字母拼写而成，自上而下直写。元代畏兀蒙古文字碑，现已发现者为数不多，这就突显出该碑的珍贵性，对研究元代蒙古文字、语言及元代宗教政策、政治制度等都有重要价值①。二是历史学价值。重阳宫所藏数通蒙汉文合刻碑刻，内容均为皇帝下旨保护全真道观产业及减免赋税差发、褒奖高道诸事；《全真教祖碑》、《真元会题名记》、《白云真人綦公本行碑》、《大蒙古国累朝崇道恩命之碑》、《十方重阳万寿宫记》、《栖云王真人开涝水记》、《褒封五祖七真制辞》、《宸命王文碑》等，展现了全真教与金、元社会政治的关系，是研究元代宗教史及寺观经济的重要资料；此外，《李无欲本行碑》、《碧虚杨真人碑》、《全阳周尊师碑》、《重阳祖师仙迹记》、《马真人道行碑》、《披云宋真人道行碑》等，比较全面系统地展示了全真教重要人物的生平、事迹、思想、道行等，是研究道教发展历史及道教历史人物的重要资料。三是书法艺术价值。金元时期全真教盛行，许多高道多与朝野名流大家交往，故重阳宫所藏碑刻多出自名家之手。《大元敕藏御服之碑》为元代著名书法家赵孟頫青年时期的作品，书法秀媚爽朗。《石墨镌华》认为此碑“婉媚”有余而“圆逸”稍逊。②《溥光书“敕赐大重阳万寿宫”碑》刻于《敕藏御服碑》碑阴，为元特封昭文馆大学士、著名书法家溥光墨迹。《披云宋真人道行碑》为元代书法家韩冲所书。《陕西金石志》认为，“此碑文既雅洁，书法模仿右军《圣教序》，颇圆熟可喜，元之嘉刻也”③。《终南山重阳祖师仙迹记碑》为元代文学家姚燧所书。《石墨镌华》谓“文颇蕴藉，而书全法颜平原，但波拂钩磔稍不及，因以知胜国时不乏能书者也”④。《天乐真人李公道行碑》、《刘海蟾诗碑》为当时著名书法家宋渤所书，笔力挺拔遒劲，为元时书法佳品。

① 刘兆鹤、王西平：《重阳宫道教碑石》，西安：三秦出版社，1998年，第25页。

② （明）赵崡：《石墨镌华》卷六《元赵孟頫敕藏御服碑》，《石刻史料新编》第一辑第二十五册，台北：新文丰出版公司，1982年，第18641页。

③ （民国）武树善：《陕西金石志》卷二十八《宋真人道行碑》，景民国二十三年排印《续修陕西通志稿》本，第16770页。

④ （明）赵崡：《石墨镌华》卷六《元重阳仙迹碑》，《石刻史料新编》第一辑第二十五册，台北：新文丰出版公司，1982年，第18642页。

二、草堂寺碑刻

草堂寺位于秦岭终南山圭峰北麓，距西安约50千米，是佛教著名古刹，也是三论宗祖庭，是国务院确立的全国汉传佛教重点寺院。该寺东临湍水，南对终南山圭峰、观音、紫阁、大顶诸峰，景色秀丽。草堂寺内松柏参天，翠竹轻拂，亭阁玲珑，意境幽邃。据田野调查以及文献查阅，与草堂寺有关的碑刻约有30余种，其中大部分现藏于草堂寺碑廊及寺内各处，只有个别碑刻存藏于别处。

（一）草堂寺与佛教名僧大德

草堂寺约创建于东晋末年，是东晋十六国时期后秦逍遥园的一部分。后秦国王姚兴崇尚佛教，于弘始三年（401）迎请龟兹高僧鸠摩罗什来长安，住逍遥园西明阁翻译佛典，后在园内建草堂寺，供罗什居住。由于鸠摩罗什译经场以草苫盖顶，故名草堂寺。初唐高僧吉藏以鸠摩罗什译出的《中论》、《百论》、《十二门论》三部论典为依据，创立了三论宗，尊鸠摩罗什为始祖，草堂寺因之成为三论宗祖庭。唐初，草堂寺曾改名为栖禅寺，但旧名仍被沿用。唐宪宗元和年间（806—820）曾敕令重修，名僧宗密禅师常在此弘扬佛法，被称为草堂寺的中兴之时。宋初，曾对草堂寺进行大规模重修，改称清凉建福禅院。金、元、明时期又改称草堂寺。13世纪，日本名僧日莲（1222—1282）在日本子睿山学习天台宗，并专依鸠摩罗什译的《法华经》建立日莲宗，故日本日莲宗把草堂寺作为其在中国的祖庭，并尊鸠摩罗什为初祖。清雍正十二年（1734），鸠摩罗什弟子僧肇被封为大智圆正圣僧，草堂寺因此又改名为圣恩寺。清同治年间，寺庙曾毁于战火，后重修。光绪七年（1881），草堂寺又被山洪冲毁。1949年前，草堂寺有僧人8名，土地一百多亩。新中国成立后，国家曾三次对草堂寺进行维修。1984年，由县民政部门移交僧人管理使用。草堂寺经历了千余年的历史沧桑，但香火不绝，高僧辈出。这些高僧大德中，以鸠摩罗什及其弟子道生、僧肇、道融、僧叡和唐代著名禅师宗密等为最。

鸠摩罗什祖籍印度，其族属婆罗门种姓，世代为相。鸠摩罗什7岁随出家修行的母亲研习佛经，日诵3万多字，被誉为神童。10岁时在罽宾（今克什米尔地区）与一群经师驳难获胜，声名大振。12岁时随母游历西域诸国，曾论辩挫败一自称“天下无敌手”的法师，名扬西域。前秦苻坚得知其名后，在公元382年派大将吕光率7万大军，出兵西域迎接鸠摩罗什来长安。吕光俘获鸠摩罗什后，苻坚被杀于长安，吕光便于公元386年拥兵自立，在凉州（今甘肃武威）建立后凉，留鸠摩罗什于凉州。

十余年后，至公元401年，后秦继位者姚兴征服后凉，迎鸠摩罗什至长安。鸠摩罗什在长安受到姚兴隆厚的礼遇，以国师相待，并与之说法论经。鸠摩罗什精通多种语言。他认为现有翻译的佛教经典大多出自印度或西域人之手，或晦涩难懂，或词不达意，或错误百出，或与原义相悖，遂说服姚兴重新翻译佛教经典，以使佛教在中国大地更广泛地传播。姚兴深信佛教，支持鸠摩罗什重新翻译佛经，在各地僧侣中挑选了800多人，集中于草堂寺，组成翻译团队，帮助鸠摩罗什译经。后来僧侣扩大到3000多人。通过译经，培养了一批优秀人才，其中的道生、僧肇、道融、僧壑被称为“什门四圣”，他们为后来佛教的弘扬光大作出了巨大的贡献。鸠摩罗什及其弟子含辛茹苦历经12载，翻译了《中论》、《百论》、《十二门论》、《般若经》、《法华经》、《大智度论》、《维摩经》、《成实论》、《阿弥陀经》、《无量寿经》、《首楞严三昧经》等佛教经典。鸠摩罗什译经改变了过去硬译、直译之法，采用意译。他组织译出的经典，既能准确表达经文原意，而且文字优雅，行文流畅，开创了意译一派。鸠摩罗什及其弟子翻译佛经，依《出三藏记集》共有35部，297卷；据《开元录》共有74部，384卷。这是中国历史上第一次大规模佛经翻译，也是一次壮举，鸠摩罗什本人也成为中国佛经四大翻译家中最早的一人（其余3人为真谛、玄奘、不空），草堂寺也成为我国最早的佛经翻译基地。后秦姚兴弘始十一年（409）八月二十日，鸠摩罗什圆寂，焚化后所得舍利葬于草堂寺内，起塔保存纪念，这就是著名的鸠摩罗什舍利塔，又名“八宝石玉塔”①。

鸠摩罗什弟子僧肇，在协助鸠摩罗什译经事业中发挥了重要作用，并在中国佛教史上有着十分重要的影响。僧肇俗姓张，为京兆（今陕西西安）人。原崇信老、庄，读佛教《维摩经》，欣赏不已，遂于鸠摩罗什门下出家，为罗什的得意门生，被称为“法中龙象”。他擅长“般若学”，被称为罗什门下“四圣”或“十哲”之一，人亦称为“解空第一”。他写的《物不迁论》、《不真空论》、《般若无知论》和《涅槃无名论》，合称《肇论》，在中国佛教史上具有十分重要的地位。鸠摩罗什译出《大品般若》之后，僧肇即就自己的领悟，写出《般若无知论》，得到鸠摩罗什的赞赏。弘始十年（408），《般若无知论》传到江南庐山，得到名僧慧远的认可。后僧肇又著《不真空论》和《物不迁论》。弘始十五年（413），鸠摩罗什逝世后，僧肇为悼念鸠摩罗什，又作《涅槃

① 草堂寺内鸠摩罗什舍利塔是否建于后秦，史有争论。《长安史迹考》认为：此舍利塔并非后秦所建，而是“筑于罗什寂后三四百年之间”。其理由有三：首先，盖下阴刻佛像为六朝以来所流行者，但缺乏六朝时的简朴特点，又不如初唐之雄丽，而且显得繁琐；其次，云台上的山形，与西安碑林博物馆中唐玄宗《石台孝经》碑冠上的山形完全相同，蔓草模纹的浮雕也与该碑所刻者为同一形式，但不如后者雄壮；最后，此塔的浮雕与会昌元年（841）所建玄秘塔碑冠上之云状浮雕颇多一致之处。再从塔铭冠以“姚秦”二字来看，显系属于他称，塔非姚秦时所建。又唐代以前除《魏书·释老志》谈到“于旧堂所，为建三级浮图”外，其他史志诗文中也没有关于鸠摩罗什舍利塔的片言只语。所以，新塔可能建于旧塔的原址。

无名论》，得到后秦国主姚兴的大力称赞，马上令人抄写，分发给他的子侄们。僧肇的《肇论》是结合老、庄的哲理，以《维摩》、《般若》、《三论》为宗，畅谈体和用、动和静、有和无等问题，是一部不朽的著作，成为后来三论宗的重要典籍。它不仅理论幽深，思想微妙，而且将罗什所传缘起性空的般若思想发挥得淋漓尽致。弘始十六年（414）僧肇逝世，年仅三十一岁。

和草堂寺有关的名僧还有唐代圭峰宗密大师。宗密俗姓何，果州西充（今四川省西充县）人，生于唐德宗建中元年（780），少通儒书。唐宪宗元和二年（807），宗密欲参加贡举考试，偶遇禅宗系下的遂州大云寺和尚道圆，与之相谈，言语契合，于是从道圆出家。随众僧赴斋，得《圆觉经》，读罢有悟，遂传《圆觉》。又受《华严法界观门》，遂讲《法门》。唐元和五年（810），宗密别师游方到襄汉，于恢觉寺遇名僧澄观弟子灵峰，见澄观所撰《华严经疏》及《随疏演义钞》，昼夜披寻，以此疏辞源流畅，幽赜焕然，于是作书寄澄观，遥叙弟子之礼，并述所领解。澄观答书称赞，望面见以印证所解。于是宗密到长安礼觐澄观。此时宗密三十二岁，澄观已七十四岁。自后二年间，昼夜随侍。唐元和十一年（816）春，宗密在终南山智炬寺遍阅藏经，撰《圆觉经科文》、《圆觉经纂要》各一卷。后入长安住兴禅寺。穆宗长庆元年（821）正月，游清凉山，住终南山草堂寺，起草《圆觉经疏》。后到丰德寺，撰述《华严经纶贯》五卷，阐明《华严经》的关节次第。后又入草堂寺南的圭峰兰若，诵经修禅。太和年间（827—835），文宗邀入内殿，问佛法大意，并赐紫方袍，敕号大德。以后又累次诏入内殿问法，朝臣及士庶归崇者颇多，特别是宰相裴休常受其教旨。宗密的著述现藏主要有《华严经行愿品疏钞》六卷、《华严经行愿品疏科》一卷、《注华严法界观门》一卷、《注华严法界观科文》一卷、《华严心要法门注》一卷、《圆觉经大疏》十二卷、《圆觉经大疏释义钞》十三卷、《圆觉经大疏钞科》二卷、《圆觉经略疏》四卷、《金刚经疏论纂要》二卷、《佛说盂兰盆经疏》二卷、《禅源诸诠集都序》四卷等。宗密思想的特点是教禅一致论。他把各家所述诠表禅门根源道理的文字偈句汇集成书，称为《禅源诸诠集》（又称《禅那理行诸诠集》，也略称《禅源诠》，全书已佚），来建立禅教一致的理论。他认为佛说顿教、渐教，禅开顿门、渐门，二教、二门各相符契。一部大藏经论只有三种教，禅门言教也只有三宗。武宗会昌元年（841）正月，宗密在兴福塔院圆寂，年六十二岁。唐宣宗即位后，追谥为定慧禅师。

（二）草堂寺碑刻存藏及著录情况

草堂寺碑刻始于唐迄于清，时间跨度约1200余年，现藏碑刻约30余通，可分为记事、公文、传记、题记、诗文、图文等六类。下面就草堂寺主要碑刻分而述之。

1. 记事类碑刻（4 通）

《重修建福禅院之记》，宋乾德四年（966）刻立。司马涛撰，道雍书并篆额，安仁裕刊字。碑残，额文阴刻篆书“重修建福禅院之记”。记载京兆府重修清凉建福禅院的因由、经过及建筑规制。现藏草堂寺碑廊。《金石萃编》、《户县碑刻》等著录。

《逍遥栖禅寺新修水磨记碑》，宋天圣八年（1030）刻立。沙门志陆撰并书，安晟刊石。记载户县逍遥栖禅寺新修水磨的因由、经过。现藏草堂寺碑廊。《金石续编》、《陕西金石志》、民国《重修户县志》、《户县碑刻》等著录。

《新建安善团记碑》，明崇祯十三年（1640）刻立。张国典撰，温仲雍书。记载安善团新建之缘由及经过。碑左镌刻团千总、练长及阖寺僧徒等 48 人名号。现藏草堂寺碑廊。《户县碑刻》著录。

《重修草堂寺碑》，清乾隆三十三年（1768）刻立。贾敦本撰，南作标书。碑下部断裂为三块，所幸损字不多。记载重修草堂寺之缘由及经过。现藏草堂寺碑廊。《户县碑刻》著录。

2. 公文类碑刻（3 通）

《印公开堂疏碑》，金元光二年（1223）刻立。完颜□撰。刊载陕西东路京兆府谨请印公堂头作本寺山主住持为国开堂祝延圣寿之疏。现藏草堂寺碑廊。《关中金石记》、《金石续编》、《户县碑刻》等著录。

《阔端皇太子令旨碑》，约蒙古定宗二年（1247）刻立。额篆书“皇太子令旨重修草堂寺碑”。碑文分上下四栏，各栏之间用阴刻横线间隔，每栏镌刻一封令旨。第一栏有一行畏兀（回鹘）蒙古文字。第四栏文末有两行畏兀（回鹘）蒙古文字。记载元朝阔端太子下令重修草堂寺之事。现藏草堂寺碑廊。《户县碑刻》著录。

《敕封大智圆正圣僧禅师僧肇碑记》，清雍正十二年（1734）刻立。记述了魏晋时期著名高僧僧肇的生平事迹，以及雍正帝敕封僧肇“大智圆正圣僧禅师”之事。现藏草堂寺。《户县碑刻》著录。

3. 传记类碑刻（2 通）

《圭峰定慧禅师碑》，唐大中九年（855）刻立。裴休撰并书，柳公权篆额，邵建初刻字。记载唐故圭峰定慧禅师俗家家世、生平以及对弘扬佛法、发展佛教事业的贡献。现藏草堂寺。1979 年确定为第一批国家级书法艺术名碑。《集古录》、《金石录》、《续修陕西通志稿》、《户县碑刻》等著录。

《辨正大师奥公僧录塔铭》，金元光二年（1223）刻立。释方亨撰，徐乂书，乂金篆额。记载辨正大师道奥出家修行经过及增修讲所、广纳门徒及弘扬佛法的事迹。嵌于草堂寺中殿东山墙。《户县碑刻》著录。

4. 题记类碑刻（3 通）

《章惇题名碑》，宋治平元年（1064）刻立。章惇撰。记载章惇偕同苏旦、安师孟会见苏轼，并游览楼观、五郡、仙游等处的游记。现藏草堂寺碑廊。《石墨镌华》、《关中金石记》、《陕西金石志》、《户县碑刻》等著录。

《孙竦等题名碑》，宋建中靖国元年（1101）刻立。孙竦题。记载建中靖国元年五月高邮孙竦等人游白云，过紫阁，宿草堂寺之行迹。现藏草堂寺碑廊。《金石续编》、《陕西金石志》、《户县碑刻》等著录。

《权邦彦偈言碑》，宋政和七年（1117）刻立。权邦彦撰。刊刻宋河间人权邦彦侍亲礼鸠摩罗什之舍利塔时，所作佛教偈言 1 首。现藏草堂寺鸠摩罗什舍利塔身八角形宝龛东。民国《重修户县志》、《户县碑刻》等著录。

5. 诗文类碑刻（12 通）

《唐太宗赞罗什法师碑》，约唐贞观二十三年（649）刻立。李世民撰，樊世亨刊。镌刻唐太宗为草堂寺姚秦三藏罗什法师所作的赞语。现藏草堂寺碑廊。《金石续编》、《陕西金石志》、民国《重修户县志》、《户县碑刻》等著录。

《李周李邵等联双桧碑》，宋元祐七年（1092）刻立。李周、李邵、杨致祥、种古、种诊撰。记载北宋仁宗庆历年间曾任长安县尉的李周、天兴县尉的种古等人，以草堂寺内双桧为题所创作的楹联，以及相互应和之事。现藏草堂寺。民国《重修户县志》、《户县碑刻》等著录。

《李章题草堂逍遥寺碑》，宋绍圣二年（1095）刻立。李章题。镌刻南豳从事权县事李章于草堂逍遥寺所题诗 1 首。现藏草堂寺碑廊。《墨林快事》、《金石萃编》、《陕西金石志》、民国《重修户县志》、《户县碑刻》等著录。

《梅泽说之诗碑》，宋崇宁元年（1102）刻立。梅泽说之撰，崔珙书。镌刻梅泽说之所作《过草堂望终南山》、《经樊川怀杜牧之》、《行役述怀》等 4 首诗。现藏草堂寺碑廊。《墨林快事》、《金石萃编》、《户县碑刻》等著录。

《李駒游终南山杂咏诗碑》，宋崇宁二年（1103）刻立。李駒撰，崔珙书。全碑共录诗 9 首，分上下两截镌刻，上截刻七言律诗 2 首、七言绝句 2 首。下截刻七言绝句 4 首、七言律诗 1 首。刊刻李駒游览终南山草堂、紫阁、云际院、长啸洞等处所作的诗文 9 首。现藏草堂寺碑廊。《户县碑刻》著录。

《双树轮囷五百年诗碑》，宋大观三年（1109）刻立。孙鳌撰并书。刊刻游紫阁所作诗 1 首。现藏草堂寺碑廊。《金石续编》、《金石萃编》、民国《重修户县志》、《户县碑刻》等著录。

《游圭峰草堂诗碑》，金大安元年（1209）刻立。雪岳老人、史矢、田曦等撰，释普定书，樊世忠刊。刊载雪岳老人、史矢、田曦等以圭峰草堂为题所作诗 3 首。现藏草堂寺碑廊。《金石续编》、《陕西金石志》、《户县碑刻》等著录。

《赵闲闲诗碑》，金正大三年（1226）刻立。赵秉文撰并书，方亨题跋。刊刻赵闲闲以草堂寺为题所作诗 2 首，并说明将诗刻石之缘由。现藏草堂寺碑廊。《金石萃编》、《陕西金石志》、《户县碑刻》等著录。

《雪庵溥光诗碑》，元至正十二年（1352）刻立。溥光撰并书，分为两碑，一为雪庵溥光以草堂寺为题所作 1 首绝句；一为雪庵溥光以草堂寺为题所作 2 首绝句。现藏草堂寺碑廊。民国《重修户县志》、《户县碑刻》等著录。

《徐仕升等诗碑》，明万历四十年（1612）刻立。徐仕升、张衡、王之玺、魏邦佐、何一统等撰，罗扆书，卜桢刻。刊载徐仕升、张衡等人《草堂寺》、《高观台》等诗 10 首。现藏草堂寺碑廊。《户县碑刻》著录。

《赠父母白侯擒盗行诗碑》，明万历四十四年（1616）刻立。罗秀士、罗崑、张应升、张大鹏、魏邦佐撰，罗光祖书，高大恩镌。刊刻罗秀士、张应升等人颂扬县令白应辉的诗文 5 首。现藏草堂寺碑廊。《户县碑刻》著录。

《张应升诗碑》，明万历四十四年（1616）刻立。张应升撰，郭启睿书，卜桢镌。刊刻张应升《登华山》、《游子房庄二绝》等 15 首诗文。现藏草堂寺碑廊。《户县碑刻》著录。

6．图文类碑刻（1 通）

《大草堂栖禅寺宗派图碑》，元至正十二年（1352）刻立。额文篆书“逍遥园大草堂栖禅寺宗派图”。刊刻了大草堂栖禅寺宗派从鸠摩罗什始到元代的谱系。现藏草堂寺鸠摩罗什舍利塔院。《户县碑刻》著录。

（三）草堂寺碑刻研究述要

草堂寺碑刻存藏情况较好，内容多与草堂寺的历史、佛教人物、唱赞秦岭风景有关，有着重要的价值。草堂寺作为中国古代佛教的著名译场，以鸠摩罗什为首的译经团队及其翻译成就，直接影响了中国佛教的发展趋势，所藏相关碑刻对于研究中国佛教译经史具有重要意义。正因为这个前提，草堂寺在历史上历经焚毁，但一直保持着其佛教的轨范。同时，草堂寺所藏碑刻也具有重要的补史意义，保存了一定的历史资料，可以补充史书记载之不足。草堂寺所藏的诗文碑刻，有较高的文学水平，有些碑刻书法上佳，都有一定的价值。

首先，草堂寺碑刻反映了中国古代著名佛经译场发展的基本情况，及其在中国古代的历史地位。所藏《大草堂栖禅寺宗派图碑》，为元至正十二年（1352）刻立，刊刻了大草堂栖禅寺宗派从鸠摩罗什始到元代的谱系。宗派图自上而下为二十一排，或可理解为此派系已经传承了二十一代。具体情况为：顶排为9人，只列了鸠摩罗什与“四圣”“八俊”道生、僧肇等人，因当时鸠摩罗什徒众三千，人数众多，故未列出。以下各代人数分别为第二代9人、第三代5人、第四代5人、第五代5人、第六代5人、第七代13人、第八代7人、第九代20人、第十代29人、第十一代37人、第十二代31人、第十三代27人、第十四代37人、第十五代40人、第十六代36人、第十七代43人、第十八代40人、第十九代29人、第二十代10人、第二十一代2人，共439人。通体完好，图文清晰。这些资料对于研究草堂寺这一古代著名佛经译场的发展情况有着重要的资料价值，是研究秦岭宗教文化，特别是佛教文化发展的重要资料。对于草堂寺发展的历史，通过《重修清凉建福禅院之碑》、《逍遥栖禅寺新修水磨记》、《游圭峰草堂寺》、《阔端太子令旨碑》、《重修草堂寺碑》、《敕封大智圆正圣僧禅师僧肇碑记》等碑，可知草堂寺于唐时称栖禅寺，于宋改称建福禅院，后历金、元、明、清又改称草堂寺的历史发展过程。草堂寺在历史发展过程中，屡经焚毁，规模渐小，尽管如此，其历史地位仍受到历朝的重视。如金元光二年（1223）刻立的《印公开堂疏碑》，刊载了陕西东路京兆府为请印公堂头作本寺山主住持，而给金朝皇帝上的为国开堂之疏，其中有“而况逍遥古刹，宇宙福田，本罗什译经之场，实定慧谈空之境”之语，说明在金元时期秦岭终南山道教发展得势之时，地方官员及朝廷对草堂寺宗教地位的重视。又如清雍正十二年（1734）刻立的《敕封大智圆正圣僧禅师僧肇碑记》，是雍正皇帝特别欣赏僧肇的《般若无知论》，因而敕封僧肇“大智圆正圣僧禅师”，以彰其德。这是对草堂寺重要佛教人物历史地位的肯定，也是对草堂寺这所译经道场的褒扬。

其次，草堂寺碑刻有补史证史的价值。对于《圭峰定慧禅师碑》，历代以来只注重其书法价值。此碑所记宗密的生平事迹、出家经过、修行历程及其著述等，对于研究宗密其人及其对于佛教的贡献，都是珍贵的第一手资料。同时，此碑所记佛教华严宗宗派传承，则为研究华严宗历史提供了珍贵的资料。在草堂寺碑刻中，宋代及其后历代对草堂寺的修葺及题名诗文等碑，所列历史人物的职官职衔、籍贯故里、历史地理及高僧大德释名、所住寺院、佛教称谓等，都可补充史籍之阙载。又如明崇祯十三年（1640）刻立的《新建安善团记碑》，记载了草堂寺抵御“流寇”之缘由及经过。时正值“流寇猋起，户邑被其蹂躏者数四”，是说李自成起义军由商洛山中再起，北出秦岭诸峪口，户县即被义军攻袭四次；户县官府及士绅，“为御侮计，环邑而堡者，盖绣错星列焉”，即在县域境内广建村堡，以抵御义军；而草堂寺“乃户之东南隅，大山屏其前，支流带其北，……用即寺以为堡，因山为城，绝贼子之凭陵；依水为池，寒饮马之逋寇”；“迨工事告竣，屹然东南一保障，视户之诸堡，方称完璧。进战退守，握胜算矣”。这说明为了抵御李自成义军，户县曾经在境内广建村堡，而草堂寺亦有建立村堡之设计。还需要强调的是这一碑刻的主题是“安善团”，碑文中并未涉及新建此团之事，但在碑刻落款中，却可见“团千总兴隆”、“副千总永教”，“练长道广、果田、道见”，以及阖寺僧人四十一人，这或说明安善团已有，为僧人组成，足见当时“以僧为兵”，抵御李自成义军之事。以上这些或可以补地方史志之阙。

再次，草堂寺碑刻中多有诗文碑与书法碑，它们都具有一定的艺术价值。一是诗文碑中有的诗文，或在中国文学史上具有重要地位。如约唐贞观二十三年（649）刻立的《唐太宗赞罗什法师碑》，为唐太宗李世民为罗什法师所作的赞诗。其诗文为：“秦朝朗现圣人星，远表吾师德至灵；十万流沙来振锡，三千弟子共翻经；文含金玉知无朽，舌似兰荪尚有馨；堪叹逍遥园里事，空余明月草青青。”其中既有对三秦大地帝王之气的描述，也有对鸠摩罗什及其译经事业的称颂，更有一种怀古忧思的情怀与心境。又如金正大三年（1226）刻立的《赵闲闲诗碑》，刊刻了金礼部尚书赵秉文以草堂寺为题所作怀古二首，因赵自号闲闲故名。诗中有“逍遥园后娑罗木，曾见春秋几度更。落叶萧萧风雨夜，却疑当日译经声”之句，当为诗中上品。二是有的碑刻书丹者的书法艺术造诣非凡。如唐大中九年（855）刻立的《唐故圭峰定慧禅师碑》，撰并书者裴休（791—864），字公美，唐孟州济源（今属河南省）人，进士出身，后来做到宰相。据载他能文且工正书，并虔诚信仰佛教，与禅宗有深厚的因缘，为晚唐著名书法家。此碑笔法谨严，清劲潇洒，结构尤为精密，取法于欧、柳，是唐碑珍品。金代礼部尚书、书法家、号闲闲居士、自称闲闲老人的赵秉文在《游草堂寺诗》首篇称颂此碑云：“下马来寻题壁字，拂尘先读草堂碑。平生最爱圭峰老，唯有裴公无愧辞。”又如元至正十二年（1352）刻立的《雪庵溥光诗碑》，分为两碑，撰并书者溥光，又名释溥光，一作普光，字玄晖，号雪庵。元代高僧，书法家。早年出家为僧，元至元、大德年间（1264—1307）以楷书大字名世。据称大书法家赵孟頫逛街市，见一家酒帘招牌写得遒劲典雅，惊叹：“此书乃过我！”遂知遇溥光，并推荐给朝廷，元世祖特封溥光为昭文馆大学士，赐号玄悟大师。草堂寺所藏这两通诗碑，使草堂寺与溥光有了历史的关联，其价值自不待言。

三、户县文庙碑刻

户县文庙位于户县东街近中楼处路北，全称文宣王庙，又叫孔庙，于明洪武初建，距今已有600多年历史，1992年被陕西省人民政府公布为第三批省级重点文物保护单位。

（一）户县文庙与碑刻存藏

据考，户县文庙于明永乐十二年（1414）重建，后又经多次修缮，现藏建筑为清康熙十七年（1678）重修后的规模。据载："文庙，在东街县署西，即儒学旧址也。明洪武初建……其制南向，前正中为庙壁，左右有门，东曰'圣域'，西曰'贤关'。壁前建木牌楼一座，上悬金字牌额曰'文庙'，以临大街……门前左右为泮池，中架桥梁，而空其下以通水。棂星门北为戟门六楹。其东为名宦祠，西为乡贤祠，各四楹。戟门内为东西庑各八楹。两庑北上为大成殿八楹，四面皆重檐，殿后即明伦堂六楹。堂后为启圣祠，清雍正元年改为崇圣祠，追封孔子五代王爵，各府、州、县如制。祠上即尊经阁，祠西即儒学训导宅。"[①] 上述记载说明，户县文庙是前庙后学的格局。户县的儒学学宫原在县城外，明洪武七年（1373）由元代旧址移建城内县署西即今文庙所在地，形成前庙后学的格局。清乾隆四十二年《户县新志》载："儒学旧在城外，明洪武初教谕张绅移建县署西……今在文庙后，盖学与庙未分建也。"[②] 以上旧有建筑庙壁、牌楼、棂星门、泮池、名宦祠、乡贤祠、两庑、训导宅等，均已拆除改建。现藏古建有：献殿（戟门）五间六楹，大成殿七间八楹，明伦堂五间六楹，崇圣祠楼（尊经阁）三间四楹。2006年，户县文庙又做了大规模的整修。

户县文庙原存碑刻6通，即明弘治十年（1497）刻立的《户县明道先生庙碑》、明万历六年（1578）刻立的《敕谕碑》、明万历二十五年（1597）刻立的《重修庙学碑记》、清顺治十八年（1661）刻立《重修文庙碑记》、清康熙四十一年（1702）刻立的《御制训饬士子文》、清乾隆十六年（1751）刻立的《改修崇圣祠碑》。新中国成立后不久，县图书馆和县文物管理委员会入驻文庙，无论从文庙过去功能来看，还是从县文物管理委员会职能来看，收藏文物成了户县文庙及其入驻单位的重要职责。约从1987年开始，户县文庙及县文物管理委员会不断征集移入碑刻，从而成为户县境内碑刻的集中存藏点，目前大约存藏碑刻70余通。

---

① （民国）赵葆真、段光世等：《鄠县志》卷二《祠庙》，民国二十二年（1933）铅印本。

② （清）汪以诚、孙景烈等：《（乾隆）鄠县新志》卷二《建置》，清乾隆四十二年（1777）刻本。

（二）户县文庙碑刻存藏及著录情况

本书研究的主题为秦岭碑刻，所以户县文庙所藏碑刻中不涉及秦岭及其文化内容的碑刻，暂不在研究之列。户县文庙所藏碑刻与秦岭有关者45通，大体可分为记事、公文、传记、题记、诗文五类。

1．记事类碑刻（17通）

《梁守壹地莂》，明洪武十五年（1382）刻立。刊载明洪武十五年梁守壹买地将其父母合葬之事，对此地四至记述详细。1994年出土于户县祖庵镇成道宫村，现藏户县文庙。《户县碑刻》著录。

《重修金峰寺记碑》，明成化十年（1474）刻立。朱英书，赵溥中镌石。记载明成化年间重修户县金峰寺之始末。原刊立户县庞光镇金峰寺内，现藏户县文庙。《户县碑刻》著录。

《明道先生庙碑》，明弘治十年（1497）刻立。王鏊撰，王九思书，刘玑篆额。记载户县为纪念明道先生程颢，创修庙宇之始末。原立在县城明道先生祠内，后祠毁碑仆。1986年竖于户县文庙大成殿东侧碑廊。民国《重修户县志》、《户县碑刻》著录。

《城隍庙新修看垣记》，明万历十九年（1591）刻立。魏奉璋撰。记载城隍庙新修看垣的经过。原立户县城隍庙，现藏户县文庙。《户县碑刻》著录。

《城隍庙新建坊牌门屏记》，明万历十九年（1591）刻立。王惟康撰文。记载城隍庙新建坊牌门屏的缘由及经过。原立户县城隍庙，现藏户县文庙。《户县碑刻》著录。

《重修庙学碑记》，明万历二十五年（1597）刻立。王九皋撰，赵文莹书，张宗礼篆额，齐汝宁刻石。记载户县重修庙学事宜。原倒卧于户县文庙中院墙角，1986年竖立于大成殿东侧碑廊。《户县碑刻》著录。

《改修文庙门坊记》，明崇祯四年（1631）刻立。陈治衡撰。记载改修文庙门坊之缘由及经过。文后镌刻阖学生员名讳，共计234人。现藏户县文庙。《户县碑刻》著录。

《牛首山保勇团碑记》，明崇祯十二年（1639）刻立。张宗孟撰。记载牛首山保勇团历史及修建简况。文后为助工、捐银人姓名。碑石在“文化大革命”中被弃于户县化羊峪口道左榛莽中，后运至县城大观楼洞保护，现藏户县文庙。《户县碑刻》著录。

《重修文庙碑记》，清顺治十八年（1661）刻立。秦骏生撰，王振世书并篆额。记载周至骆侯重修户县文庙之缘由及经过。文左镌刻214位立石的官吏、进士、举人、贡生与生员姓名。竖于户县文庙大成殿东侧碑廊。《户县碑刻》著录。

《重修学宫碑记》，清康熙四十四年（1705）刻立。朱文卿撰，王德敬书，李国玺篆额。记载重修学宫之缘由及经过。竖于户县文庙大成殿东侧碑廊。清康熙五十七年《户县续志》、《户县碑刻》著录。

《重修文庙碑记》，清雍正十年（1732）刻立。陈深书并篆额。碑已断为两截。记载重修文庙的缘由及经过。碑石左半部镌刻当时户县官吏、举人、贡生、生员等人姓名。现藏户县文庙。《户县碑刻》著录。

《改修崇圣祠碑记》，清乾隆十六年（1751）年刻立。李文汉撰，王师智书。记载改修崇圣祠的缘由及经过。竖于户县文庙大成殿东侧碑廊。《户县碑刻》著录。

《会馆增修献殿记》，清嘉庆十七年（1812）刻立。王者梦撰，李植槐书，薛秉铨篆额，高玉汝、陈世魁刻石。记载山西会馆增修献殿之缘由、经过及价值。原弃卧在户县县城北街小学，1986 年移竖于户县文庙大成殿东侧新建碑廊。《户县碑刻》著录。

《明道书院捐补膏火碑记》，清道光九年（1829）刻立。郭汪璨撰文，李逢春书，高玉汝镌石。记载明道书院捐补膏火之缘由及简况，反映出对教育的重视。原立户县县城西街明道书院，1986 年竖于户县文庙大成殿东侧碑廊。《户县碑刻》著录。

《会馆补修清庙捐资碑记》，清光绪十六年（1890）刻立。段永慈书并题，王光永题，杨茂公、杨秉智刻石。记载会馆补修清庙之缘由、经过及捐资情况。文左镌刻捐资商号名称与钱数以及督工经理人名号。原在户县县城北街山西会馆，现竖于户县文庙大成殿东侧碑廊。《户县碑刻》著录。

《重修文庙记》，清光绪十八年（1892）刻立。陈焕珽撰，艾如兰书，刘声琦篆额。记载户县重修文庙缘由及经过。现藏户县文庙。《户县碑刻》著录。

《试资记碑》，清光绪二十六年（1900）刻立。崔志道撰，贺伯箴书。记载户县邑侯及诸绅集资发商权息，解决县人各级科考之费用事。1986 年于户县城府东巷发现，现藏于县文物管理委员会。《户县碑刻》著录。

2．公文类碑刻（6 通）

《尚书礼部兴国寺牒》，金大定十年（1170）刻立。内容为朝廷颁发给户县兴国寺的牒文。该寺现已不存。原竖立于户县兴国寺，现藏户县文庙。《户县碑刻》著录。

《蒙汉文合刻令旨碑》，约元至元十九年（1282）刻立。碑文用蒙古八思巴字和汉字两种文字书写，八思巴字拼写蒙古语，系令旨原文，汉字据蒙文译出，以汉字白话体直译文义。记载元代统治者对道教庙产的保护政策。原立于户县庞光乡化羊庙正殿前院，后因殿毁碑倒，委弃草莽而运至县城。1986 年竖于文庙大成殿东侧碑廊。《户县碑刻》、《元代白话碑集录》有汉字录文，《民族语文》1998 年 3 期《阿难答秦王八思巴字蒙古语马年令旨》有蒙、汉录文。

《敕旨榜文卧碑》，明洪武十五年（1382）刻立。记载明朝廷关于教育以及诉讼的有关规定。1996 年从文庙明伦堂檐墙内取出，现藏于文庙。《户县碑刻》著录。

《敕谕碑》，明万历六年（1578）刻立。阎性书。为明朝廷于万历六年（1578）颁布的有关教育的敕谕。竖立于户县文庙大成殿东侧碑廊。《户县碑刻》著录。

《告示卧碑》，清顺治九年（1652）刻立。魏似韩等勒石。碑左部断裂为数块。记载清顺治朝对生员的一些约束性条款。现藏户县文庙。《户县碑刻》著录。

《御制训饬士子文碑》，清康熙四十一年（1702）刻立。康熙帝撰并书。记载康熙帝对士子的殷切期望以及警示。竖立于户县文庙大成殿东侧碑廊。《户县碑刻》著录。

3. 传记类碑刻（18 通）

《马端墓志》，宋熙宁七年（1074）刻。刘顗撰并书，李元直篆盖，翟秀刻字。盖佚。记载宋故西京左藏库使马端家世及生平事迹。1970 年出土于户县甘亭镇六老庵村，现藏户县文庙。《户县碑刻》著录。

《李宗师墓志》，宋绍圣三年（1096）刻。李周撰，刘随书并篆盖。记载宋故内园使上骑都尉李宗师家世及生平事迹。1987 年出土于户县天桥乡丈南村西南，现藏户县文庙。《户县碑刻》著录。

《李邦直墓志》，宋绍圣三年（1096）刻。李处讷撰，吕义山书，李寿永刊。记载宋故三班奉职李邦直家世及生平事迹。1987 年冬出土于户县天桥乡南丈八寺村，现藏户县文庙。《户县碑刻》著录。

《孙昭谏墓志》，宋建中靖国元年（1101）刻。王箴撰，王振书，李公裕题盖，安民、安延年、姚革刻字。记载宋故皇城使孙昭谏家世及生平事迹。1987 年出土于户县南乡，现藏户县文庙。《户县碑刻》著录。

《孙昭谏夫人范氏墓志》，宋建中靖国元年（1101）刻。王振撰并书，李公裕题盖，安延年、姚革刻字。记载宋故长安县君（孙昭谏夫人）范氏家世、生平及贤良淑德之事。1987 年出土于户县南乡，现藏户县文庙。《户县碑刻》著录。

《义公和尚塔铭》，元至元三十一年（1294）刻立。记载义公和尚俗家姓氏、籍贯、生卒年等。原存户县石井乡弥陀寺，1995 年由县文物管理委员会收藏。《户县碑刻》著录。

《贺胜墓志》，元泰定四年（1327）刻。虞集撰，同恕题盖，高巘书。记载大元故中书左丞相贺胜家世及生平事迹。1953 年出土于户县秦渡镇张良寨村北，现藏户县文庙。《户县碑刻》著录。

《王玺墓表》，明弘治七年（1494）刻立。李东阳撰，姜立纲书，谢宇篆额，秦麟刻字。记载王玺仕途经历及为官政绩。现藏户县文庙。《户县碑刻》著录。

《王玺配鞏氏墓志》，明正德十年（1515）刻。王九思撰，苏民书并篆盖，周凤仪、周凤翔勒石。记载明故中宪大夫襄阳知府封右通政王玺配鞏氏恭人家世及生平事迹、子嗣。1992 年出土于户县白庙乡白庙村王家坟，现藏户县文庙。《户县碑刻》著录。

《张绍芳妻阎氏墓志》，明嘉靖三十七年（1558）刻。张绍芳撰，王涣书并题盖。为张绍芳为其妻阎氏所撰写的墓志，主要叙述阎氏品性及妇德。1967 年出土于户县甘亭镇六老庵村，现藏户县文庙。《户县碑刻》著录。

《张绍芳继配王安人墓志》，明万历八年（1580）刻。张学道撰并篆盖，赵巍书。记载明故奉政大夫浙江杭州府同知恒斋张绍芳及其继配王氏的家世及生平事迹。1967 年出土于户县甘亭镇六老庵村，现藏户县文庙。《户县碑刻》著录。

《魏直轩及妻李孺人合葬墓志》，明万历三十四年（1606）刻。文在中撰，武穆书，王䜣篆盖，杨辅松刻字。记载明河南归德府通判直轩公魏奉璋家世及生平事迹。现藏户县文庙。《户县碑刻》著录。

《刘母吴硕人墓志》，明崇祯七年（1634）刻。张光裕撰，王才书，吴攀桂篆盖，仇友怀镌。记载明贞节刘堰母吴硕人家世、德行及子嗣。约出土于 1988 年，现藏户县文庙。《户县碑刻》著录。

《张弘襟暨王阎二宜人合葬墓志》，清康熙十年（1671）刻。陈所抱撰，唐章书，魏惟紫篆盖。记载诰封奉政大夫山西督学道布政司参议兼按察司佥事前礼部仪制清吏司郎中张弘襟暨元配宜人王氏、继配宜人阎氏家世、生平及主要事迹。1970 年出土于户县玉蝉乡陂头村，现藏户县文庙。《户县碑刻》著录。

《梁化凤暨一品张夫人合葬墓志盖》，清康熙四十九年（1710）刻。该墓志盖标明了墓主人的姓氏及历任官职，竖行阴刻篆书“皇清特进荣禄大夫江南全省提督军务左都督加赠少保兼太子太保谥敏壮梁府君暨封一品张夫人合葬墓志”。1966 年出土于户县牛东乡牛东村西 500 米梁家坟，现藏户县文庙。《户县碑刻》著录。

《杨子威墓志》，清道光元年（1821）刻。贾一中撰并书。记载皇清恩赐粟帛太学生子威公杨奋扬家世、子嗣及简略经历。1989 年出土于户县宋村乡黄堆村，现藏户县文庙。《户县碑刻》著录。

《史德性烈士传碑》，民国八年（1919）刻立。南复堂撰，张厚坤书。记载民国四年（1915）户县知事秦福象贪残成性、严刑逼供、枉杀民众之恶行，及烈士史德性至死不屈的壮举。原刊立于户县庞光乡新寨堡史德性烈士墓侧，现藏户县文庙。《户县碑刻》

著录。

《刘世熙圹记》，民国二十五年（1936）刻立。刘震撰并书，段光世篆盖，吴继祖跋并铭。记载刘世熙成长经历及为救父命遭贼杀害的大孝之举。由其父刘震撰并书。现藏户县文庙。《户县碑刻》著录。

4．题记类碑刻（2通）

《北魏造像题记》，北魏永兴二年（533）刻立。碑四面之上截凿有拱形佛龛，中坐浮雕佛像一尊，二侍者分立左右。龛外上下均雕有画像。碑四面之下记载一干人等为祈福消灾而造像的事由。原在户县庞光镇东焦将村北云游寺遗址，1951年移放于西焦将村云际寺，后立于县城大观楼洞内，现藏文庙大院。《户县碑刻》著录。

《北周造像题记》，北周大象二年（580）刻立。记载佛弟子孟通等人捐资做造像碑祈求福祐之事。两面造有线刻佛像与侍者以及供养弟子姓名。原弃置户县甘河镇甘河村桥头，现藏户县文庙。《户县碑刻》著录。

5．诗文类碑刻（2通）

《甘亭十二景诗碑》，清康熙五十九年（1720）刻立。吴廷芝撰并书。碑文分上下6栏镌刻，每栏刻七言律诗2首，一诗一景，共12景，概括描述了户县地区的风景名胜与锦绣河山。每首诗后均刻有吴廷芝、卉长等印章一至二方。碑身横断，底部残缺，约损60余字。碑原立于文庙大成殿前东侧，“文化大革命”中被推倒致残，后移大观楼洞保管，现藏户县文庙。民国《重修户县志》、《户县碑刻》著录。

《雁字回文诗碑》，清道光元年（1821）刻立。张玉德撰并书，刘义明、杜思白刻。碑文为《雁字回文诗》，共立有二十四通。原置于户县城北街张氏宗祠，后藏于户县大观楼，现藏文庙明伦堂东侧碑廊。1957年陕西省人民政府公布为省级重点文物保护单位。民国《重修户县志》、《户县碑刻》著录。

（三）户县文庙碑刻研究述要

户县文庙碑刻存藏情况较好，原藏碑刻内容多与文庙的历史、学宫教育等有关，后来入藏碑刻内容不一，但都有着重要的价值。一般来看，文庙作为祭祀场所，祭祀形式背后是儒家传统思想文化主导地位的张扬。户县文庙前庙后学的布局，又把儒家传统思想文化的教育，设计为神圣化事业，与中国古代官学教育总体特征相吻合，但又表现了地域化特点，这对于研究中国古代儒家思想文化的普及，以及官学教育的地域化特点有着重要意义。正因为这个前提，户县文庙在历史上历经毁圮与变迁，但一直保持着官学教育的轨范。同时，户县文庙所藏碑刻也保存了一定的历史资料，可以补充史书记载之不足。户县文庙所藏的诗文碑刻，有较高的文学水平与研究价值。

第一，户县文庙所藏碑刻突出反映了中国古代儒学教育的地位，以及对官学教育的轨范。在中国封建社会，官学教育有着悠久的历史，这是为封建社会培养人才的重要途径，与之相伴随的科举制度到明代发展到了顶峰，但古代知识分子自恃社会地位较高，在其中也难免做出让统治者不满意的事。如明洪武十五年（1382）刻立的《敕旨榜文卧碑》，是一通明朝立国之初向全国颁发的关于规范郡邑生员建言涉讼的榜文碑刻。从碑文可以看出，当时“诸府州县生员，父母有失家教之方，不以尊师学业为重，保身惜行为先，方知行文之意，眇视师长，把持有司，恣行私事。少有不从，即以虚词径赴京师，以惑圣听；或又暗地教唆他人为词者有之。似此之徒，纵使学成文章，后将何用？”为此，朝廷奉皇帝圣谕特下此榜文，并列出十四条具体要求，要求天下学子遵从。这些要求的主要内容为不许轻易介入公门事宜，父母有对生员的管教之责，军民一切利病不许生员建言，当尊敬先生，先生有教训生员之责，主管教育的提调官员应对生员常加考教，等等。并要求“榜文到日，所在有司即便命匠置立卧碑，依式镌勒于石，永为遵守”。这其实是明朝建国初期，对知识分子钳制政策的集中体现，目的是为了巩固自己刚刚取得的政权。如果说此碑刻表现的问题带有普遍性，那么到了万历年间，这个问题在陕西仍然没有得到完全解决。万历六年（1578），皇帝专门敕谕陕西按察司副使，令彻底解决科举中存在的弊端，户县文庙所存《敕谕碑》就刊刻了这道敕谕。碑文说明了颁发这道敕谕的原因：“迩年以来，法纪渐堕，士习窳惰，以致教化壅于上，风俗敝于下，朕深患之”；并对陕西士子提出如下要求：应体认经书，讲明学问，不许别标门户，聚党空谈；孝悌廉让，立身大节；天下利病，诸人皆许直言，惟生员不许；明经取士皆以宋儒专注为宗，朝廷将陆续颁布标准，等等。同时，对地方提学官和儒学教官也提出了具体要求，对科举制度的具体实施、对生员及其家庭优待与处罚等也作出了具体规定。这通《敕谕碑》充分反映了明代科举制度的完善，反映了陕西所存在的问题，也间接地反映了之所以出现这些问题的文化背景，有着重要的研究价值。事实上，上述问题带有普遍性，到了清初仍然没有得到更好地解决。户县文庙所藏《告示卧碑》，就是清顺治九年（1652）礼部奉钦命刊刻的对生员的一些约束性条款。到了康熙四十一年（1702）仍然有《御制训饬士子文碑》，由康熙帝亲自撰书，也是对士子们的殷切期望以及警示。

第二，户县文庙所藏碑刻对于研究地方历史具有重要的史料价值。一是两通北朝造像碑刻在中国佛教史上具有重要的研究价值。北魏永兴二年（533）刻立的《北魏造像碑》，对于研究中国佛教史、民众的佛教信仰情况、佛教造像艺术的发展等，都有十分重要的研究价值。北周大象二年（580）刻立的《北周造像碑》，北周历时仅二十五年，其间发生了在中国历史以及中国佛教史上均具有重大影响的历史事件，即北周武帝宇文邕于建德三年（574）大行灭佛之举。史载北周武帝下诏“断佛、道二教，经像悉毁，罢沙门、道士，并令还民。并禁诸淫祀，礼典所不载者，尽除之”[①]。一时间，北周境内“融佛焚经，驱僧破塔，……宝刹伽蓝皆为俗宅，沙门释种悉作白衣”[②]。在如此前提下，三年之后的北周大象二年（580）即有《北周造像碑》刻立，说明北周武帝灭佛并不彻底，佛教仍然在民间流行，这对于研究北周武帝灭佛以及佛教在户县本地的恢复有着重要的价值。二是两通关于山西会馆的记事碑，对于研究当时晋陕经济关系和会馆的功能有着重要的价值。清嘉庆十七年（1812）刻立的《会馆增修献殿记》，记载了至少在清乾隆年间，“古晋商贸易兹土者相与创修会馆，妥关帝也，知正祀矣”，表明户县山西会馆以关帝信仰为精神纽带，以经贸商业为重心，是一处以精神信仰为旗帜的贸易活动聚集场所，这对于研究晋商文化有着重要的意义。在清光绪十六年（1890）刻立的《会馆补修清庙捐资碑记》中，记述“自同治年间，兵灾疫气伤人无数，庙内约寄灵柩六七十副，而多无主。天行灾疫已过，出章程催搬灵柩，谪议修庙”。为此，修庙之前须清庙，会馆同仁将无主灵柩共葬于义坟，修庙之事才得以进行。这说明户县山西会馆在一定情况下，或有寄灵之功能。三是户县文庙所藏数通宋代和元代的墓志，对于研究宋、元时期户县籍历史人物及历史事件、民族关系、社会习俗等方面，都具有重要的史料价值。如宋《李宗师墓志》，记载宗师协助宋代大将种谔讨击来犯西夏军、修筑啰兀城以守护边防等史实；《孙昭谏墓志》，记载其戍守环州、庆州、兰州等史实，对于研究宋代边防军事与边防建设，都有重要的参考价值。元代《贺仁杰墓志》所记兄死妻嫂之俗，原为北方少数民族匈奴族的习俗，蒙古时代蒙古族人仍沿袭，甚至扩大到了汉族居住区。关于古代避讳，《贺仁杰墓志》记载贺仁杰祖父名种德，种德生三子，长子名贵，次子贲，即仁杰之父，贲又“生五子，长公，次义立、礼贵、智明、信仲”，则仁杰之弟礼贵不避其伯父“贵”之讳，信仲不避其祖父“种德”之讳。可见元代作为少数民族政权，在文字避讳方面并不是很严格。

第三，户县文庙所藏碑刻中的《雁字回文诗碑》在文学史上具有一定的地位。清道光元年（1821）刻立的《雁字回文诗碑》，撰并书者张玉德，字比亭，青年时期勤奋好学，尤喜习诗文。后刻苦学习书法，吸收各家之长，善写楷、行、草、隶、篆五种书体，尤以行草见长。回文，是一种使用词序回环往复的修辞方法，文体上称做回文体。回文与诗结合，回环往复，正读倒诵，皆成美文，形成了特殊的文学形式——回文诗。回文诗属于杂体诗，具有强烈的斗智、逗趣的游戏色彩，与一般诗的体裁有别。一首诗可以逆读成一首或者多首，这是中华文化的魅力所在，也体现了回文诗所独具

① （唐）令狐德棻等撰：《周书》卷五《帝纪第五·武帝上》，北京：中华书局，1971年，第85页。

② （隋）费长房：《历代三宝记》卷第十二，见：《大正新修大藏经》第49卷，日本：大正新修大藏经刊行会重印，1960年，第107页。

的文学艺术价值。回文诗是诗苑中的一株绚丽多姿的奇葩，文采四溢，妙趣横生，被称为中国古代的文字魔方。张玉德所作并书的《雁字回文诗碑》，以楷、行、草、隶、篆五体书成，被称为三绝：以“雁”字为诗三百余首为一绝，回文为二绝，五体书法为三绝。在中国文学史上具有一定的地位。

第八章　长安区、临潼区碑刻

长安区和临潼区均为西安市属区，位于秦岭北麓。两区在中国历史上，曾经各领风骚。现长安区曾经是古代长安的一部分，它南依秦岭终南山，北接渭河，在中国古代历史上，政治、经济、文化较为发达，有着深厚的文化底蕴，特别是境内终南山及其延伸的诸塬上，留下了许多与历史名人有关的名胜古迹，展示着秦岭文化的独特风貌。临潼南依骊山，有名扬天下的温泉，在历史上有着地近京畿的政治、经济条件，使其在历史上成为帝王显贵、文人骚客游乐之地，是经常发生重大政治斗争的地方，也遗留下了众多的名胜古迹。长安区和临潼区同属秦岭终南山区域，所存藏的碑刻是秦岭碑刻的重要组成部分，承载着秦岭文化的深厚内涵。

一、长安区碑刻

长安区在历史上曾经作为王朝政治、经济、文化中心的一部分，境内秦岭终南山曾经是封建帝王、皇亲国戚、文人骚客经常驻足的福地，存在过显赫数世的名门大族，各种宗教特别是佛教曾经在此大盛，更是名人显贵死后埋葬的风水宝地。所以，长安区现藏碑刻与其历史地位的发展有关。

（一）长安区与长安碑刻概述

长安区位于陕西关中平原中部，北接古都西安，南境秦岭分水岭，东望蓝田，西毗户县，地势为东部原、南部山、西部川，南北长55千米，东西宽52千米，辖区总体为秦岭终南山及其延伸部分。长安历史悠久，秦时为乡聚名，嬴政弟成蟜曾被封为长安君。西汉高祖五年（公元前202）始置长安县，七年（公元前200）从栎阳迁都长安。元骆天骧《类编长安志》引李善《西都赋注》："汉高帝都关中，筑宫城，择嘉名，可长安于子孙，故曰长安城，可长乐于宫室，曰长乐宫。长安之名，自此始著。"[①] 王莽新朝始建国

① （元）骆天骧撰，黄永年点校：《类编长安志》卷首《络引》，西安：三秦出版社，2006年，第1页。

元年（9），撤长安县，置常安县，并置首都于常安城。刘玄更始元年（23），撤常安县，置长安县。自此之后，除后秦改常安、后梁改大安外，长安之名一直沿用至今。长安从先秦到隋唐一直都是中国古代社会的政治、经济、文化中心，前后共有西周、秦、西汉、新、东汉（献帝初）、西晋（愍帝）、前赵、前秦、后秦、西魏、北周、隋、唐等13个王朝在此建都，历时长达1140年之久。在上述历史过程中，长安有过曾经的辉煌，沉积了丰厚的文化遗产，这是无可辩驳的。问题是古代的长安和现在的长安区究竟是什么关系，还需要作出必要的解释。可以把古代长安作为广义的长安，现在的长安区作为狭义的长安。古代的长安，即如上所说有13个王朝建都的那个长安，其实是个代指或统称，具体到某一王朝，规范的称呼不一定是长安，如汉代称京兆、隋代称大兴、唐代称长安，这就是广义的长安；而现在的长安区，毫无疑义是古代广义长安的一部分，或者是其重要的一部分。在这个意义上，今天的长安区只能是狭义的长安了。如此辨析的意义在于，一是不能把今天的长安区（历史上的长安县）等同于历史上13个王朝建都的那个长安；二是今天的长安区曾经是历史上13个王朝建都的那个长安的重要组成部分，且是广义长安的秦岭区域部分；三是今天的长安区作为古代长安的重要区域，其文化积淀与人文景致，尽显了古代长安的历史辉煌与荣耀。

长安区由于上述特殊的历史地位，历史文化积淀深厚，历史遗迹众多，所藏碑刻无论数量还是质量在陕西省乃至全国都有着重要的地位。长安区碑刻存藏时代跨度大，数量多。据历代金石文献统计，从北魏孝昌二年（526）到新中国成立前夕，在长达1400多年中，在今长安区境内出土的碑刻就有近千件之多。新中国成立后又有大量出土，这在全国所有区县中都是数一数二的。长安区碑刻存藏种类齐全，内容丰富。在形制上有碑碣、墓志、造像题记、摩崖题刻等，内容涵盖纂言、记事、述德、诗文、艺术等。之所以如此，与长安在历史上的地位有直接的关系：一是长安区所藏碑刻与历史上隋唐社会的发展兴盛有关。隋唐时期是中国历史发展的高峰之一。特别是唐代国力强盛，经济繁荣，文化昌盛。在这个基础上，承袭六朝并突破六朝的唐文化，博大精深，辉煌灿烂，蔚为中国封建文化的高峰，也堪称当时世界文化的高峰。这突出表现在长安区所藏隋唐墓志中。二是长安区所藏碑刻与历史上的宗教发展有关，特别是与佛教在隋唐的兴盛有关。秦岭终南山是中华传统文化的汇聚地，也是道教的发源地之一，更是中国佛教的重要弘法场所，也是多个佛教宗派的祖庭，所以道教和佛教的历史发展，及其宗教文化的发展，在这里以碑刻的形式多有展现。长安区在中国佛道历史文化上，占据了相当重要的位置。三是长安区所藏碑刻与隋唐时期的名门望族有关。唐代韦氏家族成员的墓志，此为长安碑刻的另一大特色。关于长安韦氏，元朝胡三省注《资治通鉴》唐韦皇后被诛后说："唐京城南，韦、杜二族居之，谓之韦曲、杜曲。语云：城南韦杜，去天尺五。”[①] 他们出将入相，枝叶繁茂，门第烜赫。据《新唐书・宰相世系表》统计，隋唐时期，韦氏一门有宰相十四人，杜氏有宰相十一人。史载北朝至隋唐时期，长安韦氏显名于世者有：韦孝宽、韦节、韦衮、韦桃符、韦总、韦匡伯、韦圆照、韦思言、韦思齐、韦思仁、韦贵妃、韦尼子、韦挺、韦应物等。当时长安韦氏所拥权势直逼霄汉，可以想象得到，他们既是缔造盛唐的一群人，也是使盛唐衰败的一群人，孰功孰过，值得深思。由于上述原因，所以长安区境内诸原古冢累累，自古以来，有“摩娑高冢卧麒麟，千秋万古埋名骨”之称。西周十三个王，除厉王、昭王不知埋葬地点外，其余十一王都埋在县西北毕原；汉宣帝刘询及王皇后、许皇后陵在杜陵原和少陵原。埋葬在凤栖原、鸿固原、高阳原的还有颜氏墓群、杜氏墓群、韦氏墓群。四是长安区碑刻还集中记载了明代秦藩王的世系以及丧葬情况。明代朱元璋封其次子朱樉为秦王，就藩西安。由于朱樉在诸藩王中年龄最大，加之所掌握兵权最重，又担负着拱卫西北的重任，被称为“天下第一藩”。其子孙世袭秦王，共十四人，除第十四代秦王外，其余十三个都埋在长安区少陵原上，称为明“长安十三陵”。长安区少陵原上出土了数十方与明秦王有关的墓志，就反映了这些情况。

长安碑刻由于历史的原因，存藏比较分散。加之近几十年来盗卖文物猖獗，现藏最多的单位是长安博物馆，存藏历朝历代碑刻墓志百余种。其他如佛教寺庙香积寺、兴教寺、百塔寺也存放着少量碑碣，长安杜工祠也存有历代创建、修葺杜甫祠堂的碑刻，还有一些碑散放在村落田间或被私人收藏。另外西安碑林博物馆、西安市文物保护考古所、陕西省考古研究院等单位，也存藏有不少原立于长安区或在长安区出土的碑刻。

（二）长安区碑刻存藏及著录情况

长安现藏碑刻约有650余种，其中存藏数量最大的为隋唐碑刻。据初步统计，目前整个秦岭地区存藏的隋唐五代碑刻有近500种，而长安所藏就占了一半左右，其中又以唐墓志数量最多；长安历年出土的韦氏家族墓志较多，据田野调查统计约有50余方；明“长安十三陵”已出土的墓志也达到了50余方；长安区存藏的宗教碑刻，以佛教为多，亦有少量道教碑刻。所以，对长安区重点碑刻存藏及著录情况的叙述，主要围绕以上四个方面展开，不再按照碑刻内容分类进行叙述。

1. 隋唐墓志（33方）

《刘侠墓志》，隋开皇六年（586）刻。盖文楷书“襄州别驾平舒公墓志”。志文隶书，

① （宋）司马光撰，（元）胡三省注：《资治通鉴》卷二〇九“唐景云元年六月”条注，北京：中华书局，1987年，第6647页。

志题“大隋骠骑将军右光禄襄州别驾□长史平舒子刘公墓志”。出土于长安区郭杜镇康都村，现藏陕西省考古研究院。陕西省古籍整理办公室藏拓。

《田悦墓志》，隋开皇六年（586）刻。盖文篆书“田君墓志”。志文隶书。出土于长安区郭杜镇岔道口村，现藏陕西省考古研究院。陕西省古籍整理办公室藏拓。

《皇甫忍墓志》，隋开皇九年（589）刻。盖文篆书“隋降州使君皇甫公志”。志文楷书。志题“大隋开皇九年岁次己酉十一月庚寅朔十九日戊申熊州长史皇甫公墓志铭”。记志主曾从越王拓定疆场。现藏长安博物馆。《长安新出墓志》著录。

《王猛墓志》，隋开皇十一年（591）刻。盖文篆书“大隋开府安定公墓志”。志文楷书。志题“大隋开府仪同三司安定公王君之墓志”。记志主与北狄作战，战死沙场之事。现藏长安博物馆。《长安新出墓志》著录。

《赵惠墓志》，隋开皇十一年（591）刻。盖文楷书“大隋上开府乐安县开国伯赵世模墓志”。志文楷书。志题“隋故上开府乐安县开国伯赵君墓志”。记志主生平及曾因高宝宁之乱，被拥入北狄，后领兵将回归，被封为大都督一事。现藏长安博物馆。《长安新出墓志》著录。

《吕思礼墓志》，隋开皇十二年（592）刻。志文楷书。志题“魏故七兵尚书汶阳吕侯墓志”。志主《周书》、《北史》均有传，可互补。出土于长安区郭杜镇，现藏陕西省考古研究院。陕西省古籍整理办公室藏拓。

《陈叔兴墓志》，隋大业三年（607）刻。志文楷书。志题“前陈沅陵王故陈府君之墓志”。志主为陈孝宣帝之子，十三岁封沅陵郡王。现藏长安博物馆。《长安新出墓志》著录。

《杜佑墓志》，隋大业九年（613）刻。盖文篆书“大隋故河源县令杜君墓志”。志文楷书。志题“大隋故河源县令杜君之墓志”。近年出土于长安区少陵原，目前下落不明。《唐史论丛》第十四辑著录。

《尼那提墓志》，隋大业九年（613）刻。盖文篆书“大隋真化道场尼墓志”。志文楷书。志题“大隋真化道场尼那提墓志之铭”。出土于长安杜陵原，现藏西安碑林博物馆。陕西省古籍整理办公室藏拓。

《李元昌墓志》，唐贞观十七年（643）刻。志文楷书。志题“唐故元昌墓志铭”。记唐太宗异母弟李元昌生平，及其年二十五岁被赐死，并“诏以国公礼葬焉”等事。现藏长安博物馆。《长安新出墓志》著录。

《权万春墓志》，唐贞观二十一年（647）刻。志文楷书。志题“唐故左监门将军华定遂三州刺史千金县开国伯权府君墓志铭并序”。现藏长安博物馆。《长安新出土墓志》著录。

《执夫奉节墓志》，唐显庆三年（658）刻。盖文篆书“唐故常乐府果毅执失君墓志”。志文楷书。志题“大唐故右领军常乐府果毅执失府君墓志之铭”。出土于长安郭杜，现藏西安碑林博物馆。《文物》1959年第八期著录。

《梁行仪墓志》，唐龙朔元年（661）刻。盖文篆书“大唐故中书舍人赠吏部侍郎梁公墓志”。志文楷书。志题“大唐故中书舍人赠吏部侍郎上柱国上邽县开国子梁府君墓志铭并序”。出土于长安区杜曲街道东杨万村，现藏陕西省考古研究院。陕西省古籍整理办公室藏拓。

《刘应道妻李婉顺墓志》，唐龙朔元年（661）刻。盖文篆书“大唐故闻喜县主墓志”。志文楷书。志题“大唐刘应道妻故闻喜县主墓志铭”。志主为李建成之女。出土于长安区大兆乡东曹村，现藏长安博物馆。《长安新出墓志》著录。

《祢寔进墓志》，唐咸亨三年（672）刻。盖文篆书“大唐故左威卫大将军祢寔进墓志之铭”。志文楷书。志题“大唐故左威卫大将军来远县开国子柱国祢公墓志铭并序”。志主为百济熊川（今朝鲜半岛）人。为国内目前首见的祢氏墓志，具有重要的研究价值。出土于长安区，后被洛阳古董店收藏，现去向不明。陕西省古籍整理办公室藏拓。

《刘应道墓志》，唐开耀元年（681）刻。刘献臣、刘祎之撰。盖文篆书“大唐故秘书少监刘府君墓志铭”。志文楷书。志题“大唐故秘书少监刘府君墓志铭并序”。与其妻墓志同时出土，现藏长安博物馆。《长安新出墓志》著录。

《法琬墓志》，唐垂拱四年（688）刻。志文楷书。志题“大唐故宣化寺尼法琬师墓志铭并序”。出土于长安贾里村，现藏西安市文物保护考古所。

《田仁汪妻窦琰墓志》，唐长寿三年（694）刻。志文楷书。志题“唐故司卫正卿田府君夫人扶风窦氏墓志铭并序”。现藏长安博物馆。《长安新出土墓志》著录。

《阎炅墓志》，唐圣历二年（699）刻。盖文篆书“唐故崇文生阎君墓志”。志文楷书。志题“唐故崇文生阎君墓志文”。2002年征集于长安郭杜镇茅坡村，现藏西安碑林博物馆。陕西省古籍整理办公室藏拓。

《武嗣宗墓志》，唐神龙三年（707）刻。苏颋撰。志文楷书。志题“唐故赠太子少保管国公武府君墓志铭并序”。志主为武志元第三子，武懿宗之胞弟。现藏长安博物馆。陕西省古籍整理办公室藏拓。

《武懿宗墓志》，唐景龙元年（707）刻。苏颋撰。盖文篆书“大唐故怀州刺史赠特进耿国公武府君墓志之铭”。志文楷书。志题“大唐故怀州刺史赠特进耿国公武府君墓志铭并序”。现藏西安市文物保护考古所。陕西省古籍整理办公室藏拓。

《宫人李氏墓志》，唐景云元年（710）刻。志文楷书。志题“大唐勃逆宫人志文并序”。此志命名为宫人，志主实为唐中宗李显之女，即历史上赫赫有名的安乐公主。现藏长安博物馆。《长安新出土墓志》著录。

《李微墓志》，唐开元二十二年（734）刻。司马利宾撰。志文楷书。志题“大唐故银青光禄大夫守太子詹事赠幽州大都督上柱国嗣道王墓志铭并序”。志主为皇唐宗室，武周时曾被排挤打压。现藏长安博物馆。《长安新出墓志》著录。

《周晓墓志》，唐开元二年（759）刻。盖文隶书“唐赠原州刺史周府君墓志铭”。志文楷书。志题“唐故赞善大夫赠使持节都督原州诸军事原州刺史赐紫金鱼袋上柱国周府君墓志铭并序”。墓志记载了至德二年（757）五凉九姓叛唐之事，可补史书之阙。现藏长安博物馆。《长安新出墓志》著录。

《瞿昙譔墓志》，唐大历十一年（776）刻。张翃撰，张士謜书。盖文篆书“大唐故瞿昙公墓志铭”。志文楷书。志题“唐故银青光禄大夫司天监瞿昙公墓志铭并序”。1997年出土于长安北田村。现藏西安市文物保护考古所。

《安乡县主墓志》，唐元和三年（808）刻。卢文明撰。盖文篆书“唐故安乡县主墓志铭”。志文楷书。志题“唐永州长史王公夫人故安乡县主墓志铭并序”。志主为唐玄宗之孙女，颍王李璬之女。现藏长安博物馆。陕西省古籍整理办公室藏拓。

《闾公妻段功德山墓志》，唐元和六年（811）刻。沙门离爱撰并书。志文楷书。志题“大唐故元从朝请大夫守内侍省内常侍员外置同正员上柱国赐紫金鱼袋赠右监门卫将军闾公故武威郡夫人段氏法号功德山德铭并序”。2003年出土于长安区郭杜镇，2005年7月入藏西安碑林博物馆。陕西省古籍整理办公室藏拓。

《魏邈墓志》，唐元和十年（815）刻。魏匡赞撰并书。志文楷书。志题“大唐故宣州司功参军魏府君墓志铭并序”。长安区毕原出土，现藏西安碑林博物馆。陕西省古籍整理办公室藏拓。

《慕容瑰墓志》，唐元和十四年（819）刻。慕容汤撰并书。志文楷书。志题“故朔方副元帅防秋兵马使金紫光禄大夫张掖郡王慕容府君墓志铭并序”。现藏长安博物馆。陕西省古籍整理办公室藏拓。

《王仙之墓志》，唐宝历二年（826）刻。墓主之夫赵郢撰。志文楷书。志题“太原郡王氏墓铭并序”。现藏长安博物馆。陕西省古籍整理办公室藏拓。

《田元素墓志》，唐大和三年（829）刻。宋若宪撰，郄玄表书。志文楷书。志题“唐大明宫玉晨观故上清大洞三景弟子东岳青帝真人田法师玄室铭并叙”。现藏西安市文物保护考古所。陕西省古籍整理办公室藏拓。

《柳愔愔墓志》，唐大和九年（835）刻。柳公权撰，柳知微书。盖文篆书“柳氏淑女墓铭”。志文楷书。志题“柳氏淑女墓志铭并序”。现为私人收藏。陕西省古籍整理办公室藏拓。

《严愈墓志》，唐会昌三年（843）刻。严厚本撰，李琨书并篆盖。盖文篆书“唐故中舍严府君墓志铭”。志文楷书。志题“唐故太子中舍人冯翊严府君墓志铭并叙”。2002 年 11 月出土于长安区杜陵乡三府井村。现藏西安碑林博物馆。陕西省古籍整理办公室藏拓。

2．长安韦氏家族墓志（26 方）

《韦彧墓志》，北魏孝昌二年（526）刻。志文楷书。志题“魏故使持节散骑常侍太常卿尚书都督雍州诸军事抚军将军豫雍二州刺史文烈公韦使君墓志铭”。现藏长安博物馆。《考古与文物》2007 年第五期著录。

《韦彧妻柳敬怜墓志》，西魏大统十六年（550）刻。志文楷书。志题“魏故使持节抚军将军豫雍二州刺史阴槃县开国文烈公韦彧妻澄城郡君柳墓铭”。出土于长安韦曲。《长安新出墓志》著录。

《韦彪墓志》，北周建德五年（576）刻。志文楷书。1998 年出土于长安韦曲。韦彧之子。《长安新出墓志》著录。

《韦彪妻柳遗兰墓志》，北周建德五年（576）刻。志文楷书。志题“车骑大将军廷尉卿仪同三司频阳县开国侯京兆韦彪妻河东郡南解县柳遗兰之墓志”。出土于长安韦曲。《长安新出墓志》著录。

《宇文瓘墓志》，北周宣政元年（578）刻。盖文篆书“大周仪同建安子之铭”。志文楷书。志题“大周使持节仪同大将军安州总管府长史治随州刺史建安子宇文瓘墓志”。志主宇文瓘，本姓韦，北周时改国姓。是研究长安韦氏家族的重要史料。1987 年出土于长安郭杜镇岔道口村北鱼池。现藏长安博物馆。《长安新出墓志》著录。

《韦孝宽墓志》，北周大象二年（580）刻。盖文篆书“周上柱国郧襄公墓志”。志文楷书。志题“大周使持节太傅上柱国雍州牧郧襄公之墓志”。1990 年春出土于长安韦曲，现藏陕西省考古研究院。

《韦庆嗣墓志》，唐贞观十八年（644）刻。志文楷书。志题“唐故交州司马韦君之墓志铭并序”。现藏长安博物馆。《长安新出墓志》著录。

《韦几墓志》，唐贞观二十二年（648）刻。盖文篆书“大唐象州刺史第六息故韦君之墓志”。志文楷书。韦曲镇西韦出土。现藏长安博物馆。《长安新出墓志》著录。

《韦俊墓志》，唐麟德元年（664）刻。盖文篆书“大唐故常州长史韦君墓志”。

志文楷书。志题“大唐故常州长史韦君墓志铭并序”。现藏长安博物馆。《长安新出墓志》著录。

《韦孝忠墓志》，唐总章三年（670）刻。志文楷书。志题“大唐故丰州永丰县令京兆韦府君墓志铭并序”。志文可补长安韦氏宗族世系。现藏长安博物馆。《长安新出墓志》著录。

《韦讽墓志》，唐上元元年（674）刻。令狐简撰，韦逊书。志文楷书。志题“唐故长安县尉韦公墓志”。长安出土。现藏陕西省考古研究院。《文博》1999年第六期著录。

《韦庆本墓志》，唐上元三年（676）刻。志文楷书。志题“大唐故洪州都督府长史韦君墓志并序”。现藏长安博物馆。《长安新出墓志》著录。

《韦孝忠妻杜大德墓志》，唐仪凤元年（676）刻。志文楷书。志题“唐故丰州永丰县令韦府君夫人杜氏墓志铭并序”。现藏长安博物馆。《长安新出墓志》著录。

《韦弘表暨妻尹氏墓志》，唐仪凤三年（678）刻。志文楷书。志题“唐故曹王府典军韦府君并夫人方山县君河间尹氏墓志铭并序”。现藏长安博物馆。《长安新出墓志》著录。

《韦元整妻王婉墓志》，唐永淳元年（682）刻。李慎撰。志文楷体间以行书。志题“大唐故曹州刺史韦府君夫人晋原郡君王氏墓志铭并序”。现藏长安博物馆。《长安新出墓志》著录。

《韦瑱墓志》，唐垂拱四年（688）刻。志文楷书。志题“唐故宣议郎行邛州火井县丞骁骑尉韦府君墓志铭并序”。现藏长安博物馆。《长安新出墓志》著录。

《韦昱墓志》，唐垂拱二年（688）刻。王仲亨撰。盖文、志文均楷书。志题“大唐故泸州都督府参军韦君墓志铭并序”。现藏陕西省考古研究院。《长安新出墓志》著录。

《韦綝墓志》，唐永昌元年（689）刻。韦胤撰。盖文篆书“唐故益州大都督府成都县令韦府墓志铭”。志文楷书。志题“大唐故益州大都督府成都县令韦府君墓志铭并序”。现藏陕西省考古研究院。

《韦愔墓志》，唐圣历元年（698）刻。韦承庆撰。盖文篆书“大周故朝散大夫行洛州陆浑县令韦府君墓志铭”。志文楷书。志题“大周故朝散大夫行洛州陆浑县令韦府君墓志铭并序”。现藏长安博物馆。《长安新出墓志》著录。

《韦瑱妻杜氏墓志》，唐长安二年（702）刻。志文楷书。志题“唐故邛州火井县丞韦君夫人杜氏墓志铭并序”。现藏长安博物馆。《长安新出墓志》著录。

《韦泚墓志》，唐景龙二年（708）刻。郑愔撰。盖文篆书“大唐赠荆州大都督上蔡王韦君墓志铭”。志文楷书。志题“大唐故赠荆州大都督上蔡郡王墓志铭并序”。

记载墓主为京兆韦氏，冥婚荥阳郑锐思之女。出土于长安区韦曲，现藏陕西省考古研究院。

《韦洞墓志》，唐景龙二年（708）刻。刘宪撰。盖文篆书“大唐赠并州大都督淮阳王韦君墓志”。志文楷书。志题“大唐赠卫尉卿并州大都督淮阳郡王京兆韦府君墓志铭并序”。志主十六岁亡，死后追封淮阳郡王，并冥婚太子家令清河崔道猷亡第四女为妃。出土于长安区南里王村，现藏西安碑林博物馆。

《韦洵墓志》，唐景龙二年（708）刻。李峤撰。盖文篆书“大唐赠益州大都督汝南王韦君墓志铭”。志文楷书。志题“大唐赠吏部尚书益州大都督汝南郡王韦府君墓志铭并序”。志主为中宗韦皇后之弟，与其弟韦洞、韦泚被害，后平反，并冥婚鄎国公萧至忠之第三女。现藏长安博物馆。《长安新出墓志》著录。

《韦顼妻裴觉墓志》，唐景龙三年（709）刻。盖文篆书“唐故魏国夫人墓志铭”。志文楷书。志题“大唐故魏国太夫人河东裴氏墓志铭并序”。原存长安区，现藏西安碑林博物馆。《陕西金石志》、《续修陕西通志》著录。

《韦顼墓志》，唐开元六年（718）刻。苏晋撰。盖文篆书“大唐故卫尉卿韦府君墓志铭”。志文楷书。志题“大唐故银青光禄大夫卫尉卿扶阳县开国公护军韦公墓志铭并序”。1910年出土于长安区南里王村。现藏西安碑林博物馆。

《韦豫墓志》，唐天宝十三年（754）刻。盖文篆书“大唐故韦府君墓志铭”。志文楷书。志题“大唐故普安郡司马韦君墓志铭并序”。1989年出土于长安韦曲东韦村。现藏西安碑林博物馆。

3．明秦藩王府墓志（38方）

《唐玉真墓志》，明永乐十八年（1420）刻。盖文篆书“唐氏墓志”。志文楷书。志题同盖。志主被选入宫，侍奉秦隐王朱尚炳，其子封渭南王，后嗣秦怀王。现藏长安博物馆。

《周氏圹志》，明正统元年（1436）刻。盖文楷书“故夫人周氏之圹志”。志文楷书。志题“故夫人周氏圹志”。志主为秦藩第五代秦康王朱志𡐤夫人。现藏长安博物馆。

《朱公鑛圹志》，明景泰六年（1455）刻。郭瑺撰。盖楷书“大明镇国将军之圹志”。志楷书。志题“大明镇国将军圹志”。志主为明宗室，朱樉之曾孙，永兴恭宪王第三子，以明制封为“镇国将军”。现藏长安博物馆。

《朱公铤圹志》，明成化九年（1473）刻。盖文篆书“大明永寿康定王圹志”。志文楷书。志题同盖。志主为明秦愍王朱樉庶六子永寿郡王朱尚灴之后，谥曰康定。《明史》有载，志文可补永寿郡王世系。现藏长安博物馆。

《朱公铄圹志》，明成化十三年（1477）刻。盖文楷书“大明兴平安僖王圹志”。志文楷书。志题同盖。志主为明秦愍王朱樉庶四子兴平郡王朱尚炳之后，谥曰安僖。可补兴平郡王世系。1954年出土于长安四府井村，现藏西安碑林博物馆。

《澄城郡主圹志》，明成化十九年（1483）刻。董汝砺撰，王鉴刻。盖文楷书“大明故澄城郡主圹志”。志文楷书。志题“明故秦藩澄城郡主圹志文”。志主为明秦康王第二女，十一岁封为郡主。现藏长安博物馆。

《嵇兰圹志》，明弘治六年（1493）刻。盖文篆书“秦惠王继妃嵇氏圹志”。志文楷书。志题同盖。为明秦王府第六任藩王朱公锡之继妃。20世纪后期出土于长安区。现藏长安博物馆。

《朱公鎔圹志》，明弘治八年（1495）刻。盖文楷书“大明永寿王府故辅国将军公鎔圹志铭”。志文楷书。志题同盖。志文可补永寿郡王世系。1953年入藏西安碑林博物馆。

《朱诚溵暨妻任氏圹志》，明弘治十六年（1503）刻。盖文楷书“皇明永寿府奉国将军诚溵合葬圹志铭”。志文楷书。志题同盖。志记朱诚溵暨妻任氏生平事迹，可补永寿郡王世系。1953年入藏西安碑林博物馆。

《朱公铤妃傅氏圹志盖》，约明正统三年至正德末年（1438—1521）刻。盖文篆书“大明永寿康定王妃傅氏圹志”。现藏长安博物馆。

《朱诚溵妻孟氏圹志》，明嘉靖二十三年（1544）刻。盖文篆书“明秦藩淑人孟氏圹志”。志文楷书。志题“明淑人孟氏圹志”。可补永寿郡王世系。1953年入藏西安碑林博物馆。

《朱诚滮夫人杨氏圹志铭》，明嘉靖二十五年（1546）刻。贾准撰，阎溥书，周仲仁篆盖。盖篆书“明永寿王府辅国将军夫人杨氏圹志铭”。志文楷书。志题同盖。志主为朱诚滮之次室，可补永寿郡王世系。现藏西安市文物保护考古所。

《朱秉榉追封次妃丁氏圹志》，明嘉靖二十七年（1548）刻。盖篆书“明秦藩永兴庄定王追封次妃丁氏圹志”。志文楷书。志题同盖。可补永兴郡王世系。现藏西安市文物保护考古所。

《朱惟爀妻刘氏墓志》，明嘉靖三十一年（1552）刻。雷堂撰并篆书。盖篆书“皇明宗室恭人刘氏墓志铭”。志文楷书。志题同盖。志主为秦藩保安王府镇国中尉朱惟爀之妻，可补保安郡王世系。现藏西安市文物保护考古所。

《朱惟焬暨妻梁氏合葬圹志铭》，明嘉靖三十一年（1552）刻。志文楷书，首题“明秦藩临潼王府奉国将军叟亭淑人梁氏合葬圹志铭”。志主为秦藩第六代秦惠王之弟朱公铭之后，可补秦藩临潼王世系。现藏西安市文物保护考古所。

《朱诚濙暨夫人沈氏合葬墓志》，明嘉靖三十二年（1553）刻。刘序撰，雷阔书并篆盖。盖篆书“大明秦宗室敬斋夫人沈氏合葬墓志铭”。志文楷书。志题同盖。志记夫人“早年选配秦藩永寿王府辅国将军敬斋诚濙”，而“敬斋为镇国将军公锬次子，永寿怀简王之曾孙，安惠王之孙，秦愍王之玄孙，太祖高皇帝六世孙”，可补永寿郡王世系。现藏西安市文物保护考古所。

《朱秉桔圹志铭》，明嘉靖三十五年（1556）刻。许宗鲁撰，曹韩书，刘储秀篆盖。盖篆书“皇明宗室奉国将军兰溪君侯圹志铭”。志文楷书。志题同盖。志主为秦隐王之后。现藏西安市文物保护考古所。

《朱诚溿夫人田氏圹志铭》，明嘉靖三十六年（1557）刻。朱诚溿撰并篆书，张宥刻。盖篆书“皇明诰封辅国将军夫人田氏圹志铭”。志文楷书。志题同盖。现藏西安市文物保护考古所。

《朱燺墓志》，明嘉靖三十八年（1559）刻。朱惟𤓰撰、书并篆盖，张宥刻。盖文篆书“明宗室保安王府镇国中尉竹陂墓志铭”。志文楷书。志题同盖。志主为明秦愍王朱樉庶三子保安郡王朱尚煜之后，可补保安郡王世系。现藏长安博物馆。

《朱惟焙圹志铭》，明嘉靖四十年（1561）刻。王鹤撰，蒲泽书，马在驭篆盖。志文楷书，首题“皇明宗室临潼王府奉国将军梅溪圹志铭”。现藏西安市文物保护考古所。

《朱秉桔暨妻吕氏合葬圹志铭》，明嘉靖四十二年（1563）刻。许宗鲁撰，曹韩书，卢镃篆盖。盖文篆书“皇明奉国将军兰溪君侯淑人吕氏合葬圹志铭”。志文楷书。志题同盖。现藏西安市文物保护考古所。

《朱惟炥墓志》，明隆庆五年（1571）刻。韩询撰，李如楠篆盖。盖文篆书“皇明镇国将军华川公圹志铭”。志文楷书。志题“皇明宗室镇国将军华川君侯墓志铭”。志主为明秦愍王朱樉庶二子永兴郡王朱尚烈之后，永兴庄定王之子，可补永兴郡王世系。现藏西安市文物保护考古所。

《朱惟㷉配冯氏合葬墓志》，明万历元年（1573）刻。刘禋撰，蔡宗贤书。志文楷书。志题“皇明秦藩镇国中尉槐亭公配恭人冯氏合葬墓志铭”。可补永寿郡王世系。现藏西安市文物保护考古所。

《朱诚溿配张氏墓志》，明万历二年（1574）刻。张佳胤撰，张尚信刻。盖文篆书“大明秦藩宗室夫人张氏之墓铭”。志文楷书。志题“皇明秦藩宗室夫人张氏墓志铭”。可补永寿郡王世系。现藏西安市文物保护考古所。

《朱松岩继夫人孙氏墓志》，明万历六年（1578）刻。刘禋撰，蔡宗贤书，萧大纲刻。盖文篆书“皇明诰封辅国将军继夫人孙氏墓志铭”。志文楷书。志题“皇明诰封辅国将军继夫人孙氏附葬墓志铭”。可补永寿郡王世系。现藏西安市文物保护考古所。

《朱诚湴暨配田氏合葬墓志》，明万历七年（1579）刻。胡滈撰，张诏书并篆，张尚信刻。盖文篆书“秦藩永寿王府辅国将军柏庵公配夫人田氏合葬墓志铭”。志文楷书。志题同盖。可补永寿郡王世系。现藏西安市文物保护考古所。

《清溪君侯元配范氏墓志》，明万历十二年（1584）刻。王鹤撰，卢镒书，秦可贞篆，张尚信刻。志文楷书。首题“皇明秦藩辅国将军清溪君侯元配夫人范氏合葬墓志铭”。现藏西安市文物保护考古所。

《朱惟熖配王氏墓志》，明万历十五年（1587）刻。王境撰，黄道见书并篆。盖文篆书“皇明宗室诰封宜人王氏墓志铭”。志文楷书。首题“明诰封宜人姑母王氏墓志铭”。现藏西安市文物保护考古所。

《朱惟焙墓志》，明万历十八年（1590）刻。冯从吾撰，朱怀墀书，王境篆。盖文篆书“皇明宗室镇国中尉守道君侯墓志铭”。志文楷书。首题“皇明宗室宜川王府镇国中尉守道公墓志铭”。现藏西安市文物保护考古所。

《朱怀垗墓志》，明万历十九年（1591）刻。李从敬撰、书并篆。盖文篆书“皇明宗室辅国中尉爱田君墓志铭”。志文楷书。首题“皇明宗室宜川王府辅国中尉爱田君墓志铭”。现藏西安市文物保护考古所。

《朱惟烜暨配李氏合葬墓志》，明万历二十一年（1593）刻。周威撰。盖文篆书“皇明宗室奉国将军柏崖公配淑人李氏合葬墓”。志文楷书。志题“皇明宗室奉国将军柏崖公配淑人李氏合葬墓志”。志主为秦藩临潼王府奉国将军柏崖公惟烜之继配，可补永寿郡王世系。现藏西安市文物保护考古所。

《朱怀槼墓志》，明万历二十五年（1597）刻。周威撰，梁国栋书篆。盖文篆书“皇明宗室诰封辅国中尉华林公墓志铭”。志文楷书。志题“皇明秦藩永寿王府辅国中尉华林君墓志铭”。现藏西安市文物保护考古所。

《朱惟熖配王氏合葬墓志》，明万历三十二年（1604）刻。张执中撰，于跃龙书，卜大庆刻。盖文篆书“明诰封辅国中尉友菊翁配宜人王氏合葬墓志铭”。志文楷书。志题同盖。现藏西安市文物保护考古所。

《朱惟爀暨元配刘氏合葬墓志》，明万历三十六年（1608）刻。王尧年撰，赵景光篆书。盖篆书“明诰封镇国中尉竹林翁配刘恭人合葬之墓”。志文楷书。志题“明诰封镇国中尉竹林翁元配恭人刘氏合葬墓志铭”。现藏西安市文物保护考古所。

《朱敬鐪配马氏墓志》，明万历四十三年（1615）刻。崔应麒撰，朱谊汜书，胡廷器篆，卜桢刻。盖篆书“大明宗室秦藩永兴郡支奉国中尉志川公配安人马氏之墓”。志文楷书。

志题“大明宗室秦藩永兴郡支奉国中尉志川公配安人马氏墓志铭”。现藏西安市文物保护考古所。

《朱怀桀暨配萧氏合葬墓志》，明万历四十五年（1617）刻。杨作孚撰，朱怀雝书并篆，卜桢刻。盖篆书“皇明诰封辅国中尉华林公配宜人萧氏合葬墓志铭”。志文楷书。志题同盖。现藏西安市文物保护考古所。

《朱存枢妃张氏圹志》，明万历四十七年（1619）刻。盖篆书“大明宗室秦世子妃张氏圹志”。志文楷书。志题同盖。现藏西安市文物保护考古所。

《朱存机墓志》，明崇祯十五年（1642）刻。志文楷书。志题“大明宗室秦景王圹志”。志主为明宗室，秦肃王朱谊漶之子，崇祯二年（1629）册封为秦世子，崇祯十二年（1639）袭封为秦王。死后谥号“秦景王”。现藏长安博物馆。

4．宗教类碑刻（24 通）

《杜和容等造四面佛像碑》，北魏武泰元年（528）刻立。四棱柱体，四面造像。记“邑主杜和容等，□知身无常，财非己有。各割舍家珍，为国造石像一区”。现藏长安博物馆。

《喇嘛洞题刻》，唐贞观元年（627）刻。性空题。楷书。文称“终南山嘉午台系西京之古胜迹也，成佛作祖之所，修真养道之地”。位于长安区引镇十里庙村嘉午台破山寺。

《道安禅师塔铭》，唐总章三年（670）刻。记载三阶教道安禅师生平事迹及对弘扬佛教的贡献。现藏长安区百塔寺内。百塔寺位于终南山北麓长安区王庄乡天子峪口，隋唐时期即为佛教僧侣修行之道场。

《佛顶尊胜陀罗尼经幢》，唐永昌元年（689）刻立。八棱柱体。楷书。刻陀罗尼经序。现藏长安博物馆。

《尼法琬碑》，唐景龙三年（709）刻立。沙门承远撰，刘钦旦书。额篆书“大唐故比丘尼法琬碑”。正文楷书。首题“大唐□□寺故比丘尼法琬法师碑”。志主为唐宗室。原存长安区神禾原，现藏西安碑林博物馆。

《法藏禅师塔铭》，唐开元四年（716）刻。田休光撰。正文楷书。塔铭题“大唐净域寺故大德法藏禅师塔铭并序”。法藏为唐代高僧，武周时于东都大福先寺检校无尽藏，又于化度寺检校无尽藏，后又为荐福寺大德。原存长安区百塔寺内，现藏西安碑林博物馆。

《净业法师灵塔铭》，唐开元十二年（724）刻。毕彦雄撰。正文楷书。首题“大唐龙兴大德香积寺主净业法师灵塔铭并序”。记志主生平。原存长安香积寺，现藏西安碑林博物馆。

《隆阐法师碑》，唐天宝二年（743）刻立。怀恽撰并书。正文行书。首题“大唐实际寺故寺主怀恽奉敕赠隆阐大法师碑铭并序”。隆阐法师为唐代高僧，实际寺寺主。原立于长安神禾原香积寺，现藏西安碑林博物馆。

《毕原露仙馆虚室记碑》，唐贞元二十年（804）刻立。正文隶书。吴善经撰，卢元卿书。首题“毕原露仙馆虚室记”。记唐代道人吴善经生前为其静修所修毕原露仙馆之事。现藏长安博物馆。

《吴尊师毕原露仙馆诗序碑》，唐贞元二十年（804）刻立。权德舆撰，归登书，宋液刻。正文隶书。首题“吴尊师毕原露仙馆诗序”。1990 年前后出土于长安细柳乡，现藏长安博物馆。

《九华观静□师藏形记碑》，唐永贞元年（805）刻立。张冏撰，张龚书。正文楷书。首题“唐故九华观静□师藏形记”。志主为唐睿宗外孙女，蔡国长公主季女。其夫张倜，为玉真长公主次子。1966 年出土于西安南郊三爻村。现藏西安碑林博物馆。

《玄奘塔铭》，唐开成四年（839）刻。刘轲撰，沙门建初书，宋弘度刻字。正文行书。首题“大唐三藏大遍觉法师塔铭并序”。记玄奘生平及取经译经之事迹。现藏长安区兴教寺玄奘三藏舍利塔上。《类编长安志》著录。

《基公塔铭》，唐开成四年（839）刻。李弘庆撰，沙门建初书。正文行书。首题“慈恩寺大法师基公塔铭”。现藏长安区兴教寺。

《杜顺和尚行记碑》，唐大中六年（852）刻立。杜殷撰，董景仁书。正文行书。首题“大唐花严寺杜顺和尚行记”。原立于长安区华严寺，现藏西安碑林博物馆。

《牛头寺经幢》，唐乾符六年（879）刻立。沙门词浩书。八棱柱状，正文楷书。分为十部分。现立于长安牛头寺佛殿前。

《守护法藏诫文碑》，金大定九年（1169）刻立。比丘有晦撰。正文楷书。首题“守护法藏诫文”。碑文讲述了寺院搜集、收藏《法藏》的艰辛不易，及其保护措施。原立于长安福昌塔院，现藏长安区杜公祠。

《苻秦国师塔碑》，金兴定二年（1218）刻立。刘渭撰，张天纲书，樊世亨刻。额隶书“苻秦国师塔记”。正文行书，间以楷、草。首题“大金重修京兆府咸宁县义安院苻秦国师和尚塔碑记”。原镶嵌于长安区太乙镇原义安院址的砖塔上，1993 年前后又移回太乙镇，现藏长安区樊村乡彰仪村道安国师寺。

《唐宣律师遗迹塔铭》，明天顺四年（1460）刻立。僧真庆书，秦旺刻。正文楷书。首题“唐宣律师遗迹”。现藏秦岭终南山净业寺。

《重修净业寺记碑》，清乾隆十五年（1750）刻立。王廷湛撰，王树恒书，盖永业、扬子严刻石。碑上部残损。正文楷书。现藏秦岭终南山净业寺。

《创修丰德寺记碑》，清乾隆五十一年（1786）刻立。额楷书“万善同归”。碑身正中用双竖线分为左、右二部分，皆楷书。首题“时乾隆五十一年三月吉日创修丰德寺”。现藏秦岭沣峪口丰德寺。

《净业寺置田地并立规约碑记》，清道光十二年（1832）刻立。舒灵阿撰文，才和南书，岳汉春篆额，云波善校刊。额楷书“奕叶永垂”。正文楷书。碑题“终南山净业寺置田地并立规约碑记”。记净业寺地理位置及历史沿革，并记述了买地的数额及九条寺规。现藏秦岭终南山净业寺。

《观音大士伏龙赋碣》，清道光二十九年（1849）刻。沙门午峰书。正文楷书。文末附《释迦谱》及按语。碣题“观音大士伏龙赋并序”。现藏长安圣寿寺。

《重修护国兴教寺碑》，民国二十九年（1940）刻。程潜撰并书，王培坤刊。碑文隶书。记述了民国二十八年张继、朱子桥与主持妙阔同程潜共同商议重修兴教寺一事，并报请蒋介石及国民党政府冠“护国”二字于兴教寺。现藏长安区兴教寺。

《莲宗十三祖印光大师塔铭》，民国三十二年（1943）刻。太虚撰文，张凤翙书，郭希安刻石。铭文行书。现藏长安圣寿寺。

（三）长安区碑刻研究述要

本书研究的长安区所藏重点碑刻内容较为集中，所以其特点也非常突出。

第一，长安区所藏碑刻具有重要的史料价值。长安区所藏历代墓志，除少数达官贵人正史有传外，绝大多数史籍阙载，墓志填补了这一空白，为研究历代历史人物的世系族谱、阙里郡望、生平事迹、职衔官阶、生居死葬、婚姻子嗣及个人信仰等情况，提供了可靠和足资佐证的史料，在补史、纠史、证史等方面，具有非常重要的价值。如隋唐墓志中唐咸亨三年（672）的《祢寔进墓志》，志主为百济熊川（今朝鲜半岛）人，为国内目前首见，对于研究当时唐王朝与朝鲜半岛的关系，具有重要的史料价值。本书田野调查所得长安韦氏26方墓志，可以补史或证史。如唐景龙二年（708）刻的《韦洵墓志》，载志主为中宗韦皇后之弟，与其弟韦泂、韦泚等同时遇害，后平反封爵，并冥婚鄎国公萧至忠之第三女。韦洵、韦泂、韦泚皆为中宗李显韦皇后之弟。《新唐书》卷七四上《宰相世系表》有载，韦泂作“洞”，但该《志》作“泂”，应以该《志》为准。关于洵、泂、泚之死，《新唐书·外戚传》载“后（韦皇后）父玄贞，历普州参军事。以女为皇太子妃，故擢累豫州刺史。帝（中宗）幽庐陵，玄贞流死钦州，妻崔为蛮首宁承所杀，四子洵、浩、洞（泂）、泚同死容州”[1]。这段记载，无所隐晦，比《韦洵墓志》更为明白。《新唐书·外戚传》

① （宋）欧阳修等：《新唐书》卷二〇六《外戚》，北京：中华书局，1975年，第5843页。

又载："帝复政，是日诏赠玄贞上洛郡王、太师、雍州牧、益州大都督……酆王，谥文献，号庙曰褒德，陵曰荣先。置令丞，给百户扫除。赠洵吏部尚书、汝南郡王；浩太常卿、武陵郡；洞（泂）卫尉卿，淮阳郡；沘太仆卿，上蔡郡。并葬京师"[①]。上述史实，与志相吻。唯其父玄贞之谥号，该《志》作"献惠"，史书作"文献"。《韦洵墓志》为平反迁葬时所记，不会有误。同时《韦洵墓志》对家族历史、各人生平事迹、其时政治气候和家族沉浮的记述，远比史书详尽，故可证史补史，纠其舛误。"明十三陵"出土的第二代秦隐王朱尚炳妃唐玉真，第三代秦僖王朱志堩夫人周氏、秦康王朱志墩第二女澄城郡主，第六代秦惠王朱公锡继妃嵇氏、镇国将军朱公鐄、永寿康定王朱公铤、朱公铤妃傅氏、永兴荣惠王朱诚澜、永兴庄定王次妃丁氏、永寿王府辅国将军朱诚濙夫人沈氏、辅国将军朱诚滁、朱诚滁妻张氏、朱诚滁夫人田氏、朱诚滁夫人杨氏、永寿王府辅国将军朱松岩夫人雷氏、朱松岩继夫人孙氏，第八代奉国将军朱秉桔、朱秉桔淑人吕氏、辅国将军朱秉桦女句容县君，第九代保安王府镇国中尉朱惟燫、镇国都尉朱惟爀恭人刘氏、临潼王府奉国将军朱惟焅、镇国将军朱惟炥、辅国将军清溪君妻范氏、辅国中尉朱惟熖、朱惟熖宜人王氏、宜川王府镇国中尉朱惟焺、朱惟爀、朱惟爀恭人刘氏、临潼王府奉国将军朱惟㷳、朱惟㷳淑人梁氏、镇国中尉朱惟剧，第十代保安王府辅国中尉朱怀埴妻赵氏、宜川王府镇国中尉朱怀垗、永寿王府辅国中尉朱怀桀、朱怀桀宜人萧氏，第十一代永兴郡支奉国中尉朱敬鐪、朱敬鐪安人马氏，第十四代朱存枢暨妃张氏、朱存机墓志等，对于研究明代秦藩王府的世系分脉、家族家谱、人物事迹及秦地的政治、经济、军事、文化、风俗等，都具有十分重要的资料价值和研究价值。

第二，长安区碑刻的内容突出了京畿的区位特色，体现了深厚的历史文化底蕴。这是其他区域碑刻所无法比拟的。长安区所藏的宗教碑刻就是如此。如唐总章三年（670）刻立的《道安禅师塔铭》，唐开元四年（716）刻立的《法藏禅师塔铭》，唐天宝二年（743）刻立的《隆阐法师碑》，唐开成四年（839）刻立《玄奘塔铭》、《基公塔铭》，唐大中六年（852）刻立的《杜顺和尚行记碑》，金兴定二年（1218）刻立的《苻秦国师塔碑》，明天顺四年（1460）刻立的《唐宣律师遗迹塔铭》，等等，志主都是著名高僧。道安为唐时三阶教弘扬光大的先行者，在中国佛教史上具有重要地位；法藏为唐代高僧，武周时于东都大福先寺检校无尽藏，又于化度寺检校无尽藏，后又为荐福寺大德；隆阐法师为唐代高僧，为实际寺寺主；玄奘回国后，在长安广译经典，其佛学造诣达到极高境界，吸引了众多外国僧人前来学习，其中以日本僧人为最；基公即窥基，玄奘法师弟子，法相宗的实际开创者；杜顺亦为唐代著名高僧，在创立和弘扬华严宗过程中发挥了

① （宋）欧阳修等：《新唐书》卷二〇六《外戚》，北京：中华书局，1975年，第5843页。

重要作用；道宣为律宗的创始人，等等。这些都说明在这块土地上，政治、经济、文化的繁荣，为历史的发展造就了深厚的积淀，为上述那些高僧大德开创事业准备了坚实的文化基础，使他们能够取得伟大的成就。这种历史积淀对其他宗教也有着一定的生命力。唐贞元二十年（804）刻立的《毕原露仙馆虚室记碑》和《吴尊师毕原露仙馆诗序碑》，唐永贞元年（805）刻立的《九华观静□师藏形记碑》，唐大和三年（829）刻的《田元素玄室铭》，均为道教碑刻，特别是《九华观静□师藏形记碑》，志主为唐睿宗外孙女，蔡国长公主季女，其夫张倜，为玉真长公主次子；《田元素玄室铭》记载志主田元素因“演五千之玄妙，听者盈堂；登法座而敷扬，观者如堵”，被唐宪宗诏入宫中，“锡赉重叠，辉映法徒，蔚为一时之盛也”，而其“每一讲说，妃嫔已下相率而听者，仅数千人。或舍名衣，或舍□宝，愿为师弟升堂入室者，不可数焉”，这一方面说明了墓主深厚的道行修养，另一方面也说明了道教在唐代宫室中有着广泛的信仰者和修行者。这些都反映了有着深厚历史文化积淀的长安，也是道教发展的重要场所。这种历史传统一直到近现代仍然有着现实意义。如民国三十二年（1943）刻立的《莲宗十三祖印光大师塔铭》，志主印光是佛教莲宗的第十三代祖师，民国四大高僧之一，是对中国近代佛教影响最为深远的人物。加之塔铭由当代著名高僧太虚撰文，陕西首任都督张凤翙书丹，书法家郭希安刻石，可谓集名家之作的“四绝碑”。还需要说明的是，长安区碑刻的书法、文学价值极高，唐代大书法家虞世南、欧阳询、颜真卿、柳公权、韩择木、徐浩、史维则、刘禹锡，宋代的游师雄，明代的许宗鲁、王九思、冯从吾，清代的谢章铤、常大淳，近现代的于右任、太虚等，都在长安区碑刻上留下了墨迹，这也是其深厚的历史文化积淀的表现。

第三，长安区碑刻丰富了秦岭文化的内容，表现了秦岭文化的阶段性特征。从一定意义上来看，长安区碑刻有着突出的特点，主要表现在：一是地面竖立碑刻或与封建最高统治者有关，或与历史名流有关，这是京畿区位优势的突出表现。二是宗教类碑刻与历史上宗教领袖有关，这与长安历史文化积淀有关，是历史文化土壤积淀所致。三是出土墓志多与名门大族有关，这与长安作为政治中心，使名门望族能够形成并兴盛起来有关，是优先的、接近中枢的政治生活格局的体现。而这一切又都与秦岭相联系，因为有了秦岭，才会使封建王朝的京畿有了地理上的依托；因为有了秦岭，才会使各种宗教能够入山闭修、出山济世；因为有了秦岭为靠背，才会使名门望族将其作为归葬的风水宝地。这些从另一个角度看来，恰恰是通过碑刻的方式，丰富了秦岭文化的内涵，构成了这一时期秦岭文化的主体内容，体现了秦岭碑刻所具有的文化传承功能。当然，辉煌也只是曾经的。长安碑刻大致从隋唐之后，就开始了逐渐衰减的历程，无论从数量上还是从质量上，长安碑刻的丰富与辉煌不再。如果说长安碑刻曾经是秦岭碑刻的主体部分，那也是一个阶段性的评价，它并不能代表秦岭碑刻的整个历史，并不能代表秦岭碑刻的全部内容。它只代表了秦岭碑刻的阶段性特征，是秦岭碑刻历史发展中的一个时代。

二、临潼区碑刻

临潼是中国历史文化名城。周幽王烽火戏诸侯、项羽设计“鸿门宴”、唐玄宗与杨贵妃的爱情故事等，都发生在临潼。这些文物胜迹和历史佳话或载于典籍，留传青史；或刊诸铭石，以碑刻、墓志、摩崖等多种形式散布于临潼境内，仍然产生着广泛的影响。

（一）临潼及其碑刻概述

临潼地处陕西关中平原之东，渭河在境内东西横贯，将全区分为南北两部分。渭河以南有骊山南峙，除少部分低山丘陵外，大多为台塬河川平地，属于秦岭北麓及其延伸段。古之临潼，东环临河，西有潼水，两水于西北汇流，注入渭河，“临潼”之名即源于此。其地南倚骊山，北面渭水，西临京畿，东达潼关，山川形胜甲于关中。这里很早就建有行政机构。据史载，商周时期，临潼为骊戎等邦国属地。临潼之为邑，始于战国后期的秦国。秦始皇十六年（公元前 231），置郦邑。汉王刘邦平定三秦，以栎阳为都，又在郦邑仿故乡丰邑营建城市里居，名为新丰，以迎奉其父。汉代栎阳、新丰基本构成了后来临潼的大致区域。由汉至唐，栎阳、新丰二县屡有废置、更名，仅新丰在宋代之前变更即有 11 次之多，但两县整体上的区域变化不大。唐天宝七年（748），在新丰故地营建昭应宫城，置昭应县。唐玄宗暂居华清离宫其间，文武百官即在昭应城内办公、居住，此间昭应之繁荣景象可想而知。至北宋大中祥符八年（1015），因避讳，撤昭应之名，始称临潼。栎阳于元至元四年（1267）并入临潼。自此，栎阳、新丰同为临潼巨镇。临潼之名一直延用至今。

秦汉以来，长安作为国都，地位显赫，临潼作为附邑与长安相伴，见证了多个王朝的兴衰历程。然而，临潼历史之悠久不亚于长安。20 世纪 70 年代，西安半坡博物馆和临潼区文化馆合作，对临河北岸的姜寨遗址进行了大规模的发掘。根据发掘报告，临潼姜寨遗址与西安半坡遗址属同一文化类型，总面积约 5 万平方米，相当于西安半坡遗址的 10 倍，是迄今中国新石器时代聚落遗址中发掘面积最大的一处。其时间约为公元前 4600—前 4400 年，比半坡遗址早 500—1000 年。由此可见，临潼悠久的史前文明亦甲于关中。临潼境内的历史遗迹众多，老子之遗踪、栎阳之都、新丰之社、温汤之铭，等等，无一不是历代达官显贵、名流贤士、文人骚客流连忘返、凭吊赞颂的对象。

临潼还是许多重大历史事件的发生地。周幽王为博得美人一笑，烽火戏诸侯，被犬戎族人杀害于骊山脚下；秦始皇一统天下后，为了强化思想控制，曾在此坑儒焚书；楚汉之争时“鸿门宴”上“项庄舞剑，意在沛公”，就发生在这里；华清宫中的温泉水，见证了唐玄宗与杨贵妃的爱情，《长恨歌》的忧悲至今犹存；等等。这些重大历史事件，以及深厚的历史传统，成为了临潼碑刻承载的内容。

据田野调查，临潼现藏碑刻总数约有120余种，其中秦汉时期5种、魏晋南北朝时期21种、隋代2种、唐代18种、宋代12种、元代1种、明代22种、清代29种、民国时期17种、年代不详者4种。上述碑刻，除个别存藏于他处外，绝大多数存藏于临潼博物馆和华清池唐御汤博物馆。其中有60通（种）与秦岭有关。与秦岭其他地区碑刻存藏情况相比，临潼碑刻中有关秦岭的并不是很多，但其时间跨度大、朝代分布广、碑刻种类齐全、时代和地域特征十分鲜明，具有较高的史料价值和研究价值。

（二）临潼碑刻存藏与著录情况

由于临潼碑刻数量不多，且与秦岭相关的碑刻更是少数，只有62通（种）。所以，对临潼碑刻存藏与著录情况的叙述，不再划分类别，而是按照刊刻年代顺序叙述。

《冯神育造像碑》，北魏正始二年（505）刻立。临潼栎阳出土，原置县署保存，后置华清池碑亭，1976年移入临潼博物馆。

《刘道生造像碑》，北魏神龟二年（519）刻立。临潼栎阳出土，原置县署保存，后置华清池碑亭，1976年移入临潼博物馆。

《王守令造像碑》，北魏神龟二年（519）刻立。临潼栎阳出土，原置县署保存，后置华清池碑亭，1976年移入临潼博物馆。

《温泉颂碑》，北魏刻立。额篆书“魏使持节散骑常侍都督雍州诸军事安西将军雍州刺史松滋公河南元苌振兴温泉之颂”。正文楷书。唐玄宗时曾置华清宫笋殿中。后晋时置灵泉观门东隅，恐遭漫灭，移置于文庙大成殿内。现藏华清池唐御汤博物馆。

《吉长命造像碑》，西魏大统六年（540）刻立。临潼栎阳出土，现藏临潼博物馆。

《智隆造像碑》，隋代刻立。雕刻佛像、供养人名及发愿词。现藏临潼博物馆。

《通灵寺造像碑》，隋代刻立。内雕释迦说法像、胁侍等，碑阳下部刻护法居士及发愿文。现藏临潼博物馆。

《董务忠墓志》，唐天授二年（691）刻。盖文篆书“唐故董府君墓志之铭”。首题“唐朝散大夫行遂州司马董君墓志铭并序”。1988 年出土于临潼斜口岳沟村，现藏临潼博物馆。

《董务忠夫人赵明墓志》，唐圣历二年（699）刻。盖文篆书“大周故赵夫人墓志”。首题“大周故朝散大夫遂州司马董君夫人天水县君赵氏墓志并序”。1988 年出土于临潼斜口岳沟村，现藏临潼博物馆。

《佛顶尊胜陀罗尼经幢》，唐开元二十八年（740）刻立。现藏临潼博物馆。

《上方舍利塔记碑》，唐开元二十九年（741）刻立。僧贞干撰并书。额楷书“大唐开元庆山之寺”。正文楷书，首题“上方舍利塔记”。记载了上方舍利塔的地理位置和主持僧，精美绝伦的舍利棺具以及安置舍利于塔下精室的时间和盛况等。1985 年临潼庆山寺上方舍利塔地宫出土，现藏临潼博物馆。

《常允逸神道碑》，唐天宝八年（749）。常无求撰，法融书。碑额篆书“大唐故内给事常府君神道碑”。正文楷书。首题“唐故朝请大夫内侍省内给事上柱国常府君神道碑铭并序”。其内容涉及宫廷制度和太监生活的众多细节。1974 年临潼西泉椿树村出土，现藏临潼博物馆。

《大唐故通灵寺之碑》，唐上元元年（760）刻立。韩文肇撰，法雄、灵岑立。记载感应寺的历史以及重建的经过、规模。现藏临潼博物馆。

《唐赠太尉段秀实神道碑》，唐贞元元年（785）刻立。唐德宗御制，皇太子诵书。此碑对于段秀实生平和朱泚叛乱经过的记载十分详细，可与《两唐书》记载互证。原存临潼斜口镇西南姚村，现藏临潼博物馆。

《陀罗尼经幢》，唐大和三年（829）刻立。八棱柱体。鱼福进书，仇昌刻，僧怀政等立。现藏临潼博物馆。

《乔元龙草书碑》，宋元符三年（1100）刻立。乔元龙书，安延年刻，姚有祥等立。正文草书，文后有杨质夫跋文。现藏华清池唐御汤博物馆。

《李埏过临潼三绝诗碑》，宋大观四年（1110）刻立。李埏撰，李熙民立石。刻诗 3 首、跋 2 段。现藏华清池唐御汤博物馆。

《孙渐游骊山作诗碑》，宋政和四年（1114）刻立。孙渐撰并书。刻诗 1 首。现藏华清池唐御汤博物馆。

《苏庄留题灵泉观诗碑》，宋政和五年（1115）刻立。苏庄撰，王慎立石。刻诗 1 首。现藏华清池唐御汤博物馆。

《宣勾谢龙图留题诗碑》，宋政和六年（1116）刻。谢彦美撰并书。现藏华清池唐御汤博物馆。

《骊山灵泉观凝真大师成道记碑》，金大定十六年（1176）刻立。王缟撰，李辅书，南圭刻。额篆书“骊山灵泉观凝真大师成道记”。正文楷书。首题“古灵泉观凝真大师成道记”。上段刻灵泉观图，中段刻凝真大师刘子颙修道事迹，下段刻灵泉观山林、土地四至信息。现藏华清池唐御汤博物馆。

《移剌霖骊山有感诗碑》，金承安四年（1199）刻立。移剌霖撰，孙极之书，徐从周刻。刻七言绝句1首及跋文。现藏华清池唐御汤博物馆。

《“云房”飞白草书碑》，金承安四年（1199）刻立。左侧刊李谨跋文，黄庆立，邢彦刻。此碑原镶于栎阳东门北壁，现藏临潼博物馆。

《□铎赋怀古诗碑》，金大安元年（1209）刻立。现藏华清池唐御汤博物馆。

《风流子词碑》，金正大三年（1226）刻立。汝弼、良弼撰，李春、杨永达立。现藏华清池唐御汤博物馆。

《金罡讷观温泉诗碑》，元至正七年（1347）刻立。金罡讷撰并书，汤仲信刻。现藏华清池唐御汤博物馆。

《题温泉诗碑》，明景泰元年（1450）刻立。薛瑄撰，赵普中刻。颂温泉怀古之诗。现藏临潼区华清池唐御汤博物馆。

《华清宫建雷神殿碑记》，明成化十五年（1479）刻立。赵铠撰并书，杜缙篆额，赵普中刻。额篆书“华清宫建雷神殿碑记”。正文楷书。首题“创建雷神殿碑记”。记述了明正统十三年（1448）因大旱求雨、修庙宇之事，对雷神殿规模有详细记载。现藏华清池唐御汤博物馆。

《临潼县西界碑》，明弘治十一年（1498）刻立。额楷书横刻“西界”，其下刻“临潼县界”。原立于斜口窑村南原，现藏临潼博物馆。

《题杨公还朝碑》，明嘉靖五年（1526）刻立。王尚絅撰并书。刻于元苌振兴《温泉颂》碑阴。现藏华清池。

《程子四箴碑》，明嘉靖六年（1527）刻立。宋程颐撰，明世宗朱厚熜注并书。共4通，形制相同。正文楷书。记程颐所撰视、听、言、动四箴。原在临潼县学，现藏西安碑林博物馆。

《诰封怀远将军双鹤张公碑》，明万历八年（1580）刻立。孙继□撰，罗奎书，李时芳篆额，高吉刻。额篆书“奉天诰命”。正文楷书。首题“诰封怀远将军双鹤张公”。记太监张恩父之生平。现藏临潼博物馆。

《过华清宫汤泉诗碑》，明万历十三年（1585）刻立。袁宏道撰。正文楷书。刊颂温泉怀古之诗。1986年出土于华清池温泉总源前，现藏华清池。

《斜口镇重修东岳神庙碑记》，明万历十九年（1591）刻立。田全鹤撰，陈大谟书，高祥、童良刻。正文楷书。现藏临潼斜口镇高沟村街道井边。

《建醮碑记》，明万历三十年（1602）刻立。李点书，刘邦坤刻石。额书“玄元上帝八宫一观一庙”，其下横刊“建醮碑记”。正文楷书。现藏临潼博物馆。

《重修温泉之馆图记碑》，明万历间（1573—1620）刻立。碑残损，仅存上部。额篆书“重修温泉之馆图记”。1989 年出土于华清池，现藏华清池唐御汤博物馆。

《白南峰暨宜人阎氏黄氏王氏合葬墓志》，明崇祯元年（1628）刻。刘懋撰，周道直书，武献哲篆盖。盖文篆书“明诰赠奉政大夫南峰白公暨宜人阎氏黄氏王氏合葬墓志铭”。志文楷书。志题“诰赠奉政大夫潞安府同知南峰白公暨宜人阎氏黄氏王氏合葬墓志铭”。现藏临潼博物馆。

《明谏议关西养衷刘夫子墓志》，明崇祯四年（1631）刻。吕维祺撰，乔进璠书，苗思顺篆盖。盖文篆书“明谏议关西养衷刘夫子墓志”。志文楷书。志题“明兵科左给事中养衷刘公暨元配孺人朱氏合葬墓志”。志文记述了刘懋为官断狱如神，清廉之事迹。1983 年出土，现藏临潼博物馆。

《致祭刘懋碑》，明崇祯四年（1631）刻立。正文楷书。记刑部尚书、礼部侍郎等致刘懋祭文。现藏临潼博物馆。

《致祭刘懋五言十章诗碑》，明崇祯四年（1631）刻立。正文楷书。刻王无逸、苗思顺祭奠刘懋诗。现藏临潼博物馆。

《中五合施汤碑记》，清康熙十年（1671）刻立。马超俊书。额书“观音菩萨”。正文楷书。首题“中五合施汤碑记”。记载康熙时骊山人为盛暑时路过之人免费提供茶水之事。现藏骊山菩萨殿。

《行者桥重立茶汤两社碑记》，清康熙十一年（1672）刻立。李显春撰。首题“行者桥重立茶汤两社碑记”。记载临潼乡民为路人免费提供茶水、饮食和休息场所等事。现藏临潼石瓦寺。

《重修临潼县城碑记》，清道光二十三年（1843）刻立。碑残损，存上半部。首题“重修临潼县城碑记”。记载临潼四边界及道光年间富绅捐款、重修临潼县城之事。现藏临潼华清小学内。

《重修朝元阁碑记》，清咸丰五年（1855）刻立。王泽润撰，高渐逵书，韦逢辛篆额，赵有全刻。额篆书“皇清”。正文楷书。首题“重修朝元阁碑记”。记载重修骊山老君殿朝元阁之事。现镶于骊山朝元阁山门内东厢房外墙上。

《重修玉皇庙碑记》，清同治十一年（1872）刻立。王用予撰，韦敬贤书。额篆书“皇清”。正文楷书。碑文记载临潼招良村玉皇庙在同治元年陕西回民起义中被焚毁，自同治五年至十一年，乡人自发筹资历时六年重建玉皇庙之事。现藏临潼博物馆。

《壮烈碑》，清同治十一年（1872）刻立。韦展甲撰，韦效贤书。额楷书“壮烈碑”。

正文楷书。记载死于回民起义之役中的村民名单。刻于《重修玉皇庙碑记》碑阴。现藏临潼博物馆。

《环园题刻》，清光绪四年（1878）刻。沈家祯书。上款“光绪戊寅秋月”。落款“会稽沈家桢建”。记载环园修建始末。现嵌于临潼区华清池望湖楼。

《乐善亭记碑》，清光绪四年（1878）刻立。沈家祯撰，贺瑞麟书，姚殿材刻。正文楷书。首题“乐善亭记”。记载光绪三年秦、晋、豫三省大旱，哀鸿遍野，“外县饥民流离于此者数千人”，县府及本邑缙绅合力募集资粮，赈济灾民一事。现藏华清池唐御汤遗址博物馆。

《重建临潼县衙署记碑》，清光绪五年（1879）刻立。沈家祯撰，舒绍祥书。正文楷书。记述了临潼县地理环境“山峻秀而地灵，水清温而土厚，其人民宜乎富且贵矣”，并提出了一县建署的风水堪舆原则。现藏临潼博物馆。

《朝山碑记序》，清代刻立。耿象珍撰，周京书。正文楷书。碑题“朝山碑记序”。现藏临潼博物馆。

《第一温泉诗碑》，清代刻立。张时翮撰。正文楷书。借景讽世，“浣尽人间无垢体，不将清冷混常流”。现藏华清池。

《骊山怀古诗碑》，清代刻立。正文楷书。刻石坡山人所作七言诗、汾滨所作五言诗。现藏临潼区华清池唐御汤博物馆。

《温泉歌诗碑》，清代刻立。陈嘉策撰。正文楷书。诗中对骊山温泉招来达官贵人络绎不绝，当地官吏送往迎来，不堪辛苦之事深表痛苦。现藏临潼区华清池。

《快放脚歌碣》，民国十一年（1922）刻立。澄城县长金贤三撰，刘晖书。正文、跋文均楷书。现藏华清池唐御汤博物馆。

《民国大德望云汉缑公墓志》，民国十五年（1926）刻。王逢源撰，于右任书，周爰诹篆盖。志、盖合一，共二石。文末篆书“民国大德望云汉缑公墓志铭”。志文楷书，志题同盖。记述了缑化龙生平及家世。现藏临潼博物馆。

《寇立如墓志》，民国十六年（1927）刻。牛兆濂撰，宋伯鲁书，宋联奎篆盖，王尚玺刻。盖文篆书“长安寇立如先生墓志铭”。志文楷书，首题“清授中宪大夫知府衔四川在任候补直隶州知州巫山县知县立如寇君墓志铭”。斜口镇王家坡出土，现藏临潼博物馆。

《革命歌碑》，民国十六年（1927）刻立。冯玉祥撰并书。共 2 石。正文楷书。首题“革命歌”。现藏华清池唐御汤博物馆。

《冯玉祥言志碑》，民国十六年（1927）刻立。正文楷书。刊载冯玉祥执政的具体措施，包括反腐败、兴水利、修道路、办教育等诸多方面。现藏临潼博物馆。

《“香凝池”题刻》，民国十六年（1927）刻。中楷书题“香凝池”。上款“中华民国十六年二月”，落款“冯玉祥”。现藏临潼区华清池。

《籍苏联归来诗碑》，民国十六年（1927）刻立。正文楷书。记载冯玉祥此年的政治、军事活动，涉及冯玉祥出兵援助杨虎城击退豫西军阀刘镇华的史实。现藏华清池唐御汤博物馆。

《相桥街市复兴记碑》，民国三十二年（1943）刻立。周涤尘撰，张宏道书，孙烈夫篆额。正文楷书。记载临潼东北石川河畔相桥镇名字的由来和历史变迁，详述前代相桥市镇商业殷盛之局面、清代中期后商业贸易在战乱过程中日渐衰落凋敝的状况。现藏临潼博物馆。

《兵谏亭摩崖题刻》，民国三十五年（1946）题刻。林森书。题刻“精诚救国，感召金石”于兵谏亭台基北侧山壁上。

（三）临潼碑刻研究述要

由于历史发展过程中的诸多因素，以及历史上毁圮佚失等原因，造就了临潼碑刻明显的时代特征。

首先，魏晋南北朝及隋代临潼碑刻以佛教造像为主。两汉之际佛教传入中国后，在魏晋南北朝得到了广泛流传，与之相关的佛教造像碑亦广泛出现，临潼碑刻在这一时期也是如此。如北魏正始二年（505）刻立的《冯神育造像碑》，北魏神龟二年（519）刻立的《刘道生造像碑》，同年刻立的《王守令造像碑》，以及隋代刻立的《智隆造像碑》和《通灵寺隋代造像碑》。上述5通造像碑中前4通现藏临潼博物馆，保存完好，供养人姓名大多清晰可辨；《通灵寺隋代造像碑》现藏纸李乡纸李村通灵寺遗址内；此造像碑四面开上下龛，内雕释迦说法像、胁侍等，碑阳下部刻护法居士及发愿文，保存基本完好。这些造像碑为研究佛教造像艺术提供了丰富的实物资料，部分造像碑刻有铭文，或为发愿文词，或为简短题记，或为供养人姓名，文字虽然不多，但对研究魏晋南北朝时期宗教观念的传播、民间风俗习惯等问题都有一定的参考价值。此外，华清池唐御汤博物馆所藏的北魏时期刻立的《元苌振兴温泉颂碑》，是这一时期临潼碑刻中较为特殊的一通。此碑额篆书“魏使持节散骑常侍都督雍州诸军事安西将军雍州刺史松滋公河南元苌振兴温泉之颂”。正文楷书。此碑虽无明确刊刻年代，但其颂文优美，令人神往，其书法古朴劲练，运笔方圆相济，属魏碑之上品，因此兼具文学、书法的双重价值，代表了这一时期临潼地区碑刻的最高成就，为历代金石学家所推崇。1982年国家文物局将其列为全国禁拓名碑。

其次，临潼现藏碑刻反映了从唐代开始碑刻的种类有所增多。除了上文提及的造像碑外，临潼唐代碑刻还包括墓志、神道碑、记事碑、经幢等。在临潼区所藏墓志中，武周时期天授二年（691）的《董务忠墓志》和圣历二年（699）的《大周故赵夫人墓志》，都出土于今临潼区斜口乡，现藏临潼博物馆。两方墓志除记载了董务忠及其夫人赵明的族系、生平、职官、事迹等外，还记述了唐高宗至武周时期唐代的政治形势，以及唐代初年政治联姻等内容。另从墓志所记葬地可知，今斜口乡在唐武则天时期为鸿州庆山县仪凤乡，为研究历史地理提供了珍贵的资料。临潼地区的 2 通唐代神道碑亦各有特点。天宝八年（749）刻立的《唐故朝请大夫内事省内给事上柱国常府君（无逸）神道碑铭并序》，内容涉及宫廷制度和太监生活的众多细节；贞元元年（785）刻立的《唐赠太尉段秀实神道碑》，为唐德宗御制、皇太子诵书，以嘉奖追封在朱泚叛乱中遇难的段秀实，此碑对于段秀实生平和朱泚叛乱经过的记载十分详细，可与两《唐书》记载互证，价值较高。临潼的唐代记事碑有 2 通。开元二十九年（741）的《上方舍利塔记碑》，记载庆山寺及舍利塔的修建经过、位置，安放舍利棺的时间和盛况；上元元年（760）的《大唐故通灵寺之碑》，记载感应寺的历史以及重建的经过、规模。两碑为研究临潼地区唐代寺院及佛教传播提供了实物资料。此外，秦岭地域文化范围内其他地区常见的唐代《佛顶尊胜陀罗尼经幢》在临潼现藏亦有 2 通，分别刻于开元二十八年（740）和大和三年（829），现藏临潼博物馆，反映了唐代佛教发展状况。

再次，临潼现藏碑刻反映了宋、金、元时期的碑刻以诗文碑为主。主要有：北宋大观四年（1110）刊刻的《李埏过临潼三绝诗碑》、政和四年（1114）刊刻的《孙渐题华清池伤怀五言古风碑》、政和五年（1115）刊刻的《苏庄留题灵泉观诗碑》、政和六年（1116）刊刻的《宣勾谢龙图留题诗碑》、金承安四年（1199）刊刻的《移剌霖题骊山感怀七绝诗碑》、金大安元年（1209）刊刻的《□铎赋怀古诗碑》、金正大三年（1226）刊刻的《风流子词碑》、元至正七年（1347）刊刻的《金罡讷观温泉诗碑》等。以上碑刻撰者或歌颂骊山温泉美景，或怀古发幽思之情，其题材皆与唐华清宫有关。此外，临潼碑刻中还有少量题字碑和记事碑，如宋元符三年（1100）刊刻的《乔元龙草书碑》，乔元龙书。乔元龙为北宋书法家，华县人，此碑草书运笔灵动，笔力劲爽，变化多端，体现了宋人书法“尚意”的追求，为人称道；其碑阴为金大定十六年（1176）刊刻的《骊山灵泉观凝真大师成道记碑》，上段刻灵泉观图，中段刻凝真大师刘子颙修道事迹，下段刻灵泉观山林、土地四至信息。此碑是临潼区目前可知与道教有关的最早的碑刻，对灵泉观的历史沿革进行了梳理，是极为珍贵的地域文化资料。金承安四年（1199）刊刻的《“云房”飞白草书碑》，此碑原镶于栎阳东门北壁，现藏临潼博物馆，亦为不可多得的草书神品。

第四，临潼现藏碑刻反映了明清两代数量较多的是诗文碑和记事碑，亦有少量墓志。诗文碑的题材和内容与前代类似，亦以华清温泉为对象，主要有临潼博物馆藏《袁宏道过华清宫汤泉诗碑》、《王无逸苗思顺致祭刘懋诗碑》，华清池唐御汤博物馆藏《薛瑄题温泉诗碑》、《张时翮第一温泉诗碑》、《骊山怀古诗碑》、《陈嘉策温泉歌诗碑》和西安碑林博物馆藏《胤礼题骊山温泉碑》。临潼墓志类碑刻主要有明代崇祯元年（1628）的《白南峰暨宜人阎氏黄氏王氏合葬墓志》和明崇祯四年（1631）的《明谏议关西养衷刘夫子墓志》，皆藏于临潼博物馆。分别记述了白南峰一生为官清廉，“比致政归也，行色萧瑟，衣履之外无长物”；刘懋为官断狱如神，清正廉洁之事迹，为研究明代廉吏提供了重要的资料。记事碑按照内容主要分为三类：一是与华清宫及骊山相关的碑刻。如明成化十五年（1479）刻立的《华清宫建雷神殿碑记》。据此碑记载，此前华清宫中本无雷神殿。正统十三年（1448）陕西大旱，西安知府奉命于名山太岳祈雨无获，遂在位于临潼棘店镇后土灵湫祈雨，并得甘露。为此，官府准备营建雷神殿以享神灵。自景泰五年（1454）开始，道士李定岩募资聚材，购置土地，规划设计，至成化十四年（1478），历时十六载方得完工。殿宇规模宏大，斗拱绘饰精美，神像冠服威严，台基、钟鼓、侍者完备。再如明万历年间（1573—1620）刻立的《重修温泉之馆图记碑》，碑残仅存上部，文字记载部分无法知晓，但存图画部分在碑刻中较为少见，其线刻骊山、温泉馆全貌，殿宇、水塘名称大多清晰可见，为图像与文献的互证提供了尤为珍贵的资料。二是与各类佛寺、道观、民间神祠相关的碑刻。如明万历十九年（1591）刻立的《斜口镇重修东岳神庙碑记》，现藏临潼斜口镇高沟村街道井边。此碑首先描述临潼斜口镇的历史和“南楫骊原之朝峙，北襟渭川之环波，东缠韩峪之长流，西接霸陵之巨途”的胜景，再记东岳神祠有祷必应、邑人捐资重建以及庙宇落成后的规模，内容十分详尽。清同治十一年（1872）刻立的《重修玉皇庙碑记》，记载临潼招良村玉皇庙在同治元年陕西回民起义中被焚毁，自同治五年至十一年（1866—1872），乡人自发筹资历时六年重建玉皇庙之事。三是与临潼县城相关的其他碑刻。如明弘治十一年（1498）刻立《临潼县西界碑》、清道光二十三年（1843）刻立的《重修临潼县城碑记》、清光绪五年（1879）刻立的《重建临潼衙署记碑》。上述 3 通碑刻为研究明代临潼与长安两县界址，以及清代临潼县城在经历水旱自然灾害和战争毁坏之后的重建，提供了史料。清康熙十年（1671）刻立的《中五合施汤碑记》、康熙十一年（1672）刻立的《行者桥重立茶汤两社碑记》和清光绪四年（1878）刻立的《乐善亭记碑》，记载康熙时骊山人为路过之人免费提供茶水、饮食和休息场所等事，以及临潼各级官员在知县沈家祯部署下赈济灾民之事，内容十分详尽，是有关清代官方和民间公益事业的重要资料。

第五，民国时期的临潼碑刻类型和内容与前代有较大的差别，反映了中华民国建国后新思想、新文化广泛传播的状况，并涉及民国时期陕西许多事件，其中有多通碑刻与爱国将领冯玉祥有关，具有鲜明的时代特征和地方特色。如民国十一年（1922）刻立的《快放脚歌碣》，记述邓鉴三任临潼县长其间，全力推行移风易俗的举措。据跋文可知，邓氏授意在县境四处发放传单、张贴告示，力倡妇女放足之事。因华清池有女汤之池，遂在此处刊立放足碑碣。碑文通俗易懂，简洁明快，对于"放足"观念的宣传推广有重要的意义，也为研究民国时期百姓思想观念、社会生活的变化提供了实物资料。民国十六年（1927）刻立的《籍苏联归来诗碑》，为冯玉祥自撰，记载他本人于是年的政治、军事活动，涉及冯玉祥出兵援助杨虎城击退豫西军阀刘镇华的史实。民国十六年（1927）刻立的《革命歌碑》，亦冯玉祥撰并书，诗文中表达了其坚定的革命信念。民国十六年（1927）刻立的《冯玉祥言志碑》，刊载冯玉祥执政的具体措施，包括反腐败、兴水利、修道路、办教育等诸多方面，碑文以白话文书写，直白明了。值得一提的还有现藏骊山兵谏亭北侧山壁上的《"精诚救国感召金石"摩崖》，此摩崖于民国三十五年刻于兵谏亭台基北侧山壁上，当时兵谏亭尚未修建。兵谏亭建好后，此摩崖因位置较偏，又被亭身遮蔽，无人知晓，直至1998年才被发现。此外，近年来发现和出土的诸如《白南峰夫妇合葬墓志》、《刘懋墓志》、《曹树勋墓碑》、《郭希仁墓志》、《缑化龙墓志》、《寇立如墓志》等，志主多为临潼名人，其撰书者如乔进璠、牛兆濂、宋伯鲁、宋联奎、于右任等，亦为历史名人或书法家，志文所载可补史志之不足。

第九章　张子祠、辋川碑刻

张子祠是我国北宋著名的思想家、哲学家、教育家、关学领袖张载的讲学之地，位于秦岭北麓山脚下陕西眉县横渠镇。张子祠原为崇寿院，是张载年少读书、晚年兴馆设教之所，后改名为横渠书院。元代在横渠书院旧址上，建张子祠，祠内恢复横渠书院，成“后祠前书院”格局。祠内现藏碑刻十数通，集中记载了这一历史文化重地的发展以及关学的流传情况，具有重要的历史文化价值。辋川为秦岭北麓之要冲，号称“秦楚之要冲，三辅之屏障”，自古素有“终南之秀钟蓝田，茁其英者为辋川”的美誉，历史上特别是唐宋时期是名人雅士吟唱憩息之所，至今遗迹仍存。辋川水陆庵则为六朝古刹，存有国内目前最大的壁塑群，其存藏的十数通碑刻则记载了佛教在此地的流行情况，亦有重要的价值。

一、张子祠碑刻

由于张载理学思想对后世产生了深远的影响，其门人遍及天下，因此在河北滦州、湖北荆门、福建福州等地，都建有不同规模的张子祠。眉县张载祠，建于张载故里，祠庙与横渠书院相连，规模宏大，气势雄伟，保护完整，在全国范围内首屈一指，有着深厚的历史文化内涵。

（一）张子祠与横渠书院概述

张载祠又名“张子祠”、“张横渠祠”，主祀北宋著名理学家张载。张载（1020—1077），字子厚，祖籍大梁（今河南开封），出生于长安。北宋天圣元年（1023），张载 4 岁，其父张迪调任涪州（今重庆市涪陵区）知州，遂举家迁居涪州。此后，张载一直在涪州生活。景祐元年（1034），张迪终于涪州任所，按其遗愿，15 岁的张载和弟弟张戬与母亲护送父亲灵柩归葬开封。虽然涪州地方出资启灵，但由于张载祖、父两辈皆官品不高，家资有限，张载和家人行至眉县横渠镇时，恰逢前方发生兵事，道路阻塞。滞留其间，路资日渐不足，张载和家人无力返回开封，遂将父亲安葬于横渠南大振谷口迷狐岭，并定居横渠。为父守孝其间，张载在此地崇寿院学习，崇寿院便是后来横渠书院的前身。

张载于北宋嘉祐二年（1057）举进士后，先授祁州司法参军，后调丹州云岩令，迁著作佐郎。熙宁二年（1069），宋神宗召见张载，问以治国之法，张载以复三代之法对答，深得神宗喜爱，遂授崇文院校书之职。此时，王安石正在全力推行变法新政，张载的弟弟张戬任监察御史，强烈反对王安石变法，因此被贬公安知县。张载估计自己要受到株连，于是辞官回到横渠，并扩建崇寿院为“横渠书院”，作为自己读书讲学之所。据《宋史》记载，张载在横渠“终日危坐一室，左右简编，俯而读，仰而思，有得则识之，或中夜起坐，取烛以书。其志道精思，未始须臾息，亦未尝须臾忘也。敝衣蔬食，与诸生讲学，每告以知礼成性、变化气质之道，学必如圣人而后已。以为知人而不知天，求为贤人而不求为圣人，此秦、汉以来学者大蔽也。故其学尊礼贵德，乐天安命，以《易》为宗，以《中庸》为体，以《孔》、《孟》为法，黜怪妄，辨鬼神。其家昏（婚）丧葬祭，率用先王之意，而傅以今礼。又论定井田、宅里、发敛、学校之法，皆欲条理成书，使可举而措诸事业。”① 在此期间，张载晨读夜书，写下了大量著作，如《正蒙》、《孟子解》、《礼乐说》、《论语说》、《春秋说》、《东铭》、《西铭》等。由于张载之前曾在京城相国寺宣讲《易经》之学，又多次在开封、长安、武功等地讲学，听者甚众。因此，横渠书院创办之初，慕名求学之人络绎不绝，张载及其学术由此备受世人推崇，横渠书院也成为当时国内影响最大的书院之一。熙宁十年（1077），张载在临潼馆舍去世，享年 58 岁。其弟子闻讯赶来，将张载灵柩送返横渠，安葬于其父张迪墓之南，与张戬墓左右相对②。张载去世后，其弟子大多转投洛阳二程门下求学，鼎盛一时的横渠书院迅速没落。

宋金对峙其间，横渠书院被迫成为女真学馆。当时，书院山长李刚为张载学术思想的忠实追随者，在以女真语言进行教学的同时，全力推崇汉语教学。但由于战事不断，横渠书院日渐破败，最终陷入瘫痪。元朝统一中国后，元世祖忽必烈大力推行儒家思想文化，其后继者亦以儒家思想治国。元贞元年（1295），朝廷下诏于横渠书院废址北侧兴建横渠祠，祭祀张载。延祐四年（1317），阳陵人李中出任眉县教谕，拜谒张子祠时，见祠内破烂不堪，遂与主簿刘楫商议重修张子祠，以副观瞻，广宣圣教。此次工程自次年开工，历时三年竣工。后刘楫又筹划重建横渠书院，再兴讲学之风，并最终于泰定三年（1326）恢复了横渠书院，“后祠前书院”的格局自此形成，成为国内最重要的

① （元）脱脱撰：《宋史》卷四二七《张载传》，北京：中华书局，1977 年，第 12724 页。

② 张迪、张载、张戬墓，位于张子祠南 7 千米处的大振谷迷狐岭，占地 87.2 亩。1957 年，张载墓被列为陕西省重点文物保护单位。1985 年，眉县人民政府拨出专款，对张载墓进行了绿化。1998 年，再次对墓区进行了整修，包砌了墓冢，增添了香炉、供桌，修建了碑楼、祭祀台等。

书院之一，对于促进关学的发展有重要的意义。张载祠同时也香火日盛，成为当时全国规模最大的张载祠庙。

明朝廷推崇儒学，张载祠和横渠书院因此得到了高度的重视，官方曾多次筹划对张载祠进行不同规模的扩建、修缮。明代对张子祠的维护始于洪武十四年（1381），此次工程主要是重修横渠书院，对张子祠则仅种植各类树木花卉进行装饰，整个工程由时任眉县令的林思正负责。成化十七年（1481），陕西提学使戴珊拜谒张子祠后，见祠宇颓败，遂上书陕西巡抚阮勤。在阮勤责令之下，凤翔府同知李克恭、通判范吉等人，于次年对包括横渠书院在内的张子祠进行了全面的重修，并对张载墓进行了维护。此次工程历时三载得以完成，范吉曾作怀古诗云："寥寥村落实堪伤，东亩西畴大半荒。惟有横渠祠下水，滔滔二派与天长。"[①] 弘治八年（1495），眉县参政谢绶、提学副使杨一清等又组织了对张子祠、墓的维修，并制定春秋祀典的相关规定，定专人管理祀典之事。正德年间（1506—1521），凤翔巡守蔡承之拜谒张子祠，见祠地窄狭，殿宇矮小，便呈书巡抚王汝蕴请求扩建，并得到批准。此次工程仅见于宣统元年《郿县志》记载。嘉靖三十四年（1556），关中发生大地震，震后凤翔知府刘泾拜谒张子祠，见到祠宇在地震中损毁严重，遂责令知县吴守礼马上筹办重修张子祠。刘泾本人则住在县署亲自督工直至完工。此次工程除修建了5间殿宇外，还修建了厨房、仓库、门房、书斋等建筑。万历三年（1575），眉县知县姚继先拜谒张子祠期间，亦曾筹资对张子祠进行修缮。

清代对张子祠的修缮既有政府的官方行为，也有张氏后裔和百姓自发的民间行为。参与修缮者分别有康熙九年（1670）眉县知县梅遇，康熙二十三年（1648）眉县县令陈石林，康熙五十一年（1721）眉县乡绅，乾隆十八年（1753）凤翔知府朱琦，乾隆二十七年（1768）眉县知县纪虚中，道光三年（1823）眉县县令褚裕仁，光绪十年（1884）眉县知县颜璇敏、举人贺瑞麟、王步瀛等，光绪十一年（1885）眉县知县张会林等，共有七次对张子祠和书院重修维修工程。其中规模最大的一次重修工程为康熙二十三年（1648）。当年，康熙帝赴山东曲阜孔庙主祭孔子，并为周敦颐、邵雍、程颢、程颐、张载等"宋五子祠"御书"学达性天"匾额，派遣官员分别悬挂。陕西督抚宪司接到谕旨，便派专官柴月桂督办重修张子祠，具体工程由县令陈石林负责。次年竣工后，陕西督抚还专门举行了谒祠悬匾仪式，陕西督抚、凤翔府及各县官员都着官服参加祭祀礼拜仪式，当地士绅百姓参加仪式者达万余人，规模空前浩大。

清末民初，伴随着西学的不断传入，传统科举制废除，国内各地相继出现了大量的新式学堂。光绪二十四年（1898），张子祠内的横渠书院，更名为县立第二高等

① （明）刘九经纂：《（万历）眉志》卷一，明万历三十三年修，清顺治十四年续修，康熙九年增补本。

实业小学堂，简称横渠学堂。民国时期，横渠学堂先后更名为县立第二高等小学、眉县横渠高等小学堂、眉县横渠镇中心小学。其办学虽然因战乱影响，时办时停，但张子祠内的古建、碑刻、塑像等大都免于战火，保存完好。其间，朱子桥、于右任、邵力子等名人，都曾前往学校参观并拜谒张子祠。新中国建立后，除了“文化大革命”期间办学中断、部分古建文物损毁外，张子祠、祠内的学校和张载墓得到了政府的有力保护。20 世纪 70 年代末，设于张子祠内的横渠中学迁往新址。1985 年，眉县人民政府成立了张子祠文物管理所。1992 年，陕西省将张子祠列为省级重点文物保护单位，拨专款对张子祠进行全面修复，现有山门、学堂、大殿、正蒙殿、碑廊、书院楼等建筑。

（二）碑刻存藏及著录情况

张子祠内现藏历代碑刻 50 余通，按照内容大致可分为记事碑和诗文碑两类，下面撮其要者分述之。

1. 记事类碑刻（14 通）

《横渠碑谱》，明嘉靖八年（1529）刻立。许庄撰，内容为张载五世孙张晋请许庄撰写的张载之后七世谱系。碑文还详细记载了张载、张晋生平事迹。落款“大明嘉靖己丑仲春许庄谨记”。对于研究张载及其宗族有一定的参考价值。

《胡松谒横渠祠碑》，明嘉靖三十八年（1559）刻立。胡松撰。内容记载时任吏部尚书的胡松来陕巡视，特地前往眉县横渠，参加张子祠素食典礼，并撰文颂扬张载学识、功德。

《重修张横渠先生祠记碑》，明万历三十六年（1608）刻立。余懋衡撰文，刘九经书，强思篆额。额线刻张载画像。正文楷书。记载陕西巡抚余懋衡得知张子祠岁久失修，下檄凤翔府，责令重修张子祠事。

《横渠碑谱》，明崇祯十六年（1643）刻立。沈自彰撰。记载了凤翔知府沈自彰撰写的自张载至张文运的十四世谱系。落款“大明崇祯十六年仲秋谷旦”。

《井田渠碑记》，清康熙九年（1670）刻立。内容记载眉县知县梅遇捐资修建井田二渠之事。

《重修张诚公横渠先生大振谷口庙碑记》，清康熙二十三年（1684）刻立。许孙荃撰，张静初书。记述了陕西督学许孙荃视学关中，拜谒张子祠时，看到祠内衰败不堪，遂筹划重修张子祠的经过。同时记载了悬挂康熙御书“学达性天”匾额仪式的盛况。

《张子故里碑》，清乾隆三年（1738）刻立。刘椽书。碑阳为知县刘椽所书“张子故里”四个大字，碑阴为眉县张子二十代孙邑庠生张明行、张明忠撰写的碑文，除歌颂先祖张载的功德外，还对张子祠、书院面积、四至作了记载，称“张子祠占地十亩，阔十丈，长六十丈，东南靠大路，西止壕，北止民地”。

《重修宋横渠张子祠宇碑记》，清乾隆十九年（1754）刻立。张景留撰。记述了张载祠的历史渊源、康熙御赐匾额以及重修张载祠的详细过程。

《重修横渠张子祠记》，清道光三年（1823）刻立。记载眉县县令褚裕仁上任后拜谒张子祠，见祠内堂宇倾危，遗像剥落，墙垣颓废无存，遂亲自带头捐资，对张子祠进行历时三个多月的全面整修和扩建之事。

《横渠书院碑》，清道光七年（1827）刻立。褚裕仁撰并书。正文行书。记载本邑创设横渠书院以弘扬张载理学思想之事。

《重修横渠书院碑》，清同治十二年（1873）刻立。记载同治十二年重修横渠书院之事。

《重修横渠张子祠碑记》，清光绪十年（1884）刻立。赵嘉肇撰，颜璇敏校阅，王步瀛书。记述张载生平事迹，以及后人在蒲城、临潼、武功、麟游、眉县、洛州等地为张载修建祠堂等事。

《重修横渠张子祠记》，清光绪十一年（1884）刻立。记载了眉县知县张会林等人筹资对张子祠内的书院进行重修的经过。

《马广滩地碑记》，清代刻立。邑儒学生员师定南撰。记述了罗村与固镇村为争河滩地发生纠纷及处理过程。对研究眉县行政区划沿革有重要的价值。

2．诗文类碑刻（3通）

《白镒谒横渠祠诗碑》，明嘉靖十八年（1539）刻立。白镒撰。刊刻陕西按察司佥事、南京刑部郎中白镒前往横渠，拜谒张子祠，作七言诗1首。正文为：“学释谈兵用世□，中庸看罢道无余。潜心井地布前代，立论订顽示广居。理窟遗言人事备，驴鸣妙契性天虚。关西夫子高风远，景仰斯文拜里闾。”

《许宗鲁和横渠祠诗碑》，明嘉靖三十六年（1557）刻立。许宗鲁撰。内容为华阴人许宗鲁拜谒张子祠时，见到白镒所作诗文，遂和其韵续作五言诗1首，正文为：“道启乡先哲，名垂世大儒。宫墙犹阙里，祠宇故横渠。撤坐缘归正，悬铭为砭愚。生平勤仰止，何日一抠趋。”

《张子西铭碑》，明万历四十六年（1618）刻立。张载撰，尹伸书。正文楷书。是一篇教导世人安身立命的文章。原立于张子祠，现藏西安碑林博物馆。

（三）张子祠碑刻研究述要

张子祠碑刻记载了张载、张子祠和横渠书院近千年的发展历史，涉及张载生平事迹、世系族谱、入祀孔庙情况、历代重修张子祠的经过和关学思想文化等诸多内容，可以补充典籍文献记载的缺失，对研究中国儒家思想史、哲学史、教育史等都有重要的意义，显示了秦岭历史文化的重要性。

张子祠碑刻充分反映了张载学术思想的历史地位。张载为北宋理学的开创者之一，在儒学思想史上占有重要地位。张载死后，南宋嘉定十三年（1220）宋宁宗赐谥“明公”，宋理宗淳祐元年（1241）赐封“郿伯”，使从祀孔庙，为孔庙西庑奉祀的七十四先贤先儒之第三十八位。元朝立国后承袭前制，皇庆二年（1313），仁宗亦钦定张载为先儒从祀孔子，仍为孔庙西庑奉祀的先贤先儒七十四之第三十八位。明朝更是崇奉张载，亦承袭前朝之制，于嘉靖九年（1530）改称先儒张子，使从祀孔庙，亦为孔庙西庑奉祀的七十四先贤先儒之第三十八位；到了崇祯十五年（1642），崇祯皇帝把张载从祀孔子的位置由先儒升为先贤，清袭明制。以先儒或先贤身份配享孔庙，是封建统治者给予历代儒学学者的最高待遇。在文庙中从祀，先贤主要是指孔门弟子，先儒是指在历史上对儒学有杰出贡献的学者。张载能够从先儒升为先贤，说明封建统治者对其地位的认可，把张载作为孔门弟子对待，足见张载思想的重要性。正因为有上述前提，历朝历代对张子祠和横渠书院的创建、重建、维修频繁，从元朝的元贞元年（1295），朝廷下诏于横渠书院废址北侧兴建横渠祠祭祀张载后，历代都有修建，不可忽视。按张子祠碑刻及文献记载，从元至清末，重建、维修张子祠和横渠书院近二十次之多，这足以说明张载思想对于封建统治的重要性。

张子祠碑刻充分表现了张载理学思想的核心内容。如明万历四十六年（1618）刻立的《张子西铭碑》，《西铭》原名《订顽》，为《正蒙》乾称篇中的一部分，张载曾将其录于学堂双牖的右侧，题为《订顽》，后程颐将《订顽》改称为《西铭》，才有此独立之篇名。这篇铭文虽然仅有250余字，但却是张载理学的核心。它以乾坤、天地和父母为一体，阐释了人与自然、自然之于人类的关系。它为封建社会安身立命之道的确立构筑了一个共有的精神家园，也为封建社会理想蓝图的构建提供了一个宏阔的境界。直到今天，这篇铭文所描述的价值理想，所展现的人生追求，仍然有着积极而丰富的意义。关于《西铭》的碑刻，全国各地多有镌刻，仅秦岭碑刻中亦不少见，但此碑刻于张子祠，更具特殊意义。张载曾把“为天地立心，为生民立命，为往圣继绝学，为万世开太平”作为自己的价值追求。在具体的实践中，他注重与现实的联系，并亲自组织过理想社会的实践。康熙九年（1670）刻立的《井田渠碑记》，记载了当时眉县知县梅遇捐资修建井田二渠之事。但眉县有井田之名，却源于张载。张载在世时，曾针对王安石变法，力主推行过去的井田制。他对推行“井田”用力最多，曾把自己撰写的《井田议》主张上奏，并与学生们置地若干，按照《周礼》的模式，划分为公田、私田等，把私田分给无地或少地的农民，并疏通东西二渠以作灌溉，以证明井田制的可行性和有效性。至清康熙年间，张载所开井田渠依然存在，说明这一具体实践的成效。直到今天在横渠镇崖下村等地，仍保留着张载井田遗迹，还流传着“横渠八水验井田”的故事。

另外，张子祠碑刻还保留了张载后裔的具体情况，有着重要的历史价值。明嘉靖八年(1529)刻立的《横渠碑谱》为张载五世孙张晋请许庄撰写的张载之后七世谱系。史载张载歿后，仅有妻郭氏与一子张因，迫于生计，郭氏携张因往依河南南阳娘家，张因居南阳成家立业，再未回眉县故地。到三世即张因之子张炎时，金朝赐他为“中奉大夫”，并使迁居陕西凤翔府。四世张昶授“奉议大夫”。南宋绍熙三年(1192)，五世张晋生于凤翔。后张晋仕元，意欲借元复宋，不久失败。元太宗六年(1234)赐第于燕，封食邑于河北滦州（今河北省滦县）。明嘉靖八年(1529)，张晋在滦州所建的横渠书院朽旧倾圮，且被僧尼占用，知州赵叶不忍废弃，迁出僧尼，仿原样重建横渠书院，镌立石碑，请许庄撰写碑文。许庄字德正，进士出身，曾任宝鸡知州。许庄应知州赵叶邀请，欣然命笔，将张子后裔由一世写到七世，并将张载、张晋生平作了详记。由此可知，张子祠嘉靖《横渠碑谱》为滦州横渠书院之同名重刻之碑。崇祯十六年(1643)刻立的《横渠碑谱》，由时任凤翔知府沈自彰撰写，记述了自张载至张文运十四世谱系。早在明万历四十六年(1618)，陕西关内道按察司副使、凤翔知府沈自彰久慕张载学说，深感张载三、四世也曾居凤翔，张子故里为其属，并建有墓地和张子祠，竟无后裔继承，欲觅张载后裔迁居以安其灵，即广为问讯。时有冯从吾（字仲好，长安人，进士出身，曾任观政礼部，后改任御史），贬职归里，悉心攻读关学，闻讯后信示沈自彰，告滦州张载一支后裔情况，并附送《滦州志》等。沈自彰获讯后，于万历四十八年(1620)，以知府名义给直隶永平府发文，请求永平知府在其所属滦州张载后裔中，选择品学兼优者，迎归张子故里居住。为此，滦州资送张载第十四世后裔州庠张文运及其三子张承绩、孙张元福、张元寿、张元祥到凤翔府。张文运、张承绩、张元祥被安置在眉县，置地西柿林村，安家落户。三人在张子祠内的横渠书院讲学任教，奉祀先祖，以示张子故里后继有人。明崇祯十六年(1643)，江苏武进吴方恩任滦州知州，他为进士出身，仰慕张载之学，又欲为滦州横渠书院树碑，与滦州名士董瀛海等联名给凤翔知府沈自彰写信，请他撰写碑文。沈遂以自己编纂的《张氏族谱》为依据，将张氏世系由一世张载记述到十四世张文运等西迁为止。这便是张子祠崇祯《横渠碑谱》的来历。许碑与沈碑镌立时间相距115年，许碑记至七世，沈碑记至十四世，两碑确立了张载后裔在北方的世系，是难得的张氏谱牒渊源史料。

二、辋川碑刻

辋川位于秦岭北麓，因其附山近水，林美涧清，是修身养性的绝佳之地，故而云集了唐代诸多名人别业。唐代著名诗人王维曾在其别业和友吟唱，留下了著名的《辋川图》，成历史谜案。辋川因其风光秀色，历史上曾建化感寺、会胜寺、锡水洞、碧天洞、兴国观、白鹿观、朝阳观等佛、道古刹、名观。其中，水陆庵作为辋川历史悠久的佛寺，在我国宗教史、艺术史上都占有十分重要的地位。有关上述二者的碑刻，流传至今者数量虽然不多，但却能基本反映它们所承载的历史文化内涵。

（一）辋川与水陆庵概述

辋川位于秦岭峣山间，其地峰峦叠嶂，为秦岭北麓之要冲，号称“秦楚之要冲，三辅之屏障”。辋川之内溪瀑密布，水流于川谷间环凑蜿蜒，水沦涟如车辋，故而得名。步入辋川谷内，可见两山对峙，危耸入天；耳听辋水淙淙，蜿蜒而去。山间茂林修篁，透出清幽灵逸之气；山花烂漫，四季飘香于谷中。江南景致的温润秀美与北方山川的雄奇险峻，在辋川得以巧妙融合。因此，自古素有“终南之秀钟蓝田，茁其英者为辋川”的美誉。有人说，如果把蓝田比作一座玉山，辋川就是山上最为莹润的一块美玉。其实，除了别致的景致之外，辋川与蓝田美玉一样，拥有令人神往的悠久历史和深厚的文化底蕴。

据考古发掘，在辋川及其附近地区的锡水洞、篑山、阎家沟、黄沟等地，曾发现过多处新石器时代文化遗存。这说明早在距今100余万年前，就已经有先民在辋川繁衍生息。先秦时期辋川属京畿要地。战国时蓝田和辋川是秦国的重要军事要塞，在抵御关东六国西进方面发挥着重要的作用。至秦末战争时，沛公刘邦进军关中，“与秦军战于蓝田南，益张疑兵旗帜，诸所过毋得掠卤，秦人憙，秦军解，因大破之。又战其北，大破之。乘胜，遂破之”[①]。可见，临蓝关古道的辋川对关中的安危至关重要。它更在两汉和魏晋南北朝的数百年间，目睹了王朝权力的更迭和数以百计的战场厮杀。尽管如此，辋川却并非因此闻名于世，它的名声大噪是在中唐以后，与诗人王维存在密切的关系。

据两《唐书》记载，王维，字摩诘，太原祁人。他天资聪颖，九岁即知属辞。开元九年（721）中进士，历任太乐丞、右拾遗、监察御史、左补阙、库部郎中、吏部郎中、给事中等职。安史之乱爆发后，王维为扈从玄宗西狩，被安禄山所擒，被迫成为安禄山的僚属。

① （汉）司马迁：《史记》卷八《高祖本纪》，北京：中华书局，1982年，第361页。

安史之乱平息后，曾出任伪职的人员皆定罪下狱，王维因在任期间曾作《凝碧池》诗，云“万户伤心生野烟，百官何日再朝天？秋槐花落空宫里，凝碧池头奏管弦”[①]，以此表达对唐王朝的忠诚和对安禄山的不满，又因其弟王缙平反有功，请求削籍为兄赎罪，王维被从轻发落。其后，王维曾任太子中允、中庶子、中书舍人、给事中等职，并以尚书右丞致仕。王维一生经历了唐王朝由开元盛世的繁盛向安史之乱后逐渐衰落的全部过程，其仕宦经历伴随着时局的变化无常起伏不定。他“以诗名盛于开元、天宝间，昆仲宦游两都，凡诸王驸马豪右贵势之门，无不拂席迎之，宁王、薛王待之如师友”[②]，曾经过着锦衣玉食的富贵生活。但晚年王维“在京师日饭十数名僧，以玄谈为乐。斋中无所有，唯茶铛、药臼、经案、绳床而已。退朝之后，焚香独坐，以禅诵为事。妻亡不再娶，三十年孤居一室，屏绝尘累”[③]，生活和思想上都发生了巨大的变化。他吃斋念佛，在长安之南的辋川购置别业，过上了半官半隐的生活。

又据《旧唐书》载，王维辋川别业在辋川口，辋水环绕周围，别致风景。其本为初唐诗人宋之问所有，其地开阔，林谷间散布着多处馆舍。至开元年间宋之问死后，其别圃仅剩荒芜的山庄。王维购得辋川别业后，在绵延的川谷中，静心营建，“与道友裴迪浮舟往来，弹琴赋诗，啸咏终日。尝聚其田园所为诗，号《辋川集》”[④]。《新唐书》亦称王维“别墅在辋川，地奇胜，有华子冈、欹湖、竹里馆、柳浪、茱萸沜、辛夷坞，与裴迪游其中，赋诗相酬为乐”。在辋川别业二十景的设计营建中，王维投入了全部的心血和精力，并依景赋诗。有如此美景相伴，王维得以安享晚年，并最终在辋川去世。《新唐书·王维传》载王维“母亡，表辋川第为寺，终葬其西”[⑤]。他晚年隐居于辋川别业，死后葬于辋川辋水之滨，对辋川的钟爱由此可见一斑。其墓葬在今辋川镇白家坪东，墓前原有清乾隆四十一年（1776）毕沅和程兆声所立的两通墓碑[⑥]，惜毁于“文化大革命”之中。王维之后，其辋川别业吸引着白居易、裴迪、元稹、欧阳修、苏轼等文人墨客频繁造访，并留下了诸多令人心驰神往的诗篇。

关于水陆庵，据《蓝田县志》记载，水陆庵本名普陀兰渚庵，为六朝古刹，因位于三面环水的河心岛上，故又名水陆庵。隋文帝开皇九年（589），高僧净业在蓝田主持修建悟真寺。唐初，尉迟敬德在悟真寺北扩建普陀兰渚庵，使其与悟真寺组成规模

① （五代）刘昫：《旧唐书》卷一百九〇下《王维传》，北京，中华书局，1975 年，第 5052 页。
② （五代）刘昫：《旧唐书》卷一百九〇下《王维传》，北京，中华书局，1975 年，第 5052 页。
③ （五代）刘昫：《旧唐书》卷一百九〇下《王维传》，北京，中华书局，1975 年，第 5052 页。
④ （五代）刘昫：《旧唐书》卷一百九〇下《王维传》，北京，中华书局，1975 年，第 5052 页。
⑤ （五代）刘昫：《旧唐书》卷一百九〇下《王维传》，北京，中华书局，1975 年，第 5052 页。
⑥ （清）胡元瑛：《重修辋川志》。其载：“毕沅览辋川之胜，为王右丞及母塔坟立有碑记”。

宏伟的佛教建筑群。普陀兰渚庵在唐代佛殿林立，香火鼎盛，分为南普陀和北普陀，常住僧达千余人。唐末五代战乱频繁，普陀兰渚庵诸佛寺日渐荒废毁弃，其内水陆殿得以存留，后人遂将水陆殿称为水陆庵。宋元其间，水陆庵虽几经修缮，但规模较小。至明嘉靖四十二年（1563），秦藩镇国将军朱怀埢游辋川至水陆庵，见庵内佛像残损，香火凋敝，遂调集人力、财物，对水陆庵进行历时五年的大规模修葺和扩建。此后的水陆庵虽然经过明万历十三年（1585）、清道光二年（1822）、民国九年（1920）等几次修缮，但基本保持了嘉靖年间的形制和规模。如今的水陆庵已列入国家重点文物保护单位。

（二）碑刻存藏及著录情况

1. 辋川碑刻（14 通）

《王摩诘辋川四季图》，明嘉靖年间（1522—1566）刻立。为时任蓝田县令的韩瓒，临王维为薛元隐所绘四季图，其下部刻敖英题跋。共四石。现藏蓝田县文物管理所。

《王南峰墓碑》，明万历四十年（1612）刻立。王兴书。碑正中楷书“皇明将仕郎南峰王公之墓”。落款“万历四十年正月朔二日侄生员兴顿首拜书”。现藏蓝田县辋川镇官上行政村二组。

《王摩诘辋川总图》，明万历年间（1573—1619）刻，为明人以宋代摹本刻石。分上下两层，上层为辋川总图，下层为明万历年间蓝田县令王邦才所作的《辋川赋》。现藏蓝田县文物管理所。

《辋川真迹》，明代刻。为明人郭世元据宋代郭忠恕摹本刻石，共六石。内容以线雕形式表现王维辋川别业的“孟城坳”、“华子冈”等二十个景观。后有郭忠恕题跋和杨士奇、邢侗等人题记。原置王维辋川别墅的“鹿苑寺”内，现藏蓝田县文物管理所。

《辋川集》，明代刻。为明人以宋代摹本刻石，内容刊刻王维为《辋川集》所写的序言，以及王维与裴迪各以辋川二十景为题所写的五言绝句。共二石。现藏蓝田县文物管理所。

《北曲摩崖题刻》，清雍正元年（1723）刻。正文楷书。记载本地乡绅陈弘谟等捐资修筑本地山路一事。位于蓝田县辋川镇北曲村西北 150 米路边崖壁上。

《铁凹殿正堂老母神位》，清嘉庆二十五年（1820）刻立。碑正面有正文，正题为“铁凹殿正堂老母神位”，右侧为“九天仙母神位”，左侧为“太上老君、大爷、二爷、三爷神位”。首题“乾隆五十三年三月二十日修首殿，五十六年四月初六日修献殿，五十八年修功南斗六郎、北斗七星坐像”。落款处可见年款“嘉庆二十五年十月二十八日”。对于研究清代蓝田南部山区宗教文化提供了宝贵的实物资料。现藏蓝田县辋川镇。

《重修锡水洞通真观改换金身碑》，清光绪十二年（1886）刻立。记载重修锡水洞通真观改换金身之事。现藏辋川镇锡水洞通真观遗址内。

《朝锡水洞碑记》，清代刻立。碑额阴刻“皇清”，正文楷书。首题“朝锡水洞碑记”。记载蓝田县锡水洞通真观的兴衰。现藏辋川镇锡水洞通真观遗址内。

《锡水洞地界碑》，清代刻立。正文楷书。首题“蓝田辋峪川锡水洞地界碑记”。碑文内容为锡水洞的范围以及南北四至。现藏辋川镇锡水洞通真观遗址内。

《创修蟒石湾神碑》，民国八年（1919）刻立。正文楷书17行，满行13字。记载蟒石湾白衣菩萨和药王真人二尊神显灵保佑百姓，特刻石记之。现藏蓝田县辋川镇。

《修建地母庙碑记》，民国十九年（1930）刻立。额阴刻“皇帝万岁”。首题年款“中华民国十九年”。落款“陕西省西安府蓝田县辋峪川天井保石板沟”。正文楷书，介绍了修庙经过及捐资修庙人名和数目。现藏蓝田县玉川乡。

《重修辋川锡水洞通真观记碑》，民国二十五年（1936）刻立。碑首阴刻篆书“重修辋川锡水洞通真观记碑”。正文漫漶严重，无法辨识。现藏辋川镇锡水洞通真观遗址内。

《安府君王孺人墓前纪念碑》，民国三十三年（1944）刻立。正文楷书。落款“中华民国三十三年季秋月上旬”。记载墓主人生平。现藏蓝田县辋川镇。

2. 水陆庵碑刻（7通）

《张海珍四面造像碑》，西魏大统十四年（548）刻立。碑额正中为一佛龛，龛为帷幔式，内雕一佛二菩萨，佛龛左侧阴刻“兵槽越主赵□尯□□□□”，右侧阴刻“佛造像主张海珍”等字。正文魏体。记载张海珍及其子捐资造像的经过，是蓝田境内现藏年代最早的碑刻，具有较高的史料和艺术价值。1981年出土于蓝田县胜会寺遗址内。现藏水陆庵。

《北魏交足弥勒造像碑》，北魏刻立。正面有浅浮雕回纹图案，造像背部阴刻铭文，下部刊刻助缘人姓名，可见有“乾”、“邑”等字。此碑虽然字迹漫漶不清，但依其造像和书法风格判断，当属北魏时期。出土于蓝田县安村乡代家寨。现藏水陆庵。

《焦底造像碑》，北魏刻立。四面各开上、下龛，碑阳龛内各雕一佛二菩萨，碑阴龛内各雕一佛二弟子，碑侧龛内各雕一坐佛。发愿文虽已漫漶不清，但造像面容清瘦，为典型的北魏造像风格。出土于蓝田县马楼乡焦底村。现藏水陆庵。

《永昌元年佛顶尊胜陀罗尼经幢》，武周永昌元年（689）刻立。八棱柱体。欧体楷书。

刻佛教经咒。蓝田县蓝关镇白马坡县砖瓦厂出土。现藏水陆庵。

《空寂寺大福和尚碑》，唐宝应二年（763）刻立。陆海撰，惟嵩书。圭额上方正中刻双螭捧摩尼宝珠，中部篆书“大唐空寂寺故大福和尚之碑”。碑阴上部线刻释迦牟尼像，边栏刻浅浮雕忍冬纹。正文行书。记载大福和尚的生平事迹。碑阴线刻佛像1尊，并刊有蓝田、渭南两县知县将空寂寺附近土地，划归寺院的文告和70多个立碑人的姓名。原在厚镇乡东咀村唐空寂寺遗址内，1989年迁立于水陆庵内，并建亭保护。

《苏舜钦摩崖题刻》，北宋景祐元年（1034）刻。记载北宋诗人苏舜钦游悟真寺之事。位于蓝田上悟真寺西北约1千米处。

《保护悟真寺碑》，民国八年（1919）刻立。正文楷书。刊载陕西督军陈树藩、省长刘镇华所颁保护悟真寺的告示。立于蓝田上悟真寺遗址内。

（三）辋川碑刻研究述要

从上述碑刻中可以基本了解辋川在历史上特别是唐代的文化地位，王维与辋川的关系即是其集中表现。水陆庵所存碑刻又充分表明了辋川的宗教文化地位，以及水陆庵在秦岭宗教文化中的独特地位。

尽管王维亲笔所作《辋川图》真迹亡佚，但明人郭世元据宋代郭忠恕摹本刻石《辋川真迹》，应该是保存了真迹的原貌。碑刻上所刻的王维辋川别业的二十个景观，虽有艺术加工之嫌，但也具有一定的历史资料价值。查诸文献，王维别业的二十个景观分别为：孟城坳、华子冈、文杏馆、斤竹岭、鹿柴、木兰柴、茱萸沜、宫槐陌、临湖亭、南垞、欹湖、柳浪、栾家濑、金屑泉、白石滩、北垞、竹里馆、辛夷坞、漆园、椒园[①]。明人以宋代摹本刻石的《辋川集》，刊刻了王维为《辋川集》所写的序言，以及王维与裴迪各以辋川二十景为题所写的五言绝句。王维的二十景诗兹录如下：

孟城坳诗

新家孟城口，古木余衰柳。来者复为谁，空悲昔人有。

华子冈诗

飞鸟去不穷，连山复秋色。上下华子冈，惆怅情何极。

文杏馆诗

文杏裁为梁，香茅结为宇。不知栋里云，去作人间雨。

① （清）舒其绅修、严长明等纂：《西安府志》卷五十八《古迹志·第宅》，乾隆四十四年刻本。

斤竹岭诗

檀栾映空曲，青翠漾涟漪。暗入商山路，樵人不可知。

鹿柴诗

空山不见人，但闻人语响。返景入深林，复照青苔上。

木兰柴诗

秋山敛余照，飞鸟逐前侣。彩翠时分明，夕岚无处所。

茱萸沜诗

结实红且绿，复如花更开。山中倘留客，置此芙蓉杯。

宫槐陌诗

仄径荫宫槐，幽阴多绿苔。应门但迎扫，畏有山僧来。

临湖亭诗

轻舸迎上客，悠悠湖上来。当轩对尊酒，四面芙蓉开。

南垞诗

轻舟南垞去，北垞淼难即。隔浦望人家，遥遥不相识。

欹湖诗

吹箫凌极浦，日暮送夫君。湖上一回首，青山卷白云。

柳浪诗

分行接绮树，倒影入清漪。不学御沟上，春风伤别离。

栾家濑诗

飒飒秋雨中，浅浅石溜泻。跳波自相溅，白鹭惊复下。

金屑泉诗

日饮金屑泉，少当千余岁。翠凤翊文螭，羽节朝玉帝。

白石滩诗

清浅白石滩，绿蒲向堪把。家住水东西，浣纱明月下。

北垞诗

北垞湖水北，杂树映朱阑。逶迤南川水，明灭青林端。

竹里馆诗

独坐幽篁里，弹琴复长啸。深林人不知，明月来相照。

辛夷坞诗

木未芙蓉花，山中发红萼。涧户寂无人，纷纷开且落。

漆园诗

古人非傲吏，自阙经世务。偶寄一微官，婆娑数株树。

椒园诗

桂尊迎帝子，杜若赠佳人。椒浆奠瑶席，欲下云中君。

从上述碑刻中可以发现，或改二十景之一者鹿柴为鹿苑寺。

从水陆庵碑刻中，可以发现佛教在蓝田流行的布局，可以还原古代悟真寺及水陆庵之状况。据田野调查，西魏大统十四年（548）刻立的《张海珍四面造像碑》、北魏刻立的《北魏交足弥勒造像碑》和《焦底造像碑》，是目前发现的蓝田境内最早的造像碑，所雕佛像制式符合北朝造像特点，特别是北魏时期，弥勒信仰兴盛，北方各佛教寺院均有弥勒造像，而此时弥勒造像的最大特点是交脚，服饰则如出水之湿，蓝田《北魏交足弥勒造像碑》完全符合这一时代特征；同时，北朝造像除弥勒外，一般龛式为一佛二菩萨或一佛二弟子，均有造像人题款，或刻有发愿文等，这也符合北朝造像特点；另外，此三通造像碑均于别处出土或发现，说明这些造像所属寺院早于水陆庵，这也正好证明水陆庵最早建于隋代之说，且也说明北朝佛教在蓝田境内流行的情况。在水陆庵碑刻中，有几通碑刻提及了悟真寺，特别是民国八年（1919）刻立的《保护悟真寺碑》，内容刊载了当时陕西督军陈树藩、省长刘镇华所颁布的保护悟真寺的告示。这就需要明确水陆庵与悟真寺的关系。如前所述，隋文帝开皇九年（589），高僧净业在蓝田主持修建悟真寺，水陆庵即是所建佛寺悟真寺内的水陆殿。相传唐初尉迟敬德奉旨监修蓝田水陆庵，其实是监修悟真寺的水陆殿。由于受到朝廷的关注，唐代悟真寺分为上下两寺，上悟真寺在秦岭王顺山上，下悟真寺即包括水陆殿的寺院，上下悟真寺在当时组成了一个佛寺群，共有寺僧千余人，可谓极盛一时。唐末五代战乱频繁，上下悟真寺日渐荒废毁弃，至民国初上悟真寺或还有香火，故由省府督军、省长告示保护；而下悟真寺内水陆殿至今得以存留，人们遂将水陆殿习惯称为水陆庵。这就是为什么水陆庵碑刻中有与悟真寺相关碑刻的原因。

另外，还有5通道教碑刻，集中记述了锡水洞通真观的重修、兴衰、地界等，也体现了一定的区域文化特征。锡水洞又名天池庵，相传因高僧锡杖击穿得名，洞中有泉水外流。清嘉庆二十五年（1820）刻立的《铁凹殿正堂老母神位》，正题“铁凹殿正堂老母神位”，右刻“九天仙母神位”，左刻“太上老君、大爷、二爷、三爷神位”。

首题“乾隆五十三年三月二十日修首殿，五十六年四月初六日修献殿，五十八年修功南斗六郎、北斗七星坐像”，为研究清代通真观的历史渊源及蓝田南部山区宗教文化提供了宝贵的实物资料。清光绪十二年（1886）刻立的《重修锡水洞通真观改换金身碑》，是现藏关于蓝田锡水洞通真观载明年代最早的碑刻，而《锡水洞碑记》和《锡水洞地界碑》的刊刻年代由于漫漶严重，无法确定，或可能早于前者，但不可能更早。而民国二十五年（1936）刻立的《重修辋川锡水洞通真观记碑》，正文漫漶严重，只能看清刊刻年代。上述四通道教碑刻，大体勾勒出了蓝田锡水洞通真观的发展线索，大概可以认为清代之前即建有锡水洞通真观，到了光绪十二年（1886）重修并改换金身，民国二十五年（1936）又重修，但该道观今却不存，仅留遗址。蓝田锡水洞通真观的历史，可能说明了秦岭北麓道教生存发展的某些特征，很有深入研究的必要。

第十章 华山、西岳庙、弘农杨氏墓碑刻

本章所叙述的三个碑刻重要存藏单位，均在华阴市。华阴地处秦岭东段，春秋（公元前 770—前 475）时置邑，为三秦名邑，有着深厚的历史文化积淀。境内华山为秦岭东段名山，天下闻名，与华山相联系的西岳庙，在中国古代西岳祭祀中混为一体，前者是祭祀对象，后者是祭祀场所，二者有着一体的宗教文化功能。华阴的杨氏是中国古代的望族，汉代华阴属弘农郡，故称为弘农杨氏。在中国历史上，弘农杨氏人才辈出，如西汉杨敞、东汉杨震、西晋杨骏、北魏杨播等，名人不胜枚举。在上述历史文化积淀的前提下，华阴现藏古代碑刻约有 500 余通，以华山与西岳庙存藏较为集中；而历代出土的杨氏墓志，重点反映了杨氏家族发展的历史脉络与时代特征。这些内涵秦岭东段历史文化的碑刻，构成了秦岭文化的重要内容，值得认真思考与研究。

一、华山碑刻

（一）华山的神化与道教

关于华山得名，唐代官修类书《初学记》引《华山记》曰："山顶有池，生千叶莲花，服之羽化，因曰华山。"[①] 因其西边有少华山，故华山又名太华山。华山是我国"五岳"中的西岳，故又称华岳。唐玄宗李隆基定义"西岳太华山者，当少阴用事，万物生华，故曰华山。踞中土西偏，七宫正位，是称西岳"（《西岳华山碑铭》）。按照传统说法，"五岳"即东岳泰山、西岳华山、北岳恒山、中岳嵩山、南岳衡山。"五岳"的说法始见于《周礼》："大宗伯之职，掌建邦之天神、人鬼、地祇之礼，以佐王建保邦国，以吉礼事邦国之鬼神祇，以禋祀祀昊天上帝，以实柴祀日月星辰……以血祭祭社稷、五祀、五岳。"[②]《周礼》成书于战国后期，是儒家思想融合道、法、

① （唐）徐坚：《初学记》卷五《地部上・华山第五》，北京：中华书局，1962 年，第 98 页。

② （东汉）郑玄注，（唐）贾公彦疏：《周礼注疏》卷十八《春官・大宗伯》，见：《十三经注疏》，北京：中华书局，1979 年，第 757 页。

阴阳等诸家而形成的。因此，“五岳”的思想是糅合夏代、商代以来的四方神和战国初期的五行观念而形成的山岳崇拜。当然，“五岳”也是封建时代帝王加封的。帝王们为了“报天之功”，常以雄伟险峻的大山为祥瑞，在峰顶上设坛祭祀，举行封禅大典，已经把“五岳”神化了。到了魏晋南北朝时期，佛教和道教开始在“五岳”修建佛寺道观，山上的天然风景逐渐被开发出来，供朝山信徒游览。于是，“五岳”又成为以山岳自然景观之美而兼具佛道人文景观之胜的风景名胜区。唐宋以前，“五岳”大抵是佛道共尊，寺观并存。宋以后，佛教和道教各自依靠政治背景和社会势力彼此展开争夺。到明清时期，南岳、北岳和中岳仍保持佛道共尊的局面，东岳和西岳则以道教势力为主，成为道教的中心。所以，西岳华山也就成了道教有名的“洞天福地”。由于华山风景绝秀，传说在很古以前就是神仙出没的圣地。华山不仅是帝王来祭祀朝拜的对象，也是神仙家和方士们活动的重要场所。道教形成后，道教传说中的神仙，如冯夷、青鸟公、毛女、赤斧、古丈夫等相传都在华山“得道成仙”。传说茅山道的祖师茅盈的曾祖茅蒙曾于华山白日升天。汉武帝时为敬慕明星玉女“白日升天”之事，“故立宫其下，宫曰集灵宫，殿曰群仙殿，门曰望仙门”（汉《西岳华山庙碑》），祭祀明星玉女。魏晋南北朝天师道兴起后，来华山隐居修炼的道士更多了，其中最著名的有新天师道的创始人寇谦之（365—448），他“有绝俗之心，少修张鲁之术，服食饵药，历年无效。幽诚上达，有仙人成公兴……乃令谦之洁斋三日，共入华山。令谦之居一石室，自出采药，还与谦之食药，不复饥”[①]。北周武帝时，有道士焦旷曾独居华山云台峰，避粒餐霞，事迹远播。唐代道教最为兴盛，唐高祖、唐太宗等曾亲临华山拜岳。唐玄宗封华山为“金天王”，并御制了亲自撰文和书写的《西岳华山碑铭》，立于华山之下，以封天禅地，祈福国泰民裕，天下安宁。唐五代时的著名道士钟离权、吕洞宾、韩自明等也都游历过华山，或在华山隐居。至宋，由于陈抟与华山的关系，使华山在道教史上的地位更为突出。陈抟久居华山，留有希夷峡、希夷洞、洞夷祠等很多遗迹。相传他和宋太祖在华山下棋，宋太祖将华山输给了他。道教中的“老华山派”至今尊奉陈抟为自己的祖师。金元时，王重阳创建全真道，主张道士出家、茹素、不娶妻。王重阳的弟子丘长春始建道教丛林制度，并开创全真龙门派。自全真道兴起时，华山即是全真道场。王重阳的弟子王处一、谭处端、郝大通等都在华山长期居住过。元道士贺志真曾师吕通明、白云綦学道，后于华山之巅凿朝元洞开华山派，为华山派第一代。明代，朝廷设有道会司管理华山道教事务，道职多由华山道士承担。清朝对道教虽然仍旧沿袭明制，设道官管理，但并不重视，道教逐渐衰微，华山道教

① （北齐）魏收：《魏书》卷一一四《释老志》，北京：中华书局，1974年，第3049页。

也因此每况愈下。光绪年间，曾有新华山派自南方传来（也有说是华山派的后续），但终未能使华山恢复旧观。历代道教徒修真养性的遗址和文物遍布山中，至今当地还流传着这些人的许多神奇的传说和故事。

（二）华山碑刻存藏及著录情况

华山重要碑刻，大约有70余通（处），在形制上有摩崖、碑、墓志、碣等；在内容上可分为记事、传记、题记、诗文和图文五类。下面就从内容角度分而述之。

1．记事类碑刻（22通）

《唐华岳真君碑》，唐开元十九年末二十年初（731—732）刻立[①]。陶翰撰，韦腾书。记述了玉泉院真君祠修建经过，及对华山玉女传说、西岳壮丽雄伟景色的描述。现藏华山玉泉院。《华山碑石》著录。

《华岳醮告碑》，宋大中祥符三年（1010）刻立。庞房撰，贾得升书。记道士设坛祭祀华山求雨之事。现藏华山玉泉院。《华山碑石》著录。

《太华山创建朝元洞之碑》，元泰定三年（1325）刻立。井道泉撰，李皞书，杨演篆额。记载了元代贺元希创修朝元洞之事。现藏华山全真观。《华山碑石》著录。

《华山始建青柯馆记碑》，明嘉靖三十年（1551）刻立。靳学颜撰。记述了登华山必经之地青柯坪修建馆阁之事。此碑原立于华山青柯坪，现立于华山莎萝坪。《华岳志》、《华山碑石》著录。

《重修陈希夷先生祠记碑》，明万历三十六年（1608）刻立。余懋衡撰，常守信书。为重修陈抟祠所立。现藏华山玉泉院。《华山碑石》著录。

《建醮碑记》，明崇祯六年（1633）刻立。苗建极撰。记建坛祭西岳华山之事。现藏华山玉泉院。《华山碑石》著录。

《感时伤悲记碑》，明崇祯十六年（1643）刻立。韩希学镌。记述了明代末年，陕西东部地区自然灾荒频发，民众四处逃荒，“死于道路者，不计其数”的情景。原在华山，现藏西安碑林博物馆。

《重修白云峰碑记》，清顺治三年（1646）刻立。记白云峰创建、重修年代及修建人。现藏华山北峰。《华山碑石》著录。

《朝山建醮碑》，清顺治十七年（1660）刻立。徐学孺撰，徐国材书。记华山春三月邑人登高祭神之事。现藏华山玉泉院。《华山碑石》著录。

《铁牛台建修关帝洞碑铭》，清顺治十八年（1661）刻立。张表撰，张楠书，张铎书。讲述了华山关帝洞得名来历。现藏华山聚仙坪。《华山碑石》著录。

---

① 此碑刻立年代据雷闻先生：《郊庙之外——隋唐国家祭祀与宗教》附录一《唐华岳真君碑考释》，北京：生活·读书·新知三联书店，2009年，第347页。

《创建茶房碑记》，清康熙二十七年（1688）刻立。王暹撰并书，李仁明、张思明镌。首题“华州城内西关一会施茶人等创建茶房碑记”。记在华山青柯坪修茶房，供女香客聚居事。现藏华山青柯坪。《华山碑石》著录。

《桃林坪建修茶庵碑记》，清康熙二十七年（1688）刻立。仲任甫撰。记善男在华山桃林坪修建茶庵，供香客享用之事。现藏华山桃林坪。《华山碑石》著录。

《创修五里关汤房碑记》，清康熙二十九年（1690）刻立。屈养气撰并书。记述了在登华山五里处的五里关设汤房，供往来者使用汤水茶饭之事。现藏华山五里关。《华山碑石》著录。

《重修白衣大士堂序》，清康熙三十四年（1695）刻立。闫经撰，屈致和书。记述在华山白鹿坎修建白衣大士堂，济茶水以供行人事。现藏华山白鹿坎。《华山碑石》著录。

《重修云台观朱子祠记碑》，清康熙四十二年（1703）刻立。李颙撰，王宜辅书。文记关中大儒王弘撰与清初大儒顾炎武曾在华阴修建朱子祠，为广大朱子之影响，特予重修扩大之事。文中提到：“天下之治乱，视乎政教之盛衰，政教之盛衰，视乎学术之邪正。”现藏华山峪口朱子祠（今华山中学）。《华山碑石》著录。

《华山记碑》，清乾隆二十四年（1759）刻立。易大鹤撰，郑炳虎书。此碑为华山游记，对华山风景及沿途景观有精彩描绘。现藏西安碑林博物馆。《华山碑石》著录。

《移修观音堂碑记序》，清光绪十年（1884）刻立。王望羲撰，黄光曜书。讲述同治十二年（1873）七月河水泛滥，冲毁观音堂，后募资移地重建之事。原在华山峪口观音堂，现藏华山峪口仙姑观。《华山碑石》著录。

《重整庙业碑记》，民国二十四年（1935）刻立。王俊彦撰，史可载书。记王刁岭因庙产纠纷，特立此碑确定庙业地界及归属。原在华山王刁岭，现藏华山文物管理所。《华山碑石》著录。

《羽化德教碑》，民国二十五年（1936）刻立。刘宗汉撰，周海峰书。碑残损。记刘姓道人德政及羽化之事。现藏华山北峰。《华山碑石》著录。

《抗战阵亡将士纪念碑》，民国二十七年（1938）刻立。碑正中楷书“抗战阵亡将士纪念碑”，落款“华阴各界抗战建国筹备会敬立”。碑阴楷书四言诗，纪念抗战牺牲的华阴烈士。位于华山玉泉院。《华山碑石》著录。

《创办云台中学事略碑》，民国三十五年（1946）刻立。卫泰若撰并书。由两石组成。记民国二十九年在云台观旧址创建云台中学之事。现藏华阴市华山中学。《华山碑石》著录。

《孙中山致刘允丞函碑》，民国三十六年（1947）刻。孙中山撰并书。为孙中山当年给刘允丞的回函。现立于华山山下刘允丞墓前。《华山碑石》著录。

2．传记类碑刻（11通）

《杨钦墓志》，隋开皇二十年（600）刻。盖文篆书“大隋使持节大将军清水敬公杨君墓志”。记述杨钦家世及事迹。1977年出土于华阴市东塬，现私人收藏。《华山碑石》著录。

《唐怀德县主墓志》，唐上元三年（676）刻。郭遗宝撰。志题“大唐故怀德县主墓志铭并序”。志记县主为陇西李氏，李神通之女，嫁于弘农雍州司马杨缄。1968年出土于华阴市东塬，现私人收藏。《华山碑石》著录。

《李元谅碑》，唐贞元二年（786）刻立。张蒙撰，韩秀弼隶书，李彝篆额。碑记李元谅的生平事迹及其家族情况。另外，此碑还比较详细地记载了“朱泚之乱”，起到了证史和补史的作用。现立于华县政府大门外。《中国文物地图集》著录。

《唐尚父汾阳郭忠武王碑》，北宋嘉祐六年（1061）刻立，明隆庆元年（1567）重刻。王彰撰。文记郭子仪生平功绩等。现立于华县少华乡郭子仪祠。《中国文物地图集》著录。

《严嵩祭王槐野之碑》，明嘉靖三十九年（1560）刻立。严嵩撰。记载了王维桢的生平事迹及明嘉靖三十四年华州大地震之事。现藏华县文庙。

《李天秀墓志》，清乾隆三十四年（1769）刻。王士棻撰，赵海书。盖文篆书“皇清赐进士出身文林郎翰林院庶吉士山东济南府历城县知县焦娄李公暨配孺人魏氏合葬之墓”。记载李天秀的生平事迹及其家族情况。现藏华阴市磨沟河村。《华山碑石》著录。

《姜感思医士纪念碑》，民国四年（1915）刻。记述了英国传教士、医生姜感思在中国施医布道之事。现立于华山革命公墓。《华山碑石》著录。

《胡励生墓志》，民国十四年（1925）刻。于右任撰并书，吴昌硕篆盖。盖文篆书“延威将军胡励生之墓志铭”。墓志记载了胡励生生平主要事迹，为研究陕西民国初年革命历史提供了十分宝贵的资料。现立于华山革命公墓。《华山碑石》著录。

《刘允丞先生之碑》，民国三十五年（1946）刻立。冯玉祥撰并书。记述刘允丞的生平事迹及参加革命的经过。现立于华山革命公墓。《华山碑石》著录。

《刘允丞墓表》，民国三十六年（1947）刻立。于右任撰并书，丁惟汾篆额。现立于华山革命公墓。《华山碑石》著录。

《刘允丞墓志》，民国三十六年（1947）刻。张继撰并书，丁惟汾篆盖。盖文篆书“国民政府委员富平刘先生允丞墓志铭”。现立于华山革命公墓。《华山碑石》著录。

3. 题记类碑刻（38 通）

《游师雄观太华三峰题记》，宋元祐九年（1094）刻。游师雄撰。镌刻陕西转运副使游师雄宋元祐九年二月二十日观太华三峰的题记。位于华山玉泉院。《华山碑石》著录。

《曹梅登华山题记》，明嘉靖四十四年（1565）刻。正文楷书“户部主事渤海龙洲曹梅登览”。位于华山青柯坪。《华山碑石》著录。

《张循古登绝顶题刻》，明万历二年（1574）刻。镌刻明万历二年蒲坂观西张循古登上华山绝顶的题记。位于华山金锁关。

《米芾“第一山”题刻》，清康熙二十七年（1688）刻。米芾书。首行行书“米芾书，华阴令燕山董盛祚重刻”。中间大字“第一山”。落款篆书“南宫此迹向在盱眙，摹刻于兹，永壮名岳。康熙戊辰清明后四日，有莘康乃心太一氏云台观记”。原在华山云台观，今藏华山玉泉院。《华山碑石》著录。

《华岳题名记碑》，清康熙四十四年（1704）刻立。达礼善撰，陈全禧书。分四石，每石正文楷书 20 行，满行 10 字。首题“华岳题名记”。现藏西安碑林博物馆。《华山碑石》著录。

《“孝亲敬兄多行方便济人利物广结善缘”题刻》，清同治八年（1869）刻。毕生辉书，位于华山老君犁沟。

《“皇图巩固”题刻》，清同治十一年（1872）刻。李光汉书。位于华山中峰东侧崖壁上。

《“只手擎天”题刻》，清光绪元年（1875）刻。袁保恒书。位于华山中峰东侧崖壁上。

《袁保恒为大母祈寿题刻》，清光绪元年（1875）刻。内容为“项城袁保恒督粮关中，同治癸酉关陇底定，奉命归里，为大母称百岁觞。还经西岳，历五峰，谒金天宫，为大母祈寿，为河陕汝祈雨。光绪乙亥奉还朝，上命，大母康强，河陕汝仍岁灵澍顺应，磨崖勒石，以彰神休”。位于华山逸神岩。

《“默佑众生”题刻》，清光绪十年（1884）刻。位于华山翁峪岭峰。

《“群山领袖”题刻》，清光绪十年（1884）刻。卫景圭书，位于华山翁峪岭峰。

《席裕驷等登华山题刻》，清光绪十六年（1890）刻。正文楷书“光绪庚寅三月望，商丘席裕驷、秀水陶禄廉、吴江陈世昌，同登华岳，勒石留题”。位于华山南峰仰天池。

《“愿为天下雨”题刻》，清光绪二十六年（1900）刻。正文楷书。落款“光绪庚子六月三日，南海黄璟祷雨青柯坪凤凰池，同游□寅孙睢均，闽县周文桢，上元姚昌年，鹿邑付松龄，九天宫代立”。位于华山通天观下。

《徐坊徐埴三登华山题刻》，清光绪二十七年（1901）刻。隶书。内容为“光绪辛丑重九，临清徐坊、徐埴三登太华，遍游诸峰”。位于华山千尺幢。

《“济时灵雨”题刻》，清光绪二十七年（1901）刻。李嘉绩题。落款“光绪庚子宜辅旱饥，辛丑春仍不雨。二月二十七日章伸、史念宋等祷于五龙庙。越二日而雨，终君万家欢，敬报神府。署州牧嘉勒石”。位于少华山太平峪。

《李经野等游记题刻》，清光绪二十七年（1901）刻。内容为“光绪辛丑，菏泽李经野、临清徐坊、徐埴来”。位于华山南峰仰天池。

《李经野等人重游留题题刻》，清光绪二十七年（1901）刻。内容为“辛丑八月晓日，李经野莘夫、徐坊士言、埴士范重游”。位于华山南峰仰天池。

《“春华秋实”题刻》，清光绪二十八年（1902）刻。刘林立题。正文楷书。落款“光绪壬寅，顺天刘林立题，时令华阴”。位于华山老君犁沟。

《“华峰第一”题刻》，清光绪三十年（1904）刻。刘华源题。正文楷书。落款“光绪甲辰秋，楚南邵阳刘华源志”。位于华山东峰南坡。

《“水光接天”题刻》，清光绪三十年（1904）刻。刘华源题。正文行书。位于华山南峰仰天池。

《“雄震关中”题刻》，清光绪三十四年（1908）刻。赵松泉题。正文楷书。落款行书“三十四年夏，偕内子张初静遍游诸峰，□来书此。然余于斯已三履矣。冯翊赵松泉”。位于华山逸神岩。

《“飞仙遨游”题刻》，清宣统元年（1909）刻。落款“宣统元年二月十八日，马□□、张德□题”。位于华山南峰南天门。

《“人间天上”题刻》，民国十四年（1925）刻。正文楷书。落款“中华民国十四年十月八日，长乐林锡光芷馨、侯官何遂叙父、诏安沈鸣阁丹文、黄岩陈公毅子余、闽县叶在树乃奇、岑奋叔年、唐文经子常、始兴宫祎允之同游到此”。位于华山西峰。

《“奇险灵秀”题刻》，民国二十五年（1936）刻。正文楷书。上款“民国念五年秋，奉令测量华岳形图”，下款“富平邵文玄，盩厔赵仙舟，兴平苗福堂同题”。位于华山八公龛。

《“一览群山小”题刻》，民国二十五年（1936）刻。正文楷书。上款“民国第一丙子，古奉先、蒲克敏、周梵百、王菊人，谒太华，登极顶，摩崖题名”。位于华山南峰北坡。

《“山河永寿”题刻》，民国二十六年（1937）刻。正文隶书。上款“中华民国二十六年四月”，落款“王耀武题”。位于华山老君犁沟。

《“云海”题刻》，民国二十六年（1937）刻。正文草书。落款“丁丑年九月，萧昌明”。位于华山逸神岩。

《“俯抚群峰”题刻》，民国二十六年（1937）刻。正文隶书。上款“民国丁丑仲春”，落款“南昌史宏熹题”。位于华山南峰仰天池。

《“复兴中华民族”题刻》，民国二十七年（1938）刻。正文隶书。上款“民国念七年一月”，落款“朱笠青题”。位于华山玉泉院。

《“首领群峰”题刻》，民国二十七年（1938）刻。正文隶书。上款“民国念七年春”，落款“蔡义星、张凤岗、陈其山题”。位于华山千尺幢。

《“屏障西北”题刻》，民国二十八年（1939）刻。正文楷书。上款“民国廿八年八月十五日游山纪念”，落款“华县马励武题”。位于华山苍龙岭。

《“太虚同游”题刻》，民国二十八年（1939）刻。落款“王可同书”。位于华山南峰仰天池北侧。

《“砥柱中天”题刻》，民国三十一年（1942）刻。落款“七七第五周年，邱国珍、吕孟题”。位于华山中峰东侧。

《“嶷然独秀”题刻》，民国三十一年（1942）刻。落款“民国三十一年秋，孙润孝偕小非留题”。位于华山南峰仰天池。

《“万方多难此登临”题刻》，民国三十二年（1943）刻。正文楷书。上款“十六集团军于抗战七年中，组织参观团到西安参观军事学校毕，游太华，书此以志不忘”，落款“中华民国三十二年春”。位于华山三元洞。

《“云天弧光”题刻》，民国三十三年（1944）刻。正文草书。落款“卅三年八月一日，弧光出现此处，杨博题记，丁陇书”。位于华山上天梯。

《“亲恩配天”题刻》，民国三十七年（1948）刻。马维其题。正文楷书。落款“陡彼华岳，思我父母。德高于山，恩大于天。忆我先父，尊讳迢风。慈母张氏，勤俭持躬。抗日军兴，同居河东。同年同月，忧疾而终。饮水思源，抱恨无穷。特留纪念，永垂山中。山西稷山马维其志于中峰。民国三十七年清明节”。位于华山中峰东侧。

《张善子大千兄弟来游题刻》，民国刻。张大千题。位于华山北峰。

4. 诗文类碑刻（8 种）

《张翰登华山诗碑》，明嘉靖十二年（1533）刻立。张翰撰。诗中歌颂了华山雄伟壮丽之景色。现藏华山玉泉院。《华山碑石》著录。

《西巡至太华山下诗碑》，明万历十九年（1591）刻立。蒋春芳书。正文草书。赞颂华山风景之雄伟壮丽。现藏华山玉泉院。

《乔壁星登华山诗碑》，明万历三十四年（1606）刻立。乔壁星撰并书。正文楷书。

歌颂华山风景之诗。现藏华山莎萝坪。《华山碑石》著录。

《毕懋康华山诗碑》，明万历三十九年（1611）刻立。毕懋康撰并书。正文行书。颂华山风景。现藏华山莎萝坪。《华山碑石》著录。

《刘元征诗碑》，明万历年间（1573—1620）刻立。刘元征撰并书。正文楷书。歌颂华山之雄伟。现藏华山莎萝坪。《华山碑石》著录。

《偕刘肇吾登华山诗碑》，明代刻立。刻于“乔壁星登华山诗刻”碑阴。熊之辅题。正文楷书。歌颂华山风景之诗。现藏华山莎萝坪。《华山碑石》著录。

《华山诗十六首碑》，清康熙五十一年（1712）刻立。朱之裳撰。正文楷书。原在华山，现藏西安碑林博物馆。

《林则徐游华山诗碑》，清道光二十二年（1842）刻立。林则徐撰并书。正文行书。林则徐赴新疆路过华山与友人同游所作之诗，颂扬了华山之雄伟壮丽。现藏西安碑林博物馆。《华山碑石》著录。

5. 图文类碑刻（3 通）

《华山诗图碑》，明万历四十三年（1615）刻立。王九畴书。上刻正文行书，下刻华山图。碑中选录了唐宋时期李白、杜甫、韩愈、陈抟、韩琦等人的诗歌。现藏华山玉泉院。《华山碑石》著录。

《五岳真形图碑》，清康熙二十一年（1682）刻立。分为五段，碑首篆书“五岳真形图”。图解楷书。碑以青龙、白虎、朱雀、玄武、土神勾陈，分别代表五岳，并在其下注山神来历及职能，管辖范围。现立于华山峪口。《华山碑石》著录。

《太华山图碑》，清光绪三年（1877）刻立。萧廷慎撰并书。碑残损。现藏华山青柯坪。《华山碑石》著录。

（三）华山碑刻研究述要

在中国古代，由于华山作为“五岳”之一和道教圣地，这种“神圣性”使其作为带有宗教信仰意义的风景名胜，深受人们的崇敬。故华山碑刻中道教碑刻多以记事为主，主要记述宫观修葺或重建之事，以及法事活动等；而占华山碑刻中数量最多者，或以题记方式，或以诗词方式，内容多为对美好风景的赞颂，以及见景抒情或胸臆抒发，其中尤以题刻为最；在华山碑刻中，部分碑刻还充分反映了相关士绅及民众，为登山游客修设茶汤馆以行善举，可为研究地方史志提供资料支持。

第一，华山碑刻表现了华山道教的生存与发展的具体情况，以及宗教功能的发挥情况。唐开元十九年（731）末刻立的《唐华岳真君碑》，记述了玉泉院真君祠修建经过，及对华山玉女传说、西岳壮丽雄伟景色的描述。表现了唐代道教信仰的普遍性，以及华山的宗教意义。宋大中祥符三年（1010）刻立的《华岳醮告碑》，记述了华山道教发挥的宗教功能，其载："去年春，秦甸一方，景失常候，经时不雨，稼穑蒙灾，廪食不丰，民多弃业。时方伯闻奏，顿轸帝心。故宣谕敕旨，洁诚醮告。虽夏田且悴而秋稼倍登。"这表明，道教的醮告充分发挥了其宗教功能，为此而勒石。元泰定三年（1325）刻立的《太华山创建朝元洞之碑》，记载了元代贺元希创修朝元洞之事。朝元洞又称全真观。据该碑文载：贺元希"讳志真，元希其号，德顺之隆德人。年十四有学道志，父母夺而妻之，每不顾问。父母知其不可强，遂听之。师长春宗师高弟通明吕君为全真学，时年二十三。寻谒祖庭，复执弟子礼于白云綦君之门，三载，玄理洞明"。兴建朝元洞事主贺元希为全真教身份，且道行善好，这说明在全真教兴盛之初，就有其道人来华山新建全真观，足见全真教在当时影响之所及。同时，此碑碑阴刻有《仙源之图》，从长春全德神化明应真君、体元抱德冲悟真人綦一直到赵志明等68位法孙、阎道净等36位重孙、王守真等29位法属女冠的法系谱，以及法属宫观等。对于了解道教发展历史及其历史人物，都有着重要的参考价值。

第二，华山碑刻中摩崖题刻既是书法艺术的集中表现，更有着丰富的思想内涵。从书法角度来看，众多题刻的书法包括楷、行、草、隶、篆等书体，可以说是一个镌刻在山崖上的书法博物馆。据不完全统计，仅登主峰道路两侧旁及主要景点，现藏计有摩崖题刻330多处。有关华山最早的题刻现已无法考证，年代可辨最早的当是宋元祐年间（1086—1093）的游师雄题刻，其余多为明清及民国年间题刻。华山摩崖题刻的主要类型，从内容可以分为名人游览题字、赞颂华山美景、指路等。名人在华山题刻如陕西王宏嘉"窗虚五夜"、三原贺瑞麟"涧壑烟霞"、冯玉祥"要求民生，水利必兴，铁路不兴，国民必穷"、李宗仁"俯视中原"、杨虎城"万象森罗"、宋哲元"霖雨太生"、王耀武"山河永寿"等，都具有重要的影响。赞颂华山美景的题刻也比比皆是，如"三峰插秀"位于玉泉院，明陈裴题；位于华山北峰的"白云仙境"，真实的描绘了小雨之后华山的美景；另外，还有"天仙外景"、"飘渺山巅"、"天下绝无沉鱼面，太华独有落雁峰"、"华岳在天上，飞烟荡灏胸。群生伫雷雨，比翼驾苍龙"等，如果身临其境，都会不自觉地深有同感。华山上提示地点、指明道路的题刻有"五里关"、"石门"、"回心石"、"千尺幢"、"百尺峡"、"王猛台"、"玉女峰"等，多是名人所题，以方便游人。如"回心石"位于青柯坪之上，千尺幢之下，有"游太华山者，往往至青柯坪而止"的说法，故有人在此刻下"回心石"三字，提醒游人到此可以回心转意，下山而去。有趣的是后来有个叫袁玉书的人在旁题写了"谁把石名许回心，今人千古费沉吟。我今岂力向往者，来时亦是回心人"。"苍龙岭"三个字的题刻位于苍龙岭石崖之上，书法苍劲有力，是明代万历进士吴伯与和当时书法名家邢侗同游华山时所题。"王猛台”为达礼善书。达礼善为鳌拜之孙，素嗜字学。华山金锁关的“玉女峰”三字亦为其所题。特别需要重视的是，华山上还有一部分在抗日战争时期抒发爱国之情的题刻。如题刻于1943年的“万方多难”，是第十六集团军参观团所题；还有在日本宣布无条件投降的第三天，即1945年8月18日由桐城胡俭志所题“正义战胜，日本投降，举世欢腾”，其题记称“余甥管瑞生驻防华麓，相约阖寓来游，志此以资纪念”，充分表达了中华民族对战胜日本侵略者的喜悦之情。

第三，华山碑刻充分表现了区域传统文化，特别是民俗文化的某些特征。自古以来，三秦民风朴实，乐于助人，不求回报，蔚然成风，已经深深地融入到秦岭文化之中。这在华山碑刻中得到充分体现。明嘉靖三十年（1551）刻立的《华山始建青柯馆记》，清康熙二十七年（1688）刻立的《创建茶房碑记》、《桃林坪建修茶庵碑记》，二十九年（1690）刻立的《创修五里关汤房碑记》，三十四年（1695）刻立的《重修白衣大士堂序》，共5通碑刻，都记述了信男善女及相关士绅，共同出资为登山游客休息小憩修设茶汤馆的善举。如《创建茶房碑记》称：“窃闻乐善者天下之美行，修建者来世之福祉。古之君子济人利物，喜施好善良有以也。况名岳聚仙之境，云蒸霞蔚之乡。集大众，建大工，结万缘而不为之述其美行，嘉其善念，表而志之，何以劝将来而垂不朽乎？……在昔城内善人君子以至西关众善人等，施茶于青柯坪左文昌祠前，修建茶宇，已足称善。嗣后善士愈多，信女益众，且男女有别，宜异处而难于同居焉。……别建茶宇，使女善人等有所聚居，以广其善量。……于是募诸十方，积少成多，不数月而成之。”《创修五里关汤房碑记》也称，五里关为登临华山必经之地，“四方来者，莫不稍憩，而惜无树木荫翳，其何以堪？余乡数十君子，自国朝定鼎以来，尝为之施茶于斯，亦庶几稍慰饥渴，而苦于夜无所栖，久将不继。爰是并力齐心，出分金，买木石，修建汤房”。据以上所述，可以发现当地民众的善良之心与为善之举，此诚为传统区域文化的孕育之功。

二、西岳庙碑刻

（一）西岳庙与古代国家宗教祭祀

西岳庙是历代祭祀华岳的场所。该庙在华山脚下5千米处。据史书记载，西岳庙的创建年代当在汉宣帝时。《汉书·郊祀志》载，汉宣帝即位之后，因有神雀来集，故改元为神爵，并于其年“制诏太常：夫江海，百川之大者也，今阙焉无祠。其令祠官以礼为岁事，以四时祠江海洛水，祈为天下丰年焉。自是五岳、四渎皆有常礼。

东岳泰山于博，中岳泰室于嵩高，南岳潜山于潜，西岳华山于华阴，北岳常山于上曲阳”①，西岳华山于华阴即今之华山脚下的西岳庙。据东汉桓帝延熹八年（165）所立的《西岳华山庙碑》记述，东汉开始就系统祭华岳，并曾整修庙宇，还在这里组织过祈雨等。北魏兴光元年（454），文成帝因旧庙已毁坏不堪，便在华阴县东五里处的官道北现址兴建新庙。从北魏开始直至清代，历代都不断加以维修和扩建。目前西岳庙的建筑是清乾隆四十四年（1779）修葺或重建后的规模。西岳庙现藏建筑大部分是明清时期所存，风格与北京故宫相似，因而有“小故宫”之称。又因为它的修建年代及规模均为“五岳庙”中最早和最大的，也有“五岳第一庙”的说法。西岳庙坐北朝南，大约可分为六个部分：一是入口部分，位于五凤楼前。主要建筑有木牌楼、琉璃照壁、灏灵门、棋盘街、石狮子、铁旗杆等；二是五凤楼后面的院落。这里曾经名碑林立，曾被誉为“小碑林”。经过历史变迁，如今仅剩下唐玄宗的《御制华山铭》残字碑；三是棂星门到金城门之间。由棂星门、“天威咫尺”石牌楼，以及金城门等组成；四是灏灵殿及殿前院落。灏灵殿为西岳庙主建筑，是一座六十八大柱、九大梁、十大檩，面阔七间，进深五间的琉璃瓦单檐歇山顶建筑。灏灵殿有“凸”形月台，周有回廊环绕，飞檐仰翘。大殿正面有“二龙戏珠”御路，御路两旁有“华山全图”和“西岳庙全图”石碑。大殿两侧，有两对对称的歇山顶重檐御碑楼和攒尖顶八角亭，其后有御书房。西侧御碑楼内有乾隆四十二年（1773）《重修西岳庙碑》和慈禧太后御书的“仙掌凌云”、同治帝御书的“瑞凝仙掌”、光绪帝御书的“金天昭瑞”三块匾额；五是御花园。是专为皇帝祭祀时休息所用。其建筑为琉璃瓦重檐歇山顶木结构的阁楼建筑，面宽五间，进深三间，周有回廊，为乾隆四十二年所建，内置乾隆帝御书的“岳莲灵澍”横卧碑；六是西岳庙最北最高处，主要建筑为万寿阁、游岳坊。万寿阁为明神宗万历年间所建，阁分三层，缘梯登楼顶可遥望黄河，故又称“望河楼”。西岳庙 1986 年 6 月被认定为全国重点文物保护单位，也成为中外游客游览华山必去的旅游景点之一。

西岳庙与华岳崇拜是一体的。华岳为崇拜对象，西岳庙是祭祀崇拜对象的宗教场所，二者融为一体。古代社会所以有华岳崇拜抑或五岳崇拜，从根源上分析，是原始社会万物有灵及其自然崇拜的延伸。在原始社会，由于生产力水平低下，原始人在生产与生活中，对一些自然现象和社会现象无法得出合理的解释，就认为有一种超自然的力量左右他们的生产或生活，因而也就产生了对这种力量的恐惧和敬畏，由此便构思出与自己社会生产与生活相关的事物都有神灵存在，自然现象都由神灵在支配的神秘观念，并逐渐形成了一套仪式，如原始巫术、原始占卜等来影响“神灵”，来护佑自己，

① （汉）班固撰：《汉书》卷二十五下《郊祀志第五下》，北京：中华书局，1962 年，第 1249 页。

这些仪式系统化、体系化就形成了原始宗教。在原始宗教中，还因为氏族社会的形成与延续，出现了祖先崇拜，亦构成了原始宗教的重要内容。中国古代从原始社会向阶级社会过渡的过程中，没有打破原始氏族血缘关系，延续了祖先崇拜的传统。同时，也把万物有灵观念及其崇拜带到了“文明社会”。如上所述，“五岳”一词最早见于《周礼·春官·大宗伯》。或可以认为，春秋时期产生了“五行”之说，战国时颇为流行。由于阴阳学家邹衍等人的大力宣扬，“五德终始论”越来越盛，“五岳”之说及其崇拜才开始形成。

但是，真正使华岳崇拜乃至五岳崇拜完全纳入封建社会的国家祭祀体系，并占据重要地位，是由与儒家有关的中国古代传统宗法性宗教完成的。“中国宗法性传统宗教以天神崇拜和祖先崇拜为核心，以社稷、日月、山川等自然崇拜为羽翼，以其他多种鬼神崇拜为补充，形成相对稳固的郊社制度、宗庙制度以及其他祭祀制度，成为中国宗法等级社会礼俗的重要组成部分，是维系社会秩序和家族体系的精神力量，是慰藉中国人心灵的精神源泉。”① 这一宗教与儒家有关系，但不等同于儒学。它是在“罢黜百家，独尊儒术”的社会前提下最后形成的。它与儒家确有交渗的地方，例如儒家经学中的礼学，有很大一部分就是研究祭礼和丧礼的，它是传统宗教的理论基础；一批儒家学者热心于宗教祭祀，不同程度地参与了祭丧之礼的修订和实行；儒学中的天命论和鬼神思想是传统宗教神学的重要内容。中国古代统治者极为重视宗法性传统宗教，他们把这种宗教视为最正宗的信仰，作为国家宗教来对待。所以，围绕这一宗教的祭祀就成了国家祭祀。封建国家祭祀不仅有基本信仰、严格的制度、经常的活动，还有系统的理论、周备的礼仪，并为历代官方所尊奉，也为全社会所敬信。它不间断地延续了两千多年，而且越往后越加系统、完备。在这种国家宗教体系中，华岳崇拜作为宗法性传统宗教的重要内容，西岳庙作为国家祭祀的场所，其重要性就可想而知了。

（二）西岳庙碑刻的存藏和著录状况

西岳庙碑刻主要分为记事碑、历代皇帝祭祀碑、诗碑、题名题刻、馆藏墓志及原散落于华阴（这里指秦岭山脉华山区域）境内的寺院、庙宇、祠堂、路边等处，后由西岳庙收藏保护的碑刻，数量达百余通之多。现将重要者分述如下。

1. 记事碑（28 通）

《西岳华山庙碑》，东汉延熹八年（165）刻立。郭香察书。额篆书“西岳华山庙碑”六字。碑文记西岳庙修建历史及前代祭祀之事。其书法价值尤高，有“汉隶第一品”之说。原碑毁于明代关中大地震，清代以后各地摹刻不少，现藏为清道光年间陕西布政使钱

① 牟钟鉴：《中国宗法性传统宗教试探》，《世界宗教研究》1990 年第 1 期。

宝甫摹刻。《华山碑石》著录。

《汉碑阴题名记》，东汉（25—220）刻立。正文隶书。断为三截。1777 年西岳庙出土，现藏西安碑林博物馆。此碑书法方圆兼济，坚挺雄健，又不失圆静妩媚，可谓汉隶书法中的精品。

《华百石都训造碑》，晋永兴三年（304）刻立。此碑佚失多年，1999 年在西岳庙出土残石三块。郦道元在《水经注》里提到此碑时说“河东裴仲恂役其逸力，修立坛庙，夹道树柏，迄于山阴，事见永兴元年《华百石所造碑》”①。

《西岳华山神庙之碑》，北周天和二年（567）刻立。万纽于瑾撰，赵文渊书。额篆书“西岳华山神庙之碑”八字。正文隶书。讴歌华山神庇佑之德，颂扬“皇帝”修庙之功。是历代颂碑的楷模之作。《华山碑石》著录。

《华岳精享昭应之碑》，唐开元八年（720）刻立。咸廙撰，刘升书，李休光题额。额隶书“华岳精享昭应之碑”八字。正文隶书。碑文记述了唐开元年间朝廷派苏颋于华山求雨得雨之事。《华山碑石》著录。

《唐玄宗御制西岳华山碑铭》，唐开元十二年（724）刻立。李隆基撰并书。原碑毁于唐末广明元年（880）黄巢起义大军的大火之中，今仅存大力士浮雕座和“驾如”、“阳孕”四字。明嘉靖四十一年（1562）陈应麟、李时芳重刻，杨九经书。碑中记载华山为西岳始末，及历代帝王祭祀之盛事。

《述圣颂碑》，唐开元十三年（725）刻立。达奚珣撰序，吕向撰颂并书。碑载祭祀华山及西岳庙的历史，并大加赞颂当时统治者的丰功伟绩。原在西岳庙，现藏西安碑林博物馆。《华山碑石》著录。

《拱极观记碑》，宋宣和七年（1125）刻立。额篆书“拱极观记”。正文楷书，字迹模糊不清。记大观时修北极观真武殿之事。《华山碑石》著录。

《重修昭庆寺碑》，明宣德九年（1434）刻立。吴余庆撰，张恕书，李暹篆额。额篆书“重修昭庆寺记”。正文楷书。记载了华阴昭庆寺始于宋而盛于金的历史、重修之经过及规模等。《华山碑石》著录。

《重刻宋修西岳金天王庙碑》，明嘉靖四十一年（1562）刻立。杨昭俭撰，杨九经书，陈应麟、李时芳重刊。正文楷书。记宋代加修华山西岳庙之事。《华岳志》、《华山碑石》著录。

《重修驻马桥记碑》，明嘉靖四十一年（1562）刻立。赵儒撰。额楷书“重修驻马桥记”。正文楷书。记长涧河得名，及地震毁桥后重修之事。原在西长涧河桥畔，后移入华山西岳庙。《华阴县志》著录。

① （北魏）郦道元注，陈桥驿校证：《水经注校证》卷十九，北京：中华书局，2007 年，第 467 页。

《华阴县重修西岳庙记碑》，明万历三十年（1602）刻立。张维新撰，王一乾书，顾其志篆额。正文楷书。首题“华阴县重修西岳庙记”。文中记载明关中大地震后，西岳庙遭重创，虽耗资巨万，六年修成，但到万历时已庙貌芜圮，故由兵部尚书李汶填等人捐金，重修西岳庙之事。《华岳志》著录。

《重修华阴学记碑》，明万历四十一年（1613）刻立。张辉撰，郭如泰书，陈谕篆额。额篆书“重新庙学碑记”。正文楷书。记叙王九畴重修县学经过及其“工不求速，求其固；木不求美，求其坚”的修建原则。《华山碑石》著录。

《西岳庙香烛会记碑》，明天启七年（1627）刻立。张仲修撰，仲邦辅书。正文楷书。记载了西岳庙因每年三月有进香烛之例，故成立香烛会的情况。《西岳庙碑石》著录。

《太华山记碑》，明代刻立。李攀龙撰，李作世书。记华山之总貌及登山之沿途风景，可谓是游华山的导游图。《华山碑石》著录。

《华阴王氏家庙碑》，清康熙三年（1664）刻立。李楷撰，王弘嘉书。额篆书“王氏家庙之碑”。正文楷书。石断为三截，讲述华阴杨氏为古之大族，而今王姓为华阴之首。讲述了华阴小张村王之良、王弘嘉、王弘撰等王姓之家族渊源。原在小张村王氏宗祠，现藏华山西岳庙。《华山碑石》著录。

《重修学宫记碑》，清康熙二十三年（1684）刻立。王弘撰撰并书。正文行书。记华阴学宫始建于明初，历三百余年因迭遭兵燹而坍圮，清康熙年间华阴知县迟维城重修之事。原立于华阴文庙，现藏华山西岳庙。《华山碑石》著录。

《修筑华阴城垣碑记》，清乾隆十六年（1751）刻立。姚远翻撰。正文楷书。记华阴城墙在军事上的重要地理位置及修筑历史。原立于华阴文庙，现藏华阴市西岳庙。《华山碑石》著录。

《元夕恭建皇醮祈祷万寿无疆序碑》，清乾隆二十三年（1758）刻立。张乃□书。额楷书“帝德同天”。正文楷书。记陕西官员为皇帝祈福，在华山西岳庙设醮之事。原藏华山西岳庙，今立于华阴市副食公司院内。《华山碑石》著录。

《恳圣颁匾碑》，清乾隆四十年（1776）刻立。刻于《“岳莲灵澍”碑》碑阴。毕沅撰并书。正文楷书。首题“陕西巡抚臣毕沅谨奏为岳灵昭应仰恳圣恩特颁匾额以答神贶事”。

《重修西岳庙碑》，清乾隆四十二年（1777）刻立。清乾隆皇帝撰，毕沅书。额篆书“上谕”二字。正文楷书。碑文记载乾隆拨银 12 万两，由毕沅监修重修西岳庙之事。《华阴县志》著录。

《重修献殿志》，清嘉庆二年（1797）刻立。正文楷书。记重修拱极观献殿三间之事。原立于拱极观，现藏于华山西岳庙。《华山碑石》著录。

《重修拱极观记碑》，清嘉庆十九年（1814）刻立。李中桂撰并书。正文楷书。记拱极观重修之事。此观也称真武庙。原立于拱极观，现藏于华山西岳庙。《华山碑石》著录。

《公议军需局章程碑》，清咸丰九年（1859）刻立。正文楷书。记载军需局章程及管理规定，反映了当时军事迭兴，累民至重的实况。原立于华阴市文庙，现藏华山西岳庙。《华山碑石》著录。

《重修东岳大帝寝宫大殿并前增建牌坊石狻猊碑记》，清咸丰十年（1860）刻立。梁玉堂撰，蔺宗相书。现断为三截。正文楷书。记载清时重建华阴东岳庙东岳大帝寝宫大殿及增建牌坊石狻猊立碑之事。《华山碑石》著录。

《重修西岳庙记碑》，清同治九年（1870）刻立。左宗棠撰并书，张国钧立。记西岳庙因回民起义被火烧毁，同治六年左宗棠过华阴时议修，用时三年，费银二万九千两，人工十余万修讫。

《重修华阴学宫记碑》，清光绪三十一年（1905）刻立。崔肇琳撰并书。正文楷书。此碑建于社会动荡变革之期，文中对维新大加攻击，求以孔孟之道救世救人。原在华阴文庙，现藏华山西岳庙。《华山碑石》著录。

《冯玉祥建政口号碑》，民国十六年（1927）刻立。冯玉祥撰并书。正文楷书。此是冯玉祥为军队制定的革命口号。此碑在潼关及陕西许多地方也有刻立。

2. 致祭碑（19 通）

《天顺元年致祭碑》，明天顺元年（1457）刻立。碑残存拓。正文楷书。明英宗朱祁镇于景泰八年复位，改元天顺，“兹于复正大统，谨用祭告，惟神歆格，永佑家邦”，遣礼科给事中张璇祭祀华山。

《祭孔庙碑》，明成化四年（1468）刻立。正文楷书。碑毁存拓。为明代祭祀孔庙之碑。文中赞孔子“实所以为天地立心，为生民立命，为往圣继绝学，为万世开太平也”。《华山碑石》著录。

《成化二十年致祭碑》，明成化二十年（1486）刻立。正文楷书。明宪宗朱见深因天旱少雨，加之“二十年春正月庚寅京师地震”，内心恻然，特遣陕西巡抚郑时致祭华山山神，祈求“物阜民康，宗社奠安”。

《弘治十八年致祭碑》，明弘治十八年（1505）刻立。正文楷书。明孝宗朱祐樘因天旱少雨，特遣使致祭华山山神，祈求神灵普降甘霖。

《万历四十七年致祭碑》，明万历四十七年（1619）刻立。正文楷书。万历四十七年明朝政府内外交困，国运危厄。内部民不聊生，纷纷揭竿而起；外部清军入侵，不断侵扰辽东。在此情况下，明神宗朱翊钧遣御史傅振商致祭华山山神，祈求天下太平，边陲安靖。《华山碑石》著录。

《康熙十五年致祭碑》，清康熙十五年（1676）刻立。碑残，仅存上部。康熙十四年（1675）十二月立胤礽为皇太子，十五年正月建储。康熙以此事遣内阁侍读学士王敷正致祭华山。《华山碑石》著录。

《康熙四十八年致祭碑》，清康熙四十八年（1709）刻立。正文楷书。康熙四十八年，刚刚被废的太子胤礽又被复立为太子，因而遣礼部侍郎孙柱祭祀华山，诏告天下。《华山碑石》著录。

《康熙五十二年致祭碑》，清康熙五十二年（1713）刻立。正文楷书。康熙五十二年，康熙皇帝年届六旬，遣内阁侍读学士查弼纳祭祀华山，诏告天下。《华山碑石》著录。

《雍正元年致祭碑》，清雍正元年（1723）刻立。正文楷书。胤禛新登大位，即遣内阁侍读学士田文镜致祭华山，诏告祈福众神，以冀时和岁稔，物阜民安。《华山碑石》著录。

《乾隆十三年致祭碑》，清乾隆十三年（1748）刻立。正文楷书。乾隆皇帝遣陕西潼商道李肖筠例行致祭华山。《华山碑石》著录。

《乾隆十五年致祭碑》，清乾隆十五年（1750）刻立。正文楷书。乾隆皇帝因为其母“慈宁晋号，庆洽神人”，特遣内阁侍读学士额尔登布致祭华山。《华山碑石》著录。

《乾隆十七年致祭碑》，清乾隆十七年（1752）刻立。正文楷书。乾隆皇帝因其母慈宁六十大寿，特遣翰林院侍读学士周长发致祭于华山之神。《华山碑石》著录。

《乾隆二十五年致祭碑》，清乾隆二十五年（1760）刻立。正文楷书。乾隆皇帝遣尚书房行走内阁侍读学士玛璘祭祀华山，祝贺平定新疆大小和卓木之乱，感谢神灵保佑。《华山碑石》著录。

《乾隆二十七年致祭碑》，清乾隆二十七年（1762）刻立。正文楷书。乾隆皇帝为皇太后祝寿，特遣宗人府府丞储麟趾祭祀华山。《华山碑石》著录。

《乾隆五十年致祭碑》，清乾隆五十年（1785）刻立。正文楷书。乾隆皇帝登极之五十年，因康乾盛世达到了鼎盛之时，特遣署理内阁学士胡高望致祭华山。

《嘉庆五年致祭碑》，清嘉庆五年（1800）刻立。正文楷书。嘉庆帝因在天坛圜丘举行盛大典礼礼成，特遣户部右侍郎周兴岱诏告华山之神。《华山碑石》著录。

《道光九年致祭碑》，清道光九年（1829）刻立。道光七年平定新疆张格尔叛乱，九年皇帝遣西安副都统福桑阿致祭华山，告山神平定叛乱事。《华山碑石》著录。

《谕祭文碑》，清咸丰四年（1854）刻立。正文楷书。此为咸丰皇帝派潼商兵备道徐之铭谕祭李僡所写祭文。原立于华阴市员家庄，现藏华山西岳庙。《华山碑石》著录。

《光绪元年致祭碑》，清光绪元年（1875）刻立。楷书。这是西岳庙所藏的时代最晚的致祭碑，光绪皇帝于登基之年，特遣陕西西安副都统致祭华山。

3. 公文碑（4 通）

《敕董若冲圣旨碑》，元至元十二年（1275）刻立。席珍书。碑断为两截。元代忽必烈敕光宅真人董若冲圣旨，令人不得骚扰庙宇。《华山碑石》著录。

《诏示岳镇海渎碑》，明洪武三年（1370）刻立。正文楷书。明洪武三年下诏对五岳、五镇、四海、四渎，各州县城隍之神正名分，并明令不许淫祀。碑阴有大量明代题名，记载了明嘉靖年间许多官员谒西岳庙及华山祷雨之事。

《榜谕碑》，明洪武十五年（1382）刻立。正文楷书。断为两截。碑末大字楷书“右榜谕众通知”。此为明礼部所发榜文，刊明代儒学生员守则及选举、录用等学规十二条。

《乾隆帝书“岳莲灵澍”碑》，清乾隆四十年（1776）刻立。为乾隆皇帝为祷华山神久旱而雨以报华山神灵撰并书。

4. 题记碑（11 通）

《颜真卿金天王庙题记》，唐乾元元年（758）刻。颜真卿书。题记于《西岳华山神庙之碑》左侧。正文右行楷书。《关中金石志》著录。

《韦胜题刻》，唐广德二年（764）刻。韦胜等题。楷书七行。2007 年西岳庙出土。

《薛存诚等题刻》，唐元和四年（809）刻。薛存诚等题。楷书。2007 年西岳庙出土。

《崔郇题刻》，唐会昌二年（842）刻。崔郇题。楷书，左书。2007 年西岳庙出土。

《李贻孙题刻》，唐大中五年（851）刻。李贻孙题。楷书。2007 年西岳庙出土。

《程琳叶清臣岳庙石柱题记》，宋庆历七年（1047）刻立。程琳、叶清臣题。八面棱柱体。正文楷书。程琳、叶清臣谒西岳庙时题名。

《薛绍彭题名》，宋元丰六年（1083）刻。薛绍彭题。正文楷书。

《陈抟题字刻石》，宋代（960—989）刻。陈抟书。行书 2 行，行 5 字：“开张天岸马，奇逸人中龙。”

《钱若水题刻》，宋代（960—989）刻。钱若水题。楷书 4 行。2007 年西岳庙出土。

《董盛祚题记》，清康熙二十七年（1688）刻。董盛祚题。文中对太华山记石柱流转做了详细描述。同时对书者大加赞颂。

《签碑》，清雍正六年（1728）刻立。正文楷书。刻一百卦签吉凶。原碑损毁严重，现藏碑为清咸丰三年（1853）重刻。《华山碑石》著录。

5. 诗文碑（6通）

《奉命遣祭华山诗碑》，明成化十三年（1477）刻立。余子俊撰并书。楷书。诗中既描写了华山的险峻，也表达了诗人思念家乡的心情。

《题华山诗碑》，明成化二十年（1484）刻立。耿裕撰。楷书。明成化二十年，时任吏部左侍郎耿裕谒西岳庙题此诗，祈求华山山神显灵，普降甘霖，以救天下苍生。

《郜光先谒华岳神诗碑》，明万历九年（1581）刻立。郜光先书。楷书。其诗云："仗钺函秦谒太华，岩岩仰止兴无涯。名高五岳天标柱，壁耸三峰地拥花。玉女盆头浴日月，仙人掌上锁烟霞。山灵自古钟贤哲，屏翰王朝托天家。"

《邢汴登华岳再二首诗碑》，明天启四年（1624）刻立。邢汴撰并书。楷书。刻七言绝句2首。诗文赞美了西岳华山的雄伟及秀丽。

《葛守礼登华山诗碑》，明天启七年（1627）刻立。葛守礼撰诗，葛如麟撰记。行书。刊刻五言绝句1首及题记。《华山碑石》著录。

《果亲王咏华山诗碑》，清雍正十二年（1734）刻立。允礼撰并书。行书。允礼为康熙第十七子，雍正即位后封为果亲王。1734年奉命经理达赖喇嘛驻藏事宜，途经华阴，谒西岳庙题此诗。

6. 图文碑（2通）

《太华全图碑》，清康熙三十九年（1700）刻立。此图是贾铉任观察使时应王弘撰所请绘制。

《敕建西岳庙图碑》，清乾隆四十四年（1779）刻立。此图是西岳庙重建后的完整平面图，为研究西岳庙建筑风格和布局提供了宝贵资料。《华山碑石》著录。

（三）西岳庙碑刻研究述要

由于西岳庙在中国古代国家宗教祭祀中的特殊地位，其所存碑刻主题多与此有关。在中国古代，皇帝是国家的主人，国家大事或皇帝家事，多要致祭五岳，以发挥国家宗教的功能，可以从西岳庙存藏的致祭碑中，看出封建国家以及皇帝何事何时举行国家宗教祭祀；西岳庙碑刻中的记事类碑刻，主要记述修葺或重建之事、历经的事件等；由于西岳庙作为国家祭祀的重要场所，这种"神圣性"深受人们的崇敬，西岳庙碑刻中的题记类，多以信仰、敬仰、赞颂为主；另外，西岳庙所藏碑刻中有部分由外移入的碑刻，则内容不一。

首先，致祭碑刻体现了国家祭祀的层次与内容。祭祀碑是西岳庙的一大特色，本书田野调查所得19通，除明成化四年（1468）刻立的《祭孔庙碑》和清咸丰四年（1854）刻立的《谕祭文碑》系由外移入，其余17通均为封建帝王致祭西岳神所刻立。其中最早为明天顺元年（1457）《致祭碑》（碑残），最晚为清光绪元年（1875）《致祭碑》。在中国古代宗法性传统宗教信仰和祭祀体系中，封建王朝每遇大事，或由皇帝亲自前来祭祀华岳。据史书记载，历史上共有三位皇帝亲临西岳祭祀。隋炀帝“（大业）十年幸东都，过祀华岳，筑场于庙侧”①；唐武德二年（619）十月唐高祖李渊“甲子，祠华山”②；宋真宗大中祥符四年（1011）“庚午，亲谒华阴西岳庙，群臣陪位。庙垣内外列黄麾仗，遣官分奠庙内诸神，加号岳神为顺圣金天王”③。其他各朝每遇大事，皇帝均派朝内大臣，或由地方官员代为致祭，并勒石立碑。这表明了华岳祭祀的国家级层次，也就是说华岳祭祀是封建国家祭祀的重要组成部分。可惜经过长期的历史发展，能保留至今的只是极少一部分。从目前田野调查所得的17通致祭碑来分析，明代4通，清代13通。致祭内容虽然各不相同，但均为封建王朝之大事，或为封建帝王改元，或为国运危厄祈求天下太平，或为立嫡建储，或皇帝新登大位，或为皇太后祝寿，或胜战纪功等等，这些内容，构成了中国古代宗法性传统宗教祭祀的主要内容。

其次，西岳庙记事碑刻主要反映了西岳庙修葺之事及其历史上经历过的事件。据田野调查所得，西岳庙现藏的记事碑有28通。最早的为《华百石都训造碑》残石，为陕西省考古研究院1999年考古发掘时，在灏灵殿后寝宫地下发现，晋永兴三年（304）刻立。据张江涛先生考证，此三片残石即是郦道元《水经注》中提到的《华百石所造碑》④。北周天和二年（567）刻立的《西岳华山神庙之碑》，为西岳庙现藏历史最早最完整的一通石碑，距今1500余年。西岳庙记事碑或记述帝王封禅、祭祀、崇拜之事，如唐玄宗李隆基撰并书、开元十二年（724）刻立的《西岳华山碑铭》，原碑据称是天下最大的石碑。尽管原碑毁于唐末黄巢大起义，今存为明嘉靖四十一年（1562）陈应麟、李时芳重刻，但碑中记载华山为西岳始末，历代帝王祭祀之盛事，以及自己崇信华岳缘由等，说明封建帝王对华岳崇拜由来的政治认可，以及对华岳祭祀地位与祭祀的高度重视。西岳庙记事碑中，需要着重介绍一通记述祈雨求华岳神赐福于民之事的碑，即清乾隆四十年（1776）刻立《恳圣颁匾碑》。该碑首题“陕西巡抚臣毕沅谨奏为岳灵昭应仰恳圣恩特颁匾额以答神贶事”，为时任陕西巡抚毕沅撰书。据该碑记载，当年陕西全境久旱无雨，毕沅亲登华山祷雨，“立沛甘霖，连三昼夜，丰美优渥，阖省均沾”。事后毕沅恳请乾隆皇帝“颁御书匾额于金天宫内，以昭美报，而答神庥”。乾隆帝于是亲题“岳莲灵澍”四字，由华阴县令陆维垣镌刻为碑，置于西岳庙内，毕沅则亲自撰写了祷雨及恳圣颁匾的过程刊刻于碑阴。现藏于西岳庙有特色的记事碑还

① （唐）魏徵等：《隋书》卷七《志第二·礼仪二》，北京：中华书局，1982年，第140页。
② （北宋）欧阳修等：《新唐书》卷一《本纪第一·高祖》，北京：中华书局，1975年，第10页。
③ （元）脱脱等：《宋史》卷一百二《志第五十五·礼五》，北京：中华书局，1977年，第2486页。
④ 张江涛、刘帆：《西岳庙碑石》，北京：中央文献出版社，2011年，第118页

有《华岳精享昭应之碑》、《拱极观碑》、明《重刻宋修西岳金天王庙碑铭》、《诏定岳镇海渎神号碑》、清左宗棠《重修西岳庙记》等。

再次，题记碑刻表明了题写者对华岳崇拜及作为国家祭祀的尊重与称颂。西岳庙存藏的题记类碑刻，一是有专门立石柱题名和专门制作的用于题名的石版。2007 年 3 月，西岳庙文物管理处在整修金城门广场时，发掘出 30 余块唐宋元题名题记类碑刻，其中唐代 17 种，宋代 21 种，元代 7 种，是多年来西岳庙罕见的一次题记石刻大发现，对研究西岳庙题记文献具有重要的文献价值。二是西岳庙另有专门的诗文类碑刻。古人崇敬西岳神灵，敬仰西岳庙，尊重封建国家祭祀场所，部分游览者留下了抒发内心崇敬之情的诗文。西岳庙此类碑刻存留不少，单独立石者主要有唐贾竦《谒华岳庙诗》、唐司空图《题裴晋公赴淮西》诗残石、明余子俊《奉命遣祭华山诗》、明郜光先《谒华岳神》诗碑、葛守礼撰《登华山》诗碑及清果亲王爱新觉罗·允礼的《咏华山》诗碑等。三是西岳庙许多记事类碑刻碑侧或碑阴都有后人的题名。宋欧阳修在《华岳题名跋》中提到："右《华岳题名》，自唐开元二十三年迄后唐清泰二年，实二百一年，题名者五百一人，再题者又三十一人，往往当时知名士也，或兄弟同游，或子侄并侍，或寮属将佐之咸在，或山人处士之相携，或奉使奔命，有行役之劳，或穷高望远，极登临之适。其富贵贫贱、欢乐忧悲，非惟人事百端，而亦世变多故。开元二十三年丙午，是岁天子耕籍田，肆大赦，群臣方颂太平，请封禅，盖有唐极盛之时也。清泰二年乙未，废帝篡立之明年也，是岁石敬瑭以太原反，召契丹入自雁门，废帝自焚洛阳，而晋高祖入立，盖五代极乱之时也。始终二百年间，或治或乱，或盛或衰，而往者来者，先者后者，虽穷达寿夭，参差不齐，而斯五百人者，卒归于共尽也。其姓名岁月风霜剥裂，亦或在或亡，其存者独五千仞之山石尔。故特录其题刻，每抚卷慨然，何异临长川而叹逝者也。"①依据欧阳修归纳题刻的原因，大致有游山玩水乘兴而发者，有奉使奔命者，有行役之劳者等。可见，无论是开元极盛之时，还是五代极乱之日，均有人在华山上因不同原因留下题刻。这说明，在古代社会宗法性传统宗教的规范中，围绕华岳祭祀而展开的精神文化生活，并不因社会治乱、政权更替而消失。

三、弘农杨氏墓志

秦岭东部的华阴、潼关，古时曾是弘农郡的辖境。这一带存有大量有关弘农杨

① （宋）欧阳修：《集古录跋尾》卷六《唐华岳题名》，见：中国东方文化研究会历史文化分会编：《历代碑志丛书》第一册，南京：江苏古籍出版社，1998 年，第 65 页。

氏的碑刻，以墓碑、墓志为主。据田野调查不完全统计，现藏杨氏墓志约有百余方，还有许多与弘农杨氏有关的碑刻。杨氏碑刻对研究弘农杨氏提供了非常珍贵的历史资料。

（一）弘农杨氏及其墓地概述

弘农，郡名，西汉元鼎四年（公元前 113）置，辖境约相当今河南黄河以南、宜阳以西的洛、伊、淅川等流域和陕西洛水、社川河上游、丹江流域。东汉、三国沿置。南北朝时，为避讳曾改为恒农郡，隋朝恢复弘农。其地处长安、洛阳之间的黄河南岸，一直是历代军事战略要地。杨氏则是弘农郡的名门望族。中国古代姓氏由来很早，《左传》中就记载“天子建德，因生以赐姓，胙之土而命之氏”①，是说天子根据臣子的出生血统赐其姓，分封土地，并根据封地命其氏。“男子称氏，所以别贵贱；女子称姓，所以别婚姻。不相紊滥。秦并六国，姓氏混而为一。”② 由此可见，上古时代姓与氏的概念是不同的，到了秦以后才慢慢混淆到了一起。中国古代姓氏大概有以下几种来源：一是诸侯、卿大夫及其后裔以封国、封地、居住地、出生地为姓氏；二是以官爵、职业、技能为姓氏；三是以祖先的名、字、号为姓氏；四是以自然界事物或器物为姓氏；五是最高统治者褒赐或贬斥臣下的姓氏；六是以数词、量词等为姓氏；七是因避讳或避祸所改的姓氏；八是以少数民族姓名演变而来的姓氏等等。

有关弘农杨氏的得姓来源，历史上众说纷纭。一是周成王封其弟叔虞于唐（今山西翼城），其长子燮父继承后，改国号为晋，后人遂称叔虞为杨姓始祖；二是周宣王少子尚父封于杨，号曰杨侯，后并于晋，因杨为氏；三是晋武公之子伯侨受封为杨侯，为杨姓始祖。上述几种说法都有据可查，但都是出自周叔虞之后。2013 年陕西西安杨家村出土 27 件青铜器，其中有一件后来被称作“四十二年逨鼎”的青铜器，有铭文 280 字，其中有“余肇建长父侯于杨”之句，记载了周宣王四十二年（公元前 786），封长父为杨侯之事，与上述第二种说法暗合。宋人欧阳修等所撰《新唐书》记载：“叔向，晋太傅，食采杨氏，其地平阳杨氏县是也。叔向生伯石，字食我，以邑为氏，号曰杨石，党于祁盈。盈得罪于晋，并灭羊舌氏，叔向子孙逃于华山仙谷，遂居华阴。”③ 今天所说的弘农杨氏，就是以这一支族为主的后裔。

史载秦末杨喜随刘邦与项羽争战，以战功封为赤泉侯。此后杨敞、杨恽在汉为侯，弘农杨氏开始了步入显赫家族之列的历史过程。真正使弘农杨氏声名大震的是东汉杨

---

① （春秋）左丘明撰，（晋）杜预注，（唐）孔颖达正义：《春秋左传正义》卷四“隐公八年八月”，见：《十三经注疏》，北京：中华书局，1980 年，第 1733 页。

② （宋）郑樵：《通志·总序》，北京：中华书局，1987 年。

③ （北宋）欧阳修：《新唐书》卷七十一下《宰相世系》，北京：中华书局，1975 年，第 3346 页。

震。杨震，字伯起，其父杨宝隐居不仕，而“震少好学，受《欧阳尚书》于太常桓郁，明经博览，无不穷究。诸儒为之语曰‘关西孔子杨伯起’”[①]，世人也称其为“关西夫子”。据称杨震年轻时致力于设塾授徒，在华山脚下的牛心峪口，收徒传业。他坚持有教无类，不分贫富，在此求学的学生多达2000余人。当时牛心峪槐树很多，故时人称牛心峪为“杨震槐市”；另外杨震还在华阴、灵宝讲学十多年，直到五十岁才开始做官州郡。“大将军邓骘闻其贤而辟之，举茂才，四迁荆州刺史、东莱太守。当之郡，道经昌邑，故所举荆州茂才王密为昌邑令，谒见，至夜怀金十斤以遗震。震曰：‘故人知君，君不知故人，何也？’密曰：‘暮夜无知者。’震曰：‘天知，神知，我知，子知，何谓无知！’密愧而出。”[②]这在中国历史上传为美谈，被标榜为廉洁为官的典范。杨震子孙杨秉、杨赐、杨彪累任高官，有“四世三公”之谓。两晋南北朝时期，盛行门阀士族制度，弘农杨氏也是因氏盛隆，活跃于政治舞台。西晋时期有杨骏、杨珧、杨济的“三杨辅政”。南北朝时期北方少数民族政权中，也活跃着弘农杨氏，杨结家族中许多人都在北方政权中担任要职，如杨播、杨侃、杨椿等。隋唐时期，弘农杨坚建立了隋朝，使这个家族更成为天下望族之首。此外，尚有越国公杨素及其子杨玄感等，也是这个家族的著名人物。有唐一代，弘农杨氏在朝廷中不乏高官，仅官居宰辅的就有十余人，还有“回眸一笑百媚生，六宫粉黛无颜色”的杨贵妃，据称也是弘农杨氏之后。隋唐以后，门阀士族制度日渐衰落，弘农杨氏也渐渐退出了历史舞台，宋元明清各朝杨氏名人辈出，但多无直接证据与弘农杨氏有关。不过在历史发展过程中，绝大多数杨姓人自称为弘农杨氏之后，故有“天下杨氏出弘农”、“弘农杨氏遍天下”之说。

陕西省渭南市潼关县高桥乡四知村，是杨震家族的墓地遗址。史载，杨震死后曾经建墓立碑，“杨震墓在华阴县东北二十五里公庄村”[③]，“震改葬华阴潼亭。先葬十余日，有鸟高丈余，集震丧前悲鸣，葬毕，始飞去。时人刻石象鸟立于墓前。与苻秦丞相王猛墓相近，二冢并在今潼关西道北，有杨震碑，见存”[④]。但震碑今已不存。在今潼关渭水边吊桥亭，有清顺治十三年（1656）兵备副使汤斌重修的杨震墓区，并建亭堂8间。清康熙十六年（1697），督邮使者程兆麟立碑于墓前，上书“汉关西夫子杨公墓”。据考古调查，在四知村杨震家族墓葬有杨震及其子孙杨牧、杨让、杨统、杨著、杨馥、杨彪等。由于弘农杨氏族门分支众多，两汉之后，五服之外的弘农杨氏各族门分支也就别立墓地，故秦岭东段北麓华阴、潼关以及长安等地，分布着数处弘农杨氏的墓地。

① （南朝宋）范晔：《后汉书》卷五十四《杨震列传》，北京：中华书局，1965年，第1759页。
② （南朝宋）范晔：《后汉书》卷五十四《杨震列传》，北京：中华书局，1965年，第1760页。
③ （明）何景明撰，吴敏霞等校注：《雍大记》卷十三《考迹》，西安：三秦出版社，2010年，第204页。
④ （北宋）乐史撰，王文楚点校：《太平寰宇记》卷二九《关西道五》，北京：中华书局，2007年，第622页。

弘农杨氏另一处重要墓地在今华阴县五方村。20世纪七八十年代，在这一弘农杨氏家族重要墓地中，陆续出土了北魏墓志数十方，其中志主有杨播、杨颖、杨泰、杨阿难、杨暐、杨遁、杨侃、杨昱、杨仲宣、杨穆、杨胤季女、杨椿妇崔氏、杨顺妻等。从田野调查的资料来看，这些墓志是秦岭东段华山区域有关弘农杨氏最早的碑刻资料。另外，华阴县司家村也有一处弘农杨氏墓地，出土了杨泰墓志及杨泰妻元氏墓志。除秦岭东段华山区域外，秦岭其他区域也出土过有关弘农杨氏后代的墓志，如长安区出土的"唐故赠秘书著作郎陶公夫人赠弘农县太君杨氏墓志并序"等。

（二）弘农杨氏墓志存藏及著录状况

据田野调查，目前能够收集到的弘农杨氏墓志共有16方，志主基本上是同一家族成员。现主要存藏于西岳庙、陕西历史博物馆、西安碑林博物馆等有关单位及私人手中，分述如下：

《杨播墓志》，北魏熙平元年（516）刻。志文魏书。志题"魏故使持节镇西将军雍州刺史华阴庄伯墓志铭"。志主杨播为杨懿长子。志文详细记载了杨播生平，与《魏书·杨播传》互为补证。1974年华阴五方乡出土，原藏西岳庙，1990年入藏陕西历史博物馆。《考古与文物》1984年第5期著录。

《杨侃墓志》，北魏太昌元年（532）刻。志文魏书。志题"魏故车骑大将军开府仪同三司秦州刺史杨君墓志铭"。墓主为杨播之第二子。1986年华阴五方乡出土。《华山碑石》著录。

《杨椿妇崔氏墓志》，北魏永平四年（511）刻。志盖并存。志文魏书。墓主之夫杨椿，为杨懿长子，洛州刺史。1986年华阴五方乡出土，市公安局从文物走私者手中收缴。《华山碑石》著录。

《杨昱墓志》，北魏太昌元年（532）刻。志文魏书。志题"魏故骠骑大将军司空公定州刺史杨公墓志"。墓主为杨椿之子。以上诸杨皆被害于高欢之乱。1993年华阴五方乡出土，现藏陕西省考古研究院。《华山碑石》著录。

《杨颖墓志》，北魏永平四年（511）刻。志文魏书。志题"魏故华州别驾杨府君墓志铭"。志主杨颖为杨懿第三子。墓志铭记载了杨颖生平及杨氏世袭，是研究弘农杨氏的重要史料。1971年华阴五方乡出土，原藏西岳庙，1990年入藏陕西历史博物馆。《考古与文物》1984年第5期著录。

《杨顺墓志》，北魏太昌元年（532）刻。志文魏书。志题"魏故太尉公录尚书事相州刺史杨公墓志铭"。志主杨顺为杨懿第四子。1993年华阴五方乡出土，现藏华山西岳庙。

《杨懿之第四子妇天水吕夫人之殡志》，北魏正光四年（523）刻。盖魏书“故恒农简公第四子妇吕夫人墓志盖”。志文魏书。志题“魏故洛州史君恒农简公杨懿之第四子妇天水吕夫人之殡志”。志主系杨顺妻。1993年华阴五方乡出土，现藏西岳庙。

《杨仲宣墓志》，北魏太昌元年（532）刻。志文魏书。志题“魏故尚书右仆射青州刺史杨君墓志”。志主为杨顺之子。1993年华阴五方乡出土，现藏陕西省考古研究院。《华山碑石》著录。

《杨遁墓志》，北魏太昌元年（532）刻。志文魏书。志题“魏故车骑大将军仪同三司幽州刺史杨君墓志铭”。志主为杨懿第五子杨津之长子。1985年华阴五方乡出土。《华山碑石》著录。

《杨泰墓志》，北魏熙平三年（518）刻。志文魏书20行，行22字。志题“魏故朔州刺史华阴伯杨君墓志铭”。志主为杨津次子杨逸之子。1969年华阴司家村出土，原藏西岳庙，现藏陕西历史博物馆。《考古与文物》1984年第5期著录。

《杨泰妻元氏墓志》，西魏大统十七年（551）刻。志文魏书14行，满行18字。志题“魏故平西将军汾州刺史华阴伯杨保元妻华山郡主元氏志铭”。杨泰妻华山郡主为北魏皇族。1970年与杨泰墓志同出土于华阴市司家村，现藏华山西岳庙。《华山碑石》、《考古与文物》1984年第6期著录。

《杨舒墓志》，北魏熙平二年（517）刻。盖魏书“魏故镇远将军华州刺史杨君墓志盖”。志文魏书。志题“魏故镇远将军华州刺史杨君墓志”。志主为杨懿第六子。1985年华阴五方乡出土，现藏西安碑林博物馆。《文博》1985年第2期著录。

《杨阿难墓志》，北魏永平四年（511）刻。志文魏书。志题“魏故中散杨君墓志铭”。志主为杨懿第七子，13岁即夭，仍被“加赠中散，式褒盛德”。1972年华阴五方乡出土，原藏西岳庙，1990年入藏陕西历史博物馆。《考古与文物》1984年第5期著录。

《杨暐墓志》，北魏建义元年（528）刻。志文魏书。志题“魏故使持节都督雍州诸军事卫将军仪同三司雍州刺史杨公墓志”。志主为杨懿之子。志文记载其生平事迹，比之《魏书》、《北史》更为详尽，可补史书之缺。1989年华阴五方乡出土，现私人收藏。

《杨胤季女墓志》，北魏神龟二年（519）刻。志文楷书11行，满行12字。志题“魏故华荆秦济四州刺史杨胤季女之墓志”。记华阴杨氏家族世系。1981年华阴五方乡出土，现藏潼关县文物管理委员会。《潼关碑石》、《考古与文物》1984年第5期著录。

《杨穆墓志》，北魏刻。志文魏书。志主为杨播族弟杨钧之次子。1993年华阴五方乡出土，现藏华山西岳庙。《华山碑石》著录。

（三）弘农杨氏墓志研究述要

以上墓志集中出土于华阴五方乡杨氏墓地，这在秦岭东段碑刻中是极为少见的，具有重要的研究价值。

释读志文可以发现，上述墓志志主间有着直接的血缘关系，并都是汉太尉杨震的直系子孙。他们都是杨懿的儿子、儿媳或孙子。杨懿，北魏孝文帝延兴时“为广平太守，有称绩。高祖南巡，吏人颂之，加宁远将军，赐帛三百匹。征为选部给事中，有公平之誉。除安南将军、洛州刺史，未之任而卒。赠以本官，加弘农公，谥曰简”[①]。上述墓志志主中，杨播为杨懿长子，杨侃为杨播之子；杨椿为杨懿次子，杨昱为杨椿之子；杨颖为杨懿第三子；杨顺为杨懿第四子，杨仲宣为杨顺之子；杨津为杨懿第五子，杨遁为杨津子；杨舒为杨懿第六子；杨阿难为杨懿第七子；杨暐为杨懿第八子。另有杨懿第二子杨椿妻崔氏墓志、四子杨顺妻吕氏墓志。以上血缘关系与《魏书·杨播传》中所载杨懿儿子史实基本相符，只是多了第六子杨舒及第七子杨阿难。杨阿难不见史传可能是因其早夭之故，而杨舒曾官伏波将军，参太尉高阳王府事，四十六岁去世时，皇帝还诏遣谒者持节册赠镇远将军、华州刺史。他们与汉代太尉杨震的关系在墓志中亦有所反映。如《杨颖墓志》载其世系为“汉太尉震之十二世孙，晋尚书令瑶之七世孙，上谷府君珍之曾孙，清河府君真之孙，洛州史君懿之第三子”。

上述杨氏墓志或可以补史、证史。如杨懿第三子杨颖的生平事迹，在《魏书》中仅记述“颖字惠哲，本州别驾”而已，而《杨颖墓志》对于杨颖的生平及入学任官等，记述比较详细。墓志记其在“高祖孝文皇帝初建壁雍，选入中书学生”，从此“春秋代易，而志业不移”。其曾“录三王魏晋书记为三十节，皆传于世”，但《新唐书·艺文志》、《旧唐书·经籍志》均未载，可能在唐时已佚。又如《杨顺墓志》载其历官“员外散骑常侍、镇远将军、直阁将军、辅国将军、骁骑将军，除平西将军、银青光禄大夫、武卫将军、北中郎将、太仆卿……使持节都督冀州诸军事、抚军将军、冀州刺史、天柱府长史、征东将军、右光禄大夫、骠骑将军、左光禄大夫”等，而《魏书》载其“太和中，起家奉朝请。累迁直阁将军、北中郎将、兼武卫将军、太仆卿。预立庄帝之功，封三门县开国公，食邑七百户，出为平北将军、冀州刺史，寻进号抚军将军。罢州还，遇害，年六十五。太昌初赠都督相殷二州诸军事、太尉公、录尚书事、相州刺史”[②]。其历官职可与正史互补互校。再如按杨氏墓志记载，除杨暐遇难于建义元年（528）四月十三日的“河阴之变”外，杨顺、杨椿、杨遁、杨侃、杨昱、杨仲宣、杨穆等，均在普泰元年（531）被尔朱氏杀戮于长安、华阴、洛阳等地。据《杨侃墓志》，志主“于

① （北齐）魏收：《魏书》卷五十八《杨播传》，北京：中华书局，1974年，第1279页。
② （北齐）魏收撰：《魏书》卷五八《杨播传》，北京：中华书局，1974年，第1295页。

普泰元年六月廿八日遇害于长安”；《杨昱墓志》载：“凶羯肆暴，毒害忠良，以普泰元年六月廿九日薨于习仙里第，时年五十四”，其父杨椿亦于同日遇害；《杨顺墓志》载：“羯胡乱政，毒忌忠贞，以普泰元年七月四日遇害于洛阳依仁里，时年六十有六”，同时被杀的还有杨顺之子杨仲宣，杨津之子杨遁等。这些墓志的出土，对研究北魏末年政局变化，特别是汉族士大夫与鲜卑贵族之间的矛盾，提供了珍贵与翔实的历史资料。史载杨侃曾对孝庄帝诛杀尔朱荣出谋献策，在尔朱兆率兵进入洛阳后逃回华阴。据《魏书》载：“普泰初，天光在关西，遣侃子妇父韦义远招慰之，立盟许恕其罪。侃从兄昱恐为家祸，令侃出应，假其食言，不过一人身殁，冀全百口。侃往赴之，秋七月，为天光所害。”[①] 这与上述墓志记载的时间有出入，当是六月廿八日杀杨侃，次日便在华阴动手诛杀杨氏西族，然后于七月四日在洛阳诛杀杨氏东族。可见，显赫数代的杨氏家族在此事变中遭受巨创。上述这些都可以起到补史、纠史、证史的作用。还有《杨颖墓志》在最后还记载了其曾祖母及曾祖母之父、祖母及祖母之父、母亲及母亲之父的郡望、姓名及官职：“曾祖母扶风窦氏，父秦，北平太守。祖母高阳许氏，父明月，东宫侍郎。母太原王氏，封新昌郡君，父融，幽州刺史、汝南庄公。”均为当时的名门望族，从中可以发现当时门阀士族制度之下的婚姻状况。

上述墓志记载的历史，特别是这支杨氏家族突遭变故，以致整个家族的命运也随之而变化，可能带有偶然性。但是，随着北朝之后门阀士族制度的消失，此后整个弘农杨氏在历史变迁的长河中，逐渐失去了昔日的辉煌。就华阴当地来看，现藏清康熙三年（1664）刻立的《华阴王氏家庙碑》有这样一段话：“□以西华之麓，四世三公，古惟杨氏，今则王公矣。”虽有自夸之嫌，但也是历史变迁的真实写照，耐人寻味。

① （北齐）魏收撰：《魏书》卷五八《杨播传》，北京：中华书局，1974年，第1284页。

第十一章　灵岩寺、宁陕城隍庙碑刻

略阳县位于秦岭南麓和西秦岭的交界之处，历史悠久，自古以来一直是兵家必争之地，商旅集散之所，有着深厚的历史文化积淀。灵岩寺是其境内最具影响力的宗教场所，其所存藏的碑刻百余通，承载着秦岭文化的区域性特征。宁陕县地处秦岭中段深处，历史上子午古道穿境而过，地理位置十分重要，亦有着深厚的文化积淀，其城隍庙所藏碑刻就具有代表性。

一、灵岩寺碑刻

灵岩寺地处秦岭南坡、嘉陵江畔，属略阳县辖地。寺院依天然溶洞而建，寺洞合一，号称“灵岩洞天”。其所在玉文山山林覆盖，植被丰茂，山间雾霭萦绕，岫云低笼。由于略阳在中国古代特殊的地理位置，千百年来，灵岩寺虽隐遁山林之间，其美名却不胫而走。文人墨客、风云人物、军政要员、往来商贾无不携游探幽，流连忘返。

（一）略阳及灵岩寺概述

全国范围内以“灵岩”为名的寺院颇多，吉林、山东、河北、四川、浙江、江苏、内蒙古、广州等省区都有庙宇存留，其中最负盛名者当属坐落于山东泰山西麓的灵岩寺。与之相比，陕西略阳灵岩寺名气要小得多。但是，陕西略阳灵岩寺地处西北内陆、秦岭腹地，因其坐落于略阳县境内，却有着特别的意味。略阳建县始自西汉元鼎六年（公元前 111），置沮县，属益州武都郡。汉魏相沿，直至南朝，或曰“沮县”，或曰“武兴”，不一而终。隋代改称顺政县，属顺政郡。唐五代时，顺政县归兴州所辖。南宋开禧三年（1207），四川宣抚副使，后兼陕西、河东（山西）招抚使吴曦督兴州，将兴州私改为兴德府，吴曦为此伏诛后，南宋改兴州为沔州，改顺政为略阳。元代略阳先后归兴元路、广元路所辖。明清以来直至今天，略阳县一直为汉中所辖，未再变化。略阳之名自南宋以来，沿用至今。其名由来众说纷纭，据明代郡丞张良知《游灵岩寺记》载：“白尹（桂）邀予少憩，乃登顿于碧殿之前。时过午，即不见日，盖山高西障，此略阳之得名也。”[①] 意谓此地因山高林茂，阳光照射不足，故称略阳。另一种说法则认为略阳自古为战略要地曰“略”，在象山之南曰“阳”，故名“略阳”，则以其名得自此为战略要地之意。

略阳地处陕、甘、川三省交界，作为秦蜀要冲、陕甘纽带，自古为蜀道必经之地，兵家必争之地。明嘉靖李遇春《略阳县志》称其地“连峰环矗，江涛汹涌，道路险僻，控扼蜀门”[②]，可谓恰如其分。三国蜀汉诸葛亮夺取武都郡后，在略阳曾筑武兴城，以防西北来犯之敌。北齐高帝建元二年（481），齐将裴叔保进攻略阳，被氐帅杨文宏击败。南宋绍兴四年（1134），金兵进攻兴州（今略阳县境）以图南下取川。宋将吴玠、吴璘占据仙人关，利用仙人关右侧险要山势，筑起防御阵地成锁喉状，据险抗击金兀术，大败金兵。明太祖洪武三年（1370），徐达进汉中，大军由徽县出略阳八渡河，先锋傅友德先取略阳，进占勉县、汉中。

灵岩寺处在历史上具有重要战略地位的地缘环境中，其承载的历史文化或更具秦岭文化的特征。相传灵岩寺之名出于《诗经》“赫赫厥声，濯濯厥灵”和“节彼南山，维石岩岩”[③] 两句。清《高琞游灵岩寺集毛诗碑》载：“濯濯厥灵，维石岩岩”，小字注文“标出灵岩二字”[④]，可为证。寺庙的始建年代无明确记载，嘉靖《略阳县志》称灵岩寺始建于唐开元年间。但灵岩寺中现藏一方摩崖题刻，仅题“顺政郡”三字，另有多处摩崖题刻中出现“顺政郡”的记载。《隋书·地理志上》载：“顺政郡：后魏置东益州，梁为武兴蕃王国，西魏改为兴州。”[⑤]《旧唐书·地理志二》载：“兴州下，隋顺政郡，武德元年改为兴州，天宝元年改为顺政郡，乾元元年复为兴州。”[⑥] 除此两朝，其他历代皆无顺政郡名。由此推测，灵岩寺最早或为隋代所建，不会晚于唐代中期。

灵岩寺由两个天然洞穴组成，两洞依依相邻，傍山临江，坐东向西，错落有致。前洞名为“金龟”，洞口高约25米，宽约50米，进深100余米。洞口处依崖而建的望江楼，北依数丈绝壁，下临嘉陵江水，悬空凌云，气势恢弘。进入前洞，内有多处前代殿宇、房舍，依势修建，错落有致。后洞名为“罗汉”，内有千年睡佛，为多年

---

① 《张良知游灵岩寺记》，明嘉靖二十四年（1545）刻立。高0.92米，宽0.80米。正文魏体22行，满行30字。文分为二，前者为游记文，后者刻五言古诗1首。嵌在灵岩寺大佛龛下壁间。

② （明）李遇春等：《略阳县志》卷一《形胜》，上海：上海古籍书店，1963年，第5页。

③ 分别见《诗经·商颂·殷武》和《诗经·小雅·节南山》篇，北京：中华书局，2006年。

④ 《高琞游灵岩寺集毛诗碑》，清乾隆四十九年（1784）刻立。高0.40米，宽0.62米。碑文楷书23行，满行18字。现藏灵岩寺。

⑤ （唐）魏徵：《隋书》卷二十九《地理志上》，北京：中华书局，1973年，第822页。

⑥ （后晋）刘昫：《旧唐书》卷三十九《地理志·山南西道》，北京：中华书局，1975年，第1529页。

钟乳自然形成，面容慈祥，体态丰满，形象逼真。后洞内还存有罗汉塑像。前后两洞之间有一泉，名曰“药水”。相传此泉之水有清心明目、解热除烦的功效，前来取水治病的人极多，故而远近闻名。药水泉之侧为崖壁，名曰“药水崖”，崖上凿刻数十方历代摩崖题刻，著名的东汉《郙阁颂》即在其中。除这些摩崖之外，灵岩寺内还存有历代碑刻150余通。这些碑刻是研究宗教、历史、文学等方面的珍贵资料，价值极高，因此灵岩寺被誉为陕南“小碑林”。

（二）灵岩寺碑刻存藏及著录情况

灵岩寺现藏碑刻总数约有150通，种类繁多，按照内容可分为记事、传记、题记和诗文四类，下面撮其要者分述之。

1．记事类碑刻（39通）

《郙阁颂摩崖题刻》，全称为《武都太守李翕析里桥郙阁颂》，东汉建宁五年（172）刻。仇靖撰，仇绋书。正文隶书。内容为赞颂西汉太守李翕重修析里大桥、郙阁栈道的功绩。原存于略阳县徐家坪街口村郭家地（古名析里，又名白崖），后被迁至灵岩寺，嵌于前洞石崖边。《金石萃编》、《金石遗文录》、《汉中碑石》等著录。

《药水窟画图记》，唐开元年间（713—741）刻。韦同彝题。内容是当时兴州刺史韦同彝游览药水窟后，对灵岩寺内外景致的描绘。原刻于灵岩寺山门西后右侧、嘉陵江东沿坎下石窟中，1974年加固堤坎时损坏画图，仅存题记。《汉中碑石》著录。

《重修罗汉洞记摩崖题刻》，南宋绍兴二十六年（1156）刻。额隶书“重修罗汉洞记”。正文隶书，仅存首行“开府仪同三司吴公伏钺护”等字。碑面磨泐甚重，碑文大多无法辨识。位于灵岩寺前洞大佛像右侧崖上。《汉中碑石》著录。

《罗再昌购地券砖铭》，南宋绍兴二十七年（1157）刻。表面风化严重，可见“大宁兴州长举县□渠□居住未故之人罗再善人”及“如来今”等字。《汉中碑石》著录。

《灵岩叙别记摩崖题刻》，南宋嘉定十一年（1218）刻。李耆寿撰并书。正文楷书。记述李耆寿在灵岩寺设宴欢送四川宣抚使，并记宋金于嘉定五年交战之事。位于灵岩寺后洞奈何桥左侧石崖上。《陕西金石志》、《关中金石志》、《汉中碑石》等著录。

《重刻郙阁颂摩崖题刻》，南宋绍定三年（1230）刻。田克仁书。正文隶书。首题“汉武都太守李翕修析里郙阁颂在今勉州西二十里之金堂阁”。落款“绍定三季五月”。内容为南宋年间田克仁重刻东汉《郙阁颂》。位于灵岩寺奈何桥边的石崖上。

《重修灵岩禅寺记碑》，明成化六年（1470）刻立。王环撰，郭旭照篆额，海庸立。

额篆书“重修灵岩寺记”。正文楷书。记载了灵岩寺的地理位置及重修原因。《汉中碑石》著录。

《重塑接引佛像碑》，明正德三年（1508）刻立。杨奎撰，□绶书，刘万金、乔万禄刻。正文楷书。记述了灵岩寺的地理位置、景致和佛像因风吹日晒受损修复等事。《汉中碑石》著录。

《塑修大佛像碑》，明正德六年（1511）刻立。碑文分3段：前段记塑修大佛之事，魏体字，明正德六年（1511）刻；中段记补塑诸佛事，楷书，清乾隆四十八年（1783）刻；后段题五言绝句一首，楷书，清嘉庆十四年（1809）王淑躬题。记载明、清时期三次塑修大佛像相关事宜。《汉中碑石》著录。

《孙玺遇害记事碑》，明正德九年（1514）刻立。正文楷书。碑身断裂，碑面风化严重。记载了明正德九年孙玺被举荐至略阳修理城池，后遇乱，孙玺坐阵抗敌，以身殉职之事。

《重修灵岩寺正殿偏桥路道碑》，明天启元年（1621）刻立。额楷书“重修碑记”。正文楷书。首题“重修略阳县灵岩寺正殿偏桥路道工完□□碑记”。记述了明天启元年重修灵岩寺正殿偏桥等事。

《灵岩寺记事碑》，清雍正七年（1729）刻立。正文楷书。

《修桥功德碑》，清雍正十二年（1734）刻立。正文行楷。首题“为□□灵石架木为桥”。

《灵岩寺常输地界碑》，清乾隆三十年（1765）刻立。正文楷书。记载了灵岩寺的地理位置、勘界原因和地界起至，以及负责勘测的人名。

《灵岩寺安置住持碑》，清乾隆四十八年（1783）刻立。李俑撰并书。正文楷书。记载邑侯高太尹安置灵岩寺住持并清查常住地事。《汉中碑石》著录。

《灵岩寺地界碑》，清嘉庆十三年（1808）刻立。正文行楷。记载灵岩寺勘界原因和地界四至，以及负责勘测的人名。

《建庙地界碑》，清嘉庆十五年（1810）刻立。曹洛撰并书，高明刻。额书“皇清”，两侧横刻“永奉禋祀”。正文楷书。记述灵岩寺修建庙宇地界情况及捐资人。《汉中碑石》著录。

《重修送子娘娘像记碑》，清道光七年（1827）刻立。正文行书。记载清道光七年六月内送子娘娘像被大水冲毁，众善士捐资重修神像经过及捐资者姓名和钱数。

《重修戴一秀墓冢碑》，清道光十年（1830）刻立。李本寅、岳本惠立。额楷书“皇清”。正文楷书。记载了戴一秀之墓因年久失修，弟子李本寅等人为其修造水道围墙加以保护等事。

《建道士墓碑》，清道光十年（1830）刻立。余复兴撰并书。正文楷书。记述灵岩寺外道士杜真人、戴真人、石真人等五人墓葬及相关情况。现立于灵岩寺山门外道士墓前。《汉中碑石》著录。

《重修奈何石桥碑》，清道光十一年（1831）刻立。余复兴撰并书，吴魁刻。额书“永垂万古”，下方楷书“重修奈何石桥碑”。正文楷书。记载陕安道与县令游览灵岩寺时见桥危破险，便嘱主持修建石桥，于是募捐集资修建石桥，并记录了捐资者姓名及捐资数目。《汉中碑石》著录。

《重修灵岩寺鱼池及补修远门碑》，清道光十三年（1833）刻立。王一德撰，陈文明书，李复心刻。正文楷书。首题“重修灵岩寺鱼池及补修远门碑”。记载重修灵岩寺鱼池及补修远门等事。

《补塑神像碑记》，清咸丰七年（1857）刻立。正文楷书。记载了灵岩寺神像因战火有损毁，致使寺内香火不旺，后众人出资补塑神像。

《重修五龙寺记碑》，清同治六年（1867）刻立。正文楷书。记载重修五龙寺等事宜。

《白骨塔序碑》，清同治十二年（1873）刻立。曾逢云撰并书。正文楷书。记载修建白骨塔之事及捐资人姓名。原镶嵌于略阳县白水江镇东娘娘庙塔壁上，后塔毁，现藏灵岩寺。《汉中碑石》著录。

《重修老君殿碑记》，清光绪元年（1875）刻立。额楷书“乐善不倦”。正文楷书。记载重修老君殿的捐资者及重修经过。

《重建嘉陵书院碑记》，清光绪九年（1883）刻立。额楷书“皇清”。正文楷书。记载重修嘉陵书院及捐钱人物及数量名单。

《重修玉皇阁望江楼碑》，清光绪十七年（1891）刻立。傅汝梅撰并书。正文楷书。首题“重修玉皇阁望江楼记”。记载知县傅汝梅因灵岩寺望江楼年久失修，与周边景致不符，遂筹资重修之事。《汉中碑石》著录。

《重修佛面记事碑》，清代刻立。正文行楷。记载修葺佛像面部等事。

《济世良方碣》，民国十一年（1922）刻。任霈枝书，沈教林立，许文华刻。正文楷书。首题“济世良方”。此碑是任霈枝以晨钟暮鼓来警醒人应自省洗心，不要再执迷不悟，同室操戈，自取灭亡。告诫人们要虚心听取善意的忠言，要做对国家有用的栋梁之才。《汉中碑石》著录。

《任霈枝游灵岩寺碣》，民国十一年（1922）刻。正文楷书。记载任霈枝、吴德怀等同游灵岩寺之事。

《重修嘉陵江灵岩寺碑记》，民国十二年（1923）刻立。苏学悟撰，任霈枝书，许文华刻。额楷书“福缘善庆”。正文楷书。概述灵岩寺自唐至清多次兴废及维修情况，又因其时灵岩寺房宇倾颓，神灵无妥，因募捐重修，记其功德立碑留念。《汉中碑石》著录。

《建立观音普贤菩萨圣会碑》，民国十二年（1923）刻立。正文楷书。首题“中华民国十二年岁次癸亥二月吉日建立观音（普贤）菩萨二月十九（廿一）日圣会捐资存底，勒石以垂久远”。

《建护郙阁颂记碑》，民国十六年（1927）刻立。正文楷书。落款“大中华民国十六年”。记载郙阁颂摩崖的地理位置和建护起因，竣工后立下此碑以记录此事，并告知后人应共同珍视和保护郙阁颂摩崖石刻。

《观音会捐资题记碑》，民国十七年（1928）刻。正文楷书。首题“谨将观音会后绪捐资存底姓”。记载观音会捐资人姓名。

《夹门子荷叶坝捐资兴学碑》，民国十七年（1928）刻。崔蕴玉撰，李绍唐书。正文楷书。概述了学校的重要性而夹门子荷叶坝两地人口稠密，当建学校，于是募捐兴建学校，特立此碑以纪念众人的功德。原立于略阳县夹门子小学，现藏灵岩寺。《汉中碑石》著录。

《天谯会碑》，民国二十三年（1934）刻立。额楷书“天谯会碑记”。正文楷书。记载灵岩寺创建天谯圣会及捐资人。《汉中碑石》著录。

《夹门子小学校碑》，民国三十一年（1942）刻立。马玉堂撰并书。正文楷书。记载创建夹门子小学以行文教之事及学校地界四至。原立于略阳县夹门子小学，现藏灵岩寺。《汉中碑石》著录。

《任霈枝题李公自述有感碑》，民国刻立。任霈枝撰。正文行楷。记载任霈枝游灵岩寺时观李公自述碑有感，警示后人应以前人为榜样，心系国家，忧国虑民，尽忠职守，同心救国。

2．传记类碑刻（6通）

《唐吏部尚书权德舆颂师德教碑》，唐元和年间（806—820）刻立。权德舆撰，李密乾书。正文楷书。记述唐吏部尚书门生权德舆为何老师撰写的传记。原立于略阳县中川河口马莲坪，民国时期移藏灵岩寺。《汉中碑石》著录。

《赵近臣暨孺人马氏合葬墓志》，明万历三十一年（1603）刻。李培根撰。志文楷书。志题“明进阶文林郎灵台赵公暨孺人马氏合葬墓志铭”。记载赵近臣家族谱系、生平、历官及子嗣情况。出土于略阳县王家坪村赵氏祖茔，现藏灵岩寺。《汉中碑石》著录。

《戴一秀墓碑》，清嘉庆五年（1800）刻立。额楷书“皇清”。碑正中楷书“羽化恩师上一下秀戴真人碑墓志”。

《石真人墓碑》，清嘉庆十四年（1809）刻立。碑正中楷书“皇清羽化仙师下喜上阳石真人墓”。正文楷书。

《叶静斋墓碑》，清嘉庆十四年（1809）刻立。碑正中楷书“恩师叶仙翁嗣派合清字静斋大真人炼性之墓”。正文楷书。主持道友付米荣立。

《余复心墓碑》，清同治八年（1869）刻立。碑正中楷书“皇清例授道会司余公嗣派复心行□正性之墓志”。正文楷书。丁本汪、彭成等刻。记载墓主为灵岩寺住持等生平事迹。

3．题记类碑刻（24 通）

《韦行规等游记摩崖题刻》，唐开成二年（837）刻。正文楷书，内容为“兴州刺史韦行规，河中府参军裴思猷，处士刘防，进士孟元植，大唐开成二年丁巳岁十一月十九日同游此”。位于大佛像左侧出口处崖顶。《汉中碑石》著录。

《张百药等游记摩崖题刻》，北宋熙宁八年（1075）刻。正文魏体，内容为“虞部员外郎权知军州事张百药，秘书丞签书军事判官厅公事蒲安行，权军事推官刘表，泛舟同来游此。熙宁乙卯四月廿日”。位于灵岩寺前洞右侧石崖上。《汉中碑石》著录。

《刘忱等游灵岩寺摩崖题刻》，北宋元丰元年（1078）刻。刘忱题。正文行书。位于灵岩寺后洞右侧石崖上。《汉中碑石》著录。

《杨德远等游灵岩寺摩崖题刻》，南宋绍兴九年（1139）刻。杨德远题。右侧横刻篆书“灵岩”二字。直题楷书“武兴杨德远、夷山刘守道仝游，绍兴九年二月七日”。位于灵岩寺外甬道山崖上。《汉中碑石》著录。

《修武兴阁路摩崖题刻》，南宋乾道六年（1170）刻。正文楷书。内容为“专一督修武兴阁路，乾道庚寅岁次戊寅月二十四日”。原刻于略阳县徐家坪，1997 年移至灵岩寺。

《仪制令碑》，南宋淳熙八年（1181）刻立。碑正中楷书“仪制令”。正文楷书，内容为“贱避贵，少避长，轻避重，去避来”。《陕西金石志》著录。

《孙应龙等游记摩崖题刻》，南宋嘉定八年（1215）刻。正文隶书。《陕西金石志》、《汉中碑石》等著录。

《珖夫摩崖题刻》，南宋嘉定年间（1208—1224）刻。正文隶书。首题“吏余得叩仙口萧散还吾自述身到耳鸣蟑□□静旁檐飞鸟亦相亲□岩障□崖”，落款“嘉定岁末□五月七日”。

《宋哲宗御题司马光神道碑》，南宋绍定三年（1230）刻立。额隶书“哲宗御书”。碑正中篆书两行“忠清粹德之碑”，篆书间有小字楷书一行“元祐戊辰崇庆殿书”，上钤“御书之印”印章。上款小字楷书“哲宗宪元继道世德扬功钦文睿武齐圣昭孝皇帝御书赠太师温国公司马光神道碑额”。下款小字楷书“绍定三年三月朔朝奉郎新除大理寺丞权知沔州事管内安抚四川制置司参议官臣田克仁刻石本州岛公宇”。原立于宋沔州衙署，后移嵌于灵岩寺大佛像下神龛正中部。《陕西金石志》、《关中金石志》、《汉中碑石》著录。

《“灵岩”摩崖题刻》，宋代刻。篆书。位于灵岩寺三门前。

《刘士骏游灵岩寺题记碣》，宋代刻。刘士骏撰。首题楷书“清明镜水”。正文行草。

《刘羽绳梁舟游灵岩寺题记碣》，宋代刻。刘羽绳题记行书 6 行，满行 11 字。落款“门人刘羽绳，辛卯”，后有篆书“羽绳”印一方。梁舟题记楷书 6 行，满行 11 字。落款“门人梁舟”。

《张良知游灵岩寺记碑》，明嘉靖二十四年（1545）刻立。张良知撰。正文魏体。记张良知游览灵岩寺游记一篇、五言古诗 1 首。《汉中碑石》著录。

《李仰游灵岩寺碑》，明万历二十三年（1595）刻立。李仰撰并书，周延申刻。正文楷书。刻李仰游览灵岩寺游记一篇。《汉中碑石》著录。

《李德性题词碑》，明万历三十一年（1603）刻立。李德性撰并书。正文楷书。《（道光）略阳县志》、《汉中碑石》等著录。

《孟乔芳游灵岩寺题记碑》，清顺治十年（1653）刻立。额篆书“恩垂千古”。孟乔芳撰并书。正文楷书。记孟乔芳游览灵岩寺游记及七言律诗 1 首。《汉中碑石》著录。

《“洞天瑞蔼”摩崖题刻》，清乾隆四十七年（1782）刻。邓汉文刻。上款“钦命镇守陕西兴安汉羌等处地方总兵官纳尔珠噶巴图鲁带功加五等军功纪录二次寻常记禄一次又加一级”，落款“大清乾隆四十七年岁次壬寅四月设略阳游击邓汉文镌”。位于灵岩寺三门外岩石上。

《“岩穴仙境”摩崖题刻》，清乾隆四十九年（1784）刻。高珵书。行书。上款“乾隆四十九年甲辰夏六月”，下款“滇南高珵书”。位于灵岩寺前洞洞顶上。

《“福”字碑》，清乾隆五十年（1785）刻立。高珵书。碑正中楷书“福”。落款行楷“知略阳县事高珵书”。

《“水流花开”摩崖题刻》，清乾隆五十三年（1788）刻。赵希璜书。行楷。上款“乾隆戊申”，下款“惠州赵希璜”。位于灵岩寺大雄宝殿毗卢大佛座下。

《何承熏游灵岩寺题记碑》，清道光五年（1825）刻立。正文楷书。首题“道光乙酉十月十日汉中府知府何承熏雨后游此”。记载汉中知府何承熏等游灵岩寺之事。

《“撑支天地”摩崖题刻》，民国元年（1912）刻。熊会昌撰并书。

《“灵岩滴翠”摩崖题刻》，民国二十一年（1932）刻。赵寿山题并书。行楷。上款“民国二十一年五月谷旦”，下款“汉中府绥靖司令部赵寿山题并书”。位于灵岩寺三门前山崖上。

《“山高仙灵”摩崖题刻》，民国二十一年（1932）刻。蒋健国题。篆书。上款“中华民国二十一年十一月上旬”，下款“陕西警备第一师游击司令蒋健国题”。位于灵岩寺三门前崖石上。

4．诗文类碑刻（28 通）

《刘异游药水寺题诗碑》，北宋至和三年（1056）刻立。刘异撰，刘拱刻。正文楷书。首题“游药水寺”。记刘异游药水寺题记及七言律诗 1 首。《汉中碑石》著录。

《鲜于侁游灵岩寺题诗碣》，北宋熙宁三年（1070）刻。鲜于侁撰并书。正文隶书。首题“鲜于侁游灵岩寺”。记鲜于侁五言古诗 1 首。《略阳县志》、《汉中碑石》著录。

《北宋刻诗碑》，北宋（960—1127）刻。正文行书。刻“唐杜甫泊嘉陵游灵岩题”、“宋秘书丞刘拱咏灵岩药水”、“知沔州军张昌祖咏灵岩”诗 3 首。

《虞刚简游灵岩寺题诗碑》，南宋宝庆二年（1226）刻立。虞刚简撰并书。正文楷书。首题“游灵岩寺”。刻题记及诗 1 首。《陕西金石志》、《略阳县志》著录。

《迭□昂孙云锦诗碣》，宋代刻。正文行楷。记孙云锦等游灵岩寺题诗。

《李芳桂等游灵岩寺题记碣》，宋代刻。正文书体分两种：隶书 6 行，满行 12 字；行草书 5 行，满行 12 字。记李芳桂等游览岩灵寺所题诗文。

《王淑躬游灵岩寺题诗碑》，明正德六年（1511）刻立。王淑躬撰并书。记五言诗 1 首。

《白桂游灵岩寺题诗碑》，明嘉靖二十四年（1545）刻立。白桂撰并书。正文草书。记白桂游灵岩寺律诗 2 首。《汉中碑石》著录。

《钱泮游灵岩题诗碑》，明嘉靖三十二年（1553）刻立。钱泮撰并书。正文行书。记钱泮等人奉陪月岩道长游灵岩寺所作诗文。《（道光）略阳县志》、《汉中碑石》等著录。

《孙□思游灵岩寺题诗碑》，明嘉靖三十二年（1553）刻立。孙□思撰并书。正文隶书。记孙氏游览灵岩寺所作五言律诗 5 首。《汉中碑石》著录。

《杨美益游灵岩寺题诗碑》，明嘉靖三十五年（1556）刻立。杨美益撰并书。正文行书。首题“同许书崖宪副游灵岩寺有作”。记杨美益、许书崖同游灵岩寺有感而发所作 5 首古诗。

《甘茹游灵岩寺题诗碑》，明嘉靖四十四年（1565）刻立。甘茹撰并书。正文草书。

记甘茹游览灵岩寺所作七言律诗 2 首。《汉中碑石》著录。

《郝守业王儒游灵岩题诗碑》，明嘉靖四十四年（1565）刻立。郝守业、王儒撰，刘一惇刻。正文草书。首题“游灵岩寺题皱眉罗汉”。记郝守业、王儒游览灵岩寺所作五言绝句 2 首、五言律诗 1 首。《汉中碑石》著录。

《乔进璠题诗碑》，明万历四十三年（1615）刻立。乔进璠撰并书。正文楷书。首题“中原宋人乔进璠兵备兴元来游灵岩寺偶成”。记乔进璠兵备兴元府时游灵岩寺所作五言诗 1 首。《汉中碑石》著录。

《李景庵游灵岩记碑》，明万历四十七年（1619）刻立。正文行书。记李景庵与周钟南同游灵岩寺时所作游记及五言律诗 1 首。

《董应徽草书诗碑》，清顺治七年（1650）刻立。董应徽撰并书。正文草书。记七言诗 1 首。

《高理游灵岩寺集毛诗碑》，约清乾隆四十九年（1784）刻立。高琨集书。正文楷书。首题“游灵岩寺集毛诗”，首行“濯濯厥灵，维石岩岩”。《汉中碑石》著录。

《高琨游灵岩寺长歌碑》，清乾隆五十年（1785）刻立。高琨撰并书。正文楷书。碑文分两段，前段刻长歌一首，后段刻七律 2 首。首题“游灵岩寺长歌”。记高琨游灵岩寺所作长歌及律诗。《汉中碑石》著录。

《赵希璜游灵岩寺拓郙阁铭摹本碑》，清乾隆五十三年（1788）刻立。赵希璜撰并书。正文隶书。首题“游灵岩寺拓甫阁颂铭摹本”。记载赵希璜游灵岩寺所作七言律诗 2 首、五言古风一首。《汉中碑石》著录。

《吴荣光题诗碑》，清嘉庆二十四年（1819）刻立。正文楷书。首题“贮得烟霞穹一隆，举头天在万山中”。落款“嘉庆己卯七月查赈至略阳拜观自在菩萨作陕安观察使者南海吴荣光并书”。

《陪娄少府游灵岩寺唱和诗碑》，清道光二十三年（1843）刻立。正文楷书。记谭瑀等为知县陪同娄少府游历灵岩寺有感所做的诗篇。

《游灵岩寺题诗碣》，清咸丰元年（1851）刻。正文楷书。首题“选灵岩寺文集语成诗八章十二句”。

《徐通久题诗碑》，清代刻立。正文楷书。记徐通久诗 1 首。

《严如熤诗碑》，清代刻立。正文楷书。落款“汉中府知府严如熤步韵”。

《潘荣游灵岩寺题诗碑》，清代刻立。正文楷书。首题“苍满千山草树浓，中流岩影蛟龙，为因误认天台路，通采香芸到香峰”。落款“康熙阴阳学训术潘荣”。

《熊会昌游灵岩寺诗碣》，民国元年（1912）刻。正文行楷。记熊会昌游灵岩寺的经过及所作诗文。后有高景星题跋行楷，张俊题跋行楷。

《方寿昌游灵岩寺题诗摩崖题刻》，民国十六年（1927）刻。方寿昌撰并书。正文行书。记方寿昌游览灵岩寺所作五言古诗 1 首。《汉中碑石》著录。

《王世瑛游灵岩寺诗碣》，民国三十三年（1944）刻。王世瑛撰并书。正文行书。落款“津门王世瑛并书”。

（三）灵岩寺碑刻研究述要

灵岩寺碑刻内容广泛，类别多样，体现了西秦岭与秦岭南麓西段结合部的地域特色，对于研究书法艺术、地域史志、寺院历史、宗教关系等，都有着重要价值。

嵌于灵岩寺前洞西侧崖壁上的东汉《郙阁颂》，无疑是寺内最为珍贵的碑刻，它同汉中的《石门颂》、甘肃成县的《西狭颂》并称为我国的“汉代三颂”。《郙阁颂》全称为《武都太守李翕析里桥郙阁颂》，仇靖撰，仇绋书，东汉建宁五年（172）刻。正文隶书。内容为赞颂西汉太守李翕重修析里大桥、郙阁栈道的功绩。原存于略阳县徐家坪街口村郭家地（古名析里，又名白崖），后被迁至灵岩寺，嵌于前洞石崖边。历代文人墨客长途跋涉，亲临秦岭腹地灵岩胜境，大多慕名而来，想要一睹汉隶瑰宝《郙阁颂》的风采。从这个角度说，灵岩寺的成名与《郙阁颂》密切相关。“汉代三颂”各有特色，但又浑然一体。《石门颂》布局巧妙，错综复杂；《西狭颂》端庄秀美，巧拙兼施；《郙阁颂》则拙而善变，肥而能捷，奇思横出，浑穆简静。北宋时，原刻因地处江边，风雨侵蚀，局部已有残损。南宋绍定三年（1230），田克仁任沔州太守，担心绝世佳品绝迹于世，遂于灵岩寺奈何桥边悬崖上重刻《郙阁颂》。自此，《郙阁颂》有原刻与重刻之别，这也是《郙阁颂》与《石门颂》、《西狭颂》的最大区别。民国时期，略阳地方官员为了保护《郙阁颂》原刻，曾组织人力对其进行建护。工程结束后刻立《建护郙阁颂记》记录护建之事。《郙阁颂》历代好评如潮，被 40 余种历代金石文献著录，原刻拓本在历史上曾千金难求，主要有湖南茶陵谭氏藏明前本、梁启超藏明末清初本、刘喜海藏清乾隆本等 3 种流传于世。为了更好地保护《郙阁颂》原刻，1987 年将原刻凿迁于灵岩寺，使原刻与重刻共处一处。《郙阁颂》不仅是汉代书法珍品，它在文学、历史等领域也是颇具价值的珍贵资料，其内容涉及汉代修建栈道的史实，行文表现出东汉后期北方汉文化与南方楚文化相互交融的审美倾向，因而受到学术界的广泛关注。

史载隋唐时期，灵岩寺是秦岭南麓西段的重要宗教文化场所之一。但这一时期存留下来的碑刻仅有 3 通，分别为唐开元年间的《药水窟画图记》、唐开成二年（837）的《韦行规等游记》、元和年间的《唐吏部尚书权德舆颂师德教碑》。上述碑刻中《唐吏部尚书权德舆颂师德教碑》是比较特殊的一通。此碑原立于略阳县中川河口马莲坪，民国时期移存于灵岩寺内。虽然其内容与灵岩寺并无关联，碑文多处剥泐严重，但仍然具有较高的史料价值。它记述了权德舆为自己的一位何姓老师撰写的功德碑文，其内容叙述恩师生平和功绩的同时，还记载了其恩师死后安葬的位置、墓葬封地的四至等。碑文落款可见“兴州刺史冯天禄勒石，陕南西道节度使司兴州□□尉何□□重□”等字，据此可知，此碑为原碑损毁后，何氏后裔重刻。灵岩寺内两宋时期的碑刻较多，除前文提及的《重刻郙阁颂》外，还有大量灵岩寺游记、诗文、题记的碑刻。这些碑刻在刊刻游记、诗文的同时，多有明确刊刻时代，其中留下名讳的宋代人物就有41位，具体为刘拱、刘异、蔡德润、王易权、鲜于侁、张百药、刘表、蒲安行、刘忱、李稷、谢宗雷、杨德远、刘守道、杨万□、李廷献、张元治、王德进、陈子明、孙应龙、李耆寿、董居谊、杨九鼎、任起厚、杨复师、成申之、杨恢、李荣仲、珧夫、虞刚简、田克仁、蔡□卿、迭□昂、孙云锦、吕大器、李芳桂、刘士骏、刘羽绳、梁舟、张昌祖、张振、郑提军等，上述人物中部分还载有籍贯、名号、官爵等信息，这对于研究两宋时期的文人、文学、地方官制等，提供了翔实的资料。

同时，上述碑刻的内容，对于研究灵岩寺的历史颇具价值。如北宋至和三年（1056）刊刻的《刘异游药水寺题诗碑》，首题“游药水寺”等字，说明北宋初年，灵岩寺名为“药水寺”，它是灵岩寺别名“药水寺”的实证。又如南宋嘉定十一年（1218）刊刻的《灵岩叙别记摩崖》，《陕西金石志》、《关中金石记》等书著录，记文中关于董居谊的记载与《宋史》所载相同，但记述其与金兵作战则更为翔实，有证史、补史的价值。再如南宋宝庆二年（1226）刊刻的《虞刚简游灵岩寺题诗》，《陕西金石志》著录此碑称已佚，但此碑现藏灵岩寺，保存完好。除此之外，宋代碑刻中还有部分与灵岩寺无关，但仍具有极高价值的碑刻。如南宋绍兴二十七年（1157）刻制的《罗再昌购地券砖刻》，其形制特殊（以正行倒行相间刊刻文字），或可能与略阳为汉与羌氐等少数民族杂居之处有关，故此砖刻是研究宋代少数民族丧葬习俗的珍贵资料。再如南宋绍定三年（1230）刻立的《宋哲宗御题司马光神道碑》，亦较为特殊。司马光卒于元祐二年（1087），其墓在山西夏县，沔县田克仁在绍定三年（1230）摹刻司马光墓碑，其间相隔150余年，田氏刻此碑缘由不得而知，但原碑早毁，此碑保留了宋哲宗御笔原式，具有一定的价值。

特别值得研究的是南宋淳熙八年（1181）刻立的《仪制令碑》，无论从其形式还是内容上，都对于后世具有借鉴和启示作用。其形式是政府公布交通法规的载体，可以认为，后世的布告即沿袭这种形式。其内容，一方面反映了封建时代阶级等级观念在交通上的表现。“贱避贵”就是规定在出行时，地位卑贱的人一定要让地位高贵的人先行，在路上，平民百姓一定要躲避在朝官员。这就反映出官员与官员之间、官员与庶民之间森严的等级关系。另一方面又反映了这些交通法规的制定，对于形成良好的社会秩序具有一定的积极意义。“少避长”、“轻避重”、“去避来”等，教导人们在出行时，年少者要让年长者先行，负担轻者要让负担重者先行，下坡者要让上坡者先行，反映了敬老、克己、谦逊等良好的社会风尚。这些交通法规，有的在今天仍然适用。

从现藏的记事碑中，可以得知明代至民国的数百年间，灵岩寺屡修屡敝，屡敝屡修，香火得以延续至今的史实。据明成化六年（1470）《重修灵岩禅寺记》记载，灵岩寺在明代之前本无殿宇，仅依岩穴修建。经过元末明初兵燹，香火几近断绝。景泰六年（1455），僧人海庸住持寺院，广结善缘。天顺四年（1460），景熙、何通等人捐资修建正殿三间，后又陆续完成了创建山门、二廊、僧室的工程，寺内众多的佛像、护法、药师、地藏菩萨等的雕塑，也是在此次大规模兴建中完成的。由此，灵岩寺“殿宇盘郁，起万人之瞻观；洞涯朗朗，为一方之胜境”。至正德年间（1506—1521），邑令王源游灵岩寺，目睹殿宇和佛像因岁久失修，破败不堪，遂与家人捐资募工，重塑灵岩寺后崖接引世尊佛像。天启元年（1621），邑人又对灵岩寺正殿、偏桥和道路进行了修缮。从明代张良知、白桂、钱泮、甘茹、郝守业、李仰、乔进璠等人的游记可知，直至明末，灵岩寺一直是人们“缁衣奉香，洗尘襟，消宦况”的心灵宗教圣地。另据现藏的三方清代地界碑记载，直至嘉庆中期，由于灵岩寺拥有相当数量的土地庙产，寺院基本维持了“殿宇巍峨，金碧掩映”的宏大规模。虽然清代也曾出现过灵岩寺常住地和庙产被侵夺的事件，由于地方官员的保护，加之有人不断向寺内施赠土地、资财，故修废补坠之资得以保障。清代见诸碑刻的各类塑修佛像、修建奈何桥、鱼池、远门、望江楼等工程就有 8 次。民国十二年（1923），又有知略阳县事任霈枝、住持沈教林等募资，大规模重修灵岩寺内殿宇。

值得关注的是，清代中期以后，灵岩寺不再是佛教的专属寺院了。由于道教在略阳民间广泛流传，民间信仰兴盛，道教和民间信仰对佛教信仰的冲击日益剧烈，道士与僧人争夺灵岩寺之事屡见碑刻记述。从部分碑刻的记载来看，除了原有的菩萨、罗汉、佛像之外，灵岩寺内亦出现了老君、天师、童子、圣母、关圣、药王、龙王、玉皇神等造像。这符合古代社会民间信仰“三教合一”的发展趋势。正是由于这一趋势的历史存在，才使秦岭宗教文化具有了发展的生命力，灵岩寺作为秦岭南麓西段区域重要的宗教场所，从清代至民国的香火旺盛，就是这种发展趋势的最好说明。

二、宁陕城隍庙碑刻

宁陕城隍庙是一座佛道合一的庙宇，位于县城北 5 千米，长安河中的沙洲上，四面环水，曾有“金鸭浮舟”之美誉。它始建于乾隆五十年（1786），至今已有200多年的历史，是秦岭南麓唯一一座保存完好、设计独特的城隍庙宇。其中存藏有数十通碑刻，承载着独特的区域文化内涵。

（一）宁陕及其城隍庙概述

宁陕地处秦岭中段腹地，境内子午古道贯通秦岭南北，是关中沟通湖北、四川的交通要冲。早在春秋战国时期，现宁陕辖区北属秦，南归楚，为两国战事频发、激烈争夺之地。史载：“（秦惠文君）十三年，庶长章击楚于丹阳，虏其将屈匄，斩首八万。”[①] 此役之后，楚国国势大损，宁陕全境为秦所有。此后直至宋代的1500余年中，因宁陕地处秦岭南北要冲，北接秦岭分水岭，南据秦岭南麓，县境基本上分别归南北两地不同县所辖。秦代北属中央直辖地内史杜县（在今长安境），南属汉中郡南郑；西汉北属右扶风盩厔（即今周至）、京兆杜陵（在今长安境），南属汉中郡西城（今安康）、旬阳二县；东汉北属鄠县（今户县），南属城固安阳县（今洋县东北）；魏晋时北属长安县、扶风郡杜县，南属汉中郡、魏兴郡（今安康）；南北朝时北属雍州盩厔县、周南郡，南属洋州傥城郡、安康郡（今石泉南）；隋代北属京兆郡长安，南属西城郡石泉县；唐代北属京畿道盩厔、鄠县，南属山南东道金州石泉县和山南西道洋州黄金县；五代时北属京兆府，南属金州；宋代北属京兆府路鄠县，南属利州石泉县。到了元明之际，官府严禁民众迁徙，宁陕地处秦岭山区，故境内人烟稀少，明代在现宁陕西北柴家关置五郎坝巡检司，管理现县境大部。清乾隆四十八年（1783），划长安、盩厔、洋县、石泉、镇安5县边境地带，置五郎厅，厅署置于焦家堡（今宁陕老城城北），隶属西安府。嘉庆五年（1800），在五郎厅之五郎关口筑城建镇（今宁陕新城），命名宁陕镇，取“镇守五郎关口，确保陕西安宁”之意，五郎厅自此更名为宁陕厅。此后，宁陕先后隶属汉中、兴安（今安康）两府。民国时期，改宁陕厅为县。新中国成立后，宁陕县境域虽然多有变化，且曾撤而复设，但一直属安康所辖。

明代以来，城隍神祭祀日益繁盛，全国各地兴建的城隍庙有数百座之多。宁陕城隍庙是秦岭腹地唯一保存完好的城隍庙建筑群，也是秦岭腹地最具代表性的古建筑群，其选址于宁陕老县城之外，在国内众多城隍庙中实属特殊之举。庙宇四面环水，风景宜人，每逢皓月当空，两侧河水与月光相映生辉，素有“月镜双辉”的美誉。因其自建成以来，虽屡遭洪水侵袭，又历经沧桑，仍能安然无恙地伫立于船形沙洲之上，故民间流传着“金鸭浮舟”的美丽传说。

---

① （汉）司马迁：《史记》卷五《秦本纪》，北京：中华书局，1982年，第207页。

宁陕城隍庙的基座是由巨石砌成，高出河面 1.5 米左右，南北长 172 米，东西宽近 34 米，南北两头逐渐缩尖，中断开阔而伸长。据《宁陕厅志》记载："城隍庙在厅东北河洲中，乾隆五十年巡检白纯祖劝建。嘉庆十八年，同知胡晋康请帑重修正殿三楹，东西厢各三间，钟鼓亭二座，二门三间，碑亭二座，大门三间，照墙一堵，正殿后寝宫三楹。"[①] 庙宇总面积 6000 多平方米，建筑面积 1000 多平方米。整体建筑坐北朝南，前后贯通，为对称格局。在城隍庙正门西侧有一座单孔石拱桥，横跨长安河，是连接城隍庙的唯一通道。在城隍庙南端为一座歇山式砖木结构的门楼，是城隍庙的标志性建筑。门楼上方正中书"城隍庙"三字，两侧悬挂"金鸭浮舟绕绿水，月镜双辉涵清光"的楹联。门楼南侧约 10 米处建有一座戏楼，坐南朝北，戏楼前是 200 平方米的观戏场。城隍庙正门与戏楼正对，为清代建筑。正门后过殿居中、东西庑分居两侧。过殿供奉八方土地神，东西庑是日常接待施主和城隍庙会其间戏班的住宿场所。过殿之后，东西厢房分列两侧，分别为住持道长和普通道士的住所。据称，由于宁陕地处山区，缺医少药，城隍庙道士常常为当地百姓施诊行医。因此，其中一间厢房为道士专用的药房。正殿建于东西厢房之间，是城隍庙的主体建筑。殿中供奉城隍神塑像，判官、十殿阎罗依次列于两侧，大殿内壁绘有八仙故事和十八层地狱壁画组图。正殿后侧的寝殿，内供奉城隍娘娘塑像，并陈列城隍神日用和出巡物品。寝殿东西两侧分别为财神殿和药王殿。寝殿之后为城隍庙后院，内设斋房、东西配殿和后山门。配殿内原供奉十八罗汉、观音菩萨、送子娘娘和偷子娘娘，惜皆毁于"文化大革命"中，目前配殿成为宁陕民俗和名人书法的专题展室。后山门两侧各有一颗盘龙古松，相传其历史比城隍庙更早，当地人结合城隍庙特殊的船形格局，将其比作船头桅杆。20 世纪 80 年代以来，陕西省文物局和宁陕县政府将宁陕城隍庙列为重点文物保护单位，并多次拨专款对庙宇建筑进行维护修缮。2003 年，被正式列为陕西省重点文物保护单位。如今的城隍庙基本上保留了清代的建筑风格，其结构严谨、古朴典雅，是南北方建筑风格完美融合的代表。

（二）碑刻存藏及著录情况

由于宁陕县建置时间仅 200 多年，故宁陕城隍庙现藏数十通历代碑刻，数量很少，内容多与宁陕城隍庙修建或重建相关，也与宁陕当地历史相关，表现了秦岭腹地的历史文化。下面按历史顺序撮其要者述之。

《堰口碑记》，清乾隆十七年（1752）刻立。记载焦、刘二家重修新堰的争端及解决过程，对于研究陕南地区的水利设施史及法律诉讼等有一定价值。

---

① （清）林一铭等：《宁陕厅志》卷二《建置志》，清道光九年本厅刻本。

《五郎关创建诸庙碑》，清乾隆五十七年（1792）刻立。白纯祖撰，住持王一来立，杜明安刻石。《安康碑石》著录。

《修建城隍庙碑》，清乾隆五十七年（1792）刻立。记载乾隆年修建城隍庙事。

《城隍庙界碑》，清乾隆五十九年（1794）刻立。记载了城隍庙四至地界的具体情况。

《宁陕镇新置屯田记碑》，清嘉庆十一年（1806）刻立。杨芳撰文，正文楷书。碑文记述宁陕县由来，该地设置兵营概况，并记载宁陕营征召乡勇，购置田产，亦兵亦农的情况，对于研究陕南地区的经济史有一定价值。

《新修宁陕厅城碑记》，清嘉庆十九年（1814）刻立。记载了嘉庆十九年兴安知府叶世倬巡视宁陕，恰逢宁陕厅老城创建完工，遂撰文记录此事。

《城隍庙碑》，清嘉庆二十年（1815）刻立。汉中府知府江如玉撰，胡晋□篆额。记述了宁陕城隍庙初建及历代修葺等事。

《龙门十六代宏戒妙道汪合真灵正位碑》，清道光二十六年（1846）刻立。是城隍庙主持道人的墓碑，碑文记载其生平事迹。对研究当地宗教史有一定价值。

《梁家庄乡约会新置产业碑》，清咸丰十一年（1861）刻立。额题“续捐公永发乡约会款叙”，记述乡约会集资购置会产及首士王员翁操持功德。

《二安桥记碑》，清光绪十八年（1892）刻立。宁陕县同知余修凤撰文，朱祥麟书，铁笔李世有锲石。正文楷书。记载长安、万安二桥沿革及重修一事。

《巡差纪事并序碑》，清光绪十八年（1892）刻立。正文楷书。记宁陕厅同知余修凤题五言诗 8 首，其序中备赞陕西巡抚鹿传霖（滋轩）“巡阅陕南，首涂宁陕”，行止简朴，“襆被皆布素，驺从仅数十，戒供张，杜膏秣，谢诸胥，夜图容口，日饱疏粝”等情。

《筹建护国宫碑记》，清光绪三十一年（1905）刻立。记载宁陕老城北门内黄州会馆由来已久，嘉庆年间，邑人于此筹建护国宫，祭祀唐代道人张七瑞（宋封英烈紫微侯，明封助国顺天王）。同治十一年（1872）又对正殿、天楼、塑像进行修缮。文中涉及捻军在此地活动等内容，对于研究陕南地区的历史有一定资料价值。

《孝义营碑》，清代刻立。首题“孝义营”，落款“孝义营都司梁元凯承办”。碑文记载军队买地边生产边防务的情况，对于研究陕南地区的军政史有一定价值。

《镇安县界碑》，清代刻立。记载了安康、镇安的边界，对研究陕南地区的行政区划史有一定的参考价值。

《学务会刊碑》，民国十八年（1929）刻立。县教育局长兼高级小学校校长廖金元撰，前任县长宋任书。额书“宁陕县学务会刊”六字。碑文记述宁陕县高小、初小遭受土匪破坏停业数年，新任县长李芷政力倡教育，恢复学校，此后十年中虽数遭匪扰，仍坚持不辍，并划拨基金供养学校等事。

《新设师范传习所碑》，民国十八年（1929）刻立。县教育局长廖金元撰。长方形匾额，横书“师范教室”，下部楷书记述宁陕县师范传习所由省厅拨款，地方官吏捐俸薪金创办师范传习所之事。

（三）宁陕城隍庙碑刻研究述要

上述宁陕城隍庙重要碑刻，内容多与宁陕城隍庙修建或修葺以及与宁陕当地历史相关，体现了秦岭腹地的历史文化。

从宁陕城隍庙碑刻中，可以得知城隍庙修建或修葺的相关史实。清乾隆五十七年（1792）刻立的《五郎关创建诸庙碑》，为关于宁陕地区庙宇修建的最早记述。据此碑记载，五郎关本为山地，人烟稀少、土地荒芜，早在唐代即有五谷关之称。“五谷”即长安河上下两个谷口、东河谷口、西沟谷口和鱼洞河谷口的总称。关口山高谷峡，地形险要，沟壑纵横。明朝中叶改五谷关为五郎关，周围五座山犹如五壮士守卫。清乾隆四十八年（1783）置五郎厅。嘉庆五年（1800），白莲教起义遍及蜀、楚、陕三省，为保障省城西安的安全，朝廷在五郎厅筑城并赐名宁陕镇，充分显示了五郎关突出的军事地位。自乾隆四十八年（1783）设署以来，地方官员奏请建立坛庙。乾隆五十年（1785）开始，地方官员奉命在宁陕境内修建城隍庙、关帝庙、火神庙、财神庙等诸多庙宇。各项工程皆在时任五郎关巡检兼司狱白纯祖的督办下进行；此外，他还制定了每年三月各庙奉祀献祭、举行庙会的制度。乾隆五十七年（1792），各庙宇全部竣工，白纯祖亲自撰写碑文记录此事。这通碑刻是关于宁陕城隍庙等始建的确切记载，为研究宁陕地区宗教传播和民间信仰提供了珍贵资料。光绪十八年（1892）刻立的《二安桥记碑》，记载长安、万安二桥沿革及重修一事。碑文载，城隍庙始建于乾隆年间，嘉庆十八年县同知胡晋康请帑重修庙宇，光绪九年同知袁启钧初建万安桥和亭台，至光绪十八年，万安桥年久失修，早已废弃，同知余修凤重修万安、长安二桥，并立碑记事。关于宁陕城隍庙“月镜双辉”景致之说即出自此碑。

从相关碑刻中，可以发现清代在宁陕的移民屯田及置治情况。嘉庆十一年（1806）刻立的《宁陕镇新置屯田记碑》，记载终南山南麓层峦叠嶂，人烟稀少，清乾隆年间以来移民垦荒，设五郎通判、巡检，十余年间“石田日辟，山民妇子恬嬉，颇称乐土”，是研究清代移民和宁陕地区屯田的重要资料。嘉庆十九年（1814）刻立的《新修宁陕厅城碑记》，记述了宁陕厅老城创建的具体情况。据碑文记述，宁陕厅城始建于嘉庆十七年（1812）八月，十八年（1813）十二月竣工，城周五百六丈九尺，高二丈，南有治安门，北有迎恩门，东有清正门。自乾隆年间宁陕厅建置至本次修建厅城，三十余年间，由“鹿豕与游，上巢下窟，林木阴翳，荆榛塞路”的荒野之地，变为“木拔道通，阡陌纵横，市厘鳞接，百堵皆兴”的繁华市井。碑文所载对于研究陕南地区的移民和开发具有重要的参考价值。《孝义营碑》，清代刻立。首题“孝义营”，落款“孝义营都司梁元凯承办”。碑文记载了孝义营购置土地、从事生产和防务等情况，是研究陕南地区的军政史的珍贵资料。

城隍庙碑刻也反映了宁陕清初至民国社会生活的各个方面。清乾隆十七年（1752）刻立的《堰口碑记》，是宁陕城隍庙现藏年代最早的碑刻，也是一通记述水利争纷的碑刻。据碑文记载，石泉古堰由来已久，乾隆十一年（1746）时，当地刘、焦两家族合力整修堤堰，使堰体完好如初，利用顺畅。但之后因水权纠纷，不得不由官府出面裁决并立碑记此事。此碑对于研究陕南地区的水利史和法律诉讼有一定的价值。清光绪三十一年（1905）刻立的《筹建护国宫碑》，记载了宁陕老城北门内黄州会馆改建护国宫事。黄州在今湖北，能够在宁陕建有黄州会馆，说明当时宁陕的商业情况，以及移民情况。至嘉庆年间，邑人于此筹建护国宫，把会馆改为道教活动场所，祭祀唐代道人张七瑞（宋封英烈紫微侯，明封助国顺天王），延至同治十一年（1872）还对正殿、天楼、塑像等进行修缮，足见清代道教在宁陕发展之盛。碑文还记述了捻军在宁陕的活动情况。这些对于研究陕南地区的社会生活史有一定价值。清代刻立的《镇安县界碑》，记载了安康、镇安的边界，对研究陕南地区的行政区划史有一定的参考价值。民国十八年（1929）刻立的《学务会刊碑》和《新设师范传习所碑》，由县教育局长兼高级小学校校长廖金元撰，记述了宁陕县高级及初级小学设立后，屡遭土匪破坏，停业数年，新任县长李芷政力倡教育，恢复学校，此后十年中虽数遭匪扰，仍坚持不辍，并划拨基金供养学校。又记述宁陕县师范传习所由省厅拨款，地方官吏捐俸薪金创办师范传习所之事，对于研究宁陕近代教育具有重要的资料价值。

第十二章　五丈原诸葛亮庙、张良庙、石门碑刻

五丈原，位于秦岭太白山北麓。长期以来，五丈原作为诸葛亮星坠命殒之地闻名于世，原上的诸葛亮庙更是香火延绵，至今不绝。其中所藏碑刻，体现了秦岭文化的区域性特征。秦岭腹地留坝县境内的张良庙，与五丈原诸葛亮庙有相似之处，其中所藏碑刻，体现了秦岭腹地的地域文化特征。而秦岭南麓的褒斜谷口石门，为古代褒斜道要冲，临褒水而据，景致特异，汉魏以来行人至此无不驻足，吟咏感叹，故留下了大量的摩崖题刻。上述三个地点，一处位秦岭北麓，一处在秦岭腹地，一处位秦岭南麓，都是秦岭碑刻较为集中的存藏地，下面分而述之。

一、五丈原诸葛亮庙碑刻

五丈原在秦岭北麓，面积约 12 平方千米，为秦岭太白山延伸的黄土台塬地，南依秦岭，北枕渭河，东西皆深沟，形势险要，古往今来，既是交通喉舌，亦为战略要地。两汉时期，五丈原属右扶风郡武功县辖地。此后直至元代，五丈原曾归眉县①。元中期之后，为岐山县所辖，并一直延续至今。关于五丈原名字的含义，历来众说纷纭，或以为五丈原原名陂陀坡，秦二世胡亥秋初西巡至此，见到“五丈尘柱”的旋风奇景，写下“五丈秋风原”之句，五丈原由此得名；或以为依汉代长度单位丈量，原高五十丈，故初名“五十丈原”，乡人简称五丈原；或以为五丈原形似汉代“五”的字形，初名“五状原”，又因方言发音之故，误传为五丈原；或以为河水经年冲刷，原之最窄处仅有五丈，里人以宽度命名。上述说法虽无定论，但五丈原之名秦汉时期应该已经出现。五丈原与三国蜀丞相诸葛亮的关系比较特殊。据《三国志》载：“（建兴）十二年春，亮悉大众由斜谷出，以流马运，据武功五丈原，与司马宣王对于渭南。亮每患粮不继，

① 《魏书》卷一〇六《地理志》载：“武都郡领县三，平阳，真君六年置，有新谷、五丈原、眉坞。”《隋书》卷二九《地理志》载：“眉有太白山、五丈原。”《太平寰宇记》载：“五丈原在县（眉县）西二十二里。”

使己志不申，是以分兵屯田，为久驻之基。耕者杂于渭滨居民之间，而百姓安堵，军无私焉。”[①] 郦道元《水经注》引诸葛亮《与步骘书》亦云：“仆前军在五丈原，原在武功西十里。”[②] 这就使五丈原与诸葛亮有了直接的联系，以致后人为了纪念这位历史名相，在此修筑了诸葛亮庙，以资纪念和称颂。

（一）五丈原诸葛亮庙及其祭祀概述

据《三国志》记载，诸葛亮病逝后，蜀中百姓纷纷请命为其立庙，朝廷以不合礼制，没有批准百姓的请求。但由于诸葛亮在百姓中的声望极高，民间自发的祭祀活动规模很大，朝廷无法禁止，便对民间祭祀诸葛亮之事采取了默许的态度。民间祭祀诸葛亮的活动因此日渐广泛，规模日盛。蜀汉末年，步骑校尉习隆、中书郎向允等上书建议在成都之外的地方为诸葛亮立庙，以此别蜀汉皇室的宗庙。这一建议得到后主刘禅的采纳，于是他下令在沔阳（今勉县）靠近诸葛亮墓地之处修建庙宇，允许诸葛亮的家人、朝臣以及百姓进行公开的祭祀。此后，在全国范围内出现了多处大规模的祭祀诸葛亮的祠庙，如四川成都武侯祠、湖北襄阳武侯祠、河南南阳卧龙岗武侯祠等。

五丈原诸葛亮庙的始建年代，史无明确记载。据清光绪《岐山县志》引嘉庆岐山县知县杜塄所撰《重修五丈原武侯祠记》碑载：“汉丞相出师伐魏……惜乎大星骤落，汉业随终，天运虽任自然，而人心终多隐憾。五丈原之有武侯庙也，自当创始于此时。厥后遥遥千余载，历代兴废，难以尽稽考之。”[③] 是说诸葛亮庙大约建于诸葛亮去世之后。又有唐末五代著名诗人温庭筠在《过五丈原》诗中说：“铁马云雕久绝尘，柳荫高压汉宫春。天晴杀气腾关右，夜半妖星照渭滨。上国卧龙空寤主，中原逐鹿不由人。象床宝帐无言语，从此谯周是老臣。”[④] 诗中慨叹一代名相壮志未酬的同时，讽刺了蜀汉政权在诸葛亮去世后重用投降派代表谯周之事。其中“象床宝帐”即为五丈原诸葛亮庙中供奉的武侯造像，由此推测，庙宇可能在蜀汉后期已经创建。结合蜀汉末年官员请于成都之外立祠祭祀武侯之事，或可认为五丈原诸葛亮庙的创建时间，当在蜀汉末年或西晋时期。

从元代重修开始，明、清两代及至民国时期，对诸葛亮庙进行了多次修葺。目前庙内存留的建筑共有6座，沿中轴线由北向南依次为山门、献殿、正殿、八卦亭、钟楼、鼓楼及两侧的耳室和厢房。其规模和形式大体保留了清代最后一次修整之后的状况。山

① （晋）陈寿：《三国志》卷三十五《诸葛亮传》，北京：中华书局，1982年，第925页。

② （北魏）郦道元注，陈桥驿校证：《水经注校证》卷十八，北京：中华书局，2007年，第439页。

③ （清）胡升猷、张殿元：《（光绪）岐山县志》卷之八《艺文》，清光绪十年刻本。

④ 岐山县志编纂委员会编：《岐山县志》附录《旧志诗文选》，西安：陕西人民出版社，1992年。

门是一座坐南向北的歇山式砖木结构建筑，面阔三间，进深两间，门楣正中书“汉室孤忠”四字，檐下有舒同题写的“五丈原诸葛亮庙”七个鎏金大字竖匾，北檐下中一间柱上悬挂“一诗二表三分鼎，万古千秋五丈原”的楹联。门两侧分别绘有严颜、黄忠画像，东西设开敞式侧门。南檐两侧门柱上悬挂“伐曹魏名留汉简，出祁山气吞中原”的楹联。魏延、马岱泥塑像分别站立两旁。献殿又称拜殿，面阔五间，进深两间，前后檐口、斗栱、梁架均施彩绘。檐下悬挂黑底金字“五丈秋风”横匾及“三顾许驰驱，三分天下隆中对；六军彰讨伐，六出祁山纲目书”楹联一副。殿内两侧山墙上绘《三国演义》故事壁画。壁画下镶嵌岳飞书诸葛亮前后《出师表》石刻40方，世称“三绝碑”。正殿亦称大殿，是庙内的主要建筑，坐南向北，因两侧各带一耳室，故又名三帅殿，正中安放清光绪年间所塑诸葛亮泥塑彩色坐像，纶巾羽扇，仪表端庄，犹如仍在此处运筹帷幄。两边分别有姜维、杨仪、关兴、张苞、王平、廖化的塑像。龛上悬有三通木匾，从西向东依次为“出将入相”、“将相师表”、“北定中原”。龛两侧挂“短兵五丈原，长眠一卧龙”楹联一副，有“成大事以小心一生谨慎，仰风流于遗迹万古清高”楹联于龙凤柱两侧。耳室分别为杨仪、姜维陪殿。八卦亭为清光绪年间修建，位于大殿与献殿之间。按八卦“乾、坤、震、巽、坎、离、艮、兑”方位建亭。钟、鼓楼分列山门和献殿之间的西东两侧，钟楼之上悬挂清嘉庆十三年（1808）所铸大钟一口。此外，庙内的碑廊和落星亭皆现代修复的建筑，庙后尚有始建年代不详的诸葛亮衣冠冢一座。

诸葛亮庙创建之后，祭祀活动十分频繁。明嘉靖三十九年（1560），岐山知县韩廷芳上书朝廷，请求列诸葛亮庙为官方祀典之一，以区别于民间的“淫祀”。朝廷批准了韩氏的请求，并规定每年春、秋两季，由岐山地方官员前往武侯庙致祭。清嘉庆四年（1799），经朝廷批准，增置庙产30亩，以供祭祀及修缮之用。民国初年，政局动荡不安，五丈原诸葛亮庙香火惨淡，建筑破损严重。民国十八年（1929），诸葛亮庙因盗匪洗劫发生火灾，焚毁严重。次年，地方官员通过华北慈善联合会筹得善款，在火灾遗址上重建庙宇，其祭祀活动得以延续下来。新中国成立后，诸葛亮庙每年春季的民间祭祀活动仍然没有停止，直至“文化大革命”开始后，诸葛亮庙才因“破四旧”运动被捣毁。20世纪80年代初，陕西省文物局对诸葛亮庙进行全面的维护和修缮，保持了诸葛亮庙布局严谨、古朴典雅的基本特点。1992年，陕西省文物局将其列为省级重点文物保护单位。

（二）五丈原诸葛亮庙碑刻存藏及著录情况

尽管五丈原诸葛亮庙久负盛名，但由于年代久远、庙址迁改、战乱频繁、人为损毁等诸多因素的影响，诸葛亮庙内存留至今的碑刻数量并不丰富，且年代相对较晚。据田野调查，目前庙内存藏有明、清、民国时期碑刻50余通，内容皆以五丈原、诸葛亮庙及诸葛亮相关事迹为主，主题鲜明，地域特点明显，有一定的价值。按照碑文内容，五丈原诸葛亮庙碑刻主要包括记事碑和诗文碑两种类型，重要者罗列如下。

1. 记事类碑刻（11通）

《重修五丈原武侯祠记》，明崇祯十六年（1643）刻立。岐山知县孔尚钺立。

《重修五丈原武侯祠记》，清嘉庆四年（1799）刻立。岐山县知县杜塄撰，张廷楷书。正文楷书。记述了诸葛亮庙的沿革及嘉庆三年川、楚白莲教出斜峪关之情况。

《新置诸葛武侯庙地碑》，清嘉庆四年刻立。

《宋昌施地文书碑》，清嘉庆二十五年（1820）刻。碑文记叙宋昌为武侯庙施地二亩八分，并明确四至方位等。现嵌于诸葛亮庙献殿前檐墙上。

《增修五丈原武侯庙记》，清道光九年（1829）刻立。程懋采撰，阮承瑞书。记述五丈原诸葛亮庙的具体位置、所增修的庙亭及对诸葛亮之功业的评价等。

《重修钟鼓楼并墙垣碑记》，清同治六年（1867）刻立。高廷选撰并书。记述诸葛亮庙的沿革及重修钟鼓楼等事。

《重修汉丞相诸葛武侯献殿碑记》，清光绪七年（1881）刻立。胡升猷撰并书，孙士喆篆额。记述了武侯庙历遭纷乱而祠仍存，黎民受福而重修献殿之功。现立于诸葛亮庙山门西侧。

《武侯祠碑阴记》，清光绪七年（1881）刻立。李敷荣书。记述改修乐楼、添建正殿诸事，现立于诸葛亮庙山门西侧。

《布施碑》，清光绪十三年（1887）刻立。

《创建武侯诸葛庙暨修城记》，民国六年（1917）刻立。王兆熊撰，□□培书。记五星村合村捐资修建诸葛庙及城垣之事。

《重修武侯祠碑记》，民国二十九年（1940）刻立。麻森秀撰并书。介绍了当时庙内布局及建筑以及重修情况。

2. 诗文类碑刻（15通）

《大复山人登五丈原谒诸葛武侯庙碣》，明正德十五年（1520）刻。何景明撰。为何景明游五丈原时所作，清光绪四年（1878）重修诸葛献殿时嵌于墙上。

《过五丈原诸葛忠武祠诗碑》，明嘉靖三十九年（1560）刻。胡松撰，岐山知县韩廷芳立。清光绪四年重修诸葛亮庙献殿时嵌于墙上。刻七言绝句诗1首，歌颂诸葛亮的丰功伟绩，感怀诸葛亮庙之破败。

《范宗镇诗碑》，明万历十年（1582）刻。范宗镇题，岐山知县张近仁立。刻七言绝句诗1首。清光绪四年重修诸葛亮庙献殿时嵌于墙上。

《谒武侯庙二律诗碑》，清嘉庆四年（1799）刻。杜塄撰并书。刻岐山知县杜塄诗两首。

《五丈原谒忠武祠并序》，清嘉庆二十年（1815）刻。段典谟题。刻五言诗 2 首。

《段典谟录诗碑》，清嘉庆二十年刻。刻段典谟录唐杜甫、宋张栻、元张奭诗各一首。

《五丈原怀古》，清嘉庆二十二年（1817）刻。陈尧撰。刻七言绝句诗 1 首。

《汉丞相出师伐魏碑》，清道光九年（1829）刻立。

《秋祀诸葛丞相祠堂恭纪碑》，清道光十五年（1835）刻立。李荣桂撰。此碑为清光绪四年重修诸葛献殿时嵌于墙上。前部分为岐山县知县李荣桂为道光十五年武侯祠秋祀所写祭文，后部分为道光十五年清代诗人谭瑀所写《五丈原怀古》诗 1 首。

《出师表碣》，清光绪四年（1878）刻。岳飞书。是五丈原诸葛亮庙内碑刻精品之一，分别刻于 40 块正方形青石板上，镶嵌于五丈原诸葛亮庙献殿东西两侧山墙内壁之上。

《登五丈原有感碑》，清光绪四年刻立。此碑前刻光绪四年山阴人万方煦、万同伦七言律诗各 1 首，楷书；中刻光绪八年（1882）蜀西赵洵七言律诗 1 首，草书；末刻光绪十年（1884）岐山知县胡升猷所作《重修五丈原工毕喜而有感之作》七言律诗 2 首。

《谒五丈原忠武祠诗碑》，清光绪十三年（1887）刻立。宫尔铎、胡升猷撰。此碑前部分刻宫尔铎七言律诗 1 首，后部分刻胡升猷五言诗 2 首。

《五丈原怀诸葛公同茹明府作诗碑》，清代刻立。李因笃撰。刻五言诗 1 首。

《早秋五丈原怀古诗碑》，清代刻立。李因笃撰。刻七言诗 1 首。

（三）五丈原诸葛亮庙碑刻研究述要

五丈原诸葛亮庙碑刻主要包括记事碑和诗文碑两类，数量不多，但也能够从其中掌握此庙的历代修葺情况，以及与诸葛亮庙相关的历史事件。

从明崇祯十六年（1643）刻立的《重修五丈原武侯祠记》、清道光九年（1829）刻立的《增修五丈原武侯庙》、清同治六年（1867）刻立的《重修钟鼓楼并墙垣碑记》、清光绪七年（1881）刻立的《重修汉丞相诸葛武侯祠献殿碑记》和《武侯祠碑阴记》中，可以得知明清时期对诸葛亮庙重修或修葺的具体情况。明嘉靖三十七年（1558），岐山知县韩廷芳在原庙基础之上重修诸葛庙；明崇祯十六年（1643），在李自成农民起义军攻占西安，明王朝命运危在旦夕之时，地方官员仍再一次募资重修诸葛亮庙；清王朝建立后，分别在乾隆四十年（1775）、嘉庆四年（1799）、道光九年（1829）、光绪四年（1878）至光绪十年（1884），对诸葛庙进行了四次大规模的重修或增修。其中，嘉庆四年重修诸葛庙时，对正殿进行了翻新，改建山门，增建献殿、厢房；道光九年的扩建活动中，又在庙内增修了钟楼和鼓楼；清代最后一次修缮诸葛庙始于光绪四年，终于光绪十年，历时七年方才完成。如今，诸葛庙规模和形式大体保留了清代最后一次修整后的状况。

诸葛亮庙碑刻也记述和反映了某些历史事件。如清嘉庆四年（1799）刻立的《诸葛亮庙碑》，由当时的岐山县知县杜堮撰文，在记述诸葛亮庙沿革的同时，还记述了嘉庆三年川、楚白莲教出斜峪关，接近五丈原时，见前方红灯隐约闪烁，疑清军有备，遂即撤军之事。这对研究川、楚白莲教的历史有重要的史料价值。民国六年（1917）刻立的《创建武侯诸葛庙暨修城记》，不但记载了清嘉庆二年“莲匪出关，沿山东窜”的历史事实，还记载了清同治元年“郭匪入寇，越境西过岐地”，又记同治六年“贼匪乱后原”和清宣统三年“土匪蜂起”等历史事实，为研究这一时期关中平原特别是岐山一带的社会治安状况及全国的政治形势提供了珍贵的历史资料。再如岳飞手书前后《出师表》，是五丈原诸葛亮庙碑刻精品之一。从其题记可知，南宋绍兴八年秋，岳飞率军途经南阳，遇雨宿于南阳武侯祠，夜观祠前石刻《出师表》，心有所感，遂以草书书写诸葛亮前后《出师表》。此墨本辗转流传，至清乾隆年间，铜山杨氏于商丘宋氏手中购得此本，以之刻石。光绪初年，袁保恒在西安以墨本刻石。光绪四年，岐山县令胡升猷重修五丈原诸葛武侯庙时，又以袁刻拓本勾勒上石，才使此碑刻现于五丈原诸葛亮庙。

需要引起注意的是，五丈原诸葛亮庙历史悠久，自建祠之日起，前往拜谒诸葛武侯的文人墨客、朝廷官员必不在少数，按照惯例，这些来访之人应当或多或少留下一定数量的诸如游记、诗文、题字之类的碑刻。然而，庙内现藏游记、诗文、题字之类的碑刻的数量却比较少，除明代3通诗文碑外，自明万历十一年（1583）至清嘉庆三年（1798）的200余年中，竟然没有留下一通这方面碑刻。此外，五丈原诸葛亮庙在历史发展过程中，曾经有过数次重修或修葺，每次重修或修葺或只有记事碑，但无出资、捐资等相关记述。这一方面大概是因受到战争、灾害及人为破坏等诸多因素的影响，另一方面或与明清之后，特别是清代封建统治者对历代先贤祭祀政策有关，与官方有关的诸葛亮祭祀及赞颂的冷落，或许是这一政策的突出体现。但长期以来诸葛亮崇拜逐渐演变成了民间信仰，特别是明清以来民间信仰与祭祀的固化，却表现了秦岭区域文化能够在强大的政治压力下，继续发展的生命力。

二、张良庙碑刻

有关张良的历史遗迹在我国分布很多，陕西、湖南、湖北、江苏、安徽、山东、河南等省或有张良辟谷处，或有张良墓，或有张良祠庙，总数超过百处，说明张良这位历史人物在中国古代社会的影响力。在超过百处的张良遗迹中，汉中留坝县的张良庙保存完好，是目前国内规模最大的关于张良的历史遗迹。

（一）张良庙概述

张良，字子房，本姓姬，为战国时期韩国望族。其祖、父两辈皆任韩国相国，辅佐五代韩王，勋业卓著。秦兼并六国之后，张良为报丧国之仇，广结仁人志士，重金聘求刺客，以待时机。秦始皇帝二十九年（公元前218），秦始皇东游巡视，张良集结刺客在博浪沙（今河南原阳东南）行刺秦始皇。事败，秦始皇下令通缉行刺主使及其党羽。张良就此更名改姓，四处逃亡避难。相传在逃亡过程中，张良途径下邳（今江苏睢宁北），在沂水大桥遇到仙翁黄石公，得授《太公兵法》。张良得书，精研其理，悟出兴兵伐秦远胜行刺之策，遂就地聚众百余人起义。之后，他带领部下在留城与刘邦义军会合，辅佐刘邦南征北战，终得天下，得封“留城侯”。西汉立国不久，张良便审时度势，急流勇退，隐志修身，死后谥封“文成公”，归葬封地留城[①]。传说张良归隐之后随仙道赤松子修道，曾在留坝紫柏山辟谷修行，故其死后，世人便在此为其建造祠庙用以祭祀。

张良庙，坐落于秦岭南麓紫柏山腹地，亦称留侯祠。其始建年代说法不一。明李一鳌撰《紫柏山免粮记》碑时称紫柏山“隋唐来古刹棋列，名与五台、蓬峨并崇，盛于宋，极于明”，虽不曾明言隋唐时是否存有张良庙，但充分反映了此山祠庙星罗棋布的现象。清康熙二十二年（1683）滕天绶撰《留侯庙记》称其“奉督抚命，运汉米入西安，以济兵饷。北出云栈，过紫柏山麓，石碑上书曰汉留侯张子房先生辟谷处”[②]，故于留坝修建张良庙，供奉黄石公、赤松子和张良三人。清嘉庆二十五年（1820）严如熤撰《留侯庙记》时称“紫柏山之麓庙台子，旧有留侯张文成公祠屋，不知创自何年。康熙、乾隆间，太守滕君天绶、观察使者丰公绅相继修理。岁月既深，栋宇倾圮，垣墉颓塌，觇拜者伤之”[③]，故重新建设有祠宇、飨堂、客舍、道寮等，庙貌焕然一新。清道光《留坝厅志》记载：“《道藏》有《张天师世家》八卷，其始祖为留侯，九传而至张陵（道家呼为张道陵，非《后汉书》之张陵）。天师之名自陵起。陵既以鬼道惑人，而托诸留侯，传至其孙，必率奉道之人祀其先祖……子房山留侯洞与此山之留侯庙，盖皆汉代天师堂之遗迹。”[④]其后，张良庙的发展曾经有过周折，特别是僧道几经争夺，于清道

① 张良死后，其葬地众说纷纭，至今尚无定论。江苏沛县、河南兰考、湖南张家界、江苏云龙山、西安龙首塬、江西龙虎山、山东济南等地皆有张良墓。

② （清）景邦宪：《紫柏山志图》，清同治十年刻本。

③ （清）景邦宪：《紫柏山志图》，清同治十年刻本。

④ （清）贺仲瑊、蒋湘南等：《留坝厅志》卷七《祠祀志》，清道光二十二年刻本。

光十九年（1839）才交由原西安八仙庵道士任永真住持，自此祠庙一新，规模不断扩大，盛极一方。清末民初，张良庙相继得到扩建，如今的授书楼、南北花园、五云楼等殿宇，大多修建于这一时期。民国二十四年（1935），西汉（宝汉）公路修通，途经张良庙，为信男善女及广大游客提供了便利，游览拜谒张良庙的人数与日俱增。新中国成立后，张良庙作为明清古建筑群，先后经历了五次大规模的维修。2006 年 5 月，张良庙被批准为第六批全国重点文物保护单位。如今的张良庙古建筑群以正殿为中心，南北花园分列左右。整体布局工整，融合南北建筑的不同流派和艺术风格。庙内现藏楼、殿、亭、阁、厅、廊、室、舍共 178 间，碑刻、匾额、楹联等百余种，是珍贵的文化遗产。

（二）张良庙碑刻存藏及著录情况

由于文献资料或缺或佚，历史上张良庙碑刻存藏数量无法确定。根据此次田野调查，张良庙历代碑刻总数约有 90 余通，除 5 通明代碑刻外，其余碑刻均为清康熙年间至民国时期刻立。按照内容，张良庙碑刻大致可以分为记事、公文、传记、题记、诗文等五类，以下撮其要者分述之。

1. 记事碑（8 通）

《紫柏山免粮记碑》，明崇祯元年（1628）刻立。李一鳌撰并书。正文楷书。记载了朝廷因紫柏山为宗教圣地，故蠲免其纳粮之事。《留坝厅志》、《汉中碑石》著录。

《重修张良庙碑》，清康熙三十六年（1697）刻立。陈邦器撰。正文楷书。记载汉中府知府陈邦器及六县知县联合筹资重修张良庙一事。现立于留坝县庙台子乡。

《留侯庙常住地界碑》，清道光三年（1823）刻立。主持道人陈松石立。正文行书。记载了张良庙重新清丈土地，划清地界，招佃取租以供香火之事。涉及张良庙历史、庙产状况、官府诉讼、断案等多方面内容。《汉中碑石》著录。

《创修授书楼功德碑》，清道光三十年（1850）刻立。任永真撰并书，孟玉和刻。正文行书。记述了熊文华于道光三十年创修授书楼工程之事。《汉中碑石》著录。

《重修留侯庙暨创建三清殿碑》，清道光三十年（1850）刻立。富明阿撰并书。正文楷书。记载了三清殿修建的过程，有大量文字涉及张良生平伟业和祠庙历史，是非常珍贵的史料。现立于张良庙三清殿外廊上。《汉中碑石》著录。

《留侯庙勘定地界碑》，清同治五年（1866）刻立。梁嘉麟撰，任永真刻。正文行书。记载道光二十三年七月所勘察之留侯庙基地界。《汉中碑石》著录。

《留侯庙接管沔县武侯祠墓碑》，清同治八年（1869）刻立。任永真撰并书。正文分上下两段。上段记载了咸丰十一年（1861）张良庙接管勉县武侯祠、武侯墓及马超祠作为下院，并由张良庙派遣道人主持香火的全部经过。下段为《丘祖训文》，记录了道教全真道祖师丘处机教导道徒的典文。此碑对于研究道教道观、教产管理制度、道教历史都具有重要的史料价值。《汉中碑石》著录。

《凤鸣寺碑》，清光绪二年（1876）刻立。额书“皇清”。正文楷书。记载汉萧何追韩信至此的传说，及凤鸣寺沿革及同治年重修一事。现立于留坝县马道镇。

2．公文碑（4通）

《敕禁生监把持寺庙碑》，清乾隆三十一年（1766）刻立。正文楷书。敕各省严禁把持寺庙，侵占寺产，违者严惩。《汉中碑石》著录。

《敕旨护道榜文碑》，清嘉庆八年（1803）刻立。正文楷书。记载清嘉庆圣旨准录护道榜文事。《汉中碑石》著录。

《留坝厅禁伐留侯祠树木碑》，清道光二十八年（1848）刻立。正文楷书。《汉中碑石》著录。

《保护留侯庙布告碑》，民国十一至十六年间（1922—1927）刻立。可见“陕南边防总司令吴布告”等字。据资料推测，当为直系军阀吴新田所发布。《汉中碑石》著录。

3．传记碑（4通）

《潘一良方丈墓碑》，清嘉庆十五年（1810）刻立。云山子撰并书。额书“山高水长”。碑正中楷书“龙门正宗第十一代羽化恩师讳一良潘老仙灵之墓”。右侧刻“一串铃”长诗铭文，楷书。现立于留坝县张良庙西北二里方丈墓。《汉中碑石》著录。

《真人任永真墓碑》，清同治六年（1867）刻立。梁嘉麟撰，周振昌书。碑正中楷书“太上正宗全真道教演戒传法老律师信阳任真人之墓”。正文楷书。落款“监院同众执事十方道众敬立”。碑阴正文楷书，记载任永真生平事迹。现立于留坝县张良庙西北二里方丈墓。《汉中碑石》著录。

《柴明玉律师墓碑》，清光绪二十八年（1902）刻立。傅至湝撰，陈寿彭书。双面刻。碑阳正中楷书“太上继宗宏戒妙道柴老律师上明下玉号了还真人之墓”；碑阴额刻柴明玉遗像，落款“光绪戊戌留河布衣郭涵绘”。正文楷书。落款“光绪壬寅仲秋月”。记载墓主原籍山西曲沃，后迁居甘肃洮州。清同治年间学道，后于紫柏山拜信阳任律师为师等事迹。现立于留坝县张良庙西北二里方丈墓。《汉中碑石》著录。

《傅至湝方丈墓碑》，民国二十年（1931）刻立。安维僧撰并书，高国兴刻。碑阳正中书“师派宗湝嗣法至湝全真演教龙门第二十一代传法弘戒傅大宗师讳至湝字莱宾方丈之墓”。左右两侧刻方丈生平事迹，白明山题。碑阳墓联为马兆麟作，王世镗书。碑阴刻墓志，记载墓主生平、得道经历及住持留侯祠相关事宜。碑阴墓联“自古神仙皆智勇，一生进退本从容”。上款“含贞住持”，下款“右任”。现立于留坝县张良庙西北二里方丈墓。《汉中碑石》著录。

4．题记碑（17通）

《“汉张留侯辟谷处”题刻》，清道光元年（1821）刻立。程恩泽书。碑正中楷书“汉张留侯辟谷处”。上款“紫柏山”，落款“道光元年辛巳冬日古歙程恩泽敬书”。现立于留坝县张良庙大门外右侧。《汉中碑石》著录。

《“智勇深沉”题刻》，清道光十四年（1834）刻。杨芳题。

《冯玉祥留侯祠题联碑》，民国四年（1915）刻。冯玉祥撰并书。正文楷书。刻于光绪元年《英祥为留侯祠题诗碑》碑阴。《汉中碑石》著录。

《“英雄神仙”题刻》，民国八年（1919）刻立。管金聚书。正文楷书“英雄神仙”。上款“时在己未仲秋”，下款“陕南镇守使管金聚敬书”。管金聚于民国五年由团长升任陆军第十五旅旅长兼任陕南镇守使，民国八年冬移任。《汉中碑石》著录。

《刘宝善为留侯祠题词碑》，民国十一年（1922）刻立。刘宝善撰并书。正文楷书。刘宝善为直系军阀吴心田部之旅长，民国十年冬随吴入汉中。《汉中碑石》著录。

《冯玉祥摩崖题刻》，民国十七年（1928）刻。冯玉祥撰并书。正文隶书，内容为“收秦关百二山河，奇谋独运；辅汉家统一事业，成功不居”。“汉留侯庙，冯玉祥十七、十二、二二南京”。位于留坝县张良庙外东南约100米处东侧石崖上。《汉中碑石》著录。

《韩光琦摩崖题刻》，民国二十二年（1933）刻。韩光琦撰并书。正文楷书。记载西安绥靖公署总参议韩光琦游留侯祠所作楹联及跋语。位于张良庙外东南约100米处公路东侧石崖上。《汉中碑石》著录。

《“古今一人”题刻》，民国二十三年（1934）刻。肖敷题。

《张企留摩崖题刻》，民国二十三年（1934）刻。张企留撰并书。正文隶书。记载张企留游张良庙题记一篇。《汉中碑石》著录。

《“英雄神仙”题刻》，民国二十五年（1936）刻。王辅臣撰并书。

《“还我河山”题刻》，民国二十六年（1937）刻。王耀武撰并书。

《陈立夫题刻》，民国二十九年（1940）刻。陈立夫撰并书。正文行书“成功不居”。落款“民国二十九年夏奉命巡视西北政务，过留侯祠题记。吴兴陈立夫”。位于留坝县张良庙授书楼下石崖上。《汉中碑石》著录。

《毛超题刻》，民国二十九年（1940）刻。毛超撰并书。

《冯治安题刻》，民国二十九年（1940）刻。冯治安撰并书。上行书“神仙福地”。正文行书，记载冯治安游张良庙所作词一首。落款“庚辰仲冬冯治安敬志”。《汉中碑石》著录。

《何应钦摩崖题刻》，民国三十一年（1942）刻。何应钦撰并书。正中楷书“功业垂宇宙”，上款“中华民国三十一年春”，落款“何应钦题”。位于留坝县张良庙聚仙桥北崖壁上。《汉中碑石》著录。

《刘华轩等题刻》，民国三十五年（1946）刻。刘华轩等题。碑文大字楷书，跋文小字楷书。记载刘华轩等人在抗战胜利后复员回乡时游张良庙题词。《汉中碑石》著录。

《于右任留侯祠题刻》，民国三十七年（1948）刻。于右任撰并书。正中草书“送秦一椎，辞汉万户”，上款“含贞道长属为留侯祠书”，落款“于右任”。《汉中碑石》著录。

5．诗文碑（11 通）

《怀山好碑》，明隆庆五年（1571）刻立。赵贞吉撰。额楷书“大明”。正文楷书。末刻小字跋文 2 行。落款“太子少保文渊阁大学士谥文肃大洲赵贞吉题”。赵吉贞为明代大儒，曾在紫柏山坐馆讲学。此碑所载正是其讲学紫柏山时所作诗文。现镶嵌于张良庙内拜石亭正墙上。《留坝厅志》、《汉中碑石》著录。

《归去好碑》，明万历十五年（1587）刻立。张佳胤撰并书。正文草书。末署凤县知县任万化等名。刻张佳胤所作《望紫柏山次赵文肃韵》诗 1 首。刻于《怀山好碑》碑阴。《留坝厅志》、《汉中碑石》著录。

《青山好碑》，明万历十六年（1588）刻立。王士性撰并书。正文草书。刻王士性所作《柴关读赵文肃公归山作为之□然因步原韵》诗 1 首。现藏张良庙过庭。

《和怀山歌碑》，明万历四十六年（1618）刻立。傅振商撰并书，汤凤喈、谈麟传立。正文行书。记载陕西巡按、监察御史傅振商游留侯祠后，和赵贞吉怀山歌所作《柴关山馆步赵大洲先生韵》诗 1 首。现藏张良庙北花园内。《留坝厅志》、《汉中碑石》著录。

《杨芳为留侯祠题诗碑》，清道光十四年（1834）刻立。果勇侯杨芳撰并书，住持黄理行立。正文行书。载杨芳游张良庙七言律诗 1 首。《汉中碑石》著录。

《胡超为留侯祠题诗碑》，清道光二十年（1840）刻立。胡超撰并书。正文行书。刻陕甘提督胡超因奉命巡汉南营伍，道经紫柏山，晋谒留侯庙，感怀拟赋七言律诗 1 首。现藏张良庙过庭。《汉中碑石》著录。

《英祥为留侯祠题诗碑》，清光绪元年（1875）刻立。英祥题。正文楷书。落款“光绪建元嘉平月粤西提刑使者长白英祥题”。刻英祥游张良庙题诗 1 首。《汉中碑石》著录。

《恩开游留侯祠诗碑》，清宣统元年（1909）刻立。恩开撰并书。正文楷书。刻汉中知府恩开游张良庙所作诗 3 首并序。《汉中碑石》著录。

《过秦楼诗刻》，清代刻。李仲蕃题。正文隶书。刻李仲蕃题《过秦楼》一首。位于留坝县张良庙授书楼南石崖上。《汉中碑石》著录。

《张笃伦为留侯祠题诗碑》，民国二十五年（1936）刻。张笃伦撰并书。正文隶书。

后有跋语。刻张笃伦游张良庙所作七言绝句1首。《汉中碑石》著录。

《韦雪松为留侯祠题诗碑》，民国三十二年（1943）刻。韦雪松撰。刻歌颂张良丰功伟绩七言律诗1首。

（三）张良庙碑刻研究述要

张良庙碑刻中的记事碑对于研究区域宗教发展史，有着重要的史料价值；公文碑反映了清王朝时期对宗教的整饬以及太平军入陕西等重要历史事件；诗文碑和题记碑又能表现文人骚客与政要们的心境。这些都表现了秦岭南麓的宗教信仰、社会发展和文化传统。

首先，碑刻记载了张良庙相关的重大历史事件，有着重要的史料价值。如明崇祯元年（1628）刻立的《紫柏山免粮记碑》，记载了朝廷因紫柏山为宗教圣地，故蠲免其纳粮之事，但此时张良庙却是在佛教僧人主持之下。从碑文可以看出，张良庙本为道教庙宇，因其庙产丰富，而于明清之际即被佛教僧人占据，当地僧人几次赶走道人，改道庙为僧寺；其后道人又赶走僧人，恢复道庙，旋又被僧占，几经反复。到了此时，地方官员给庙中僧人"妄派山粮三石有奇，初时化缘，并鬻乐器以完，寻且勾摄夜呼，残朘彻骨，僧尽裹足以去"。是时，虽然庙由僧占，但僧、道俱不敢来入住，恐派粮压榨。为此，经地方官员请示，才决定为此庙免除粮赋。史载，到了清康熙三十八年（1699），兵部尚书左都御史于成龙曾途径留坝紫柏山，入张良庙拜谒。其时祠仅存有一座大殿，香火虽不旺盛，但已由道人主持看守。不久之后，于成龙再谒张良庙，祠庙又被僧人霸占，张良塑像不知所踪。于成龙一怒之下，将僧人革逐，重修大殿，再整金身，并亲书"相国神仙"四字匾额[①]。又如同治八年（1869）刻立的《留侯庙接管沔县武侯祠墓碑》，由当时张良庙主持道人任永真撰并书，记述了咸丰十一年（1861）张良庙接管勉县武侯祠、武侯墓及马超祠作为下院，并由张良庙派遣道人主持香火事。按碑文，此事是奉沔县正堂丁公（毓藻）特谕："以沔邑武侯祠、墓，自汉至今，列诸祀典。现在庙宇荒凉，田地侵占，住持不守清规，香火无人供奉。先贤祠墓，亟应选派诚信道人，迅速来沔，经理庙事，兼管马侯祠墓。一面清查田地，依照丛林清规补修，以崇祀典等因。"张良庙当时主持道人信阳接此公文后，即派道人李永云去接管。此碑又刻有全真教教祖丘处机的训文，以此训诫道门弟子，牢记祖训，遵守道规，弘扬道法，永奉香火。此碑对于研究道教道观、教产管理制度、道教历史发展及道教祖训道规等，都具有重要的史料价值。

其次，张良庙碑刻还反映了清王朝对宗教寺庙的整饬，以及太平军西路军入陕情况。清乾隆三十一年（1766）刻立的《敕禁生监把持寺庙碑》，内容为乾隆皇帝敕令各省严禁外人把持寺庙，侵占寺产，违者严惩。其事由为"查浙江省各寺庙均有生监主持，

① 参见陕西省留坝县地方志编纂委员会：《留坝县志》，西安：陕西人民出版社，2002年，第105页。

名为檀越山主，一切田地山场，视同世业，考其所有，皆云祖先创建，或加鼎新，或捐田在寺庙。其源流大都远在魏、晋、唐、宋，或据志书，或据家谱，皆渺茫而不足凭……旨饬部通行示禁，无论有凭无凭，年远年近，所有檀越山主，一概革除。勒石寺门，永远遵守”。这说明在当时侵占佛教寺庙及其财产已经很普遍了，不得不由封建帝王下敕进行规范。清同治八年（1869）刻立的《留侯庙接管沔县武侯祠墓碑》，在记述张良庙接管沔县武侯祠的同时，也记述了同治初太平军西路军入陕的情况，“同治二年，发逆（指太平军）至汉，庙宇毁坏，香火寂然……彼时山内外烽火相望，人民流离”，张良庙亦见“神像剥落，山门坍塌，匪人侵占田地，万难支持”。这对于研究太平天国革命史亦具有重要的资料价值。

再次，张良庙依山傍水，因势布局，与紫柏山的自然风光巧妙融合，形成了张良庙独特的人文自然风格。古往今来，因仰慕汉留侯丰功伟业而前往拜谒的名人学士络绎不绝，留下了许多诗文与题记。明隆庆五年（1571）刻立《怀山好碑》，作者赵贞吉，为明代大儒，史载他由都察院辞职返归故里蜀中内江，曾历游嵩山、华山、终南等，喜访道教胜迹，他曾在紫柏山坐馆讲学。此碑所载正是其讲学紫柏山时所作诗文。此诗碑问世后，后人多有和其韵而作者，如明万历十五年（1587）刻立张佳胤所作的《归去好碑》、明万历四十六年（1618）刻立傅振商所作的《和怀山歌碑》等。张良庙碑刻中的题记碑，多是历史名人游历时所作，其中特别需要注意的是近代名人的题记。其中有冯玉祥题刻两处，一是民国四年（1915）冯玉祥路过张良庙时，题并书的《留侯祠题联》，上联为“豪杰今安在，看青山不老，紫柏长存，想那志士名臣，嵌在空余凭吊处”；下联为“神仙古来稀，设黄石重逢，赤松再遇，得此洞天福地，一生愿作逍遥游”。二是民国十七年（1928）冯玉祥于南京专为张良庙撰的对联，内容为“收秦关百二山河，奇谋独运；辅汉家统一事业，成功不居”。当令人沉思。此外，还有民国八年陕南镇守使管金聚题刻的“英雄神仙”、民国二十二年（1933）西安绥靖公署总参议韩光琦游留侯祠所作楹联及跋语、民国二十九年（1940）陈立夫题刻和冯治安题刻、民国三十一年（1942）何应钦留侯祠题刻、民国三十七年（1948）于右任留侯祠题刻等，或歌颂张良的丰功伟绩，或歌颂其成功不居归隐山林的高尚品质，或抒发抗日爱国之情，或感叹世事维艰之思，无论其内容，抑或其书法，都具有珍贵的文学和艺术价值。

三、石门碑刻

所谓石门是指凿通巨石以成隧道，其上如两山相对，其下便于通行。此种特征的地形在我国数量众多，且多为自然形成。然而，石门却是人工穿山而成，是世界上最早的人工隧道，也是秦岭古代栈道褒斜道的咽喉要道，它临褒水，傍石崖，景色宜人，景致特别，汉魏以来行人至此无不驻足，吟咏感叹，留下了大量摩崖题刻。石门历经了秦岭南北历史文化的交流与融合，其摩崖题刻默默地承载了这个历史过程。

（一）石门与题刻概述

石门位于今汉中市北 18 千米的褒斜谷口，褒河西岸。这里本是连城山与褒河相连的七盘山突兀出河谷的一个山嘴，悬崖峭壁，形势险峻。面对如此崎岖坎坷的地形，古人在不断勘探摸索中，排除万难，打开壁垒，修筑南北通道。北魏郦道元在《水经注》中称“褒水又东南历小石门，门穿山通道，六丈有余”[①]。关于石门的始建年代，最早可追溯至战国时期，与褒斜道的开凿关系密切。据《读史方舆纪要》记载：“褒斜之道，《禹贡》发之，而汉始成之，大约宜于陆，不宜于水。今南褒、北斜，两谷高峻，中间褒水所经，曹操所言五百里石穴也。《水经注》：褒水历故栈道下谷，俗谓之千梁无柱。张良送高祖至褒中，说之以烧绝栈道备盗兵，且示项羽无东意。盖栈道秦时已有之。所谓范睢相秦，栈道千里，通于蜀汉者也。汉高烧绝栈道，因别开西路，从故道北出以袭陈仓，而栈道遂废。武帝时复治之。后汉顺帝延光四年即位，诏益州刺史罢子午道，通褒斜路”[②]。据实地勘测，石门略呈南北向，基本与褒河河谷平行，基面与南北栈道平行。东西两壁因山嘴长短不同而略有不同，东壁长 16.50 米，西壁长 15.00 米，南口高 3.45 米，宽 4.20 米，北口高 3.75 米，宽 4.10 米。

在当时的历史和技术条件下，开凿石门是一项规模浩大的工程。关于石门开凿的具体过程和方法，史籍并没有明确的记载。后代学者大多认为，石门的开凿采用了火烧水淬的方法，这种方法在汉代确实已经出现。据《后汉书》：“（武都郡）运道艰险，舟车不通，驴马负载，僦五致一。（虞）诩乃自将吏士，案行川谷，自沮至下辩数十里中，皆烧石剪木，开漕船道，以人僦直雇借佣者，于是水运通利，岁省四千余万。”[③]此事发生在东汉永初年间（107—113），比褒斜道全线竣工晚 40 余年。武都在当时属凉州刺史所辖，与汉中相邻，“烧石剪木”之法很有可能是继承了开凿石门的方法。即清代《栈道歌》中的“积薪一炬石为坼，锤凿既加如削腐”[④]的方法。清贾汉复《修栈道记》诗亦云：“磴石如何火化烬，悬崖又见斧随刊。”[⑤]近年来，许多文物工作者和学者对此观点提出了质疑。他们认为

---

① （北魏）郦道元注，陈桥驿校证：《水经注校证》卷二十七，北京：中华书局，2007 年，第 645 页。

② （清）顾祖禹：《读史方舆纪要》卷五十六《陕西五・褒斜道》，北京：中华书局，2005 年，第 2666 页。

③ （南朝宋）范晔：《后汉书》卷五十八《虞诩传》，北京：中华书局，1962 年，第 1869 页。

④ 《栈道歌》，清康熙六年（1667）刻立。碑通高 2.65 米，宽 0.88 米，厚 0.18 米。梁清宽撰。楷书。分上下五栏，刻诗 2 首。现藏西安碑林博物馆。

⑤ 《修栈道记》，清康熙三年（1664）刻立。碑通高 3.07 米，宽 0.90 米，厚 0.26 米。贾汉复撰。草书。刻诗 1 首。现藏西安碑林博物馆。

石门洞内岩石裸露，属密度极高的石英石质，异常坚硬，若采用水火相激的方法开凿石门，其内壁表面可能会受到严重的损坏，会导致石质松散，年代越久，自然剥落就会越严重，加之后人对石门历代摩崖题刻的不断捶拓，损毁程度应当更为严重。但现藏石门摩崖保护完好，似乎并未经历过水火的侵袭。所以，水火相激方法不一定在石门开凿中使用。以上说法都具有一定的合理性。如果再放开思考，或许石门本为自然形成，原比较狭小，人们只是依自然形状对其进行了扩展，此只能另当别论了。

石门一面临近褒河，一面紧贴山岩，地势陡峭，是褒斜道南北往来的必经之路。因石门所在地形如鸡冠，故其山名为鸡头关。汉中民间谚语称“上了鸡头关，眼泪擦不干”，一方面生动真切地描述了亲友依惜送别的场景，另一方面也再次印证了石门是褒斜道的要冲所在。石门开凿之后，使道路平缓、交通便利，行人通过此处时不必再翻越鸡头关，饱受跋山涉水的艰辛。石门开凿后使得褒斜道畅通无阻，过往的仕官商贾、文人墨客有了更多的时间和心情欣赏石门附近旖旎的风光。行止之间，或驻足记事吟咏，或抒怀引吭高歌，历代以来，在石门内外的崖壁上留下了众多的题刻。据田野调查统计，贯通秦岭南北的褒斜道沿途，共有历代题刻178种，仅石门洞内就有34种，石门附近崖壁石刻更是多达70种。以石门为中心分布的100多种题刻，记录了历史的发展，展现了秦岭南北的文化交流及其成就，应该值得重视。

（二）石门题刻存藏与著录情况

石门题刻自汉魏至明清，历时千余年，其主题鲜明，内容丰富，其间不乏出类拔萃者，其中最为著名且蜚声古今中外的当数“石门十三品”[①]。石门题刻按内容和形式，可分为记事、题记、诗文三类，下面撮其要者分而述之。

1．记事类碑刻（16通）

《鄐君开通褒斜道摩崖题刻》，东汉永平六至九年（63—66）刻。正文隶书。内容记述汉中太守鄐君及其部属王弘、史荀茂、张宇、韩岑、杨显等率领广汉、蜀郡、巴郡的刑徒2600多人，开通褒斜道258里，修建大桥5座，桥阁600多间，官寺64所，使用工、料、钱数等情况。原题刻于石门之南山崖间，现藏汉中市博物馆。《石门石刻大全》著录。

《石门颂》，全称《故司隶校尉楗为杨君颂》，也称《杨孟文颂》，东汉建和二年（148）刻。王升撰，王戒书。正文隶书。铭文赞颂了杨涣开通褒斜道石门的事迹。原刻于石

① 为石门题刻中若干精品的统称。这些精品为《石门》、《鄐君开通褒斜道》、《释鄐君修复褒斜道碑记》、《汉右扶风丞李君通阁道》、《石门颂》、《杨淮杨弼表》、《玉盆》、《石虎》、《衮雪》、《李苞通阁道》、《潘宗伯韩仲元造桥阁》、《石门铭》、《重修山河堰》。其中汉刻8种，曹魏和北魏刻各1种，宋刻3种。1969年至1971年，因修建石门水库，为使此“石门十三品”不致淹于水库之下，遂将13种题刻凿迁陈列于汉中市博物馆。

门隧道西壁，现藏汉中市博物馆。《石门石刻大全》著录。

《汉右扶风丞李君通阁道摩崖题刻》，东汉永寿元年（155）刻。正文楷书。记载扶风丞李公修建栈道相关事宜。原刻于石门隧道西壁，现藏汉中市博物馆。《石门石刻大全》著录。

《杨淮杨弼表摩崖题刻》，东汉熹平二年（173）刻。卞玉撰。正文隶书。四川犍为人卞玉，于熹平二年（173）外游回家，路过石门，见到《石门颂》摩崖，歌颂同乡杨涣的功德，有所感触，便把杨涣的后裔杨淮、杨弼兄弟二人的官职、政绩追述刻于《石门颂》之左，以怀杨氏之功德。原刻于石门隧道西壁，现藏汉中市博物馆。《石门石刻大全》著录。

《李苞通阁道摩崖题刻》，三国曹魏时期（220—266）刻。碑面风化残损严重，正文仅存 2 行，可见 16 字。记载李苞修建栈道相关事宜。现藏汉中市博物馆。《石门石刻大全》著录。

《潘宗伯韩仲元造桥阁题刻》，西晋泰始六年（270）刻。正文楷隶。刻于石门隧道南山崖间。《石门石刻大全》著录。

《贾三德复通石门摩崖题刻》，北魏永平二年（509）刻。贾三德撰。正文楷书。记载贾三德修复石门栈道相关事宜。原刻于石门隧道东壁北口，现藏汉中市博物馆。《石门石刻大全》著录。

《石门铭》，北魏永平二年（509）刻。王远撰，武阿仁刻。正文楷书。记载了梁、秦二州刺史羊祉重开石门故道的事迹。原刻于石门隧道东壁北口，现藏汉中市博物馆。《石门石刻大全》著录。

《释鄐君修复褒斜道碑记》，南宋绍熙五年（1194）刻立。晏袤撰。正文隶书。是汉鄐君开通褒斜道的释文。现藏汉中市博物馆。《石门石刻大全》著录。

《山河堰落成记摩崖题刻》，南宋绍熙五年（1194）刻。晏袤撰。正文隶书。记述绍熙年间修堰之事，又镌于山河堰落成之时，故称《山河堰落成记》，现藏汉中市博物馆。《石门石刻大全》著录。

《释潘宗伯韩仲元李孝章题刻》，南宋庆元元年（1195）刻立。正文分为两个部分：前部楷书，系潘、韩与李苞题刻录文；后部隶书，系晏袤对录文的考释。现藏汉中市博物馆。《石门石刻大全》著录。

《石门道记碑》，清同治十年（1871）刻立。倪兰畹撰，罗秀书隶书，莫增奎跋。正文隶书。现立于石门隧道内。《石门石刻大全》著录。

《祈雨记摩崖题刻》，清同治十一年（1872）刻。罗秀书撰并书。正文隶书。刻于石门隧道南之崖壁间。《石门石刻大全》著录。

《游石门题记碑》，清光绪八年（1882）刻。潘矩墉撰，丁炳南书。正文行书。现立于石门隧道西壁下方。《石门石刻大全》著录。

《钟体道等游石门摩崖题刻》，民国八年（1919）刻。正文隶书。刻于石门隧道南崖壁间。《石门石刻大全》著录。

《摹刻石门铭碑》，民国二十七年（1938）刻立。张万杰书，章尚志、潘海亭刻。正文楷书。现藏汉中市博物馆。《石门石刻大全》著录。

2．题记类碑刻（35 种）

《“石虎”摩崖题刻》，东汉刻。隶书。刻于石门隧道东石虎峰山崖间。《石门石刻大全》著录。

《“石门”摩崖题刻》，东汉刻。隶书。现藏汉中市博物馆。《石门石刻大全》著录。

《“玉盆”摩崖题刻》，东汉刻。隶书。刻于石门隧道南三里许河中巨石上。《石门石刻大全》著录。

《“衮雪”摩崖题刻》，三国曹魏时期刻。隶书。现藏汉中市博物馆。《石门石刻大全》著录。

《贾公直等游石门摩崖题刻》，北宋绍圣二年（1095）刻。俞伯谟撰并书。正文楷书。内容为“贾公直正之、俞次皋伯谟、师赓成之、何贲元素，绍圣乙亥仲春望同游，伯谟题”。刻于石门隧道西壁。《石门石刻大全》著录。

《王士外等石门摩崖题刻》，北宋崇宁四年（1105）刻。正文隶书。刻于石门隧道西壁。《石门石刻大全》著录。

《杨逵等摩崖题刻》，北宋崇宁四年（1105）刻。内容为“杨逵、□□同游，崇宁乙酉闰月九日”。刻于石门隧道西壁。《石门石刻大全》著录。

《文玉恩等石门题刻》，北宋崇宁五年（1106）刻。正文楷书。内容为“府从事文玉恩、邑令鲜于翔，崇宁五年丙戌九月廿四日游”。刻于石门隧道西壁。《石门石刻大全》著录。

《文冈等游石门摩崖题刻》，南宋淳熙十四年（1187）刻。正文楷书。内容为“郡丞潞国文冈，视堰役。同邑尉舜都张海、临洮魏机、东嘉李焘，淳熙丁未仲春十有三日来游”。刻于石门隧道东壁北口。《石门石刻大全》著录。

《段从龙等游石门摩崖题刻》，南宋淳熙十五年（1188）刻。正文隶书。内容为“偕行，邑人李宗卿，戊辰春汉中段从龙”。刻于石门隧道东壁北口。《石门石刻大全》著录。

《宋之源等游石门摩崖题刻》，南宋淳熙十五年（1188）刻。正文楷书。内容为“宋之源、李师章、王谱，来修山阴禊事”。刻于石门隧道东壁。《石门石刻大全》著录。

《宋之源等游石门摩崖题刻》，南宋淳熙十五年（1188）刻。正文楷书。内容为“淳熙戊申□□一日，宋之源、胡端悫、李师章、胡中正来游”。刻于石门隧道西壁。《石门石刻大全》著录。

《张伯山等游石门摩崖题刻》，南宋淳熙十六年（1189）刻。正文楷书。内容为“古郫张伯山、阆中郭彦辅、晋原樊子南、长江赵仲成，同款石门。淳熙乙酉闰月拾（下缺）”。刻于石门隧道东壁北口。《石门石刻大全》著录。

《闾丘资深等庆元摩崖题刻》，南宋庆元二年（1196）刻。正文隶书。内容为“闾丘资深、田德夫、章德，庆元二年二月壬申，因视堰来”。刻于石门隧道。《石门石刻大全》著录。

《章邵等游石门摩崖题刻》，南宋庆元二年刻。正文楷书。内容为“章邵、李崟、魏拱之、张应卯、章升之、赵旻、章复之，以庆元二年立夏前一日来，邑令张寅、尉李师章，载酒相从”。刻于石门隧道南山崖间。《石门石刻大全》著录。

《赵公茂等游石门摩崖题刻》，南宋庆元二年刻。正文楷书。内容为“庆元丙辰暮春，止余三日，赵公茂、宋子志、张寿卿、宋咏道游，公茂二子符、掞同来观汉刻，三酌于此”。刻于石门隧道西壁。《石门石刻大全》著录。

《范鼐等游石门摩崖题刻》，南宋庆元三年（1197）刻。正文楷书。内容为“范鼐、任沂孙、李揆，庆元丁巳重阳后一日来游”。刻于石门隧道西壁。《石门石刻大全》著录。

《康衢等游石门摩崖题刻》，南宋庆元四年（1198）刻。正文楷书。内容为“康衢、句桂孙、程仲革、弟中□摄令同来。戊午秋季”。刻于石门隧道西壁。《石门石刻大全》著录。

《王还嗣等游石门摩崖题刻》，南宋庆元四年（1198）刻。正文楷书。内容为“庆元戊午仲春，王还嗣、范鼐、李师章、郭拱因修堰事来游”。刻于石门隧道西壁。《石门石刻大全》著录。

《魏拱之等游石门摩崖题刻》，南宋庆元年间刻。正文隶书。内容为“李崟、魏拱之、张应卯同来”。刻于石门隧道西壁。《石门石刻大全》著录。

《章升之等游石门摩崖题刻》，南宋庆元年间刻。正文楷书。内容为“章升之重来。资中赵旻来”。刻于石门隧道东壁北口。

《郭公绪等游石门摩崖题刻》，南宋嘉定三年（1210）刻。正文楷书。内容为“郭公绪、张伸、范子进、郭中珪，嘉定庚午清明前一日同来”。刻于石门隧道南口外侧崖壁间。《石门石刻大全》著录。

《鲜于申之等游石门摩崖题刻》，南宋嘉定三年（1210）刻。正文隶书。内容为“嘉定三年三月辛丑，唐安鲜于申之少谟，视堰山河，泝褒水，登石门。幕客眉山史明诚父、成都李廷允德文、李伯午潜叔、普慈张汝嘉亨可、同郡赵应龙辰父偕来”。刻于石门隧道南口外侧崖壁间。《石门石刻大全》著录。

《郭仲辰等游石门摩崖题刻》，南宋嘉定四年（1211）刻。正文隶书。内容为“郭仲辰辛未清明，挈家来游，章复之来”。刻于石门隧道西壁。《石门石刻大全》著录。

《刘参等游石门摩崖题刻》，南宋嘉定四年（1211）刻。正文隶书。内容为“成都刘参希曾，嘉定辛未春闰十有三日，挈家来游。男兼善、孙记回、记喜侍行”。刻于石门隧道西壁。《石门石刻大全》著录。

《白巨济等石门摩崖题刻》，南宋宝庆二年（1226）刻。正文楷书。内容为“少城施强谷、潼川白巨济，宝庆丙戌五月来”。刻于石门隧道西壁。《石门石刻大全》著录。

《赵彦呐等游石门摩崖题刻》，南宋宝庆二年（1226）刻。正文隶书。内容为“纪国赵彦呐敏若，视堰修祀事。阆中□（龙）隆之景南、普慈刘炳光远、广汉耿巽谦叔、新沔程坤厚伯威、左县□□（刘平）之西叔、□（古）繁彭顺成季行、潼川白巨济普叔，来玩玉盆，楫竹潭舣舟衮雪，步荦确，登石门，拂古翰，从容瀹茗而去。衮雪旧有亭，须复规度云。宝庆丙午前熟食五日”。刻于石门隧道东壁北口。《石门石刻大全》著录。

《曹济之等石门摩崖题刻》，南宋绍定二年（1229）刻。正文楷书。内容为“曹济之、庞公巽、曹璋、李禀，绍定己丑熟食日识”。刻于石门隧道东壁北口。《石门石刻大全》著录。

《赵宗齐等石门摩崖题刻》，南宋绍定三年（1230）刻。正文楷书。内容为“□□赵宗齐，绍定庚寅，侍家舅令丞□□来”。刻于石门隧道西壁。《石门石刻大全》著录。

《安丙游石门摩崖题刻》，宋代刻。正文楷书。内容为“嘉定闰月既望，太守安丙同李侯真来。孙明、孙□，侯之二子侍”。刻于石门隧道南崖壁间。《石门石刻大全》著录。

《李一鳌游石门摩崖题刻》，明万历三十九年（1611）刻。正文楷书。内容为“明进士李一鳌，万历辛亥”。刻于石门隧道西壁。《石门石刻大全》著录。

《重刻“衮雪”摩崖题刻》，清道光十八年（1838）刻。郑云锦题，张绍勋书。正文隶书。刻于石门隧道南之崖壁间。《石门石刻大全》著录。

《万方田等游石门摩崖题刻》，清同治十年（1871）刻。正文隶书。内容为“楚万方田、周连升，秦罗秀书同治十年七月至此，饮酒观字”。刻于石门隧道东壁。《石门石刻大全》

著录。

《韩隐壶等游石门题刻》，清光绪五年（1879）刻。正文楷书。内容为“光绪己卯冬，韩隐壶来游”。刻于石门隧道东壁。《石门石刻大全》著录。

《张兆平等游石门摩崖题刻》，民国八年（1919）刻。正文行书。内容为“己未夏日，张兆平、冯次韩、陆德阶冒雨游”。刻于石门隧道南崖壁间。《石门石刻大全》著录。

3．诗文类碑刻（5种）

《安丙游石门诗摩崖题刻》，宋代刻。正文楷书。内容为“凌晨走马过花村，先玩玉盆到石门。细想张良烧断处，崖间伫立欲销魂”。刻于石门隧道南崖壁间。《石门石刻大全》著录。

《崔应科游褒谷诗摩崖题刻》，明万历四十四年（1616）刻。崔应科撰并书。正文楷书。刻于石门隧道南之崖壁间。《石门石刻大全》著录。

《栈道杂诗碑》，清康熙四十四年（1705）刻立。汪灏撰。共3通。正文行书。记载时任山陕学政的汪灏入蜀主持科举考试，途经连云栈道至汉中，有感于沿途风光与见闻，赋诗十首。现藏汉中市博物馆。《石门石刻大全》著录。

《罗秀书游石门诗摩崖题刻》，清同治十年（1871）刻。罗秀书撰并书。正文隶书。刻罗秀书撰游石门、赏汉魏古碣所作诗1首及序。刻于石门隧道东壁。《石门石刻大全》著录。

《冯绍韩等游石门摩崖题刻》，民国八年（1919）刻。冯绍韩撰并书。正文行书。内容为冯绍韩所作诗文。刻于石门隧道南崖壁间。《石门石刻大全》著录。

（三）石门题刻研究述要

上述三类石门题刻，有着突出的特点。内容集中，主要是记述了开凿石门的过程，以及开凿后的续修情况；书法精彩纷呈，艺术成就巨大；为研究中国古文字的发展提供了实物依据。毋庸讳言，石门题刻是秦岭文化乃至中国传统文化中的一朵奇葩。

石门题刻充分记述了开凿石门的历史过程及其后来续修的情况。关于石门的开凿，东汉永平六至九年（63—66）题刻的《鄐君开通褒斜道摩崖题刻》中，记述了汉中太守鄐君奉汉明帝诏，与部属王弘、史荀茂、张宇、韩岑、杨显等，率领广汉、蜀郡、巴郡的刑徒2690人，自永平六至九年，历时三年，用工76万余人次，耗钱149万余斛粟，开通褒斜道258里，修建大桥5座，桥阁623间，官寺64所。工程结束后，褒斜道面貌大为改观，关中通过秦岭至汉中乃至巴蜀地区的交通得到了根本好转，京畿与西南地区的联系得以加强。东汉建和二年（148）题刻的《石门颂》，全称《故司隶校尉楗为杨君颂》，也称《杨孟文颂》，记述了东汉永初年间，汉王朝与羌族之间爆发战争，导致褒斜道遭到严重破坏，汉顺帝下旨杨涣复通褒斜道，建和二年（148）仲冬上旬，汉中太守王升巡视复通的褒斜道时，他感念杨涣复通褒斜道的伟大功绩，遂撰文刻石以示纪念。东汉永寿元年（155）题刻的《汉右扶风丞李君通阁道摩崖题刻》，虽刊刻于汉代，但因其刻于“石门”二字之下，且被泥沙覆盖，几不可见，遂被埋没千年，无人知晓。清代罗秀书游访石门时，仔细审视，发现沙石覆盖之下有石刻痕迹，以清水小心刷洗，世人才得以重见此石。据碑文内容可知，右扶风丞李君讳寿，字季休，以永寿元年（155）中始解大台长，并负责修建褒斜阁道。因其为修建褒斜道废寝忘食，忧勤备至，百姓为其刻石，以表尊敬和爱戴之情。此刻石长时间不为世人所知，历代文献都没有关于此刻石的记载。虽然其文字不多，但内容涉及褒斜道的修建，具有极高的史料价值。三国曹魏时期题刻的《李苞通阁道摩崖题刻》，记载了魏元帝景元四年（263）荡寇将军李苞负责修建褒斜道之事。南宋时南郑县令晏袤游石门，释其文为：“景元四年十二月十日，荡寇将军浮亭侯谯国李苞字孝章，将中军兵石木工二千人始通此阁道”。说明曹魏时亦对褒斜道进行过维修。以后，西晋泰始六年（270）题刻的《潘宗伯韩仲元造桥阁题刻》、北魏永平二年（509）题刻的《石门铭》和《贾三德复通石门摩崖题刻》，记述了北魏时期对褒斜道石门的复修情况。其中《石门铭》记述了褒斜道历经三国、魏晋，桥阁焚毁，道路阻绝。正始二年（505），北魏宣武帝诏令梁、秦二州刺史羊祉遣左校令贾三德率刑徒石匠百余人、刑徒万余人，重新修通并拓宽褒斜道，这对于研究该时期褒斜道的历史具有重要意义。北魏时期石刻有撰书人和刻工姓名者极少，《石门铭》恰可填补这方面的不足，对于石刻刻工研究亦颇有裨益。另外，南宋绍熙五年（1194）刻立《释郙君修复褒斜道碑记》和《山河堰落成记摩崖题刻》等，也是对褒斜道石门维修或重修的记述，说明至少到南宋末，对褒斜道或石门的维修或重修一直没有停止。之所以如此，可能是因为此道具有沟通南北交通的战略地位，以及此道所经为秦岭山区，特别是有栈道铺设和险要区段，易损易坏，需要不时维修或重修。

从书法艺术的角度来分析，“石门十三品”是石门题刻的最典型代表。它既是研究我国古代交通史和水利史的珍贵史料，又代表了汉魏书法艺术的最高成就。按其内容和形式的不同，可分为两类。第一类共有 9 种，内容以记事写景为主，字数较多，兼具极高的史料和书法价值。《鄐君开通褒斜道摩崖题刻》是石门题刻中年代最早者，除记述石门开凿的情况外，在书法上它表现出明显的由秦篆向汉隶转变的特点，其笔法含有更多的隶书意味，故康有为赞其为“隶中之篆”。《石门颂》是现藏汉代字数最多的摩崖石刻，它继承了古隶的率意性与篆书的简洁性用笔，以圆笔为主，并把方笔与圆笔巧妙地融合，富于变化，是汉隶中奇纵恣肆一路的代表，素有“隶中草书”之称。《右扶风丞李君通阁道摩崖》虽然刊刻于汉代，但被埋没千年，无人知晓，至清代才得以重现。其书体生动秀雅，运笔灵动流畅，从书法风格来看与《石门颂》有较大的差别，代表了另一种汉隶书风，为研究汉代书法开辟了全新的视野，具有极高的书法研究价值。《司隶校尉杨淮杨弼表记》与其他刻石最大的不同，在于其文字内容与褒斜道、石门的修建，以及附近的风景名胜都无直接关系，此题刻内容简单，乃卞玉途经石门即兴所作，书法变化颇具特点。《李苞通阁道摩崖》原刻于石门北侧峭壁上，因原址山崖崩塌，后人将其复刻于石门南侧，与晋泰始时期的《潘宗伯韩仲元题刻》并列。南宋时始知有原刻，复刻与原刻时间相近，书风相似，代表了曹魏时期的书法成就。《石门铭》作为北魏书法的代表作，得到了康有为、于右任等书法大家的高度评价，它对后代书坛的演进产生了巨大影响。《重修山河堰碑》，在“十三品”中篇幅最大，此刻石书风带有宋人“尚意”书风的明显特征。第二类共有 4 种，皆为大字摩崖题刻，分别为古石门的标志性摩崖题刻《石门》，相传出自汉相张良手笔的《玉盆》，西汉隐士郑子真所书的《石虎》和传为建安十四年曹操手书的《衮雪》。以上四石除《玉盆》表面漫漶严重之外，皆保存完好，虽然在史料价值方面不及第一类，但却是研究汉魏时期书法风格变化的珍贵实物资料，在中国书法史上占有重要的地位。

石门题刻对于研究中国古文字发展轨迹，提供了非常重要的实物依据。汉字是随着时代的发展而变化的。从殷商甲骨文、钟鼎文，到周秦篆书、汉代隶书、魏碑、楷书、行书、草书，反映了书体从应用到艺术、从单一形体到不同风格的演变，也反映了书写材料及载体的发展变化。石门题刻的文字发展轨迹，也代表了中国古文字在这一阶段的发展轨迹。镌刻于东汉永平六至九年（63—66）的《鄐君开通褒斜道摩崖题刻》，笔画平直无波磔，竖笔短且促，横笔修且长，大部呈扁平状，隶书势头已明显昭示，但又不失浓浓的古意，是篆书向隶书书体过渡的典型代表。镌刻于东汉建和二年（148）的《石门颂》摩崖题刻和镌刻于东汉熹平二年（173）的《杨淮杨弼表》摩崖题刻，亦为隶书，但与《鄐君开通褒斜道摩崖题刻》时的字体比较，字形方正，有规整的波势、挑法，且极尽修饰之能事，人称其为“八分”，也是汉隶的典型代表，被誉为“汉人极作”。镌刻于三国曹魏时期（220—266）的《李苞通阁道摩崖题刻》和镌刻于西晋泰始六年（270）《潘宗伯韩仲元造桥阁题刻》，虽亦为隶书，但却明显带有楷书的势头。及至镌刻于北魏永平二年（509）的《石门铭》，就已俨然成为比较规范的楷书了，在魏碑中地位极高，被誉为“不食人间烟火”之仙品。通过石门题刻这些实物标本，可以较为形象生动地了解汉魏南北朝时期中国古文字由篆书到隶书，由汉隶到八分，由八分到楷书的衍化轨迹和发展历程。

石门题刻中除“石门十三品”和部分题刻被移存于汉中博物馆，得到了较为妥善的保护。但大量题刻因种种原因，最终被石门水库淹没。尽管如此，历史上在郦道元、欧阳修、赵明诚、洪适、翁方纲、陆增祥等学者的关注下，石门题刻被历代金石文献著录多达 40 余种，内容详尽，为研究石门题刻提供了很好的支撑。新中国建立后，褒斜道旧址和石门摩崖题刻被列为全国第一批重点文物保护单位，石门题刻的研究也在不断深入。

除“石门十三品外”，历代以来刊刻于石门隧道内以及石门附近的石刻数量很多。这些碑刻所承载的文化内涵比较深厚，它们既是区域文化的典型代表，是秦岭文化的重要内容；从古代文化名人对其普遍重视来看，它又具有开放性。在这个意义上，它又是中国传统文化的重要载体。

第十三章　五门堰、古路坝碑刻

城固县位于秦岭南麓，历史悠久，境内五门堰为秦岭南麓古代著名水利工程，相传建于汉代，在历史上发挥了重要的作用。古堰旧址于2003年建立了水利博物馆，并于2006年被列为第六批全国重点文物保护单位。五门堰旧址水利博物馆现藏有50余通记载历代修葺、规章协约、公产维护等内容的碑刻，真实地反映了秦岭南麓古代水利设施运行情况，承载了深厚的科技文化内涵。古路坝，曾经是天主教汉中教区的中枢，抗日战争时期西北工学院的暂栖之所，尽管流传的碑刻很少，但也能反映这一特殊的历史文化风貌。

一、五门堰碑刻

五门堰，位于陕西省城固县城北15千米处秦岭南麓的湑水河右岸，古代筑渠截湑水灌田，以渠首横列五洞进水，故名五门堰。历史上城固农业生产发达，县境内水资源丰富，古代堰渠修建时间较早，在历史上发挥了重要的灌溉作用，甚至沿用至今。可以说城固的五门堰代表了历史上秦岭南麓水利发展的最高水平。在五门堰碑刻中，可以发现堰渠水利运作与地方社会的复杂联系，如对水利纠纷的解决、水利规章协约的议定，水利设施的保护等，都表现了秦岭南麓区域的社会政治、经济、文化生活的内容，有着重要的研究价值。

（一）五门堰概述

五门堰堰头在今许家庙镇街东南，湑水河西岸。五门堰创于何时，无确切记载，但传为汉代所建。清道光三年（1823）《唐公车湃水利碑》载："第询五门之名，始于元；而访五门之渠，实起自汉矣。"据东汉灵帝时所立《仙人唐公房碑》载："唐公房新莽居摄二年为郡吏，遇真人，举家升仙。"[①] 唐公房升仙虽为神话传说，以"唐公"

① 此碑原在城固县许家庙乡唐仙馆小学，现藏西安碑林博物馆。

命名水车，后世称“始于汉朝”当可信。据载，至南宋绍兴间，堰上共有筒车九轮，车灌溉城固县许家庙一带土地。但因当时湑水河直抵斗山脚下，山皆为石，唐公车水流不得穿过斗山，极大地影响了灌溉效益。约在南宋绍兴初年，灌区百姓根据斗山形势，在斗山北搭木槽渡引唐公车水，水始下流斗山南，灌田3000亩。元至正年间，恐溢水冲坏，在唐公堰头横筑五门，用以保护堰堤，由此改称五门堰。后在斗山所搭木槽由一个发展成多个，流量增加，斗山南灌溉面积逐渐扩大，“灌田四万八百四十亩，动磨七十”[①]。由于堰过斗山刳木为渠，每年春补修耗费大量竹木、人力。夏秋略有暴雨、霖雨，湑水涨发，常漂走木渠。元至正七年（1347）县尹蒲庸力排众议，组织民众以石筑渠，约经一年，到了至正八年（1348），修成长18丈、宽1丈1尺、“深四仞”的石渠，改善五门堰斗山南灌区的灌溉条件。

因斗山石渠狭小，年久渐圮，流量益小，遇大旱年景，斗山南灌区无水可用。明弘治五年（1492），汉中府推官郝晟任本县知县，目睹此形，带领1000余名工匠，以火烧水淬法修筑五门堰石渠（峡），渠宽四丈，深二丈，流量增大，并延长下流渠系六、七里，使五门堰“渠水荡荡于田亩，高下无不沾足，而所为五万亩者，无遗利矣”[②]。明万历四年（1576），知县乔起凤为解决渠系绵长、灌溉面积庞大、水量严重不足的问题，除严格限制旱田改水田外，又领导民众在渠首五洞垒石坎，巩固堰基，下流修活堰下龙门退水，以防洪水，再用石加固堤坝，以防冲决。同时，在堰首西创立禹稷庙3间，官房20余间，大体完成了五门堰新的规模和格局，以及五门堰用水的一整套规章制度。

清康熙十一年（1672）、嘉庆八年（1803）、嘉庆十一年和十二年，对五门堰多次修浚。道光六年（1826），堤坎两次被水冲决。道光十七年（1837），渠首二洞被水冲坏，第三洞只留半边，码头渠坎亦被冲断成壕，于是重新进行了复修。道光二十一年（1841），遇暴雨河水沙土并下，壅塞堰洞，漫阻渠道，于是将原设的退水闸（小龙门）改建成退水冲沙闸。同治二年至九年（1863—1870），兵燹与洪水毁渠数次，知县周曜东组织民众又进行了修建，至同治十一年（1872）修复完竣。光绪七年至十二年（1881—1886），东流夹槽及官渠坎，经常有冲决之患，年派水费修复，每亩摊钱六百文。田亩日减，全堰共灌34 128.74亩田。民国十年（1921），堰堤塌溃，为水洞底石太高、根底不固原因所致，遂将五洞底下低0.5米。民国十二年（1923），重修倒龙门，加深基础，重修五洞进口平台，续修西河坎。民国二十二年（1933），自春至夏，水常盈堤。6月中旬，洪水超堰顶而过，摧毁渠坎数十丈，而二堰洞全部塌陷。时正值用水关键时刻，

① 陈义隆、张俊杰等：《汉中地区水利志》第三十一章艺文《五门堰碑记》，西安：陕西人民出版社，1994年。

② 陈义隆、张俊杰等：《汉中地区水利志》第三十一章艺文《开五门堰石峡记》，西安：陕西人民出版社，1994年。

驻军赵寿山司令差李维民营长率兵抢修一条急堰进水。7月中旬，水又大涨，老堰急堰皆从东崩开，于是抓紧修复渠首。这次修复，废弃渠首倒龙门，洞底满铺石条，洞侧平砌石条，中用石灰桐油和泥筑顽石，层累而上，至次年4月竣工。五洞底经民国时期两次翻修，共降低3米左右。民国二十四年（1935）秋，拦河堰木卷和竹笼又被大水扫尽，同年修复。民国三十七年（1948）五月，湑惠渠建成，通水灌田。从此五门堰灌区并为湑惠渠灌区。后因湑惠渠灌溉面积逐年扩大，水量不足，为挖掘水源，充分利用河道渗水，群众联名申请恢复五门堰。

新中国成立后，1952年成立五门堰水利修建委员会，由群众集资于当年5月修复旧堰，从湑惠渠灌区中拨回水田5300亩归五门堰灌溉。1953年成立五门堰水利委员会，1954年加固堰头，1960—1962年，每年洪水将竹笼堰坝冲决，随坏随修。1963—1966年，灌区全面改善配套灌溉设施，灌区水田扩大到7126亩。1968年改建渠首结构，简陋竹笼装石坝改为浆砌片石，将堰坝背坡放缓，堰坝基础打桩置笼以适应沉陷，至1976年结束，灌溉面积9300亩。1980年、1981年和1983年，洪水又数次破坏，亦进行了复修。1984年，五门堰被列为全省重点文物保护单位，修葺了观音阁、堰首禹稷殿、太白楼等建筑①。2003年在此建成陕西第一家水利博物馆，2006年被列为第六批全国重点文物保护单位，使五门堰这一重要古代水利工程展现着丰富的文化内涵。

（二）五门堰碑刻存藏及著录情况

古堰旧址现藏碑刻53通，主要有水利章程碑、告示公文碑、修建五门堰记事碑、水利纠纷诉讼碑、清查田亩碑、水利保护碑等，只有少量碑刻从其他地方移藏。按照记事、公文、传记的内容，下面撮其要者分述之。

1. 记事类碑刻（30通）

《五门堰碑》，元至元八年（1271）刻立。城固县令贾申立撰。原立于城固县五门堰务局，今佚。《（康熙）城固县志》著录。

《重修五门堰碑》，明万历十年（1582）刻立。黄九成撰，廉汝为书并篆额。正文楷书。记述城固知县乔起凤扩修五门堰的功绩。《汉中府志》、《（康熙）城固县志》、《汉中碑石》等著录。

《百丈堰新建高公桥碑记》，明万历二十七年（1599）刻立。罗应诏撰，刘浚书，韩梅篆额，康良刻。额书“高公桥记”。正文楷书。记载邑侯高登明为利邑利民，率工修建百丈堰渠口桥事。《汉中碑石》著录。

《重修六堰碑》，明万历二十七年（1599）刻立。黄九成撰，罗应诏书并篆额。正

① 以上参见城固县地方志编纂委员会：《城固县志·水利志》第二章《引水工程》，北京：大百科全书出版社，1994年。

文楷书。记述城固知县高登明培修高堰、上官堰、百丈堰、五门堰、石硖堰、杨填堰等6堰，扩大灌区的功绩。碑阴有劳斯役者诸人名目。《汉中碑石》著录。

《新修石堰碑》，清康熙二十八年（1689）刻立。李仪泌撰，李资灿书。正文楷书。记载新修百丈堰之事。《汉中碑石》著录。

《创建蜡神祠碑》，清乾隆四年（1739）刻立。秦天赐撰，杨春晖书。正文楷书。记载乾隆四年邑侯王邦光创修蜡神祠及百姓述其功德等事。原立于城固县蜡神祠，现藏五门堰文物管理所。《汉中碑石》著录。

《文昌宫置田碑》，清乾隆五十二年（1787）刻立。范琪撰并书。正文楷书。记载文昌宫置田相关事宜。原立于城固县文昌宫，现藏五门堰文物管理所。《汉中碑石》著录。

《唐公濈按亩摊钱碑》，清嘉庆十年（1805）刻立。李鸣高撰。原立于城固县五门堰，今佚，五门堰文物管理所存有录文。

《清查五门堰田亩碑》，清嘉庆十五年（1810）刻立。城固知县郭颊撰。原立于城固县五门堰，今佚，五门堰文物管理所存有录文。

《重修义合井碑》，清嘉庆十九年（1814）刻立。王式维撰，张培信书。正文楷书。记载义合井修建于康熙十八年，嘉庆十九年曾经重修。原立于城固县城关镇，现藏五门堰文物管理所。《汉中碑石》著录。

《五门堰创置田地暨合工碑》，清嘉庆二十五年（1820）刻立。李时中撰，方春和书。正文楷书。记载五门堰置买田地，阖堰众庶低截深淘，加固堰堤之事。《汉中碑石》著录。

《唐公车湃水利碑》，清道光三年（1823）刻立。李经典书，胡协时述古，李建福刻。额书“唐公车湃水利碑”。正文楷书。记载五门堰的由来与唐公车湃水利之始末。《汉中碑石》著录。

《重修五洞及添庙庙宇碑》清道光十七年（1837）刻立。李时中撰。原立于城固县五门堰，今佚，五门堰文物管理所存有录文。《汉中碑石》著录。

《重修小龙门碑》，清道光二十三年（1843）刻立。原立于城固县五门堰，今佚，五门堰文物管理所存有录文。《（嘉庆）汉中府志》、《汉中碑石》著录。

《创修鄐侯陵园碑记》，清道光二十五年（1845）刻立。李炜撰。正文楷书。落款“大清道光二十五年岁次乙巳仲冬谷旦”。原立于城固县博望镇，现藏五门堰文物管理所。《汉中碑石》著录。

《文昌宫会规碑》，清咸丰六年（1856）刻立。张琨校字。正文楷书。落款“咸丰六年岁次丙辰六月上浣阖会首事仝立石”。记载清代城固地区文昌会会规。《汉中碑石》

著录。

《曹大老爷减收仓粮德政碑》，清咸丰七年（1857）刻立。记述城固县知县曹士鹤为体恤百姓，特废除原征收田赋粮时胥役坑害农民的陋规，士民感激，立碑颂德。原立于城固县城内八腊庙，现藏五门堰文物管理所。《汉中碑石》著录。

《城固县收放仓谷章程碑》，清咸丰七年刻立。正文楷书。记载城固知县万家霖为平抑粮价，颁布收放仓谷章程一事。原立于城固县城关镇解放街西城巷，现藏五门堰文物管理所。《汉中碑石》著录。

《野鹤观翻修殿宇碑》，清咸丰十年（1860）刻立。王时均撰，田逢年书，姚杰刻。正文楷书。记载野鹤观名字由来、历史沿革及重修相关事宜。原立于城固县西村野鹤观庙中，现藏五门堰文物管理所。《汉中碑石》著录。

《五门堰置买岁修田亩碑》，清同治八年（1869）刻立。原立于城固县五门堰，今佚，五门堰文物管理所存有录文。《汉中碑石》著录。

《重修五门堰并官渠碑》，清同治十一年（1872）刻立。城固知县周曜东撰。原立于城固县五门堰，今佚，五门堰文物管理所存有录文。《汉中碑石》著录。

《五门堰复查田亩碑》，清光绪元年（1875）刻立。周曜东撰，李根生书。正文楷书。落款“光绪元年岁次乙亥六月谷旦立”。记载五门堰灌溉地区因战乱造成田册损毁故而复查之事。《汉中碑石》著录。

《清查文昌宫田产碑》，清光绪十七年（1891）刻立。正文楷书。落款“大清光绪十七年岁纪重光单阏之次律中应钟之月中浣谷旦”。记载文昌宫创建于雍正元年，同治年间因战乱导致田产流失，故而重新清查。《汉中碑石》著录。

《五门堰裁减工头人数碑》，清光绪二十九年（1903）刻立。正文楷书。记载清光绪年间清查五门堰工头人数并予以裁减之事。《汉中碑石》著录。

《五门堰傅青云等认罚赎咎碑》，民国九年（1920）刻立。正文行书。落款“中华民国九年三月二十七日”。记载官府惩罚私自砍伐堰边阻挡水势树木以换取钱财的五门堰附近村民之事。《汉中碑石》著录。

《河心夹地碑》，民国十年（1921）刻立。李杜撰并书。正文楷书。记载河心夹地归属及水利使用事。《汉中碑石》著录。

《增修倒龙门碑》，民国十年（1921）刻立。李杜撰并书。正文隶书。记载增修五门堰倒龙门事。《汉中碑石》著录。

《五门堰接用高堰退水碑》，民国十一年（1922）刻立。正文楷书。记载五门堰筒车田亩改造飞槽，接用高堰退水工程始末及协约规划。《汉中碑石》著录。

《五门堰合祀三公立案碑》，民国二十三年（1934）刻立。张健儒撰并书，田鸿章刻。正文楷书。记载元代蒲庸、明代乔起凤、高登明等为城固县令时，为五门堰修缮所作的功绩，及后人对其同祠合祀之事。《汉中碑石》著录。

《五门堰重修二洞碑》，民国二十三年（1934）刻立。张健儒撰并书，田鸿章刻。正文楷书。记载重修五门堰二洞水利工程及创修西河截堤相关事宜。《汉中碑石》著录。

2．公文类碑刻（9 通）

《敕谕儒学碑》，明万历六年（1578）刻立。陕西按察司副使李维桢撰。额书“敕谕”。为明太祖朱元璋钦定颁布全国的教育法规 16 条，载儒生在入学、考试、举贤、请封、处分等方面的规则。原立于城固县城关镇文庙内，现藏五门堰文物管理所。《（康熙）城固县志》、《汉中碑石》等著录。

《五门堰分水碑》，清嘉庆二十三年（1818）刻立。额篆书“皇清”。正文楷书。载陕安兵备道严某札文，令汉中府知府通知城固知县，实地勘察五门堰水利情况，并妥善处理分水问题。《汉中碑石》著录。

《核实五门堰间程碑》，清道光十九年（1839）刻立。载城固县署告示。原立于城固县五门堰，今佚，五门堰文物管理所存有录文。《汉中碑石》著录。

《修渠定式告示碑》，清光绪五年（1879）刻立。张荣升撰。正文楷书。《汉中碑石》著录。

《五门堰定章告示碑》，清光绪十九年（1893）刻立。正文楷书。载城固县正堂为不断加固五门堰堤，每年公派差役事，特定章程晓示公众知悉。《汉中碑石》著录。

《增订善后章程碑》，清光绪二十八年（1902）刻立。正文楷书。记载城固县知县王世英增订五门堰田赋、经费使用及管理人员章程。《汉中碑石》著录。

《五门堰章程碑》，清光绪二十九年（1903）刻立。正文楷书。载城固县正堂为核减五门堰费用及分年收本事，特立章程告示。《汉中碑石》著录。

《城固县署批复五门堰呈文碑》，民国二年（1913）刻立。原立于城固县五门堰，今佚，五门堰文物管理所存有录文。《汉中碑石》著录。

《城固县知事晓谕五门堰水户遵章告示碑》，民国五年（1916）刻立。原立于城固县五门堰，今佚，五门堰文物管理所存有录文。《汉中碑石》著录。

3．传记类碑刻（3 通）

《杨从仪墓志》，南宋乾道五年（1169）刻。袁勃撰，李昌谔书，王椿篆额，王杰刻。正文楷书。记载史籍阙失的杨从仪生平事迹和抗金战功。明隆庆年间（1537—1572）出土，移竖于杨从仪墓前，建亭覆之。1972 年因修建小学凿为五段。现藏五门堰文物管理所。《关中金石记》、《汉中碑石》等著录。

《祖师田真人传碑》，清嘉庆二十五年（1820）刻立。张绳直撰并书，王恩成刻。

正文楷书。记载野鹤观住持田真人生平事迹。《汉中碑石》著录。

《陈瑄墓志》，清光绪二十九年（1903）刻。王久龄撰，李祖培书。志文楷书。原在城固县城北廉泉庄墓主陈瑄圹中，现藏五门堰文物管理所。《汉中碑石》著录。

（三）五门堰碑刻研究述要

五门堰作为秦岭南麓著名的古代水利设施，在学术界备受关注，有不少的研究成果问世。但多从陕南或秦岭南麓出发，研究的问题较为广泛，或研究水利资源利用，或研究环境保护，或研究移民与资源开发。其中特别值得关注的是，有学者以碑刻资料为依据，对陕南或秦岭南麓古代环境或水利进行了研究，如梁中效、陈小赤的《碑石所记明清时期汉中安康的环境问题》①，张建民的《碑石所见清代后期陕南地区的水利问题与自然灾害》② 等，对于本书研究秦岭碑刻的文化内涵及当代意义颇具启发。就五门堰碑刻的主要内容或特点来看，翔实地记述了五门堰修建、复建、扩建等历史发展轨迹，记载了古代及近代水利章程的制定与告示，以及古代水利诉讼与解决办法等，具有重要的历史资料价值。

五门堰碑刻记述了五门堰水利设施使用、修浚的规则与章程，表现了区域文化特征。田野调查所见的清嘉庆二十三年（1818）刻立的《五门堰分水碑》、光绪五年（1879）刻立的《五门堰定章告示碑》、光绪二十八年（1902）刻立的《增订善后章程碑》、光绪二十九年（1903）刻立的《五门堰裁减工头人数碑》和《五门堰章程碑》等，对五门堰的使用、修浚等都作了规范与厘定。如《五门堰分水碑》为陕安兵备道严某札文，令汉中府知府通知城固知县，实地勘察五门堰水利情况，并妥善处理分水问题。并要求“查堰渠一定章程，相沿数百年不敢变更”；《增订善后章程碑》，为城固县知县王世英增订的五门堰章程，共有十条，内容涉及田赋管理机构与五门堰管理机构在田赋使用中的关系、田赋交五门堰使用的资金划拨时间、五门堰修浚资金管理规定、五门堰每年修浚的时间安排、五门堰修浚物资采购规定、五门堰堰长、渠长的职责等;《五门堰裁减工头人数碑》记述“邑五门堰灌田叁万肆千余亩，为阖邑水利之巨。而修筑之费，每年或逾钱万竿，按亩摊收，历有年所。自田赋局昉于同治三年，今阅四十寒暑，起于至微，积诸至久，一旦议取钱谷子息所入，岁归堰用，不啻代民醵金，俾民专享灌溉之利矣”，说明了五门堰修浚资金来源及其使用规定。而在使用资金中，“照得五门堰工头一项，历来首事碍于情面，有求辄许，少减不能，一利十分，各怀不足。领价图增，发价图减，甚至开场聚赌，抽头充囊，惰工偷安，害良削贫。堰工之蠹，以此为最”，故告示裁减工头数量，留下德行较好者续任。

① 梁中效、陈小赤：《碑石所记明清时期汉中安康的环境问题》，《汉中师范学报》1999 年第 2 期。

② 张建民：《碑石所见清代后期陕南地区的水利问题与自然灾害》，《清史研究》2001 年第 2 期。

碑刻记述了五门堰水利灌溉面积盈缩不定，其原因复杂多样。清光绪元年（1875）刻立的《五门堰复查田亩碑》，记述五门堰灌区，因战乱造成田册损毁故而复查之事。按该碑记载，清初其灌溉面积大约 30 000 余亩，后增至 40 000 余亩，最多时达 50 000 余亩，但最少时仅 28 000 余亩。其间，曾经于道光年间“清而厘之，复额如旧”，到同治年间，“田册毁于兵燹，其减者视前更甚矣”，故光绪元年（1875）始又清查。究其原因，一是古堰为自然灾害损毁，复修重修后或有功能缩减，灌溉面积自然缩小，或不能正常保证大面积灌溉。如道光六年（1826），堤坎两次被水冲决；道光十七年（1837），渠首二洞被水冲坏，第三洞只留半边；道光二十一年（1841），遇暴雨河水沙土并下，壅塞堰洞，漫阻渠道；同治二至九年（1863—1870），兵燹与洪水毁渠数次。这些自然灾害，必然使古堰难以正常发挥效益。二是受灌溉面积中有的农田作为别用，从受灌面积中退出。主要有农田为宅基所占，农田为流沙所摧等。三是或为堰长、渠长隐匿，“田之由隐而显者，计数在四千以外”。为何隐匿受灌面积，与修浚受灌一体制度相关。光绪十九年刻立的《五门堰定章告示碑》，记载了这一制度：“每春分工挑淘，洗帮见底，所灌之田，每亩派钱四十二文，交堰长以资工费”。堰长、渠长隐匿面积，实为贪污肥己，但受灌面积减少已为事实。上述这些记载，反映了五门古堰在运行中的历史真实，具有一定的地域文化内涵。

此外，碑刻还记载了五门堰水利设施运行中存在的纷争，反映了地域民俗文化特征。上文所述的规约章程碑刻，其内容大多是由于用水纠纷引发争讼，民间难以平息时，只好由官府出面再发规约章程来平息。

二、古路坝碑刻

古路坝位于今汉中城固县南 12 千米董家营乡七里沟。自明末开始，这里是天主教汉中教区的中枢，抗日战争时期又是平津西迁院校组成的西北联大工学院的所在地，在中国古代及近代有着特殊的历史文化地位。

（一）天主教与古路坝概述

史载，明崇祯八年（1635），法国天主教传教士史蒂芬·弗热（中国名方德望）神父在山西太原传教时，结识一位城固籍的韩县令，韩受其教并邀方到陕西传教。当年，方即来到陕南，开始在洋县传教，信者极少。后转至城固的大东关传教，再到南乐区的丰家营、小寨传教，并帮助小寨农民驱除蝗虫。取得当地农民信任后，入教者日多，方在小寨建立了陕南第一座天主教教堂。清顺治十六年（1659），方病死，葬于小寨。

至康熙三年（1664），汉中有天主教徒4000余人。康熙三十五年（1696），罗马天主教教廷建立陕西教区，汉中教区隶属陕西教区。清道光六年（1826），意大利传教士辛则纳在洋县倪家乡竹园村建天主教堂；同治年间（1862—1875），天主教传入略阳；光绪初年，意籍神父将天主教传入沔县；后不久毕修德、郭西德等外籍神父和中国神父将天主教传入宁羌；光绪十一年（1885），经罗马教廷批准，从陕西教区中划分设立“汉中代牧主教区”，管辖陕南汉中、兴安府（今安康，1928年，安康教区分出）天主教事务，主教堂设在城固县古路坝。

光绪十四年（1888），意大利神甫安廷相任汉中教区首任主教，开始在古路坝征地营建主教堂，但规模较小；光绪十九年（1893），时任汉中主教拔士林在古路坝主持修建了汉中主教大教堂，即今古路坝教堂。据称教堂由意大利神甫李开熬设计，拔士林通过地方官员召集了大量能工巧匠，夷平了一座小山，并从几十里外的南郑梁山采集石灰岩，修建了规模宏伟的古路坝教堂。此后直至清末，伴随着天主教影响的日渐扩大，古路坝教堂不断扩建，教产、土地数量也不断增加。根据保存的老照片和相关文献记载，鼎盛时期的古路坝教堂主体为砖木结构的中西结合式风格，其主体建筑皆为二层楼房，主要包括钟楼、主教公馆、小公馆、修道院、育婴堂、养老院、拉丁修院、大学堂、拉丁学校、碾房、油房、厂房、仓库、地下室等，共计505间，各楼相互连接，教区垣墙四角筑有炮楼。整体设计独特，用料考究，规模宏伟，异常壮观。民国时期，伴随着新文化、新思潮的传播，百姓思想解放，古路坝教堂的传教活动时断时续，古路坝教会也开始由盛转衰，多数西洋传教士纷纷归国，但古路坝教堂建筑却得以保存。

抗日战争爆发后，华北及东部的高等院校奉命内迁。1938年4月，国民政府教育部令国立西安临时大学改名为国立西北联合大学，不久西北联合大学又改组为西北大学、西北工学院、西北师范学院和西北医学院。1938年8月，国立西北联合大学工学院在古路坝正式成立，开始了长达七年的办学活动。古路坝与成都华西坝、重庆沙坪坝组成了我国抗战时期著名的文化教育三坝，在中国近代教育史上留下了光辉的一页。西北联合大学工学院选址于此，条件最为艰苦，但其教学少受战事侵扰，七年之间，为国家培养了1300余名本科生。西北联大工学院在古路坝办学，主要是借用了当地天主教堂房舍等设施。新中国成立后，古路坝教堂仍然用作当地教育事业。经历“文化大革命”之后，教堂主要建筑大多被拆除，仅有主教公馆和修女院保存完好。主教公馆为坐南朝北的回字形封闭式院落，占地面积3420平方米。院内有正殿五间、厢房十三间。正殿内天花板上绘有西洋画。窗为下方上圆西洋式，窗沿、窗边用汉白玉或青砖雕镶，浮雕为花卉人物、传说故事等。两侧厢房外有回廊，廊边施以石条，地面镶铺方形青砖。主教公馆是古路坝教堂的主体建筑，也是现在保存完整的唯一建筑，现为天主教职人员使用。修女院为坐东朝西的回字楼阁式建筑，共有48间房舍，占地面积3500平方米，建筑风格与主教公馆相似。“文化大革命”后，修女院长期闲置，院内杂草丛生。2008年汶川大地震中，修女院主体建筑因年久失修而全部倒塌，今仅存部分断壁。2002年，陕西省政府将古路坝教堂列为省级重点文物保护单位。

（二）古路坝碑刻存藏及著录情况

在田野调查中，教堂工作人员介绍称，古路坝教堂成为汉中教区主教堂以后，共有30余位中外神父、主教安葬在古路坝教堂区域之内。但由于历史上的“教案”和“文化大革命”等原因，这些墓葬和墓碑大多没有保存下来。教堂内现仅存碑刻4通，为清末民国时期的3通意大利教士墓碑和1通记事碑。

《圣伯多禄保禄会司铎耿守仁墓碑》，清光绪三十一年（1905）刻立。碑正中楷书“圣伯多禄保禄会司铎耿公（讳）守仁大人之墓”。正文上半部分为意大利文，下半部分为中文。

《圣伯多禄保禄会司铎瑞良墓碑》，清光绪三十一年刻立。碑正中楷书“圣伯多禄保禄会司铎瑞公良大人之墓”。正文上半部分为意大利文，下半部分为中文。

《圣伯多禄保禄会司铎毕德修墓碑》，民国元年（1912）刻立。碑正中楷书“圣伯多禄保禄会司铎毕公德修大人之墓”。正文上半部分为意大利文，下半部分为中文。

《古路坝圣若瑟堂第四会置产碑》，民国二十四年（1935）刻立。首题“古路坝圣若瑟堂第四会置产碑”。正文楷书，详细记载了天主教堂置办田产的经过、数量等信息。

（三）古路坝碑刻研究述要

上述4通碑刻，只是古路坝教堂原存碑刻中的极少部分，从其中大致可以发现一些具有历史文化蕴意的内容及特点。

三通意大利传教士的墓碑，文字都很简单，内容也不复杂，如《圣伯多禄保禄会司铎耿守仁墓碑》，其文为：“司铎耿伯多禄系大意国人也，生于光绪二年。自幼弃俗，矢志精修，晋升铎德，欲传道救人，于光绪二十九年来至中华，驻扎汉兴等处。秉性温良，执心奉主。立身谦让，和厚待人。不幸于光绪三十一年十一月十九日蒙上主召其灵魂，享年二十九岁。今勒诸贞珉，以志后世不忘。”而同年刻立的《圣伯多禄保禄会司铎瑞良墓碑》和民国元年（1912）刻立的《圣伯多禄保禄会司铎毕德修墓碑》，内容亦很简单，主要记述了墓主人的生卒年月、来华传教事迹、个人品德等，如《圣伯多禄保禄会司铎毕德修墓碑》记述毕德修殚精竭虑，来华传教之经历。文称其“温文尔雅，正直端方”，传教“尽心竭力，不辞劳苦”，“不惟教内男妇大小沐恩感惠，即教外之绅商士庶亦莫不歌功颂德”。但是，这三通碑刻还是揭示了汉中天主教流传的一些情况，如碑名均有“圣伯多禄保禄会”之称，圣伯多禄保禄会即罗马圣伯多禄圣保禄修道院（后改名罗马外方传教会），而汉中教区第一任主教安廷相，亦为罗马圣伯多禄圣保禄修道院出身，这说明罗马教廷划定汉中教区为罗马圣伯多禄圣保禄修道院的“势力范围”，这与近代以来天主教在中国传统的规则，即划定某一区域为某一教会的传教区域相吻合。按天主教文献记载，圣伯多禄和圣保禄是教会的两个著名殉道者，他们于公元66年在罗马皇帝尼禄迫害教会时殉道，伯多禄殉道后被葬于梵蒂冈山下，保禄是在奥斯蒂亚路被斩首，他们两位的遗体曾经在阿比亚路的地窟中安放过。为了纪念他们的圣行，天主教为他们确定了纪念活动，在对他们的颂谢词中称：“伯多禄在以色列子民中建立了初期的教会，保禄作了万民的导师，他们各以不同的训诲，聚万民为一家，扩展了基督的教会。”后来，天主教会或以他们的名字命名教堂，或以他们的名字命名教会、修道院等。如君士坦丁皇帝所建立的圣伯多禄大殿、罗马圣伯多禄圣保禄修道院等。还需要说明的是《圣伯多禄保禄会司铎瑞良墓碑》的墓主瑞良也是个重要人物，按汉中天主教历史，清光绪十一年(1885)，罗马教廷决定从陕西教区中划分出汉中教区，管理陕南汉中府（今汉中市）和兴安府（今安康地区）的天主教事务，在未委任主教以前，由意大利神父瑞良负责管理教会，说明瑞良曾经最先代理过或行使过汉中主教职权。1887年罗马教廷任命罗马圣伯多禄圣保禄修道院的安廷相神父，担任汉中教区第一任主教(1887—1895)，到了1889年5月12日安廷相到达汉中就职后，瑞良才不再代理主教事务或不再行使主教职权了。

民国二十四年(1935)刻立的《古路坝圣若瑟堂第四会置产碑》，也有着重要的史料价值。碑名中的“圣若瑟堂”，其实是天主教在汉中的一个重要教育机构，其前身即汉中天主教区分设时成立的神职人员教育机构——拉丁修院，清光绪二十二年(1896)3月改拉丁修院名为若瑟修院。通过拉丁修院或若瑟修院的学习教育，极大地提高了修士们的神学修养和文化知识水平，培养了许多本籍神职人员。如1930年若瑟修院推荐李圣学、何乐仁、刘光元三名修士到罗马传信大学深造；1934年又派徐士宏、李崇正、张明岑三位修士到河南开封教区由米兰外方传教会办的总修院学习。这些人后来都为天主教在汉中的生存和发展作出了重要贡献。1947年6月29日，汉中教区曾举办了庆祝若瑟修院建立五十周年纪念活动。1952年，随着外籍传教士离开汉中，若瑟修院停办。此碑碑名中有“第四会”之称，也是需要特别说明。清光绪十一年（1885），从陕西教区中划分出汉中教区；光绪十三年，罗马教廷任命罗马圣伯多禄圣保禄修道院的安廷相神父担任汉中教区第一任主教（1887—1895），其后，汉中天主教发展迅速，信教人数大增[①]，为此汉中教区进行了教会组织规划，确定教区为大会，为信徒的自治组织，大会设总会长，下辖48个会口，会口设会长。“圣若瑟堂第四会”即为会口。

古路坝碑刻数量虽少，却涉及汉中地区早期天主教传播的具体情况，对于研究中国宗教史、文化史及中外交流史都具有十分重要的意义和价值。

① 参见杜小安：《天主教在汉中的传播与发展》，《汉中师范学院学报》2000年第3期。

第十四章　商洛博物馆、丹凤船帮会馆、镇安文庙碑刻

商洛博物馆位于商州区大云寺内，以始建于唐武则天时期的大云寺为依托，内存有商洛历代碑刻，是东秦岭腹地碑刻的重要组成部分，有着重要的价值。丹凤船帮会馆建于清代，由水手和船工集资而建，在当时供帮员食宿、聚会、娱乐之用，是现在国内保存最完整的船帮会馆之一。船帮会馆位于丹凤县的龙驹寨，因会馆内供着汉水水神，以祈求神灵保护风平浪静、船行安全，故又称平浪宫，现为丹凤博物馆所在地，其中亦不乏碑刻存藏，是东秦岭南麓碑刻的重要代表。镇安县位于秦岭东段腹地，乾佑河和旬河中游，东接山阳县和湖北郧西县，西邻宁陕县，南与旬阳、安康县接壤，北与柞水县相连。具有自身的地域文化特征，其文庙所藏碑刻是研究这一区域文化的重要依据。

一、商洛博物馆碑刻

商洛博物馆是商洛市唯一的市级博物馆，位于大云寺内。目前所藏碑刻主要是商洛各地出土和发现而移藏于此。作为东秦岭腹地碑刻存藏的重要场所，有必要对其作一概述，用以展示这部分碑刻存藏的历史文化背景和时代特征。

（一）商洛博物馆概述

商洛博物馆位于大云寺内。据两《唐书》载，大云寺与武则天有直接关系。据《旧唐书》记载，载初元年秋七月，“有沙门十人伪撰《大云经》，表上之，盛言神皇受命之事。制颁于天下，令诸州各置大云寺，总度僧千人”[①]。又称“怀义与法明等造《大云经》，陈符命，言则天是弥勒下生，作阎浮提主，唐氏合微。故则天革命称周，怀义与法明等九人并封县公，赐物有差，皆赐紫袈裟、银龟袋。其伪《大云经》颁于天下，寺各藏一本，令升高座讲说”[②]。这一举动的历史背景是，武则天入宫后，从才人至昭仪再

① （五代）刘昫：《旧唐书》卷六《武后本纪》，北京：中华书局，1975 年，第 121 页。

② （五代）刘昫：《旧唐书》卷一八三《薛怀义传》，北京：中华书局，1975 年，第 4742 页。

到皇后，一步一步升级，并不满足，其最终目标是当女皇。唐永淳二年（683），高宗驾崩后仅三个月，武则天就将太子李显从皇位上拉下，独揽朝政大权。为了实现其终极目标，在对朝廷体制进行大刀阔斧改革的同时，为区别于李唐王朝，还须寻求思想体系上的支撑，特规定：佛教在道教之上。并给一些著名僧人很高的礼遇，出钱修寺造像。武则天不遗余力支持佛教，佛教徒也知恩图报为其登基出计献策。以薛怀义为首的一帮和尚为了迎合武氏称帝的欲望，便伪造了一部佛经，即《大云经》，不久又造了一部《大云经疏》献给武后，《经疏》直截了当称："太后乃弥勒佛下生，当代唐为阎浮提主。"次年，武则天便临朝称制，改唐为周，改元天授，做了真正的皇帝。为了感谢佛教的功劳，她便敕令天下州郡广建大云寺，并将《大云经》及《大云经疏》颁行天下，使藏于大云寺。由此，长安、洛阳两京及全国各州皆建大云寺以藏《大云经》及《大云经疏》。公元 705 年，中宗李显再即皇位，诏令全国拆除大云寺。当时商州因秦岭阻绝，道路难行，地方官员并未奉诏行事，而是将大云寺更名为西岩院，商洛大云寺因此得以幸免。此后至元末的数百年间，虽然历经风雨、战火，大云寺香火时断时续，却一直延续了下来。清代将大云寺上院西岩院改为文昌祠，又名启秀阁，成为商州"八景十观"之一。大云寺下院在明末清初战乱中被焚毁，清顺治十八年（1661），当地官员在商州城西门内新建"大云寺"，作为下院。清光绪年间，李素、云龙等几任商州知州相继募资，对新建大云寺进行大规模增修扩建。现存大云寺占地面积 8000 平方米，以山门为对称轴，前殿、中殿和后殿坐北向南，依次排列，两侧另有厢房 40 余间，基本保存了光绪年间的规模和格局。

1996 年，商洛市政府开始筹建商洛博物馆，由大云寺及与其毗邻的城隍庙两个遗址组成，占地 1.3 万平方米，展出文物 120 余件，集中展出商洛多年取得的重大考古成果，主要包括获 1997 年全国十大考古发现的洛南县旧石器洞穴遗址考古成果，纳入国家"夏商周断代工程"项目的商州东龙山夏商遗址考古成果，丹凤商鞅封邑考古成果，以及秦文化、楚文化和晋文化等方面考古成果。另存藏碑刻 50 余通。

（二）碑刻存藏及著录情况

商洛博物馆是商洛地区碑刻保存最为集中的单位之一，寺内现藏碑刻 50 余通，大部分保存状况较好。根据这些碑刻的内容，大致可以将其分为三种类别：一是与原商洛城隍庙相关的记事、捐资功德碑；二是商洛博物馆近年来入藏的历代墓志、墓碑；三是与商洛历史文化相关的其他碑刻。

1. 与商洛城隍庙有关的碑刻（7 通）

《城隍神会捐资碑》，清道光十九年（1839）刻立。碑文楷书。落款"时大清道光十九年正月谷旦”。碑文开始称“托物以告虔，勒石以志远，祀典所必然也”。碑文之后刊刻捐资人姓名和捐资数额。

《敬献城隍庙碑》，清光绪六年（1880）刻立。碑文楷书。落款“光绪六年五月十一日敬立”。记载了商州城隍神屡次显灵，庇佑州民。碑文后刊刻捐资人姓名。

《重修城隍庙碑记》，清光绪二十一年（1895）刻立。王安吉撰，孟之植书，魏景韩篆额。碑文楷书。碑文记载了商州城隍庙创自明代，由明至清数百年中香火旺盛，每年四月八日城隍盛会远近进香施醮者甚众，演戏酬神相延数月之久。康熙、嘉庆年间庙宇曾经历多次增修、重修。但同治初年，兵燹不断，往来军队大多驻扎在城隍庙中，导致城隍庙内建筑大量损坏。至光绪年间，当地百姓共同捐资修缮城隍庙，城隍庙会得以恢复。

《答城隍神庥碑》，清光绪二十二年（1896）刻立。碑文楷书。记载商州城隍庙历史悠久且有求必应，故而庙会香火旺盛，当地百姓为答谢城隍神佑护之恩，捐资一百余缗，作为庙会奉祀物品之费用。碑阴刊刻捐资人姓名和捐资数额。

《恭敬城隍神碑》，清光绪二十八年（1902）刻立。碑文楷书。落款“山西候补州吏目王际唐顿首撰文书丹，光绪二十八年四月下浣吉日立石”。记载商州城隍神灵验、正直，百姓无不虔心告祭。碑文之后刊刻捐资人官爵和姓名。

《续祭城隍碑文》，清光绪三十年（1904）刻立。牛金钊撰，牛镇南书。首题“续祭城隍碑文”。碑文楷书。落款“大清光绪三十年小阳月阖社人仝立”。碑文开始称“尝思莫为之先，虽盛弗举；莫为之后，虽美弗传。光绪三十年六月间，黄沙河水冲没地亩。奉州宪杨示谕，照地抽钱，修堤防水”。碑文之后刊刻14位经理人官职和姓名。

《商县太平神会碑记》，民国八年（1919）刻立。叶澍撰并书，李祥堃监刻。正文楷书。落款“民国八年岁次己未五月中浣之吉立石”。记载民国时期虽然屡有兵乱，但商县因城隍神显灵佑护、危能以安，邑人李云倡导创立太平神会，每年正月初七日演戏、奉香答神之事。碑文后刊刻与会人员姓名。此碑是研究民国时期城隍信仰的重要资料。

2．历代墓志墓碑碑刻（29通）

《辅国将军柳晉墓志》，隋开皇五年（585）刻。该志是商洛地区目前出土的年代最早的墓志，志题“辅国将军柳晉墓志铭”。落款“开皇五年正月廿七日”。2003年出土于商洛师专建筑工地。

《武威贾公墓志》，宋宣和二年（1120）刻。周经撰并书。志文楷书。记载墓主自京兆栎阳迁居商洛的生活简况及家族情况。

《王勋及孟氏合葬墓志》，明成化年间（1465—1487）刻。范吉撰并书。志文楷书。

首题“诰封户部员外郎王先生赠宜人孟氏合葬墓志铭”。

《谭原墓志》，明嘉靖十年（1531）刻。寇玑撰，叶薰书。志文楷书。首题“处士谭君墓志铭”。

《赵元凯墓志》，明嘉靖三十八年（1559）刻。任庆玉撰，雷相书。志文楷书。首题“明故迪公郎山西赵城县判簿赵君墓志铭”。

《姚公及柳氏合葬墓志》，明嘉靖四十五年（1566）刻。陈汝明撰，姚时行书。盖文楷书“四川顺庆府广安州邻水县主簿姚公孺人柳氏合葬墓志铭记”。志文楷书。首题“故邻水县主簿东泉姚公配孺人柳氏合葬墓志铭”。记载墓主祖籍南阳，后迁居商州。2001年出土于商洛师专建筑工地。

《雷近溪墓志》，明嘉靖年间（1522—1566）刊刻。刘芝撰，□臣书。志文楷书。首题“故大学生近溪雷公墓志铭。”。

《林具瞻墓志》，明万历十五年（1587）刻。武克宅撰，祝多士书。志文楷书。首题“明处士柿泉林公墓志铭”。

《雷始声墓志》，明万历三十一年（1603）刻。张养心撰，雷文耀书。志文楷书。首题“明儒官雷公合葬墓志铭”。

《赵祖舜墓志》，明万历三十二年（1604）刻。张三俊书。志文楷书。首题“明文林郎河南府淯川县令德字赵公墓志铭”。

《南柄墓志》，明万历四十年（1612）刻。史记事撰，张养心书。志文楷书。首题“明开封府祥符县县丞南公墓志铭”。

《南母合葬墓志》，明万历四十五年（1617）刻。邵可立撰，史记事书。志文楷书。

《雷始奋及孔氏合葬墓志》，明万历四十五年刻。邵可立撰，牛维赤书。盖文篆书“明庠生雷公暨配贞节孔氏合葬墓志铭”，志文楷书。首题“明庠生雷公暨配旌表贞节孔氏合葬墓志”。

《雷公墓志》，明泰昌元年（1620）刻。邵可立撰，张养心书。盖文行楷“明商庠生金门雷公墓志铭”，志文楷书。

《牛维良墓志》，明天启五年（1625）刻。牛维曜撰，牛维佑书。志文楷书。首题“明郡庠生玄所牛公墓志铭”。记载墓主牛维良，字北极，号玄所，为县学庠生。

《侯久道墓志》，明崇祯二年（1629）刻。邵可立撰，任弘业书。志文楷书。首题“明待诰赠西塬侯公墓志铭”。

《南文蔚墓志》，明崇祯二年刻。邵可立撰，牛维曜书。志文楷书。首题“明文林郎河南怀庆府温县知县耀宇南公墓志铭”。记载墓主字一素，号耀宇，为人慷慨，乐善好施。

《李攀蟾姚氏合葬墓志》，明崇祯九年（1636）刻。任弘业撰，程任书。志文楷书。首题“明商处士前溪李公洎配孺人姚氏合葬墓志铭”。

《孺人牛母邵氏合葬墓志》，明崇祯十一年（1638）刻。侯君招撰，牛斗书。志文楷书。首题“明孺人牛母邵氏合葬墓志铭”。

《姚可任任氏合葬墓志》，明崇祯十二年（1639）刻。侯君招撰，王九牧书。志文楷书。首题“明待诰赠郡庠生姚公配孺人任氏合葬墓志铭”。

《雷维美墓志》，明崇祯十三年（1640）刻。□锡胤撰，郭□围书。志文楷书。首题“明乡进士文林郎南直扬州府通州海门县知县钟蓝雷公夫人辛氏合葬墓志铭”。

《杨象及田氏合葬墓志》，明崇祯十六年（1643）刻。高鸣鹤撰，牛维晃书。志文楷书。首题“明贡监听选确亰杨公象暨配孺人田氏合葬墓志铭”。

《孺人雷母王氏墓志》，明崇祯年间（1628—1644）刻。邵可立撰，周之伟书。志文楷书。首题“明孺人雷母王氏墓志铭”。

《王庄墓志》，明崇祯年间刻。杨舜臣撰，邵榆书。志文楷书。首题“明山西石楼县典史黉西王公墓志铭”。

《屈文兴墓志》，清乾隆十四年（1749）刻。陈大典撰，王克仕书。志文楷书。首题“皇清待诰赠乡饮耆宾宅玉屈公墓志铭”。

《寇秉正墓志》，清嘉庆年间（1796—1820）刻。姚亦美撰并书。志文楷书。首题“皇清恩给八品寿官顶带守公寇公墓志铭”。

《节孝孺人李氏墓志》，清道光十九年（1839）刻。赵继瞻撰，牛聚垣书。志文楷书。

《故显考大监元张公墓碑》，清光绪二十八年（1902）刻立。仅存碑身，且下部残损。

《故先考李公讳启财老大人之墓》，清代刻立。碑身完好，但落款处具体年月日皆空。

3．与商洛历史文化有关的碑刻（5种）

《安西王祭四皓庙碑》，元至元十四年（1277）刻立。杜震撰。落款“维大元国至元十四年岁次丁丑四月庚申朔初七日丙寅”。碑面正文部分风化，但内容大体可以辨识。原存商州四皓墓，现藏商洛博物馆。

《新建东岳庙大门外琉璃照壁碣记》，明万历十年（1583）刻立。寇光裕撰，黄应科书。正文楷书。记述了商州东龙山东岳庙，于明代增修琉璃照壁过程及经修人姓名。此碑原在东龙山东岳庙，现藏商州博物馆。碑中所言东龙山东岳庙照壁，为县级文物保护单位，在修建商洛师范学院时被掩埋。

《郡太守罗公捐俸创建书院阖属绅士感戴碑》，清乾隆二十三年（1758）刻立。记载了商州知州罗文思捐俸数百金创建书院，延请名师，教导商州学子之事，对于研究商洛地区教育史有一定的参考价值。

《合社条规碑记》，清光绪二十八年（1902）刻立。记述了合社公议禁赌、逐匪、公买公卖等条约的具体内容与赏罚数量，是研究商洛地区民俗、乡约的重要资料。

《赵心泉德政碑》，清光绪二十九年（1903）刻立。魏子征撰，张廷锟书。内容涉及知县赵心泉在任其间兴办文教、公益事业的政绩，也是十分珍贵的地方志资料。

（三）商洛博物馆碑刻研究述要

商洛博物馆存藏的8通清代中后期和民国时期的城隍庙记事、捐资功德碑，是研究商洛城隍庙历史沿革和当地城隍信仰的重要资料；存藏的历代墓志，则反映了东秦岭腹地的丧葬风俗；与商洛地方历史文化紧密相关的记事、功德碑，则充分反映了东秦岭的区域文化特征。

碑刻记述了商洛城隍庙的修建和维修情况，以及当地民众的城隍信仰情况。由碑刻记述可知，商洛城隍庙始建于明洪武二年（1369），距今已有近650年的历史。经明清两代的多次维修和扩建，商州城隍庙合计有殿、庑、厅、楼100余间，占地50余亩。至清末民初，城隍庙曾被商州中学占用。目前的商州城隍庙在旧有山门、过殿、献殿、大殿、火神庙、药王庙及厢房的基础上进行了全面的修缮，基本恢复了清代中后期的规模，成为商洛民间信仰及其文化遗产的重要载体。另外，从碑刻的记述中，可以发现商洛民众对城隍的信仰情况。在道光十九年（1839）刻立的《城隍神会捐资碑》中，记载了商州任家村至寨坡湾等五保自康熙五十年（1711）起，每年仲春都迎奉州城隍神举行庙会，历经百余年，至道光年间（1821—1850）此风俗一直得以坚持。道光十九年（1839），应城隍神举行庙会时，百姓见城隍神像冠履、袍带破旧，纷纷捐资为神像敬献冠一顶、袍一袭、朝珠一串、玉带一围、靴一双，并勒石以记。光绪六年（1880）刻立的《敬献城隍庙碑》中记述，光绪六年（1880），信众李思林、周丕典、屈金选、邵金魁、肖祥发、王芝义、邵守敬、张翰丰、王□成、魏振江、葛明祥、王灶娃12人共同捐资，向城隍神敬献金冠二顶、玉带二条、蟒袍二领、朝靴二双。光绪二十八年（1902）刻立的《恭敬城隍神碑》中，记述了是年由杨生枝、牛振义等人召集当地三十一家百姓，每家捐钱二十文，定于每年四月二十五日酬谢城隍神灵之事。光绪三十年（1904）刻立的《续祭城隍碑文》中，特别记述了是年六月间，黄沙河冲没地亩。奉州宪杨示谕，照地抽钱，修堤防水。但修堤后所剩四十串钱被人贪污，之后州宪胡氏将余钱追回，其钱以每年二分生息，用作每年祭城隍神之资。且规定每年三月初三日，并祀城隍与玉皇二神。以上可见当地民众城隍信仰之情况。

商洛博物馆所藏墓志、墓碑除少数残缺外，大多保存完好，内容记述墓主生平、职官、政绩、家族谱系、子嗣情况，是研究商洛明清两代地方历史的珍贵资料。如隋开皇五年（585）刻的《辅国将军柳𧦝墓志》，是目前商洛境内出土的最早的墓志，志文记载墓主柳𧦝，字珍章，祖籍河东，其曾祖柳相时迁居商州。柳𧦝初任长史，后因军功历迁别将、金城县令、辅国将军等职。该志文字不多，但所载墓主生平事迹、履历颇具补史之价值。另志石无盖，四周亦无花纹，风格质朴，对于研究东秦岭腹地隋代葬俗亦有一定的参考价值。再如宋宣和二年（1120）刻的《武威贾公墓志》，记述了墓主自京兆栎阳迁居商洛的生活简况及家族情况。东秦岭腹地出土宋代墓志数量不多，此志所载可补正史之阙，对于商洛宋代墓葬的研究亦具有一定的参考价值。还有商洛地区出土的《雷近溪墓志》、《雷始声墓志》、《南柄墓志》、《南母合葬墓志》、《雷始奋及孔氏合葬墓志》、《雷公墓志》、《牛维良墓志》、《南文蔚墓志》、《孺人牛母邵氏合葬墓志》、《孺人雷母王氏墓志》等，对于研究明代雷氏家族、牛氏家族、南氏家族的历史，都具有重要的资料价值。

需要说明的是，元至元十四年（1277）刻立的《安西王祭四皓庙碑》，记述了皇子安西王及商州达鲁花赤等人，在商州四皓墓祭祀四皓之事，或可纠正商州四皓墓是明代衣冠冢之误传。商州四皓乃《史记•留侯世家》中记载的汉初商山的四个隐士，名为东园公、夏黄公、绮里季和甪里先生。传说，他们不愿为官，长期隐居在商山，出山时都80有余，眉皓发白，故被称为“商山四皓”。四人曾作《紫芝歌》，以明志向，歌曰：“漠漠高山，深谷逶迤。晔晔紫芝，可以疗饥。唐虞世远，吾将安归？驷马高盖，其忧甚大。富贵之留人兮，不如贫贱之肆志。”① 今商山有四皓庙和四皓墓。唐代大诗人李白有《过四皓墓》、白居易有《谒四皓庙》等赞四皓名篇。但近代以来，有学者以为上述多为传说，特别是四皓墓乃明代所建衣冠冢。此碑则说明元代即有四皓墓，明代衣冠冢之说误。

二、丹凤船帮会馆碑刻

船帮会馆位于丹凤县城西南隅，又名“平浪宫”、“明王宫”、“花庙”。会馆面临丹江，背靠凤冠山，建筑雄伟，巍峨壮观，现为丹凤县博物馆。其中存藏的碑刻，是秦岭南麓汉水流域文化的典型代表，具有重要的价值。船帮会馆作为这些碑刻的存藏场所，另有一番文化蕴意，体现了秦岭文化的区域性特征。

（一）丹凤及其船帮会馆概述

① （明）赵廷瑞、马理、吕柟纂，董健桥等校点：《陕西通志》卷之二《山川》，西安：三秦出版社，2006年，第62页。

丹凤位于秦岭东段南麓，因县城南临丹江、北依凤冠山而得名，其历史最早可追溯至殷商时期。商、周时期，丹凤为古鄀国地，春秋时归楚地，战国时归秦，成为商鞅封地的一部分。此后自秦汉直至明代，商洛或名商州、上雒、商县、丰阳、南商，其治所和辖区亦屡有变迁，但丹凤作为商洛辖地，千余年间未曾改变。明末清初，伴随着大量移民的迁入，丹凤日渐兴盛。清乾隆二十六年（1761），清廷在丹凤设州，属商州直隶州，沿用至宣统三年（1910）。中华民国时期，丹凤先后称商县县佐、陕西省第四区行政督察专员兼保安司令公署龙驹寨办事处、陕西省龙驹设治局。新中国建立前夕，丹凤正式设县，隶属商洛至今。自清乾隆年间至今，丹凤治所均设于龙驹寨（今丹凤县城）。

由于秦岭阻隔，山道难行，丹凤自古与关中的交通和联系十分艰难，但其与南方的往来却因临近丹江而变得十分便利。自春秋战国至明清时期，丹江连通襄水，直达汉口，是南北交通运输的重要航道之一，也是古都长安的必要补给线。经历千余年的发展，至清代时，丹江边的龙驹寨作为水陆换载的码头，成为“北通秦晋，南结吴楚”的交通要冲。由于物资往来频繁，且数量巨大，独立的商家力有不逮，当地商人便以同乡、同业的形式结成商帮，共同经营。为了便于本帮的乡党、商户的商贸往来、日常聚会和歇宿，各商帮纷纷营建会馆，并以商帮之名为会馆命名。由此，秦岭南麓、丹江之滨的小镇成为人声鼎沸、会馆林立的天下名镇，声名显赫一时。商贸鼎盛时期，龙驹寨内诸如船帮会馆、马帮会馆、盐帮会馆、坐地会馆、黄帮会馆、丝帛会馆、青瓷会馆、关中会馆、河南会馆、山西会馆等各种会馆有十数家之多[①]。在这些会馆中，船帮会馆的规模最为宏伟，工艺最为精致，近两百年来，它伫立于丹江岸边，见证了丹江航运的发展历程和丹凤县城的历史变迁，成为丹凤最为重要的历史文化遗迹。

船帮会馆位于丹凤县城西南隅，因其殿宇内供奉着保护风浪平静、行船安全的平水明王像，故又称“平浪宫”、“明王宫”。又因馆内建筑多以琉璃雕花装饰，十分华丽，故亦称“花庙”。民间传说船帮会馆修筑于明代，但据古文献记载，该馆始建于清嘉庆二十年（1815），因龙驹寨江岸是水陆换载大码头，明清时商贾云集，帮会众多，其中船帮依靠丹江水运，势力较大，却无会馆。为不受其他帮会歧视，维护行业利益，艄公、搬运工千余人决定集资建馆，他们每运一件货物提取三个铜钱，积少成多，终于在清嘉庆二十年建成。光绪十七年（1801）曾重修一次，现所存旧址就是此次重修的规模。

① 丹凤会馆存留下来的有4处，分别为船帮会馆、马帮会馆、盐帮会馆和青瓷会馆。马帮会馆位于县城西街小学院内，原占地11833.6平方米，现占地1018.2平方米，存大殿两座8间，厢房10间；盐帮会馆位于县党校院内，原占地4429.8平方米，现占地390平方米，存大殿两座8间；青瓷帮会馆位于县城粮站院内，原占地4320平方米，现占地377.2平方米，存大殿两间，厢房4间。

现在的船帮会馆北靠凤冠山，面临丹江水，保留了清代的戏楼和大殿，两座建筑南北相对，基本保持了清代会馆的格局。戏楼是船帮会馆的主体建筑，为砖木结构，高27米，宽36米，进深11米，台口高8米。戏楼顶端高悬“秦镜楼”的牌匾，正面仰视，整座戏楼为千姿百态的木雕图案覆盖，可谓是梁柱门窗楣楹檐板，无木不雕，刀工细腻，巧夺天工。其上彩龙雄踞、凤凰展翅、高山河谷、亭台楼阁、车马仪仗、花草树木、虫鱼鸟兽无不惟妙惟肖。数以百计的人物雕像更是精巧别致、形神兼备，内容既有大舜耕田、夏禹治水、牛角挂书、文王访贤、太公封神、八仙过海、丹凤朝阳、囊萤映雪、赤壁怀古等神话传说和历史典故，也有农夫挥锄、村姑喂猪、樵子负薪、行旅赶车等日常劳作、生活的市井民俗场面。在各种木雕图案中，龙雕图案数量最多，其上大多镶有各色瓷片，阳光映照下鳞光闪烁，异彩纷呈，群龙或对空长吟，或呼风唤雨，或凌波欲飞，或布泽惠民，表现出了常年行船的船工对龙神的崇拜和信仰。此外，“和声鸣盛”题额两边的八组浮雕人物组成一幅画联，迄今尚无人能够破译，成为耐人寻味的百年之谜。戏楼整体建筑巍峨壮观，庄重威严，其木雕、石刻、砖雕、瓷镶独具匠心，细腻华丽，融合了中国古代南北方建筑的精华和特色。

会馆内的正殿与戏楼正对而建，殿内原本供奉着平水明王像，每年农历六月初六日都有大型的祭祀庙会活动。平水明王俗称“杨泗将军”或“杨四将军”，关于其身份和来历有多种不同的传说，如西晋时期斩杀孽龙的将军周处，南宋农民起义领袖杨幺，南宋著名抗金将领杨从仪，南宋末代丞相陆秀夫，明代治水有功而受封的将军等。平水明王的信仰起源于湖南，其后在长江中下游地区广泛传播，近四川、云南、广东、甘肃、陕西等地都有庙宇供奉其塑像。伴随着明清时期大量移民的迁入，秦岭南麓的汉中、安康和商洛等地，亦有多处庙宇供奉着平水明王像。秦岭南麓地区多数庙宇的平水明王真身为杨从仪，但船帮会馆内的平水明王却是陆秀夫。丹凤民间至今仍广泛流传着陆秀夫身背宋度宗赵禥第三子卫王赵昺跳海殉国，后人尊其为明王的传说。清代时，船帮会馆的庙会活动十分兴盛。民国以来，庙会日渐萧条，明王塑像亦损毁无存。1934年，中国工农红军第二十五军长征经过丹凤，曾在会馆进行整训，并创建了龙驹寨苏维埃政府。新中国成立后，陕西省文物局将船帮会馆列为省级重点文物保护单位，并多次拨款对会馆、戏楼、明王殿进行全面的修缮。如今，船帮会馆为丹凤博物馆所在，亦为爱国主义教育和传统教育的基地，内设历史文物、贾平凹文学艺术成就、龙驹寨水旱码头等3个展室，馆藏历代文物千余件。

（二）碑刻存藏及著录情况

从田野调查情况来看，丹凤全县碑刻现藏有200余通，船帮会馆丹凤博物馆仅存碑刻十数种，包括记事碑 10 通，墓志 5 方，界碑 2 通，可分为记事、传记和界碑三类。

1．记事类碑刻

《王氏买地劵》，宋宣和元年（1119）刻。可见文有“上至苍天，下至黄泉，东至青龙，西至白虎，南至朱雀，北至玄武。用货税钱九百九十九文，足就皇天后土……”原出土于商镇粮站大院宋墓，墓主王姓。现藏丹凤博物馆。

《关帝庙重修碑记》，清雍正十三年（1735）刻立。叶其馨撰，彭友闻书。圆首，首身一体，碑身下部残损，碑首两侧线刻二龙戏珠纹，正中楷书可见“关帝重修□记”等字，因碑首正中被后人凿一圆孔，字迹部分残损。正文楷书。落款“时雍正十三年岁次乙卯孟夏月”。正文后刊刻捐资人姓名。

《重修四龙宫记碑》，清道光二十二年（1842）刻立。梁搢易撰。记载了道光年间增修四龙宫的过程和捐资人姓名。

《三圣宫碑文》，清道光二十九年（1849）刻立。刘烺撰，张大勋书，刘炯立。正文楷书。落款“大清道光二十九年岁次己酉小阳月吉日敬立”。

《铅铜脚价鼓励碑记》，清咸丰元年（1851）刻立。中部断裂，断裂部分略有残损，正文楷书。落款“六县众骡夫等，咸丰元年三月初九日立”。

《冠山书院碑》，清咸丰七年（1857）刻立。张廷璿撰，陈光前书。正文楷书。落款“咸丰七年岁次丁巳正月吉”。碑文记载冠山书院建于道光七年，但规模较小，资金不足。咸丰年间，邑人捐资扩大学校规模，延师兴教的经过。此碑对于研究清代商洛地区教育状况有一定参考价值。

《飞龙岗立集碑记》，清光绪四年（1878）刻立。李秀青撰并书。正文楷书。落款“时大清光绪四年岁次戊寅冬月四保人等仝立”。正文后刊刻印斗人、经理人、乡约人等 16 人姓名。

《青云寺碑》，清光绪六年（1880）刻立。额篆书“皇清”，正文楷书。记载有百顷湾河街及航运史料。原在县城南 2.5 千米的青云寺内，现藏丹凤博物馆。

《书院捐输碑记》，清光绪十四年（1888）刻立。任自安撰，陈锡喆书。正文楷书。落款“时大清光绪十有四年岁次戊子小阳月吉日”。记载龙驹寨崇正书院的沿革和邑人捐资扩建书院以兴文教等事。

《庾家河街禁赌碑》，清光绪十七年（1892）刻立。碑额横书“日”、“月”二字。碑文楷书。正中竖刻“禁止赌博”四个大字，右上题“立禁碑石，以戒四方。不招匪类，地方清平。倘有不遵，同送公庭”，落款“光绪十七年冬月吉日，立碑人乡约张邦献，保正蔡祥记同立”。原在县城北庾家河街，现藏丹凤博物馆。

《合社条规碑》，清光绪十八年（1893）刻立。落款“光绪十八年二月初一日”。

2．传记类碑刻

《屈文兴墓志》，清乾隆十四年（1749）刻。陈大典撰，王克仕书，孙□道篆。盖正中篆书“屈公墓志铭”，两侧线刻侍者画像。志题“皇清待诰赠乡饮耆宾宅玉屈公墓志铭”。志文楷书。落款“时乾隆十四年岁次己巳孟春谷旦”。

《屈自超张孺人合葬墓志》，清嘉庆十八年（1813）刻。任腾霄撰。落款“嘉庆十八年岁次癸酉三月六日”。

《张鉴远墓志》，清道光二年（1822）刻。郡庠廪膳生员贡生陈汝炳顿首拜撰文，郡庠廪膳生员贡生李成蹊顿首拜书丹，郡庠禀膳生员贡生董云鸿顿首拜篆盖。盖篆书“皇清待赠邑庠生员鉴远张公先生铭”。

《李母张孺人墓志》，清道光十四年（1837）刻。李青霄撰，王联治书。志文楷书。志题“皇清待赠孺人李母张孺人墓志”。

《皇清待赠邑耆老舒忠贺公墓志盖》，清代刻。

3．界碑

《“武关”界碑》，年代不详。碑身正中楷书“武关”二字，落款可见“知商州事□□□□立”等字。

《界碑》，年代不详。仅见“大清嘉庆六年仲秋之吉”、“汉台盖方沁”之题款。

（三）船帮会馆碑刻研究述要

船帮会馆丹凤博物馆存藏碑刻，多为清代中后期刊刻，这与丹凤龙驹寨在清代中期的兴起有着密切的关系。馆藏碑刻虽然数量较少，其价值却不容忽视。尤其是记事碑，内容涉及当地历史沿革、交通运输、经济发展、文教事业、宗教信仰等诸多方面，对于研究地方历史文化有重要的意义和价值。

船帮会馆丹凤博物馆存藏碑刻反映了明清时期丹凤地方民间信仰的情况。清雍正十二年（1734）刻立的《关帝庙重修碑记》，碑文在赞颂关帝功德之后，称“商山之阴，丹水之汭，地名商雒镇，即汉四皓隐迹之所”。此碑系从他地移入船帮会馆丹凤博物馆的，那么此关帝庙在何处，是需要研究的。据田野调查和文献查阅，丹凤境内有多处关帝庙遗迹保存，包括棣花镇贾塬村、茶房村、武关镇武关村、竹林关镇张塬村、土门镇土门村、桃坪镇街坊村、双槽乡何家店村等7处，说明是时关帝信仰的广泛性。但此碑刻是全县与关帝庙有关的碑刻年代较早者。虽然碑身下部略有残损，但损字较少，碑文基本保存完整，碑文称距四皓墓数里有关帝庙三楹，始建年代不详，庙宇因风雨侵袭、雀鼠筑巢，倾圮败坏严重。当地士绅、百姓同心协力，捐金输粟，历时数月，重建关帝庙，并新建献殿三楹，乐楼三楹。这样，就可大体断定该碑所在关帝庙位于何处了。此碑是研究丹凤关帝信仰有价值的历史资料。道光二十二年（1842）刻立的《重修四龙宫记碑》，记载了道光年间增修四龙宫的过程和捐资人姓名，说明当时民间信仰的广泛性。

船帮会馆丹凤博物馆存藏碑刻还反映了当时脚夫的生存状况。道光二十九年（1849）刻立的《三圣宫碑文》中记述，龙驹寨为商州巨镇，四方往来商贾云集于此，前代向关中运送货物，皆赖骡马脚夫之力。脚夫山路跋涉艰辛，官府还以脚价银一两折钱七百八十文的方式对脚夫进行盘剥。嘉庆二十三年（1818），刘焬之父刘聚堂偕同蓝田黄克文、泾阳赵士才共同捐资修建三圣宫，为脚夫商旅提供休歇之所，并上书官府要求取消折银之例。经州牧批准，以后不得脚价按时价给银，不得克扣。脚夫为感谢刘聚堂的义行，集资五六百两以示酬谢。刘聚堂又将此钱捐出用作三圣宫香火庙会之费。此碑虽然以颂扬刘聚堂等人功德为目的，但内容涉及清代丹凤交通运输、货币经济发展和民间信仰等诸多方面，是十分珍贵的地方史料。咸丰元年（1851）刻立的《铅铜脚价鼓励碑记》，记述了丹凤龙驹寨距西安四百一十七里，为秦楚咽喉。但由于关山险阻，跋涉艰难，铜、铅等金属的运输艰辛。但依照官府旧例，每一百五十斤铅或二百斤铜运往西安，单次运费仅为八钱三分四厘和一两一钱九分九厘四毫。但因管理人员盘剥，脚夫大多无法拿到应得的银钱。为此，长安、咸宁、临潼、渭南、泾阳、蓝田等六县脚夫，在道光年间曾向官府申诉，在地方官审核后，判定管理人员张善交以银钱各半返还脚夫。但古例运费标准仍未照例实施。脚夫们要求实施古例，提高运费，以鼓励脚工，提高工作效率。此碑与前边提及的《三圣宫碑文》都涉及龙驹寨至西安的陆路运输问题，两碑互相参照，对相关研究颇有价值。

船帮会馆丹凤博物馆存藏碑刻还反映了当时丹凤乡约规范，以及办学兴教的有关情况。光绪四年（1878）刻立的《飞龙岗立集碑记》，据碑文记载，飞龙岗地处四保之中，同治年间曾设立集厂，粮食贸易兴盛一时。其后因商人牟利不择手段，集厂日渐萧条。四保人员约定成立“乡约”，监督粮食交易，保证其公平买卖。此碑对于研究丹凤地区清代的乡约制度和经济史都有一定的参考价值。光绪十八年（1893）刻立的《合社条规碑》，记载民间约定禁毒、除匪、守法、经商等四方面的相关条规，碑文内容虽然较为简短，却是研究清代民间乡约与官方法律条例关系的珍贵资料。咸丰七年（1857）刻立的《冠山书院碑》，记述冠山书院始建于清道光七年（1827），但规模较小，资金不足。咸丰年间，邑人捐资扩大学校规模，延师兴教。光绪十四年（1888）刻立的《书院捐输碑记》，记述了龙驹寨崇正书院的沿革和邑人捐资扩建书院以兴文教等事。这些对于研究清代东秦岭腹地兴学教育状况，有重要的参考价值。

三、镇安文庙碑刻

镇安文庙现为镇安博物馆所在，其中存藏了大量镇安的历代文物与碑刻，有着重要的价值。

（一）镇安及其文庙概述

镇安位于秦岭南麓，旬阳北界，素有“秦楚咽喉”之称，是联系陕西与湖北的重要通道。镇安历史悠久，夏朝属酆域之地，商、周为蜀地，春秋战国归楚，秦汉属汉中郡，三国属郇阳。魏晋南北朝至隋属丰阳，屡有废设。武周万岁通天元年（696），析丰阳县地置安业县，属商州，辖区为今柞水县界牌湾以南、宁陕县的东北部及今镇安县辖地。唐宋五代直至元明的数百年间，安业县以乾元县、乾佑县、乾佑镇、乾佑巡检司等名，先后隶属雍州、商州、永兴军路、金州、西安府。明景泰三年（1452），因咸宁、长安二县民居分散，在乾佑巡检司北置县，取名镇安，属西安府，此为镇安置县之始。天顺七年（1463），将县城从夜珠坪（今柞水县夜珠坪）迁至谢家湾（即今镇安县城所在）。成化十三年（1477），将镇安县划入商州辖区。此后的明、清、民国直至今，镇安县辖区虽略有变化，但一直隶属商州。

镇安深处秦岭腹地，连接秦楚，为南北方文化交流融合之地，拥有厚重的历史文化积淀。仅就宗教遗迹来看，其境内有诸如云盖寺、兴隆寺、毗卢寺、熨斗滩石佛寺等佛教寺院，有柴坪塔云山道观、木王龙头山朝阳观等道教宫观。更有茅坪回族镇蒿树垭清真寺、西口回族镇龙洞川清真寺等伊斯兰教清真寺，还有民间信仰的黑龙洞庙、泰山神庙、龙王庙等。另外，境内还有米粮张氏宗祠、白侍郎洞、刘家大院、铁厂倪家庄园、安业书院遗址、明清时期古栈道等历史文化遗迹等，这些承载历史文化内涵的遗迹、遗址的大量存在，足见镇安历史文化之深厚。

镇安文庙始建于明正德七年（1512），知县俞鼎以祀僦民房无定所，故奠基修建文庙。万历元年（1573）知县苏某始建庙，不久倾圮。万历三十二年（1604）知县张凤翼筹资兴修大殿，面阔五间，高20米。殿前为戟门和棂星门。门前有月半池，池上有砖桥，引西门外水入池。整个布局紧密协调，清雅幽美。由于战乱破坏，清同治十二年（1873），光绪三十四年（1908），民国十三年（1924）三次重修，1983年被列为县级文物重点保护单位。

镇安文庙原位于县城中心，现在绣屏公园内重建，并以其为镇安博物馆，原文庙内的重要文物皆迁于今址①。重建后的文庙占地面积 3000 余平方米，整体建筑为仿清代砖混建筑风格，包括大成殿、厢房、孔子雕像、前后广场等几个部分。主体建筑大成殿，面阔 3 间，高 13 米，建筑面积 225 平方米。殿顶为四坡九脊歇山顶，屋面采用传统的六样灰色筒瓦铺撒，脊梁采用手工花脊砌成，檐口下部饰有单翘单昂五彩斗拱。大殿四周有开放式回廊。殿前广场设有神道，长 28 米，宽 3.60 米，上刻二龙戏珠线雕图案 8 面，与汉白玉浮雕组成九幅二龙戏珠图案。广场正中安放孔子石像一尊，通高 4.80 米，宽 1.90 米，采自孔子家乡山东优质花岗岩石材，由中国雕塑之乡河北曲阳工匠精心雕琢而成。石像底座前雕刻有孔子生平简介，后雕刻“己所不欲，勿施于人”。像前设立石雕香炉一个，图案精美，四周分别刻有“文运昌盛、至圣先师、万世师表”等字样和图案②。大成殿既是文庙的核心建筑，也是博物馆的文物陈列展馆，其展品以“孔子”和“教育”为主题，内容涉及孔子及其教育思想，孔庙、学校和科举制的发展和演化等中国古代教育史，以及民国时期和近现代镇安教育发展史等。

（二）碑刻存藏及著录情况

镇安文庙历史悠久，原文庙只有大成殿作为县级重点文物保护单位保留。新建文庙作为县博物馆，充分发挥了保护文物、社会教育的功能。其所藏碑刻有 30 余通，主要来源于原文庙、城隍庙、安业书院或散见于别处移来等，故以其来源对其分类，下面撮其要者分述之。

1. 与原文庙有关的碑刻（8 通）

《镇安县重修学庙记碑》，明正德七年（1512）刻立。正文楷书。落款“大明正德七年岁次壬申春三月吉旦”。碑文记载镇安地处秦岭深山之中，自明景泰年间至正德七年的近六十余年中，镇安并无学庙。正德年间，武功教谕俞鼎调任镇安知县，其间修建了学校、文庙等建筑。此碑是镇安文庙创建于明代的实物证据，为研究镇安文庙的历史和当地教育状况提供了珍贵的资料。

《重修文昌阁碑记》，明万历三十一年（1603）刻立。碑文记载了文昌阁“苏公创于前，陈公踵于后，……诚足以辉映山川而启一邑文明之盛”。此外，还涉及李垂衍“作善匪市名，读书匪求禄”的教育理念，颇有史料价值。今佚。清乾隆《镇安县志》著录。

《科举办学碑》，清乾隆五十七年（1742）刻立。正文楷书。落款“大清乾隆五十七年壬子冬十二月朔有二日，署镇安县知县臣”。

《重修文庙序碑》，清嘉庆二十二年（1817）刻立。范仲赵撰，阴大福书。正文楷

① 镇安文庙和博物馆主体工程于 2011 年 5 月完工，同年 11 月，博物馆正式对外开放。

② 参见陕西省文物局：《陕西第三次全国文物普查丛书·镇安卷》，西安：陕西旅游出版社，2012 年，第 96 页。

书。落款“大清嘉庆二十二年岁次丁丑季夏月上浣之吉”。碑文记载清代文庙及其附属建筑的格局和状况，嘉庆年间重修文庙以兴文教的经过，正文之后刊刻主持维修、捐资人员姓名。

《重修文昌宫记》，清嘉庆二十四年（1819）刻立。范仲赵撰，阴大福书。正文楷书。落款“嘉庆二十四年岁次己卯孟秋月吉日”。记载镇安文昌宫创建于乾隆年间，至嘉庆年间已有三十余年历史，庙貌虽存，墙垣坍塌，当地士绅王肇麟、刘开泰募资重建庙宇、妆塑神像等事。

《重修文庙碑记》，清同治十二年（1873）刻立。额楷书“永垂不朽”。碑身右侧残损严重，正文楷书。落款“清同治十二年岁次癸酉十月吉旦”。记载清同治年间重修文庙之缘由，正文后刊刻时任陕西巡抚、商州知州、镇安县令、训导、教谕、司狱、游击、骑尉等职官姓名。

《文庙观音堂施地文约碑》，清光绪九年（1883）刻立。正文楷书。记载当地农民杜发魁、吴作栋愿将自置田地各一块施舍与文庙观音堂作为庙产香火之资，并禁止僧尼出卖之事。

《创修观音堂落成序》，清光绪十二年（1886）刻立。安贞吉撰，杨恩荣书。正文楷书。碑文记载因战乱影响，文庙之后的观音堂倾圮严重，邑人捐资重建堂宇，并立碑记载其事。

2. 与城隍庙有关的碑刻（5通）

《修建城隍庙碑记》，明弘治十六年（1504）刻立。罗鏊撰，任赉□篆，吴堂□书。碑身上部残缺，正文楷书。记载镇安县历史沿革以及城隍庙修建经过。

《重修城隍庙碑记》，明嘉靖三十年（1551）刻立。屈大陞撰，周爻篆，李初秾书。碑身上部残损，中部断裂，正文楷书。记载镇安县旧有城隍庙，始建于景泰年间。邑人祈祀，屡有灵应，远近闻名。因庙宇年久失修，邑人共同捐资重建。

《重修城隍庙记碑》，清嘉庆二十四年（1819）刻立。范仲赵撰，阴大福书。正文楷书。落款可见“嘉庆二十四年岁次己卯六月吉”等字。碑文记载镇安县城西关内有城隍庙，但其创建日久，倾圮坍塌严重，邑人踊跃捐输，重建庙宇、戏楼以便奉祀香火之事。碑文之后刊刻乡约、事首、捐资人姓名。

《城隍庙条规碑记》，清光绪十九年（1893）刊刻。白翰如撰，江桂秋书。正文楷书。落款可见“十九年岁在癸巳二月初八日本地绅粮敬立勒石”。碑文记载镇安县城隍庙历史悠久，早年县内物资丰阜，庙会隆重。后因同治年间战乱影响，县内物资贫乏，城隍奉祀之祭日渐衰落。为此，邑人募资重建城隍庙，并订立庙会祭祀公约十条。正文后刊刻条约内容和捐资人姓名。

《重修城隍庙碑》，清代刻立。王时叙撰，王安定立。碑身上部断裂佚失，正文楷书。落款可见“壬辰孟冬月上浣之吉”等字。据残存碑文内容可知，清代城隍庙内有正殿三楹、献殿三楹、钟鼓楼各一，阎君殿五楹、土地殿、财神殿等各一座，历史久远，大多倾圮。邑人捐资在原庙基础之上扩建，并对历代碑刻建碑廊保护。

3．与安业书院有关的碑刻（6 通）

《褒奖李垂街圣旨碑》①，明万历三十四年（1606）刻立。正文楷书。首题“明万历三十四年三月二十五日敕刻骊珠山石墓门石碑”。记载皇帝敕命表彰嘉靖年间葭州学正李初秾之事。落款“万历三十四年三月二十五日”。

《学校规条碑》，清顺治九年（1652）刻立。正文楷书。首行可见“顺治九年题准刊立卧碑置于明伦堂”等字。碑面泐蚀严重，碑文不可卒读。

《治学碑》，清乾隆五十七年（1792）刻立。冯允刚撰并书，权秉政等立。落款“皇清乾隆五十七年岁在壬子九月之望”。记载治学以“诚”、“敬”为重的儒家教育思想。《商洛文史》（第二辑）著录。

《安业书院条规碑》，清咸丰十一年（1861）刻立。王殿魁书，马毓华镌。正文楷书。落款“咸丰十一年六月上浣吉日刻石”。据碑文记载，镇安知县马毓华、县学训导韦联璧、生员艾步青、王铎等人共同订立了书院的 12 条规章，并由上级官员立案批准。为保证条规能够长期实施而免废弛，特募工匠刻石立碑。此碑对研究清初学校教育制度颇有参考价值。

《安业书院山长狄门李老夫子德教碑》，同治八年（1869）刻立。陈栋撰，汪淮南书。正文楷书。碑文详细记载安业书院山长李狄门以有教无类、因材施教的教育理念兴办书院，盛名远播，周边学生慕名前来求学。在其教诲之下，当地礼仪之风日盛，诚信之行并举，民风为之转变。邑人尊李狄门为李老夫子，将其德行刻碑立石。

《安业书院监修记》，清光绪三十一年（1905）刻立。知县姚兴等立。落款“大清光绪三十一年”。可作为《镇安县志》关于安业书院记载的实物佐证。《商洛文史》（第二辑）著录。

4．其他碑刻（12 通）

《大周严文墓志》，唐长寿三年（694）刻。志文楷书。内容涉正议大夫严文及祖父三代在隋、唐任职、政绩、生卒、墓地等情况，文中年月日等字为武则天造字，具有一定的史料和文字书法研究价值。

《乡耆杜翁配王氏墓志》，明代刻。志文楷书。记载墓主生活于明嘉靖年间，并

① 明碑不知立于何处，且早已亡佚。清道光二十二年二月二十二日，李垂街后裔李正己、李必华、李邦俊、李全智等人仿明碑复刻，立于镇安文庙中。

详载其家庭状况，是研究明代葬俗的实物资料。

《创修刘猛将军庙碑记》，清道光十七年（1837）刻立。额楷书“永垂不朽”，正文楷书。落款可见“道光十七年□□丁酉十二月阖邑人等公立”。碑文记载镇安当地蝗灾情况以及邑人捐资修建刘猛将军庙以便祭祀之事，是有关民间驱蝗神信仰的重要资料。

《齐尔馨墓碑》，清道光十八年（1838）刻立。齐士栋、齐士柱立。落款“道光十八年十一月上浣谷旦立”。《商洛文史》（第二辑）著录。

《熊庆云祝氏夫妇合葬墓碑》，清同治十三年（1874）刻立。郑世伟撰，祝应瑗录。落款“大清同治十三年吉日立”。记熊氏家族世袭及祖籍情况。《商洛文史》（第二辑）著录。

《徐正发墓碑》，清光绪十四年（1888）刻立。落款“光绪十四年戊子十二月吉日”。记载墓主祖籍兴安府安康县。《商洛文史》（第二辑）著录。

《杨氏祠堂族规碑》，清光绪十七年（1891）刻立。额楷书“永垂不朽”。落款“大清光绪十七年岁次辛卯花月迁陕一世祖凤池”。记载杨氏家族族规。《商洛文史》（第二辑）著录。

《筹修镇安县游击署碑》，清光绪二十一年（1895）刻立。祝镌廷书，巴图鲁立。碑首隶书“筹修镇安县游击署碑”。正文楷书。落款“大清光绪二十一年立”。记载设立游击署及修建署衙相关事宜。《商洛文史》（第二辑）著录。

《寨二岭药王古寺重塑碑》，清光绪二十八年（1902）刻立。张金鉴撰。落款“皇清光绪二十八年冬月吉日立”。记载寨二岭景致及重修药王寺殿宇事。《商洛文史》（第二辑）著录。

《“关岳”题刻》，洪宪元年（1916）刻。碑正中大字楷书“关岳”二字，上款可见“洪宪元年一月”，下款可见“镇安县知事阎”等字。此碑以“洪宪”年号落款，是袁世凯称帝的实物证据。

《镇安县知事太邱滕公德政碑》，民国十五年（1926）刻立。刘鹤年撰，胡炳林书，杨福申刻。碑首上部残损，下部可见浮雕二龙戏珠图案。碑身完好。正文楷书。落款可见“中华民国十五年夏历丙寅十月谷旦镇安县士绅”等字。碑文记载时任镇安知县腾仲黄保境安民之功德，内容涉及民国时期镇安的部分历史事件，是珍贵的地方史资料。

《幽堂石刻》，年代不详。正文楷书。刊刻墓地四至。为研究镇安当地丧葬民俗提供了十分珍贵的实物资料，颇具研究价值。

（三）镇安文庙碑刻研究述要

镇安文庙碑刻数量不多，但颇具区域特征，特别是碑刻基本反映了原文庙的创设、修建、修葺的情况，是镇安文庙历史发展的见证。明正德七年（1512）刻立的《镇安县重修学庙记碑》，记述了镇安地处秦岭深山之中，自明景泰年间（1450—1456）至正德七年（1512）的近六十余年中，镇安并无学庙。正德年间，武功教谕俞鼎调任镇安知县，其间修建了学校、文庙等建筑。此碑是镇安文庙创建于明代的实物证据，为研究镇安文庙的历史和当地教育状况提供了珍贵的资料。之后明万历三十六年（1608）重修文昌阁、清嘉庆二十二年（1817）重修文庙、嘉庆二十四年（1819）又重修文昌宫、同治十二年（1873）又重修文庙，光绪十二年（1886）创修观音堂等，上述碑文记载的文庙规模、格局、维修等情况，为地方文化史保存了重要的历史资料。镇安城隍庙亦为明代所建，历史悠久，惜已不存，其旧址在今镇安中学内。有关城隍庙的碑刻保存状况相对较差，多通碑刻存在断裂残损情况，碑面文字风化残损严重，辨识较为困难。但依据现藏文字仍可对镇安城隍庙的历史、沿革、格局等情况，进行一定的梳理，其内容还涉及镇安县城的历史沿革、民间信仰、乡约条规等诸多问题。

特别需要强调的是，从碑刻中可以发现地处秦岭腹地的镇安，历史上设置治所比较晚，长期为周围治所管辖，但就是在这种历史环境中，设治以后即设立了安业书院等教育机构，重视并实施教育特别是儒学教育，在碑刻中体现得十分充分。清乾隆五十七年（1792）刻立的《治学碑》，强调了治学以“诚”、“敬”为重的儒家教育思想，表明当时儒学教育的地位。据清咸丰十一年（1861）刻立的《安业书院条规碑》记载，时镇安知县马毓华、县学训导韦联璧、生员艾步青、王铎等人，共同订立了书院的12条规章，并报上级立案批准。此碑对研究清初学校教育制度颇有参考价值。就安业书院教育来看，同治八年（1869）刻立的《安业书院山长狄门李老夫子德教碑》中，就详细记载安业书院山长李狄门以有教无类、因材施教的教育理念兴办书院，盛名远播，周边学生慕名前来求学。在其教诲之下，当地礼仪之风日盛，诚信之行并举，民风为之转变。这些都体现了秦岭腹地碑刻所承载的历史文化内涵。

第十五章　西狭、伏羲庙、玉泉观碑刻

本章叙述的三处秦岭碑刻存藏处，均为西秦岭区域，属甘肃省。西秦岭在中国历史上具有重要地位，是传说中三皇之一的伏羲的活动区域，是周王朝发展的西向依托，也是秦人的发源地，还是古代丝绸之路的要冲、中原王朝控制西域的通道，更是历史上争战纷繁的战略重地，留下了包括历代碑刻在内的数量众多的历史遗迹。甘肃省陇南市成县之西狭，就有以《西狭颂》为首的一批碑刻存世，天水伏羲庙和玉泉观亦有一批碑刻存世，它们是西秦岭碑刻的重要组成部分，承载了丰富的历史文化内涵，值得关注和研究。

一、西狭碑刻

甘肃成县西狭，在历史上以保留汉代摩崖题刻《西狭颂》而名世，这里青山对峙，一泓中流，群潭如珠，短瀑相接。悬崖绝壁上，还有宋代至民国年间一些文人官宦访古题刻30多处，共同组成了西狭碑刻，有重要的资料价值和研究价值。

（一）西狭概述

西狭所在的成县，位于甘肃省南部的西秦岭山区，东北与徽县接壤，西与西和相邻，南以西汉水为界与康县相望，东南与略阳县毗邻，属西秦岭山脉西南端丘陵河谷地带。成县历史悠久，先秦于此设下辨道，两汉设武都郡，东汉时武都郡治所即在下辨。西魏时置广业郡，成县为郡治所在，时名同谷。唐代属成州辖地，德宗时曾作为州治。其后至元，成县皆为成州治所。明太祖洪武十年（1377）降州为县，始名成县，直隶巩昌府。清朝初年隶陕西布政使司，雍正年间（1723—1735）改属阶州直隶州。民国时期先后属巩秦阶道、渭川道、第八行政督察专区等。新中国建立后，属武都专区，1958年改属天水专区，1962年仍属武都专区。1985年改武都专区为陇南行政公署，成县为行政公署驻地。2004年改陇南行政公署为陇南市。成县虽然地处西北，但其山水相依，风光秀丽，自然景观独特。因其历史悠久，且长时间为州治驻地，历史文化遗存十分丰富，如地处天井山麓下辨河谷的西狭，西汉栈道遗迹，凤凰山卧佛寺，有唐韵遗风之称的裴公湖和八景楼，诗圣杜甫流寓居所杜少陵祠，南宋名将吴挺墓园和墓碑，元代金莲洞道教道观等，都是远近闻名的历史文化遗存，西狭即是其典型代表。

西狭位于成县西 13 千米处的天井山麓鱼窍峡中。这里自然风光清幽绮丽，青山对峙，涧流清澈。历史上西狭古道穿狭而过，刻于东汉建宁四年（171）的《西狭颂》摩崖，即记东汉武都太守李翕率众开天井山通古道的事迹，其字体清晰，笔触遒劲，结构美观，刀法有力，为书法之瑰宝，在国内外史学界和书法界享有盛誉。据称，《西狭颂》为汉代“三颂”中保存最完整的摩崖题刻，1980 年被列为省级文物保护单位。由于《西狭颂》摩崖的存在，这里逐渐成为了一个古代碑刻特别是摩崖题刻的集中场所。在田野调查中观察到，在《西狭颂》摩崖左下方另有一汉隶摩崖石刻，俗称《桃花碑》，东约 1 千米有东汉熹平三年（173）《汉武都太守耿勋碑》。以上述《西狭颂》、《桃花碑》、《耿勋碑》为中心，历代文人官宦访古又有题刻 30 多处，共同组成了一处别具风格的历史文化景区。现景区内亭、桥、廊、榭，相映成趣，山、水、石、树，皆成风景，至今仍吸引游人流连忘返。

（二）碑刻存藏及著录情况

成县西狭碑刻除三种主体摩崖题刻外，其余多为历代游人题记，故不再分类，撮其要者叙述如下。

《汉将武都太守摩崖题刻》，东汉元和二年（85）刻。内容可见“元和二年，汉将武都太守□阴万□”。是迄今为止发现的西狭景区内年代最早的摩崖，因内容较少，前代未见著录。

《西狭颂》，全名为《汉武都太守汉阳阿阳李翕西狭颂》，东汉建宁四年（171）题刻。仇靖撰并书。因其下方有一深潭，名为黄龙潭，摩崖旁的“五瑞图”中有“黄龙”画像，故俗称《黄龙碑》。又因其额篆书“惠安西表”，故亦名《惠安西表》。题刻包括颂文、题名和五瑞图三部分。颂文汉隶 12 行，共计 385 字。记载了武都太守李翕的生平，歌颂其率民修复西狭天井栈道为民造福的政绩。颂文左侧竖刻汉隶小字题名，末题“建宁四年六月十三日造”。《元丰类稿》、《隶续》、《金石录》、《金石萃编》、《陇右金石录》等数十种金石文献著录。

《汉武都太守耿勋碑》，东汉熹平三年（174）题刻。正文汉隶 12 行，共计 456 字。落款可见“熹平三年四月廿日壬戌西部道桥椽下辨李□造”。记述汉武都太守耿勋生平及政绩。《元丰类稿》、《隶续》、《金石录》、《金石萃编》、《陇右金石录》

等数十种金石文献著录。

《桃花碑摩崖题刻》，东汉（25—220）题刻。位于《西狭颂》右下方约 10 米处，虽然泐蚀严重，但从残存字迹可见，字体古拙质朴，亦为汉隶摩崖之上品。

《吕蕡摩崖题刻》，北宋皇祐三年（1051）题刻。吕蕡题。

《吕大忠摩崖题刻》，北宋熙宁三年（1070）题刻。吕大忠题。

《智诠摩崖题刻》，北宋元符二年（1099）题刻。智诠题。正文楷书。落款“元符二年二月”。记智诠游西狭事。

《王师雄摩崖题刻》，南宋乾道七年（1171）题刻。王师雄题。正文楷书 5 行。落款“乾道辛卯仲夏丁亥日记”。记王师雄观碑于西狭事。

《王信之摩崖题刻》，南宋淳熙五年（1178）题刻。王信之题。正文楷书。可见“同谷尉王信之先一日为除道，淳熙戊戌四月二十日”等字。

《马义夫摩崖题刻》，南宋淳熙五年（1178）题刻。马义夫题。正文楷书 7 行。落款“淳熙戊戌四月二十日”。记马义夫等游西狭事。

《卑牧题诗残碑》，南宋淳熙十四年（1187）题刻。正文隶书 8 行。落款“时淳熙丁未立冬记”。记河间卑牧等跋山涉水观看汉《西狭颂》事。

《游师雄访西狭颂摩崖题刻》，南宋淳熙十四年（1187）题刻。正文隶书。记载了汉李翕守西康，有五瑞之兆，邑人刻《西狭颂》纪念李翕功绩。但《西狭颂》完工之后，后继无闻。前郡侯游师雄、别驾成绘于淳熙丁未立冬日，索道策杖，跋险涉水，慕名来访欣赏。

《王正嗣摩崖题刻》，南宋淳熙十五年（1188）题刻。王正嗣题。正文隶书。落款可见“王正嗣”和“淳熙戊申年春四月”等字。

《库彦威摩崖题刻》，南宋淳熙年间（1174—1189）题刻。库彦威题。正文楷书 4 行。记库彦威游西狭事。

《游西狭摩崖题刻》，明嘉靖三十年（1559）题刻。可见“嘉靖己未年四月，巡按陕西监察御史”等字。

《重修佛洞寺碑》，明万历三十九年（1611）刻立。记载重修佛洞寺相关事宜。原藏于别处，现藏西狭西口。

《李甲璧摩崖题刻》，清康熙二十八年（1689）题刻。李甲璧题。正文内容为“康熙二十八年己巳二月二十日。原任江南淮安府通判李甲璧、贡生刘日章、李合璧、廪生汪莲洲、武允中、李谓访古”。

《黄沛摩崖题刻》，清乾隆六年（1741）题刻。黄沛题。正文内容为“乾隆辛酉十月既望，蜀人黄沛、黄瑞鹤同邑人汪于雍、汪于岱因修县志访古至此”。

《钟运兴摩崖题刻》，清乾隆八年（1743）题刻。钟运兴题。

《雷替化摩崖题刻》，清乾隆十九年（1754）题刻。雷替化题。

《刘世安摩崖题刻》，清光绪二十二年（1896）题刻。刘世安题。竖刻楷书 2 行，内容为“光绪丙申三月廿有六日访碑至此，广州刘世安记”。题记后刊刻同游者姓名，可见“福山鹿葆熙、大兴马宏、普宁方景周，同观时中江李鵟知成县事，后至者则宝应钱振荣也。刻字人夏和”等字。

《西狭记事碑》，民国二十三年（1934）刻立。记载西狭历史及相关事宜。

《王正直摩崖题刻》，民国二十九年（1940）题刻。王正直题。正文隶书。落款“民国二十九年四月十七日”。记王正直游西狭事。

（三）西狭碑刻研究述要

西狭碑刻数量虽然不多，但作为西秦岭碑刻的典型代表，有着十分重要的研究价值。

首先，西狭题刻记述了东汉时期西秦岭区域交通开发与社会生活的情况。从《西狭颂》可知，当时“郡西狭中道，危难阻峻，缘崖俾阁，两山壁立，隆崇造云，下有不测之溪，阨芒促迫，财容车骑。进不能济，息不得驻，数有颠覆霣隧之害，过者创楚，惴惴其慄。君践其险，若涉渊冰”；所以“因常繇道徒，鐉烧破析，刻臽確嵬，减高就埤，平夷正曲，柙致土石，坚固广大，可以夜涉。四方无雍，行人欢涌，民歌德惠，穆如清风”。开通西狭要冲，其实是李翕为太守政绩积累所致，他“动顺经古，先之以博爱，陈之以德义，示之以好恶；不肃而成，不严而治，朝中惟静，威仪抑抑。督邮、部职不出府门，政约令行，强不暴寡，知不诈愚，属县趋教，无对会之事；儌外来庭，面缚二千余人。年谷屡登，仓庾惟亿，百姓有蓄，粟麦五钱”。在如此发达的社会政治、经济条件下，开通天井山才成为可能。在东汉熹平三年（174）题刻的《汉武都太守耿勋碑》中，也可以发现当时社会生活的具体情况。据碑文记载，武都太守耿君讳勋，字伯玮，祖籍河北钜鹿，后迁居扶风茂陵。熹平二年（173）三月六日任武都太守，“岁在癸丑，厥运淫雨，伤害稼穑。率土普议，开仓振澹。身冒炎赫火星之热，至属县巡行穷匮，陟降山谷，经营跋涉，草止露宿，扶活□餐千有余人，出奉钱两□□作衣，赐给贫乏，发荒田耕种，赋□寡独王佳小男杨孝等三百余户，减省贪吏二百八十人。劝勉趋时，百姓乐业，老者得终其寿，幼者得以全育。甘棠之爱，不是过矣”[①]。天灾面前，官府开仓放粮，救济百姓，剔除贪官，使百姓安居乐业，社会稳定。

其次，西狭题刻特别是《西狭颂》表现了高超的书法艺术水平和重要的史料价值。

① （宋）洪适：《隶续》卷十一“武都太守耿勋碑”，《石刻史料新编》第一辑第十册，台北：新文丰出版公司，1982 年，第 7143 页。

《西狭颂》颂文和题名书法风格相同，为东汉时成县仇靖撰并书，仇靖亦开创书家落款之先例。颂文右侧刊刻黄龙、白鹿、嘉禾、木连理和承露人等图案，合称“五瑞图”，其线条流畅自然，摹画生动逼真，具有较高的艺术价值。图左侧刊刻两行隶书，内容为“君昔在黾池修崤嵚之道，德治精通，致黄龙、白鹿之瑞，故图画其像”。由此可知，五瑞图象征着李翕主政期间政通人和，五谷丰登，百姓安居乐业，亦为赞颂其功德之作，与颂文内容相互照应，相得益彰。纵观《西狭颂》通篇书法，字体清晰可辨；笔划舒展稳重，略带篆意；刀法雄浑高古，遒劲有力；结构方正而又不拘一格，为汉隶之珍品。清代杨守敬在《评碑记》中称此摩崖“方整雄伟，首尾无一缺失，尤可宝重”，指出了《西狭颂》保存完整的特点。汉代三颂之中，《石门颂》和《郙阁颂》都存在不同程度的风化泐蚀，部分字迹已经无法辨识。与之相比，《西狭颂》历经近两千年而保存完好，表面无一裂纹，既是摩崖石刻史上的奇迹，也是中国书法艺术的福音。这是因为摩崖刊刻在选址布局方面煞费苦心，《西狭颂》刊刻的位置凹陷于东南朝向的山体悬崖之中，避免了风吹日晒、山泉雨水等自然因素的破坏。此外，《西狭颂》的史料学、文学价值亦不容忽视。颂文所述李翕，史书无传。《后汉书》虽载“属国都尉李翕、督军御史张禀多杀降羌，凉州刺史郭闳、汉阳太守越熹并老弱不堪任职，而皆倚恃权贵，不遵法度”[①]，但记载过简，是否即为汉武都太守李翕待考。又《西狭颂》不失为一篇文笔精彩的散文，序及铭文语言精练，韵律齐整，整篇文章文采飞扬，读之令人扼腕。故《西狭颂》具有极高的史料及文学研究价值。

再次，从西狭题刻中也可以发现《西狭颂》名世的历史过程。由于《西狭颂》刊刻之所在地理位置偏僻，游人罕至，到北宋时，金石大家欧阳修《集古录》并未著录《西狭颂》，由此可知，《西狭颂》题刻自问世到北宋初年的近千年中，或只有个别人等相闻，一直堙没无闻于世。查诸文献可知，至北宋中晚期才见诸于《元丰类稿》、《金石录》等著录，至南宋年间，《西狭颂》才大名天下。故西狭景区所存题刻以南宋时期为最多，如南宋乾道七年（1171）的《王师雄摩崖题刻》、淳熙五年（1178）的《王信之摩崖题刻》和《马义夫摩崖题刻》、淳熙十四年（1187）的《皐牧题诗残碑》和《游师雄访西狭颂摩崖题刻》、淳熙十五年（1188）的《王正嗣摩崖题刻》和淳熙年间（1174—1189）的《库彦威摩崖题刻》等，特别是《游师雄访西狭颂摩崖题刻》，对《西狭颂》过去所以不名于世的事实作了记述，认为汉李翕守西康，有五瑞之兆，邑人刻《西狭颂》以纪念李翕功绩。但《西狭颂》完成之后，后继无闻，前郡侯游师雄、别驾成绘于淳熙丁未立冬日，索道策杖，跋险涉水，慕名来访欣赏，云云。

① （南朝宋）范晔撰：《后汉书》卷六五《皇甫规列传》，北京：中华书局，1965年，第2133页。

二、伏羲庙碑刻

在今甘肃天水，历史上曾有过两座伏羲庙，一建于传说中伏羲画八卦的卦台山，一在今天水秦州区西关，前者基本已毁，后者至今犹存，且有约30通碑刻存藏。所谓伏羲庙碑刻，仅指后者。但伏羲文化作为西秦岭文化的核心内容，有必要对二者均作概述。

（一）伏羲庙概述

天水古名邽县，秦武公十年（公元前688）置，后改为上邽县。秦统一后，上邽属陇西郡。汉武帝元鼎三年（公元前114）在此置郡，因“天河注水”之传说，取名“天水”。此后历经朝代更迭，虽然辖区多有变化，但天水之名得以沿用。伏羲，又作宓羲、庖牺、伏戏等，即古史传说中的太皞，或作太昊。在今天水境内存留着始建于宋代的麦积区卦台山伏羲庙、分心石、龙马洞，始建于明代的秦州区伏羲庙，甘谷县白家湾古风台、大像山、太昊宫等多处伏羲文化遗迹，这足以说明天水与伏羲及其文化渊源深厚。故一般以为，天水是名副其实的“羲皇故里”。在这些伏羲文化遗迹中，天水的两座伏羲庙尤为引人注目。

一座位于卦台山，又名画卦台、羲皇台，处于距天水市区15千米的三阳川西北，现为麦积区渭南镇所辖，相传为伏羲始画八卦之地。北宋太平兴国年间（976—983），在卦台山巅始建伏羲庙。南宋时，天水为金辖地，金章宗诏令全国修建三皇庙，奉祀伏羲、神农、轩辕三皇，卦台山伏羲庙得以重建。经历金元之际的战乱后，此伏羲庙再度成为废墟。元世祖至元年间（1264—1294），当地士绅、百姓共同捐资，在金代伏羲庙旧址上重建庙宇。元贞年间（1295—1296），因三皇祭祀之典日盛，伏羲庙得以扩建，其规模宏大，主体建筑为三座大殿，先天殿居中，神农殿、黄帝殿分列两侧。明朝建立后，朱元璋下诏严禁祭祀三皇，诏令除三皇陵寝所在地的祠庙予以保留外，其他地方的三皇庙一律拆毁，卦台山伏羲庙作为伏羲出生之地，祠庙得以存留，祭祀典礼则被废止，其香火依靠民间祭祀维系。明代中期，禁祀三皇之令有所废弛，当地官员上书请求复建伏羲庙。但是，由于卦台山与州治相距较远，遂在秦州城内重建伏羲庙，秦州伏羲庙建成当年，又在卦台山旧址复建伏羲庙，历时两年完工。自此，天水境内两座伏羲庙并立，但伏羲祭祀典礼以秦州伏羲庙为主，卦台山香火日渐凋敝。清顺治十一年（1654），卦台山伏羲庙毁于地震，次年复建，基本恢复了明代庙宇的规模。此后直到清末，卦台山伏羲庙除了祭祀羲皇之外，也成为当地百姓祭祀财神、灵官、土地、娘娘等的场所，更多地体现了民间信仰的内容。虽无官方组织的修缮庙宇工程，此庙因地处偏远，人为破坏因素少，加之当地民众于同治元年（1862）、光绪元年（1875）、光绪二十一年（1895）三次自发集资修缮，庙宇基本维持原貌。在民国九年（1920）甘肃大地震中，此伏羲庙建筑几乎全部毁坏，当地百姓捐资修复了西朝房、戏楼、厦房等部分建筑，庙宇规模有所缩小。“文化大革命”其间，庙宇建筑被拆毁殆尽，庙内的明代铁钟、伏羲铁像和历代碑刻等文物大多被毁。改革开放之后，当地政府将卦台山伏羲庙列为重点文物保护单位，并筹资在原址重建庙宇。修复后的庙宇以先天殿为中心，包括牌坊、午门、钟鼓楼、戏楼、朝房等建筑①。

另一座位于今天水市秦州区伏羲路北侧西关，是国内唯一有伏羲塑像的伏羲庙，也是目前国内规模最大、保存最完整的明代伏羲祭祀建筑群。始建于明成化十九年（1483），为秦州知州傅鼐创建，初名“太昊行宫”。工程尚未竣工，傅鼐离任，因此仅建一座殿宇，且规模较小。弘治三年（1490），秦州刘克己募集资金，在傅鼐创建殿宇的基础上修建门坊，增置设施，题名“太昊宫”，使略具规模。正德十六年（1521），甘肃巡按御史许翔凤上书，请求于秦州城内修建伏羲庙，以便祭祀。自嘉靖二年（1523）至嘉靖十年（1531），由当地官员卢问之、郭圻、陈世辅、李楷等人主持，在前代“太昊宫”基础之上，扩建重修伏羲庙，修建墙垣牌坊、彩绘塑像、营造龛帷。扩建后的庙宇背依天靖山，为三进四院格局，以先天殿为中轴线，由南至北依次排列。前面三座牌坊分别书“太昊宫”、“继天立极”、“开物成务”，第一院内有大门、仪门，第二院内为先天殿，第三院内为太极殿，第四院为小花园，内设亭榭桥池，整座祠庙规模宏大。明代后期，因灾害频发，战火不断，伏羲庙香火寥落，庙宇倾颓。后因清初战乱、顺治十一年（1654）地震、嘉庆间（1796—1820）白莲教起义、光绪五年（1879）地震等自然和人为原因，曾多次遭到不同程度的损毁，严重时几乎片瓦无存。为此，当地官员和百姓多次对伏羲庙进行修缮和重建。顺治十年（1653），于之士、姚时采等人主持对庙内的大门、仪门、先天殿、太极殿等建筑进行了全面的补修，历时半载竣工。但因次年即发生大地震，文献对其补修过程和规模并无记载。其后的康熙年间（1662—1721），又有人组织重建伏羲庙，并在庙内栽种柏树10株，其台殿崔嵬，栋宇宏丽，背依崇山，曲水环绕，有碑文可证。乾隆四年（1739），秦州知州李鋐带头捐资，由州判吴三煜、吏目郑重共同主持，在伏羲庙仅存的六间朝房基础之上大兴土木，殿宇、朝房、墙垣、牌坊、大门、殿宇、仪门、乐楼等无不焕然一新，并于先天殿西侧另辟小院修

① 前代先天殿面阔3间，正中供奉伏羲神像，左侧为龙马雕像，右侧为木雕“伏羲六十四卦二十八宿”全图。晚清时大殿门楹、门楣、殿壁有多处楹联匾额。复建工程于1987年结束，规模较清代略为缩小。明代牌坊为两座，东西相对，清代时扩建为三座。晚清时，牌坊正中悬挂“与天地准”之匾额。朝房列先天殿两侧，各有三间。

建来鹤亭三间。李鋐还向伏羲庙捐资铸造铜瓶一尊献羲皇，后立于庙内[①]。嘉庆十年（1805），秦州知州王赐均筹银3000余两、钱300万重建伏羲庙，工程历时近两年。共新建碑亭6所，钟、鼓楼各1座，扩建大门和仪门各5间，补修先天殿7间，朝房10间、牌坊2座。同治年间（1862—1874），又对伏羲庙部分建筑进行了必要的修补和彩绘，但工程规模不大。光绪十一年（1885），姚协赞和秦州知州余泽春共同募资，在修复大殿、朝房的同时，新建碑廊5间，耗时两年半竣工。此为清代最后一次重修伏羲庙，也奠定了如今伏羲庙的规模和格局。民国时期，天水迭经变乱，伏羲庙为国民政府军政部荣誉军人第十三临时教养院占用，生产军需纺织物品。新中国建立后，伏羲庙先后为天水军事管制委员会、天水师范学校、军队、天水文化馆等单位占用，除“文化大革命”其间庙宇局部遭到损毁、师范学校新建少量建筑外，伏羲庙整体规模和格局并未改变，庙内文物大多得以存留[②]。1963年，伏羲庙被列为甘肃省重点文物保护单位，2001年又被列为全国重点文物保护单位。

（二）碑刻存藏及著录情况

伏羲庙现藏碑刻约30余通，其中有数通为别处移来，大致可分为记事、传记、题记和诗文四类，下面撮其要者分而述之。

1．记事类碑刻（19通）

《伏羲画卦台记碑》，元至正七年（1347）刻立。普奕撰。碑文分为两个部分，前半部分记载伏羲之功德以及前代祭祀伏羲盛况。后半部分记载元代至正年间县尉韩彧重修伏羲庙，并请求于春秋两季设常例公祭和秦州同知周赟访游瞻庙，并置庙田，以供祭祀之费事。此碑是考证卦台山建庙历史的重要史料。原存天水市卦台山，民国时尚存，今佚。《伏羲庙志》、《（乾隆）直隶秦州新志》著录。

《新修太昊宫门坊记碑》，明弘治三年（1490）刻立。秦州知州萧英、秦州卫指挥佥事尹凤撰。记述了伏羲庙门坊修建情况及伏羲庙的创建历史。落款“弘治三年岁次庚戌冬十一月上旬吉日”。碑阴有题名。此碑为庙内留存的年代最早的记事碑。《伏羲庙志》著录。

《重建伏羲庙记碑》，明嘉靖三年（1524）刻立。陕西按察司副使提督学政唐龙撰，成文篆，翟鹏书。碑阴有题名。落款“嘉靖三年甲申十二月谷旦”。此碑为嘉靖年间陈讲、卢问之重修庙宇时所立，但碑文大述伏羲功德，对前代和陈、卢修庙之事记载较少。《（乾隆）直隶秦州新志》、《陇右金石录》、《伏羲庙志》著录。

---

① 铜瓶高0.285米，口径0.105米，重5.25千克。瓶面有伏羲创世图，落款“直隶秦州知州李鋐，乾隆六年三月吉旦”。

② 详见刘雁翔：《伏羲庙志》，兰州：甘肃文化出版社，2003年，第115页。

《秦州画卦台新建伏羲庙记碑》，明嘉靖十年（1531）刻立。明翰林院修撰经筵讲官康海撰，陕西按察司佥事高夔书，陕西布政司左参政任洛篆额。碑文记载秦州画卦台西三十里旧有伏羲庙，嘉靖年间已经无存。巡按御史方远宜、巩昌知府李暹、临洮知府王卿等人同游画卦台，有感于伏羲肇人文之德，共议复建祠庙，祭祀伏羲，表彰圣迹。本次重修自嘉靖十年二月二十日开始，至闰六月二十日告成。郡吏、士大夫、耆旧无不欢欣鼓舞，遂撰文立碑记重修之事。《（乾隆）直隶秦州新志》、《伏羲庙志》著录。

《重修伏羲庙记碑》，明嘉靖十一年（1532）刻立。明翰林院修撰经筵讲官康海撰，陕西按察司佥事张憓书，陕西布政司左参政任洛篆额。此碑为伏羲庙内现藏最大的石碑，记载伏羲庙创建之后，虽经陈讲、卢问之重修，但仅数年之隔即再次倾坠，知州李楷鸠工修补并新建龛帷，以刊刻石碑，告诫后辈永以为祀等事。落款“大明嘉靖壬辰夏四月七日立石”。《伏羲庙志》、《（乾隆）直隶秦州新志》著录。

《增修太昊庙记碑》，明嘉靖十二年（1533）刻立。白世卿撰，刘希龙、黄仕隆、余光宇立。碑文回顾明代马溥然、冯时雍、许翔凤、陈讲、卢问之、方远宜等人先后修建伏羲庙之功，同时详载嘉靖年间刘希龙重修祠庙经过。落款“嘉靖癸巳十月庚午”。为研究明代伏羲庙历史提供了重要的参考资料。《伏羲庙志》、《（乾隆）直隶秦州新志》、《陇右金石录》著录。

《太昊庙乐记碑》，明嘉靖十八年（1539）刻立。明都察院副都御史翰林院检讨胡缵宗撰，陕西按察司副使纪常书，江西道按察使杨勉学篆额。正文隶书。碑文追溯伏羲功德和伏羲庙修建历史的同时，详细记载嘉靖年间张鹏、黄仕隆以祭祀必有礼乐之章为由，按八音为乐，准八佾为舞，召工制器，完善祀典之事。《（乾隆）直隶秦州新志》著录。

《重修太昊宫碑记》，清顺治十年（1653）刻立。分巡陇右道于之士撰。碑断为两截，1998、1999年相继出土，遂成完碑。记述顺治十年重修伏羲庙事宜。落款“顺治癸巳孟秋七月吉日立石”。

《郭镇都重修卦台伏羲庙记碑》，清顺治十二年（1655）刻立。因以主持重建者为秦州营游击郭镇都，故命名。碑身残损严重，可识读碑文约三分之一。《伏羲庙志》著录。

《太昊庙祀乐章碑》，清乾隆五年（1740）刻立。李鋐撰。原碑初刊于明嘉靖十三年，为巡按甘肃御史张鹏撰，分巡陇右道纪常书，分守陇右道刘从学篆额。清乾隆五年秦州知州李鋐重刊立石。《伏羲庙志》著录。

《重修伏羲庙记碑》，清乾隆五年（1740）刻立。秦州知州李鋐撰，秦州学正张悌书。碑文记载李鋐见伏羲庙倾圮颓损严重，遂查阅史料，募集工匠，依照明正德、嘉靖年间庙宇规模布局全面重修伏羲庙之事。碑阴刊刻伏羲庙主持经守条约。《（乾隆）直隶秦州新志》著录。

《伏羲庙重修乐楼碑》，清乾隆年间（1736—1795）刻立。破损严重，基本无法识读。有“大清乾隆”字样，故推测为记乾隆四年（1739）秦州知州李鋐创建乐楼事宜。《伏羲庙志》著录。

《重修伏羲庙碑记》，全名为“朝议大夫升任宁夏知府直隶秦州知州王公重修伏羲庙碑记”。清嘉庆十二年（1807）刻立。西和儒学训导邹曹纯撰，陇右儒学学正张烈书。记述重修伏羲庙事宜的同时，提及了四川、湖北白莲教起义之事，为研究嘉靖年间白莲教在秦州境内活动提供了一定的资料。《伏羲庙志》著录。

《设立灯会捐资碑》，清道光七年（1827）刻立。破损严重，无法识读。《伏羲庙志》著录。

《重修伏羲庙记碑》，清光绪十三年（1887）刻立。清分巡巩秦阶道姚协赞撰。民国年间尚存，今佚。《伏羲庙志》、《（乾隆）直隶秦州新志》、《陇右金石录》著录。

《陶公堤碑记》，清光绪年间（1875—1908）刻立。记载光绪年秦州知州陶模在州南筑堤浚池，兴修水利之事，河堤又名陶公堤。《伏羲庙志》著录。

《新建忠义堂捐资碑》，清代刻立。记载为祭祀镇压太平天国起义和回民起义过程中阵亡的清军将士捐资立碑事。《伏羲庙志》著录。

《宝天铁路纪念堂碑》，民国三十四年（1945）刻立。正文楷书。内容为“中华民国三十四年二月，陇南十一县民工协修宝天铁路，工程告竣。同年三月，命兼处长胡受谦创建殒职民工纪念堂于甘肃天水。奠兹基石，永彰民力”。落款“甘肃省政府主席谷正伦”。

《甘肃省协修天兰铁路殒职民工题名碑》，民国三十五年（1946）刻立。

2．传记类碑刻（2通）

《赵佺墓志》，北周天和六年（571）刻。盖文篆书。志文楷书。记述墓主生平及相关史事。

《伏生墓志》，隋大业六年（610）刻。清咸丰年间出土于卦台山。志文记述伏生在白鹿山修行的事迹。今佚。《（光绪）秦州直隶州新志》、《天水县志》著录。

3．题记类碑刻（2通）

《波罗蜜多经幢》，五代刻立。共两通，原立于天水南郭寺，现藏伏羲庙东碑廊。《伏羲庙志》著录。

《“羲台堡”题刻》，清代刻立。碑正中书“羲台堡”。民国年间尚存伏羲庙中，今佚。《(光绪)秦州直隶州新志》、《伏羲庙志》著录。

4．诗文类碑刻(3通)

《谒伏羲庙诗碑》，明万历三十七年(1609)刻立。分守陇右道任彦棻撰并书。正文行书。记载谒伏羲庙诗作两首。《伏羲庙志》著录。

《太昊庙祀乐章碑》，清乾隆五年(1740)刻立。张鹏撰，纪常书，刘从学题额。此碑初刊于明嘉靖十三年，清乾隆五年秦州知州李鋐重刊立石。碑文刊载七言律诗两首，内容与嘉靖年间伏羲庙祀典礼乐有关。

《谒太昊宫诗碑》，清代刻立。吴鸿撰。破损严重。《伏羲庙志》著录。

(三)伏羲庙碑刻研究述要

传甘肃天水为伏羲故里，故历史上形成的伏羲文化，有着明显的区域文化特征，是西秦岭文化的典型代表。

伏羲庙碑刻对伏羲生平、事迹的记述，是构筑中华民族传统文化，特别是构筑秦岭文化体系的重要的历史记忆。伏羲庙多通碑刻的内容均记述了伏羲的生平、事迹，并按古史传说认为伏羲为人文之祖，但在整个中国古史传说中，伏羲文化却渊源于东秦岭。古史记载，太昊帝伏羲氏为风姓，在燧人之世，雷泽有巨人足迹，伏羲之母华胥以足履其迹，有娠，乃生伏羲于成纪。古史还传说华胥亦是女娲的母亲[①]。华胥氏就生活在今天的蓝田华胥镇，这里至今还保留着不少的古史传说史迹，有华胥氏踏大人迹妊娠伏羲、女娲的雷泽所在地雷庄，有华胥沟、华胥窑、华胥河、毓仙桥、毓圣桥、华胥陵、女娲谷、娲氏村、女娲陵、炼石台、人宗庙、老母殿、磨针观、画卦台灯等。相传这里还有黄帝游视古华胥的纪念地——轩辕庙遗址，以及黄帝游华胥国时拴马的柏树。华胥沟所在的宋家村，至今还保留着一块记载三皇功绩的古石碑。碑的上方正中，勒有“古华胥”三个阴刻大字，左边有“伏羲肇娠”，右边有“黄帝梦游”字样。因而，陕西蓝田的华胥镇应为古华胥国之所在地，是伏羲、女娲母族华胥氏生活之所在地。晋王嘉撰《拾遗记》云：“春皇者，庖牺之别号，所都之国，有华胥之洲，神母游其上，有青虹绕神母，久而方灭，即觉有娠，历十二年而生庖牺。”[②]清乾隆五年(1740)刻立的《重修伏羲庙记》说：“帝诞生于成纪。成纪，今秦州也。”为什么叫“成纪”？成纪作为地名，和华胥母怀孕十二年诞生伏羲有关。中国古代以十二年为一纪，相传华胥怀伏羲历十二年而始生，故其出生地名曰成纪。所以，或可以认为华胥氏怀孕后，食物匮乏，率领自己氏族的一部分成员走出蓝田来到了渭河流域，他们溯渭河而上，向西迁徙，到达了甘肃成纪(今天水市秦安县)，生下了伏羲、女娲一双儿女。

① 参见晋皇甫谧：《帝王世纪》卷一《自开辟至三皇》，济南：齐鲁书社，2000年。
② (东晋)王嘉：《拾遗记》卷一《春皇庖牺》，北京：中华书局，1981年，第1页。

经过若干年后，华胥氏又携儿女们回到故乡蓝田，最后就葬在这里[①]。而伏羲则留在了成纪，完成了他的人文之祖的肇创功业。上述古史传说，在一定意义上说明，伏羲的文化渊源与中华传统文化的血肉联系，也说明东、西秦岭文化的一体性，更说明秦岭文化作为中华传统文化的重要部分的历史文化内涵。

伏羲庙碑刻反映了伏羲祭祀的具体情景。明嘉靖十八年（1539）刻立的《太昊庙乐记碑》，在追溯伏羲功德和伏羲庙历史的同时，详细记载嘉靖年间张鹏、黄仕隆以祭祀必有礼乐之章为由，按八音为乐，准八佾为舞，召工制器，完善祀典之事。清乾隆五年（1740）刻立的《太昊庙祀乐章碑》，亦对伏羲祭祀进行了规范。据上述碑刻称，对伏羲的祭祀始于秦早期。西汉初年，继承秦之郊祭制度，东汉沿用此制。唐玄宗开元年间（714—741），在京师长安专建三皇庙，天宝六年（748）确立三皇祭祀典范。北宋太平兴国初年，于天水卦台山创建伏羲庙，始立庙祀。金章宗明昌年间（1190—1195），卦台山祭祀伏羲始成规格，每年祭祀，并三年一大祭。元元贞年间（1295—1296），元成宗诏命全国通祀三皇，当时卦台山伏羲庙主祭伏羲，配祀炎帝神农和轩辕黄帝，每年三月三日、九月九日用太牢祭祀，并申明礼部，由官府出资，由官员主祭。明初沿袭元制，卦台山被列为伏羲的陵墓，民间祭祀尚存。明成化十九年（1483），在秦州创建伏羲庙，正德五年（1510），卦台山和秦州伏羲庙恢复春秋官祭，祭祀中心由卦台山移至秦州，卦台山逐渐变为民祭场所。嘉靖二年（1523），秦州伏羲庙祭祀活动逐渐正规化、制度化，礼部还专门为祭祀制定程式化祭文，祭祀费用列为州署财政预算，制礼作乐，同时制定祭祀程序，祭祀进入极盛期，秦州伏羲庙成为全国性的规格最高的伏羲祭祀中心。

伏羲庙碑刻还可以弥补地方史志不足，具有重要的史料价值。如北周天和六年（571）刻的《赵佺墓志》，记述了墓主生平及相关史事，还涉及东西魏对峙、宇文泰吏治改革及北周建立的史实，对研究天水地方与封建政权更替关系有重要的价值。又如隋大业六年（610）刻的《伏生墓志》，志文记述了伏生在白鹿山修行的事迹，可证卦台山隋时称白鹿山，山上有寺院，是佛教圣地。还有些碑刻或涉及清代的太平天国运动、回民起义，民国时期修建铁路等重要历史事件，或与天水当地历史文化关系密切，在史料保存、史学研究方面都有十分重要的意义和价值。

最后，伏羲庙现藏碑刻中，关于伏羲及其文化内容的碑刻，在名称上或有明显区别。凡记述秦州祠庙的，一般用作“太昊宫”，凡记述卦台山祠庙的，一般用作“伏羲庙”。这种用法元明为最，一直到清末民初还有区别，如元至正七年（1347）的《伏羲画卦台记碑》，明嘉靖三年（1524）的《重建伏羲庙记碑》，嘉靖十年（1531）的《秦州画卦

① 今蓝田县华胥镇北的孟家崖村有一个高20余米，周长约200米的黄土平台，传为华胥陵（俗称羲母陵）。

台新建伏羲庙记碑》，嘉靖十一年（1532）的《重修伏羲庙记碑》，万历三十七年（1609）《谒伏羲庙诗碑》，清顺治十二年（1655）的《郭镇都重修卦台伏羲庙记碑》，乾隆五年（1740）的《重修伏羲庙记碑》，乾隆年间的《伏羲庙重修乐楼碑》，嘉庆十二年（1807）的《重修伏羲庙碑记》，光绪十三年（1887）的《重修伏羲庙记碑》及《“羲台堡”题刻》，均指卦台山伏羲庙；明弘治三年（1490）的《新修太昊宫门坊记碑》，嘉靖十二年（1533）的《增修太昊庙记碑》，嘉靖十八年（1539）的《太昊庙乐记碑》，清顺治十年（1653）的《重修太昊宫碑记》，乾隆五年（1740）的《太昊庙祀乐章碑》，乾隆五年（1740）复刻明代的《太昊庙祀乐章碑》，及《谒太昊宫诗碑》，指的是太昊宫。这说明，在历史上太昊宫和伏羲庙是有区别的，这从明代嘉靖年间既修太昊宫，又建伏羲庙能得出这一结论。而目前称太昊宫为伏羲庙或为不妥。至于在太昊宫祭祀伏羲，是历史上形成的，不必为此改太昊宫为伏羲庙。

三、玉泉观碑刻

玉泉观是道教的一座名观，是一处规模宏大的古代建筑群落，观内古木参天，人文景致独特，道教文化氛围浓郁，特别是观中保存了30多通古代碑刻，其中的几通元代碑刻尤为珍贵。

（一）玉泉观概述

玉泉观，又名北山观、城北寺、天庆寺、崇宁寺、郫山寺，位于天水市北天靖山麓，占地面积九万余平方米。观内有泉，时代久远，终年不涸，碧水莹莹、清甜甘美，邑人取水治病，颇有奇效，故奉为神灵，名曰“玉泉”，观亦以泉而名。

关于玉泉观始建年代，元代之前史无明确记载。吕岩《秦州北山观留诗》云：“石池清水是吾心，刚被桃花影倒沉。一到邽山宫阙内，销闲澄虑七弦琴。”[①] 吕岩即吕洞宾，号纯阳子，被奉为全真道祖师之一，为民间传说的八仙之一，约生活于唐宪宗至懿宗的中晚唐时期。由此诗可知，当时秦州已有道观殿宇。唐朝帝王尊老子为先祖，道教因此在唐代得到了较快的发展，曾多次诏令全国各州兴建道观，如唐高宗乾封元年（666），就曾诏令“天下诸州置观、寺一所”[②]，但玉泉观之名未见载。元至元二十九年（1292），全真道士梁志通游历至天水，于元大德六年（1302）创建玉泉观修道，今玉泉观内仍存其所立石碑，此为玉泉观首次见诸史载。清乾隆编修

① （清）彭定求等：《全唐诗》卷八五八，上海：上海古籍出版社，1986年，第9699页。
② （五代）刘昫：《旧唐书》卷五《高宗本纪》，北京：中华书局，1975年，第90页。

的《直隶秦州志》，则对玉泉观有了较为详细的记载：“玉泉观，城西北五里天靖山，近山跨涧为桥。入山门，上磴道，悬崖古柏，翠色覆人。上山折而北，复跨深涧，为长桥，桥皆覆以屋。碧树朱栏，掩映如画。复历磴道，上至玉皇殿。殿东复上磴道，最高处为三清殿。殿尤钜丽，复庙重檐，上下四旁各神殿数十，不悉记。自玉皇殿下循崖路迤西有三真人洞，皆于此成真者。塑像有神如生，或谓即肉身稍涂附也。因地之胜，其间又多古圣贤祠宇。自洞沿崖折而南，至西南山尽处，有选胜亭。城郭山川历历在目，为近城第一游览之所，其由来已远。乾隆四、五年间，知州李鋐大加修葺，皆有碑记。”[①] 又云：“仓颉庙，在玉泉观，倾圮已久，乾隆五年知州李鋐重建。庙前有井，即玉泉也”，“诸葛武侯祠，一在玉泉观，莫详所始，久已倾颓，乾隆四年知州李鋐重修。庙前故有亭曰‘选胜’，四空无窗户，最宜临眺，亦重修焉。复于庙右沿崖边增置曲廊，题曰‘旷观’。其年，今制府杨公过秦，于观上桥亭及李、杜、韩、魏公祠皆有题焉。”[②]

明清两代五百余年间，对玉泉观的修复和扩建先后有20余次，鼎盛时的观宇拥有建筑90余座，是一处规模宏大的道教宫观古建筑群。整座道观依山势变化而建，在纵贯南北的主线上依次有山门、人间天上坊、玉皇殿、三清殿等主要建筑。山门坐西朝东而立，正中匾额上书“玉泉观”三字。山门正对灵官殿，殿北有通仙桥，为观内旧迹。过遇仙桥，原有东西两院，东院内有五祖七真殿和太阳殿，西院内原有太阴殿，今不存。拾级北上，原有青龙、白虎、圣母、鲁班等殿宇，皆不存。继续北上为人间天上牌坊，其后为道观主体建筑之一的玉皇阁和玉皇殿。玉皇阁坐北朝南，玉皇殿紧依阁后，均建于元至元二十六年（1289），殿内供奉玉皇大帝神像，殿阁相依，构造奇特，风格古朴。虽历经明崇祯十年（1637）、清嘉庆十四年（1809）、道光二十五年（1845）、光绪二十九年（1903）等多次重修，仍保存了元明时期的建筑风格。大殿东西分别有三官、雷祖、真武、天师等配殿。配殿西侧有少陵草堂，《州志》载：“少陵草堂在天靖山，乾隆二十三年知州刘斯和将升去，士民公为立祠。刘不敢居，因杜陵东柯草堂久废，即命以此当之，祀少陵于中。而以国初巡道宋荔裳先生配焉。”[③] 依配殿有钟鼓楼各一，钟楼前石阶直通山巅的三清殿，殿内供奉道教三清圣像，始建于元代，明清两代屡有修缮，殿梁上有墨书题记“明嘉靖三十六岁次丁酉季冬重建”等字。今殿宇为1995年

① （清）费廷珍等：《直隶秦州新志》卷三，《中国方志丛书》据清乾隆二十九年刊本影印，台北：成文出版社，1966—1988年，第237页。

② （清）费廷珍等：《直隶秦州新志》卷三，《中国方志丛书》据清乾隆二十九年刊本影印，台北：成文出版社，1966—1988年，第233页。

③ （清）费廷珍等：《直隶秦州志》卷三，《中国方志丛书》据乾隆二十九年刊本影印，台北：成文出版社，1966—1988年，第235页。

在原址仿旧制重修。玉泉观除南北主线建筑之外，其余诸如北斗台、诸葛祠、斗姆殿、仓圣殿、选胜亭、静观亭、玉泉井亭、玉泉仙洞、碑廊、碑亭等，或立于台地，或倚靠崖壁，或隐匿沟谷，高低错落，不拘一格。玉泉观是中国古代建筑艺术与天水当地自然景致的完美融合，历代以来，既有道家信众慕名朝拜，又有文人雅士游赏休憩，是天水历史文化的标志性建筑之一。

民国时期，玉泉观曾作为兵营，宗教活动几乎停止；又因战乱频繁、社会动荡、自然灾害频发，观内建筑损毁严重；“文化大革命”中，人为破坏更为严重，观内文物大量散佚，所存甚少。1981年，天水市将玉泉观列为市级文物保护单位，并筹集资金，在明清遗迹的基础上，对观宇主体建筑进行修复，历时三年完成。此后，又曾数次对观内建筑进行保护和修复，至1998年玉泉观古代建筑整体修复基本完成。2006年玉泉观被列为第六批全国重点文物保护单位。

（二）碑刻存藏及著录情况

玉泉观内现藏历代石刻约40通，除少量墓志为别处移来外，大多为历代修建或重修玉泉观的记事碑以及公文碑等，可分为记事、公文、传记和诗文四类，下面撮其要者分述之。

1．记事类碑刻（7通）

《创建玉泉观记》，元大德六年（1302）刻立。翰林院学士中奉大夫唐仁祖撰。碑文记述了全真道士梁志通创建玉泉观的经过。《道家金石略》著录。

《重建玉泉观记》，元至正十六年（1356）刻立。天倪子何希玄撰。今佚。《道家金石略》载此碑正文楷书。落款可见“皇元至正龙集柔兆涒”、“特赐体道普济□□真人教门高士天倪子何希玄述文，李定、李□□刻石，修殿功德主（下缺）秦州判官李铭，本观主持提点□□□道众等”等字。《道家金石略》著录。

《建修玉泉亭记》，乾隆年间（1736—1795）刻立。

《重修玉泉观碑》，道光年间（1821—1850）刻立。

《□□玉泉观各工程记》，光绪二年（1876）刻立。

《重修文昌宫记》，光绪十八年（1892）刻立。

《玉泉观残碑》，光绪二十九年（1903）刻立。州人张伛书。

2．公文类碑刻（1通）

《四面道流碑》，元大德六年（1302）刻立。碑四面刻。额题“大元崇道诏书之碑”。正面刊刻“元世祖褒封制词”；背面刊刻“玄通弘教披云真人全真列祖赋”，荣禄大夫大司徒王怀贤篆额，秦州儒学正刘懋德等捐资刻石；一侧刊刻“纯阳真人授重阳祖师五篇秘语”；另一则刊刻“全真祖宗之图”，署“秦州十方玉泉观□玄子梁志通立石”。

《道家金石略》题《崇道诏书碑》著录。

3．传记类碑刻（3通）

《皇清例授修职郎恩贡生显考林□□之墓》，清道光十九年（1839）刻立。

《□子兴陈氏夫妇墓碑》，清代刻立。碑正中楷书“皇清敕授文林郎奎文阁典籍显祖考（妣）子兴太府君（陈太君）之墓”。上款“敕授修职郎己丑恩科举人戊戌大挑二寺教职世愚弟□□□”，落款“承重孙雷慰亡□之寿”。

《高氏墓碑》，清代刻立。碑正中书“皇清例赠孺人显妣高慈君之墓”。

4．诗文类碑刻（2通）

《梁志通诗碑》，元至元三十年（1293）刻立。梁志通撰并书。玉泉观内现藏年代最早的碑刻。刻七律诗1首。落款可见“至元岁次丁丑”、“梁公达玄子书，施工羽服郝志坚刊，太岁癸巳端午日主持烟霞无为大师梁志通等立石”等字。

《赵孟頫书诗碑》，明嘉靖二十九年（1550）刻立。赵孟頫书。共有4通。第一通为李白《夜下征虏亭诗》，左侧刊刻跋文云：“赵松雪书法早岁得之王右军，后又感于管夫人之言，乃自成一家，而风格不群。脍炙人口者，亦不在右军下，然其传盛于江之南北。余入秦偶见此本，守巡李君时达请付诸石。余惟秦中汉唐古地也，故唐以前法帖居多，人习见之，参之一是，岂宝藏之良玉，溽暑之冰瓯，不将使人一快靓耶。因志之，以见刻者之意。大明嘉靖庚戌夏监察御史卢郡刘崙书”；第二通为韦应物《西寨山诗》；第三通尚不知作者；第四通下部残损，为宋王安石《题舫子诗》。石下方落款“松雪”。此碑字体行草兼备，笔法苍劲圆浑，质朴豪放，潇洒隽美，刀工遒劲，为赵孟頫书法珍品。

（三）玉泉观碑刻研究述要

田野调查所得玉泉观碑刻数量不多，但内容重要，对于研究道教的历史、西秦岭文化及其特点，以及研究地方史志等，都有着重要的价值。

碑刻记述了玉泉观创建的基本情况。元大德六年（1302）刻立的《创建玉泉观记》，记述了全真道士梁志通创建玉泉观的经过。据该碑记述，“师姓梁，志通其讳也，介休人。甫年十二辞亲悟道”，曾受业于冯志清，冯师宁神子张志谨，张即丘门之高弟。这段记述基本上说清了梁志通的师承关系：丘处机→张志谨→冯志清→梁志通。碑文又称：“秦，古成纪也。夹带山河，喉襟蜀陇，虽临关塞，如茅君之拔宅飞升，太上之炼丹古迹，灵都真境，石刻俱存。”碑文记述了全真道士梁志通创建玉泉观的经过。文记梁志通先是追慕仙真遗迹，来天水（秦州）修道，向天水城北天靖山的地主师汝舟和张黑子乞得五亩坡地，除去荆棘，结茅栖居，由于当地信士“祷者符之必应”，纷纷“奉敬全真之道”，被帖木儿大王赐号“烟霞无为大师”①，时任全真道掌教王真人赠号“达玄子”②。于是，梁志通对弟子钟道亮说，连普通百姓都知道遇到丰年，就要修庙塑神像，表示对上天的感谢，何况道家原本于老子，追尊伏羲、神农、黄帝。伏羲又出生于此地，我们“何不崇圣其教，建庙而报之禋祀乎”，得到当地豪绅士族的大力支持与赞助。经过几年张罗，凡有所闻者，“莫不蠲财助力而为之”。由于地势陡峻，采用“划削垂崖”的办法，从坡面上开挖出殿堂基础，先后于至元十三年（1276）和二十六年（1289）建成太上殿和玉皇殿，太上殿以全真道五祖七真陪祀，玉皇殿以风后、牧伯陪祀。因“山腹出泉，冥然澄寂，祈饮者可口愈邦人之疾。树绕泉亭，楹檐蔽映，如入画图。观因境胜，名曰玉泉”。玉泉观建成后，初期规模不大。元至正十六年（1356）刻立的《重建玉泉观记》，对三十六年之后的重建做了记述。该碑文大致分为两大部分，第一部分是铭文：首段描述当时（至正十四至十六年）玉泉观的沿革及景物；第二段记述文昌帝君大殿的修建经过；第三段歌颂文昌帝君的神迹及元朝加封神号的史实；第四段表彰修殿功德主李铭的生平和善行。第二部分是颂辞，前面歌颂文昌帝君，后面表彰李铭修庙的功德，并提出“人能弘道，非道弘人”的观点。元至元三十年（1293）刻立的《梁志通诗碑》，为玉泉观内现藏年代最早的碑刻，刻梁志通七律诗1首。诗文为：“大道蓬庐乐自游，风光仿佛象瀛洲。庵前草木长春景，物外云山不夜秋。鬼辟牕罡三尺剑，神藏天地一虚舟。从来抛却红尘事，堪破浮生只点头。”此碑刻于梁志通基本完成玉泉观创建之时，从此诗内容及所体现的精神内涵来分析，表达了作者对所创建的玉泉观的喜悦之情。

玉泉观碑刻记述了元代全真道的发展情况，对于完善全真道的历史研究具有重要价值。这集中反映在元大德六年（1302）刻立的《四面道流碑》中，此碑又称《敕封东华帝君五祖七真碑》，因碑额题《大元崇道诏书之碑》，故又称《崇道诏书碑》。正面刻《元世祖褒封制词》，背面刻《玄通弘教披云真人全真列祖赋》，两侧刻《纯阳真人授重阳祖师秘语》和《全真祖宗之图》。据有关学者考证，其中《纯阳真人授重阳祖师秘语》见于陕西重阳宫石碑，《元世祖褒封制词》和《玄通弘教披云真人全真列祖赋》则仅见于此碑③。《元世祖褒封制词》全文共分四段：第一段为颂词，申明褒封道教仙真，非本朝所创，前代早有先例，“汉世之张道陵，唐朝之叶法善，俱锡天师之号，永为道纪之荣。当代不闻异词，后来立为定制”；第二段为褒封的全真道五

① 帖木儿，《元史》中共有12人，其中封王者有二：一是济宁郡王，一是保德郡王。给梁志通赠封号的或是前者。

② 王真人，即王志坦（1200—1272），相州汤阴（今属河南）人，为丘处机门下第五代弟子，号淳和。蒙古至元年间继李志常任全真道掌教。

③ 参见樊光春：《玉泉观元代碑刻综考》，《道学研究》2005年第1期。

祖名号；第三段为褒封的七真名号；第四段为结尾，令全真道掌教张志敬执行。披云真人的《全真列祖赋》，是全真道早期的一篇极其重要的文献，设计了无名道人回答绝相公子提问的方式，阐述了全真道的基本教义和历史传承。指出“三清，全真之主也”，“四帝，全真之师也”；认为全真道起源甚早“龙汉以前①，赤明之上②，全真之教固已行矣，但圣者不言而天下未知之耳”；还认为：“全真之名，始自东华帝君”，帝君“结庵于青海之滨，受诀于白云之叟，种黄芽于岱阜，煅绛雪于昆嵛”，然后“密行远沾于后裔”，自东华帝君之后，列举了十九位仙真的名号和赞语，他们是：正阳子钟离公、纯阳子吕公、海蟾子刘公、重阳子王公、玉蟾子和公、灵阳子李公、丹阳子马公、长真子谭公、长生子刘公、长春子丘公、玉阳子王公、广宁子郝公、清静散人孙仙姑、默然子刘师叔、长清子严公、醴泉史风子、回阳子于公、云中子苏公、云阳子姚公，这十九位仙真都是东华帝君的真传，称他们是“十九枝玉树重芳”，是“全真列祖宗派”，在全真道形成过程中具有重要地位。上述记述，反映了当时全真道的自我认知。后世论及全真道创教历史时只提“五祖七真”，似不符合元代全真道对自己的认识。《纯阳真人授重阳祖师秘语》全文两段：首段记纯阳真人授重阳祖师的秘语，末题“大元国大德六年岁次壬寅仲秋下旬有二日玉泉观知观何道元任道□等并十方道众同建立石；功德主□□□将军前中枢丞行四川省巩昌平凉等二十四处□□□都□□尹汪惟孝太夫人漆氏”。第二段列宁神悟道广玄真人张及门徒悟真大师何志源、清贫子王志坚，阪泉尊师善济普慈真人冯志清及门徒悟真子杨志□、明真大师姚知古、梁志通师叔陈志寂以及梁志通的十八个门徒的名单，末题助缘者名单，计二十九人，道士安道和刊石。《全真祖宗之图》署“秦州十方玉泉观□玄子梁志通立石”。全文分为五段，第一段列列子、文子、关尹、太上老君、徐甲、亢仓子、庄子名号及关尹、老君升降日期；第二段列刘海蟾、钟离权、东华帝君王玄甫、吕洞宾、王重阳尊号及升降日期；第三段列郝大通、丘处机、谭处端、马钰、刘处玄、王处一、孙不二名号及升降日期；第四段列丘处机门徒杨志静、綦志清、张志远、李志常、张志素、王志明、夏志诚、尹志平、赵道坚、宋道安、孙志坚、宋德方、于志可、鞠志方、郑志修、孟志稳、何志清、潘德冲等 18 人名号；第五段列丘处机门徒（孙）祁（志诚）、张（志敬）、尹（志平）、李（志常）、王（志坦）、张（志仙）等六人道号和升降日期。

上述碑刻对于研究全真道早期历史具有重要的价值，特别对于研究全真道在西北的发展历史意义更为重要。在广阔的视野中，玉泉观碑刻对于研究秦岭宗教文化在古代历史上的功能作用，更具重要价值。

---

① 道教认为龙汉是天地未分之前的初劫。

② 道教认为赤明是原始天尊所开之劫运。

第三编

秦岭碑刻的价值及保护开发

毫无疑问，目前留存的数千通秦岭碑刻，承载着秦岭区域文化乃至中华文化的丰富内涵，是中国古代历史文化的深厚积淀，有着十分重要的价值。对秦岭碑刻的田野调查，对秦岭碑刻的分类综述，以及对秦岭碑刻的内容展示，目的在于挖掘其深厚的价值内涵。特别是秦岭碑刻的历史学、文学艺术、宗教学价值，有着十分重要的独特性，表现了秦岭文化的总体特征，必须给予足够的重视，这也是保护开发秦岭碑刻的意义所在。本编“秦岭碑刻的价值”包括秦岭碑刻的历史学、文学艺术、宗教学的价值分析，是在把握秦岭碑刻总体特征的基础之上，特别是在本书第二编对各存藏地碑刻“研究述要”的基础上，对秦岭碑刻价值的进一步归纳；关于“保护开发”的研究，由于各存藏地情况不同，或因客观地理环境所限，或因存藏条件所限，差异较大，所以只提出宏观性的思路。

第十六章　秦岭碑刻文化的总体特征

如果说秦岭碑刻所承载的丰富内涵，构成了秦岭文化的宏大体系，那么这一文化体系则体现出了秦岭文化儒释道三教共存、中华文化与地域文化相结合、中外文化相结合的总体特征。

一、儒释道三教共存

从目前田野调查的情况来看，秦岭碑刻肇始于先秦，秦汉时期得到了一定的发展，至隋唐有了更大的发展，宋元明清在全社会得到了普及，有着自身的发展轨迹。就秦岭碑刻承载的文化内涵来分析，始于涓涓细流，终成宏大的文化洪流，其中最为突出的便是在秦岭碑刻中，充分体现着儒释道三教共存的文化特征。

自西汉董仲舒独尊儒术之后，历代统治者都以儒学治国。魏晋南北朝时期，中央政权削弱，儒学的绝对统治地位发生了动摇。封建统治集团努力恢复儒学为治国的最高指导思想，但始终未能恢复到汉代独尊的地位。唐代在统一的政治格局下，社会意识形态领域中形成了儒释道三教鼎峙的局面，三家各为其说，展开了激烈的论争。自高祖武德七年（624）太史令傅奕上疏请除佛教始，至唐武宗会昌五年（841）毁佛的二百余年间，三教之间的论衡、较量从未停止。唐统治者通过颁布《五经正义》等一系列措施，一方面努力恢复儒学的正统地位，一方面则努力实行三教调和、三教并用的政策。特别是唐太宗李世民继位后，以帝王身份平息了佛与道、佛与儒的争论，大谈三教出一源，作用一致，要求儒释道三教共同为自己的政治统治服务。如他在《赐李袭誉进忠孝图书》中说："卿情深奉国，志在忠孝，爰录前烈，图之丹青，事兼劝奖，足励风俗。"[①] 以褒奖儒家最基本的社会价值观——忠孝为切入点，以此弘扬儒家精神，用以服务封建统治。对于佛、道教，一方面，太宗有《令道士在僧尼前诏》，认为"大

① （清）董诰等：《全唐文》卷十《赐李袭誉进忠孝图书》，上海：上海古籍出版社，1990年，第45页。

道之兴，肇于邃古。源出无名之始，事高有形之外。迈两仪而运行，包万物而亭育。故能经邦致治，返朴还淳”[①]，故应令道士女冠居于僧尼之前，足见其对道教的尊崇；一方面，太宗又清楚佛教在民间的巨大作用，在其亲手撰制的《大兴善寺钟铭序》中说：“皇帝道叶金轮，心居黄屋，覆焘万方，舟航三界。欲使云和之乐，共法鼓而同宣；雅颂之声，随梵音而俱远。”[②] 按佛教说法，菩萨有时应世，即变化成人间的圣王，故称转轮圣王。佛教认为，金轮圣王统四天下。这里，太宗皇帝自比为金轮圣王，表明自己就是菩萨的化身。作为菩萨的化身，他当然要把“云和之乐”与“法鼓之音”结合起来，要把“雅颂之声”与“梵呗之音”结合起来。

隋唐时代开始形成的儒释道三教“一主二从”的关系格局，儒家拥有政治上的独大优势，但并不意味佛道两教对中国人日常生活的实际影响逊色于儒家。若对历史上各地寺院与道观的数量与规模稍加考察，便可发现佛教势力远远超过道教；若从信众的数量、典籍的流通来看，佛教的势力更大；若论思想的根基，道教在中国人的日常生活中影响最深。但这种数量的多寡，并不能说明佛教对中国人的影响就比道教更强大或更深入。中国人的许多观念，譬如长生不老、消灾祈福等，都与道教密切相关。鲁迅有句被广为引用的名言：“中国根柢全在道教”，揭示了道教之于国民的深刻关系。在历代帝王的心目中，佛道教可以辅助帝王教化民众，因此，帝王即使有自己的偏好，通常也会尽量平衡三教。从帝王统治的角度来看，儒释道三教各有擅长的领域。三教的和谐共存，是以功能的社会分工为基本形式。南宋乾道七年（1171），孝宗皇帝写了《原道论》，论述了儒释道三教要旨，明确提倡“以佛修心，以老治身，以儒治世”[③]。这一论断成了儒家主张“三教平等”最重要的理由，点明了三教的特点以及三教的互补关系。

所以，在中国古代历史发展中，确切地说在两汉之际佛教传入中国后的历史发展中，儒释道三教在冲突中融合，在融合中发展，这构成了汉代以后中国思想文化发展的重要内容。源远流长的中国思想文化经过数千年的递嬗演变最终形成了以儒家为主，以佛、道为辅的“三教合一”的基本格局。

中国历史上三教共存的文化传统格局，在秦岭碑刻中表现地十分突出。这既说明了秦岭碑刻承载了传统文化的丰富内涵，在一定意义上也表明秦岭碑刻作为中华民族传统文化的载体的重要性。秦岭碑刻中儒释道共存的文化特征，大体可以分为以下几种类型。

① （清）董诰等：《全唐文》卷六《令道士在僧尼前诏》，上海：上海古籍出版社，1990 年，第 26 页。

② （清）董诰等：《全唐文》卷十《大兴善寺钟铭序》，上海：上海古籍出版社，1990 年，第 47 页。

③ （元）念常：《佛祖历代通载》卷二十，《大正新修大藏经》，日本：大正新修大藏经刊行会重印，1960 年，第 692 页。

第一，儒释道三教思想共刻于一碑。这种类型的碑刻在秦岭碑刻中为数众多，特别是宋元之后更是不少。在这类碑刻中，或在记述本宗本教的教旨中阐述了三教合一的思想，或记述了碑主、传主等的三教合一思想，或记述了寺庙道观等与三教的渊源，等等。其中比较突出的是秦岭碑刻中有关全真教的碑刻，在阐述本教教旨中，反复阐述了其三教合一的思想理念。相关碑刻均记述了其祖师王重阳声称“儒门释户道相通，三教从来一祖风”，如重阳宫碑刻中的《全真教祖碑》，元至元十二年（1275）立石，该碑记述了王重阳劝诫世人修证的方法，云：“先生劝人诵《道德》、《清静经》、《般若心经》及《孝经》，云可以修证。”主张三教平等，三教合一，融通佛、儒思想于一炉，并以《道德经》、《般若心经》、《孝经》为全真道徒必修经典。王重阳不尚符箓，不事黄白，不信白日飞升，以修炼内丹为成仙证道的手段，其丹法下手功夫重在“清静”二字，认为专主清静才能返朴存真，识心见性，这与佛教禅法相通；他主张性命双修，以炼心、炼性为始基，即“先性后命”，这又与儒家主张的“内圣外王”之道相近。诸多碑刻载王重阳尝谓“大凡学道人，先要炼性。盖性本先天之物，必须将其炼得圆陀陀、光灼灼方为妙用”；又称“性与情连，性情发动，如龙虎之猖狂。若不炼之降伏，焉能去其猖狂而归于虚无”？强调“炼性之道，要混混沌沌，不识不知，无人无我，炼之方得入法”。修持法上重清修，主张修道者必须出家，除情去欲，忍耻含垢，苦行苦修。而具体的道德说教，全真教主张多为儒家伦理纲常，这在户县祖庵所存《丹阳马真人十劝碑》中体现得十分突出，这里就不赘述了。至明清时代，这种三教合一思想在秦岭碑刻中比比皆是，如汉中城固县五门堰存藏清嘉庆二十五年（1820）刻立的《祖师田真人传碑》中，记载：“苟存心于爱物，于人必有所济。是心也，天地之心，尧舜禹汤以之为治，孔子以之为教，释氏、老子以之解脱众厄，皆是心也。”这是从道教的角度对“心”的理解与阐释，通过说明“心”为尧舜禹汤之治、孔子之教、释氏老子以之解脱众厄，说明三教之于“心”相通。该碑又载：“（碑主田真人）长通诗书礼乐，道经儒术，诸子百家，皆拜师静机道人教也。静机，山东莱州人，由武进士为龙门派第五代法裔。”从上述记述可见，碑主田真人长期浸淫于儒家传统思想文化的教育之中，弃儒学道后，在一定程度上贯通了三教，所以死后能够得到上述追记和称道。

第二，三教人物在同一碑刻中记述。这种类型表现三教合一或三教共存的秦岭碑刻的文化特征，在秦岭“民间”性碑刻中体现的比较集中。秦岭“民间”性碑刻主要指古代社会乡里、士绅、行会、宗祠等为了记述某一事件或某一人物而留下的碑刻。这种碑刻虽然不是官方出面镌刻的，地位或很低下，但这种碑刻却实实在在地表现了古代传统文化的渗透性，表现了传统文化所以能够流传至今的深厚土壤。能够把三教人物在同一碑刻中记述，充分说明秦岭碑刻所反映的秦岭文化的重要特征。现藏安康博物馆《重修雷神殿碑》，清嘉庆二十二年（1817）十二月立，叶世倬撰，记载了原雷神殿及忠惠王庙佛道并列的情形，是清代中期安康三教同处一庙的真实反映。碑文云：“筑台高丈余，台上殿三楹：左无量佛，右张真人道陵，中则专奉雷祖”，不仅无量寿佛、张道陵与雷神并列，且“殿后有高阁，俯视山原城郭，历历如绘。上供观音大士，下筑洞，洞凡三：中地藏菩萨，旁列阎罗；左腊八神；右孙真人”。然撰碑者叶世倬云：“山林乡村寺观，多在祀神鬼于一堂，持僧道藉以诱无知之民，焚香许愿，施舍金帛，其渎实甚。”叶氏所言之现象，非止见于安康一处，秦岭山脉及至中华大地，所在皆有，其中不乏敛财欺盗之事，但却表现了民间信仰的务实性，三教同处一地奉祀便是这种务实性的体现。现藏安康紫阳县蒿坪乡显月寺内的《显月寺补修功德碑》，立于清嘉庆十四年（1809）三月，碑文记载了显月寺颓败倾圮，后得到四方信士慷慨相助，将寺庙修葺一新之事。碑文云：“粤自嘉庆三四年间，有道人阳法者，不守清规，干犯法戒，常输地亩，大半花落，除欠旁人借贷银贰百余两外，又使各佃户定手银百余两，以致庙宇倾圮，神像暴露”，“湖省赵氏本境、川省蒋氏来云、汪氏合兴，其人者，本性真醇，仙体非常，依稀希夷之得道，仿佛洪景之炼丹，敦请来寺，照管香火”，该寺本为佛教寺院，因僧人不守戒律，故令庙宇凋落，但作为檀越施舍财物、照管香火并为佛像重塑金身的竟是有道教信仰背景的三人，即湖北省的赵本境，四川省的蒋来云、汪合兴，三人“本性真醇，仙体非常，依稀希夷之得道，仿佛洪景之炼丹”，俨然是修道者。尤其众人请魏施溥撰文时，称“但念道士元田宝鼎之修养，会首虔诚经理之殷勤，与一切善士信人乐输捐助之诚恳，不有以记之，殊非所以表扬功德也”，则上述三人为道士无疑矣。由道士施财修补佛教寺院，此碑是佛道二教融合的实物反映。撰碑者魏施溥身为廪生，可视为儒家的代表，因此，该碑是三教共存、三教融合的最好例证。汉中勉县同沟寺镇存藏清宣统三年（1911）刻立的《宋安黄神道碑》，内容称其碑为“喇嘛祖师、三仙圣母、金花娘娘、药王真人、二梅仙女暨宋安黄恩师之神道碑”，一通碑刻几乎包括了藏传佛教、道教、民间信仰在内的众多神仙，足以说明秦岭碑刻中三教共存的文化特征的渗透性。汉中灵岩寺存藏民国十二年（1923）刻立的《重修嘉陵江灵岩寺碑记》中记载：“吾略邑灵岩寺，古名刹也。自唐以来，时兴时废”，“迨至前清光绪三十年……补修望江楼，后又修玉皇阁、天王殿、三圣母殿、关圣夫子阁，以次告成”，“民等又公同议立正月上元玉皇会，二月十九日观音会，廿一日普贤王，三月十八日三圣母会，四月八日诸佛会，五月十三日关圣会，七月中元，三十日地藏王会”。按此记述可知，灵岩寺不仅是三教共祀，而且还约定在不同时令节日为三教中不同神祇举行法会，具有三教共存于一地的典型性。上述这些都足以说明秦岭碑刻文化中表现地儒释道三教共存的文化特征。

第三，三教碑刻共存于一处。在广袤的秦岭山脉之中，有着数以百计的美景圣地，俗称“天下名山僧占多”，但秦岭山中的美景圣地却是三教共处一地，和谐相安。如太白山，《云笈七签》卷二十七谓其为道教三十六小洞天之第十一洞天（德元洞天），这里道观遍地，如太白庙、文公庙、药王殿、老君庙、玉皇庙、三官殿、老子庙、三河宫等。但是，这里也是佛教的禅林，所谓“十里一寺，五里一庙”，如平安寺、仙游寺等。更为有趣的是太白山上拔仙台曾建有三圣殿，供奉老子、孔子、佛祖三圣，后人撰有山门对联，上联是“植松树栽桃李树栋梁九州昌盛万木荣”，下联是“想忠恕念慈悲思感应三教同源一心境”，表明三教在这里相互兼容，共同发展。陕西关中及其南依的秦岭山脉，是儒家走向主流意识形态的肇始之地，是道家正式诞生之地，也是佛教进入中国内地的首传之地，儒释道三教在这里均拥有自己的辉煌历史。从早期的老子化胡，到后来的夷夏之辨，再到三教斗法，关中及秦岭地区始终是三教关系最为集中展现的历史舞台，见证了三教从冲突碰撞，到吸收融摄，最终圆融交汇的一系列演变过程。这种不同文化系统交往方式，使多元文化相互激荡，彼此融摄，促进了文明的进步和思想的弘传。秦岭南麓的灵岩寺，本是佛教禅寺，但其所藏碑刻却彰显了儒释道三教的融合情况。不仅保存有《重修灵岩禅寺记碑》、《重塑接引佛像碑》、《塑修大佛像碑》等佛教碑刻，也保存有《建道士墓碑》、《重修老君殿碑记》、《重修玉皇阁望江楼碑》等道教碑刻，还有《重建嘉陵书院碑记》、《唐吏部尚书权德舆颂师德教碑》等儒家碑刻，充分显示了三教在这里的共通与融合。清光绪五年（1879）三月立于安康旬阳县庙岭乡石佛寺的《石佛寺道长功果碑》，从碑的名字上即可看出佛道二教之杂糅，既曰“石佛寺”，又称“道长”。碑文记载了“柯、管二道长，一燕京人也，一西蜀人也，于同治初年并驻石佛寺”，是二位道士驻锡于佛教寺院，因“寺之荒圮久矣”，道长出资将寺院修葺一新，功成而不居，又于荒旱之年扶危济困，造福地方的事迹。二位道长既居佛寺，又以儒家入世之情怀，扶助乡里，“当旱荒之年，闭粜者视饿殍在野，漠不关心，道长寺有余积，较市价减三分之二粜之，以济困乏。粮尽，又出其赀，贫而壮者，每丁给钱一千，令往羊山负贩粮食以活家口，共出青蚨百余缗。后只收本，不取息。以此救活灾黎甚众”。县尹方公获悉道长不遗余力周济贫乏之事后，“谕令分办赈务，又倡捐钱数十缗，察极贫者散给。其形诸外之善果为何如哉。”该碑所记载之史实，亦是儒释佛三教合一之证明。

秦岭碑刻中儒释道共存的文化特征，大致可以分为以上三种类型。和两汉之后中国古代社会意识形态领域的发展变化相一致，秦岭碑刻的三教合一的文化特征，无论是何种类型，都突出了儒家思想文化的主流地位，表现出了三教合一的理念和三教互补的思想。

二、中华文化与地域文化结合

毫无疑义，秦岭地域文化包括秦岭碑刻文化，是中华传统文化的重要组成部分，包括秦岭碑刻文化在内的秦岭地域文化又有着自身的区域性特征。我们说中华文化博大精深，应该是其博大于众多不同的地域文化，精深于不同地域文化皆能够承载深刻的内涵，共同构筑了中华传统文化的博大精深。由于地理环境和自然条件不同，经过长期的历史发展过程，导致文化背景产生差异，从而形成了明显与地理位置有关的文化特征，这种文化就是区域文化或地域文化。任何文化在自己的历史发展过程中，都会对本地区的历史发展产生文化效应，强势文化产生的文化效应或可能更为广阔；地域文化通过充分发挥自身的文化效应，积极主动地使自身融入更大的文化体系之中。秦岭碑刻及其所承载的文化内涵，正是通过上述过程，来实现地域文化与中华文化的紧密结合，并形成了自身的一大文化特征。

我们在前面的研究中提到，目前学术界还没有对秦岭这一区域文化作出一个准确的定义。把秦岭文化作为极具自身特色的区域文化，只是外延上的说明，只是说明秦岭文化是一个具有丰富内涵和构成要素多样的区域性文化系统，而不是一种具体的单一的文化现象。秦岭这座横亘于渭河与汉江之间巍峨雄伟的山脉，是中国传统文化孕育、发生、发展以至繁荣的温床，是创造华夏文明的巨大宝库。从西秦岭经太白山、终南山以至华山，秦岭北麓弥漫着华夏始祖们的气息，蓝田猿人、半坡文化与北首岭文化是其代表。周秦文化、汉唐文化都在这里诞生并延续，不但影响了整个中国的历史发展，而且影响远及欧亚，在世界历史上也留下了重重的一笔。秦岭南麓因与四川、湖北接壤，兼有巴蜀文化和荆楚文化特色，西秦岭则以关陇文化为主体。所以，秦岭文化从形态上讲，是融合渗透着秦陇文化、巴蜀文化、荆楚文化的基因联合体。整体上，秦岭北麓具有关中文化的特色品质，南麓具有巴蜀文化的韵味风情。在上述前提下，可以把秦岭文化定义为：秦岭山脉所承载的关于知识、信仰、道德、法规、习俗以及能够使社会成员获得能力和习惯的以文化形态表现的文化系统。在这个定义中，秦岭山脉承载是前提，表现了这一文化系统的区域性；文化形态表现是指秦岭文化所具备的显性特征，即通过文字、语言、绘画、雕塑、建筑等文化形式，来表现哲学、宗教、文学、艺术等社会意识的深刻内涵；能够使社会成员获得能力和习惯，则是指秦岭文化的社会功能[①]。在充分体现秦岭地域文化与中华文化相结合的文化特征方面，在秦岭碑刻中表现为以下几个方面。

① 参见本书第二章相关内容。

首先，秦岭碑刻作为重要的历史文化载体，承载了秦岭地域文化与中华传统文化结合的历史。秦岭碑刻所涉区域为周秦汉唐统治的政治中心，历史上曾经有过发达的政治、经济、宗教、文学、艺术等文化传统，不仅是当时中华传统文化的重要内容，也体现了秦岭地域文化的特征，更是体现了中华传统文化与地域文化深刻结合的历史。如果没有秦岭碑刻的承载，周秦汉唐发生在秦岭山脉为中心的历史过程就会不完整，对秦岭山脉为中心的古代社会的认识与把握就不全面。从中华传统文化主要构成内容的宗教文化来分析，以元代创立的全真教为例，作为有效载体，秦岭碑刻几乎全面地记述了全真教在中国古代发生、发展的历史，突出体现了秦岭地域文化与中华传统文化的结合。按秦岭碑刻所述，全真教创始人王重阳（1112—1170），名喆，字知明，道号重阳子。出生于一个庶族地主家庭，自幼喜好读书。金天眷元年（1138），曾应武略得中甲科。年 47 岁时，深感“天遣文武之进两无成焉”，愤然辞职，慨然入道。金正隆四年（1159）弃家外游，自称于甘河镇遇异人授以内炼真诀，悟道出家。金大定元年（1161）在秦岭北麓挖穴墓，取名“活死人墓”自居其中，潜心修持三年，功成丹圆，后独自乞食，东出潼关，前往山东布教，建立全真道。秦岭南北麓至王重阳创立全真教时，不少宗教特别是佛教与道教在此已经广开道场。按秦岭碑刻记载，金大定七年（1167）王重阳抵山东，先后在文登、宁海、福山、登州（今蓬莱）、莱州（今掖县）传教，建立了三教七宝会、三教金莲会、三教三光会、三教玉华会、三教平会等，在不断修正完善全真教的教义和招收众徒中，开始了地域文化与中华文化结合的历程。从中国古代传统文化的内核来看，在汉唐之后基本上形成了儒释道三教合一的历史趋势和历史格局，王重阳深知其奥妙，所以最后定型的全真教糅合儒家和道、释的思想，主张三教平等、三教合一，声称“儒门释户道相通，三教从来一祖风”，以《道德经》、《般若波罗蜜多心经》、《孝经》为全真道徒必修的经典，认为修道的根本在于修心，务必除情去欲，达到心地清静，则身在凡尘而心已在圣境；即“人心常许依清静，便是修行真捷径”。正是因此，王重阳死后归葬终南刘蒋村故庵（今户县祖庵镇），被金章宗赐庵名为灵虚观，元太宗加封为重阳万寿宫，全真道尊为祖庵或祖庭。元世祖至元六年（1269）封王重阳为重阳全真开化真君，至大三年（1310）又加封他为重阳全真开化辅极帝君。可以说秦岭碑刻中关于全真教的历史记述，充分承载了地域文化与中华传统文化有机结合的历史场景。

其次，秦岭碑刻作为重要的历史文化载体，承载了秦岭地域文化与中华传统文化结合的具体内容。我们在前面的研究中提到，秦岭碑刻所承载的秦岭文化内容彰显了中华传统文化，这是毫无疑义的。同时我们也发现，秦岭碑刻所承载的秦岭文化的内容，本身就是地域文化与中华传统文化结合的内容，这也是确定无疑的。地域文化具有扩散的天然优势，秦岭碑刻的内容无疑反映了区域社会和民间生活，但其产生于封建国家长期的政治中心的地理位置，更多的则是反映封建国家的意志和政治制度、文化发展、宗教政策、艺术旨趣等，它记载的是普遍承认的行为规范，有些是封建国家的意志，由于外向的扩散和向其他地域的传播，这些又在一定程度上或一定历史时期构成了中华传统文化的全部或部分。所以，在一定意义上，秦岭碑刻记述的内容本身，就是地域文化与中华传统文化结合的内容。这在秦岭碑刻中有突出的表现。如在秦岭碑刻所承载的秦岭文化中，宗教文化表现地最为充分，在一定程度上规定了中华传统文化重要构成内容的走向与影响力。代表佛教般若智慧的《心经》、《金刚经》、《维摩经》等，都是在秦岭终南山下翻译，从而成为在中华大地广泛流行与传播的佛教经典；佛教净土宗、律宗、三论宗、唯识宗、华严宗等宗派也都是在秦岭中创立，草堂寺、兴教寺、香积寺、净业寺、丰德寺、华严寺等祖庭，或在秦岭山中，或位于秦岭山脚下，这些佛教祖庭深刻的文化内涵，特别是目前存藏的碑刻的内容，是研究中国佛教发展史不可或缺的珍贵资料。老子在秦岭的楼观台讲授《道德经》，楼观台因此成为道教的祖庭，《道德经》也成为中华传统文化的重要元典。再从秦岭碑刻中的乡规民约碑来分析，这些地方乡绅、民众自发议定的规约碑刻，或记述村民共议的乡约包括禁止聚众赌博、不孝不悌、酗酒闹事、奸淫邪盗、自私自利、欺压善士等，或是阖乡公议的抗盗贼条款，或是记述置买田地的四至范围及中证人和代笔人姓名等，无不契合中华传统文化的伦理道德要求，充分体现了秦岭碑刻地域文化与中华传统文化结合的内容所在。

再次，秦岭碑刻作为重要的历史文化载体，在承载了秦岭地域文化与中华传统文化结合的具体内容的同时，还充分体现了中华传统文化的地域性特征。秦岭古老而广阔，其历史文化非常悠久与深厚。目前，关于秦岭地域文化的系统研究尚处于起步阶段，文化资源的开发利用也比较薄弱，众多非常有价值的领域亦属于空白。这种现实并不能否认秦岭文化作为中华传统文化重要的地域文化的存在。一般认为，中华传统文化是一个大的文化系统，是由众多不同的文化支系统即地域文化构成，它们之间是总体与部分的关系。如前所述，秦岭文化则是秦岭山脉所承载的关于知识、信仰、道德、法规、习俗以及能够使社会成员获得能力和习惯的以文化形态表现的文化系统，是极具自身特色的地域文化。由于地理环境和自然条件不同，经过长期的历史过程，导致文化背景产生差异，从而形成了明显与地理环境有关的文化特征，这便是地域文化所以能够形成的原因所在。秦岭碑刻作为秦岭文化的重要载体，所承载的文化内涵在极大地反映秦岭地域文化与中华传统文化相结合的内容的同时，又表现出了地域特色，这是由秦岭的地域环境所导致的。秦岭山高林密，钟灵毓秀，历史上注重林木保护、注重水利设施修建与保护，事关民众的生计，这在秦岭碑刻中所见众多，与秦岭的地域环境直接相关。在注重水利设施修建、保护与讼争方面，光绪三年（1877）镌刻的《留坝厅水利章程碑》记载，当地“每年夏秋雨多之时，山水暴涨，挟带泥沙”，“第坡势既陡，沙脉复松，夏秋雨淋，水沙杂下，殊于渠道有害”，于是规定“禁挖沙坡，以固渠埂也”，“预定岁修，以免壅淤也”；重阳宫存藏的《栖云王真人开涝水记碑》，记载栖云王真人率众凿渠引终南涝谷之水绕重阳宫，又绵延二十余里，普惠大众，使周边村镇潇然有江乡风景之事；周至二曲镇存藏的《改良农田碑》，记周至县官员倡导乡民开垦荒地，并改旱田为水田，发展农业经济的措施等事；草堂寺存藏的《逍遥栖禅寺新修水磨记》，记载逍遥禅寺修建水磨的缘由、地点及修建经过，水磨的修建，使“九夏绝于炎殃，则可滋于稼穑；一方溉于畦垄，则挹之弗穷”，既方便了民众日常生活之需，又为农业发展提供了保障。与此同时，秦岭碑刻中还记述了水利方面的讼争平息，华县金惠乡存藏的《公断渠水碑》，记载了华县雷家村与支家村用水纠纷及县府断案经过。原藏勉县泉水堰，现藏张鲁女墓亭内的《处理泉水堰纠纷碑》，亦记载汉中小中坝泉水堰历年用水纠纷，及官府断案平息争斗，用水双方私下协议和平解决用水问题等。在注重山林保护与讼争方面，光绪二十年（1894）刻立的《安康知县颁布天柱山庙公议章程告示碑》，记述了安康知县为制止滥砍天柱山寺庙林木，明确了与该庙住持、首士等之间的责权关系，“山上树木，不准人窃伐。如有恃强窃伐者，住持将人认清，通知首士，同众查实，送官究治”。利用民间力量，发动捐资捐物，植树种花，保护环境，在秦岭碑刻中也有反映，如道光年间西乡县迫于水患，修堤植树，就是在官民的协力之下完成的，牧马河“曩时岸高河低，去城稍远，民不知有水患，近因林菁开垦，沙泥壅塞，水势亦漫衍无定，逼近城垣”，县令胡廷瑞倡议修堤植树，当地绅商百姓“无不踊跃乐输，共醵钱二万五百七十千有奇，复捐花栗木树二千六百八十余株”，经八个月完成了这一工程[①]。类似碑刻在秦岭碑刻中为数众多，这就充分说明了秦岭碑刻文化的地域性特征。

秦岭碑刻的内容充分体现了秦岭地域文化与中华传统文化的结合，其所具有的超越地域的文化涵释力，在一定程度上或一定历史时期代表了中华传统文化的主体。当然，秦岭碑刻所承载的文化内涵也突出了地域文化的特征，显示了中华传统文化的多样性。

三、中外文化融合

在中国历史上，秦岭山脉是中外文化交流互动与融合的平台。秦岭文化中包涵着古代社会中外文化交流互动融合的丰富内涵，秦岭碑刻则真实地记载了古代社会

① 《捐筑木马河堤碑》，道光十五年（1835）刻立。现藏西乡县文化馆。

中外文化交流互动融合的具体内容。从时间的维度上分析，秦岭碑刻表现古代社会中外文化交流互动融合，大致从南北朝开始，到隋唐时期特别是唐朝达到了高峰，宋元明清时期仍有延续，到近代则是殖民主义性质；从交流互动融合的领域来分析，秦岭碑刻中的宗教文化交流互动与融合无疑是重点，其中集中表现着古代域外的佛教、伊斯兰教和基督教先后进入中国，选择了驻锡秦岭开示关中，进而走向全中国的轨迹和导向。

在时间维度上，秦岭碑刻在内容上承载中外文化交流互动融合的是隋唐时期特别是唐代，这与当时封建社会发展的历史高峰密不可分。唐朝国力强盛，经济繁荣，在中国封建时代是空前的，在当时的世界上也是仅有的。在这个基础上，承袭六朝并突破六朝的唐文化，博大清新，辉煌灿烂，蔚成中国封建文化的高峰，也是当时世界文化中的高峰。唐朝的中外文化交流互动与融合，遍及全国，而以秦岭北麓的长安最为集中，最为繁盛。这是因为长安具备全国政治中心的地位，各国使者宾客都需要到长安来进行政治活动，也都从这里输出唐朝的文化典籍和器物，同时也将外国文化传播到长安；长安也是全国的文化中心，唐立国之初李世民即在秦王府开文学馆，广引文学之士，即位后又置弘文学馆，精选天下文儒。随着唐朝国威的远播，长安扬名于世界，强烈地吸引着各国前来进行商贸文化交流。这些都在秦岭碑刻中有不少表现。以下仅举两例唐朝与当时朝鲜半岛交流的碑刻加以说明。2000 年出土于眉县的《李训夫人王氏墓志》，是一则反映中韩文化交流的新史料。据志文所载，志主王氏系唐武周时期的名将王孝杰后裔，在丈夫李训去世后，她独自抚养子女成人，“天宝初，有大云寺新罗和上者，重启道门。夫人礼谒至诚，向便为上足，一心斋戒，十载主持”，从此，王氏跟随新罗和尚念佛，直到天宝八年（749）去世。此志文表明，唐玄宗天宝时期，曾有新罗和尚在岐州大云寺驻锡，他能与信众熟练交流，并受到相当的礼遇，从其能灵活运用唐朝语言及精通佛典推测，这应是一位入唐时间较长、佛教修养扎实并且有相当名望的新罗僧侣。唐咸亨三年（672）刻成的出土于长安区，后被洛阳古董店收藏，现去向不明的《祢寔进墓志》，志主为百济熊川人，为国内目前首见的祢氏墓志，具有重要的研究价值。盖文篆书“大唐故左威卫大将军祢寔进墓志之铭”，志题“大唐故左威卫大将军来远县开国子柱国祢公墓志并序”，墓志记载了祢氏“祖佐平誉多，父佐平思善，并蕃官正一品”，佐平为百济品阶最高的官爵。关于其入唐的经过，墓志载其“夙禀贞规，早标义节；占风异域，就日长安”。是说他少履贞直，持义守信；占测人生，谋食外国。于是依仰大唐皇帝而至长安。接着墓志略言其文经武纬，官高权重，御卫京都长安之职事：“式奉文棍，爰陪武帐。腰鞬玤鹖，纡紫怀黄。驱十影于香街，翊九旗于绮禁。”最后墓志就其逝世时日及归葬情况作了记述：“以咸亨三年五月廿五日因行薨于来州黄县，春秋五十有八。恩加诏葬，礼洽饰终。”祢寔进卒于黄县，报丧于朝，诏书遗骸遣送长安。依照制度，由官府主持葬仪，于当年礼殡于高阳原，极尽哀荣，时其离开百济国已十有二年。总之，该志对于研究当时唐王朝与朝鲜半岛的关系，研究古代中外政治、经济、文化交流具有重要的史料价值。

从交流互动融合的领域来分析，秦岭碑刻中的中外宗教文化交流互动与融合无疑是重点。除前文已经涉及的秦岭碑刻中有关佛教、伊斯兰教、摩尼教传入中国，或由中国向外传播外，我们仅以基督教的传入与融合加以说明。明天启三年（1623）在道教圣地楼观西侧大秦寺遗址，出土了《大秦景教流行中国碑》（注释见第二章），详细记述了基督教聂斯脱里派传入中国的具体情况，其中亦详细记述了这一西方宗教如何“中土化”。基督教聂斯脱里派或东方亚述教会，起源于今叙利亚，于唐贞观九年（635）由僧侣阿罗本将此教传入中国，被视为最早进入中国的基督教派。聂斯脱里派或东方亚述教会传入大唐时被称为景教，受到了唐太宗李世民的尊崇，在其僧侣的积极游说下，太宗敕天下广建大秦寺。该碑由波斯传教士伊斯（Yazdhozid）于唐建中二年（781）二月四日刻立，碑文由波斯传教士景净撰写，朝议郎前行台州司士参军吕秀岩书并题额。正面刻“景教流行中国碑颂并序”，碑文有“真常之道，妙而难名，功用昭彰，强称景教”数语，其行文无疑参考了《道德经》“吾不知其名，强之曰道”的思路，也有取“基督”的谐音，又取光明辉煌的含义。景教在中国推广教义方面，大量参考了佛、道教概念。其中较有趣的是，四福音书的作者，均改以“法王”称呼：马太是明泰法王，路加是卢珈法王，马可是摩距辞法王，约翰唤成瑜翰法王；教堂叫做“寺”；大主教叫做“大法王”；教士叫做“僧”。上帝的称呼则取叙利亚文 Alaha 音译，叫做“皇父阿罗诃”，也有按道教以“天尊”称之者。在中国佛教及道教影响下，景教有发展成综合主教（Syncretism）的倾向。《大秦景教流行中国碑》的作者景净曾著有《志玄安乐经》，教导世人如何得到安乐。经文按照儒家经典《中庸》的格式撰写，渗入“无为”、“清净”等中国道教的概念，经文曰：“凡修胜道，先除动欲。无动欲，则不求不为。无求无为，则能清能净。能清能净，则能晤能证。能晤能证，则遍照遍境。遍照遍境，是安乐缘。”另外，中外文共存一碑，也在一定意义上反映了中外文化交流互动融合的程度，《大秦景教流行中国碑》，楷书 32 行，行书 62 字，共 1780 个汉字和数十个叙利亚文。外来宗教就是这样在秦岭宗教文化的浸淫下，在秦岭文化的环境中开始中国化过程，这也成就了秦岭文化的发达、包容、开放、繁荣的历史图景。这一历史图景，在本书田野调查所见汉中古路坝清代所立外国传教士墓碑中，也可见一斑。《圣伯多禄保禄会司铎耿守仁墓碑》称：“司铎耿伯多禄系大意国人也，生于光绪二年。自幼弃俗，矢志精修，晋升铎德，欲传道救人，于光绪二十九年来至中华，驻扎汉兴等处。秉性温良，执心奉主。立身谦让，和厚待人”；

《圣伯多禄保禄会司铎毕德修墓碑》亦称其“温文尔雅，正直端方”，传教“尽心竭力，不辞劳苦”，“不惟教内男妇大小沐恩感惠，即教外之绅商士庶亦莫不歌功颂德”。这些称颂之语，或为中国儒家语言，唯此才能诉说其功德，可见秦岭碑刻所承载的秦岭文化乃至中华传统文化的涵释力所在。

秦岭碑刻表现的中外文化融合的历史丰富而多彩，构成了秦岭碑刻文化的重要特征。在这一丰富多彩的中外文化交流互动与融合的历史进程中，中华传统文化以开放的胸襟接纳着外来文化，外域文化抱着崇敬中华传统文化的心态，并采取了以中华传统儒、道文化阐释自己带来的文化的交流策略，使秦岭碑刻所承载的秦岭文化乃至中华传统文化，在秦岭山脉中取得了巨大的历史成就。

第十七章　秦岭碑刻的历史学价值

在历史学的视野中，碑刻无疑是一种非常独特的文献，为历史研究提供了无可替代的原始史料。中国几千年的历史，通过甲骨文、金文、竹简、帛书和纸质文献等载体得以保存下来。但是，甲骨文、金文、竹简、帛书等载体由于时间久远，存留下来的极少。纸质文献也多有因材质问题而脆化损坏的现象，又存在多次传抄刻印而致误的情况，致使历史记述多有讹误。碑刻文献由于其制作的特殊性，比之纸质文献而极少出现倒、讹、衍、脱、伪等现象，其原始性和真实性向为学界所重，以致形成了中国特有的“金石学”。从北宋起，碑刻考据学作为金石学的一个重要组成部分迅速崛起，出现了《集古录》和《金石录》等中国历史上较早的研究石刻文字的专著。关于碑刻文献的历史学价值，欧阳修在其《集古录》自序中指出：“因并载夫可与史传正其阙谬者，以传后学，庶益于多闻。”[①]赵明诚在其《金石录》自序里也指出：“盖窃尝以谓《诗》、《书》以后，君臣行事之迹，悉载于史，虽是非褒贬出于秉笔者私意，或失其实，然至于善恶大节有不可诬，而又传诸既久，理当依据。若夫岁月、地理、官爵、世次，以金石考之，其牴牾十常三四。盖史牒出于后人之手，不能无失，而刻词当时所立，可信不疑。”[②]从中可以看出，碑刻资料具有证史、纠史（或称正史）、补史的价值，在中国古代史学研究中已经成为传统。更为重要的是许多碑刻，诸如出土墓志等，其内容往往不见载于史书，其原始性和稀缺性，一经考古发掘报告，即会引起学术界的关注，这是历史研究方法与体系完备的体现，也符合国学大师王国维“二重证据法”的方法论要求。下面就秦岭碑刻的证史、纠史、补史价值作简要归纳与分析。

一、秦岭碑刻的证史价值

在我国历史研究的语境中，证史即证明或佐证历史典籍，主要是正史记述的历史

① （宋）欧阳修：《集古录目序》，《石刻史料新编》第一辑第二十四册，台北：新文丰出版公司，1982年，第17925页。

② （宋）赵明诚：《金石录·叙》，《石刻史料新编》第一辑第十二册，台北：新文丰出版公司，1982年，第8799页。

的准确性和真实性，特别是对于那些只有“孤证”的历史事件、人物或其他史实，碑刻文献能够证明其具有准确性和真实性，就会使其成为“信史”。从秦岭碑刻的内容来看，其证史价值主要体现在对重大历史事件、重要历史人物及具体的史实的佐证等方面。

第一，秦岭碑刻对重大历史事件的佐证。总体上来看，秦岭碑刻记述的有关重大历史事件的内容，与其他典籍特别是正史记述的相关历史事件，大体相同或相近，差异或是详略不同，或是评价有别等，但它能够证明这一重大历史事件的真实性。如华山西岳庙所存十五通明清两代封建帝王敕立的“致祭碑”，都是由于在其统治时期，出现了重大历史事件而告祭华岳之神所立，是封建社会的国家祭祀体系的要求。如明天顺元年（1457）刻立的《致祭碑》，为明英宗朱祁镇于景泰八年复位，改元天顺，“兹于复正大统，谨用祭告，惟神歆格，永佑家邦”；成化二十年（1486）刻立的《致祭碑》，为明宪宗朱祐樘因天旱加之“二十年春正月庚寅京师地震”[①]，内心恻然，特求神佑“物阜民康，宗社奠安”；万历四十七年（1619）刻立的《致祭碑》，为明神宗朱翊钧在明朝政府内外交困，国运危厄，内部民不聊生，纷纷揭竿而起，外部清军不断侵扰辽东的情况下，致祭华山山神，祈求天下太平，边陲安靖；清康熙十五年（1676）刻立的《致祭碑》，为康熙皇帝于康熙十四年（1675）十二月立胤礽为皇太子，十五年正月建储，以此事致祭华山；而康熙四十八年（1709）刻立的《致祭碑》，刚刚被废的太子胤礽又被复立太子，因而祭祀华山，诏告天下；雍正元年（1723）刻立的《致祭碑》，为胤禛新登大位，即致祭华山，诏告祈福众神，以冀时和岁稔，物阜民安；乾隆二十五年（1760）刻立的《致祭碑》，为乾隆皇帝为祝贺平叛新疆大小和卓木分裂，感谢神灵保佑而致祭华岳；道光九年（1829）刻立的《致祭碑》，为记道光七年平定新疆张格尔叛乱，至九年道光皇帝祭祀华山，告山神平定叛乱事；光绪元年（1875）刻立的《致祭碑》，为光绪皇帝于登基之年，致祭华山。上述致祭碑所涉重大历史事件，在《明史》、《清史稿》及相关史籍中均有记述，而秦岭碑刻则是从国家祭祀的角度进行了证实。清朝后期，在南方暴发了太平天国农民起义，在西北暴发了回民大起义，秦岭碑刻对此亦有记述。如汉中张良庙存藏的清同治八年（1869）刻立的《留侯庙接管沔县武侯祠墓碑》称：“同治二年，发逆（太平天国起义军）至汉，庙宇毁坏，香火寂然……迟至三年正月，发逆下窜”，华山脚下发现的清同治七年（1868）刻立的华阴《合社重修城碑记》[②]载：“吾村人等因发贼（太平天国起义军）猖狂、回匪（回民起义军）纵横，众志皆欲成城”，钦差大臣左宗棠撰写、刻立于清同治九年（1870）的《重修西岳庙记碑》载：“同治元

① （清）张廷玉：《明史》卷十四《本纪·宪宗二》，北京：中华书局，1974年，第178页。

② 《合社重修城碑记》，清同治七年（1868）刻立。高0.65米，宽0.85米。正文楷书40行，满行36字。首题“合社重修城碑记”。王□撰，王运□书。记载同治年间因太平天国及回民起义，为避战乱而集资修筑城墙之事。现藏华阴市小涨村。

年，华渭回乱，纠关陇种族与民哄，遂戕王官，陷城邑。朝命诛枭桀，宥连者……命臣宗棠总师西讨”，现藏伏羲庙碑廊的《新建忠义堂捐资碑》，为清代刻立，记载为祭祀镇压太平天国起义和回民起义过程中阵亡的清军将士捐资立碑之事。这些重要历史事件在史籍中有明确记载，但秦岭碑刻在一定程度上证实了当年太平军西入甘肃天水，以及陕甘回民起义军在甘肃的战斗史实。

第二，秦岭碑刻对重要历史人物的佐证。在中国古代诸史特别是正史中，重要历史人物皆或有其专传，或有合传、附传，记述其生平、学业、科举、仕进、历官、德行、功业、卒年、封谥等，由于中国古代社会一般是后朝为前朝修史，对前朝人物的记述与评价，尽管有主观因素的作用，有所谓“春秋笔法”，但记述的历史人物大致情况不会有太大出入；而中国古代盛行的墓碑与墓志，多是在历史人物去世后不久所成，尽管多有溢美之词，但也具有一定的真实性。在这个意义上，秦岭碑刻中大量的墓碑与墓志，可以佐证诸史中重要历史人物的家世、生平等。如秦岭碑刻中弘农杨氏墓地的碑刻，就可佐证《魏书》、《北史》等的记述。北魏熙平元年（516）刻的《杨播墓志》、正光四年（523）刻的《杨懿之第四子妇天水吕夫人之殡志》、建义元年（528）刻的《杨暐墓志》、太昌元年（532）刻的《杨顺墓志》、《杨遁墓志》、《杨侃墓志》、《杨昱墓志》和《杨仲宣墓志》等，都可与《魏书》有关杨氏家族的记载互证（详见第十章）。又如本书田野调查所得长安韦氏26方墓志，亦可以证史。特别是唐景龙二年（708）刻的《韦洵墓志》，志主韦洵为中宗韦皇后之弟，与其弟韦泂、韦泚等同时遇害，后平反封爵。该《志》内容与《新唐书 • 外戚传》有关记述相同，二者内容可以互证。临潼博物馆所藏的《唐赠太尉段秀实神道碑》为唐德宗御制、皇太子诵书，贞元元年（785）刻立，以嘉奖追封朱泚叛乱中遇难的段秀实，此碑对于段秀实生平和朱泚叛乱经过的记载十分详细，可与两《唐书》记载互证，价值较高，可为有关研究提供珍贵的资料。又如位于西秦岭徽县城东钟楼山宋代吴玠墓碑，较为详细地记载了吴玠的生平事迹，包括其名讳、祖籍、世系、历官、生卒及子嗣等情况，多与元脱脱所撰的《宋史》本传相对应。特别是对吴玠在抗金斗争中的智慧与英勇事迹的描述，可与《宋史》本纪、志、传等的记载相互印证。

第三，秦岭碑刻对相关史实的印证。在对古代历史的研究中，经常有对某一史实无定说或争论的情况，主要是由于所依古代典籍记载不一，学者各持己说或无法确定。秦岭碑刻中有许多碑刻的内容可以解决争论，印证史实，形成定论。如有学者通过北周天和六年（571）所刻、现藏伏羲庙碑廊的《赵佺墓志》，印证确定关于古代陇西上邽地望所在。上邽是中国古代最早的县治之一，秦武公十年（公元前688）武公伐戎后设立邽县。《史记》集解引《地理志》曰“陇西有上邽县”，应劭曰“即邽戎邑也”。长期以来，学术界对上邽地望争议颇多，主要原因是缺乏足够的、有说服力的和确切的证据。据《赵佺墓志》志文，可见赵佺葬于“上邽里”之说。该墓志出土于天水香山寺，地处天水市秦城区北山汉隗嚣宫遗迹之下，原名北坪寺，传南北朝时建，这里无疑就是“上邽里”之山。与此墓志相印证的，还有1987年考古工作者在秦城区五里铺天水宾馆修建工地上，发现了唐代天宝六年（747）舍利地宫中的《大唐舍利塔之碑》，碑文载“今有遗形舍利建塔于邽川”之语。可见，古代上邽在今天水秦城区。《赵佺墓志》虽文字简约，但史事较详，很多内容涉及南北朝时期的重大历史事件，如东魏和西魏的建立、宇文泰吏治改革及北周的建立等，这在同期出土的墓志中极其罕见。赵佺其人其事史无记载，是否与北朝时期天水赵氏望族有关，亦可由《赵佺墓志》与史籍互证。《魏书·赵琰传》附载天水赵氏望族之赵逸，称其“十世祖融，汉光禄大夫”，《赵佺墓志》称赵佺“十世祖融，汉司隶校尉”，这说明赵佺亦为天水赵氏望族[①]。又如关于南北朝时京兆所辖户杜为一县还是户县、杜县两县，学术界一直无定说。现藏户县文物管理委员会的西魏废帝三年（554）所刻《赵忼墓志》，记载故雍州杜县令赵忼家世及简略生平云：“祖庆（忼）为京兆户县人也，……大统十四年诏授雍州杜县令。”这对澄清争论了千余年的户杜是一县还是两县的历史问题，起到了非常重要的作用。出土于西安灞陵原、现藏西安碑林博物馆的《唐荣王故八女墓志》，唐天宝九年（750）刊刻，此志关于墓主家世和生平的记载虽然简短，但其葬地载为“京兆府咸宁县之细柳原”，为古代细柳原位置的考证提供了佐证。

二、秦岭碑刻的纠史价值

历史研究多依赖文献典籍的记述，但文献典籍有多次传抄刻印而致误的情况，致使记述多有讹误。碑刻以石料为载体，记述内容的准确性比较高，为历代研究史学者所重视。秦岭碑刻的内容亦多有纠史价值，突出表现在对历史文献记述方面的纠正，对历史人物的生平记述方面的纠正，以及对地方史志相关内容的纠正。

首先，秦岭碑刻对历史文献记述方面的纠正。历史文献记述一旦出现错讹，或形成“定说”无人置疑，或以讹传讹，由此会造成历史研究的“失真”。秦岭碑刻可用纠正历史文献记述错讹的内容颇多，下面仅举数例。史载北魏孝庄帝诛杀尔朱荣时，杨侃曾出谋献策，尔朱兆率兵进入洛阳后，杨侃为了自保逃回华阴老家，后亦遭追杀，并殃及无辜。据《魏书》载：“普泰初，天光在关西，遣侃子妇父韦义远招慰之，立盟许恕其罪。侃从兄昱恐为家祸，令侃出应，假其食言，不过一人身殁，冀全百口。

① 高世华：《赵佺墓志及相关史事考述》，《天水师范学院学报》2002年第4期。

侃往赴之，秋七月，为天光所害。”[①] 但华阴出土的弘农诸杨墓志中对发生时间有不同记载，如《杨侃墓志》记志主“于普泰元年六月廿八日遇害于长安”;《杨昱墓志》载:“凶羯肆暴，毒害忠良，以普泰元年六月廿九日薨于刁仙里第，时年五十四”；《杨顺墓志》载：“羯胡乱政，毒忌忠贞，以普泰元年七月四日遇害于洛阳依仁里，时年六十有六”。这与《魏书》记载的时间有出入，由各墓志可证，当是六月廿八日杀杨侃，次日便在华阴动手诛杀杨氏西族，然后于七月四日在洛阳诛杀杨氏东族。秦岭太平峪口出土的《贺仁杰墓志》[②]，记述了大元光禄大夫平章政事商议陕西等处行中书省事贺仁杰家世及生平事迹，铭文载:“因板筑得白金三千七百两，……时世祖居潜六盘，以二千五百两往献”，而《元史·贺仁杰列传》却云：“得白金七千五百两……乃持五千两往献之。”[③] 关于献金数字二者相差较大，《元史》为明代人所修，而墓志为当时所刻，准确性较前者为高，可证正史记载之误。甘肃成县西狭摩崖题刻中的《汉武都太守汉阳阿阳李翕西狭颂》，刻于东汉建宁四年（171），记载了武都太守李翕的生平，歌颂其率民修复西狭天井栈道为民造福的政绩。《元丰类稿》、《金石录》、《金石萃编》、《陇右金石录》等数十种金石文献著录。有研究者据此《颂》，又引证《汉书·地理志》、《后汉书·郡国志》等，指出汉武都太守李翕为汉阳阿阳人，纠正了《后汉书·隗嚣公孙述传》、《水经注·漾水》等典籍所载的“河阳”人之误[④]。现藏草堂寺碑廊的《李駒游终南山杂咏诗碑》，宋崇宁二年（1103）刻立，全碑共录李駒游览终南山草堂、紫阁、云际院、长啸洞等处所作诗文9首，诗文所涉各景均在户县境内，书者崔珙又为当时户县县令，但《金石萃编》、《陕西金石志》等文献却著录该碑在褒城县（今汉中），此碑确在草堂寺，可纠上述典籍文献之误。再如现藏略阳县灵岩寺的《虞刚简游灵岩寺题诗》，南宋宝庆二年（1226）刊刻，《陕西金石志》著录此碑称已佚，但此碑现藏灵岩寺，保存完好，故可证《陕西金石志》之误。前陈沅王陈叔兴，《南史》和《陈书》均记载其“隋大业中为给事中”，但据出土于今长安郭杜一带的《前陈沅王陈叔兴墓志》对陈叔兴生平事迹更为详细的记载，却并无此任职，而记载其“大业二年，奉敕预参选，限为身染疾，不堪集例官，遂未成”，并于大业三年（607）即逝。如之，以唐人所编纂之《陈书》与《南史》，与隋代所写且有溢美之嫌的墓志相比，当以墓志所记为确。

① （北齐）魏收：《魏书》卷五十八《杨播列传》，北京：中华书局，1974年，第1284页。

② 《贺仁杰墓志》，元大德十一年（1307）刻。边长1.30米，厚0.16米。盖文篆书“大元光禄大夫平章政事商议陕西等处行中书省事贺公墓铭”，盖文大字两侧有孙贺惟一书小字9行，追述其祖父逝世的情形与皇帝所封赠的官爵。志文楷书54行，满行54字。记载大元光禄大夫平章政事商议陕西等处行中书省事贺仁杰家世、及生平事迹，可补《元史》本传之不足。吕域撰，萧𣂏书并篆盖。1953年于户县秦渡镇张良寨村北出土，现藏该村戏楼座内。

③ （明）宋濂：《元史》卷一六九《贺仁杰列传》，北京：中华书局，1976年，第3967页。

④ 详见胡祥庆：《读〈西狭颂〉辩证》，《文博》1995年第4期。

其次，秦岭碑刻对历史人物的生平等记述方面的纠正。在中国古代历史典籍中，对重要历史人物生平等方面的记述，主体内容应该说没有多大问题，但在细节方面的错讹并不少见。如1953年于秦岭太平峪口出土、现藏户县文物管理委员会的《贺胜墓志》，元泰定四年（1327）刻，记载大元故中书左丞相贺胜家世及生平事迹，称“胜至大四年拜光禄大夫左丞相行上都留守”等职，而《元史·贺胜列传》却将拜上述官职的时间误为至大三年[①]，应以碑刻为准。现藏长安区博物馆的《韦洵墓志》，唐景龙二年（708）刻，志主韦洵为中宗韦皇后之弟，与其弟韦泂、韦泚同时被害，后平反后迁葬，并冥婚鄎国公萧至忠之第三女。《新唐书》卷七四上《宰相世系表》有载[②]，但韦泂作“洞”，该《志》作“泂”，应以该《志》为准。关于洵、泂、泚之死，《新唐书•外戚传》载：“后（韦皇后）父玄贞，历普州参军事。以女为皇太子妃，故擢累豫州刺史。帝（中宗）幽庐陵，玄贞流死钦州，妻崔为蛮首宁承所杀，四子洵、浩、洞（泂）、泚同死容州。”[③]这段记载，无所隐晦，比《韦洵墓志》更为明白。《新唐书·外戚传》又载：“帝复政，是日诏赠玄贞上洛郡王、太师、雍州牧、益州大都督……赠酆王，谥文献，号庙曰褒德，陵曰荣先。置令丞，给百户扫除。赠洵吏部尚书、汝南郡王；浩太常卿、武陵郡；洞（泂）卫尉卿、淮阳郡；泚太仆卿、上蔡郡。并葬京师。”上述史实，与墓志吻合。唯其父玄贞之谥号，该《志》作“献惠”，史书作“文献”。《韦洵墓志》为平反迁葬时所记，不会有误，当以该《志》为准。现藏商洛博物馆的《安西王祭四皓庙碑》，元至元十四年（1277）刻立，记载皇子安西王及时任商州达鲁花赤等人，在商州四皓墓祭祀商山四皓之事，可纠正商州四皓墓是明代衣冠冢之误传。出土于今长安郭杜一带的《韦孝宽墓志》载：孝宽“祖康，隋吏部尚书、荆州总管、上庸公。父福奖，隋通事舍人、洛州司法”。而《新唐书·宰相世系表》却载世康一子：福嗣。将福奖降低一辈论，为世康之孙[④]。据此可纠正《新唐书·宰相世系表》记载之谬误，并与《北史》记载世康三子：福子、福嗣、福奖互为印证[⑤]。

再次，秦岭碑刻对地方史志相关内容的纠正。秦岭碑刻对地方史志相关内容纠正的价值非常大，下面仅以户县为例说明。现藏户县玉蝉乡陂头村空翠堂院内的《渼陂

① （明）宋濂：《元史》卷一七九《贺胜列传》，北京：中华书局，1976年，第4149页。

② （宋）欧阳修、宋祁：《新唐书》卷七十四上《宰相世系》，北京：中华书局，1975年，第3106页。

③ （宋）欧阳修、宋祁：《新唐书》卷二百六《外戚列传•韦温》，北京：中华书局，1975年，第5843页。

④ （宋）欧阳修、宋祁：《新唐书》卷七十四上《宰相世系表》，北京：中华书局，1975年，第3074页。

⑤ （唐）李延寿：《北史》卷六十四《韦孝宽列传》，北京：中华书局，1974年，第2273页。

⑥ 《渼陂空翠堂记》，明隆庆元年（1567）刻立。圆首方座，首身一体，高2.40米，宽0.85米，厚0.20米。额篆书“空翠堂记”。正文楷书19行，满行45字。宋张伋撰，明王玮重立。记载户县空翠堂得名之来由及重修之事。空翠堂是北宋徽宗宣和四年为纪念唐代大诗人杜甫而建，此碑对于研究杜甫有重要价值。在户县玉蝉乡陂头村空翠堂院内。

空翠堂记》[6]碑文中称“询其故，乃知自清平建军县涝水之西，割地以隶”，据《宋史·地理志三》载：“清平军，本凤翔府周至县清平镇，大观元年升为军，复置终南县，隶京兆府”[1]。大观元年（1107）即北宋徽宗即位之七年。则据此可知，距离户县县治仅五里的渼陂，此时尚属终南县管辖之地，可补方志在这方面的阙载。现藏户县秦渡镇北庞村天王庙《重修王神庙碑记》[2]，清道光五年（1825）刻立，王泽撰，王泽撰此碑时结衔为丁卯科举人，其中举时间当是立碑前的嘉庆十二年（1807）丁卯岁，而民国二十二年（1933）所修的《重修户县志》，却将其误列为道光以后的咸丰举人，咸丰晚于道光，王泽不可能在未中举即在撰写该碑时署举人衔，该碑可纠《重修户县志》之误。现藏户县文物管理委员会的《王玺墓表》，刻于明弘治七年（1494），李东阳撰文，谢宇篆额，姜立纲书丹，秦麟刻字。书丹者姜立纲，结衔为太仆寺少卿，此职为弘治四年（1491）所擢补，是其一生历任中书舍人、礼部郎中等之后所任的最高官职，因之后世称其为“姜太仆”，而《中国人名大辞典》、《户县县志》等却云：“仕至太常寺卿”，似误，当以此碑结衔为准。1987年由县志编纂委员会编著的《户县地名志》，据宋《太平寰宇记》和宋《长安志》云：“宋代县下设五乡，管五里：珍藏乡，管货泉里；太平乡，管仁让里。”但1987年出土于户县天桥乡丈南村西南、现藏县文物管理委员会《李宗师墓志》，刻于宋绍圣三年（1096），记载了宋故内园使上骑都尉李宗师家世及生平事迹，并有“卜宅于太平乡仁和里”之记，此可正《户县地名志》“仁让里”为“仁和里”之误。现藏户县文物管理委员会的《尚书礼部兴国寺牒》，金大定十年（1170）刻立，据《金史·食货志》记载，金熙宗时，“以边事未定，财用阙乏，自东、南两京外，命民进纳补官，及卖僧、道、尼、女冠度牒，紫、褐衣师号，寺观名额”[3]，其制主要行于战事频繁的陕西，因之金代牒文碑石秦地较多。《金石萃编》、《潜研堂金石文跋尾》等金石要籍均有详细的著录和考证，但以上金石文献所录牒文记有长安、高陵等十多家，而阙漏户县，户县《兴国寺牒》的存在，纠正了上述金石文献之阙漏。

三、秦岭碑刻的补史价值

碑刻资料的补史价值为历代学者所重视。秦岭碑刻是地域文化的载体，具有地域性特点，其补史价值亦多与地域性相关，主要体现在对典籍所记述的重大历史事件或重要历史人物事迹、对具体史实、对地方史志的补充方面。

---

① （元）脱脱等：《宋史》卷八十七《地理志》，北京：中华书局，1977年，第2146页。

② 《重修王神庙碑记》，清道光五年（1825）刻立。圆首方座，首身一体，高1.27米，宽0.67米，厚0.13米。额篆书“皇清”。正文楷书19行，满行60字。王泽撰。记载重修王神庙事。现藏户县秦渡镇。

③ （元）脱脱等：《金史》卷五十《食货志五》，北京：中华书局，1975年，第1124页。

第一，秦岭碑刻对典籍所记述的重大历史事件或重要历史人物事迹的补充。一般来看，中国古代史籍对重大历史事件或重要历史人物的记述，有着特定的标准，其中或可能有宜简不宜繁的情况。另外，由于中国古代史籍存藏佚散，也会有历史事件和历史人物阙之于史的情况。如弘农杨氏墓地碑刻中的《杨顺墓志》载其历官“员外散骑侍郎、直寝，除员外散骑常侍、镇远将军、直阁将军、辅国将军、骁骑将军，除平西将军、银青光禄大夫、武卫将军、北中郎将、太仆卿，以勋封三门县开国伯，本州大中正、使持节都督冀州诸军事、抚军将军、冀州刺史、天柱府长史、征东将军、右光禄大夫、骠骑将军、左光禄大夫”等，而《魏书》本传中只载其“太和中，起家奉朝请。累迁直阁将军、北中郎将、兼武卫将军、太仆卿。预立庄帝之功，封三门县开国公，食邑七百户，出为平北将军、冀州刺史，寻进号抚军将军。罢州还，遇害，年六十五。太昌初赠都督相、殷二州诸军事、太尉公、录尚书事、相州刺史”①，墓志中所载历官职级可与正史所列互补。原存草堂寺的《唐高祖为子祈疾疏》，隋大业二年（606）刻立，佚；元代重刻，亦佚。据《金石萃编》，此碑文为：“郑州刺史李渊为男世民因患，先于此寺求佛，蒙佛恩力，其患得捐。今为男敬造石碑像一铺，愿此功德资益弟子男及合家大小，福德具足，永无灾障。弟子李渊一心供养。”王昶据此考证：“按《新唐书》：高祖于大业中历岐州刺史，荥阳、楼烦二郡太守，召为殿内少监、卫尉卿。《旧唐书》：大业初为荥阳、楼烦二郡太守，征为殿内监。而于大业之前，累转谯、陇、岐三州刺史。并未尝云为郑州也。据疏可以补二书之阙。”② 唐代记载安史之乱的墓志不少，许多详节为史籍所阙载。如《马浩墓志》，记其以帝使身份，冒死抚绥安禄山官兵的史实；《韦挺妻柏苕墓志》，记其家人在安史之乱中的凄惨遭遇，真实地再现了一千多年前这一惊心动魄的历史画面。又有五代《任景述墓志》，记其身居高位，历经唐末、后梁、后唐、后晋四个朝代，其文涉及当时诸多重大历史事件，如“两蜀构逆，大国兴师”，是指后唐庄宗灭前蜀之事；“大晋先皇帝邸下龙潜，臣于王室，奉辞伐罪，拜将登坛”，是指后晋高祖石敬瑭任后唐河东节度使时，转粟流输，蓄谋叛逆事；“值甲午岁，国朝多事，军府危疑，相国王以征伐不回，司扃以首领多阙，两衙袖职莫得其人，左右辖司悉虚其位”，是指后唐末年社会动荡不安，朝中官员缺失，内外交困，朝不保夕的窘迫状况。这些都可补史籍记载之阙。曾流徙于临潼民间的《新平郡王李俨墓志》，唐永泰元年（765）刊刻，李俨系唐玄宗之孙，废太子李瑛之子，《旧唐书》仅载“天宝中，俨为新平郡王、光禄卿同正员”③ 一句，此志的出土可补正史记载之阙，文献价

① （北齐）魏收：《魏书》卷五八《杨播传附杨顺传》，北京：中华书局，1974 年，第 1295 页。

② （清）王昶：《金石萃编》卷四十《唐高祖为子祈疾疏》，《石刻史料新编》第一辑第一册，台北：新文丰出版公司，1982 年，第 686 页。

③ （五代）刘昫：《旧唐书》卷一百七《玄宗诸子》，北京：中华书局，1975 年，第 3260 页。

值极高。现藏于秦岭北麓五丈原诸葛亮庙的《诸葛亮庙碑》，清嘉庆四年（1799）刻立，记述了诸葛亮庙的沿革，及嘉庆三年（1798）川、楚白莲教出斜峪关，接近五丈原时，见前方红灯隐约闪烁，疑清军有备，随即撤军，当地传为诸葛显神，遂捐资增修庙宇。此碑对于研究川、楚白莲教教义及斗争情况有重要的史料价值，或可以补史之所阙。秦岭北麓张子祠碑刻中，保留了张载后裔的具体情况，有着重要的补史价值。其中，明嘉靖八年（1529）刻立的《横渠碑谱》，为张载五世孙张晋请许庄撰写的张载之后七世谱系。明崇祯十六年（1643）刻立的《横渠碑谱》，记述了自张载至张文运十四世谱系。嘉靖碑与崇祯碑刻立时间相距一百一十五年，嘉靖碑记至七世，崇祯碑记至十四世，两碑确立了张载后裔在北方的世系，是难得的张氏谱牒渊源史料。华山脚下竖立的民国陕西同盟会成员《胡景翼墓志》、《刘允丞墓表》、《孙中山致刘允丞函》等碑刻，对于了解民国时期陕西同盟会的情况和重要人物都提供了非常重要的资料。如《胡景翼墓志》记载胡景翼于“宣统二年春入同盟会，倡议结新军中会党与渭北刀客且介、同志井勿幕、钱定三、李仲三、邵子良等，一再盟于雁塔寺，传播革命真义……武昌起义，陕军九月一日响应，勿幕任陕北招讨使，公为第一标统带，以四十骑大破会党张南辉于耀县，威名振于河北”等等；《刘允丞墓表》记载允丞“早岁读书清麓，愤清政不纲，与井勿幕、郭希仁、曹印侯诸贤入同盟会”，后策划诸如设大有公司于三原以为驱逐陆建章之策动机关、促胡景翼树靖国军旗帜于渭北等，大多出其之手；《孙中山致刘允丞函》则记孙中山鼓励刘允丞“尚望继续努力，务期贯彻改造之本怀，毋使艰难创造之业中道而废”等，这些都可不同程度地弥补陕西同盟会的历史及重要人物的活动情况，是非常重要的历史资料。

第二，秦岭碑刻对具体史实的补充。在历史研究中，学者在依据一定史料的基础上，能够还原历史真相，得出结论并提出自己的见解，这是历史学研究的通常方式和历史研究者的重要责任。秦岭碑刻中的许多碑刻，可以补充史实，为历史研究提供更多的依据。如丹凤博物馆存藏的《三圣宫碑文》，记述了龙驹寨为商州巨镇，四方往来商贾云集于此，货物流通皆赖骡马脚夫之力，其跋涉艰辛可想而知，但官府还以脚价银一两折钱七百八十文的方式对脚夫进行盘剥。嘉庆二十三年（1818），社会贤达和乡绅共同捐资修建了三圣宫，为脚夫商旅提供休歇之所，并上书官府要求取消折银之例，为官府批准，脚夫为感谢贤达和乡绅，集资酬谢，但贤达乡绅又将此钱捐出用作三圣宫香火庙会之费。此碑内容涉及清代丹凤交通运输、货币经济发展和民间信仰等诸多方面，具有补史之阙之价值。丹凤博物馆还存藏有《铅铜脚价鼓励碑记》一通，记述了丹凤龙驹寨距西安四百一十七里，由于关山险阻，跋涉艰难，铜铅等金属的运输依旧例，每一百五十斤铅或二百斤铜运往西安，单次运费仅为八钱三分四厘和一两一钱九分九厘四毫，加之管理人员盘剥，脚夫大多无法拿到应得的银钱。为此，长安、咸宁、临潼、渭南、泾阳、蓝田等六县脚夫，向官府申诉，要求实施古例，提高运费，此碑或可补地方经济研究史料之阙。甘肃成县摩崖碑西狭题刻的《西狭颂》记述了东汉时期西秦岭区域交通开发与社会生活的情况，亦有补史之价值。从《西狭颂》可知，当时“郡西狭中道，危难阻峻，缘崖俾阁，两山壁立，隆崇造云。下有不测之溪，阨芒促迫，财容车骑。进不能济，息不得驻。数有颠覆賈隧之害。过者创楚，惴惴其慄。君践其险，若涉渊冰”；所以“因常繇道徒，鐉烧破析，刻臽確嵬，减高就埤，平夷正曲，柙致土石，坚固广大，可以夜涉。四方无雍，行人欢涌，民歌德惠，穆如清风”。开通西狭要冲，其实是李翕为太守政绩积累所致，他“动顺经古，先之以博爱，陈之以德义，示之以好恶。不肃而成，不严而治。朝中惟静，威仪抑抑。督邮部职，不出府门，政约令行，强不暴寡，知不诈愚。属县趋教，无对会之事；儌外来庭，面缚二千余人。年谷屡登，仓庾惟亿，百姓有蓄，粟麦五钱”。在如此发展的社会政治、经济条件下，开通天井山才成为可能。在秦岭腹地及南麓发现的众多明清墓碑，大多都记述了墓主何时由何地迁徙于此地，反映了明清时期的移民情况。如清嘉庆十五年（1810）刻立、现藏留坝县火烧店乡的《李克尧墓碑》①，记载墓主原籍湖北武昌继迷兢；嘉庆二十年（1815）刻立、现藏留坝县马道镇的《汪定柏墓碑》②，记载墓主原籍湖北武昌，于乾隆四十三年迁居此地；道光七年（1827）刻立、现藏洋县茅坪镇的《余正朝墓碑》③，记载墓主原籍湖北罗田县；道光六年（1826）刻立、现藏洋县华阳镇的《李玉顺夫妇墓碑》④，记载墓主原籍湖南永州祁阳县；道光十七年（1837）刻立、现藏洋县秧田乡的《聂芳仁夫妇墓碑》⑤，记载墓主原籍湖南常德武陵；咸丰五年（1855）刻立、现藏宁陕县汤坪镇的《郑承松夫妇墓碑》⑥，记载墓主原籍江西，乾隆三十二年移民西安府宁陕县；

① 《李克尧墓碑》，清嘉庆十五年（1810）刻立。高1.20米，宽0.96米。额书“丙山壬向”。碑正中楷书“清故显考李公讳克尧老大人正性之墓”。正文行楷。落款“皇上嘉庆十五年仲春月下浣”。记载墓主李克尧原籍湖北武昌及其生平事迹。现立于留坝县火烧店乡。

② 《汪定柏墓碑》，清嘉庆二十年（1815）刻立。正文楷书。记载墓主祖籍湖北武昌，乾隆四十三年迁居此地。现立于留坝县马道镇。

③ 《余正朝墓碑》，清道光七年（1827）刻立。石灰岩质，方首，高1.70米，宽1.40米。记载墓主原籍湖北罗田县，后迁至此地。现立于洋县茅坪镇。

④ 《李玉顺夫妇墓碑》，清道光六年（1826）刻立。高2.50米，宽0.92米。额楷书“本文百世”。碑正中楷书“清故显考李公讳玉顺字国治（妣周）老大（孺）人之墓”。讲述了墓主祖籍湖南永州祁阳县及生卒年月。现立于洋县华阳镇。

⑤ 清道光十七年（1837）刻立。青石质，方首，高1.12米，宽0.65米。碑正中楷书“清故先考聂芳仁”等字。记述了墓冢人原系湖南常德武陵人氏，后迁至此地及生平。现立于洋县秧田乡。

⑥ 《郑承松夫妇墓碑》，清咸丰五年（1855）刻立。高1.10米，宽0.75米。正文阴刻楷书，记载墓主祖籍江西，乾隆三十二年移民西安府宁陕。现藏宁陕县汤坪镇。

咸丰十一年（1861）刻立、现藏镇安县西口镇的《吴顺谨墓碑》[①]，记载墓主原籍江西宁州；嘉庆二年（1797）刻立、现藏镇安县结子乡的《袁耀乾墓碑》[②]，记载墓主原籍安徽直隶六安州英山县；道光二十二年（1842）刻立、现藏镇安县结子乡的《储思拔墓碑》[③]，记载墓主原籍安徽潜山县，等等，对于研究明清时期移民史提供了珍贵的资料，这些内容均具有补史价值。

第三，秦岭碑刻对地方史志的补充。如前所述，秦岭碑刻是地域文化的载体，具有地域性特点，这一特点在秦岭碑刻的内容中有突出表现，这也就是秦岭碑刻对地方史志补充的价值所在。如位于秦岭太白山东岭下龙洞湾“周至老县城”，乃旧佛坪县遗址，为古傥骆道必经之路。本书田野调查在此所得现藏碑刻29通，时间从道光五年（1825）置佛坪厅始，至民国十五年（1926）废止。从老县城碑刻的内容中，可以看出光绪初置厅后，在光绪年间就基本完成了一个封建社会厅（县）治所应该具有的各种功能设施，有宗教信仰的佛教、道教寺观修建或重建，有义学设置与教育事业的开展，有保护山林举措的告示，有河流架桥的公共事业，有社会捐助资助系统的完善，而墓志及墓碑则反映了封建礼制的普遍流行，等等。这些对于完善地方史志的研究有着重要的补充价值。再如在秦岭南麓宁陕城隍庙碑刻中，有清乾隆五十七年（1792）刻立的《五郎关创建诸庙碑》[④]，记载了五郎关本为山地，人烟稀少、土地荒芜，早在唐代即有五谷关之称。“五谷”即长安河上下两个谷口、东河谷口、西沟谷口和鱼洞河谷口的总称。关口山高谷峡，地形险要，沟壑纵横。明朝中叶改五谷关为五郎关，周围五座山犹如五壮士守卫。清乾隆四十八年（1783），置五郎厅，后嘉庆五年（1800），白莲教起义遍及蜀、楚、陕三省，为保障省城西安的安全，朝廷在五郎厅筑城并赐名宁陕镇，充分显示了五郎关突出的军事地位。这些记述对于充实宁陕地方史志具有重要价值。再如城固境内五门堰为秦岭南麓古代著名水利工程，相传建于汉代，在历史上发挥了重要的作用。田野调查所见的《五门堰分水碑》、《修渠定式告示碑》、《增订善后章程碑》、《五门堰裁减工头人数碑》和《五门堰章程碑》等，对五门堰的使用、修浚等都作了规范与厘定。如《五门堰分水碑》为地方官员实地勘察五门堰水利情况，并要求“查堰渠一定章程，相沿数百年不敢变更”；《增订善后章程碑》共有十条章程，

---

① 《吴顺谨墓碑》，清咸丰十一年（1861）刻立。吴东之撰。落款“咸丰十一年十二月十五日谷旦立”。记载墓主祖籍江西宁州。现藏镇安县西口镇。

② 《袁耀乾墓碑》，清嘉庆二年（1797）刻立。高1.70米，宽0.90米。落款“大清嘉庆二年丁巳岁孟冬月吉日”。记载墓主祖籍安徽直隶六安州英山县。现藏镇安县结子乡。

③ 《储思拔墓碑》，清道光二十二年（1842）刻立。通高3.22米，宽1.89米，厚0.23米。落款“道光二十二年岁次壬寅仲冬月吉日立”。记载墓主祖籍安徽潜山县。现藏镇安县结子乡木园村。

④ 《五郎关创建诸庙碑》，清乾隆五十七年（1792）刻立。圆首方趺，高1.92米，宽0.87米。正文楷书19行，满行45–47字不等。白纯祖撰，住持王一来立，杜明安刻。现藏宁陕县。

涉及田赋管理机构与五门堰管理机构在田赋使用中的关系、田赋交五门堰使用的资金划拨时间、五门堰修浚资金管理规定、五门堰每年修浚的时间安排、五门堰修浚物资采购规定、五门堰堰长、渠长的职责等；《五门堰裁减工头人数碑》记述了五门堰修浚资金来源及其使用规定，等等。这些记述无疑会充实地方史志的内容。户县文物管理委员会所藏的两通关于山西会馆的记事碑，对于研究当时晋陕经济关系和会馆的功能有着重要的价值。嘉庆十七年（1812）刻立的《会馆增修献殿记》，说明至少在乾隆年间，山西商人即有在户县经商者，而所建山西会馆以关帝信仰为精神纽带，以贸易商业为重心，是一种精神信仰旗帜下的贸易活动聚集场所；光绪十六年（1890）刻立的《会馆补修清庙捐资碑记》中，记述了会馆同仁将无主灵柩共葬于义坟，修庙之事才得以进行。这说明户县山西会馆在一定情况下，或有寄灵之功能。这对于完善地方史志亦有重要的补充价值。在秦岭终南山脚下出土的数十方墓志，对于补正此地乡里名称具有重要的地方史意义。如在今长安区郭杜出土的《隋解方保墓志》及《唐阎庄墓志》，所载“长安县福阳乡修福里”及“福阳乡阳原里”，都未曾被史籍记载，由其出土地而知其在隋唐时期的名称。又如《唐李玄济墓志》记载志主葬于“雍州长安县同乐乡宁安里之细柳原”之“同乐乡宁安里”、《唐赵高墓志》记载志主“卒于长安县清化乡”之“清化乡”、《唐元重华墓志》记载志主葬于“京兆府万年县洪原乡邑阳里少陵之原”之“邑阳里”等，都可补长安县郊区乡里名之阙载，对于研究此地历史具有重要的意义。

第十八章　秦岭碑刻的文学艺术价值

本书编者在对秦岭碑刻的田野调查时，曾穿行于秦岭的山麓之间，一步步走过斑驳的古栈道遗址；又驻足于山巅绝顶，俯瞰群山环绕，领略四时不同；还悠游于祠庙古刹，追慕前人功业，感叹历史沧桑。经历了这一切，才算真正走近了秦岭。也正因为近距离的接触，才了解到历代文人墨客何以会对秦岭流连忘返，甚至愿意长久隐居其间；前代先贤何以毫不吝惜笔下华丽的辞藻，堆砌于延绵千里的秦岭大山身上；前人何以留下了汗牛充栋的诗词文赋，仍然觉得无法言尽秦岭的巍峨壮观、历史沧桑。从文学艺术的角度来看，伴随着社会演进、历史发展，不同的时代会有迥然相异的审美观、价值观，但前代文人赞咏秦岭时的诗词书法表现出的审美趋向却惊人的相似。这就是因为秦岭是中华传统文化的重要载体，文学艺术则是传统文化的一种表现形式，两者从一开始就结下了不解之缘。因此，秦岭碑刻既是记载真实历史事件的珍贵史料，也是充满浪漫文学色彩的不朽名篇，也兼具极高的书法艺术价值。

一、秦岭碑刻充实了中国古代文学史的内容

中国古代文学按照历史发展可以大致划分为上古、先秦、两汉、魏晋六朝、隋唐五代、宋代、元代、明清等若干阶段。从文学创作的内容来看，虽然先秦也有诗歌，汉代辞赋之外也有散文、乐府，唐宋时期诗词繁盛，但古文运动对后世产生了深远的影响，不同时期的文学作品体裁各异，不可一概而论。但是，学术界习惯以上古神话传说、先秦散文、两汉辞赋、魏晋六朝民歌、唐诗、宋词、元曲和明清小说等，来对不同时期的文学趋向进行粗略地概括。秦岭碑刻中年代最早者为先秦《石鼓》，出土于今宝鸡市石鼓山，它也是中国现藏最早的文字石刻。除此之外，秦岭范围内并无其他秦代之前的碑刻。因此，秦岭碑刻与上古、先秦文学并没有直接的关系。两汉以后直至清末的历代秦岭诗文碑刻数量很大，其中既有名垂青史的名家大师之作，又有不名经传的普通文士作品，辞赋、散文、古体、近体、律诗、绝句、游记、杂文等众多文体无所不有，题材多样，内容广博。许多诗、文

在前代总集、全集、别集、类书、丛书中都无收录，而仅见于原碑。而历代典籍中已经收录的诗文作品，又由于种种原因，有许多文字与碑刻刊载有异。大量的碑刻文学作品既丰富了中国古代文学史的内容和形式，也为中国古代文学史的深入研究提供了珍贵的资料。

两汉时期，文学创作的主流是赋和散文。颂文作为散文的一种类型，亦发轫于两汉之际。由于秦始皇焚书坑儒和秦末战乱，先秦典籍十不存一。西汉初年，经过口耳相传流传下来的先秦颂诗，与先秦礼乐歌舞脱离，其内容和篇幅、形式日渐多样化，逐渐成为一种独立的文学形式，即颂文。至西汉末、东汉初，颂、赋、碑铭出现了互相渗透融合的趋势，前代学者称这种现象为“赋颂不分”。三种文体中颂文因形式灵活、题材多样、内容丰富而日渐发展起来。目前两汉颂文流传下来的有50余篇，但在两汉时期的近20种秦岭碑刻中，就有《鄐君开通褒斜道摩崖》、《石门颂》、《汉右扶风丞李君通阁道摩崖题刻》、《西狭颂》、《郙阁颂》、《杨淮杨弼表摩崖题刻》、《武都太守耿君碑》、《仙人唐君之碑》等8篇颂文。由于汉代碑刻传世者数量相对较少，上述碑刻为历代金石学家重视，文物、史料、书法艺术方面的价值颇受重视。但从文学的角度来看，前代对这些碑刻的重视程度却远远不够。清人严可钧编纂《全上古三代秦汉三国六朝文》之时，对上述碑刻刊载颂文仅收《西狭颂》一篇。从内容来看，这些碑刻颂文虽然为颂德显名而刻，但详细记载人物生平和历史事件始末，具有很强的叙事性、抒情性和应用性文学特征。尤其是《仙人唐君之碑》，在记载唐公房得道经过时情节完整，文字简练，叙事生动，文笔流畅，足见撰文人具有相当高的文学修养。

现藏勉县武侯祠东汉建安五年（200）刻立的《琴吟自叙碑》[①]，落款“大汉建安五年丞相诸葛孔明著”。正文为：“炎汉肇兴兮，高皇崛起。新莽中篡兮，世祖复纪。逮及灵献兮，刑余作傀。黄巾肆乱兮，奸雄蜂蚁。先皇奋出兮，大统有委。顾我草庐兮，殷勤鱼水。首定西蜀兮，图王建址。南人不反兮，顾我边鄙。但恨三分兮，吴魏鼎犄。王业偏安兮，余心式耻。幸逢多士兮，谋勇跻美。足恃削平兮，所向披靡。志歼叛贼兮，出师难止。祁山不远兮，神京伊迩。报我先王兮，大定宁枚。呜呼！鞠躬尽瘁兮，死而后已。”清人李复心《忠武祠墓志》载此碑云：“《琴吟自叙石刻》一片，乾隆五十年先师路全九道人补修寝殿，掘土得之。时邑侯张公泰亨建琴亭于大殿之西北隅，位置斯石于上。嘉庆十一年，亭渐倾欹，重修于六有山房之右；至二十三年周公赓又命重修于观江楼之左，以石琴与读书台配，题曰‘雅音阁’。其自叙石刻仍嵌于阁中，

① 《琴吟自叙碑》，东汉建安五年（200）刻立。青石质，方首，高0.49米，宽0.62米。正文12行，满行12字。首题“琴吟自叙”。落款“大汉建安五年丞相诸葛孔明著”。刊刻诸葛亮诗文一篇，对研究东汉、三国历史及诸葛亮生平事迹有重要的史料价值。现藏勉县武侯祠。关于《琴吟自叙碑》是否出自诸葛亮之手，学界看法不一，并无定论。

以志不忘。”[①] 若此文确实出自诸葛亮之手，在三国时期的史书中却并无记载，亦未收入诸葛亮的诗文集中，则可补诸葛亮传世作品之阙。若为后人伪托孔明之作，全文史实确凿，语言严谨，文辞雅致，风格豪迈，亦为绝佳之作，其作者即便不能青史留名，也必为才华横溢之士。

在中国古代文学史中，魏晋六朝上承两汉余韵，下启隋唐盛隆，是一个重要的过渡转型时期。这一时期的秦岭碑刻有 60 余通，其中秦岭北麓有 50 余通，南麓仅有 8 通，北麓碑刻与魏晋、北朝文学的关系相对较近，与南朝文学几乎没有关联。从碑刻类型和内容看，包括 5 种颂文摩崖、30 方墓志、3 通记事碑、20 通造像碑、6 种砖铭、1 方题字摩崖。其中造像碑、砖铭、题字摩崖文字简短，文学方面价值不高。文字较多的颂文摩崖、墓志和记事碑则多属散文、诗赋范畴，并不涉及其他文体。原刻石门的《李苞通阁道摩崖题刻》、《潘宗伯韩仲元造桥阁题刻》、《贾三德复通石门题刻》、《石门铭》和西岳庙的《华百石都训造碑》等碑刻等，叙事更为生动，形式更为灵活，在继承沿袭两汉颂文创作风格的基础上有了进一步发展。尤其是年代稍晚的《石门铭》，表现出将叙事、颂德、写景、抒情、言志融为一体的创作理念和风格，对之后唐代颂文文学的发展产生了深远的影响。

魏晋南北朝又是中国古代墓志形式逐步规范定型的时期，墓志将颂文和铭辞联属，是颂文的一种发展和变体，在文学领域应占有一席之地。秦岭碑刻中魏、晋、南朝仅有墓砖而无墓志，所有墓志皆属北朝。其中弘农（华阴）杨氏家族墓志数量最多，长安韦氏家族墓志次之，其余墓志亦见不少，如：北魏延昌四年 (515) 刊刻的《皇甫驎墓志》[②]，西魏大统十年 (545) 刊刻的《冯景之墓志》[③]，元钦三年 (554) 刊刻的《赵忻墓志》[④]，北周武成二年 (558) 刊刻的《拓拔育墓志》[⑤]，天和四年 (569) 刊刻的《郑术墓志》[⑥]，天和五年 (570) 刊刻的《乌六浑乐墓志》，宣政元年 (578) 刊刻的《宇文瓘墓志》等。这些北朝墓志在具备史料价值和书法艺术价值的同时，丰富了北朝文学的体裁和内容。同时，志文所表现

① （清）李复心撰：《忠武祠墓志》卷二，页 16，同治五年刻本。

② 《皇甫驎墓志》，原存户县，今佚，民国《重修户县志》著录志文。

③ 《冯景之墓志》，西魏大统十年 (544) 刻。长 0.60 米，宽 0.64 米。盖文篆书“魏故司空公冯君墓志”。志文楷书 35 行，满行 38 字。志题“魏故使持节侍中司空公都督瀛沧幽安平五州诸军事骠骑大将军瀛州刺史高阳县开国公冯公墓志”。志中多涉及北朝政权动荡，内部政治斗争，外部民族起义等历史资料。现藏陕西历史博物馆。

④ 《赵忻墓志》，西魏废帝三年 (554) 刻。边长 0.34 米，厚 0.07 米。志文楷书 16 行，满行 16 字。志石左侧边沿与右侧上下角残损。记载故雍州杜县令赵忻家世及简略生平。现藏户县文物管理委员会。

⑤ 《拓拔育墓志》，北周明帝二年 (558) 刻。边长 0.45 米。志文楷书 9 行，满行 10 字。志题“周故淮安公拓拔育墓志”。现藏长安区大兆乡。

⑥ 《郑术墓志》，北周天和四年 (569) 刻。边长 0.52 米。盖文篆书“大周开府清渊元公郑君墓志”。志文楷书 26 行，满行 30 字。志石左侧刻文 4 行，满行 20 字。志题“大周使持节骠骑大将军开府仪同三司大都督始州刺史清渊侯郑君墓志”。记志主生平家世。出土于长安区镐京乡沣镐村，现藏西安碑林博物馆。

出的注重骈偶、辞藻繁缛的特点，明显是受到南朝文风的影响，为研究南北朝文学的交流和融合提供了重要的参考资料。

隋唐五代时期，诗歌、散文、骈文、传奇、变文、曲子词等文学形式得到了全面的发展，进入了繁盛的阶段。目前所得秦岭隋唐五代碑刻的类型多样，包括墓志（包括少量塔铭、墓碑）、记事碑、功德碑、摩崖题刻、造像碑、经幢等。尽管唐代诗歌高度繁荣，但从现藏碑刻来看，仅有少量单独刊刻诗歌的碑刻传世，如现藏华阴西岳庙的唐元和元年（806）刊刻的《贾竦谒西岳庙诗碑》；原刻于终南山子午峪北口后掉落于山涧中的《金可记传摩崖》[①]，刊载杜甫七言绝句《玄都坛歌寄元逸人》等；其余单独刊载李白、杜甫、白居易、韩愈、韦应物等唐五代名家诗歌作品的诗文碑多为后代刊刻，如：玉泉观藏明嘉靖二十九年（1550）刊刻《赵孟頫书诗碑》，刊载李白、韦应物诗各一首；华山玉泉院藏明万历四十三年（1615）刊刻《华山诗图碑》，刊载李白、杜甫、韩愈等人咏颂华山诗歌；蓝田文物管理委员会藏明代刊刻《辋川二十景诗》，刊载王维所作辋川二十景五言绝句等。

由于各种因素的影响，由南朝至隋唐，骈文日渐衰落，散文却得到进一步的发展，并在中唐古文运动的推动下取得了巨大的成就。秦岭隋唐五代碑刻主要涉及诗歌、散文、骈文三种文体，其中墓志志文最具代表性。一般认为，中国古代的墓志在隋唐五代完成了定型，大致分为志文、铭文两个部分。通常情况下，志文以散文、骈文撰写，记载墓主姓讳、籍贯和生平，铭文则以赋体或诗歌撰写，多为赞颂墓主之词，不同时期的风格则又有差别。隋代和唐代早期的墓志受到魏晋南北朝以来骈俪文风的影响较多，无论是志文还是铭文，都表现出注重语言表现技巧和音韵声律，除墓主名讳、籍贯之外的信息，基本都沿用四六骈偶句式。隋开皇五年（585）刊刻的《柳謇墓志》[②]、开皇九年（589）刊刻的《皇甫忍墓志》、大业三年（607）刊刻的《杨素墓志》、唐贞观五年（631）刊刻的《李立言墓志》[③]等皆属此类。大约从唐高宗之后，墓志志文在一定篇幅的颂德骈文基础上，散文句式逐渐增多，有关志主生平事迹的记载也更为详尽。

---

① 《金可记传摩崖》，唐代题刻。正文楷书15行，行20字左右。记载杜甫《玄坛歌赠元逸人》及金可记传。原刻于长安区终南山子午峪北口附近山崖上，近年因山体崩塌随巨石掉落于拐儿岩旁的山涧中。

② 《柳謇墓志》，隋开皇五年（585）刻。长0.40米，宽0.47米。志题“辅国将军柳謇墓志”。落款“开皇五年正月廿七日”。墓主为河东柳氏，官至辅国将军。2003年出土于商洛市师专建筑工地。

③ 《李立言墓志》，唐贞观五年（631）刻。长0.47米，宽0.48米，厚0.08米。盖文篆书“唐故大将军主客郎中莜县男李君墓志”。志文楷书24行，满行24字。志题“唐故大将军主客郎中莜县男李君墓志”。记志主生平家世。出土于长安区少陵原，现藏西安碑林博物馆。

咸亨四年（673）刊刻的《于谦墓志》[①]，景龙二年（708）刊刻的《郭恒墓志》[②]，大历五年（770）刊刻的《高弘谅墓志》等，皆为此属。到了晚唐五代时期，墓志完成了定型，沿袭了中唐以来骈文颂德、散文记事的整体风格，这一点在秦岭晚唐五代碑刻的大量墓志中可以得到印证。此外，以《颜勤礼碑》、《圭峰定慧禅师碑》、《郭子仪碑》、《基公塔铭》等为代表的记事碑、功德碑、神道碑、塔铭、墓碑等碑刻的碑文，也从多种角度反映出了不同时期的文学风格和整体的发展脉络。

宋代以后至民国时期的千余年中，由于政治、经济中心的南移，秦岭碑刻表现出的文学价值与前代有明显的差异。这一时期秦岭碑刻总数约有6000余种，其中墓志约有460余方（其中僧人塔铭50余方），占碑刻总数的比例明显下降。志文撰写骈、散结合，与前代墓志（塔铭）情况基本相似，但是行文的自由度更高，或仅记墓主名讳、家族排行、子嗣情况；或以数十字简略叙述墓主家族迁徙情况（常见于明清时期陕南地区墓碑），而不再详细记载墓主生平事迹；或与文学关系不大。此外，还有大量的碑刻碑文简短，与文学关系较远，如大量摩崖题字、游记题刻、乞求神灵佑护的发愿题字碑，划分土地归属的地药碑、庙产碑、界碑，门楣悬挂的石匾、石额，修庙、修路捐资题名碑，指示位置和方向的指路碑、标识碑等。

但是，宋代以后秦岭碑刻文学价值的特点亦十分明显。首先，独立刊刻的诗文辞赋的碑刻有重要的价值。据田野调查统计，宋元时期共有41种，明代59种，清代112种，民国时期18种，刊刻年代不详者8种，共计238种。年代较早的如北宋熙宁三年（1070）刻立的《游灵岩寺题诗碑》[③]，刊载北宋诗人鲜于侁所作五言七言古诗多首，鲜于侁，字子骏，四川阆中人，唐鲜于叔明后裔。北宋景祐元年（1034）进士，历任京东路转运使、利州路转运判官、利州路转运副使兼提举常平仓事、集贤殿修撰、陈州知府等职，《宋史》卷三百四十四有传。他擅作楚辞、诗歌，诗风淡雅复古，为人称道。鲜于侁著有《诗传》，但并无诗文集，其诗作传世者有50余首。《游灵岩寺题诗碑》言辞质朴平实，写景记事巧妙融合，是鲜于侁古诗的代表作品，在明代之前各类诗文集中并无著录。至清代时，《关中金石记》和道光《略阳县志》据原碑录文，故《游灵岩寺题诗碑》文学价值极高。再如元至元二十五年（1288）刻于重阳宫中《洞真于真人道行碑并序》

① 《于谦墓志》，唐咸亨四年（673）刻。边长0.69米，厚0.12米。盖文篆书“大唐故左卫郎将检校左武卫将军上骑都尉于君墓志并序”。志文楷书33行，满行33字。志题文同盖。志主家世显赫，祖上在北魏、后周、隋等朝为高官。现藏陕西省考古研究院。

② 《郭恒墓志》，唐景龙二年（708）刻。长0.67米，厚0.14米。盖文篆书“大唐故郭府君墓志”。志文楷书28行，满行29字。志题“大唐故中大夫使持节龙州诸军事龙州刺史郭府君墓志并序”。记志主生平家世。其妻京兆韦氏。现藏中国社会科学院历史研究所西安研究室。

③ 北宋熙宁三年（1070）刻。高0.35米，宽0.45米。正文隶书16行，满行14字，共计218字。首题“宋鲜于侁游灵岩寺”。鲜于侁撰并书。刊刻鲜于侁五言古诗1首。

碑阴的《摹刻商挺等诗词碑》，作者商挺，字孟卿，号商左山，曹州济阴人，宋理宗时为太子中舍人，为金元之际名文士，其传世诗作有千余篇，除少量收入《元文类》、《全金诗》、《元诗选》等书，仍有大量诗作散见于各类典籍。此碑所载数首诗作前代典籍已有著录，唯独《登通明阁诗》一首前代未见著录，且据商挺手迹刊刻，以碑传世，颇具文学价值。如上述诗文碑刻在宋代之后的秦岭碑刻中还有很多，均具有十分重要的价值。其次，记事碑、德政德行碑、传记道行碑、游记题记等散文文体的碑刻也有重要价值。这一时期记事碑约有 2800 余通、德政德行碑 120 余通、传记道行碑 20 余通、游记题记 200 余通，多数碑文以散文形式撰写，这与唐中期及北宋韩愈、柳宗元、欧阳修、王安石、苏轼等人掀起的古文运动关系密切。记事碑是这一时期数量最多的碑刻种类，有的名人所撰碑文被收入前代文集、方志、金石文献中，如北宋淳化二年（991）刻立的《四皓庙碑》，其碑文为北宋王禹偁被贬商州时所撰，收于《（康熙）续修商志》之中。碑文虽然为赞颂商山四皓而作，却少有华丽过誉之词，全文以叙事为主线，以质朴的文辞追慕四皓德行，表达自己对先贤的敬仰之情。秦岭碑刻中还有明代王九思、康海等名家所撰写的记事碑传世，其中有的记事碑文并无典籍著录，以碑刻为载体流传至今，亦有着重要的价值。再次，刊载圣旨、契约、政令、告示、条规、章程等公文文体的碑刻也有一定的文学价值。现藏楼观台宗圣宫三清殿遗址西侧刊刻于北宋大观二年（1108）的《奉圣旨给地公据碑》，记载圣旨规定的顺天兴国观与上清太平宫之间地租税关系，文字简略明快；现藏灵岩寺刊刻于南宋淳熙八年（1181）的《仪制令碑》，是官府颁行的交通法规和礼义制度，涉及古代礼制、交通、社会文化等多方面内容，通俗易懂；现藏户县文物管理委员会的清康熙四十一年（1702）刻立的《训饬士子文碑》，是清王朝为了培养治国贤才而颁行的圣旨，涉及学校规章制度、办学教育思想等内容，条理清晰。秦岭碑刻中的契约碑是为了确定土地或财产的归属权而刊刻，这类碑刻叙事准确，内容明了，文风朴实，格式规范。秦岭碑刻中的政令、告示、条规、章程碑等，虽然刊刻名称有别，但内容大体相同，主要是以禁革陋俗、保护乡里为目的颁布的条规、告示等政令，文字表述都是较为明快、简略，表现了当时的规范性文书的风格，在一定程度上体现了文学价值。

还需要专门强调的是，户县文庙所藏碑刻中的《雁字回文诗碑》，被称为三绝碑：一绝为以“雁”字为诗三百余首，二绝为回文，三绝为五体书法。撰书者张玉德，字比亭，尤喜习诗文，兼研书法，善写楷、行、草、隶、篆五种书体。此碑所刻是其运用词序回环往复修辞方法所作的回文诗，正读倒诵皆成美文，这是中华文化的精粹所在，也体现了回文诗所独具的文学艺术价值。当然，回文诗也具有很强的游戏色彩，其中包含着一定的修辞和文学知识，在中国古代文学史上具有重要的地位。

从文学角度审视秦岭碑刻，唐代之前秦岭北麓的关中是古代中国的政治、经济、文化的核心区域，这一时期秦岭碑刻的发展脉络与中国古代文学史的发展具有一定的同步性；宋代之后，由于政治、经济、文化中心的转移，秦岭碑刻的类型和内容虽然更为丰富，但与中国古代文学史的发展趋势存在一定的差异性。秦岭碑刻就是在这种同步性与差异性的互动中，体现着其独特的文学价值。

二、秦岭碑刻展现了地域文学的价值

将秦岭碑刻纳入地域文学的研究并不是一件容易的事情。秦岭虽然是一个相对独立的自然地理概念，但其空间范围广阔，主体山脉虽然在陕西境内，但东西两侧则延伸至河南、甘肃两省；仅陕西境内来看，秦岭北麓的关中和南麓的陕南地区在自然景观、人文风俗等方面，也存在很大的差异性。在上述前提下，从秦岭碑刻来审视秦岭地域文学，是一个异常复杂的研究课题。因此，需要选择一个切入点和主题来进行分析。秦岭北麓与关中平原相接，这里沃野千里，气候温和，拥有优越的自然地理环境。自西周至唐末，长安作为国都的历史长达千年，逐渐形成了以古长安文化为核心的独特的关中地域文化体系。而秦岭之南、汉江以北的秦岭南麓，具有典型的南方地区特点。汉唐以来，出于加强统治和管理，便于政治经济文化交流的需要，在秦岭中劈山填石，架设栈道，修造了多条贯通秦岭的南北通道，今天习惯上称之为秦岭故道。秦岭故道自东而西，主要有武关道、子午道、褒斜道和陈仓道等，它们既是中国古代的交通通道，也是文化交流融合的通道，在加强秦岭南北麓的联络和沟通方面具有重要的意义。千百年来，秦岭故道上留下了无数文人墨客的游赏足迹，也保存了大量与秦岭地域文学关系密切的诗文作品。所以，把秦岭故道选择为分析的切入点，以诗文碑刻为主题，或可能集中分析秦岭碑刻的地域文学价值。

武关道又名蓝武道、商山路。此道自长安出发，过灞河后折向东南，由蓝田輞峪沿河谷穿秦岭至商洛，再由丹凤出武关，经西峡、内乡至河南、湖北等地。唐代之后，因此道与黄河、渭河和汴水漕运码头相邻，官府贡赋物资等多经此道往返转运于长安、商州之间，其繁盛状况号称“商山名利路，夜亦有人行”。武关道因穿越秦岭山林，地势高低变化，道路蜿蜒往复，通行十分艰险，但其沿途风光宜人，历代途经此道和专程游赏之人颇多，留下了许多脍炙人口的诗词。如白居易在《登商山最高顶》一诗云“高高此山顶，回望惟烟云。下有一条路，通达楚与秦。或名诱其心，或利牵其身。乘者及负者，来去何云云”。其中“通达楚与秦”即指武关道。再如唐代韩愈的《左迁至蓝关示侄孙湘》诗中“云横秦岭家何在，雪拥蓝关马不前”，即指路行此道的心情。

据课题组田野调查，武关道沿途亦有大量碑刻刊载了诗词等文学作品，现藏蓝田县的明代《王维辋川图石刻》所刊载的王维为《辋川集》写的序言，以及王维与友人以辋川二十景为题所写的五言绝句。今镇安县云盖寺遗址有白侍郎洞，为唐代诗人白居易访问隐居云盖寺的友人贾岛时途经休憩之地，亦有摩崖诗文存留至今。北宋嘉祐六年(1061)乾佑县令王衢于所作《留题乾初洞诗》云“宫址漫生草，洞门低枕泉。废兴人目击，何处是神仙”[①]。今商洛市静泉山观音庙内亦有数通诗文碑保存下来，如清乾隆二十二年(1757)刻立的《静泉山诗碑》，其云：“静泉山色螺髻青，隔江阑入刺史厅。刺史政和人既宁，携琴放鹤来郊垌。宾佐各醉公独醒，目营手画胸纬经。补天一石山五丁，峙以飞阁翼以亭。鸡冠熊耳左右嵘，万家蔀屋前呈形。我公危坐依云屏，指点八景众环听。盘纡曲磴无留停，紫阁高览庶民星。石门深洞窗疏棂，新月一崖露华零。行春杏锦散芳馨，雪晴柏翠干青冥。龙峰对面鱼戏萍，人才变化随风霆。公之懋绩扬天庭，暂为山水发精灵。濡染大笔垂千龄，矫如淮阴军井陉。群贤才藻何娉婷，序记赋诗歌箴铭。我欲从之无修翎，言短情长载辎軿，敢辞金钟撞以莛。”[②]庙内还有刊载洛南县知县钟麟、四川绵州州判王学逊等人以“曲磴云横、紫阁凌虚、洞锁朝岚、西崖新月、春山杏锦、柏林晴雪、龙峰拱翠、石泉鳞跃”等静泉山八景为题所作七言绝句的碑刻两通。

子午道因穿越子午谷而得名，是连接秦岭南北麓的另一条重要通道。楚汉相争时刘邦火烧栈道即是此道。由于东汉初年甘肃、青海等地羌族不堪沉重的赋税和徭役，聚众起义，战乱中使当时秦岭南北麓主要通道褒斜道断绝，汉平帝元始五年(5)，朝廷下令重修子午栈道，并成为取代褒斜道的主要通道。子午道自子午峪进入秦岭，翻过土地梁至沣峪，沿沣水谷地经子午关翻秦岭后至宁陕、石泉。自石泉向西北，经古堰、绕峰街至西乡县子午镇，过子午河经洋县金水、酉水、龙亭等地进入汉江平原，后经城固到达汉中[③]。至唐代时，朝廷对子午道不断修缮，其使用频率日渐增高，行人也日益增多。至唐玄宗时期，子午道因驿递驰运荔枝而盛极一时，杜甫曾有“忆昔南海使，奔腾献荔枝。百马死山谷，到今耆旧悲”的感叹，子午道亦因此有“荔枝道”之称。晚唐五代以来，子午道在政治、军事方面的意义十分重大。宋代时在子午道沿途增设了一定数量的集镇和巡检司，便利了通行和沿途补给，也加强了对通行商旅行人以及沿途地方的管理。明清两代，官府文书尤其是加急信函多由此传送，使用频率极高。沿子午故道有翠微山、拐儿崖、土地梁、红崖子等多处历史遗迹，与之相关的前代诗

① 《留题乾初洞诗》，北宋嘉祐六年(1061)刻。正文楷书。王衢题。落款“嘉祐辛丑六月就刻于门”。位于镇安县云盖寺白侍郎洞。

② 《静泉山诗文碑》，清乾隆二十二年(1757)刻立。高0.70米，宽0.50米。薛宁延撰。落款“乾隆丁丑季秋”。记载描绘静泉山景致诗文。嵌于商洛市静泉山观音庙墙上。

③ 自石泉折向东南，亦可通往安康。

文颇多，其中以唐代诗文数量最多。如李白《答长安崔少府叔封游终南翠微寺太宗皇帝金沙泉见寄》中有“早行子午关，却登山路远。拂琴听霜猿，灭烛乃星饭”之句。唐德宗年间诗人杨凝作《送客入蜀》云：“剑阁迢迢梦想间，行人归路绕梁山。明朝骑马摇鞭去，秋雨槐花子午关。”子午道沿途亦有前代诗文碑和摩崖题记存留，如现藏长安区子午谷拐儿崖子午河道巨石之上的《金可记传摩崖题刻》，刊刻杜甫《玄都坛歌寄元逸人》，诗云：“故人昔隐东蒙峰，已佩含景苍精龙。故人今居子午谷，独在阴崖结茅屋。屋前太古玄都坛，青石漠漠常风寒。子规夜啼山竹裂，王母昼下云旗翻。知君此计成长往，芝草琅玕日应长。铁锁高垂不可攀，致身福地何萧爽。”现藏智果寺的于明万历三十四年（1606）刊刻的姚诚立撰《宿智果寺四首》，其中一首诗云：“汉江东去抱城流，高阁空含物外秋。僧舍不关花雨乱，禅心常定钵龙游。尘根谁识功名簿，宦海难同心事幽。安得远公来接引，谈经时过虎溪头。”[①] 现藏洋县博物馆的清嘉庆十六年（1811）刊刻的《洋州三十景诗碑》[②]，刊载苏轼咏洋州城郊景物诗 30 首。北宋神宗熙宁年间，苏轼表弟文与可任洋州知州，他在洋州营建园林，栽种花木，并就洋州近郊景致题咏诗作三十篇，即《守居园池杂题》。苏轼和文与可之诗，作《洋州三十咏》，其中有“汉川修竹贱如蓬，斤斧何曾赦箨龙。料得清贫馋太守，渭滨千亩在胸中”的借景言志之作。两人唱和之作皆以洋州美景为描写对象，是有关古洋州和子午道的重要地域文学作品。现藏宁陕城隍庙内于清咸丰元年（1851）刊刻的《张祥河述志诗碑》，诗云：“元会当阳政一新，御门诗刻付琳珉。万山紫翠迎天藻，三殿丝纶及下臣。百尔须同难易儆，一诗何啻典谟陈。饶歌元切榕关望，方略书成六合春。”[③] 宁陕地理位置至关重要，为加强管理，清王朝在宁陕设厅。此诗即为陕西巡抚张祥河在宁陕厅检阅守备军队时所作。现藏宁陕城隍庙内的刊刻于光绪十八年（1892）的《巡差纪事碑》[④]，刊载宁陕厅同知余修凤所作五言诗 8 首，其中亦有“曙色出云端，凌风飞羽翰，山深孤雁宿，天阔大鹏盘”，“华峰镇关铺，巍峨屹立奇，河流襟带合，泾渭腹心知”的诗句，描写了子午道的独特的自然景观。

褒斜道和陈仓道是秦岭西侧沟通南北麓的重要通道。褒斜道开凿时间早、工程规

① 《姚诚立题诗碑》，明万历三十四年（1606）刻立。高 1.22 米，宽 0.68 米，厚 0.16 米。正文楷书 31 行，满行 16 字。姚诚立撰并书。刊刻姚诚立游智果寺所作诗 6 首，保存完好者仅《宿智果寺》四首之第二首。现镶嵌于智果寺大殿壁间。

② 《洋州三十景诗碑》，原碑刻于宋代，清康熙年间迁至四川。清嘉庆十六年，知县石珩摹宋碑重刊，立于洋州衙署，现藏洋县博物馆。

③ 《陕西巡抚张祥河述志诗碑》，清咸丰元年（1851）刻立。青石质，宽 1.48 米，高 0.81 米。刊刻陕西巡抚张祥河在宁陕阅兵途中，接奉恩赐御门听政后，所作言志诗 1 首，共 14 行。现藏宁陕县城关镇。

④ 《巡差纪事碑》，清光绪十八年（1892）刻立。青石质，高 0.64 米，宽 1.40 米，厚 0.14 米。正文楷书。记宁陕厅同知余修凤题五言诗 8 首，对于研究陕南地区的历史有一定价值。现藏宁陕县城关镇。

模大、沿用时间久，故司马迁称其“栈道千里，无所不通，唯褒斜绾毂其口”；陈仓道则因穿越大散关，又有汉高祖刘邦“明修栈道，暗度陈仓”的故事，在秦岭诸道中名气最盛。褒斜道自长安经户县折西过周至、眉县，由斜谷口入秦岭，沿斜水东侧南行，翻越老爷岭入桃川谷，过五里坡，经太白县嘴头镇、两河口、孔雀台、马道镇、褒姒铺，穿石门或越七盘岭出褒谷口，经褒城到达汉中。陈仓道从凤翔南行，经宝鸡陈仓西南入秦岭，再经山道过大散关、翻黄牛岭，沿嘉陵江、沮水、沔水谷地迂回下行，经凤县、两当县、略阳、宁强、勉县，向东抵达汉中。与其他秦岭故道相比，褒斜、陈仓二道所经地区的历史文化底蕴更深，与之相关的名家名作不胜枚举。仅唐代即有李白、岑参、杜甫、白居易等的千古名句传世。从田野调查的情况来看，褒斜、陈仓二道的地域文学碑刻数量，远远多于武关、子午诸道。其中以周至县楼观台最为集中，共计有14种。其中北宋年间的《苏轼书楼观诗碑》、元代的《王正臣楼观怀古诗碑》、明代的《胡松游宗圣宫上说经台诗碑》、正德十四年（1519）的《永寿王楼观题诗碑》、嘉靖三十一年（1552）的《陈棐访说经台诗碑》、嘉靖三十八年（1559）的《程轨宿说经台诗碑》和刊刻年代不详的《王槚说经台题咏碑》等6通碑佚存拓，拓本藏于周至县楼观台文物管理所；存留至今的碑刻中，诗文作者多与陕西有关，除了康海这样的名家外，更多的是魏鹤洲、魏博、秦聚奎、刘士龙、尹振麟、黄蕴锦等名气较小的明清文人政客游古楼观即兴之作，为《楼观台道教碑石》著录。此类诗文碑刻在宝鸡陈仓区境内有6通，元至元元年（1264）的《长春真人丘处机题虚亭〈水龙吟〉词碑》，原在虢镇，佚碑存文；清雍正十三年（1735）的《果亲王题利民渠诗碑》，刊载果亲王允礼七言绝句，诗云：“太守开渠利民赖，停车使者为题诗。好将南亩勤耕作，更勉儿孙孝弟规”[①]；道光二十年（1840）的《北阁寺诗碣》[②]，刊载北宋绍圣四年邑令丁芾题咏北阁寺胜景诗10首。此外，嘉庆二十二年（1817）的《翟家坡诗碑》[③]、道光十四年（1834）的《云游道人题怪石诗碑》[④]等碑所载诗文，在前代典籍中未见著录。眉县境内的地域诗文碑共有9通，其中金泰和元年（1201）的《和居士宋雄飞来游时诗碑》、贞祐二年（1214）的《积石太守孔朝散题饮中用昌裔韵碑》、元至元十五年（1278）的《盩厔县主簿冯时贲题诗碑》、至元二十一年（1284）的《汉中道提刑按察司知事题诗碑》、

① 《果亲王题利民渠诗碑》，清雍正十三年（1735）刻立。青石质，圆首，高1.40米，宽0.64米，厚0.23米。正文楷书。记载果亲王爱新觉罗·允礼察看民渠后，题诗1首，勒石立于石鼻寨渠旁。为研究清代宝鸡地区的水利灌溉系统提供了实物资料。现立于宝鸡陈仓区千河乡。

② 《北阁寺诗碣》，清道光二十年（1840）刻。石灰岩质，高0.63米，宽0.90米。刻北宋绍圣四年设吴山县，县令丁芾题咏北阁寺胜景诗10首。现立于宝鸡陈仓区县功镇。

③ 《翟家坡诗碑》，清嘉庆二十二年（1817）刻立。石灰岩质，高1.65米，宽0.68米，厚0.16米。碑身边栏雕人物图案。正文行书。刊刻七言律诗1首。现立于宝鸡陈仓区县功镇。

④ 《云游道人题怪石诗碑》，清道光十四年（1834）刻立。现立于宝鸡陈仓区虢镇西关常宁宫。

至元二十二年（1285）的《李道谦题诗碑》、《冉德明题诗碑》、《李如坚七言诗沁园春词碑》等皆为访游天庆观（金代老君庵）之作，清代末年仍立于眉县观村老君庵，今佚。清沈锡荣纂修的宣统元年《郿县志》著录了上述7通碑刻，除冯时贲、李道谦、冉德明和李如坚之作“诗词甚村，俚不可录”外，其余著录全文。存留至今的2通碑刻中，有清乾隆四十三年（1778）刻立的《乾隆御诗碑》，现立于眉县槐芽镇清湫村中，刊载乾隆皇帝获悉祈雨成功所作的七言绝句1首。

沿褒斜、陈仓道翻越秦岭之后，南麓的褒城驿（今勉县）为必经之路。又因勉县有定军山、武侯祠等名胜古迹，商旅游人途经必定拜谒游赏，因而留下了较多的诗文碑刻。前文提及的诸葛亮《琴吟自叙碑》是最具代表性的作品。此外，尚有大量明、清、民国时期的地域诗文碑存留，共计36通。其中明代仅存1通，为明万历十二年（1584）的《樊克己过定军山谒武侯墓诗碑》[①]，刊载樊克己七言律诗1首，有“人和会拟乾坤易，国步其如蜀道难”、“莫谩雄图勤六出，正缘王业愧偏安”等句。剩余碑刻中，清代27通、民国5通、年代不详者3通，主要是果亲王允礼、李调元、张志超、侯长禧、马允刚、张徐瑛、余兆瓔、德理、祝曾、初彭龄、翟颉、胡超、奕湘、张思毅、蓉千祺、赵希璜、周书酉、冯玉祥、郭世芳、缪庭柱、张英等不同时期的文人政客拜谒武侯祠、武侯墓、马超墓即兴之作。三秦出版社1996年出版的《汉中碑石》和中国图书出版社2007年出版的《沔阳碑石》，对上述碑刻多有著录，但互有重复，且尚有遗漏。如清代的《陈大溶题诗碑》云：“布衣诸葛真奇士，一出南阳利济劳。不朽功名齐稷契，平生事业陋萧曹。三分早定隆中策，八阵空余江上涛。古柏荫森祠宇在，读书台畔献豚羔。丰碑尚识马侯坟，好伴先生对夕曛。雏凤如龙扶汉鼎，覆巢有卵破曹军。渡泸遥指天涯雪，筹笔回看日暮云。仿佛灵旗风雨动，不知何处扫烟氛。”[②]《江朝宗题诗碑》云：“炎祚戋戋一息留，先生危急事持筹。三分漫说天心定，孤蜀还由人力收。死后犹能走仲达，纵归不复反南州。纯忠两表传青史，应属伊周第一流。”[③]《王一奎题诗碑》诗云：“隐逸南阳结草庐，君恩三顾费踌躇。三分天下悬图画，分裂疆域魏与吴。六出祁山志不磨，五丈秋风奈若何。三家宫阙今安在，惟见先生庙巍峨。”[④]《张鹏翮题

---

① 《樊克己过定军山谒武侯墓诗碑》，明万历十二年（1584）刻立。平首方趺，身首一体，高1.48米，宽0.70米，厚0.14米。正文行书6行，满行16字。首题“过定军山谒武侯墓一首”。落款“万历甲申阳生月燕山正中浑主人樊克己题。刊刻樊克己《过定军山谒武侯墓》诗1首。现立于勉县武侯祠。

② 《陈大溶题诗碑》，清代刻立。青石质，方首，高0.50米，宽0.64米。正文楷书。现藏勉县武侯祠内。

③ 《江朝宗题诗碑》，清代刻立。大理石质，方首，高0.68米，宽0.60米。落款“谒武侯祠，江朝宗”。现藏勉县武侯祠内。

④ 《王一奎题诗碑》，清代刻立。青石质，圆首，高1.65米，宽0.70米。首题“谒武侯祠”。正文楷书7行，满行12字。落款“本□□□道人王一奎敬”。现藏勉县武侯祠内。

诗碑》诗云："宗臣俎豆有余香，想象当年道德光。澹远心传洙泗诀，千秋生气尚堂堂。"[①]以上4通碑刻暂时未见其他文献著录，其在地域文学方面的价值十分珍贵。

除以上秦岭故道的地域诗文碑外，在重阳宫、草堂寺，眉县张载祠，岐山诸葛亮庙，临潼骊山、华清池，华阴西岳庙、华山，张良庙，汉中天台山，伏羲庙、玉泉观，成县西狭、大云寺、杜甫草堂等地，都有少量地域诗文碑刻保存至今。同时，也有大量的地域性诗文作品附于其他类型的碑文之后传世，最具代表性的是大量的历代墓志辞，如民国九年（1920）刊刻的《董振五墓志》，志文由民国大书法家于右任先生撰文并手书，墓志之后附有岳西峰所作《哭振五七言律诗》2首[②]，诗文以草书书写，笔力劲健、洒脱，诗文赞颂董振五将军为国捐躯的奉献精神。在秦岭碑刻的部分记事碑上，也有即兴所作诗文附刻于正文之后。秦岭碑刻中地域文学资料比较多，有待于进一步深入研究，故不再一一赘述了。

三、秦岭碑刻丰富了中国传统书法艺术

中国传统书法艺术源远流长，是中国传统文化的重要组成部分。中国传统书法与汉字字形的发展、演变密切相关，殷商甲骨文、两周金文、先秦大篆以及后代隶书、楷书、行书、草书等，既是汉字发展的不同阶段，也是中国书法艺术的不同书体。作为一种传统的艺术形式，书法艺术的载体是十分多样的。碑刻是造纸术发明、推广之前，使用最为广泛、流传最为久远的书法载体之一；在纸张发明并广泛应用于日常生活之后，碑刻及碑帖仍然是传统书法艺术最为重要的载体和传布形式。秦岭碑刻数量众多，形式多样，书体兼备，风格迥异，其中不乏历代书法大家之作，对于研究中国古代书法的发展历史，具有十分重要的意义和价值。

第一，秦岭碑刻的发展状况与中国古代石刻书法史的发展脉络基本吻合。秦岭碑刻是中国古代石刻书法艺术的滥觞，表现了汉隶的最高成就和中国传统书法书体的阶段性特征及最后的完备性。

一是先秦《石鼓文》开中国石刻书法艺术之先河。在秦岭碑刻中，现藏最早的中国古代石刻书法艺术作品，是前文多次提及的先秦《石鼓文》。关于石鼓的凿刻时间，主要有周宣王、秦文公、秦襄公、秦献公时期等几种说法，但综合石鼓的形制、内容、书体风格等几方面的因素可以确定，石鼓为先秦时期之物。石鼓在唐太宗贞观元年

① 《张鹏翮题诗碑》，清代刻立。青石质，方首，高0.52米，宽0.82米。正文行草7行，满行5字。现藏勉县武侯祠内。

② 岳西峰（1883—1932），名维峻，陕西蒲城县人。清末投身革命，由井勿幕、胡笠僧介绍加入同盟会。死后被国民政府追赠为上将，葬于华山，其墓志亦由于右任先生撰书。

（627）发现于宝鸡陈仓山的荒郊，之后多经流转，于1950年入藏北京故宫博物院。据有关专家考证，石鼓正文记载了周王太史来秦与秦王出游狩猎之事。先秦时期是甲骨文、金文向篆书发现的重要阶段，大篆则是先秦后期使用较多的书体；《石鼓文》的字形和笔划特点，与先秦时期的甲骨文、金文和大篆等几种书体都不相同，故前人称之为“石鼓文”。它的发现，是先秦大篆向秦统一后小篆书体过渡的重要实物资料，是中国传统石刻书法艺术的起点，从一定程度上反映了先秦时期书法发展的特点。

二是秦岭碑刻表现了中国古代隶书书法艺术的最高成就。秦统一六国之后，曾下令在全国范围统一使用书写简便的小篆。在秦代官方推行小篆的同时，民间已经开始流行笔画更为简省、书写更为简便的隶书。有学者认为：由秦代小篆向汉代隶书的发展，是中国汉字和书法的两个重要阶段，早期的古体象形字在此过程中逐渐消失[①]。这样的说法虽然不能完全概括小篆和隶书的发展、演化特征，但可以肯定的是，隶书身上的篆书特征在西汉中期时已经基本消失，到东汉时，隶书已经广泛应用，进入了成熟阶段。田野调查中尚未发现秦及西汉时期的秦岭碑刻，但成熟阶段的东汉隶书则数量较多，不乏精品。如东汉延熹八年（165）刻立的《西岳华山庙碑》，素有“汉隶第一品”的美誉。尽管此碑原刻毁于明代关中大地震，现藏清代钱宝甫摹刻碑亦已残损，但从残存碑文仍隐约可见“汉隶第一品”的风采；再如合称“汉刻三颂”的举世闻名的《石门颂》、《西狭颂》、《郙阁颂》三方摩崖题刻，形制宏伟，篇幅较长，是东汉末年隶书高度发展和成熟的典型代表，为历代金石学家和书法名家所推崇。“汉代三颂”各有特色，但又浑然一体。《石门颂》布局巧妙、错综复杂，《西狭颂》端庄秀美、巧拙兼施，《郙阁颂》则拙而善变、肥而能捷、奇思横出、浑穆简静。正是由于“汉代三颂”的伟大成就，后来在石门、灵岩寺和成县西狭三地，还有相当数量的摩崖石刻传世，形成了独具特色的汉代摩崖群。如《鄐君开通褒斜道摩崖》、《汉右扶风丞李君通阁道摩崖题刻》、《杨淮杨弼表摩崖题刻》、《武都太守耿君碑》、《桃花碑》、《汉将摩崖题刻》等。上述石刻书法艺术虽然不像“汉刻三颂”那样声名显赫，但历经千年，也是不可多得的汉隶书法珍品。

三是秦岭碑刻表现了中国传统书法艺术由汉隶向唐楷发展的历史。魏晋南北朝的传统书法艺术的最大特点，是由汉隶向唐楷发展的过渡。这一时期，介于汉隶和唐楷之间的魏碑书体特征明显，曾经一度流行，并为后世推崇。广义的魏碑包括碑、墓志、造像题记和摩崖刻石等数类，这些类别在秦岭魏晋南北朝碑刻中都有发现，如华阴西岳庙藏北周天和二年（567）刻立的《西岳华山神庙之碑》、原存户县的北魏延昌四年（515）《皇甫驎墓志》、临潼博物馆藏北魏正始二年（505）《冯神育造像碑》和汉中市

①　参见吴伯陶：《从出土秦简帛书看秦汉早期隶书》，《文物》1978年第2期。

博物馆藏北魏永平二年（509）的《石门铭》，特别是20世纪末出土的数方弘农杨氏墓志等。上述碑刻均为魏碑体书法艺术的著名碑刻，充分表现了中国传统书法艺术发展的阶段性特征。

四是秦岭碑刻充分表现了中国传统书法艺术书体的最后形成。隋唐两代是继秦汉之后书法转型的又一重要阶段，也是碑刻发展、定型的重要时期。西安碑林博物馆藏隋开皇二十年（600）《孟显达碑》，书法瘦劲端整，风格闲雅浑古，是秦岭碑刻中隋碑的典型代表之一，与叶昌炽所言“隋碑上承六代、下启三唐，由小篆、八分趋于隶楷，至是而巧力兼至，神明变化，而不离于规矩”[①]的评价相吻合，表现出了隋代书法脱隶趋楷的发展趋势。唐楷崇尚法度，臻于极盛。唐代以后楷书书碑者占九成以上，这同样符合唐代以后书坛以楷书为主流的发展趋势。同时，也有部分题记、诗文碑和墓志以行书和草书书写，数量虽少，却特点鲜明。如唐天宝二年（743）的《隆阐法师碑》和《空寂寺大福和上碑》碑文皆以行书书写，前者书法俊秀，结体遒美，颇具王右军风韵；后者与同一时期以行书书碑闻名的李邕书法风格相似，亦为上乘之作。宋元符三年（1100）的《乔元龙草书碑》和金承安四年（1199）的《云房二字飞白草书碑》为后人推崇，前者享有“草圣之书”的美誉，后者被尊为“神品”。大约到晚唐时期，秦岭碑刻作为重要载体，已经充分表现了中国传统书法艺术书体的完备性，其中不少名碑为后人推崇备至，是学习临摹书法艺术的直接依据。

第二，秦岭碑刻展现了中国传统书法艺术不同流派的艺术风格。中国传统书法艺术的发展有两个重要的环节，即既要“法古”，更求“创新”，书法艺术在“法古”和“创新”互动中不断发展，并形成了不同的艺术风格。秦岭碑刻无法涵盖中国古代书法艺术的各个流派，但能够全面展示唐宋时期传统书法艺术不同流派及其艺术风格。

一是秦岭碑刻充分展示了隋唐两代欧阳询、颜真卿和柳公权等名家的书法艺术风格。如现藏楼观镇楼观台的唐武德九年（626）刻立的《大唐宗圣观记碑》，是欧阳询的隶书代表作品之一。欧阳询书法源出于汉隶，险劲遒刻，锋骨凛凛，法度严谨，结构独异，尽管《大唐宗圣观记碑》不及楷书《九成宫碑》盛名远播，且原碑早佚，现藏石碑为元代重刊，但其碑文以隶书书写，是较为少见的欧阳询隶书碑刻，字里行间可见欧体书法由隶入楷的风格和趋势，表现出了欧阳询早期书法的风格和特征。现藏西安碑林博物馆的《皇甫诞碑》，刊刻于唐贞观年间，为欧阳询楷书书法的上乘之作。颜真卿于唐乾元元年（758）撰书的《颜真卿谒金天王祠题记》，为颜真卿书法艺术的重要代表。颜真卿是盛唐书坛最杰出的名家，欧阳修将颜氏人品与书品并提，称“颜

① （清）叶昌炽：《语石》卷第一《隋四则》，《石刻史料新编》第二编第十六册，台北：新文丰出版公司，1982年。第11862页。

公书如忠臣烈士，道德君子，其端严尊重，人初见而畏之，然愈久而愈可爱也。其见宝于世者有必多，然虽多而不厌也”。苏轼更有“书至于颜鲁公，天下之能事尽矣”的盛赞。此碑与颜氏传世的《多宝塔碑》、《颜勤礼碑》、《颜氏家庙碑》、《唐太保昭武公李抱玉碑》等秦岭碑刻，共同展现了颜体书法由魏晋风轨向唐楷法度演化发展的轨迹。另外，现藏草堂寺的《圭峰定慧禅师碑》，刻立于唐大中九年（855），撰写者裴休，字公美，唐孟州济源（今属河南省）人，进士出身，后来做到宰相。据载他能文工正书，为晚唐著名书法家。此碑笔笔谨严，清劲潇洒，结构尤为精密，取法于欧、柳，是唐碑珍品。

二是秦岭碑刻充分展示了宋代苏轼、黄庭坚、米芾、蔡襄等“宋四家”及元代赵孟頫等书法名家的艺术风格。他们的书法风格迥异，异彩纷呈，各成一家，形成了自身的特点。“宋四家”中，苏轼擅长行、楷，草书亦臻上品，其取法李邕、颜真卿、杨凝式，又自创新意。米芾以草书最见功力，其笔墨俊迈，格调豪放，书如其人。在楼观台、草堂寺分别有苏轼的诗文、题记碑传世，米芾所题“第一山”三字亦在元代和清代被刊于石碑之上，存于楼观台和华山玉泉院。元代赵孟頫书法师承晋、唐，诸体皆能，自成清腴秀丽之风，堪称元代书法之冠。现藏重阳宫的《大元敕藏御服之碑》，刊刻于元延祐二年（1315），是秦岭碑刻中赵体书法的典型代表。此碑虽不及《胆巴碑》、《仇锷墓碑》闻名，但仍可见成熟时期赵孟頫楷书的特点，其用笔圆润柔和，点画厚软，与欧、褚、颜、柳诸家为代表的唐楷碑版风格迥异，各具特色。现藏玉泉观的《赵孟頫书诗碑》，刊刻于明嘉靖二十九年（1550），诗文以行草书写，笔法圆润，潇洒隽美，刀工遒劲，刊刻年代虽晚，却不失赵孟頫书法神韵，堪称佳作。与前代相比，秦岭碑刻在明清两代虽无冠绝古今的大家之作，但也不乏风格各异的作品传世，反映了这一时期书法流派进一步发展和细化的趋势。

三是秦岭碑刻中还有少量碑刻以古代少数民族文字书写，是有关少数民族文字和书法艺术的珍贵资料，也丰富了传统书法、碑刻的类型和内容。这类碑刻于重阳宫较为集中，重阳宫现藏有 7 通元代圣旨碑，其中 5 通为蒙汉文合刻，是非常重要的古代少数民族文字及其书写资料。其中 4 通碑刻镌刻的是“八思巴”蒙古文字。现藏八思巴蒙古文字碑，全国范围内发现约有 20 余件，而重阳宫即保存有数通碑刻，足见其重要性。重阳宫另外 1 通蒙汉文合刻碑刻为《蒙汉文合刻令旨碑》，所刻蒙古文字与八思巴蒙古文字不同，长期无人辨识，从该碑汉字译文中能判断为帖木儿大王令旨，及至元丁亥刊字等。国内研究古代少数民族文字的学者，认为元代碑刻中的蒙古文字，包括畏兀（回鹘）蒙古文字与八思巴蒙古文字两种，由此初步认定此蒙古文字当为畏兀（回鹘）蒙古文字。元代畏兀（回鹘）蒙古文字碑，全国发现者为数不多，这就突出显示了该碑的珍贵性，对研究元代蒙古文字及其书写、语言及元代宗教政策、政治制度等都有重要价值。在草堂寺亦存有 1 通蒙汉文合刻的《阔端皇太子令旨碑》，约蒙古定宗二年（1247 年）刻立。碑文分上下四栏，每栏镌刻一封令旨。第一栏有一行畏兀（回鹘）蒙古文字；第四栏文末有两行畏兀（回鹘）蒙古文字。此外，还有与满文相关的碑刻传世，现藏镇安县塔云山的清光绪十二年（1886）刊刻的《塔云山寿永功高碑》，碑额镌刻 5 枚满文印章，在秦岭乃至西北地区都十分罕见，在书法、篆刻等艺术方面具有重要的研究价值。

总之，从中国传统书法艺术的角度分析，历代金石学家、书法家抑或当代书法家们，均把目光聚焦于书法名家和经典作品之上，但秦岭碑刻中许多书者都是不见经传的普通书家，这在一定程度上丰富了中国传统书法艺术的内容体系，应该引起足够的重视；中国传统书法具有艺术性和实用性的双重特征，秦岭碑刻中大量不见经传书者的作品，则为中国传统书法艺术在社会不同阶层中的流传、推广、应用提供了直接的依托。这些便是简要分析秦岭碑刻书法艺术价值的现实指向。

第十九章　秦岭碑刻的宗教学价值

在数千通秦岭碑刻中，约有近一半碑刻与中国古代宗教信仰有关，表明宗教文化在秦岭文化系统中的重要地位。宗教文化是秦岭文化的重要内容，突出表现了秦岭文化系统的总体特征。对秦岭碑刻的宗教学价值分析，是分析秦岭碑刻价值的重要内容，也是全面把握秦岭文化体系的需要。秦岭碑刻的宗教学价值，主要体现在其对于中国佛教、道教及其他宗教研究的价值上。

一、秦岭碑刻之于中国佛教研究的价值

秦岭碑刻充分表明，秦岭是中国佛教的孕育地，是中国佛教多数宗派的发源地，历史上不少高僧大德曾驻锡秦岭弘法传道，是中国佛教开示天下的地域依托。

第一，秦岭碑刻记述了佛教初传中国时在秦岭建寺弘法的历史。一般认为，佛教约在两汉之际传入中国，首先传入当时的长安，后不久便在洛阳建白马寺，或为中国佛教的第一座寺院。课题组在田野调查中发现，现藏于秦岭北麓户县庞村罗汉寺的《西晋孝惠皇帝碑》、《洪福院碑》、《罗汉寺重修记碑》、《重修罗汉寺画廊记碑》、《三教问答会名碑》、《罗汉寺图碑》等碑刻记述，罗汉寺始建于东汉明帝永平年间（58—75），正是佛教传入中国之时，建寺时间和洛阳白马寺几乎同时，当时罗汉寺称“白马招觉院”，亦有“白马”之称，晋太安元年（302）敕建行香院；唐武德间（618—626）改为庄严院；贞观十九年（645）又改为白马寺；金大定三年（1163）改为洪福院；元代仍改为行香院；明永乐三年（1405）重建，改为罗汉禅寺；景泰二年（1451）重修；嘉靖元年（1522）及四十四年（1565）两次重修，仍称罗汉寺。罗汉寺现藏诸佛殿 5 间，残塔 1 座，石碑 6 通，此寺或可以认为是佛教传入中国最早建立的寺院之一，充分表明了异域佛教从秦岭开始了“中国化”的历程，由此也揭开了秦岭修建佛教寺院的帷幕，秦岭终南山成为了中国佛教的圣地。

第二，秦岭碑刻反映了中国古代著名佛经译场及后来发展的基本情况。草堂寺所藏《大草堂栖禅寺宗派图碑》，为元至正十二年（1352）刻立。记载了大草堂栖禅寺宗

派从鸠摩罗什开始直到元代的谱系。宗派图自上而下为二十一排，或可理解为此派系已经传承了二十一代。特别需要重视的是顶排九人，为鸠摩罗什与“四圣”、“八俊”等，这从侧面表现了鸠摩罗什及其弟子的佛经传译的宏大事业。鸠摩罗什祖籍印度，少随出家修行的母亲修习佛经，后名扬西域。公元401年，后秦姚兴迎其至长安，鸠摩罗什在各地僧侣中挑选了800多人，集中于草堂寺，开始了规模宏大的译经工程。鸠摩罗什译经改变了过去硬译、直译之法，采用意译。他组织译出的经典，既能准确表达经文原意，而且文字优雅，行文流畅，开创了意译一派。鸠摩罗什及其弟子含辛茹苦历经12载，到他逝世时，译出有《中论》、《百论》、《十二门论》、《般若经》、《法华经》、《大智度论》、《维摩经》、《成实论》、《阿弥陀经》、《无量寿经》、《首楞严三昧经》等，依《出三藏记集》共有三十五部，二百九十七卷；据《开元录》共有七十四部，三百八十四卷。这是中国历史上第一次大规模佛经翻译的壮举，鸠摩罗什本人也成为中国佛经四大翻译家中最早的一人（其余3人为玄奘、不空、真谛），其弟子道生、僧肇、道融、僧叡被称为“什门四圣”，在中国佛教史上亦多有建树。

第三，秦岭碑刻记述了中国佛教宗派产生的历史及相关高僧大德驻锡秦岭弘法传道立宗的事迹。中国佛教发展至隋唐，学派之争逐渐演化为宗派分立。中国佛教的八大宗派，除了禅宗发源于河南少林寺和天台宗发源于浙江天台山外，其余六宗都是在秦岭北麓创立，除密宗和法相宗外，其余四宗祖庭就在秦岭终南山。这些事实，在秦岭碑刻中均有直接或间接的记述。位于秦岭终南山圭峰山北麓的草堂寺，是佛教著名古刹，其所存鸠摩罗什舍利塔、《圭峰定慧禅师碑》、《重修建福禅院之记碑》、《逍遥栖禅寺新修水磨记碑》等，记述了鸠摩罗什为三论宗的初祖，草堂寺为该宗的祖庭；位于秦岭终南山脚下长安樊川原的兴教寺所存《玄奘塔铭》和《基公塔铭》，记述了玄奘生世及取经、译经之事迹，及与其弟子窥基创立法相宗（慈恩宗、唯识宗）的事迹；秦岭终南山净业寺所存《唐宣律师遗迹塔铭》、《重修净业寺记碑》等碑刻，记述了道宣和尚在终南山净业寺研习律藏，著《四分律删繁补阙行事钞》等，被尊为南山律宗初祖，净业寺成为律宗的祖庭；原立于长安华严寺，现藏西安碑林博物馆的《杜顺和尚行记碑》，唐大中六年（852）刻立，记述了杜顺和尚在秦岭北麓华严寺弘法，倡导华严学说，被尊为华严宗初祖，后智俨、法藏承其学说在终南山至相寺弘法，华严寺和至相寺成为该宗祖庭；位于秦岭终南山北麓子午峪口外的香积寺，其原存的《净业法师灵塔铭》和《隆阐法师碑》，记述了善导弘扬净土法门于终南山和长安一带的事迹，终南山悟真寺和善导圆寂后的舍利供奉地香积寺成为净土宗的祖庭。

第四，秦岭碑刻充分说明秦岭是中国佛教禅宗兴盛发展的地理依托。中国佛教自唐代宗派产生之后，经过会昌法难，多数宗派或沉寂或影响局限，只有净土和禅宗并行，特别是禅宗的发展，秦岭成为了其能够兴盛的地理依托。中国佛教禅宗从弘忍之后，分为南宗和北宗，慧能、神秀分别代表南北二宗，分倡顿悟与渐修。北宗虽有一时之盛，但神秀、普寂之后旋即衰歇，唯南宗一系从唐至宋禅师辈出，由神会开创的荷泽宗绵延，并逐渐分为沩仰、临济、云门、曹洞、法眼五宗，所谓一花开五叶。但在禅宗的众多灯录中，荷泽宗常处于不被重视的地位，其宗派思想亦因记载阙失而显得不够清晰。1945年秦岭北麓出土了《慧坚禅师碑》[①]，引起学者们的重视，他们对唐代慧坚禅师的生平行事与禅法思想进行了详细论证[②]。慧坚（719—792），俗姓朱氏，师从六祖慧能的弟子神会（684—758）研习禅法，先后在洛阳、长安等地弘扬佛法，历受唐代宗、德宗两朝恩宠，敕住招圣寺，奉诏讨论佛教邪正，定禅宗南北两宗。如此重要的高僧，佛教诸史传竟阙载，故该碑的出土，对中国早期禅宗、特别是荷泽神会禅系的研究，具有重要的参考价值，为早期禅宗历史的研究增添了新的内容。现藏草堂寺《圭峰定慧禅师碑》，唐大中九年（855）刻立。碑主圭峰宗密，是荷泽宗的第五代传人，在禅学思想上，与开宗者神会有密切的联系，学术界已有相当成果对此进行论述。但是，上述两通碑刻记述的神会与宗密的禅学思想，或还是有区别的。若不加考察地引用宗密的思想来说明神会的思想，则容易混淆二者思想的渊源与流变，早出的、原始的禅宗思想会被晚出的、衍化的思想所覆盖。

第五，秦岭碑刻记载了中国佛教发展史上的一些事件，有利于厘清历史。如现藏于终南山百塔寺的《道安禅师塔记》，记载了道安禅师一生的行事："大唐故道安禅师，姓张，雍州渭南人也。童子出家，头陀苦行，学《三阶集录》，功业成名，自利既圆，他利将毕，以总章元年十月七日迁形于赵景公寺禅院，春秋六十有一。又以三年二月十五日起塔于终南山鵶鸣埠信行禅师塔后，志存亲近善知识焉。"[③]碑文中有《三阶集录》字样，为中国佛教"异端"三阶教的文献。三阶教约形成于南北朝时期，为统治者所不容，视为"异端"，隋开皇二十年（670）朝廷正式禁止三阶教流传，武周证圣元年（695）三阶教第二次遭禁。该碑立于总章三年（670）二月十五日，说明唐初未承隋制，三阶教尚可以流传。三阶教在唐末会昌灭佛之后基本消失，此《道安禅师塔记》所记，对研究三阶教在唐初的发展有重要的价值。再如长安兴教寺现藏的《大周西明寺故大

① 《慧坚禅师碑》，唐元和六年（806）刻立。螭首方座，高2.54米，宽0.91米。正文9行，行50字不等。行书。首题"唐故招圣寺大德慧坚禅师碑铭并序"。现藏西安碑林博物馆。

② 冉云华：《唐故招圣寺大德慧坚禅师碑考》，《中华佛学学报》1994年第7期；杨曾文：《关于〈唐故招圣寺大德慧坚禅师碑〉的补充说明》，《中国社会科学院研究生院学报》1995年第4期。

③ （清）王昶撰：《金石萃编》卷五十七《道安禅师塔记》，《石刻史料新编》第一辑第二册，台北：新文丰出版公司，1982年，第965页。

德圆测法师舍利塔铭并序》[①]，较为隐晦地记述了法相宗（慈恩宗、唯识宗）内部的分歧。玄奘法师自印度归国后，大力弘扬唯识学说，其中坚持“种姓”说，认为“一阐提”即断尽善根之人，永远无法成佛。此说经其弟子窥基继承，成为唯识宗的一个显明观点。但西明寺圆测法师则认为一切众生皆有佛性，最终都能成佛。窥基与圆测在佛学思想上的差异与矛盾，在各自的著述中都有所表现，据《大周西明寺故大德圆测法师舍利塔铭并序》载：圆测被召为西明寺大德之后，曾撰有《成唯识论疏》十卷、《解深密经疏》十卷、《仁王经疏》三卷，另有《金刚般若经》等经注章疏数种，起到了“赞佐奘公，使佛法东流”的作用，但此后不久，圆测“往依终南山云际寺，又去寺三十里，闲居一所，静志八年”。这可能是圆测与窥基大师在唯识学说上存在异见的表现，为了避免公开冲突，也为了重新审视自己的学说，圆测才决定退居终南。圆测后来被西明寺僧邀请还寺，再讲本系学说，而窥基则表示退让，于咸亨四年（673）及永隆年间（680—681）两次游历五台山，沿途讲经说法。换言之，圆测退居终南，在于以窥基为代表的慈恩系势力的增长，圆测重新被邀还寺则意味着慈恩系势力的削弱，这都可从这一《舍利塔铭》中发现痕迹。

第六，秦岭碑刻反映了佛教在宋代以及秦岭南麓的发展情况。现藏太白县高龙乡宋元祐三年（1088）刻立的《宋故青峰山宝月大师岫禅师龛铭》[②]，碑文云：“百千斯年，少林为禅，枝叶为繁，北律南宗，各守一偏。”这是对宋代佛教发展的概括。佛教发展到宋代，名义上依然是禅宗、律宗、天台宗、华严宗、慈恩宗、净土宗和密宗七宗流传，但当时主要是律宗与禅宗比较强大。律宗主要研习及传持戒律，在唐代道宣和尚创立律宗不久，律宗就分为三家，一是相州日光寺法砺所创的“相部宗”，二是终南山道宣所创的“南山宗”，三是长安西太原寺怀素所创的“东塔宗”，此时律宗中诸派均有发展，禅宗亦有中兴之势。故北宋多将“律”与“禅”或“北律”与“南宗”对讲，但“禅律相攻”、“南宗北律，其自相诋訾”已成常态。由此可见，宋初禅律相对发展，但两宗又相互排斥，宋神宗、徽宗、高宗等曾诏命将一些律宗寺院改为禅院，律宗转衰而禅学兴盛，禅律“相攻”依然如故，《宋故青峰山宝月大师岫禅师龛铭》正是这一现象的反映。现藏石泉县的《重修天池寺碑》[③]，记述了佛教禅宗中曹洞

① 《大周西明寺故大德圆测法师舍利塔铭并序》，宋刻。长方形，长0.97米，高0.48米。正文42行，满行24字。宋复撰。嵌于长安区兴教寺塔北壁。

② 《宋故青峰山宝月大师岫禅师龛铭》，北宋元祐三年（1088）刻。首题“宋故青峰山宝月大师岫禅师龛铭”。王箴撰并书，麻田院主僧道珂立。为研究宋代太白县青峰寺历史提供了珍贵的实物资料。现藏太白县高龙乡。

③ 《重修天池寺碑》，明成化二十三年（1487）刻立。圆首，高1.88米，宽0.77米，厚0.18米。额楷书“天池八景”、“重修天池记”。正文楷书。记天池寺沿革，主持经历及众僧募化重修“佛殿、山门、伽蓝、祖师、天王等殿”一事。碑阴刻天池寺曹洞宗谱系及姓名，对研究天池寺的历史和当地宗教文化活动有重要价值。现藏石泉县曾溪乡。

宗与该寺之渊源；现藏旬阳县千佛洞的《终南道阚行缘记叙碑》[①]，记载了“临济（宗）二十四代铁关通异号彻空禅师”的事迹。上述两通与禅宗有关之碑刻，对研究明代佛教宗派及在秦岭南麓的传播，有重要的史料价值。现藏安康双溪寺的《双溪丛林方丈海珠和尚五传大戒碑》[②]，光绪二十七年（1902）刻立。碑文表彰了海珠和尚五传大戒功德，称“（海珠和尚任）方丈伊始，即开戒期。（光绪）十六年开二期，十八年开三期，二十一年开四期，今岁冬又开五期。每逢期年数月，自远方来者络绎不绝，不下二百余僧”，对研究当时佛教传戒仪式及民众信仰情况颇有史料价值。碑文还列举了自唐高宗麟德二年（665）以来，历代帝王重视宣讲戒律之事，“唐麟（德）二年，诏终南山道宣律师，传戒于净业寺；宝历元年，敕建方等戒坛，诏僧传戒；大中二年，敕天下禅林传戒；宋祥符二年，敕立甘露、大乘二坛，与王臣受戒；明洪武十年，礼部张吕等奏准，令天下高僧，广立戒坛；永乐五年，晓谕禅林普立戒坛；神宗四十二年，诏慧云和尚传菩萨大戒于显通寺；崇祯十一年，诏三昧和尚受戒于宝华山；我国朝顺治十五年，礼部尚书赵钦等奏，奉圣旨晓谕天下丛林，于京都开坛传戒，给众僧度牒”等。这些内容可以从一个方面例证中国佛教发展史的史实。

第七，秦岭碑刻反映了一定历史时期中国佛教造像艺术的成就和相关历史事件。秦岭碑刻中有少量佛教造像碑刻，如临潼县博物馆保存的北魏正始二年（505）刻立的《冯神育造像碑》、神龟二年（519）刻立的《刘道生造像碑》和《王守令造像碑》、隋代刻立的《智隆造像碑》和《通灵寺造像碑》，长安博物馆保存的北魏武泰元年（528）刻立的《杜和容等造四面石像碑》，户县文庙保存的北魏永兴二年（533）刻立的《北魏造像碑》、北周大象二年（580）刻立的《北周造像碑》等，保存基本完好，供养人姓名大多清晰可辨；多为四面开上、下龛，中坐浮雕佛像一尊，二侍者分立左右，是北朝流行的典型的一佛二侍者造像。造像碑铭文，或为发愿文词，或为简短题记，或为供养人姓名，文字虽然不多，但对研究魏晋南北朝时期宗教观念的传播、民间风俗习惯，以及研究佛教历史、造像艺术、书法等都有一定的参考价值。特别需要强调的是户县所保存的北周大象二年（580）刻立的《北周造像碑》，是在北周武帝灭佛之后雕造的。北周历时仅二十五年，其间北周武帝宇文邕于建德三年（574）大行灭佛之举，曾下诏“焚毁经像，遣散沙门、道士，断绝佛教、道教，并禁所有淫祀”。一时间，

① 《终南道阚行缘记叙碑》，明弘治三年（1490）刻立。高 0.70 米，宽 0.50 米。正文楷书，但字多漫漶。僧月堂撰并书。为研究旬阳千佛洞石窟的佛教宗派提供了珍贵资料。现藏旬阳县七里乡千佛洞石窟。

② 《双溪丛林方丈海珠和尚五传大戒碑》，清光绪二十七年（1902）刻立。圆首方趺。额镌“永传律宗”四字。正文楷体 16 行，满行 51 字，凌济澜撰，凌校綮书。现藏安康市新城北门外双溪寺。

北周境内“融佛焚经，驱僧破塔，……宝刹伽兰皆为俗宅，沙门释种悉作白衣”[①]。建德六年（577）北周灭北齐后，继续推行灭佛政策，前后共毁寺4万，强迫300万僧尼还俗。在如此前提下，三年之后的北周大象二年（580）即有《北周造像碑》刻立，说明北周武帝灭佛并不彻底，佛教仍然在民间流行，此时掌权者为宇文衍，但杨坚已经重权在握，次年便以隋代周了。佛教在民间流行，或与隋杨有关。这又对于研究北周武帝灭佛以及佛教的恢复有着重要的价值。

二、秦岭碑刻之于道教研究的价值

莽莽秦岭从道教产生起，就被道教视为圣地，其中的华山、终南山、太白山等均被列为“洞天福地”。除西岳庙及华山道教场所在古代兼具国家宗教祭祀的功能外，秦岭碑刻之于道教研究的价值主要集中于楼观台和重阳宫。下面分而述之。

楼观台碑刻集中展示了道教的“前史”、楼观道的形成与发展、全真教入住楼观台的兴盛，以及楼观台作为道教祖庭的发展历史。

一是楼观台碑刻集中展示了道教的“前史”。按学术界研究的结论，中国道教滥觞于春秋战国时的神仙方术，正式形成于东汉时期，早期即有太平道、五斗米道、天师道等之称。但楼观台现藏的老子说经台、尹喜观星楼、秦始皇清庙、汉武帝望仙宫、炼丹炉、上善池等遗迹，特别是现藏的元至元年间（1264—1294）刻立的《古楼观刊“关尹子”后序碑》、元贞元年（1295）刻立的《古楼观系牛柏记》、皇庆元年（1312）刻立的《重修说经台记》、清乾隆四十一年（1776）刻立的《“老子墓”残碑》、道光四年（1824）刻立的《“关尹喜墓”碑》等，都在表明楼观台碑刻构成了道教“前史”的主体内容。按相关碑刻和文献记述，楼观台被道教尊为“祖庭”以及“楼观”之得名，与尹喜与老子之际会有关。史载老子“居周久之，见周之衰，乃遂去”[②]。老子度函谷关时，关令尹喜即带印绶出迎，设弟子之礼，相得甚欢，遂弃关随老子西行，至楼观台所在地即结草为楼，用以观天象，故称为楼观台。尹喜与老子在楼观台的合作，是道家传承和道教发展史上的一件大事。后世道教尊老子为教祖，尊尹喜为文始真人和楼观道祖师，尊楼观为道教祖庭，都与老子入关后与尹喜合作进行的活动有着极为密切的关系。由于《老子》全面阐发了老子“道”和黄帝“德”的基本理论，所以把《老子》也称为《道德经》。关于《道德经》，楼观台现藏的《篆书道德经碑》，元至元二十八年（1291）刻立，共有两通，两碑碑阳皆额篆“古老子”三字，说明《老子》与

---

① （隋）费长房：《历代三宝记》卷十二，《大正新修大藏经》（第49卷），日本：大正新修大藏经刊行会重印，1960年，第107页。

② （汉）司马迁：《史记》卷六十三《老子韩非列传》，北京：中华书局，1982年，第2141页。

《道德经》的关系。另存的元代刻立的《正书道德经碑》，似出于元时楼观道人杜道坚、李志宗辈之手。这两通碑刻为研究《道德经》版本提供了重要依据。

二是楼观台碑刻集中记述了楼观道的形成与发展的历史。在楼观台100多通碑刻中，涉及道教特别是楼观道的内容，展示其历史发展的基本脉络。在北魏寇谦之创新天师道之后，中国北方又兴起了以楼观台为中心的道教教派——楼观道。楼观道源于以方术相传的神仙道团组织，以老子为崇拜对象，以尹喜为祖师，以《道德经》为根本经典，坚信老子化胡说。在楼观台所存诸多碑刻中，多有老子授经于尹喜和二人相随化胡故事的叙述，相关碑刻在宣讲老子化胡的同时，也强调了修炼丹药和白日飞升，说明楼观道道法受南方上清派、灵宝派影响，杂采众家之长，对诵经思神、行气咽液、炼丹服饵、符箓斋醮等方术皆兼而行之，这与寇谦之的新天师道有所不同。元中统四年（1263）刻立的《大元重修古楼观宗圣宫记》，记载古楼观的选址、位置概况，阐述了重修宗圣宫的原因与必要性，特别说明了楼观道在前代的活动范围包括华山、长安城周及西部的关陇一带，即整个终南山地域，已成为成熟的道派，其教团组织、宫观建设、经典购置颇具规模，并在统治者及民间有了较大的影响。另外，从楼观台所存历朝所刻碑刻的数量及与之相关的宫观修建或重建的情况，可以发现楼观道的历史发展高峰在唐代。唐代统治者在夺取政权时得到了楼观道的直接帮助，特别是楼观道为李唐统治虚构了李唐王朝的先祖是老子，说明李唐取代杨隋的“合理性”，如唐高祖武德九年（626）刻立的《大唐宗圣观记》所言：“皇帝命世应期，荣镜区宇，戡难静乱，亭毒无垠，广大配乎天地，光华方诸日月。”① 唐玄宗开元五年（717）刻立的《大唐故宗圣观主银青光禄大夫天水尹尊师碑并序》，记述了碑主尹尊师在唐高宗以晋府旧宅为太宗造昊天观后，以尹尊师为观主，兼知宗圣观（楼观台）事。后唐高宗又在东都洛阳老君庙，请尹尊师修功德等，该碑对尹尊师家世、出家修道经过、为朝廷从事法事活动，以及朝廷的表彰等记述，说明封建统治者对楼观道的倚重。开元二十九年（741）六月刻立的《老君显见碑》，又名《梦真容敕》、《梦真容碑》，记载了唐玄宗梦见老君显灵后，在楼观山中掘得老君玉像之事及所颁圣旨全文，由此足见唐朝对楼观道的重视。

三是楼观台碑刻集中记述了全真教入住楼观台后的历史。元代统治者开国时崇信全真教，楼观台时因与全真教的祖庭相去不远，能够及时“华丽转身”，逐渐成为全真教的重要道场，元至元二年（1265）刻立的《大元玺书碑》，为元朝统治者先后三次下达的蒙汉合文圣旨，表明护持楼观台道教的态度，特别是免去楼观台的税赋，保护其利益，“这的古楼观房舍，凡有铺马支应沐浴者免，仍依旧旨免税银米勺者，环山

① （清）董诰等：《全唐文》卷一百四十六，北京：中华书局，1983年，第1479页。

口的庄田地土园林水磨浴堂，即其界中竹苇树木杂物，不拣甚么，他每的体封隐者不拣”。另外，现藏元代碑刻如中统四年（1263）刻立的《大元重修古楼观宗圣宫记》、大德二年（1298）刻立的《建元始台玉清宫记》、大德四年（1300）刻立的《重建会灵观记》、大德六年（1302）刻立的《文仙谷纯阳演化庵记碑》、大德七年（1303）刻立的《大元重建文始殿记》、皇庆元年（1312）刻立《重修说经台记》和约元中期（1294—1333）刻立的《楼观历受皇恩记碑》等碑刻，内容虽然为宫观新建、重建或扩建所作，但也集中反映了元代统治者对楼观台全真教的支持力度。特别是元至正元年（1341）刻立的《宗圣宫设五品级提点所公文碑》，公布了元代朝廷于宗圣宫设五品级提点所的公文，把当时楼观台的全真教纳入了封建政治系统，其意义非凡。另外，至元七年（1270）刻立的《同尘洪妙真人李尊师道行碑》、至元十九年（1282）刻立的《终南山楼观宗圣宫提点成公先生墓志》和《终南山宗圣宫主石公道行记》、元贞元年（1295）刻立的《大元尹宗师碑》、至大年间（1308—1311）刻立的《经台住持朱象先墓碑》等全真教道人的碑刻，其内容在记述这些道人的生平事迹的同时，都在一定程度上反映了元朝统治者对此时入住楼观台的全真教的重视程度。

四是楼观台碑刻还记述了楼观台道教的传承体系以及相关历史事件。如上文所述的元至元三十年（1293）刻立的《楼观先师传碑》，排列了从老子开始到元代初期楼观道坛各宗派中三十五位著名先师修道事迹与传道活动，是一通汇总性质的传记碑刻，在中国道教史上不可多得的石刻文献。另外，相关碑刻还表现出全真教入住楼观之初的具体情况。元中统四年（1263）刻立的《大元重修古楼观宗圣宫记》，叙述李志柔奉全真教掌教尹志平之命大修楼观并出任宫主，具体展示了楼观道改奉全真教的历史。碑文称元初全真教掌教尹志平曾因古楼观“祖宫隳圮，蠢然于怀”而谓同尘真人李公（志柔）曰：“祖道中兴，玄功是勔，绍隆修建，公不宜后”，并“以观事付之”；李志柔则不负所托，在短期内修复了作为道教祖庭的楼观，至中统元年（1260）夏六月，楼观“以朝命易观为宫，仍旧宗圣之名”。为此，李志柔门人成志远、仕志安等议曰：“吾师重修之盛绩，独无纪述见于后，我辈出于门下者几三千人，于师之德不得为无负也。”遂请李鼎撰文状其始末，而李鼎则在碑文中记李志柔兴造、传教事称：“诸方建立，若宫、若观、若庵，殆三百余区，然皆以是宫为指南。故兴造之日，凡在门下者，莫不来自数千里之外，服劳效勤惟恐其后，是以功成如是之速也。”[①] 尤为珍贵的是，该碑碑阴刻有“同尘真人门下宫观纲首名氏”，收录全国各地住持全真教宫观的李志柔弟子姓名近三百位。李志柔虽不如尹志平、李志常等元初全真教掌教著名，但曾为丘处机弟子，并恪遵丘处机“立观度人”之玄训“阐化为务”，积极在全国各地传教度人，且有修

① 陈垣编纂，陈智超、曾庆瑛校补：《道家金石略》，北京：文物出版社，1988 年，第 551 页。

复并住持道教祖庭楼观台，令全真教“徒侣云臻，倍加畴昔”之功。

重阳宫碑刻全面展示了全真教的历史，包括其祖师王重阳的生平、全真教发展的历史过程，特别是其与蒙元最高统治者的关系，以及全真教先师高道的历史作用等。

一是重阳宫碑刻展示了其祖师王重阳的生平事迹。在重阳宫现藏的碑刻中，如金承安五年（1200）刻立的《王重阳书无梦令碑》、南宋淳祐九年（1249）刻立的《十方重阳万寿宫记》、淳祐十二年（1252）刻立的《活死人墓碑》、约元初（1271—1285）刻立的《重阳祖师之图》、至元十二年（1275）刻立的《全真教祖碑》、至元十三年（1276）刻立的《终南山重阳祖师仙迹记》、大德十年（1306）刻立的《王重阳诗歌碑》、大德年间（1297—1307）刻立的《全真开教秘语之碑》、延祐四年（1317）刻立的《褒封五祖七真制辞碑》等，全面记述了全真教祖师王重阳的生平事迹以及其收马钰、谭处端、刘处玄、丘处机、王处一、郝大通、孙不二等七人为徒，后世称“全真七子”之事。对于研究王重阳其人及全真道的发展历程有重要的参考价值。

二是重阳宫碑刻展示了王重阳之后其门徒与金朝统治者结缘并得到承认的历史过程。王重阳死后的全真教并不能公开传道，为金朝统治者所禁。据相关碑刻载，王重阳死后由马钰（掌教13年，1170—1183）、谭处端（掌教2年，1183—1185）和刘处玄（掌教18年，1189—1203）相继执掌全真教，他们积极与金朝统治者建立联系，主动适应统治要求，并于金大定二十五年（1185）由丘处机主持在王重阳修道故居建宫观，马钰手书“祖庭”悬于宫内。据楼观台文物管理所藏约金末或稍晚（1196—1234）的碑拓《丘长春祝诞圣寿疏碑》，和元至元十二年（1275）刻立的《全真教祖碑》载，在金世宗大定二十八年（1188），金世宗在禁止全真教在陕西流传的同时，也开始关注全真教的政治功能了，他诏命“遣使访其（王重阳）门人，应命者丘（处机）与王（王处一）也”。此时丘处机已先后在宝鸡磻溪和陇州龙门山修炼十余年，并重返终南山主持完成了“祖庭”修建事务。丘处机等奉召后，金世宗“命丘主万寿节醮事，职功高。五月见于寿安宫长松岛，讲论至道，圣情大悦，命居于官庵。又命塑纯阳、重阳、丹阳三师像于官庵正位”。到了金章宗承安二年（1197）六月，章宗“再诏王处一至阙下，特赐号体玄大师及赐修真观一所。十月，召刘处玄至，命待召长天观”。由于全真教掌教及重要人物王处一、丘处机、刘处玄等先后受金世宗、金章宗的召请礼重，全真教才得逐渐公开并能够发展。金承安三年（1198），王处一在京师请祖庵为灵虚观，金章宗诏准，在封建政治的大力支持下，全真教及祖庭才得以大振玄风。

三是重阳宫碑刻展示了全真教与蒙元统治者的机缘并能够兴盛发展的历史。全真教在刘处玄之后由丘处机任第五任掌教24年，这一时期是全真教实现兴盛发展的时期。全真教之所以能够得到兴盛发展，和丘处机与蒙元统治者的机缘分不开。据重阳宫所存南宋宝祐五年（1257）刻立的《白云真人玄阙铭并序》、元至元元年（1264）刻立的《尹宗师碑铭》和二十五年（1288）刻立的《白云真人綦公本行碑》等碑刻所载，元太祖十四年（1219）农历五月，成吉思汗派使携诏书邀丘处机相见，丘以为“我循天理而行，天使行处无敢违”，欣然同意前往；次年正月，丘处机挑选赵道坚、宋道安、尹志平、李志常、綦志远等十八名弟子启程西去，到达燕京（原金中都，1215年被蒙古攻陷后改名燕京）时听说成吉思汗已经于去年统兵西征花剌子模，丘处机即率弟子“栉风沐雨，胼手胝足，跋涉数万里，见上（成吉思汗）于西域雪山之阳。宗师承虚己之问，乃答：以民为邦本，本固邦宁，既来之，则安之，此济世之要术也。是言既奏，深契上心，玉音奖谕，惟恨相见之晚。因被旨佩虎符，宗主天下道流”。成吉思汗深受丘处机说教的影响，全真教在蒙元皇帝的护持下得到了重大发展，重阳宫在当时成为了天下道观之冠。

四是重阳宫碑刻展示了元代统治者对全真教尊崇的具体情况。这在重阳宫现藏的数通圣旨或令旨碑刻的内容中能够全面反映。蒙古宪宗元年（1251）刻立的《大蒙古国累朝崇道恩命之碑》，共镌刻诏书二道、圣旨四道、令旨二道及序文等。讲述了成吉思汗建国立业之不易和所取得的成就，以及免去道教差发赋税、授权丘处机管理天下道教事务、规范道教中人婚姻饮食等。约元至元十七年（1280）刻立的《大元崇道圣训王言碑》，碑文为四道圣旨、令旨，内容主要是对全真教及重阳宫的尊崇保护。元延祐元年（1314）刻立的《蒙汉文合刻皇帝玺书碑》，蒙文和汉文两种文字书写，内容为元朝廷关于重阳宫庙产的政策。元延祐四年（1317）刻立的《褒封五祖七真制辞碑》，内容为元武宗加封道教北五祖之一王玄甫以及钟离权、吕纯阳、刘海蟾、王重阳、丘处机等人的诏书。元延祐五年（1318）刻立的《宸命王文碑》，内容为元仁宗加封开玄真人孙德彧的圣旨，以及元朝历代对道教宫观产业的政策。元至正十八年（1358）刻立的《蒙汉文合刻大元宸命碑》，内容为元朝廷保护重阳宫庙产及蠲免税收的政策。元至正二十三年（1363）刻立的《皇帝圣旨碑》，上载皇帝圣旨两道，分刻元至正二十三年（1363）汉文圣旨一道和蒙古白话汉语圣旨一道，内容为元朝廷任命杨德荣为重阳万寿宫住持，以及下令免除商税、地税，保护庙产的法令。上述数通圣旨或令旨碑刻共存于一处，在全国范围内极少有，且上述圣旨或令旨碑刻为一朝所颁，更是不可多得。更为重要的是它们共同说明了元朝统治者对全真教的极大护持，以及全真教在当时的发展情况。

五是重阳宫碑刻展示了全真教的教义要旨和修炼方法要旨。金承安五年（1200）刻立的《王重阳书无梦令碑》，王重阳撰书，碑文内容为：“大道长生门户，几个惺惺觉悟。铅汞紧收藏，方始澄神绝虑。心慕心慕，便趋蓬莱仙路。”这展示了王重阳早期创立全真教的基本思想。元大德年间（1297—1307）刻立的《全真开教秘语之碑》和《王重阳诗歌碑》，刊刻了王重阳“甘河遇仙”、“自焚刘蒋茅庵”、“谒洛阳上清宫”等情境下所作诗词若干首，内容主要是宣扬全真教义要旨。在元至元二十年（1283）刻立的《马真人道行碑》中，在记载马钰家世、生平、出家修道经过及对弘扬全真教的贡献之后，特别记载了马钰所论修道机枢，他认为“凡人入道，必戒酒色财气、攀缘爱念、忧愁思虑，此外更无良药矣”；治心是修道之关键，所以“以谦逊勤约为治心之要，以践履功行为入道之基”，强调修炼的基础在于清心寡欲，修身重德；关于修炼的方法与原则，马钰指出：“夫道以无心为体，忘言为用，柔弱为本，清静为基，节饮食，绝思虑，静坐以调息，安寝以养气。心不驰则性定，形不劳则精全，神不扰则丹结，然后灭情于虚，宁神于极，不出户庭而妙道得矣”；又特别强调“行则措足于坦途，住则凝神于太虚，坐则匀鼻端之息，卧则抱脐下之珠”。这种性命双修、先性后命的修炼要旨，是典型的全真教修炼真言，与全真教义完全契合，或与佛教禅宗颇有几分相似。

三、秦岭碑刻之于其他宗教研究的价值

除对中国佛教和道教研究具有重要的价值外，秦岭碑刻对于其他古代宗教的研究也颇具价值，主要是对封建国家宗教、基督教、天主教以及伊斯兰教研究的价值。

秦岭碑刻对研究中国古代国家宗教祭祀和对天主教的研究具有重要价值，这在第十章和第十三章中已有论述，此不赘述。下文专就秦岭碑刻对于基督教和伊斯兰教的研究价值作一分析。

《大秦景教流行中国碑》对于研究唐代景教的流行情况具有重要价值。景教即基督教聂斯脱里派或东方亚述教会，起源于今日叙利亚，据该碑称“真常之道，妙而难名，功用昭彰，强称景教”，这是所以名为景教的原因；该碑还记述了景教传入中国的具体情况，“大秦国有上德曰阿罗本，占青云而载真经，望风律以驰艰险，贞观九祀至于长安，帝使宰臣房公玄龄总仗西郊，宾迎入内，翻经书殿，问道禁闱，深知正真，特令传授”；至“贞观十有二年秋七月，诏曰：道无常名，圣无常体，随方设教，密济群生。大秦国大德阿罗本，远将经像，来献上京。详其教旨，玄妙无为；观其元宗，生成立要。词无繁说，理有忘筌。济物利人，宜行天下”，故敕“所司即于京义宁坊造大秦寺一所，度僧廿一人”，开始了景教在中国的流传。至唐高宗时，“高宗大帝克恭缵祖，润色真宗，而于诸州各置景寺，仍崇阿罗本为镇国大法主。法流十道，国富元休；寺满百城，家殷景福”，景教已经在大唐全国流行。碑文还记述了景教与佛

教的攻讦，“圣历年，释子用壮，腾口于东周；先天末，下士大笑，讪谤于西镐。有若僧首罗含、大德及烈，并金方贵绪，物外高僧，共振玄网，俱维绝纽。玄宗至道皇帝令宁国等五王，亲临福宇，建立坛场，法栋暂桡而更崇，道石时倾而复正”，等等。在推广教义方面，碑文记述了景教大量参考了佛道教概念的事实。其中较有趣的是，四福音书的作者，均改以“法王”称呼，上帝的称呼则取叙利亚文 Alaha 音译，叫做“皇父阿罗诃”，等等。该碑是中国碑刻之极品，景教研究之瑰宝，不仅是今天研究基督教史、景教史的重要依据，对研究唐代中西交通与中西文化交流的研究，也具有极重要的历史价值。

秦岭碑刻在一定程度上展示了伊斯兰教在秦岭南麓的流行情况，对于研究中国伊斯兰教地域发展史具有一定的价值。一般认为，伊斯兰教约于唐高宗永徽年间（651—655）传入中国。最早只是在西域来华的穆斯林中流传，之后的数百年间，大批的阿拉伯、波斯及中亚穆斯林商人、宗教家、旅行家等，纷纷沿着丝绸之路来到中国，有的定居于长安或其他地方，伊斯兰教遂逐渐传播开来。蒙元时代与西域及中亚联系频繁，来到中国的穆斯林扎根于中国，至明代伴随着回回民族的形成，伊斯兰教完成了“中国化”过程。到清同治元年（1862）陕西回民起义以前，陕西伊斯兰教发展经历了高潮阶段，回民人口的峰值接近 200 万，占同时期陕西全省人口的 15% 左右[①]。唐末以来，秦岭南北麓多有清真寺先后建立。据西安化觉巷清真寺存明景泰六年（1455）所刻碑碑文载：“古雍咸宁之北，有遗址，曰礼拜院。考其由，莫详何代；稽其实，坛碑犹存。”说明在此之前就有清真寺遍布秦岭南北麓。在陕南安康等地的一些清真寺，传亦建于元代。课题组在田野调查中，在陕南查得有关伊斯兰教碑刻 5 通，一是安康清真古寺大殿前厅的《助修安康清真古寺碑》[②]，刻立于清同治十一年（1872）二月，记载了该清真古寺由于遭遇兵燹，前后殿宇几化为灰烬，经教内诸公倾囊捐修，遂襄成其事的经过。该碑刻立时间正值同治年间回民大起义之际，安康清真古寺被毁，或与当时陕南回汉争斗有关，但能够在回民起义余绪仍在的情况下复修，说明这一争斗并不十分激烈。二是同寺所存清光绪二十年（1894）刻立的《兴安郡城清真古寺碑》[③]，记载了重修兴安清真古寺之事，还详载了伊斯兰教的起源及其流传中国的经过、寺院名称沿革，以及与朝廷的关系，特别是该清真寺按朝廷要求奉万寿牌位，或说明此时陕南伊斯兰教的地域特征。当然，碑文中有些说法与传世文献不尽相同，如该碑称：“考《隋书·殊

① 路伟东：《清代陕甘回民峰值人口数分析》，《回族研究》2010 年第 1 期。

② 《助修安康清真古寺碑》，清同治十一年（1872）刻立。高 1.85 米，宽 0.85 米。额镌阿拉伯文。正文楷书 8 行，满行 24 字。束文启撰。现藏安康清真古寺。

③ 《兴安郡城清真古寺碑》，清光绪二十年（1894）刻立。高 2.37 米，宽 0.82 米。额隶书“清真溯源”四字。碑文楷书 25 行，满行 54 字。束文启撰。现藏安康清真古寺。

域志》，开皇六年，天见异星，史占西域当出异人，即吾教之圣人穆罕默德生于天方”。据史籍记载，伊斯兰教的创始人穆罕默德生于公元 570 年（或 571），比此碑文所言开皇六年（586）早十六年。该碑此说实为以讹传讹，不足为信。三是现藏汉滨区老城街办的《增修清真北大寺碑》[①]，刻立于清光绪十六年（1890），记载了安康清真北大寺创自明代，清代自康熙以来屡有修缮，及伊斯兰教在陕南地区的发展情况。四是存于同一地点的《新城新修清真寺捐资碑》[②]，刻立于清宣统三年（1911），记载了聂姓教民捐施地产兴建新城清真东寺事，并确定寺院四至界畔。五是现藏于镇安县西口回族镇程家川杨家垭清真寺的《清真寺创立碑记》[③]，刻立于清乾隆五十四年（1789），较为详细地记述了镇安清初回民迁居、建清真寺的由来，并以韵文形式记述了回民生产、生活中某些风俗习惯，对研究回民迁徙及其风俗有一定的价值。这些都是伊斯兰教在秦岭南麓广泛发展的有力佐证。

最后需要强调的是，从另外一个角度来看，秦岭碑刻对于中国古代宗教研究，特别是对中国佛教、道教研究的价值，也包括对一定历史阶段、一定区域的景教、天主教和伊斯兰教的研究的价值，是多方面的，或可以补宗教史之不足，或可以修证宗教史之谬误，或可以为研究重要宗教人物和重大历史事件提供直接的资料，等等。由于篇幅的限制，本书的分析只是初步的，或是提示性的，期望这些学术话题能够引起学术界的关注和重视。

---

① 《增修清真北大寺碑》，清光绪十六年（1890）刻立。高 1.86 米，宽 0.81 米。额书阿拉伯文。正文楷书 14 行，满行 34 字。现藏安康汉滨区老城街道办事处。

② 《新城新修清真寺捐资碑》，清宣统三年（1911）刻立。长方形碣，长 1.26 米，宽 0.62 米。正文楷书 37 行，满行 18 字。现藏安康汉滨区老城街道办事处。

③ 《清真寺创立碑记》，清乾隆五十四年（1789）刻立。高 1.48 米，宽 0.9 米。正文楷书 24 行，满行 38 字。现藏镇安县西口回族镇程家川杨家垭清真寺。

第二十章　秦岭碑刻的保护与开发

对秦岭碑刻的田野调查及对其整体价值的分析与研究，目的是为秦岭碑刻的保护及开发，提供一个总体上或宏观上的思路。在设计这一总体思路时，有必要对目前秦岭碑刻的存藏状况作一分析，针对不同存藏情况，提出不同的保护策略，进而从弘扬优秀传统文化、实现区域文化产业化、秦岭碑刻开发及其产业化的角度，对秦岭碑刻的开发作一宏观性的思考，并就陕西秦岭碑刻开发及其产业化方案设计提出具体建议。

一、秦岭碑刻存藏环境及状况

通过田野调查可知，目前秦岭碑刻的存藏状况，大体上可分为三种情况，相应此三类情况，现有三种保护类型：

第一，封闭环境存藏，为集中保护型。这种类型占秦岭碑刻的一半左右。存藏单位主要分三种：一是在博物馆存藏，大致可分为综合性博物馆和专门性博物馆。综合性博物馆如陕西省历史博物馆、甘肃省博物馆、河南省博物馆等省级博物馆，都存藏有秦岭碑刻；与此相似，在秦岭所涉的陕西、甘肃和河南三省相关市级、县级博物馆，它们或是设立在全国或省级重点文物保护单位，如商洛博物馆设立在大云寺、汉中博物馆设立在古汉台、天水博物馆设立在伏羲庙、丹凤博物馆设立在船帮会馆、镇安博物馆设立在镇安县文庙等；或是新建的博物馆，如临潼博物馆、长安博物馆等，这类博物馆存藏的秦岭碑刻数量也不少，碑刻内容地方特色较为突出。专门性博物馆主要是西安碑林博物馆，其以收藏碑刻为主，其中秦岭碑刻为数亦不少，且多为有重要价值的秦岭碑刻，这类存藏单位，除遗址类博物馆以原来存藏碑刻为主外，其他博物馆主要是收集、调拨的有价值的秦岭碑刻。二是所涉市县（区）文物管理委员会存藏。这些单位属于国家行政系统。在秦岭南北麓的市县（区）文物管理委员会，都存藏有大量秦岭碑刻，如户县文物管理委员会等。三是秦岭南北麓各寺庙道观、古代遗址等处，它们基本上都是全国或省级重点文物保护单位，都有自己的文物管理委员会。如华山西岳庙、蓝田水陆庵、长安兴教寺、草堂寺及重阳宫、楼观台、岐山五丈原诸葛亮庙、张良庙、灵岩寺、五门堰及古路坝、宁陕城隍庙等。以上三种存藏单位，对碑刻的保护比较重视，不仅保存有存藏单位原有的碑刻，还收集原在别处的秦岭碑刻；存藏有秦岭碑刻类型比较多样；碑刻的内容主题比较丰富；多建有碑廊或专门存藏场所，保护得也比较好。

第二，田野环境存藏，为分散保护型。这种类型保护的碑刻占秦岭碑刻的一半左右。一是数量比较大的风景区，如石门、成县西狭风景区、华山风景区等，在这种风景区留存的秦岭碑刻类型单一，主要以摩崖题刻为主，文学艺术价值较大。二是遍布秦岭山区的野外摩崖题刻，主要集中在古代交通要道、历史人物活动纪念地、重大历史事件发生地等处，如秦岭大散关、辋川、秦岭古栈道要冲等，这些地方留存的秦岭碑刻类型亦较为单一，也主要以摩崖题刻为主，文学艺术价值较大。三是个别古代墓葬区的竖碑，有名家大族的墓葬地，也有普通百姓的墓葬地，为数虽然不多，但也长期竖立于野外。在上述田野环境中的碑刻，保存情况多不是太好，任由风吹雨淋，有的损毁比较严重，基本无法辨识；有的虽还比较完整，但保护措施不力或无法进行有效保护，也面临损毁危机。

第三，个人收藏，为个人保护型。据田野调查，秦岭碑刻中有5%左右的碑刻（主要是新出土的墓志），流落于个人手中，由个人收藏保护。这些新出土的墓志，多是历史上名门大族墓地出土，或经文物贩子之手，或通过其他非正常渠道，流入到个人手中，或世代流传下来。这些属于秦岭碑刻的墓志，来源虽然有问题，但从保护的角度来分析，还是相当不错的。在田野调查中，课题组曾经通过关系，接触了数位私人收藏家，经过对他们所藏秦岭碑刻，特别是墓志的考察，发现保护得相当不错，且多有价值。如隋开皇二十年刻的《杨钦墓志》，可能出土于弘农杨氏墓地，对于研究弘农杨氏的历史有重要价值，其字迹清晰，保存完好，史籍未见著录。这种类型的保护应该是不错的，但具体数量与保护情况只能作一大概推测。

如前所述，秦岭碑刻的历史可追溯到秦代，其后历汉、魏、南北朝、隋、唐、宋、元、明、清及民国，大概存有7000余种，成为秦岭文化乃至中华民族传统文化承续的重要载体。历史上诸多学者对此也多有记载和研究，如宋人欧阳修的《集古录》、赵明诚的《金石录》、明人赵崡的《石墨镌华》、清人毕沅的《关中金石记》、王昶的《金石萃编》、孙星衍的《寰宇访碑录》、民国陆增祥的《八琼室金石补正》、武树善的《陕西金石志》等金石专著以及地方志书，都有关于重要秦岭碑刻的文字记录和研究。新中国成立以后，随着考古事业的飞速发展，一大批碑刻和墓志显现于世，更为久负盛名的秦岭碑刻锦上添花。但是，从存在问题的角度来看，秦岭碑刻的存藏现状令人担忧，这是秦岭碑刻开发的一个瓶颈问题。据课题组田野调查，目前存在的主要问题有：

一是数量巨大，底数不清。秦岭现在究竟存有多少种碑刻，截至目前仍不完全清楚。据田野调查和文献查阅，我们所见大概有7000多种，这只是一个初步的数字。因为我们的田野调查，采取了重点调查与普遍调查相结合的方式，重点是直接接触相关文物考古部门、博物馆、部分地市县（区）文物管理部门、风景名胜区、宗教寺庙道观、古代遗址等，这些部门、单位、存藏点等，基本上能够大致说明其存藏数量，但都还表示，准确数字很难确定，原因是统计数字只是相对的，对于那些没有掌握的，特别是依旧留存于田野之中的碑刻，还在调查和收集之中；另外，即使是已经统计过的，或者已经登记造册的碑刻，特别是那些还竖立于野外的碑刻，遗失、被盗、无故消失等现象还是存在，实际存在与曾经存在是两个概念，有的碑刻在统计数字中有，但或只是佚存。普遍调查是对主要区域进行实地考察，如古栈道沿线、现代交通要枢、秦岭分水岭等处，课题组为此曾经分为三个小组，进行了实地考察，也掌握了大量秦岭碑刻。这种普遍调查，由于客观原因，不可能涉及秦岭山脉的每一处，所以一定有遗漏。经过分析，现可以确定遗漏数量可能在百分之二十左右。如对周至老县城的实地考察中，目前掌握了27种，但据当地老百姓介绍，还可能有十数种之多碑刻不知所终。在重点调查与普遍调查相结合的基础上，为了搞清秦岭碑刻的数量，课题组又采取了田野调查与文献查阅相结合的方法，对田野调查的结果与文献著录情况进行了核对，由于文献查阅只能证明某种碑刻在历史上的存藏及著录情况，以及当时是否佚失，但对新出土、新发现的碑刻无法核对，所以文献查阅或文献核对亦有局限性。目前，也只能大体确定秦岭碑刻约有7000余种。田野调查中我们也发现，所涉省市县（区）以及相关存藏单位，对新发现、新出土的秦岭碑刻的收集积极性比较高，这一方面说明随着改革开放和西部大开发战略的实施，新时期基础设施建设的飞速发展，一大批碑刻得以重现于世，相关部门的责任心大大提高，文物保护意识有所增强；另一方面也说明了上述文物保护单位，对保护、整理、研究秦岭碑刻，有了一种时代亟需的社会责任。

二是保存分散，损毁严重。碑刻由于石质厚重，流动不易，所以大多存放当地，分散管理。目前分布于秦岭各地的7000余种碑刻，仍有很多散落于野外，或裸立于风雨中，或被用作铺路石，或被砌于房屋墙壁，或被当做支板桌面，特别是有些被文物贩子盯上，或有不法偷盗，流失情况和破损程度相当严重，令人十分痛惜。由于分散保管，较小的文物收藏单位限于条件，经费及人力的严重不足，碑刻入藏难继，成为保护秦岭碑刻以及进一步深入研究的一大障碍；由于碑刻本身厚重难移，散落于民间和新发现或新发掘的碑刻，文物保护单位往往只是登记在册，却不能及时入藏。即使是相对有规模的文物保护单位，也难以做到将碑刻全部封闭保管，有的放置于室外，有的叠垒于墙根，极易受到风雨侵蚀和人为损毁。

三是条块分割，开发受限。上述情况使秦岭碑刻的管理，形成了条块分割、各自为政的局面。省际间的交流或可能不存在，地市县区之间也相互保守，各保管单位对所存藏的秦岭碑刻由于各种各样的原因不宣传、不外借、不公布，甚至秘不示众，使碑刻的文物价值和史料价值及现实价值，没有得到应有的利用和更好的发挥。碑刻和其他文物一样，有一个从发现发掘到辨识考证，再到公布信息，最后再到入藏展示的过程，否则就会影响碑刻的文物价值和文化价值的发挥。与此同时，秦岭碑刻也受到民间的关注，各地时闻有民间收藏碑刻者，但这种收藏或只是一种个人爱好，或更有别的目的。由于受到经济条件和贮藏能力、贮藏技术等条件的局限，个人收藏多为小范围的就近收集或零星收藏，数量不多，个人收藏的秦岭碑刻秘不示众已经成了一条铁律，很难从收藏者口中得知其详。上述秦岭存藏单位和个人收藏者由于缺少联络平台，信息交流基本上没有，秦岭碑刻收藏保护和开发的作用基本上没有发挥出来。

二、秦岭碑刻开发及其产业化的可能性分析

对秦岭碑刻的开发，大致可以分为文物观赏价值的开发和学术研究价值的开发。但如果换个角度来看，对秦岭碑刻的开发，或可以把它放在党的十八大提出的社会主义文化建设的角度进行思考。这也是把秦岭碑刻作为秦岭文化重要载体的现实要求。在社会主义文化建设的视域中，秦岭碑刻的开发，必须与保护中国古代文化遗产、繁荣社会主义文化、文化产业化相联系。这也构成了秦岭碑刻开发的可能性前提。

一般认为，文化遗产包括物质文化遗产和非物质文化遗产。我国的文化遗产蕴含着中华民族特有的精神价值、思维方式、想象力，体现着中华民族的生命力和创造力，是各民族智慧的结晶，也是全人类文明的瑰宝。秦岭碑刻及其承载的文化内涵，是中华传统文化的重要组成部分，它作为一种特殊的文化系统，有着特殊的地位。从其物质形态来看，它是物质文化遗产；从它所承载的内容来看，又是非物质文化遗产。把秦岭碑刻作为文化遗产，无论是物质的还是非物质的，其在秦岭文化系统中，抑或整个中华民族文化体系中，都具有重要的文化地位。加强秦岭碑刻这一特殊文化遗产开发，充分发挥秦岭碑刻在当代社会的价值，是建设社会主义先进文化，贯彻落实科学发展观和构建社会主义和谐社会的必然要求。

因此，保护秦岭碑刻是开发其价值的必要前提。保护秦岭碑刻必须坚持以邓小平理论和“三个代表”重要思想为指导，全面贯彻和落实科学发展观，加大秦岭碑刻保护力度，构建科学有效的秦岭碑刻保护体系，提高秦岭碑刻保护意识，充分发挥秦岭碑刻在传承中华文化，提高人民群众思想道德素质和科学文化素质，增强民族凝聚力，促进社会主义先进文化建设和构建社会主义和谐社会中的重要作用。对秦岭碑刻的保

护要贯彻国家确定的文化遗产“保护为主、抢救第一、合理利用、加强管理”的方针，坚持依法和科学保护，正确处理经济社会发展与秦岭碑刻保护的关系，统筹规划，分类指导，突出重点，分步实施。当前，必须充分认识到秦岭碑刻保护的紧迫性。从田野调查的情况来看，对秦岭碑刻的保护，尽管所涉各方面都做了相当大的努力，但保护效果还不尽如人意，迫切需要进一步加强。必须深刻认识到，秦岭碑刻是不可再生的珍贵文化资源。随着经济全球化趋势和现代化进程的加快，我国的文化生态正在发生巨大变化，秦岭碑刻及其保存环境受到严重威胁。特别是那些裸露在野外的碑刻，已经有了非常严重的存藏危机；对于那些存藏在旅游景点、风景名胜区的秦岭碑刻，由于经济利益驱使下的过度开发，也有着存藏危机；另外，当前文物非法交易、盗窃和盗掘古遗址古墓葬，以及走私文物的违法犯罪活动，在一些地区还没有得到有效遏制，很多秦岭珍贵碑刻流失，造成了不可弥补的损失。因此，加强秦岭碑刻保护刻不容缓。地方各级人民政府和有关部门，要从对国家和历史负责的高度，从维护国家文化安全的高度，充分认识保护秦岭碑刻的重要性，进一步增强责任感和紧迫感，切实做好秦岭碑刻的保护工作。

在努力保护好秦岭碑刻的基础上，开发秦岭碑刻的当代价值，应该以秦岭碑刻文化产业化作为重心。2003 年 9 月，文化部制定下发的《关于支持和促进文化产业发展的若干意见》，将文化产业界定为：“从事文化产品生产和提供文化服务的经营性行业。文化产业是与文化事业相对应的概念，两者都是社会主义文化建设的重要组成部分。文化产业是社会生产力发展的必然产物，是随着我国社会主义市场经济的逐步完善和现代生产方式的不断进步而发展起来的新兴产业。”2004 年，国家统计局对“文化及相关产业”的界定是：“为社会公众提供文化娱乐产品和服务的活动，以及与这些活动有关联的活动的集合。”秦岭碑刻集历史、哲学、文学、宗教、书法、镌刻于一体，是中国传统文化的重要组成部分，是中国传统文化的重要载体，内容涵盖了中国古代及近代政治、经济、军事、民族、文学、人物、科技、宗教、民俗、教育、地理等各个方面，堪称中国古代史料特别是相关地域史料之百科汇典，不仅为人们提供了高品位的艺术享受，对于各地域社会、经济、军事、文化、人物、家族、名胜、历史事件等的研究和历史文化资源的开发，都极具现实的和潜在的价值，对它们在保存和传承中华传统文化方面的作用，特别是对西部大开发可提供重要的借鉴和资治作用，应当给予足够的重视。

按照国家的定义和标准，现藏秦岭碑刻的开发及其实现产业化在理论上是可能的，主要是现藏秦岭碑刻可为社会公众提供实物形态文化产品的消费服务。现代社会的消费，除了物质消费之外，还有精神文化消费。精神文化消费已经是社会公众消费的重要内容。当前新闻服务、出版发行和版权服务、广播电视电影服务、文化艺术服务、网络文化服务、文化休闲娱乐服务等，已经成为大众精神文化消费的主要形式，并且形成了不同程度的文化产业。和上述服务消费不同，秦岭碑刻作为历史遗存，作为精神文化消费更有其特点，它不需要进行创作，不需要制作，不需要各种辅助条件，如音乐演奏条件、电影放映技术、出版水平等，可以直接为社会公众提供实物形态的消费。这种实物形态的消费，可以使消费者的消费过程更有直观性和体验性。

秦岭碑刻为社会公众提供实物形态文化产品的消费服务，还可以为公众文化消费提供深度的文化内涵。如前所述，其内容可以为公众提供历史知识，其书法可为公众提供艺术欣赏等。它还可为社会公众提供可参与和选择的文化消费服务，现藏秦岭碑刻价值的多样性、内容的广泛性、书法镂刻的艺术性、存藏地点的地域性等特点，可以满足不同文化消费的需求。文化消费是一个以满足人的个性化需求为特征的消费，文化市场是分层的，不同收入、不同年龄、不同知识水平的个人，他们对消费的需求都是不一样的。现藏秦岭碑刻，学者可以资其进行研究工作，一般公众可以从其中学习历史知识，艺术家可以资其进行创作等，可以满足不同的公众文化消费的不同需求。这便是现藏秦岭碑刻实现产业化的市场前提。

当然，这种前提只是理论上的分析，真正实现产业化必须能够形成产业化的文化消费市场。消费市场的形成，在有相应的需求的同时，还需要有相应的碑刻文物遗产保护设施、碑刻文化社会团体活动等，更需要有现藏秦岭碑刻实现产业化所必需的设备材料的生产和销售活动，与之相关的工艺美术设计等活动等。事实上，秦岭碑刻产业化，或者其作为文化消费的重要方面，在一些存藏单位、出版单位和研究单位已经有初步的尝试。如某些博物馆对个别有一定艺术价值的秦岭碑石进行了翻刻，打印拓片销售，成为最能代表秦岭文化资源优势的礼品。据报道，西安碑林博物馆曾拓印了1273种珍贵拓片，内容涉及历史、经济、文化、宗教、军事、艺术和地理等领域，其中亦有大量秦岭碑刻，赠送于台湾中台禅寺，收到了较好的社会效益；相关出版社曾经出版过有书法价值的秦岭碑刻碑帖，深受书法爱好者的欢迎，亦有一定的经济效益；陕西省古籍整理单位整理出版了近30种不同地方的碑刻，其中不乏秦岭碑刻，满足了研究者的消费需求，亦有一定的市场等。问题在于，上述情况只是局部的、分散的，没有形成真正意义上的产业化，实现秦岭碑刻的产业化，在把握可能性的基础上，需要进行整体性、全局性的思考和设计。

三、秦岭碑刻开发及其产业化的总体思路

如前所述，秦岭碑刻开发的重心，是实现秦岭碑刻文化的产业化。文化产业作为

一种朝阳产业，正在日益引起人们的关注和重视。加快文化产业化，对优化经济结构、扩大内需、满足人民群众日益增长的精神文化消费需求，具有十分重要的作用。长期以来，受地理环境和人文环境等多种因素影响，我国形成了为数众多、特色鲜明的区域文化，各个地区都有自己独特的文化资源优势。秦岭文化就是一种优势的区域文化资源，而承载其深刻内涵的秦岭碑刻，在全国范围内，可以说是独一无二的文化资源。所以，首先应该确立对秦岭碑刻文化开发及其产业化的整体思路，这是实现秦岭碑刻资源开发利用及其产业化设计的前提。我们认为，在目前情况下，实现秦岭碑刻资源产业化的思路应该是：摸清家底、搞好规划、集中开发、突出重点。

一是摸清家底。尽管课题组在两年多的田野调查中，初步掌握了秦岭碑刻存藏的大体情况，但秦岭范围内到底现藏有多少碑刻，仍然是个谜。建议由相关省、市的政府部门牵头，组织各级文物保护、古籍整理规划、宗教管理和旅游景点等相关单位，对秦岭范围内现藏碑刻资源进行全面的普查。普查的内容主要有：秦岭碑刻存佚情况、存藏地、责任单位、责任人、保护经费来源、内容及历史文化价值、艺术价值简述等。普查时特别注意做好散落在民间的碑刻的登记，以及散落于野外碑刻的回收集中，并且全部进行规范性登记，做到册与实物相符、实物与存藏地相符、责任单位与实物相符、责任人与实物相符等，尽量做到不遗漏，真正摸清秦岭现藏碑刻的真实数据。在此基础上，建议尽快由相关省份的专业部门完成秦岭现藏碑刻总目及提要，为秦岭现藏碑刻的保护和开发提供前提。

二是搞好规划。经过全面普查，可以把握秦岭范围内现藏碑刻资源的总体状况，根据不同的角度将其分类，把握秦岭现藏碑刻资源的分布、类型、文化内涵等特点。在考虑相关省、市、县（区）经济社会发展综合因素的前提下，应该就秦岭现藏碑刻资源开发作出规划。文化消费主要是和人打交道，对市场环境、产权保护、公平竞争要求很高，但在我国，目前文化消费市场还没有真正开拓出来，对文化消费服务还会有一个不适应的过程，而要实现现藏秦岭碑刻产业化，背后的机制、政策如何配套，都需要相应的设计，所以，制定一个整体规划是非常重要的。规划要有整体目标，立足长远，兼顾当前，重点是要做出制度性安排。要初步建立与社会主义市场经济相适应，与社会全面建设要求相适应，满足广大人民群众日益增长的精神文化消费需求，形成政府调控市场，市场引导产业运行的制度性框架。

三是集中开发。在制定秦岭碑刻开发规划的基础上，按照规划指标，建议由相关省、市已经设立的某个文化产业集团或者设立专门的文化产业集团，在相关存藏单位和研究单位的配合下，承办现藏秦岭碑刻的产业化，集中开发。开发的形式或为精品出版、或为专项旅游、或为集中陈列等，开发应该在政府主导下有序展开，要立足现有的基础，切忌一哄而上，出现毁损碑刻的现象。同时，要走出文化的唯公益性误区，走出文化绝对不可产业化的误区，走出重物质消费轻文化消费的误区，将文化的社会效益和经济效益结合起来，将文化事业和文化产业结合起来。特别是秦岭碑刻这样不可再生的文物，不应只是将其摆放在陈列馆展览，而是应赋予冰冷的碑石以鲜活的生命力。一定要抓住发展机遇，抢占制高点，使现藏秦岭碑刻产业化资源开发，在短期内见成效。

四是突出重点。在现藏秦岭碑刻资源开发中，要突出开发的重点。在产业化运行机制中，重点的确定要在经济社会发展的全局中把握。秦岭 7000 余种碑刻，分散于各馆、各地，这就需要进行合理地布局，重点建设碑刻文化产业园区和示范基地，建立健全管理机构，把满足不同文化消费需求与发展历史文化旅游结合起来。同时做好深度开发的准备，如对田野散存碑刻逐步入馆、现藏分散碑刻进行区域性集中、逐渐规划整理出版等，着力打造具有自主知识产权的优势品牌，抢先占领国内国际市场，做到社会效益和经济效益的统一。进一步加大对秦岭碑刻文化产业的财政投入、税收优惠和扶持力度。同时，在政策允许的范围内，积极吸收境外资金和社会资本投入到秦岭碑刻文化产业中，最终形成国有资本、民间资本和境外资本共同投入共同所有的格局。另外，文化产业的发展离不开政策法规的指导与监督，秦岭碑刻开发及其产业化，同样需要在国家政策法规的范围内运行，所以应根据国家相关政策，制定与市场经济相适应的碑刻文化产业发展政策法规，不断完善文化消费市场管理体制，使秦岭碑刻产业化一开始就在健康有序的环境中发展成长。

参考文献

一、古　籍

（西汉）司马迁撰：《史记》，北京：中华书局，1982 年。

（东汉）班固撰：《汉书》，北京：中华书局，1962 年。

（西晋）陈寿撰：《三国志》，北京：中华书局，1982 年。

（东晋）王嘉撰：《拾遗记》，北京：中华书局，1981 年。

（南朝宋）范晔撰：《后汉书》，北京：中华书局，1965 年。

（梁）萧统编：《六臣注文选》，北京：中华书局，1987 年。

（北魏）郦道元注，陈桥驿校证：《水经注校证》，北京：中华书局，2007 年。

（北齐）魏收撰：《魏书》，北京：中华书局，1974 年。

（隋）费长房撰：《历代三宝记》，《大正新修大藏经》，日本：大正新修大藏经刊行会重印，1960 年。

（唐）魏徵撰：《隋书》，北京：中华书局，1973 年。

（唐）李延寿撰：《北史》，北京：中华书局，1974 年。

（唐）令狐德棻等撰：《周书》，北京：中华书局，1971 年。

（唐）韩愈撰：《昌黎先生集》，清同治八年（1869）刻本。

（唐）徐坚撰：《初学记》，北京：中华书局，1980 年。

（后晋）刘昫撰：《旧唐书》，北京：中华书局，1975 年。

（北宋）乐史撰：《太平寰宇记》，清光绪八年（1882）金陵书局刻本。

（北宋）张君房撰：《云笈七签》，济南：齐鲁书社，1988 年。

（北宋）欧阳修等撰：《新唐书》，北京：中华书局，1975 年。

（北宋）欧阳修撰：《欧阳修文集》，沈阳：辽海出版社，2009 年。

（北宋）司马光撰，（元）胡三省注：《资治通鉴》，北京：中华书局，1987 年。

（南宋）郑樵撰：《通志》，清咸丰九年（1859）谢氏仿武英殿刻本。

（元）脱脱等撰：《宋史》，北京：中华书局，1977 年。

（元）脱脱等撰：《金史》，北京：中华书局，1975 年。

（元）骆天骧撰，黄永年点校：《类编长安志》，西安：三秦出版社，2006 年。

（元）念常撰：《佛祖历代通载》，《大正新修大藏经》日本：大正新修大藏经刊行会重印，1960年。
（明）宋濂撰：《元史》，北京：中华书局，1976年。
（明）李遇春等纂：《略阳县志》，上海：上海书店，1982年。
（明）何景明撰，吴敏霞等点校：《雍大记》，西安：三秦出版社，2010年。
（明）赵廷瑞、马理、吕柟纂，董健桥等点校：《陕西通志》，西安：三秦出版社，2006年。
（明）周祁撰：《名义考》，明万历十二年（1584）刻本。
（清）张廷玉撰：《明史》，北京：中华书局，1974年。
（清）顾祖禹撰：《读史方舆纪要》，北京：中华书局，2005年。
（清）范启源撰：《洛南县志》，清乾隆十一年（1746）刻本。
（清）刘熯纂：《佛坪厅志》，清光绪九年（1883）刻本。
（清）孙景烈等纂：《鄠县新志》，清乾隆四十二年（1777）刻本。
（清）林一铭等纂：《宁陕厅志》，清道光九年（1829）本厅刻本。
（清）胡升猷、张殿元纂修：《（光绪）岐山县志》，清光绪十年（1884）刻本。
（清）贺仲瑊、蒋湘南等纂修：《留坝厅志》，清道光二十二年（1842）刻本。
（清）景邦宪撰：《紫柏山志图》，清同治十年（1871）刻本。
（清）彭定求等编：《全唐诗》，上海：上海古籍出版社，1986年。
（清）罗秀书撰，郭鹏校注：《〈褒谷古迹辑略〉校注》，西安：西安美术学院出版社，1996年。
（清）费廷珍等纂修：《直隶秦州志》，《中国方志丛书》据清乾隆二十九年刊本影印，台北：成文出版社，1966—1988。
（清）李复心撰：《忠武祠墓志》，清同治五年（1866）刻本。
（清）阮元等编：《十三经注疏》，北京：中华书局，1979年。
（清）董诰等编：《全唐文》，上海：上海古籍出版社，1990年。
（民国）吴继祖等纂：《鄠县县志》，民国二十二年（1933）石印本。

二、近人论著

《道藏》，北京：文物出版社等，1988年。
《陕西文化发展报告（2013）》，北京：社会科学文献出版社，2013年。
《石刻史料新编》，台北：新文丰出版公司，1982年。
柏杨撰：《中国人史纲》，太原：山西人民出版社，2008年。
北京图书馆编：《北京图书馆藏中国历代石刻拓本汇编》，郑州：中州古籍出版社，1989年。
陈显远编著：《汉中碑石》，西安：三秦出版社，1996年。
陈义隆、张俊杰等撰：《汉中地区水利志》，西安：陕西人民出版社，1994年。
陈垣纂，陈智超、曾庆瑛校补：《道家金石略》，北京：文物出版社，1988年。

城固县地方志编纂委员会编：《城固县志》，北京：中国大百科全书出版社，1994年。
樊光春：《玉泉观元代碑刻综考》，《道学研究》2005年第1期。
樊光春著：《西北道教史》，北京：商务印书馆，2010年。
甘肃省武都县地方志编纂委员会编：《武都县志》，北京：生活·读书·新知三联书店，1998年。
高世华：《赵佺墓志及相关史事考述》，《天水师范学院学报》2002年第4期。
胡祥庆：《读〈西狭颂〉辩证》，《文博》1995年第4期。
雷闻撰：《郊庙之外——隋唐国家祭祀与宗教》，北京：生活·读书·新知三联书店，2009年。
刘雁翔撰：《伏羲庙志》，兰州：甘肃文化出版社，2003年。
刘兆鹤、王西平编著：《重阳宫道教碑石》，西安：三秦出版社，1998年。
刘兆鹤、吴敏霞编著：《户县碑刻》，西安：三秦出版社，2005年。
路伟东：《清代陕甘回民峰值人口数分析》，《回族研究》2010年第1期。
毛远明编：《汉魏六朝碑刻校注》，北京：线装书局，2008年。
牟钟鉴：《中国宗法性传统宗教试探》，《世界宗教研究》1990年第1期。
冉云华：《唐故招圣寺大德慧坚禅师碑考》，《中华佛学学报》，1994年第7期。
陕西省留坝县地方志编纂委员会编：《留坝县志》，西安：陕西人民出版社，2002年。
陕西省文物局编：《陕西第三次全国文物普查丛书》，西安：陕西旅游出版社，2012年。
王士伟著：《楼观道源流考》，西安：三秦出版社，2007年。
王忠信编著：《楼观台道教碑石》，西安：三秦出版社，1995年。
吴伯陶：《从出土秦简帛书看秦汉早期隶书》，《文物》1978年第2期。
吴敏霞、宋英编著：《长安碑刻》，西安：陕西人民出版社，2014年。
西北大学出版社编：《华夏龙脉 秦岭书系》，西安：西北大学出版社，2011年。
杨曾文：《关于〈唐故招圣寺大德慧坚禅师碑〉的补充说明》，《中国社会科学院研究生院学报》，1995年第4期。
张春华、杨红娟、尹小俊主编：《文化建设24题——社会学视角下的文化建设》，北京：中共中央党校出版社，2012年。
张江涛、刘帆编著：《西岳庙碑石》，北京：中央文献出版社，2011年。
张江涛编著：《华山碑石》，西安：三秦出版社，1995年。
张沛编著：《安康碑石》，西安：三秦出版社，1991年。
朱谦之撰：《中国景教》，北京：人民出版社，1998年。

附录　秦岭重要碑刻释录

一《石门颂》

东汉建和二年（148）刻。全称“故司隶校尉楗为杨君颂”。长 2.05 米，宽 2.61 米。正文隶书 25 行，满行 31 字。王升撰文，王戒书。原刻于石门隧道西壁，现迁藏于汉中市博物馆。《集古录》、《金石录》、《隶释》、《潜研堂金石文跋尾》、《石门石刻大全》等著录。

释文：

惟坤灵定位，川泽股躬。泽有所注，川有所通。余谷之川，其泽南隆。八方所达，益」域为充」。高祖受命，兴于汉中。道由子午，出散入秦。建定帝位，以汉诋焉。后」以子午，途路涩难。更随围谷，复通堂光。凡此四道，垓鬲尤艰。至于永平，其有四」年。诏书开余，凿通石门。中遭元二，西夷虐残。桥梁断绝，子午复循。上则县峻」，屈曲流颠。下则人冥，倾写输渊。平阿淖泥，常荫鲜晏。木石相距，利磨确磐。临危」枪砀，履尾心寒。空舆轻骑，滞导弗前。恶虫弊狩，蛇蛭毒蟃。未秋截霜，稼苗夭残」。终年不登，匮馁之患。卑者楚恶，尊者弗安。愁苦之难，焉可具言。

于是明知故司」隶校尉楗为武阳杨君，厥字孟文，深执忠伉，数上奏请。有司议驳，君遂执争。百」僚咸从，帝用是听。废子由斯，得其度经。功饬尔要，敞而晏平。清凉调和，烝烝艾」宁。

至建和二年仲冬上旬，汉中大守楗为武阳王升，字稚纪，涉历山道，推序本」原。嘉君明知，美其仁贤。勒石颂德，以明厥勋。其辞曰」：

君德明明，炳焕弥光。刺过拾遗，厉清八荒。奉魁承杓，绥亿衙疆。春宣圣恩，秋贬若」霜。无偏荡荡，贞雅以方。宁静烝庶，政与乾通。辅主匡君，循礼有常。咸晓地理，知世」纪纲。言必忠义，匪石厥章。恢弘大节，谠而益明。揆往卓今，谋合朝情。醳艰即安，有」勋有荣。禹凿龙门，君其继踪。上顺斗极，下答坤皇。自南自北，四海攸通。君子安」乐，庶士悦雍。商人咸憘，农夫永同。春秋记异，今而纪功。垂流亿载，世世叹诵」。

序曰：

明哉仁知，豫识难易。原度天道，安危所归。勤勤竭诚，荣名休丽」。

五官掾南郑赵邵字季南，属褒中晁汉疆字产伯，书佐西成王戎字文宝，主」。

王府君闵谷道危难，分置六部道桥，特遣行丞事西成韩朖字显公、都督掾南郑魏整字伯玉，后」遣赵诵字公梁，案察中曹卓行，造作石积，万世之基。或解高格，下就平易，行者欣」然焉。伯玉即日徙署行丞事，守安阳长」。

二《西岳华山庙碑》

东汉延熹八年（165）刻立。高2.55米，宽1.20米。额篆书“西岳华山庙碑”。正文隶书22行，满行38字。郭香察书。碑原在华阴县西岳庙中，毁于明嘉靖三十四年（1555）关中大地震。传世拓本有四种，即“长垣本”宋拓本，后归日本中村不折氏；“华阴本”今藏北京故宫博物院；“四明本”现亦藏故宫博物院；“小玲珑山馆本”现藏香港中文大学。西岳庙现藏清代钱宝甫摹刻残碑。《集古录》、《金石录》、《隶释》、《石墨镌华》、《金石文字记》、《两汉金石记》、《关中金石记》、《金石萃编》、《华阴县志》、《陕西碑石精华》等著录。

释文：

《周礼职方氏》：河南山镇曰华，谓之西岳。《春秋传》曰：山岳则配天，乾坤定位，山泽通气，云行雨施，既」成万物，《易》之义也。《祀典》曰：日月星辰，所昭卬也；地理山川，所生殖也。功加于民，祀以报之。《礼记》曰」：天子祭天地及山川，岁遍焉。自三五迭兴，其奉山川，或在天子，或在诸侯。是以唐虞畴咨四岳，五」岁壹巡狩，皆以四时之中月，各省其方，亲至其山，柴祭燔燎。夏商则未闻所损益。周鉴于二代，十」有二岁，王巡狩殷国，亦有事于方岳，祀以圭璧，乐奏六歌」。高祖初兴，改秦淫祀」。大宗承循，各诏有司，其山川在诸侯者，以时祠之」。孝武皇帝修封禅之礼，思登假之道，巡省五岳，禋祀丰备。故立宫其下，宫曰集灵宫，殿曰存仙殿，门」曰望仙门」。仲宗之世，重使使者持节祀焉，岁一祷而三祠。后不承前，至于亡新，寖用丘虚，讫今垣趾营兆犹存」。建武之元，事举其中，礼从其省，但使二千石以岁时往祠。其有风旱，祷请祈求，靡不报应。自是以」来，百有余年，有事西巡，辄过亨祭。然其所立碑石，刻纪时事，文字摩灭，莫能存识。延熹四年七月」甲子，弘农太守安国亭侯汝南袁逢，掌华岳之主位，应古制，修废起顿，闵其若兹，深达和民事神」之义，精通诚至礿祭之福，乃案经传所载，原本所由，铭勒斯石，垂之于后。其辞曰」：

岩岩西岳，峻极穹苍。奄有河朔，遂荒华阳。触石兴云，雨我农桑。资粮品物，亦相瑶光。崇冠二州，古」曰雍梁。冯于豳岐，文武克昌。天子展义，巡狩省方。玉帛之赞，礼与岱亢。六乐之变，舞以致康。在汉」中叶，建设宇堂。山岳之守，是秩是望。侯惟安国，兼命斯章。尊修灵基，肃共坛场。明德惟馨，神歆其」芳。遏禳凶札，揪敛吉祥。岁其有年，民说无疆」。

袁府君肃恭明神，易碑饰阙，会迁京兆尹。孙府君到，钦若嘉业，遵而成之。延熹八年四月廿九日」甲子就。袁府君讳逢，字周阳，汝南女阳人。孙府君讳璆，字山陵，安平信都人。时令朱颉，字宣得，甘」陵鄃人。丞张昉，字少游，河南京人。左尉唐佑，字君惠，河南密人。主者掾华阴王苌，字德长」。京兆尹敕监都水掾霸陵杜迁市石，遣书佐新丰郭香察书。刻者颖（颍）川邯郸公修苏，张工部君迁。

三《西狭颂》

东汉建宁四年（171）刻。全称《汉武都太守汉阳阿阳李翕西狭颂》，俗称《黄龙碑》。碑长3.40米，宽2.20米。额篆书“惠安西表”。正文隶书12行。仇靖撰并刻。位于甘肃成县西13千米处的天井山麓鱼窍峡西狭之南壁。《隶释》、《两汉金石记》、《金石萃编》、《甘肃通志》等著录。

释文：

汉武都太守汉阳阿阳李君讳翕，字伯都。天姿明敏」，敦《诗》悦《礼》。膺禄美厚，继世郎吏。幼而宿卫，弱冠典城」。有阿郑之化，是以三剖符守，致黄龙、嘉禾、木连、甘露」之瑞。动顺经古，先之以博爱，陈之以德义，示之以好」恶，不肃而成，不严而治。朝中惟静，威仪抑抑。督邮部」职，不出府门，政约令行，强不暴寡，知不诈愚。属县趋」教，无对会之事；徼外来庭，面缚二千余人。年谷屡登」，仓庾惟亿，百姓有蓄，粟麦五钱。郡西狭中道，危难阻」峻，缘崖俾阁，两山壁立，隆崇造云。下有不测之溪，阨」芒促迫，财容车骑。进不能济，息不得驻。数有颠覆贳」隧之害。过者创楚，惴惴其慄。君践其险，若涉渊冰，叹」曰：《诗》所谓“如集于木，如临于谷”，斯其殆哉。困其事则」为设备，今不图之，为患无已。敕衡官有秩李瑾，掾仇」审，因常繇道徒，鐉烧破析，刻臽確嵬，减高就埤，平夷」正曲，柙致土石，坚固广大，可以夜涉。四方无雍，行人」欢涌，民歌德惠，穆如清风，乃刊斯石曰」：

赫赫明后，柔嘉惟则。克长克君，牧守三国。三国清平」，咏歌懿德。瑞降丰稔，民以货植。威恩并隆，远人宾服」。鐉山浚渎，路以安直。继禹之迹，亦世赖福」。

建宁四年六月十三日壬寅造

时府」丞右扶风陈仓吕国字文宝」、门下掾下辨李虔字子行、故从事」议曹掾下辨李旻字仲齐、故从事」主簿下辨李遂字子华、故从事」主簿上禄石祥字元祺」、五官掾上禄张亢字惠叔、故从事」功曹下辨姜纳字元嗣、故从事」尉曹史武都王尼字孔光」、衡官有秩下辨李瑾字玮甫」、从史位下辨仇靖字汉德，书文」。

下辨道长广汉什邡任诗字幼起」、下辨丞安定朝那皇甫彦字子才」。

四《郙阁颂》

东汉建宁五年（172）刻。碑长方形，长1.25米，宽1.70米。正文隶书19行，满行27字。右上部有古代拉船纤绳磨损的印痕7道，最长约0.70米，最短约0.20米。仇靖撰，仇绋书。原位于略阳县徐家坪街口村郭家地（古名析里，又名白崖），1979年12月，农民修乡间公路时损坏，后被迁至灵岩寺，粘接复原，嵌于前洞石崖边。《集古录》、《金石录》、《隶释》、《两汉金石记》、《关中金石记》、《金石萃编》、《石墨镌华》、《雍州金石记》、《陕西金石志》、《汉中府志》、《略阳县志》、《汉中碑石》等著录。

释文：

惟斯析里，处汉之右。溪源漂疾，横柱于道。涉秋霖漉，盆溢滔涌。涛波滂」沛，激扬绝道。汉水逆让，稽滞商旅。路当二州，经用禘沮。沮县士民，或给」州府。休谒往还，恒失日晷。行理咨嗟，郡县所苦。斯溪既然，郙阁尤甚。缘」崖凿石，处隐定柱。临深长渊，三百余丈。接木相连，号为万柱。过者慄慄」，载乘为下。常车迎布，岁数千两。遭遇隤纳，人物俱堕。沉没洪渊，酷烈为」祸。自古迄今，莫不创楚。

于是大（太）守汉阳阿阳李君讳翕，字伯都，以建宁三年二月辛巳到官，思维惠」利，有以绥济。闻此为难，其日久矣。嘉念高帝之开石门，元功不朽。乃俾」衡官掾下辨仇审，改解危殆，即便求隐。析里大桥，于今乃造。校致攻坚」，结构工巧。虽昔鲁班，亦莫儗象。又醳散关之嶃漯，徙朝阳之平燥，减西」滨之高阁，就安宁之石道。禹导江河，以靖四海。经记厥续，艾康万里。臣」蔡□□勒石示后，乃作颂曰」：

上帝绥□，降兹惠君。克明俊德，允武允文。躬俭尚约，化流若神。爱氓如」子，遐迩平均。精通皓穹，三纳符银。所历垂勋，香风有邻。仍致瑞应，丰稔」年登。居民安乐，行人夷欣。

慕君靡已，乃咏新诗」曰：

析里之陬，坤兑之间。高山崔巍兮，水流荡荡。地既嶮确兮，与寇为邻」。西陇鼎峙兮，东以析分。或失绪业兮，至于困贫。危危累卵兮，圣朝闵怜」。分符析壤兮，乃命是君。扶危救倾兮，全育孑遗。劬劳日稷兮，惟惠勤勤」。拯溺亨屯兮，疮痍始起。闾阎充庶兮，百姓欢欣。佥曰太平兮，文翁复存」。[1]

五《杨播墓志》

北魏熙平元年（516）刻。志边长0.68米。志文魏书32行，满行32字。1974年出土于华阴市五方村，原藏西岳庙，现藏陕西历史博物馆。《华山碑石》、《陕西碑石精华》著录。

释文：

魏故使持节镇西将军雍州刺史华阴庄伯墓志铭」

君姓杨，讳播，字延庆，司州恒农郡华阴县潼乡习仙里人也。祖父仲真，河内、清河二」郡太守。父懿，广平太守，选曹给事中，使持节安南将军、洛州刺史，恒农简公。君年十」有五，举司州秀才，拜内小，寻为内行羽林中郎，累迁给事中，领内起部。又以本官进」厘北部尚书事。太和十五年，拜员外散骑常侍、龙骧将军、北征都督。十六年，又加征」虏将军，都督北蕃三镇。讨破地豆于贼。其年秋，加武卫将军、中道都督，率骑三万，北」出鸡鹿塞五千余里，迫逐茹茹而还。其冬，改创百官，转卫尉少卿，本官如故。十七年」，大驾南征，二翼并进。以君为左将军，恒领万骑，以卫中权。车驾至洛阳，定鼎于郏鄏」。高祖初建迁都之始，君参密谋焉。仍以左将军与咸阳王禧等，经始太极庙社殿库」。又修成千金堨，引瀔、洛二水以灌京师。十八年，陟前将军。十九年，从驾渡淮，径至寿」春。三月，车驾进诸钟离。司徒冯诞薨于留营，帝乃回旆北渡，留君为殿，壮其厥功」，赐爵华阴子，寻陟右卫将军。廿二年，从征南阳，以破邓城制胜之功，进爵为伯。又拜」太府卿，加平东将军。廿三年，假节平西将军，董卒三万，讨逐巴帅泉荣祖于洛州。景」明元年，为使持节兼侍中大使，宣命岳牧，巡省方俗。二年，复转左卫将军，本官、伯如」故。其年冬，出为使持节都督并州诸军事、安北将军、并州刺史。君情系旧乡，思荫桑」梓。朝廷许之，改牧本邦，为都督华州诸军事、安西将军、华州刺史，使持节、华阴伯如」故。永平二年，册授使持节都督定州诸军事、安北将军、定州刺史，伯如故。君以直方」居性，权臣所忌。帝舅司徒公高肇谮而罪之，遂除名为民。于是闭门静处，萧然不」以得失为情，淡尔以时命自守。春秋六十有一，以延昌二年岁次癸巳十一月十六」日，寝疾薨于洛阳县之依仁里。嗣子号忠贞之见枉，冀追贤之有期。三年冬，权迁殡」于华阴乡馆焉。仰遵顾命，丧事之礼，俭过贫庶。四年，高肇伏辜，怨屈斯理。以熙平元」年，有诏申雪，追复爵位。册赠使持节镇西将军、雍州刺史，华阴伯如故。考终定谥」，是为庄。粤其年秋九月二日庚申，卜窆

① 摩崖后部文字泐蚀严重，无法辨识。南宋洪适《隶释》卷四载《李翕析里桥郙阁颂》后五行云："建宁五□□月十八日癸（下阙）」时衡官□□□仇审字孔信。」从史位□□□□字汉德，为此颂。」故吏下辨□□□子长，书此颂。」时石师南□□□□威明。」"

于本县旧茔，乃作铭以志墓。其辞曰」：

岩岩华岳，浩浩河宗。仁潜智运，气结形通。世推儒德，擅时才雄。实诞遗烈，有郁先踪」。体孝基忠，怀文曜武。性协刚柔，行孚出处。毓问蕃墀，观光帝寓。金声玉润，清规懋矩」。逶迤秋闱，绸缪春阁。内奉王言，外宣帝略。爪牙是寄，腹心伊托。谋定中枢，威陵绝漠」。神图广运，宝鼎底迁。南清江沔，北辑沙燕。龙旗肃迈，凤盖凯旋。实卫不若，载翼中权」。帝嘉乃绩，侯服故乡。首冠两弁，腰结参章。海府云委，言诹其良。皇华之命，允洽斯康」。西荫关陕，北牧代赵。帏裳必褰，市狱不扰。抑绝三欺，敷怀四道。德被犹风，民化如草」。正直莫立，侮谤相倾。违升紫闼，守黜素庭。得丧如命，喜愠弗形。方恢人轨，式范天经」。智流无极，仁寿不长。曙月落景，寒谷凝霜。陨兹民望，殄彼国良。昭途既晦，幽夜何央」。皇鉴孔明，穷怨载雪。礼隆改殡，恩重临穴。声逾古今，宠贲身世。陵谷可算，音尘不灭」。

六《温泉颂碑》

北魏刻立。碑螭首，高 1.50 米，宽 0.70 米。额篆书“魏使持节散骑常侍督都雍州诸军事安西将军雍州刺史松滋公河南元苌振兴温泉之颂”。正文 20 行，满行 30 字。现藏临潼区华清宫御汤博物馆。《金石萃编》、《关中胜迹图志》、《（乾隆）临潼县志》著录。

释文：

夫驾轻烟，勒麟凤，驰及奔星，走攀流月。蝉变羽化之民，餐霞吸露之士，斯盖有」道存焉，固非人事之所觊缕。至若泥行水骤血食之夫，兴没自天，去来非已。寸」阴危于朝露，百龄迅于灭电。一物不谐，则疣赘以生；庶事不康，则风火以败。故」圣人怜百姓之多疾，撰药石以济之；造化愍苍生之鸩毒，设甘饵以救之。

盖温」泉者，乃自然之经方。天地之元医，出于河、渭之南，泄于骊山之下，渊华玉彻，悬」清数仞，灵感超异，畯极不测。无樵薪之爨，而扬汤沸于楚获，无公蔬之椮，而寒」暑调于夏鼎。高唐之云，朝发于水湄；巫山之雨，夕收于渊际。青林碧草，含露而迎」岸，香风蕙色，列锦而环诸。于是左汤谷，右濛犯，南九江，北瀚海，千域万国之」民，怀疾枕疴之客，莫不宿 而来宾，疗苦于斯水。但上无尺栋，下无环堵，悠悠」君子，我将安泊。孤忝发轸咸池，分条紫汉，道属升平，弱年学仕。既历通显，朝望」已隆，爰自常伯出居分陕，地兼陆海之饶，禄厚封君之室。而报天之效无闻，恤」民之誉安在。每思倾感微寒，深责以为斯泉天实置之，而人略未备。乃剪山开」障，因林构宇。邃馆来风，清檐驻月。望想烟霞，迟羽衣之或顾；愿言多士，恕因兹」以荡秽。乃作颂曰」：

皇皇上灵，愍我苍生。泌彼温泉，于此丽川。其水克神，克神克圣，济世之医，救民」之命。其圣伊何，排霜吐旭。其神伊何，吞疣去毒。无借烟炭，谁假樵木。湛若虞渊」，沸如汤谷。东枕华山，西依咸阳。连畴接畛，墟落相望。彩林争翠，绿树成行。香风」旦起，文霞夕张。陟彼骊山，望想千里，乃作高堂，鸿飞凤起。三辅之英，五都之士」，慕我芳尘，爰居爰止。其德既茜，其声既远。金华屑桂，春山九转。目放群羊，手牵」白犬。控鹄来思，俟我于堂而」。

七《北周造像碑》

北周大象二年（580）刻立。碑通高 0.65 米。上部为圆形莲花座，顶部中心有一卯眼，方形，边长 0.16 米，深度为 0.09 米。下部呈方形，四面各长 0.73 米、宽 0.34 米。两面造有线刻佛像与侍者以及供养弟子姓名，一面镌刻记文，楷书 15 行，满行 10 字。字迹稍有漫患。现藏户县文物管理委员会。《户县碑刻》著录。

释文：

我宗本□□，理不可易。是」□穷妙于□□之□，万行」起于深信之宅。传老德，合」家大小，玄心大法，造观世」音菩萨一区。及有累劫之」津，愿发菩提心。四信不怀」，忍心成就。常识宿命，具被」八万四千法藏；勤行六度」，于身命财舍而不吝。于有」为法，了了见过。料除三毒」，常在生死。教化众生，莫生」惓退。愿法界众生，所求如」意，常行婆若婆罗蜜。同修」是业，一时成佛。

大象二年」十月八日造讫」

佛弟子孟通」、德息华达供养佛」

□□□阿华供养佛」

佛弟子王智」、孙像胜供养佛」

□□□贡供养佛、孙后胜供养佛」

□□子白石县令传孙进贵供养佛」

□德一心供养佛」

德息□□广」一心供养佛」

广妻□□□供养佛」

□□宋富容供养佛」

贵妻（下阙）

□□女仁一心供养佛」

德女□妃一心供养佛」

八《大唐宗圣观记》

唐武德九年（626）刻立。碑圆首龟趺，高3.75米、宽0.93米、厚0.37米。碑首素面，额内正书“大唐宗圣观记”6字。碑文隶书23行，满行60字，除个别字外，大部清晰。碑面左下角刻正书小字两行，文曰：“□□□□阉茂之岁以楼□重建，规模一新，惟宗圣古碑历年久远，字画□□，因命工锓剔，垂示无穷。宫主成志远谨识。”此碑原竖于楼观下院会灵观内，清道光五年迁往说经台，“文化大革命”中被铺作路面，1978年楼观台文物管理所修整后仍竖说经台碑厅。《道家金石略》、《楼观台道教碑石》、《陕西碑石精华》著录。

释文：

大唐宗圣观记」

给事中骑都尉欧阳询撰序并书

侍中柱国江国公陈叔达撰铭」

夫至理虚寂，道非常道，妙门凝邈，无名可名。爰自太始开图，混元立极，三才奠处，万品流形，莫知象帝之家，未睹谷神之域，希夷琐闭，溟涬封奇。及夫鸟迹勃」兴，隐书诠奥。至化因兹而吹万，玄教由是以开先。圣圣袭明，道德授受。于是玄元之教，风动天下，水行地中矣。宗圣观者，本名楼观，周康王大夫文始先生尹」君之故宅也。以结草为楼，因即为号。先生禀自然之德，应玄运而生。体性抱神，韬光隐曜。观星候气，物色真人。会遇仙輧，北面请道。二经既演，八表向化。大教」之兴，盖起于此矣。兹观中分秦甸，面距终南。东眺骊峰，接晴岚之浥浥；西顾太白，褩积雪之皑皑。授经之古殿密清，络牛之灵木特立。市朝娄易，仙迹长存。物」老地灵，每彰休应。卿云日覆，寿鹤时来。树无窠宿之禽，野有护持之兽。文始药井，韩甃未堕；老君拳车，确然不朽。至于穿窬盗窃，进退自拘，似有絷维，悉皆面」缚。昔周穆西巡，秦文东猎，并枉驾回辕，亲承教道。始皇建庙于楼南，汉武立宫于观北。崇台虚朗，招来云水之仙；闲馆错落，宾友松乔之侣。秦汉庙户，相继不」绝；晋宋谒版，于今尚存。实神明之奥区，列真之会府。后魏文帝变夷风于华俗，立仁义之纪纲。崇信教门，增置徒侣。有陈先生宝炽，颍川人，夙有幽逸之姿，幼」怀林壑之趣。松风入赏，名岳留连。玉皇之道既弘，银榜之宫云构。续有王先生延，言穷名象，思洞隐微。念在玄空，累非外物。含神自静，仪圣作师。并德音孔昭」，郁为宗范。周太祖定业关内，躬受五符；隋文皇沐芳礼谒，获闻休证。迨隋德将季，政教陵迟，六飞失驭，四维圮绝，夷羊在牧，飞茧满野，家习兵凶，民坠涂炭」。皇帝命世应期，荣镜区宇，戡难静乱，亭毒无垠。广大配乎天地，光华方诸日月。数阶庭之蓂荚，聆凤和鸣；照景星于玄云，观麟郊薮。缉礼裁乐，化俗移风。农夫」劝于时雨，坴余滞穗；工女勤于蚕绩，杼轴不空。九服韬戈，三边静柝。西戎革面，东夷献舞。朔南洎声教，漠北尽来王。德化遐渐，无幽不畅。三善克懋，非假二疏」。一有元良，万邦贞固。照均天纵，道契生知。笃尚玄根，钦兹圣躅。以武德三年，诏锡嘉名，改楼观为宗圣观。宸扆兴念，纂胄所先。启族承家，鼻于柱」史。得一以灵，蹈五称圣。弱为道用，柔为至坚。损之又损，以至于益。瓜瓞绵长，庆源悠寖。爰初启祚，致醮灵坛。自然香气，若雾霏空；五色云浮，如张羽盖。七年，岁」惟作噩，月在黄钟，六辔齐骧，百辟咸从，亲幸观所，谒拜尊仪。轩后之诣空峒，神农之上石室。顺法行礼，异代同规。观主岐平定，精金格之书，究玉笈之」文。知来藏往，尽化穷神。豫鉴天休，赞弘景福。法师吕道济、监斋赵道隆，玉器凝润，鹤情超辽。辨坼连环，辞同炙輠。对扬天旨，妙沃帝心。乃谓片言小」善，尚题绀碣。矧夫皇舆迁驾，挹酌希微；大道资始，炉锤万物。不有刊勒，其可已乎。侍中江国公陈叔达，朝宗羽仪，词才冠秀，奋兹洪笔，为制嘉铭。其辞曰」：

眇矣灵化，玄哉妙门。飞形九府，练气三元。黄庭秘箓，金格微言。玉京留记，金灶还魂。扬尘东海，问道西崐。物色函关，存容清庙。建标伊始，层坛云峭。绮井」虹伸，风窗电笑。玄都正律，帝台仙召。挹髓扪星，飧霞引照。豁虚罔象，无名至要。高厢久县，清泉余疗。宅心胜侣，游息众妙。绝壁翠微，漻流丹窍。鞠草如结」，周原甚宊。圣道将弘，重光显曜。明明我后，积德累功。陶埏寓县，叱咤雷风。庸稽太室，礼盛酆宫。时乘正位，道配玄穹。四维载仰，百世斯隆，有截」于外，无思自东。祥符浃远，瑞采澄空。百神咸秩，千龄是崇。宗玄壮观，诏跸康庄。云行辇道，吹发山梁。飞文叶玉，接礼神皇。五旌回首，六辔齐骧」。宸仪展敬，享福无疆。巍然高碣，播此遗芳。

武德九年二月十五日建」

九《智该禅师碑》

唐贞观十三年（639）刻立。碑螭首方座，高3.73米，宽1.03米。额篆书“大唐故智该法师之碑”。正文楷书31行，满行67字。僧明俊撰文，僧明解书。原立于终南山天子峪，现藏西安碑林博物馆。

释文：

大唐灵化寺故大德智该法师之碑

弘福寺明濬法师制文

普光寺沙门明解书」

维夫爱河巨浪，赋命者迷其问津；玄流大川，宵形者罔知利涉。靡不资圣贤以间出，拯沦湑而遐济。故日种应物于前，道光百亿；慈氏乘时于后，功格三千。焕乎至哉，无德而言」。象□鹤林，韬迹鹫岭。居常施光，奉正法之元；寅赞丕绪，天亲承像教之季。式纂洪猷，洎乎慧日。西倾余光，东照腾兰。嗣大义而戾止澄什，匡颓运以来仪夷夏。何其宏谟幽□，翼」其神化。至于跨蹑融肇，吞孕生林，耀传灯而鉴昏城，震法雷而警聋俗。齐徽曩烈，同德异时。然绰有余行，其唯该法师矣。法师俗姓王氏，琅耶人也。世因莅秩，爰居豫州。郁繁衍」于本枝，导昌源于姬水。积德延庆，世载民英。轩冕相仍，联华靡替。祖询，周豫州刺史。器华粹远，风鉴朗拔。负文武之才雄，为邦国之光彦。父俨，隋巴西县令。先德富义，砥行砺躬」。善政之美，著乎风俗。法师乘因命世，应果挺生。灵府沉秘，神机英发。慈惠体其成性，俊颖禀其生知。秀异岐嶷，承九流于庭训；含章髫龀，贯六艺于家风。并举一反三，提纲领要」。志气开爽，粃糠儒墨。童游历寺，寓目讲筵。闻三乘而永怀，悟四山而大息。甫年九岁，割爱归真。初依显州本行寺哲禅师，伏膺请道。哲公乃行循七觉，业专九定。嘉其卓异，试授」五停心。未延旬日，便殚其妙。后进四念处，复极其微。禅师嗟赏，勉而诫曰：子年齿未足，神悟有余。于止稍功，在观犹阙。宜契志三藏，履道弘宣。时相州有裕法师，大开教义，博考」二谛，□□五部。随文佇其宗范，释氏资其羽仪。法师乃涤耳闻风，星言奔诣。人隐学肆，敏赡冠群。良由夙洁禅地，赏花先茂，才磨心镜，慧照方远。可谓素随色变，涂逐玺移。抗论」方重，□而有余。覆授同瓶，泻而靡失。驰声□邺，振采本州。时年十八，讲《大涅槃经》及《金刚》、《般若》，盛匡学侣，道俗佥归。刺史楚国公豆卢贤，望重国华，绩宣蕃岳。藉甚嘉问，躬率部」僚，展礼餐和，亲仁益敬。法师虽阐扬足用，而好学绝伦。以为四藏五乘，淳源弥广。龙树入海，阅经笥而不穷；善才南游，求法界而无尽。于是宪章列圣，思齐则哲。逾千里而寻师」，遍九州而访道。硁硁焉，敦匪石之固；孜孜焉，劳不及之心。至于顿渐格言，色空密义，罔弗钧深玄妙，笔削浮靡。爰登五腊，备演三宗。函杖讲道，亚迹净名之□；抠衣承义，已盛公」超之市。隋炀帝搜扬法侣，大建仁祠。以法师德风遐扇，崇礼征屈，请住慧日道场，为千僧总任。行己唯四摄，率众以六和。每对扬天问，光阐宗极，万乘回简心之眷，百辟光具瞻」之重。深期厚遇，信施优隆。既因丧津海隅，弛政江表，黎元荐臻于八苦，区宇沸腾于五浊。法师以洿隆从道，避地入关，委质岩薮，栖神寥廓。清溪丹巘，宴坐观空。邃壑乔林，经行」寂虑。禅枝迈松筠而□秀，戒香逸兰茝而流芳。遂于离念净心，洞照如秋月；实相幽致，涣释若春冰。灵祥符德以显臻，鸟兽归仁以驯狎。属大唐启圣，纳箓乘时。补缺运于玄」穹，纽倾维于厚载。涵养黎庶，光复真俗。皇帝龙潜之日，远挹清猷。别奏招迎，请居月爱。法师以出处随化，动寂唯宜，聿膺圣命，宣风开里。新兴王为建讲檀越，躬预门人，请」开华严、法华，以启初会。法师乃承卢舍那之素业，开佛知见之玄宗，谈柄才麾，词雷殷震，微言暂吐，法雨霈沾。于时异学云屯，硕难峰起。匠主以鸿钟应扣击之大小，义□纳潮」宗之巨细，智逾炙輠，辩纵连环。廓部执如烟消，析繁疑如□落。兼通数论，傍会典坟。学府之兴，蔚其盛矣。高□长公主驸马纪国公段伦，企承德音，推诚顶礼，请居灵化，频建法」筵，一心虔奉，四事周洽。又于京城诸寺，讲《涅槃》、《维摩》、《般若》等经，摄大乘、中百、唯识等论。斯乃鸠集疏记，覃思玄章，□有二十万言，勒成一十三卷。莫不词林布濩，理窟深沉，隐括」大小，昭显文义。然以本寂圆宗，末学方驾，南北兴鼠首之执，当见怀犹豫之疑。故复研详旨，□商略异说，撰《辩定邪正论》一卷，使有识知归。虽挫锐显其非，唯已往体寂，圆照是」所司□，复依净心，缉成八观。启无生之捷径，坦入证之夷途，好玄解行之□，盛传不朽者矣。故□栖禅枝而庇影，讵知道树之高低；饮玄津而满腹，未测德河之深浅。且世经四」主，身历二朝。亟入承华，屡弘正法。遐迩推德，朝野归心。禀途香而致敬，遵善诱而服道。先达者既同原菽，后进者还类屋筹。加以止足清□，不干名烈，迴其信施，修葺伽蓝。三事」虽亡，四勤逾励。至于察机树德之迹，容谓显仁；体生会灭之深，孰辩藏用。粤以贞观十三年岁次己亥六月三日，微觉赈和，至七日夜中，命诸弟子，□恳传授心地法门。勤勤委」神，词色无扰。八日平旦，□神于灵化本房，春秋六十有二。哀缠缁素，惨变风云。即以其月十日，道俗学士数千人，奉旨送往终南山，阇维于梗梓谷。承风者结欷，慕道者衔悲。莫」不望盖影而涕零，扣山门而崩绝。弟子智文、玄达、贞顾等四十七人，共收灰烬，标塔表灵。又以大师康存，供养舍利。未遑封树，奄尽化期。塔前别起五级浮图，追光本志尔。乃兴」基利刹，镇地干云。风铎相和以谐韵，露□比□而凝夜。危峦峭岭，郁律峙其前；峻堞平原，□迤案其后。□流迴互，仿佛两河。灌木参差，依□八树。十方善识，七众门人，悲安师而」智山颓，扬河运而慈舟覆。恐方城尽薤，圆海生桑，刊丰碑以存道，庶尘劫而腾芳。其词曰」：

苦水汤汤，□涯漫漫。心□易扰，识贼多难。似鱼出没，如泡聚散。繄赖舟航，方跻彼岸。于赫大圣，□照重昏。等澍法雨，灭燎烧门。寝灵示教，五部同夺。贻则踵武，四依代存。显允上」德，承□应世。兰畹敷英，桑门延□。夙闲十想，早祛六蔽。善来宝坊，幽求实际。既服忍□，又坚戒足。学穷内外，道贯真俗。弘兹□满，逗斯机欲。名称普闻，人天允属。炎灵道丧，枭雄」□峙。□道严阿，宅心至理。三昧□虑，四摄虚己。幽显辅仁，休祯应祉。我唐建国，洞□玄化。载朗□灯，启明长夜。彼美怀道，俟时藏价。惟王伫德，问天要迓。振威屈冗，感召随缘。隋」融□念，志在弘宣。控引义海，吐纳言泉。询疑结辙，请益骈筵。道播区中，淡然神王。载辟灵寺，穷乎大庄。克定了因，指明□相。利物不朽，成文遗贶。达人体道，生灭不羁。税驾□寂」，

□□离知。飒爽人世，悲哉□移。惟兹承旨，感恋如斯。承旨伊何，香薪铄质。感恋伊何，□室概□。愁云暗对，悲风萧瑟。俾就贞珪，永光名实」。

十《皇甫诞碑》

唐贞观年间（627—649）刻立。碑螭首。高2.68米，宽0.96米。正文楷书28行，满行59字。于志宁撰文，欧阳询书。宋代时尚在长安鸣犊镇，碑身右侧已刊刻题名。北宋皇祐三年（1051），又在碑阴刊刻“复唯识廨院记”。宋代后移存西安府学文庙，明万历中期碑身断裂，数十字受损。现藏碑林博物馆。《金石录》、《雍州金石记》、《陕西碑石精华》等著录。

释文：

隋柱国左光禄大夫弘义明公皇甫府君之碑

银青光禄大夫行太子左庶子上柱国黎阳县开国公于志宁制」

夫素秋肃煞，劲草标于疾风；叔世艰虞，忠臣彰于赴难。衔须授命，结缨殉国。英声焕乎记牒，徽烈著于旂常。岂若衅起萧墙，祸生蕃翰，强逾七国，势重三监」。其有蹈水火而不辞，临锋刃而莫顾，激清风于后叶，抗名节于当时者，见之弘义明公矣。君讳诞，字玄宪，安定朝那人也。昔立效长丘，树绩东郡，太尉裂壤」于槐里，司徒胙土于郿门。是以车服旌其器能，茅社表其勋德。铭功卫鼎，腾美晋钟，盛族冠于国高，华宗迈于栾郤，备在史牒，可略言焉。曾祖重华，使持节」龙骧将军、梁州刺史。润木晖山，方重价于赵璧；媚川照阙，曜奇采于随珠。祖和，雍州赞治，赠使持节散骑常侍、车骑大将军、仪同三司、胶泾二州刺史。高衢」将骋，遽夭追风之足；扶摇始抟，早坠垂天之羽。父璠，使持节骠骑大将军、开府仪同三司、随州刺史、长乐恭侯。横剑楼柢，威重冠军；析瑞蕃条，声高勃海。公」量包申伯，禀嵩山之秀气；材兼萧相，降昴纬之淑精。据德依仁，居贞体道。含章表质，讵待变于朱蓝；恭孝为基，宁取训于桥梓。锋剸犀象，百练挺于昆吾；翼」掩鸳鸿，九万奋于溟海。博韬胥产，文赡卿云。孝穷温清之方，忠尽匡救之道。同何充之器局，被重晋君；类荀攸之宏图，见知魏主。斯故包罗众艺，囊括群英」者也。起家除周毕王府长史。荣名蕃牧，则位重首寮；袨服睢阳，则誉光上客。既而苍精委驭，炎运启图，作贰边服，实资令望。授广州长史。悦近来远，变轻訬」于雕题；伐叛怀柔，渐淳化于缓耳。蜀王地处维城，寄深磐石，建旟玉垒，作镇铜梁。妙择奇材，以为僚佐。授公益州总管府司法。昔梁孝开国，首辟邹阳；燕昭」建邦，肇征郭隗。故得驰令问于碣馆，播芳猷于平台。以古方今，彼此一也。寻除尚书比部侍郎，转刑部侍郎。趋步紫庭，光映朝列；折旋丹地，誉重周行。俄迁」治书侍御史。弹违纠慝，时绝权豪。霜简直绳，俗寝贪竞。

隋文帝求衣待旦，志在恤刑，咒网泣辜，情存缓狱。授大理少卿。公巨细必察，同张季之听理；宽猛相」济，比于公之无冤。但礼闱务殷，枢辖寄重。允膺此职，实难其人。授尚书右丞。洞明政术，深晓治方。臧否自分，条目咸理。丁母忧，去职。哀恸里闾，邻人为之罢」社；悲感衢路，行客以之辍歌。孝德则师范彝伦，精诚则贯彻幽显。虽高曾之至性，何以加焉。寻诏夺情，复其旧任。于时山东之地，俗阜民浇。虽预编民，未」行声教。诏公持节为河北河南道安抚大使，仍赐米五百石，绢五百匹。公輶轩布政，美冠皇华之篇；拥节观风，荣甚绣衣之使。事讫反命，授尚书左丞。然并」州地处参墟，城临晋水，作固同于西蜀，设险类于东秦。实山河之要冲，信蕃服之襟带。授公并州总管府司马，加仪同三司。公赞务大邦，声名藉甚，精民感」化，黠吏畏威。属文帝剑玺空留，銮跸莫反。杨谅率太原之甲，拥河朔之兵，方叔段之作乱京城，同州吁之挺祸濮上。虽无当璧之兆，乃怀夺宗之心。公备说」安危，具陈逆顺，翻纳魏勃之荣，反被王悍之灾。仁寿四年九月，溘从运往，春秋五十有一。万机起歼良之叹，百辟兴丧予之悲。切孔氏之山颓，痛杨君之栋」折。赠柱国、左光禄大夫，封弘义郡公，食邑五千户，谥曰明公，礼也。丧事所须，随由资给。赐帛五千段，粟三千石。

惟公温润成性，夙表白虹之珍；黼黻为文，幼」挺雕龙之采。行己穷于六本，蕴德包于四科。延阁曲台之奇书，鸿都石渠之秘说，莫不寻其枝叶，践其隩隅。譬越箭达犀，饰之以括羽；楚金切玉，加之以磨」砻。救乏同于指困，亲识待其举火；进贤方于推毂，知己俟以弹冠。存信舍原，黄金贱于然诺；忘身殉难，性命轻于鸿毛。齐大小于冲襟，混宠辱于灵府。可谓」楷模雅俗，冠冕时雄者也。方当亮采泰阶，参综机务，岂谓世逢多故，运属道消，未展经邦之谋，奄钟非命之酷。世子民部尚书、上柱国、滑国公无逸，以为邢山」之下，莫识祭仲之坟；平陵之东，皆知子孟之墓。乃雕戈勒石，腾实飞声，树之康衢，永表芳烈。庶葛亮之垄，钟生禁之以樵苏；贯逵之碑，魏君叹之以不朽」。乃为铭曰」：

殷后华宗，名卿胄系。人物代德，衣冠重世。逢时翼主，膺期佐帝。运荣经纶，执钧匡济。门承积庆，世挺伟人。夜光愧宝，朝采惭珍。云中比陆，日下方荀。抑扬元」辅，参赞机钧。玉叶东封，贰图北启。伏奏青蒲，曳裾朱邸。名驰碣石，声高建礼。珥笔宪台，握兰文陛。分星裂土，建侯开国。辅藉正人，相资懿德。中台辍务，晋阳」就职。望重府朝，誉闻宸极。乱阶蔓草，灾生剪桐。成师构难，太叔兴戎。建德效节，夷吾尽忠。命屯道著，身殁名隆。牛亭始卜，马鬣初封。翠碑刻凤，丹旐图龙。烟」横古树，云锁乔松。敬铭盛德，永播笙镛。

银青光禄大夫欧阳询书」

十一《韦愔墓志》

唐圣历元年（698）刻。志边长0.58米，厚0.07米。盖文篆书“大周故朝散大夫行洛州陆浑县令韦府君墓志铭”。志文楷书34行，满行35字。韦承庆撰。现藏长安博物馆。《长安新出墓志》著录。

释文：

大周故朝散大夫行洛州陆浑县令韦府君墓志铭并序

从□□□□舍人承庆撰」

君讳愔，字志廉，京兆杜陵人也。轩辕颛顼氏导其深源，大彭豕韦氏播其遐绪。太傅道尊于」南国，丞相业大于西京。自兹厥后，克昌其胤，人物蝉联，羽仪万叶，衣冠舄弈，光烛四海。曾祖」孝宽，后魏开府仪同三司、侍中、骠骑大将军、雍州刺史、尚书右仆射，宇文朝小司徒、玉璧总」管、大司空、柱国、郧国公，隋太傅、尚书令，赠太尉、雍州牧，谥曰襄。大材桢国，盛德光时，为将为」相，乃侯乃牧。比诸管乐，智略经天地；如彼萧张，勋庸济区宇。祖津，隋内史侍郎、户部尚书、武」阳郡开国公，唐谏议大夫、黄门侍郎、太仆卿、陵州刺史、寿光县开国男。俊朗宏达，英峙杰秀」。历污隆而践高位，播遐迩而飞令名。父全璧，唐任潞、易二州别驾。清襟月迥，胜气云高。托风」情于古人，为宪则于多士。君纯粹诞灵，仁和植性，弱不好弄，幼有成德。如金之贞，如玉之润」，如山之峙，如海之渟。九畹含芬，早濯芳于春露；七年养器，且晞干于朝阳。有唐乾封二年，起」家授沛王府行参军。咸亨二年，授雍王府兵曹参军。帝之爱子，肇开藩馆；王门之士，妙选」时英。以君地望优隆，器识弘远，故得托乘兰坂，曳裾竹园。接景申穆之贤，比迹邹枚之彦。丁」母忧去职。执丧逾礼，几至毁灭。槐柘遄改，苴菓告除。属明两登曜，元良树本。爰以藩邸旧僚」，入为储宫官属，授太子通事舍人，兼知典膳局事。鸣凤之音，常闻于鹤禁；亨鮀之味，靡荐于」龙闱。既而沴掩前星，流堙少海。青皋六翮，并去凋枝；玄沚十朋，俱辞涸浦。乃出授光州乐安」县令。纡骥足而临下邑，屈牛刀而割小鲜。化偃俗移，令行禁止。累迁苏州吴县令、蜀州武隆」县令。东吴奥壤，气接斗牛；西蜀名区，星分井络。剽捍成俗，讹弊在人。三江之游旅万曹，九坂」之行商亿计。君材惟不器，政实多方。德以绥之，刑以驭之，庄以莅之，信以行之。以季札礼让」之风，息夫贪竞；以文翁儒学之教，迁其鄙僻。故能使和泽浃洽，美化周流，老者遂其生，少者」安其业，富者节其用，贫者致其财，奸豪者敛手而畏威，孤弱者息肩而荷惠。虽王稚子之临」温县，谢尧卿之化寿张，鲁仲康之抚中牟，钟离意之居堂邑，引而为类，彼固多惭。神功元年」，制授洛州陆浑县令。未之任遘疾，以圣历元年壹月拾日，终于神都崇业里，春秋七十。惟君」明允恭懿，宣慈惠和。口无择言，可以应千里；身无择行，可以周万物。孝乎惟孝，执要道而树」身基；仁谓之仁，资博施而为己任。被忠信之甲胄，持礼义之干橹。冰玉以莹其心，皎如泉澈」；尘滓不婴其虑，廓若霞披。所谓中和之淑人，大雅之君子者也。方当祇享百禄，显登三事，鼓」大翼而负苍天，纵巨鳞而横碧海。岂谓神期不信，万化无假于仁明；鬼伯相催，三泉竟敛于」魂魄。即以其年岁次戊戌三月辛酉朔廿五日乙酉，归祔于雍州明堂县洪固乡之毕原，礼」也。有子颙、颖、颢、頯等，衔痛茹酷，刿骨崩心。卜地有归，已宁神于夜室；终天永夺，空沥思于寒」泉。将恐大海成田，高岸为谷，式刊贞础，用纪幽埏。庶徽猷之不昧，与日月而长悬。乃为铭曰」：

殷氏二伯，汉朝两相。积庆无疆，高门有閌。轩冕云合，英髦海量。继踵芳猷，比肩徽望。其一猗欤」景族，生此哲人。器光文梓，价重浮筠。居贞履实，服义依仁。道为之貌，德润其身。其二理笏从政」，濯缨登仕。托乘淮山，侍游伊水。五湖之曲，二江之涘。乳翟南驯，舞鸾西起。其三奥区从邑，神畿」宰县。高躅未临，清风已扇。方曳珩组，伫骧云电。林蚁忽惊，寝熊俄见。其四小年穷尽，大夜深长」。空邻笛思，虚室琴亡。松风自苦，陇日无光。春兰秋菊，终古余芳。其五」

十二《大秦景教流行中国碑》

唐建中二年（781）刻立。碑螭首龟趺。通高 3.56 米，碑身高 2.79 米，宽 0.99 米，厚 0.28 米。碑额上部雕刻十字架和佛教莲花的图案，中部楷书“大秦景教流行中国碑”。正文楷书 32 行，满行 62 字。波斯传教士景净撰文，朝议郎前行台州司士参军吕秀岩书并题额，助检校试太常卿赐紫袈裟寺主僧业利。落款“大唐建中二年岁在垩太簇月七日大耀森文日建立，时法主僧宁恕知东方之景众也”。文末刻有简短的叙利亚文字。原立于盩厔大秦寺，后因景教影响逐渐减小，大秦寺被佛教僧人占用，此碑遂不知去向。明天启三年（1623）出土后，移存于金胜寺中保管。1907 年，经陕西巡抚批准，移存于西安碑林，现立于西安碑林博物馆。《陕西碑石精华》著录。

释文：

景教流行中国碑颂并序」

大秦寺僧景净述」

粤若常然真寂，先先而无元；窅然灵虚，后后而妙有。总玄枢而造化，妙众圣以元尊者，其唯我三一妙身无元真主阿罗诃欤。判十字以定四方，鼓元风而生」二气。暗空易而天地开，日月运而昼夜作。匠成万物，然立初人。别赐良和，令镇化海。浑元之性，虚而不盈；素荡之心，本无希嗜。洎乎娑殚施妄，钿饰纯精，间平大于」此是之中，隙冥同于彼非之内。是以三百六十五种，肩随结辙，竞织法罗。或指物以托宗，或空有以沦二，或祷祀以邀福，或伐善以矫人。智虑营营，恩情役役。茫然」无得，煎迫转烧。积昧亡途，久迷休复。于是我三一分身景尊弥施诃，戢隐真威，同人出代。神天宣庆，室女诞圣于大秦；景宿告祥，波斯睹耀以来贡。圆廿四圣」有说之旧法，理家国于大猷；设三一净风无言之新教，陶良用于正信。制八境之度，炼尘成真；启三常之门，开生灭死。悬景日以破暗府，魔妄于是乎悉摧；棹慈」航以登明宫，含灵于是乎既济。能事斯毕，亭午升真。经留廿七部，张元化以发灵关。法浴水风，涤浮华而洁虚白；印持十字，融四照以合无拘。击木震仁惠之音，东」礼趣生荣之路。存须所以有外行，削顶所以无内情。不畜臧获，均贵贱于人；不聚货财，示罄遗于我。斋以伏识而成，戒以静慎为固。七时礼赞，大庇存亡；七日一荐」，洗心反素。真常之道，妙而难名；功用昭彰，强称景教。惟道非圣不弘，圣非道不大。道圣符契，天下文明。太宗文皇帝光华启运，明圣临人。大秦国有上德曰阿」罗本，占青云而载真经，望风律以驰艰险，贞观九祀至于长安，帝使宰臣房公玄龄总仗西郊，宾迎入内，翻经书殿，问道禁闱，深知正真，特令传授。贞观十有二」年秋七月，诏曰：道无常名，圣无常体，随方设教，密济群生。大秦国大德阿罗本，远将经像，来献上京。详其教旨，玄妙无为；观其元宗，生成立要。词无繁说，理有忘筌」。济物利人，宜行天下。所司即于京义宁坊造大秦寺一所，度僧廿一人。宗周德丧，青驾西升；巨唐道光，景风东扇。旋令有司将帝写真转摸寺壁，天姿泛彩，英朗」景门，圣迹腾祥，永辉法界。案《西域图记》及汉魏史策，大秦国南统珊瑚之海，北极众宝之山，西望仙境花林，东接长风弱水。其土出火綄布、返魂香、明月珠、夜光壁」，俗无寇盗，人有乐康。法非景不行，主非德不立。土宇广阔，文物昌明。高宗大帝克恭缵祖，润色真宗，而于诸州各置景寺，仍崇阿罗本为镇国大法主。法流十」道，国富元休；寺满百城，家殷景福。圣历年，释子用壮，腾口于东周；先天末，下士大笑，讪谤于西镐。有若僧首罗含、大德及烈，并金方贵绪，物外高僧，共振玄网，俱维」绝纽。玄宗至道皇帝令宁国等五王，亲临福宇，建立坛场，法栋暂桡而更崇，道石时倾而复正。天宝初，令大将军高力士送五圣写真寺内安置，赐绢百」匹，奉庆睿图。龙髯虽远，弓剑可攀；日角舒光，天颜咫尺。三载，大秦国有僧佶和，瞻星向化，望日朝尊，诏僧罗含、僧普论等一七人，与大德佶和于兴庆宫修功德。于」是天题寺牓，额戴龙书。宝装璀翠，灼烁丹霞；睿扎宏空，腾凌激日。宠赍比南山峻极，沛泽与东海齐深。道无不可，所可可名；圣无不作，所作可述。肃宗文明皇」帝于灵武等五郡重立景寺，元善资而福祚开，大庆临而皇业建。代宗文武皇帝恢张圣运，从事无为，每于降诞之辰，锡天香以告成功，颁御馔以光景众。且」乾以美利，故能广生；圣以体元，故能亭毒。我建中圣神文武皇帝披八政以黜陟幽明，阐九畴以惟新景命。化通玄理，祝无愧心。至于方大而虚，专静而恕，广」慈救众苦，善贷被群生者，我修行之大猷，汲引之阶渐也。若使风雨时，天下静，人能理，物能清，存能昌，殁能乐，念生响应，情发目诚者，我景力能事之功用也。大施」主金紫光禄大夫、同朔方节度副使、试殿中监、赐紫袈裟僧伊斯，和而好惠，闻道勤行，远自王舍之城，聿来中夏，术高三代，艺博十全，始效节于丹庭，乃策名于王」帐。中书令汾阳郡王郭公子仪初总戎于朔方也，肃宗俾之从迈，虽见亲于卧内，不自异于行间，为公爪牙，作军耳目，能散禄赐，不积于家。献临恩之颇黎，布」辞憩之金罽。或仍其旧寺，或重广法堂，崇饰廊宇，如翚斯飞。更效景门，依仁施利，每岁集四寺僧徒，虔事精供，备诸五旬。餧者来而饭之，寒者来而衣之，病者疗而」起之，死者葬而安之。清节达娑，未闻斯美。白衣景士，今见其人，愿刻洪碑，以扬休烈。词曰：

真主无元，湛寂常然。权舆匠化，起地立天。分身出代，救度无边。日升暗」灭，咸证真玄。赫赫文皇，道冠前王。乘时拨乱，乾廓坤张。明明景教，言归我唐。翻经建寺，存殁舟航。百福偕作，万邦之康。高宗纂祖，更筑精宇。和宫敞朗，遍」满中土。真道宣明，式封法主。人有乐康，物无灾苦。玄宗启圣，克修真正。御牓扬辉，天书蔚映。皇图璀灿，率土高敬。庶绩咸熙，人赖其庆。肃宗来复，天威引」驾。圣日舒晶，祥风扫夜。祚归皇室，袄氛永谢。止沸定尘，造我区夏。代宗孝义，德合天地。开贷生成，物资美利。香以报功，仁以作施。旸谷来威，月窟毕萃。建」中统极，聿修明德。武肃四溟，文清万域。烛临人隐，镜观物色。六合昭苏，百蛮取则。道惟广兮应惟密，强名言兮演三一。主能作兮臣能述，建丰碑兮颂元吉」。大唐建中二年岁在作噩太簇月七日大耀森文日建立时法主僧宁恕知东方之景众也。」

朝议郎前行台州司士参军吕秀岩书」

十三《诸葛武侯新庙碑》

唐贞元十一年（795）刻立。碑圆首龟趺。高2.37米，宽1.22米。首题“蜀丞相诸葛武侯新庙碑下铭并序”。碑文楷书23行，满行37字。沈迴撰文，元锡书。碑阴有南宋绍兴七年（1137）、元至元六年（1269）、明嘉靖十一年（1532）及嘉靖十七年（1538）题刻。石虽完好，但为后人改凿甚多。现藏勉县武侯祠。《汉中碑石》著录。

释文：

蜀丞相诸葛忠武侯新庙碑铭并序」

山南西道节度行军司马检校尚书刑部员外郎监察御史沈迴撰」

节度推官将仕郎试太常寺协律郎元锡书」

皇帝御极，贞元三祀，时乘盛秋，府王左仆射冯翊严武总帅文武将佐，洎策轮突归之旅，疆」理西鄙，营军沔阳，先声驰于种落，伐谋息其狂狡，于时威武震叠，虏骑收迹，塞垣萧条，烽燧灭焰」，士无保障之役，马无服辕之劳，重关弛柝，边谷栖野，我师惟扬，则有余力。乃升高访古，周览原隰」，修敬兹庙，式荐馨香，光灵若存，年祀浸远。虽箫鼓忻奏，邑里祈禳，而风雨飘摇，祠堂落构，土阶莫」数尺之崇，庭除无袤丈之隙，登降不能成礼，牲玉不得备陈。颓墉露肩，灌木翳景，樵苏厥径，麇鹿」走集。冯翊曰：丞相以命世全德，功存季汉。遗风余烈，显赫南方；丘垄□山，实在兹地。荒祠偏」倚，庙貌诡制，非所以式先贤、崇祀典也。乃发泉府，征役徒，撤编管，薙丛薄。是营是葺，众工群至。缭」以高墉，隔阂刍牧。增以峻宇，昭示威神。英英昔贤，像设如在；翼翼新庙，日至而毕。顾谓小子，扬榷」前烈，铭于庙门曰：在昔君臣合德，兴造功业，有若伊尹相汤、吕望兴周、夷吾霸齐、乐毅昌燕，是八」君子皆风云玄感，垂裕来世。尝以为阿衡则尊立圣主，天下乐推；尚父则止仇独夫，诸侯同举。管」氏籍强齐之力，宗周无令王；乐生因建国之资，燕昭为奥主。君臣同道，仅能成功。惟武侯遭时昏」乱，群雄竞起，高光之泽已竭，桓灵之虐在人。遇先主之短促，值曹魏之雄富，能以区区一州，介在」山谷，驱羸卒，辅孱主，衡击中原，撑拒强敌，论时则辛癸恶稔，语地则燕齐势胜。迁夏殷者，未可校」功；霸桓昭者，不足侔力。向使天假之年，理兵渭汭，其将席卷西邑，底绥东周，祀汉配天，不失旧物」矣。洪伐彰彰，宜冠今古，倬轶前烈，其谁曰不然？武侯名迹，存乎国志。今之群书，姑务统论，大略叙」我新意。至于备载爵位，追述史传，非作者之德也，今则不书。其铭曰」：

桓灵济虐，云海横流。群雄蜎起，毒蠚九州。天既厌汉，人思代刘。沸渭交争，存亡之秋。其谁存之，时」惟武侯。伊昔武侯，踠足南阳。退藏于密，不耀其光。有时有君，将排垢氛。鱼脱溪泉，龙跃风云。先主」缵绪，天下三分。馥馥德馨，悠悠清尘。前哲后贤，心迹暗沦。建兹新庙，式是梁珉」。

大唐贞元十一年岁在乙亥正月庚午朔十九日戊子建

镌字人□城□□□」

十四《唐三藏大遍觉法师塔铭》

唐开成四年（839）刻。志高 0.86 米，宽 1.66 米。铭文行书 76 行，满行 43 字。朝议郎检校尚书屯田郎中、使持节洺州诸军事、守洺州刺史、兼侍御史、上柱国、赐绯鱼袋刘轲撰文，安国寺内供奉讲论沙门建初书，. 宋弘度刻。现藏长安兴教寺。《卍续藏》、《陕西碑石精华》著录。

释文：

大唐三藏大遍觉法师塔铭并序」

朝议郎检校尚书屯田郎中使持节洺州诸军事守洺州刺史兼侍御史上柱国赐绯鱼袋刘轲撰」

岁丁巳开成纪元之明年，有具寿沙门曰令捡，自上京抵洛师，以缥囊盛三藏遗文传记，访余柴门于行修里」，且曰：闻夫子斧藻群言旧矣，讵直专声于班马，能不为释氏董狐耶。抑岂不闻贞观初慈恩三藏之事乎。敢矢」厥来旨云。三藏事迹，载国史及《慈恩传》。今塔在长安城南三十里。初，高宗塔于白鹿原，后徙于此。中宗」制影赞，谥大遍觉。肃宗赐塔额曰兴教，因为兴教寺。寺在少陵原之阳，年岁寖远，塔无主，寺无僧，荒凉残委」，游者伤目。长庆初，有纳衣僧昙景始葺之。大和二年，安国寺三教谈论大德、内供奉赐紫义林修三藏忌斋」于寺，斋众方食，见塔上有光，圆如覆镜，道俗异之，林乃上闻，乃与两街三学人共修身塔，兼砻一石于塔。至」三年修毕，林乃化，遗言于门人令捡曰：尔必求文士铭之。捡泣奉遗教，直以铭为请。非法胤之冢嫡，谁何至此」乎。轲三让不可，乃略而铭之。

三藏讳玄奘，俗陈姓，河南缑氏人。曾父钦，后魏上党太守。祖康，北齐国子博士」。父惠英，长八尺，美须眉，魁岸沉厚，号通儒，时人方汉郭林宗。有子四人，奘其季也。年十三，依兄捷出家于洛。属」隋季失御，乃从高祖神尧于晋阳。俄又入蜀，学《摄论》，《毗昙》于基、暹二法师。武德五年，受具于成都，精究篇聚」。又学《成实》于赵州深，学《俱舍》于长安岳。于是西经前来者，无不贯综矣。初，中国学者，多以实相性空通贯群说」，俾豕象蹄筌，往往失鱼兔于得意之路。至于星罗棋布五法三性，析秋毫，以矢名相界，地生汇，各有攸处，曾未」暇也。大遍觉乃兴言曰：佛理圆极，片言支说，未足师决。固是经来未尽，吾当求所未闻，俾跛眇儿视履，必使解」行如函盖，始可为具人矣。且法显、智严何人也，犹能孤游天竺，而我安能坐致耶。初，三藏之生母氏梦法师白」衣西去，母曰：何去。曰：求法。贞观三年，忽梦海中苏迷卢山，遽凌波而入，乃见石莲波外承足，山险不可上，试踊」身腾踔，飒然飙举升中，四望廓澈无际。觉而自占曰：我西行决矣。至凉州，都督李大亮防禁特切，逼法师还京」，法师乃宵遁。渡瓠芦河，出玉门，经莫贺延碛，艰难险阻，仆而复起者，何止百十耶。自尔涉流沙，次伊吾，高昌王」麹文泰遣贵臣以驼马迓法师于白力城，王与太妃及统师大臣等尊以师礼。王亲跪于座侧，俾法师蹑肩而」上，资赠甚厚，送至叶护可汗衙，又以廿四封书通屈支等廿四国。献花缯五百匹于可汗，称法师是奴第，欲求」大法于婆罗门国，愿可汗怜师如怜奴。其所历诸国，为其王礼重，多此类也。自尔支提梵刹，神奇灵迹，往往而」有，法师皆沥诚尽敬。耳目所得，孕成多闻，与夫世称博物者，何相万耶。详载如传。唯至中印度那烂陀寺，寺遣」下座廿人，明详仪注者，引参正法藏即戒贤法师也。既入谒，肘膝着地，鸣足已，然后起。法藏讯所从来。曰：自支」那，欲依师学《瑜伽论》。法藏闻，则涕泗曰：解我三年前梦金人之说，伫尔久矣。遂馆于幼日王院觉贤房第四重」阁，日供担步罗果一百廿枚，大人米等称是，其尊敬如此。法师既名流五印，三学之士仰之如天，故大乘师号」法师为摩诃天，小乘师号解脱天，乃白大法藏，请留之。法师曰：师等岂不欲支那之人开佛惠眼耶。不数日，东」

印度王拘摩迎法师。戒日王闻法师在拘摩处，遣使谓拘摩曰：急送支那僧来。拘摩曰：我头可得，僧不可得。戒」日神武雄勇，名震诸国，乃怒曰：尔言头可得，可将头来。拘摩惧，乃严象军二万、船三万，与法师同泝殑伽河，筑」行宫于河北。拘摩自迎戒日于河南，戒日曰：支那何不来。拘摩曰：大王可屈就。王既见法师，接足尽敬，且曰：弟」子闻支那国有秦王破阵乐。乃问：秦王是何人。法师盛谈太宗应天顺人事。王曰：不如此，何以为支那主。因」令法师出《制恶见论》。然小乘外道未即推伏，请于曲女城集五印沙门婆罗门等，兼十八国王，观支那法师之」论，凡十八日，无敢当其锋者。戒日知法师无留意，厚以象马橐装饯法师，又以素叠印书，使达官送法师所经」诸国，令兵卫达汉境。法师欲次于阗，因高昌商胡入朝附表，奏自西域还。太宗特降天使迎劳，仍制于阗等」道送法师，令敦煌迎于流沙，鄯鄯迎于沮沫。时帝在洛阳，敕西京留守梁国公玄龄备有司迎待。是日，宿」于漕上。十九年春正月景子，留守自漕奉迎于都亭，有司颁诸寺帐舆花幡，送经于弘福。翌日，大会于朱雀街」之南，陈列法师于西域所得经像舍利等。其梵文五百廿夹、六百五十七部，以廿马负而至。自朱雀至弘福」十余里，倾都士女夹道鳞次，若人非人，曾不知几俱胝矣。壬辰，法师谒文武圣皇帝于洛阳宫。二月己亥，对」于仪鸾殿，因广问雪岭已西诸国风俗，法师皆备陈所历，若指诸掌。太宗大悦，谓赵公无忌曰：昔苻坚称道」安为神器，今法师出之更远。时帝将征辽，法师请于嵩之少林翻译，太宗曰：师西去后，朕为穆太后于」西京造弘福寺，寺有禅院，可就翻译。三月己巳，徙弘福。夏五月丁卯，法师方开贝叶。廿年秋七月，法师进新译」经论，仍请制经序，并进奉敕撰《西域记》十二卷。太宗美法师风仪，又有公辅才，俾法师褐缁褐，袭金紫。法」师因以五义褒扬圣德，乞不夺其志。遂问《瑜伽十七地》义。太宗谓侍臣曰：朕观佛经，犹瞻天望海。法师能」于异域得是深法，非唯法师愿力，亦朕与公等宿殖所会。及《三藏圣教序》成，神笔自写。太宗居庆福殿，百」寮陪位，坐法师，命弘文馆学士上官仪对群寮读之。廿二年夏六月，天皇大帝居春宫，又制《述圣记》及《菩萨」藏经后序》。太宗因问功德何最，法师对以度人。自隋季天下祠宇残毁，缁伍殆绝。太宗自此敕天下诸」州寺，宜各度五人，弘福寺度五十人。戊申，皇太子宣令请法师为慈恩上座，仍造翻经院，备仪礼。自弘福迎」法师，太宗与皇太子后宫等于安福门执香炉，目而送之。至寺门，敕赵公英、中书令褚引入于殿内，奏九」部乐、破阵舞及百戏于庭而还。廿三年夏四月，法师随驾于翠微宫，谈赏终日，太宗前席攘袂曰：恨相逢」已晚。翌日，太宗崩于含风殿。高宗即位，法师还慈恩，专务翻译，永徽三年春三月，法师于寺端门之阳造」石浮图，高宗恐功大难成，令改用砖。塔有七级，凡一百八十尺，层层中心皆有舍利。冬十月，中宫方妊，请」法师加祐。既诞，神光满院，则中宗孝和皇帝也，请号为佛光王，受三归，服袈裟，度七人。请法师为王剃发。及」满月，法师进金字《般若心经》及道具等。显庆二年春二月，驾幸洛阳，法师与佛光王发于驾前。既到，馆于」积翠宫，终译《发智婆沙》。法师早丧所天，因扈从，还访故里，得张氏姊，问茔垅，已平矣。乃奉遗柩，改葬于西原」。高宗敕所司，公给备丧礼，尽饰终之道。洛下道俗，赴者万余人，释氏荣之。三年正月，驾还西京，敕法师徙」居西明寺。高宗以法师先朝所重，礼敬弥厚，中使旁午，朝臣慰问，及锡赍无虚日，法师随得随散。中国重」于《般若》，前代虽翻译，犹未备，众请翻焉。法师以功大恐难就，乃请于玉华宫翻译。四年十月，法师如玉华，馆于」肃成院。五年春正月一日，始翻梵本，总廿万偈。法师汲汲然，常恐不得卒业，每厉译徒，必当人百其心。至龙朔」三年，方绝笔。法师翻《般若》后，精力刓耗，谓门人曰：吾所事毕矣。吾瞑目后，可以蘧蒢为亲身物。门人雨泣，且曰」：和上何遽发此言。法师曰：吾知之矣。麟德元年春正月八日，门人玄觉梦一大浮图倒。法师曰：此吾灭度之兆」。遂命嘉尚法师具录所翻经论，合七十四部，总一千三百卅八卷。又造俱胝画像、弥勒像各一千桢。又造素像」十俱胝，供养悲敬二洫各万人。烧百千灯，赎数万生。乃与寺众辞。三称慈尊，愿生内眷。至二月五日夜，弟子光」等问云：和尚决定得生弥勒内众否？领云：得生。俄而去，春秋六十九矣。初，高宗闻法师疾作，御医相望于道」。及坊州奏至，帝哀恸，为之罢朝三日，敕坊州刺史窦师伦，令官给葬事；又敕宜听京城僧尼送至塔」所。门人奉柩于慈恩翻经堂，道俗奔赴者日盈千万。以四月十四日，葬于浐东京畿五百里内，送者百余万」人。至总章二年四月八日，有敕徙于樊川北原，伤圣情也。

法师长七尺，眉目若画，直视不顾，端严若神。自」大教东流，翻译之盛，未有如法师者，虽滕兰澄什康会竺护之流，无等级以寄言。其彬彬郁郁，已布唐梵新经」矣。自示疾至于升神，奇应不可殚纪，盖莫详位次，非上地，其孰能如此乎。文曰」：

三藏之生，本乘愿来。入自圣胎，出于凤堆。大业之季，龙潜于并。孺子谒帝，与兄偕行。神尧奇之，善果度之」。不为人臣，必为人师。师法未足，自洛徂蜀。学无常师，鸟必择木。迹穷夷夏，更讨身毒。寺入烂陁，师遇尸罗。王逢」戒日，论得《瑜伽》。《瑜伽师地》，藏教泉府。蝟蝶名数，䌷抽圣绪。我握其抠，赤幡仍竖。名高曲女，归我真主。主当」文皇，臣当蔡梁。天下贞观，佛氏以光。光光三藏，是护是付。付得其人，经论彬彬。梵语华言，胡汉相宣。台臣笔受」，御膝前席。积翠飞花，恩光弈弈。太宗序教，天皇述圣。扬于王庭，百辟流咏。三藏慰喜，灵祇介祉。篾彼滕什」，曾无此事。我功成矣，我名遂矣。脱屣玉华，升神睹史。发棺开殓，天香馥馥。地位孰分，神人是卜。中南地高，樊川」气清。修塔者谁，林公是营。门人令捡，实尸其事。铭勒塔旁，捡真法子」。

安国寺内供奉讲论沙门建初书

开成四年五月十六日冯翊沙门令捡修建

广平宋弘度刻字」

十五《圭峰定慧禅师碑》

唐大中九年(855)刻立。螭首龟趺，高2.16米，上宽0.97米，下宽1.04米，厚0.33米。额篆书“唐故圭峰定慧禅师碑”。正文楷书36行，满行65字。碑阴与两侧有宋人题记二十余则。裴休撰并书，柳公权篆额，邵建初刻字。碑身有横向断痕三道。现藏草堂寺。《集古录》、《续修陕西通志稿》、《户县碑刻》、《陕西碑石精华》著录。

释文：

唐故圭峰定慧禅师传法碑并序」

金紫光禄大夫守中书侍郎兼户部尚书同中书门下平章事充集贤殿大学士裴休撰并书」

金紫光禄大夫守工部尚书上柱国河东郡开国公食邑二千户柳公权篆额」

圭峰禅师，号宗密，姓何氏，果州西充县人，释迦如来三十九代法孙也。释迦如来在世八十年，为无量人天声闻菩萨，说五戒八戒、大小乘戒、四谛十二缘起、六」波罗蜜、四无量心、三明六通」、三十七品、十力四无畏、十八不共法、世谛、第一义谛、无量诸解脱三昧总持门。菩提涅槃，常住法性，庄严佛土，成就众生，度天人教菩萨一切」妙道，可谓广大周密。廓法界于无疆，彻性海于无际。权实顿渐，无遗事矣。最后独以法眼付大迦叶，令祖祖相传，别行于世。非私于迦叶，而外人天声闻菩萨也。顾此法，众」生之本源，诸佛之所证，超一切理，离一切相。不可以言语、智识有无隐显推求而得，但心心相印，印印相契，使自证知光明受用而已。自迦叶至达摩，凡二十八世。达摩传」可，可传璨，璨传信，信传忍，为五祖。又传融，为牛头宗。忍传能，为六祖。又传秀，为北宗。能传会，为荷泽宗，荷泽于宗为七祖。又传让，让传马，马于其法为江西宗。荷泽传磁州」如，如传荆南张，张传遂州圆，又传东京照。圆传大师。大师于荷泽为五世，于达摩为十一世，于迦叶为三十八世，其法宗之系也如此。大师本豪家，少通儒书，欲干世」以活生灵。偶谒遂州，遂州未与语，退游徒中，见其俨然若思而无念，朗然若照而无觉，欣然慕之，遂削染受教。道成，乃谒荆南。荆南曰：传教人也，当盛于帝都。复谒」东京照，照曰：菩萨人也，谁能识之。后谒上都华严观，观曰：毗卢花藏，能随我游者，其汝乎。初在蜀，因斋次受经，得《圆觉》十二章，深达义趣，遂传《圆觉》。在汉上，因病，僧付」《花严》句义，未尝听受，遂讲《花严》。自后乃著《圆觉》、《花严》及《涅槃》、《金刚》、《起信》、《唯识》、

《盂兰》、《法界》、《观行》、《愿经》等疏抄，及《法义类例》、《礼忏修证》、《图传纂略》；又集诸宗禅言为《禅藏》，总而叙」之；并酬答书偈议论等，凡九十余卷，皆本一心而贯诸法，显真体而融事理，超群有于对待，冥物我而独运矣。议者以大师不守禅行，而广讲经论，游名邑大都，以兴建」为务，乃为多闻之所役乎，岂声利之所未忘乎。嘻，议者焉知大道之所趣哉。夫一心者，万法之总也，分而为戒、定、慧，开而为六度，散而为万行。万行未尝非一心，一心未尝」违万行。禅者，六度之一耳，何能总诸法哉。且如来以法眼付迦叶，不以法行。故自心而证者为法，随愿而起者为行，未必常同也。然则一心者，万法之所生，而不属于」万法。得之者，则于法自在矣；见之者，则于教无碍矣。本非法，不可以法说；本非教，不可以教传。岂可以轨迹而寻哉。自迦叶至富那奢，凡十祖，皆罗汉，所度亦罗汉。马鸣、龙」树、提婆、天亲，始开摩诃衍，著论释经，摧灭外道，为菩萨唱首。而尊者阇夜独以戒力为威神，尊者摩罗独以苦行为道迹。其他诸祖，或广行法教，或专心禅寂，或蝉蜕而去」，或火化而灭，或攀树以示终，或受害而偿债。是乃法必同而行不必同也。且循辙迹者，非善行；守规墨者，非善巧。不迅疾无以为大牛，不超过无以为大士。故大师之为」道也，以知见为妙门，寂净为正味，慈忍为甲盾，慧断为剑矛。破内魔之高垒，陷外贼之坚阵。镇抚邪杂，解释缧笼。遇穷子则叱而使归其家，见贫女则诃而使照其室。穷子」不归，贫女不富，吾师耻之；二乘不兴，四分不振，吾师耻之；忠孝不并化，荷担不胜任，吾师耻之；避名滞相，匿我增慢，吾师耻之。故遑遑于济拔，汲汲于开诱，不以」一行自高，不以一德自耸。人有依归者，不俟请则往矣；有求益者，不俟愤则启矣。虽童幼，不简于敬接；虽骜很，不怠于叩励。其以阐教度生助国家之化也如此。故亲」大师之法者，贪则施，暴则敛，刚则随，戾则顺，昏则开，堕则奋，自荣者慊，自坚者化，徇私者公，溺情者义。凡士俗有舍其家与妻子，同入其法，分寺而居者；有变活业，绝血食」，持戒法，起家为近住者；有出而修政理，以救疾苦为道者；有退而奉父母，以丰供养为行者；其余憧憧而来，欣欣而去，扬袂而至，实腹而归，所在甚众，不可以纪。真」如来付嘱之菩萨，众生不请之良友，其四依之人乎，其十地之人乎，吾不识其境界庭宇之广狭深浅矣。议者又焉知大道之所趣哉。大师以建中元年生于世，元和二」年印心于圆和尚，又受具于拯律师。大和二年，庆成节，征入内殿问法要，赐紫方袍，为大德。寻请归山。会昌元年正月六日，坐灭于兴福塔院，俨然如生，容貌益」悦。七日而后，迁于函。其自证之力可知矣。其月二十二日，道俗等奉全身于圭峰。二月十三日，荼毗，初得舍利数十粒，明白润大。后门人泣而求诸煨中，必得而归，今悉敛」而藏于石室。其无缘之慈可知矣。俗岁六十二，僧腊三十四，遗戒深明，形质不可以久驻，而真灵永劫以长存。乃知化者无常，存者是我。死后舁施虫犬，焚其骨而散之，勿」墓勿塔勿悲慕，以乱禅观。每清明上山，必讲道七日而后去。其余住持法行，皆有仪则，违者非我弟子。今」皇帝再阐真宗，追谥定慧禅师、青莲之塔，则塔不可以不建，石不可以不斫。且使其教自为一宗，而学者有所标仰也。门人达者甚众，皆明如来知见，而善说法要」。或岩穴而息念，或都会而传教，或断臂以酬德，或白衣以沦迹。其余一礼而悟道，终身而守护者，僧尼四众，数千百人，得其氏族道行，可传于后者，纪于别传。休与」大师于法为昆仲，于义为交友，于恩为善知识，于教为内外护。故得详而叙之，他人则不详。铭曰」：

如来知见，大事因缘。祖祖相承，灯灯相燃。分光并照，显说密传。摧邪破魔，证圣登贤。渐之者入，顿之者全。孰绍孰兴，圭峰在焉。甚大慈悲，不舍周旋。以引以翼，恐迷恐颠。直」示心宗，傍罗义筌。广收远取，无弃无捐。金汤魔城，株杌情田。销竭芟伐，大道坦然。功高觉场，会盛法筵。不染而住，污泥青莲。性无去来，运有推迁。顺世而叹，众生可怜。风号」晓野，钟摧夜川。舍筏而去，溺者谁前。岩崖荆榛，阻绝危悬。轻锡而过，踣者谁肩。不有极慈，孰能后先。吾师何处，复建桥船。法指一灵，徒余三千。无负法恩，永以乾乾」。

（上阙）□□右街功德使□□大将军（下阙）食邑三千户王元宥施碑石

大中七年正月十五日□□□□

□塔额谥号当日」（上阙）尉兼右街功德使奉天大将军行□□元□□施碑石

大中九年十月十三日建□镌

玉册官邵建初刻字」

十六《华岳醮告碑》

北宋大中祥符三年（1010）刻立。高0.99米，宽0.63米。正文行书14行，满行36字。庞房撰，贾得升书。现立于华山玉泉院。《华山碑石》著录。

释文：

□□□方之诸神，□□□一之谓真神也者，名而守位真也者，真而体元，矧配□有法权制有」□□笾豆之神，则岳神主焉；设灵宝之坛，则真君总焉。有感必通，玄理昭著」。皇帝禅岱宗之三载，四海砥平，三灵集瑞。视卜世延鸿之肇，保法天清静之」躬。教令□新，典范重饰。解网而刑政在宥，泣辜而黔首乂宁。或以风俗增」损，寒暑相戾。虑民罹苦，惟神是求。去年春，秦甸一方，景失常候，经时不雨，稼穑蒙灾，廪食」不丰，民多弃业。时方伯闻奏，顿轸帝心。故宣谕敕旨」，洁诚醮告。虽夏田且悴，而秋稼倍登。民复里□，熙然如故。逮于今岁，膏泽应时。既田垄之盖穰」，忽疠疾而为害。圣慈恻隐，思拯于民。复诏中禁近臣全克隆赍」御署青祠，祷于灵岳，洎真君之观。时请黄冠二七人，开建道场五昼夜。罢散日，各设」醮一座，总三百六十分，天象之移也。祇崇吉蠲，昭俟纯嘏。变灾为福，神之力焉」。帝至念民如是，元元之诚，敢惮忠孝。因命进士庞房纪言，刊于古碑之阴。

时大中祥符三年四月」二十四日

云台观主悟真大师赐紫道士贾得升书

紫极宫主管内道正张德升、姚怀玉镌」

入内内侍自□□□朝奉郎守内侍省内侍伯飞骑尉全克隆、承奉郎守大理寺丞知华阴县事师仲宰立

勾当人李」

十七《新开白水路摩崖题刻》

北宋嘉祐二年（1057）刊刻。俗称“白水路大石碑”。碑通高 2.83 米，宽 1.83 米，碑面凹进石崖约 0.25 米，额小篆阴刻“新修白水路记”。正文楷书 26 行，满行 37 字。北宋宣德郎守殿中丞、知雅州军州事知州雷简夫撰并书及篆额，徽州知州宋洛立，工房吏廖希科监刊，石工秦大川刻。落款“嘉祐二年二月六日记”。刊于略阳县白水江镇与甘肃徽县大河乡交界徽白公路北侧崖壁上，下距路面约 7 米。《汉中碑石》著录。

释文：

大宋兴州新开白水路记」

宣德郎守殿中丞知雅州军州兼管内桥道劝农事管勾驻泊及提举黎州兵甲巡检」贼盗公事骑都尉借绯雷简夫撰并书及篆额」

至和元年冬，利州路转运使、主客郎中李虞卿，以蜀道青泥岭旧路高峻，请开白水路。自凤州河」池驿，至兴州长举驿，五十一里有半，以便公私之行。具上未报，即预画材费，以待其」可。明年春，遣兴州巡辖马递铺、殿直乔达，领桥阁并邮兵五百余人，因山伐木，积于路处。遂藉其」人，用讫是役。又请知兴州军州事、虞部员外郎刘拱总护督作，一切仰给，悉令为具。命签署兴州」判官厅公事、太子中舍李良祐，权知长举县事、顺政县令商应，程度远近，按视险易，同督斯众。知」凤州河池县事、殿中丞王令图，首建路议，路占县地且十五余里，部属陕西，即移文令图，通干其」事。至秋七月，始可其奏。然八月，行者已走新路矣。十二月，诸功告毕，作阁道二千三百九」间，邮亭、营屋、纲院三百八十三间，减旧路三十三里，废青泥一驿，除邮兵、驿马一百五十六人骑」。岁省驿禀、铺粮五千石，畜草一万围，放执事役夫三十余人。路未成，会李迁东川路，今」

转运使、工部郎中、集贤校理田谅至，审其绩状可成，故喜犹己出，事益不懈。于是，斯役实肇于李」，而遂成于田也。

嘉祐二年三月，田以状上，且曰：虞卿以至和二年仲春兴是役，仲夏移去」，其经营建树之状，本与令图同。臣虽承乏，在臣何力，愿朝廷旌虞卿、令图之劳，用劝来」者。又拱之总役应用，良祐应之，按视修创，达之采造监领，皆有著效，亦乞升擢。至于军士、什长而」下，并望赐与，以慰远心」。朝廷议依其请。

初，景德元年，尝通此路，未几而复废者，盖青泥土豪辈唧唧巧语，以疑行路。且驿」废则客邸、酒垆为弃物矣，浮食、游手安所仰邪？小人居尝争半分之利，或睚眦抵死，况坐要路，无」有在我，迟行人一切之急，射一日十倍之贵，顾肯默默邪？造作百端，理当然尔。向使愚者不怖其」诞说，贤者不惑其风闻，则斯路初亦不废也。大抵蜀道之难，自昔以青泥岭称首，一旦避险即安」，宽民省费，斯利害断然易晓，乌用听其悠悠之谈邪。而后之人，见已成之易，不念始成之难；苟念」其难，则斯路永期不废矣。简夫之文，虽磨崖镂石，亦恐不足其传也。至于尚书职方之籍之图，则」将久其传也。

嘉祐二年二月六日记」

前利州路诸州水陆计度转运使兼本路劝农使朝奉郎守尚书主客郎中上轻车都尉赐紫金鱼袋李虞卿」

利州路诸州水陆计度转运使兼本路劝农使朝奉郎守尚书工部郎中充集贤校理轻车都尉赐绯鱼袋借紫田谅」

十八《劝农文碑》

南宋绍兴十九年（1149）洋州知州宋莘刻，刻在唐代名画家戴嵩《牧牛图》碑的碑阴。高 0.92 米，宽 0.64 米。额篆书“劝农文”。原嵌在洋县县衙二堂北壁，1973 年 8 月移存于洋县文化馆。《汉中碑石》著录。

释文：

右朝请大夫知洋州军州事宋劝农公启」

古者□田□□□种稻也。国以民为本，民以食为天。故圣王之必躬耕帝籍」，□□天下事也。余守斯邦，见洋人生育渐众，军食繁以均之，民年十」有九（下缺）余官今已逾年，暇尝相视田」里，见□□□□黍稷肥美，秀色盈野，其与蜀亡异。而如果将洋之人，比之」蜀七十五，此（下缺）由勤与惰之异也，如岁号为丰稔」，七八月无虑。余尝巡行东西两郊，见□稻如云雨，稻田尚有荒而不治者」，怪而问之，则曰：留以种麦。夫种稻而后种麦未晚也，果留其田以种麦，使」变成荒芜，则一年之事废矣，其如公赋何。孟子尝言：粪其田而不足者。治」田之法，深耕勤耨，耕耨之功，粪壤之力，不可少亏。若而莽卤，亦以莽卤报之」，此必耕之浅也。今见洋民麦田一耕便布种，坐待来岁之收；稻田一耕便」立苗，希冀收入。耕耨之功已亏，粪壤之力全无，虽遇丰岁，雨旸及时，亦岂」可望所入之厚哉。尝疑洋田不利粪壤，曾询之闵墨录，则曰：安有不可使」粪者。此乃村民循习使然，亦间有能粪其田者，一亩可增二三石。如此，则」民之寒窘，实惰之过，非岁之罪也。又汉江一带及傥水、溢水等坝，皆阔远」□□□□之地，惟荒地众而桑株稀疏，又皆枯糜，缘其无粪壤，故枝叶不」繁茂也。山民亦皆全仰川地收入。孟子曰：百亩之田，匹夫耕之，八口之家」，可以无饥馑矣。五亩之宅，树之以桑，五十者可衣帛矣」。今户口增众，八口之家（下缺）安得有五亩之宅。不能竭力农桑，而」欲不为冻馁（下缺）岂不难哉。今欲洋民各尽乃心，悉乃」力，村市并建井厕，男女皆如厕，积粪秽，粪秽以肥其田。田主饬其佃客，父」兄教其子弟，稻粱加一耕而农桑广矣。于是，惟荒山高垄，并种杂木，如」此数年之后，米粟不盈，布帛不实，薪炭不足者，未之有也。《易》曰：贲于丘园」，束帛戋戋」。夫贲者，致师之谓也。丘园，物所生之地，于物所生之地如致师」，□□□束帛戋戋，加所生之地□□众，将用之物于众，以用之物而加少」焉，此物用也。□□□□，勤耕以致其丰，节用以致其俭，国其得不治哉。尝」闻□□谓：师□之宅，不毛之里，有田不饱，有屋霖雨」者，此之谓焉。洋人听劝，令在必行，敢有违者，必惩不恕。

绍兴之十九年十二月勒石」

今刊立劝农文」：

一、宅不毛之地，四周不栽桑、麻」、果木」。

一、田不耕课苗者，亦犹耕而不」治。如甲乙田相邻，甲田倍收」，乙田荒芜是也」。

一、田虽膏腴，不使粪壤，谓之原」肥，种稻粱则粃粕多，杂质高」。

一、古者无有衣食之夫妻，家贫」卧牛衣对泣。今观洋地寒而」贫无被褥，更有庐舍破，遇霜」雪则多冻死」。

一、治田之法，深耕浅种。深耕」则地力厚，浅种则发动疾」。

一、水激而行之，可使在山，今高」田无激水之具」。

一、凡建屋先问井厕。今洋人置」厕而不问，不惟无以肥其田，又秽臭不可言。暑月灾疫，多」起于此」。

一、古者井田之法，百姓亲睦，出」入相友，守望相助，疾病相扶」持。今邻田不相和协，往往多因过水，讼牒交至」。

一、古人言：工欲善其事，必先利」其器。今农器皆陋弱不堪，使」用更加困难」。

一、□□□□注滞穗□□有□」□□□，其利田主，照役不□」。

十九《昌黎公洋川诗碑》

南宋绍兴二十一年（1151）刻立。碑青石质，方首，长1.35米，宽0.75米，厚0.80米。额篆书“昌黎公洋川诗”。碑身分上、中、下三段：上段高0.37米，宽0.75米。正文31行，满行20字。刻宋莘序、韩亿《洋州诗》和韩缜《游崇法法水二院》诗。落款“大中祥符五年洋州知州韩亿”；中段高0.38米，宽0.75米。正文30行，满行20字。刻韩缜前诗，并刻其《游贾氏南园》、《留题东山寺庚子七夕》等诗3首。落款“嘉祐五年洋州知州韩缜”；下段高0.38米，宽0.75米。正文27行，满行15字。刻宋莘《袭美堂碑记》，颂扬韩氏父子在洋州任职业绩。落款“南宋绍兴二十一年知洋州军州事宋莘撰书并刻石”。现藏洋县博物馆。《陕西金石志》、《汉中碑石》著录。

释文：

昌黎公洋川诗并序」

宣德郎太常博士知军州事韩亿，祥符壬子冬，亿受」诏出典是郡。下车数月，政平讼息。每属公退，即以吟」唱为务。或郡城雨霁，江馆风清，山水浣鲜，物象奇秀」，凝然四顾，如睹名画。凡经乎目，尽蓄诸心。因得唐律」诗二百八十言合为一章，非徒较绮靡于作者，盖所」以模写事实，而用当图记耳。读之者不必烦周览，而然后知嘉致也」。

梁州邻左古洋川，气候融融别是天。地僻过冬稀见」雁，箐深初夏已闻蝉。乡风与蜀微相似，驿路兼秦旧」接连。骆谷转山围境内，汉江奔浪绕城边。展开步障」繁花地，画出棋枰早稻田。远寺径危攒迸笋，后园池」冷漱飞泉。秋声满院芭蕉雨，晓色临轩薜荔烟。南浦」揭蒲当凛冽，西溪踏石向喧妍。夕阳道观鸣钟鼓，夜月人」家奏管弦。杨柳影中沽酒市，芰荷香里钓鱼船。珍禽」听久名难辨，新果尝余味更全。野渡潮平分浅濑，郡」楼云散露高巅。喧阗鼓吹迎神社，狼籍杯盘送客筵」。慈竹清筠霜斗腻，海棠堆艳火争燃。苍崖险峻应藏」虎，碧洞阴森恐隐仙。妓女从游持翠盖，士流寻胜擘」香笺。戚姬庙宇青芜没，和相诗碑绿藓」沿。三县俗淳宜静理，两衙事简可闲眠」。纷华度岁他乡外，幽趣终朝在目前。不为近颁」明诏下，及瓜情愿满三年」。

尚书屯田员外郎知军州事颍川韩缜嘉祐己亥九」月二十日游崇法、法水二院：久闻云际山，中有古招提。新秋喜远览，锐意穷攀跻」。出郭值微雨，凉风晓凄凄。陂陀越大岭，沙路青无泥」。野禾稻田秀，丰茸沿沟畦。登岑复入谷，渐过西山西。举首见华屋，双岸郁相携。虚桥驾烟霭，峻阁排虹霓」。下马踏危级，蹇裳陟修梯。超然层阁外，仰视穹苍低」。俯眺亦何有，森森乔木齐。喧嚣从吏语，嘲哳惊禽啼」。既饭复搜讨，林间得幽蹊。岩阿访灵迹，大士尝高栖」。古殿饱苔藓，丹青暗尘翳。俯身践危蹬，侧足缘深溪」。老树阴潭黑，风条乱蝉嘶。悬泉洗阴壁，石色如玻璃」。

佳观诚可恋，迟留惧颠挤。扪萝出天险，始免魂干睽」。缓步凌巀嵲，双旌随杖藜。回瞻花雨地，已被烟云迷」。顿辔下平陆，清川留马蹄。新篁映碧宇，野寺临长堤」。乘倦驻旧策，荒园步柔荑。婆娑两高树，磊落垂红梨」。汲井漱甘液，拂尘观旧题。出门尚斜日，隐隐闻城鼙」。胜概亦陈迹，茫然失端倪。为诗记髣髴，吾友无诃诋」。

游贾氏南园

江堤杨柳碧毵毵，闲访名园郡郭南。垄麦生齐知雨足」，海棠开遍觉春酣。门前幽经通芳蕙，竹里虚亭对」远岚。风物有情应笑我，不携歌酒只清谈」。

留题东山寺庚子七夕

久有东林约，因成暇日游。眼明初出谷，神旺欲凌秋。野旷骞孤隼，江清飏远鸥」。近山青嶂合，多稼绿云浮。鸡犬村相接，沟塍水乱流。渡桥喧从骑，环树独鸣驺」。问俗经尧壤，寻僧到沃州。深沉开宝闼，磅礴梠华辀。像设严珠殿，经声隐绛帱」。仰看香刹直，徐步画廊修。遇物皆周览，逢轩即少留。前庭初显豁，后径转深幽」。野岭青�丽，霜枫赤叶稠。隔墙闻好鸟，循沼玩游儵」。翠干棕初剥，红芒稻半收。凌虚登陛道，匝境对岑楼」。暗谷藏危栈，平林际别洲。川原同聚木，身世处浮沤」。回首飘乡思，临樽浣客愁。消闲资善弈，决胜在冥搜」。影转穰且表，风生曲逆筹。旧鞍不敢缓，斜日照文楸」。

庚子岁八月八日再游

蜀师当日成黄金，此地由来险阻深。漾水东流自纡」直，秦山北望正嵚崟。凉风肃物初秋意，膏泽愆期但」昼阴。同是天涯未归客，荒烟斜日正登临。

衮美堂记

惟有宋世臣之盛，未有如韩氏者。初，尚」书左丞赠太子少傅忠宪公亿，大丞相魏国公琦，皆进士，掘起烨然，勋德相望」。及其父子兄弟一门四世为贤卿相，议者谓源流所委，皆宪宣所出。盖天之阜昌韩氏，未有艾也夫，岂其然耶。祥符间」，忠宪公以太常博士出守洋州，实生仲子仆射公缜。后五十年，继领郡事。是岁」嘉祐五年。洋人德之，士大夫荣之，为作衮美堂。二公亦不鄙彝其人也，皆赋诗」见意，遗洋人为九鼎重。盖自祥符历嘉祐，以迄于今，逾百五十祀，邦人颂而歌」舞之，不少衰也。噫！天之生斯人，将以为」宗社华夷之福，而洋再世私之，其为荣」幸宜如何。异时，洋君敌冲，虏人三日屠」，凡今之城邑官府，大略灭烬之余，而堂久墟矣。唯二公慈惠之政，风雅之什，根」于人心，传于翰墨，夜光绚灿，独与天汉」俱永，岂亦有神物护持之耶。乃相与属」其父老而告之曰：吾闻春秋之世，韩献子有大功于赵，故宋兴韩世特盛。今乃」国家再造，其子孙尚多贤，汝喝迹二公遗墨，勒诸金石而望告之，且贺其必有」兴者。父老咸欢喜踊跃，再拜以请曰：碑」立矣。汉水在此，公言不食，愿并诠其辞」，刻之以传不朽。

绍兴辛未岁清明日

右朝请大夫知洋州军州事宋莘谨题」

二十《全真教祖碑》

元至元十二年（1275）立石。碑螭首方座。通高 5.12 米，宽 1.48 米、厚 0.50 米。碑额圭形，额刻阴文篆书“终南山神仙重阳王真人全真教祖碑”15 字。碑文楷书 36 行，行 84 字。金源璹撰文，李道谦书并篆额，高道宽、申志信、张志悦立石。原散置在祖庵镇北郊田野，1962 年，移竖于重阳宫后集中保护。《甘水仙源录》、《石墨镌华》、《天下金石志》、《金石萃编》、《西安府志》、《陕西金石志》、《续修陕西通志稿》、《道家金石略》、《重阳宫道教碑石》、《陕西碑石精华》著录。

释文：

终南山神仙重阳子王真人全真教祖碑」

前金皇叔开府仪同三司上柱国密国公金源璹撰

葆真玄靖大师前诸路道教提举李道谦书篆」

皇图启运，必生异人。大定隆兴，道圆贤哲。夫三教各有至言妙理：释教得佛之心者，达磨也，其教名之曰禅；儒教传孔子之家学者，子思也，其书名之曰《中庸》；道教通五千言之至理，不言而传，不行而到，居太上老」子无为真常之道者，重阳子王先生也，其教名之曰全真。屏去妄幻，独全其真者，神仙也。先生名喆，字知明，应现于咸阳大魏村。仙母孕二十四月又十八日生，按二十四气余土气而成真人也。先生美须髯，大目，身长」六尺余寸。气豪言辩，以此得众。家业丰厚，以粟贷贫人，惠之者半，其济物之心略可见矣。弱冠，修进士举业，籍京兆府学，又善武略。圣朝天眷间，收复陕西，英豪获用，先生于是捐文场，应武举，易名德威，字世雄，其志」足可以知。还被道气充余，善根积著，天遣文武之进，两无成焉。于是慨然入道，改今之名字矣。会废齐摄事，秦民未附，岁又饥馑，时有群寇劫先生家财一空，其大父诉之统府，大索于邻里三百余户，其所亡者金币颇」复得焉。又获贼之渠魁，先生勉之曰：“此乃乡党饥荒，譬如乞诸其邻者，亦非真盗也，安忍陷于死地。”纵舍使去，里人以此敬仰先生愈甚。咸阳、醴泉二邑，赖先生得安。是后，于终南刘蒋村创别业居之，置家事不问」，半醉高吟曰：“昔日庞居士，如今王害风。”于是乡里见先生曰：“害风来也。”先生即应之。盖因自命而人云。正隆己卯季夏既望，于甘河镇醉中啖肉，有两衣毡者继至屠肆中。其二人形质一同，先生惊异，从至僻处，虔祷作」礼。其二仙徐而言曰："此子可教矣。"遂授以口诀。其后愈狂，咏诗曰："四旬八上始遭逢，口诀传来便有功。"明年，再遇于醴泉，邀饮肆中酒家，问之乡贯年姓，答曰："濮人，年二十有二，姓则不知也。"其异欤！留歌颂五，命先生」读余火之，文载《全真集》中。自此弃妻子，携幼女送姻家曰："他家人口，我与养大，弗议婚礼。"留之而去。又为诗，故以猥贱语詈辱其子孙，其末后句云："相违地肺成欢乐，撞入南京便得真。"后别号重阳子，于南时村作穴室居」之，名曰"活死人墓"。后迁居刘蒋村北，寓水中坻，凡肆口而发，皆尘外语，乡人唯以害风谑，而未始询其意。遇游则挈一壶，行歌且饮，有乞饮者亦不拒。或以壶取水与人，但觉其酿香冽异常。后复遇至人，饮以神瀵，因」止酒，唯饮水焉。人闻先生口鼻间醺酣之气，而已醉矣。大定丁亥四月，忽自焚其庵，村民惊救，见先生狂舞于火边，其歌语传中俱载。又云："三年之后，别有人来修此庵。"口占诗有"修庵人未比我风流"之句。凌晨东迈过」关，携铁罐一枚，随路乞化而言曰："我东方有缘尔。"七月至山东宁海州，郡豪有马从义者，先梦南园仙鹤飞翥，未几先生至。马公信犹未笃，先生于鹤起处筑全真庵，锁门百日，化之，或食或不食，又绝水火。庵至马宅几百」步，复隔重街，马公寝于宅中楼上。门户扃闭，先生遇夜亲对谈论，不知从何而来。人欲写其神，左目右转，右目左转，或见老少肥瘠黄朱青白，形色无定，人不能状之。马梦母曰："有客吕马通者。"未尝语人。次日，先生训马公」名曰通。马复梦：有梓匠周生者传道与马，即辞乃尊，有关中之行。被席出家，见一道士入族人马户曹邸，马亦随入，见先生与道士对坐，有马九官人者，求术于二老，先生目公曰："教马哥代我。"于是马公诵歌一首，约二」百余字，梦觉唯记歌尾三两句，云："烧得白，炼得黄，便是长生不死方。"翌日，先生训马公法名曰钰，号丹阳子。又梦随先生入山，及旦，先生便呼公曰山侗。至于出神入梦，感化非一。有谭玉者，患大风疾，垂死，乞为弟子」，先生以涤面余水赐之，盥竟，眉发俨然如旧，顿觉道气潇洒，训名处端，号长真子。又有登州栖霞县丘哥者，幼亡父母，未尝读书，来礼先生，使掌文翰，自后日记千余字，亦善吟咏，训名处机，号长春子者是也。后愿礼师者」云集，先生诮骂捶楚以磨炼之，往往散去，得先生道者马、谭、丘而已。八年三月，凿洞昆嵛山，于岭上采石为用，不意有巨石飞落，人皆悚慄，先生振威大喝，其石屹然而止，山间樵苏者欢呼作礼，远近服其神变。又或餐瓦」石，或现二首坐庵中。人见游于肆，或留之饭，预言来馈者何。神通应物，不可概举。至八月间，迁居文登姜氏庵，在张氏家食，童子辈见目前琉璃玛瑙珍珠众宝，竞来乞取，余人则不能见。于文登建三教七宝会，九年」己丑四月，宁海周伯通者，邀先生住庵，榜曰"金莲堂"，夜有神光，照耀如昼，人以为火灾，近之，见先生行光明中。宁海水至咸卤，先生咒庵之井，至今人享其甘洁。于是，就庵建三教金莲会。至福山县，又立三教三光会。至登」州游蓬莱阁下，观海，忽发飓风，人见先生随风吹入海中，惊讶间，有顷，复跃出，唯遗失簪冠而已，移时，却见逐水波泛泛而出。或言先生目秀者，即示以病眸；或夸先生无漏者，即于州衙前登混。凡为变异人不可测者，皆」此类也。在登州建三教玉华会，至莱州起三教平等会。凡立会必以三教名之者，厥有旨哉。先生者，盖子思、达磨之徒欤，足见其冲虚明妙，寂静圆融，不独居一教也。莱人从之者众，独纳刘处玄者，号长生子，有钓罢将」归又见鳌之什。此四子者，世所谓丘刘谭马也。又于宁海途中，先生掷油伞于空，伞乘风而起，至查山王处一庵，其伞始坠，至掷处已二百余里也。其伞柄内有伞阳子号。王自髫龀间，尝遇玄庭宫主空中警化，今呼云玉」阳子是也。与宁海州署相对，有卜隐郝生鬻肆，先生倒坐于其间，郝曰："请先生回头。"先生曰："尔不回头。"拂袖而去，郝亦随悟，乃广宁郝大通也。马公之妻孙不二者，亦同入道，早明心地，世云孙仙姑者。四哲之亚，先生门人」又有此三大士矣。先生一日告众曰：时将至矣，明日西行。道友乞诗词，自旦至夜，留诗曰："登途上路不由吾，云雾相招本性苏，万里清风常作伴，一轮明月每为徒。山青水绿程程送，酒白梁黄旋旋沽，今夜一杯如」有意，放开红烛照冰壶。"笔尚未投，从外有史公者来送酒，一座大惊。先生劝人诵《道德》、《清静经》、《般若心经》及《孝经》，云可以修证。明日，率马公等四人径入大梁，于磁王家旅邸中宿止。时遇岁除，与众别曰："我将归矣。"众乞」留颂，先生曰："我于长安栾村吕道人庵壁上书矣。"枕左肱而逝，众皆号恸，先生复起曰："何哭乎！"于是呼马公附耳密语，使向关中化人入道。至十年庚寅正月四日，口授颂曰："地肺重阳子，呼名王害风。来时长日月，去后」任西东。作伴云和水，为邻虚与空。一灵真性在，不与众人同。"颂毕，俨然而终。是后，马公传道，四海大行。伏遇世宗皇帝知先生道德高明，二十八年戊申二月，遣使访其门人，应命者丘与王也。命丘主万春节醮事，职高功」。五月见于寿安宫长松岛，讲论至道，圣情大悦，命居于官庵。又命塑纯阳、重阳、丹阳三师像于官庵正位。丘累进诗曲，其辞备载《磻溪集》中。八月，恳辞还山，至承安丁巳六月，章宗再诏王处一至阙下，特赐号体玄大师，及」赐修真观一所。十月，召刘处玄至，命待诏天长观。自重阳、丹阳、长春暨诸师，皆有文集传于世。呜呼！先生起西州，化行山东，道满于天下，名闻天子，开发后人，使尽逍遥之游，岂不伟欤！后先生五十六年，嗣法孙汴京嘉祥」观提点真常子李志源、中太一宫提点洞真子于善庆二大士，真实道行，弘扬祖道者也，殷勤求文于玉阳子友人樗轩居士，居士援笔而为之铭曰」：

咸阳之属，曰大魏村。山川温丽，实生异人。幼之发秀，长而不群。工乎谈笑，妙于斯文。又善骑射，健勇绝伦。以文非时，复意于武。戡定祸乱，志欲斯举。文武二进，天不我与。盖公宿缘，道气为主。慨然入道，真仙自遇。顷」刻授之，口诀秘语。人呼害风，先生承当。或歌或舞，以酒徜徉。维摩非病，接舆不狂。肆口而发，皆成文章。烧却庵舍，拂袖关中。

乞化而往，全真道东。宁海因缘，莱阳通融。亟显神异，东人毕从。陶汰真实，杜绝虚假。锻炼」百端，捶楚怒骂。余鄙解散，四子传化。四子为谁，丘刘谭马。德其亚者，王郝与孙。共成七贤，赞我真人。玉阳长春，大启其门。遭遇圣朝，为王之宾。先生高蹈，望若星云。瀛海渺然，仙迹宛存，此道大行，逍遥乎真」。

至元乙亥岁中元日，陕西五路西蜀四川道教提点兼领重阳万寿宫事洞观普济圆明真人高道宽、重阳万寿宫提点悟真了一袭明真人申志信、衍真复朴纯素真人张志悦立石，长安虚静大师□□□□□」

功德主昭勇大将军京兆路总管兼府尹兼诸军奥鲁营缮司大使赵炳、营缮司副使王海、京兆等路采石提举谢泽、副提举段德续」

二十一《终南山重阳祖师仙迹记碑》

元至元十三年（1276）立石。碑螭首方座。通高 5.25 米（其中首高 1.15 米、座高 0.48 米）、宽 1.36 米、厚 0.39 米。碑额圭形，额刻阴文隶书“终南山重阳祖师仙迹记”10 字。碑文楷书 26 行，满行 59 字。刘祖谦撰文，姚燧书并题额，高道宽、申志信、张志悦立石。原散置于祖庵镇北郊古银杏树西侧，1962 年移竖于重阳宫后集中保护。《重阳宫道教碑石》、《陕西碑石精华》著录。

释文：

终南山重阳祖师仙迹记

何志清开字」

孔老之教，并行乎中国，根源乎至道。际六合，无内外；极万物，无洪纤。真理常全，无有欠余，固不可以浅识窥测。或者剖强名之原，指成器之迹，互相排斥，是」此而非彼，而二家之言，遂争长于天下。是不知天下无二道，圣人不两心。所以积行立功，建一切法，导迪人心，使之迁善远罪，洋洋乎大同之域，其于佐理」帝王一也。为老氏者曰吾宝慈俭，又曰常善救物，与夫孔圣本仁祖义之说若合符契。今观终南山重阳祖师，始于业儒，其卒成道，凡接人初机，必先使读」《孝经》、《道德经》，又教之以孝谨纯一。及其立说，多引六经为证据。其在文登、宁海、莱州，尝率其徒演法建会者凡五，皆所以明正心诚意、少思寡欲之理，不主」一相，不居一教也。师咸阳人，姓王氏，名喆，字知明。重阳，其号。母孕二十四月而生，美须髯，目长于口，形质魁伟，任气而好侠。少读书系学籍，又隶名武选。当」天眷之初，以财雄乡里。岁且饥，人多殍亡，有盗尽劫其资以去。一日，适因物色得盗，终不之问，远近以为长者。正隆己卯间，忽遇至人于甘河，以师为可教」，密付口诀，又饮以神水。自是尽断诸缘，同尘万有，佯狂垢污，人益叵测。虑夫大音不入俚耳，至言不契众心，故多为玩世辞语，使人喜闻而易入。其变怪谈」诡，千态万状，不可穷诘。呜呼！

箕子狂，九畴叙；接舆狂，凤歌出；权智倒，横直竖，均于扶世立教，良有以也。师后于南时村掘地为隧，封高数尺，榜曰“活死人墓」”。又于四隅各植海棠一株，曰：“吾将来使四海教风为一家耳。”居三年，复自实之，遂迁于刘蒋，与和、李二真人为友，各结茅居之。至大定丁亥夏，复焚其居，人」争赴救，师婆娑舞于火边，且作歌以见意。诘旦东迈，径达宁海，首会马钰于“怡老亭”。马亦儒流中豪杰者，初未易许师，故垦师庵居，固其扃鐍，率数日不给」食，纵与食之，亦未尝见水火迹。或时夜就马语，莫知其所由来。及去，追之不及，扃鐍如故。间与魂交梦警，分梨赐芋之化不一。马于是始加敬信，与其家人」孙氏俱执弟子礼。又得谭处端、刘处玄、丘处机、王处一、郝大通等七人，多类此。号马曰丹阳，谭曰长真，刘曰长生，丘曰长春，王曰玉阳，郝曰广宁，孙曰清静」散人，并结为方外眷属。迨己丑季秋，留王、郝于昆嵛山，携四子西归。抵汴，寓王氏逆旅。无几何，呼丹阳付密语，无疾而逝，春秋五十有八。四子归其柩，葬于」刘蒋故庵之侧，丹阳因庐于墓次，今之祖庭是也。师先自六年前，于长安栾村庵壁留题云：“害风害风旧病发，寿命不过五十八。”乃知仙龄有期，非偶然也」。有诗词千余篇，分为全真前后集传于世。玉峰老人胡光谦为之传。及丹阳嗣教，从之者益众，其徒遂满天下。丹阳东归，长春因刘蒋故庵大加营葺。玉阳」又买额为“灵虚观”。凡住持者，始受度为道士，以奉香火。世宗皇帝素钦其名，尝遣使访焉。戊申春，长春、玉阳应命至京师，赐以冠巾条服，命居天长观，寻又」征至北宫长松岛，与语，大悦，诏于岛西筑官庵居之。承安、泰和间，道陵亦屡召玉阳、长生至阙下，赐居修真观，以待召问。玉阳得号体玄大师。自丹阳而下」，所为歌诗各有集。而郝广宁独邃于《易》，备见于《太古集》中。至正大初，密国公琦赞云：“全真道东，四子传化。四子谓谁？丘刘谭马。德其亚者，王郝与孙。共成七」贤，赞我真人。玉阳长春，大启其门，遭遇圣朝，为王之宾。瀛海渺然，仙踪宛存。”细玩此赞，其师资道业，概可见矣。仆适承乏翰林，与提点嘉祥观冲虚大师李」志源，及提点中太一宫冲虚大师于善庆、无欲公李志远为方外友，因索鄙文以纪重阳仙迹。仆往年从事鄠亭，密迩灵虚，宿闻真风，故就为之说，使后之」学者，知师出处之迹，其功用及物若是之大，得以考观而推行焉。若其出神入梦，掷伞投冠，其他腾凌灭没之事，皆其权智，非师之本教。学者期闻大道，无」溺于方技可矣，是不得以固陋辞。

天兴元年九月初吉

翰林修撰同知制诰嘉议大夫上轻车都尉彭城郡开国伯食邑七百户赐紫金鱼袋刘祖谦谨记」

安西王府文学姚燧以至元丙子中秋日书并题额」

陕西四川等路道教提点洞观普济圆明真人高道宽、重阳万寿宫提点悟真了一袭明真人申志信、衍真复朴纯素真人张志悦立石」

功德主昭勇大将军京兆路总管兼府尹兼诸军奥鲁总管营缮司大使赵炳

营缮司副使王海

京兆等处采石提举谢泽

助缘庞德林」

二十二《栖云王真人开涝水记》

元至元十六年（1279）刻立。碑圆首方座。通高 2.91 米（其中座高 0.44 米）、宽 0.97 米、厚 0.26 米。碑额篆书“栖云真人开涝水记”8 字。碑文楷书 23 行，满行 41 字。保存完好。薛友谅撰文并篆额，孙德彧书，赵仁荣立石。原散置在祖庵镇北郊田野，1962 年移竖于重阳宫后集中保护。《重阳宫道教碑石》著录。

释文：

栖云王真人开涝水记

虚静大师赐紫张居安刊」

终南涝谷之水，关中名水也。渊源浩瀚，随地形之高下，批崖赴壑，枝分其流，去山一舍，径入于渭。然无疏导」之功，初不能为民用。丁未春，栖云真人王公，领门众百余，祀香」祖师之重阳宫，至自汴梁，寻馆于会仙堂之西庑，爱其山水明秀。一日，杖藜缓步，周览四境，语其徒曰：兹地」形胜，其有如此。宫垣之西，甘水翼之，已为壮观。若使一水由东而来，环抱是宫，可谓双龙盘护，真万世之福」田也，其可得乎。即与一二尊宿，亲为按视，抵东南涝谷之口，行度其地，可凿渠引而致之。于是，闻诸时官，太」傅移剌保俭、总管田德灿二君深嘉赏焉，遂给以府檄，明谕乡井民庶，应有所犯地土，无致梗塞。公乃鸠会」道侣，仅千余人，挥袂如云，荷插如雨，趋役赴功，其事具举。曾不三旬，大有告成之庆。涝之水源源而来，自宫」东而北，萦纡周折，复西合于甘，连延二十余里，穿村度落，莲塘柳岸，蔬圃稻畦，潇然有江乡风景。上下营磨」，凡数十区。虽秦土膏沃，但以雨泽不恒，多害耕作。自时厥后，众集其居，农勤其务，辟荆榛之野，为桑麻之地」，岁时丰登，了无旱干之患。两涘居民举爪加额曰：非王公真人之力，则弗能如是。岂特为吾生一时之幸，实」奕世无穷之利也。感戴之心，诚有不能已者。至元己卯，公之高弟安西道录吴道素持秦蜀道教提点真人」李天乐所纪本末，求予文之石。予尝以后学荒谬，不足发扬盛事之万一。然而吴君之事师也，既不忘其本」，又能述其功，以若辈观之，亦鲜矣。感其义而勉为之记。且古之人一言一话，有补于时者必载之传记，况公」处虚寂渊默之境，不挟权势，不取民财，以子然之身，利及后人者，斯亦有功于时哉。向使不为羽衣之流」，朝廷傥加录用，推是心而行其道，则必大利于」国家天下者，又奚止润色道门而已邪。噫，身宠家温，恬居民上，使觌公之行事，得无少愧于中欤！公讳志谨」，曹州东明人，自幼入道，师太古郝宗师，得全真性命之传，以高明博大之器，为时推重。尝游历四方，每」至其处，辄以兴利济人为己任。故受公之赐者不可以数计。中统辛酉」，我朝超赠惠慈利物至德真人，奇迹伟行，生平尤多，独以有功于后世生民者书之，余不书」。

安西王府记室参军薛友谅撰并篆额

开玄崇道大师安西路道门提点重紫孙德彧书」

大元至元十六年岁次己卯中元日立石」

正议大夫陕西等路行尚书省参知政事赵仁荣」

二十三《大元尹宗师碑》

元元贞元年（1295）刻立。碑螭首龟趺。高 3.37 米，宽 1.00 米，厚 0.20 米。额隶书“大元尹宗师碑”6 字。碑文楷书 21 行，满行 67 字。碑面字多残损。贾馘撰，马□书，聂志贞立石。竖于宗圣宫遗址内。下半部长期没入泥沙中，1985 年楼观台文物管理所掘出后仍竖原处。《正统道藏》、《楼观台道教碑石》著录。

释文：

大元清和妙道广化真人尹宗师道行之碑」

安西路儒学教授贾馘撰

承务郎陕西等处屯田副总管马□书」

至元二十七年，玄门掌教玄逸张君真人被」朝命巡祀岳渎，驰驿来秦，炷礼于古楼观宗圣宫，宗祖道也。既竟，因览山川景物之灵异，重楼峻殿之伟观，及思玄元、文始自传经启教，迨□二千四百□之间，虽兴替」不一，然道林长盛，仙胤相承。今又兴复于清和、同尘二真师，故世有尹、李古今仙契之语，信盛事也。二师道行，孰不知之，然非托金石，无以昭示永久。同尘则有天乐真人之文」，已勒之石。若夫清和之碑，义不□后，今犹阙然，是则嗣教者不敏之过也。乃命提点聂志真、赵志玄纂述师之行状，及录楼观古今碑志，征文于鹿溪贾馘，固辞弗获，谨按其事」而次第之。师讳志平，字大和，姓尹氏，全真嗣教之宗师也。世居沧州，前宋有仕莱州者，因家焉。显高祖有子九人，俱业进士，仕至郡守者七人。大父公直，考弘谊，皆韬光不仕。师」以金大定九年正月二十日生，性有宿慧。甫三岁，善记古事。五岁入学，日诵千言。十四遇丹阳真人，遽欲弃家入道，父母难之，往复三返，始从其志。初住庵昌邑，梦长生刘真人」断首刳心，使其玄解。后立观栖霞，侍长春丘真人，提耳面命，付以微言。继又受大易于太古，得口诀于玉阳，真理融会，心光烨然。由是道望日隆，为学者师法。岁己卯」，太祖圣武皇帝特颁纶命，起长春真人于海上，选名德以辅行，得十八人，师为之冠。及见上于西域雪山之阳，虚席以问至道，对以寡欲修身之要，爱民永」国之方，及上天所以好生恶杀之意。上皆嘉纳焉。圣眷优渥，俾掌天下教，于是玄风大扇，海宇宗仰。乙酉还燕，诏令住太极宫，即今长」春宫也。师在席下，四方尊礼者云合。师曰：我无功德，敢与享此供奉乎。乃退隐于德兴之龙阳观。凡二载，长春六付手札，示倚重之意。洎长春上仙，众以主教事敦请，遂遁迹于」景州之东山。后以僚士固请，不获已，从之。师之典教也，肃肃雍雍，纯焉道化，不令以宪，人自为劝。其辅翼教席，胜士珠联，琳馆道宫，所在星列。至于山林岩谷，十百为居，木食涧」饮，怡然有巢、许之风。虽丫童之樵汲者，亦皆进德业，谈道生，无妄语。教风之盛，自三代而下，未有如此时也。师以道化之行，归功重阳，继述先宗，注心楼观，每于二者惓惓焉。俄」京兆行省田相君驰疏来请，适与师意合。丙申春，自燕至秦，礼谒故宫，而殊庭秘宇，以天兴之变，例堕劫灰，四顾萧条，惟山川之灵气犹滃然也。诸方道侣，皆裹粮来从。时有前」道士张致坚，状其旧业，请主于师，且乞兴造。师复选于众彦，乃以同尘李公真人敦敏有志，舆论所归，遂授以观事，畀任其责。于是规模筹画，役作大举。已而殿阁华焕，广大高」明，至者耸观焉。自上命中书杨公召玄驾还燕，至戊戌春，师从容谓众曰：吾老矣，宜去劳从佚。乃会诸耆德，手自为书，付真常李公，俾嗣教。因筑清和宫于大房山」，以为菟裘焉。庚子，重阳祖庭请督葬事，欣然而往。所过道路，设香花望尘迎拜者，日以千计，贡物山积，略不顾。方岁旱，众祷未孚，咸曰师来，和气心应，下车而雨。是时陕右甫定」，会葬道俗常数万人，物议讻讻，赖师镇伏，故得完其功事。竟，复入楼观，逍遥闲居，浩然为神明游。登台怀古，间形歌咏。有曰：周朝兴逸士，唐代显尊师。宗祖古楼观，清和得继之」。推此诗，亦以见自任之意。明年还燕，无几何，命侍者汛扫清和之丈室。翌日，及宫桃颒礼圣毕，炷香啜茶，危坐谈道，夜参半，正衣冠，曲肱而逝，实辛亥二月初六日也。时异香盈」庭，经久不散。讣闻诸方，近者号慕，远者骏奔，如考妣焉。初遗言葬大房，至是徇众请，葬于五华焉。春秋八十有三。所著有《葆光集》，法语曰《北游录》。中统辛酉，诏封清和妙」道广化真人。其生平道行具载《金莲记》并重阳、五华两宫所署之碑。兹特纪其作新故宫，光昭祖道，始终之大要者。呜呼，师之至德，杳乎其难名也，姑以事之显异者一二言之」。昔玄元之西渡也，垂二经以醒万世，是故传其道而启其宗者尹文始也。洎长春之北觐也，进微言以苏六合，然而绍其德而扩其教者，尹清和也。噫，前圣后真，率」由一族，道同德合，是岂适然相肖也欤。抑闻《关尹》九篇作于文始，世可闻而不可见也。

虽碧虚之博，而误指西升政和两诏，遍访道书而不获也。岁癸巳，客有至自浙，以《关尹子》」书来献者，言希旨圣，读之皆惊。诘之，则曰：始进士孙定得之永嘉山中，盖如李筌得《阴符》于嵩岳也。噫，以千载之前之尹书，付千载之后之尹氏，翻然出应，如芥投针。由是观之」，天其与尹氏者，一何著也。矧楼观自文始后，在族裔而登仙者，代有其人。在周则有轨，在秦则有澄，在魏则灵鉴，在唐则文操，在今则清和。灵源弥远，仙派弥长。以斯三者而验」焉，天其祚尹氏者又何厚也。噫，异哉！岁敦牂月大吕望日记。江□先生赵复仁甫尝□宗师，自燕来秦，作《关尹篇》以献，并系如左。其辞曰」：

车声历历青牛喘，已上崤函万重险。赫曦高出紫翠间，霜合关门晓仍掩。晨门令尹神骨清，绛衣大冠如日星。著龟夜半□奇兆，知有异人从此经。车中老氏老局束，黄发金声」色如玉。从衡为我论天心，弃外形骸一荣辱。耽耽七虎相啖吞，淋漓血肉星日昏。流沙西流弱水弱，渐入葱岭逾昆仑。枯楂号风暮烟起，身与飞鸿轻万里。回天九鼎罄欬间，宇」宙清宁功一指。老聃神化其犹龙，斫补大地收元功。青冥一去不复返，令尹亦老终南东。终南高逼河汉走，上去昭回一挥手。天虚月白风露清，结草为楼近牛斗。伟哉耳伯」几世孙，常恐飞去为星辰。紫泥敦车驾绿耳，长春宫御长如春。蜺旌豹饰光纷陨，老稚歌呼喜旋轸。宁知今代清和翁，不是当时关令尹」。

元贞元年中秋日古楼观福地太清宗圣宫知（下阙）赵□玄宗主聂志真立石」

功德主荣禄大夫陕西（下阙）省平□□王惟」

二十四《朱诚潪圹志》

明成化二十二年（1486）刻。志长 0.59 米，宽 0.60 米。盖长 0.57 米，宽 0.59 米。盖文 4 行，篆书“大明宗室故长子辅国将军诚潪圹志铭”。志文楷书 32 行，满行 32 字。出土时地不详。2000 年左右为西安市文物保护考古所征集。现藏西安市文物保护考古所。

释文：

大明宗室故长子辅国将军圹志铭」

故长子辅国将军讳诚潪，实」太祖高皇帝六世孙」，秦愍王玄孙」、秦隐王曾孙」、宜川庄靖王冢孙也。嫡母夫人张氏，母高氏。予出府之五载，为天顺七年癸未九」月二十四日，生于府第。自幼凝重端谨，天禀纯粹。在童稚时，俊爽聪敏，予教以」诗书，数过辄能成诵。稍长，务通大义，日记千百言，久而不忘。躬勤弗懈，竟日不」倦。学书真楷，端谨颇法。事亲孝敬，兼至友爱诸弟。怡怡之情，惟恐不足。与人处」，温恭和厚，于物无忤，宗室中多器重之。成化辛卯九月二十九日」，朝廷锡之金敕，赐名诚潮。乙未岁正月，居嫡母丧，年甫十二，哀毁逾礼，咸奇其孝」。戊戌岁五月二十四日，蒙」赐诰命冠服，授封辅国将军，岁食禄米八百石。壬寅岁十月二十日，配冢妇李氏，封」夫人，正议大夫通政司通政使李锡孙女。柔淑恭顺，克勤妇道。生子二人：长孙」上赐名秉术，甫周岁蚤殇。第二孙生两月不育，亦夭亡，竟无嗣。惜乎痛哉！天不假年」，于成化二十一年五月初一日，偶患疫疾，累命良医，无虚日竟不起。至十一日」午时，赍志而逝。予为汝父，天性之道，实有割心剖肝之痛。终日昏沉，不知所为」。汝宗室诸叔父及诸弟妹，皆哭之恸。藩府内外之戚，临吊惊叹。诚切哀伤，祭奠」如礼。贤妇李氏，誓不独生，欲殉身从夫。予留再四，诫谕奉祀春秋荐享，虽古之」贤烈，不多过也。讣闻」，皇上辍视朝，遣官赐谕祭，及赐坟地」，命有司营葬如制。择于成化丙午岁秋八月十八日，附葬于咸宁县鸿固原」，敕修嫡母墓之左。呜呼！吾子生长宗藩，为国至亲。茂膺封锡，而不永年，岂非命耶」。思汝生平勤学慎行，惟长且孝。予望汝承家而亢宗，大昌王门，继述先志。孰意」寿止二十三岁，不能存一息，将」祖宗庆泽止于此耶。予痛虽不忍铭，恐其贤名孝行至于泯没无闻，直述大概，纳诸」幽宫，用垂不朽。复强为之铭，其铭曰」：

皇明宗室，秦藩之胄。惟性之聪，惟质之厚。学勤诗书，伦笃孝友」。玉牒金敕，鸾回锦绶。既丰其才，胡啬其寿。玉毁于璞，兰折于秀。闻讣」九重，恩覃非偶。赐祭悼惜，茔原抱负。生荣死哀，隆光先后。气化」河山，名垂宇宙。镌诸贞石，万年弗朽」。

成化二十二年岁次丙午秋八月十有八日勒志」

二十五《重修五门堰碑》

明万历十年（1582）刻立。高1.78米，宽0.92米，厚0.22米。正文楷书30行，满行73字。黄九成撰，廉汝为书并篆额。现藏城固县五门堰文物管理所。《汉中碑石》著录。

释文：

重修五门堰记」

赐进士第中宪大夫四川等处提刑按察司副使奉」敕整饬叙泸兵备兼分巡下川南道前总理辽东粮储户部郎中城固黄九成撰」

己酉乡进士奉直大夫山西大同府应州知州城固廉汝为书并篆额」

圣天子御极，以爱养百姓为先务」。天语涣颁，庆洽远迩，一时内外大小臣工，咸精白一心，以承休德，天下翕然称至治矣。万历三年乙亥夏，河东乔侯来令城固。莅任之初，首询及地方利弊兴革，父老有以五门堰务为对者」。侯然之，即躬诣相度。见其上流旧工苟且，每遇湑水泛涨，堰辄冲溃；下流渠道浅窄，一值猛雨迅急，岸随颓圮。自五门而下十里，至斗山之麓，有所谓石硖，若节年渠岸不固，水旋入河」，民甚苦之。侯议以五门上流，用石叠砌，以建悠久之基；下流修为活堰，以泄横涛之势；石硖用石固堤，以弭冲决之患。又于堰西创立禹稷庙三间，使人人知重本之意。大门三间，二门」三间，两旁官房二十余间，以为堰夫栖止之所。树以松柏，缭以周垣。于五门石堰择人守之，量给水田数亩，令其伺时启闭，务俾水利之疏通。于斗山石硖择人守之，量给山地耕种，令」其常川巡护，以防奸民之阴坏。沿渠一带遍栽柳树，培埴堤根于永固。规划既定，乃申其议于」汉中太守项公」、钦差分巡关南宪副沈公」、钦差分守关南藩参袁公。三公者，夙怀经济，素著风猷，为」国之忠，惠民之仁，皆协合侯心之同然者，咸允其请。侯于是身先经理，不惮寒暑，分委责成，罔懈夙夜。工料酌之田亩，而民不偏累；口粮令其自办，而官无冗费。诸执事者既各恪慎而□」役，又知上之人一劳久佚之意，皆子来赴工，踊跃从事。经始于四年丙子冬十月，落成于七年己卯夏六月。是年秋，乔侯丁内艰归，行装萧然，清苦俭约，无异寒士。侯心行才识，允矣贤」良卓异之选。至修堰实绩，尤表表在人耳目者也。父老人等佥谓侯之遗爱，恐其久而泯也，请予为文勒诸石，庶侯之泽永世无穷也。余虽不文，而知侯特深，庸何敢辞。尝稽诸《尧典》曰」：敬授人时。《舜典》曰：食哉惟时。是尧舜之治天下，皆以安民为先务也。今我」皇上一德格天，任贤辅政，治隆尧舜。而三公、乔侯乃能仰体」圣心，成此美政。凡吾邑五门堰以下，几五万亩之田，灌溉无遗利矣。昔汉郑当时穿渭渠，人以为便；白公穿白渠，民得其饶。今五门石硖水利疏通，民受其赐，视郑、白之绩，不犹居其右也耶」！然此特叙泽之及一邑者耳。继自今三公、乔侯推膺大责任，树立大勋业，丕冒海隅出日，咸被其泽矣。甘棠之思，岂止一城固已哉！

沈公名启原，浙江秀水人，己未进士。袁公名弘德，直」隶曲周人，戊辰进士。项公名思教，浙江临海人，壬戌进士。乔侯名起凤，山西安邑人，甲子乡进士。诸凡有劳兹役者，例得载之碑后，以垂永久云。谨记」。

万历十年岁在壬午夏五月朔日吉旦立」

赐进士第中宪大夫陕西汉中府知府前户部郎中灵宝许僴」

同知枣强姚思义」

通判浮山李一本」

推官松藩韩鹏」

经历鄠城陶胤恒」

照磨广昌孙克乾」

城固县署县事洋县县丞龙安王所□

主簿�连刘耀

典史黄岗彭爵」

儒学教谕泾州闫廷桧

训导宝鸡李甲」

二十六《智果寺圣谕碑》

明万历十六年（1588）刻立。碑通高2.05米，宽0.94米，厚0.24米。额楷书“圣谕”，左右雕双龙拱卫图，双龙上方居中雕一太极图、左右雕凤凰展翅图。陕西按察司佥事郭元桂、汉中知府田理门和洋县知县李用中立。现藏智果寺藏经楼文物管理所。《汉中碑石》著录。

释文：

皇帝敕谕洋县智果寺住持及」僧众人等」：朕惟佛氏之教，具在经典」，用以化导善类，觉悟群迷」，于护」国佑民不为无助。兹者」圣母慈圣宣文明肃皇太后，命」工刊印续入藏经四十一」函，并旧刻藏经六百三十」七函，通行颁布本寺。尔等」务须庄严持诵，尊奉珍藏」，不许诸色人等，故行亵玩」，致有遗失、损坏。特赐护持」，以垂永久。钦哉，故谕」！

万历十四年九月日」广运」之宝

御制」圣母印施佛藏经序」

朕闻儒术之外，释氏有作，以虚无为宗旨，以济」度为妙用。其真诠密微，其法派闳演。贞观而后」，代译岁增，兼总群言，包裹八极。贝叶有所不尽」，龙藏有所难穷。惟兹藏经，缮始于永乐庚子，梓」成于正统庚申。由《大乘般若》以下，计六百三十」七函。我」圣母慈圣宣文明肃皇太后又益以《华严》、《悬谈》以下」四十一函，而释典大备。夫一心生万法，万法归」一心。诸佛心印人，人其足劝善觉迷，诸苦解脱」，一觉一善，皆资胜因。是以闻其风者，亿兆为之」翕习；慕其教者，贤愚靡不归依。则知刑赏所及」，权衡制之；刑赏所不及，善法牖之。盖生成之表」，别有陶冶矣。先师素王亦云：圣人神道以设教」，善世而博化。谛观象教，讵不信然。恭惟」圣母浚发弘愿，普济群伦，遂托忠诚诱善，勤侍传宣」，广修众因，乃印禅经，布施净土。兼立梵宇，斋施」僧伦。成修宝塔，立竖于虚空；绘塑金容，散舍于」大地。济贫拔苦，召赦孤幽。无善不作，无德不备」。证三身于此世今生，明四智于六通心地。普惠」云兴，普贤瓶泻。大垂玄泽，甘露沾洒于三千；遍」覆慈云，法雨滋培于百亿。无微无钜，咸受益而」蒙荣；有性有生，尽餐和而饮惠。俾福利之田，与」人同乐；仁寿之域，举世咸登。如是功德，讵可思」议。且如来果报，从无量功德生，一切善言之赞」叹，一切善气之导凝。我」圣母延龄，如天永永；我国家保泰，降福穰穰矣。于乎」盛哉，大觉之教。宜其超九流而处尊，偕三五以」传远也」。

万历十四年九月日」

圣母印施佛藏经赞有序」

少师兼太子太师吏部尚书中极殿大学士臣申时行等奉」敕撰」

臣等窃闻释教来自西土，兴于东汉。其说主清净出世，帝王所」不道。然而训化广大，义旨遐深，要归于澄澈心性，利济民物。是」以虽当儒道昌明，宇宙淳和之际，而其书不废。大乘般若以来」，祖祖相承，心心相印，卷帙益多，裒为大藏。总括禅言，武库莫方」其富；尊函禁地，缁流弗睹其全。非俟」上圣垂仁，曷以播宣斯理。我」圣母慈圣宣文明肃皇太后德昌人寰，功周法界，融最上之真谛，怀」大觉之弘慈，乃印施兹藏，以祝延我」皇上无疆之历，而推其余，以佑」国庇民，意甚盛也。臣等因得涉猎，稍窥玄微。似于儒理亦有相发」明者焉。谨对扬」皇上之休命，奉宣」圣母之德意，拜手稽首为赞曰」：

粤惟圣道，如日丽天。万有毕照，诞彼八埏。亦有释教」，如月破暗。接引未来，超登彼岸。于皇」圣母，毓成」帝德。治化丕覃，亿兆宁一。载弘大愿，永拔沉沦。外息诸缘」，内净六根。嘉与众生，永臻觉路。皈依十方，如寐得寤」。诸佛妙义，如恒河沙。示权显实，会演三车。若诵一句」，若说半偈。是人功德，尽未来际。况兹大藏，建寺延僧。成修宝塔，造舍金容。广施贫苦，普救幽冥。功德无等」，喻如虚空。续焰分灯，灌顶输露。火宅清凉，昏衢锡炬」。迷川宝筏，如无尽意。似功德林，广度有情。四流六道」，咸归正乘。微尘国土，遍蒙佛力。一一国土，皆」圣母德。微尘世劫，流布施经。一一世劫，皆」圣母龄。乃惟本愿，为」帝祝釐」。天子万寿，与天巍巍。我惟本愿，为国祈福」。天子惠民，泽施滲漉。匪民是庇，国祚茂延。助我圣道，日」月并悬。是藏流行，无界无尽。施诸功德，亦莫究竟」。

皇明万历十六年四月二十四日」

钦差整饬汉羌兵备兼抚民盐法水利分巡关南道陕西按察司佥事臣郭元桂」

陕西汉中府知府臣田礼门」

陕西汉中府洋县知县臣李用中立石」

二十七《紫柏山免粮记碑》

明崇祯元年（1628）刻立。高1.62米，宽0.92米，厚0.20米。正文楷书21行，满行34字。李一鳌撰并书。现藏留坝县张良庙。《留坝厅志》、《汉中碑石》著录。

释文：

紫柏山免粮记」

紫柏峙在千峰之巅，嵌屹壁劚，分前后翼，林木蓊郁，怪石人立，神葱竿竹，参杂匝布，硐鼓砻」钟，叩之成声。蜒递百里，洞凡七十有二。天井甘泉，翔云翻雨，祷辄应。非猿攀不可跻，异人出」没其间。

隋唐来，古刹棋列，名与五台、蓬峨并崇，盛于宋，极于」明，头陀蜎集，铎诵四闻。缙绅游士，过必登，登必遍览，数日徘徊不忍去，云栈奇概，此称绝胜。先」是僧人于石隙刀耕火种，亦不过麰麦稗粒，聊佐餐供。然岫高风湍，菁阴雨霾，约十岁中荒」有八九，粮不可征，亦不能征。万历乙酉，令凤者以逋欠无出，妄派山粮三石有奇，初时化缘」并鬻乐器以完，寻且勾摄夜呼，残胺彻骨，僧尽裹足以去。旧之隙耕，仍鞠茂草，官未收粮之」利，而僧已受征之害矣。迄今庄严上刹成虎豹穴，隋唐遗踪为林莽墟，仅存藏经一楼，半飘」风雨，过其下者，靡不遥望而欷歔」。

崇祯龙飞之元祀，德僧相乾从京师至，慨名山之荒芜，悯古刹之倾圮，励志募缘，欲接隋唐来」如线之绪，徒众畏粮，却步咋舌以去。鳌」觐回，偕父老商之邑令杨公，公神君也，召父也，邑人诵德如歌五袴，久逋者争献纳。数十年积」负之俗，一旦完六七分以供，固不需此山粮。即需之，而亦不可得，遂慨然下蠲免之令，僧始」集，辟莱浴像、翻贝鸣钟者日益众，即不能骤复旧迹，亦复之渐也，而犹虑及将来之复征。嗟」嗟！八百云栈，毓秀产奇，结构此顶，且无问登眺搜奇，为数十代大观，祷雨雨应，祷晴晴应，亦」庇我生灵实多，一毒之后，岂容再毒。永免粮石，以集其徒，而恢其制，当不俟词之毕者。鳌谨」记者，铭杨公之德不朽，宁第曰复千载名山之旧。

杨公讳茂龄，保定清苑人」。

钦依赐紫讲经住持僧相乾，徒体源、体立、体观」。

明赐进士蜀观察使前吏部考功司郎中邑人意春李一鳌书」

大明崇祯龙飞元年岁次戊辰五月望日立」

二十八《洋县正堂为民除弊碑》

清同治五年（1866）刻立。高1.64米，宽0.78米，厚0.15米。额楷书“永垂不朽”四字。正文楷书27行，满行61字。现藏佛坪县十亩地乡3组古墓岭庙内。

释文：

署洋县正堂加五级纪录五次范准定

从来立法必准，平□人□□利当□于除弊。洋邑自逆匪扰乱之后，旧章俱废，诸事纷更，百」姓无所遵循。绅士爰诣范明府父台，备陈上下情形，除差务马匹照规办理，所有公事并在官人役，一切积弊均行裁去，重新酌定章程勒石，俾」公私悉协无贻病民用昭从欲以治之休永垂不朽云。

一、凡差务，均由驿站。查洋县不通驰路，向无马匹差事，惟兵差过境，旧由各地摊派，四十八地方，一地」派钱四十串，概交绅局买马牧养，临差支应；一切日行马差，概不得与民间科派，所有绅庶家养骡马，与官马不同，俱不准擅拉支差」。

一、词讼。凡属婚姻田土账债，俱为民间正案，只准其取保听审，无须管押，并无费钱之例。陋规有差役官号一项，已系额外索求。查乱后凡遇词讼，原差传」唤，动辄六人，甚至九人、十二人，与乡约审通舞弊，往往草鞋钱数串，口案钱数十串，官号钱多者甚至八九十串、少者亦不下三四十串。此等恶习，殊堪痛恨。嗣」后仍照旧，每案照八股派钱。赤贫之家不得拘定数目，即殷实者，一案至多不许过三串二百文，送案到单钱在外。原差一般只准一名，五十里路者每名给口食」钱一百文，百里外者按路远近照算，发给口食，不得复索草鞋、口案等钱。如多取者，以诈赃告发究办。

一、例有明案，生员不得干预事，旁人亦不得诬牵」生员作证。生员如有要事，许遣家人代告。大乱之后，恶差不知法纪，竟有殴打生员，实属玷辱斯文，大干刑律。以后差役如有不安本分，与生员殴」打情事，即照例禀官，从重惩办。

一、名分自有定制。凡在官人役不准服上色绸缎，非有要紧公案，不准乘骡骑马在街市往来，以昭名分而办等例」。

一、词讼不论理之有无，往往欲占原告，先图免费，嗣后官号到单，原、被二家均摊，庶无挟嫌捏造等弊。

一、凡居乡、在山乡约，遇差役执票叫人，必协同传唤，一经」传到，先说草鞋钱，次讲饭馆酒肉，动称口案钱若干，以少报多，乡约均行分肥，是以一案每迟至一月十数日不到者，弊即在此。嗣后差役下乡入山，按路远」近，限以时日到县。如案内人或有事故不在家，则责成该管乡约禀明因何故出外，先使差役回衙，限几日乡约将人送案，庶免审通磕诈之弊」。

一、革退差役，名虽除，而暗内用事，每藉口有未了公案，内革而外不革，迟延日久，更名复充。嗣后凡革退差役，即随时除卯，非经本官当堂开充，如有私更名」字当差者，则以招摇撞骗，禀官惩办。

一、山林耳木土产，不过种竹树木，等于禾稼，统归钱粮，完纳地税令其支差已属额外。近来差役舞弊，讨弄小」票，假公事为名，下乡要竹要板，而必折料价钱若干，折脚价钱若干，百姓受害无穷。以后如有要板要竹，只准饬差一人，将票传到该花户自行送」县署内，发给脚价，差役不得索取分文，违者许种之家告官，以诈赃究办。

一、乡约统管一乡，乡约公正，则乡可以少讼；乡约不肖，则拨是」弄非，遇有民间小事，伊从中索谢，稍不如意，便唆人兴讼，大为地方之害。嗣后乡约每遇年终，各花户在公所大家议举一人，进城具禀，方」准充膺。如有本地绅士不知，伊私捏名字，具禀充膺者，一经告发，定从究办。再有大地方，乡约只准二名，如有过多者，许该绅士禀裁」。

一、刑罚操自官长，非小民所能自专。近来年岁饥馑，田间小窃不肯经官，乡约私自惩罚，原不欲坏其名节，冀其人自改也。乃近来乡约」视为利薮，遇有形迹可疑之事，使人具售状，伊借庙会、船会为名，动辄挤钱数串或数十串文，无钱者折给地亩，乡约自行收租。此」等恶习，更堪痛恨。嗣后乡约与人只准说事，不得动接售状。窃案大者，随时禀官；小者，乡间议罚。只准四五百钱文，如有过一串者，告发」后以诈赃究办」。

宪主批示成议各条悉准勒石永行

局绅周硕龄、姚文藻、李应贞、杨震西

首士程建恒、王修元、张廷□、关□顺

乡约吴天申、黄文才」

大清同治五年花月日十亩地案板沟众粮当花户等（下阙）」

二十九《留坝厅水利章程碑》

清光绪三十年（1904）刻立。共2通，形制相同。高1.68米，宽0.85米，厚0.20米。额书“皇清”。正文楷书共51行，满行60字。原立于留坝县东门外汉王城三皇庙对面劝耕楼下，后庙、楼俱毁，现藏留坝县城关镇大滩村。《汉中碑石》著录。

释文：

计开章程十二条于左：

一、明示宗旨，以垂不朽也。南岸之可开田，夫人而如之，然无一人倡议兴办者，以民间无此巨力也。现动用此巨款，开南岸堰渠，上禀时，虽有各业户按亩」分年摊还之说，然分年征还，整款反同零欠，各业户受利倍丰，还本必多，一二年后，设俱纷纷措还，不惟学堂巨款，破为畸另；而官绅受莫大之劳，田主保自」身之利，学堂反无永远之租。然揆之情理，亦殊未平。则南堰当定为学堂之世业，新田宜永有学堂之稞租，乃合学堂开渠之宗旨，若改归民业，田主众多，用」水则争先恐后，修渠则退避不前。趋利避害，狱讼繁滋。今为学堂官堰，一切由官主持，消泯无限争端，且新开之田，将来增多谷数，较前何止倍蓰。学堂即照」增出之数平分，尚不为苛，况按亩取租，为数甚少。嗣后无论田归某姓，堰渠总为学堂永久之业，不容更变」。

一、计亩定课，以充经费也。新开堰渠，灌田四百四十八亩余，其陂泽可为溥矣。用过工费，统计一千二百余串，其用款亦云巨矣。而自始至终，动用学堂之专款」，正所以扩充学堂之经费，田亩既赖学堂之力，以获倍收之租，学堂即应分利之余，用作膏火之需。其占渠水之田，每年租课收获，按亩约交堰稞三斗，每年」可得花息一佰叁拾余石，由堰长经收，汇交学堂司事，储仓备用，仍于收获后，由司事造册报查」。

一、渠口用闸，以示均平也。此渠既为沿渠三十八寨公共之利，自应一视同仁，将水田亩数多寡，通用计算，以渠水盈绌，按亩均匀分摊，乃为公溥。第恐一过天」晏上流，就渠中筑闸，将水截留，灌注己田，或暗施诡计，截渠旁流。则下流有分灌之虚名，无受水之实际，谍讼之端，几由此起，不可不立法预防，以杜弊窦。应」将水口安设闸板，每板定宽八寸，量水浅深，层递累堵，遇灌溉之时，如第一口去闸板一块，除分流外，二块闸板以下之水仍可下流。至第二口，则去闸板二」块，第三口则去三块，以次递加。庶渠口以下，不至断流。用水之时，得以同时灌注，上下流通，水利均占。虽地居下游，不致有等候失误之虑，以示均平，而免纷」争」。

一、造册立卷，以昭信守也。渠工既成，凡沾渠利之地，逐亩履丈，分别花户、亩数、应纳稞数，亲向学堂书立卷，名曰稞约。由学堂造具花名清册二份，一存于厅案」，一存学堂，用备稽核地土。遇有售卖，须向学堂换立新约，以免日久□混」。

一、轮举堰长，以专责成也。每年应公正神耆一人，专司渠事，名曰堰长。凡渠通道淤疏浚，催稞换约等事，皆归稽查经理，由沾渠利益各户，按年轮流，以均劳」逸而示限制」。

一、预定岁修，以免垒淤也，每年夏秋雨多之时，山水暴涨，挟带泥沙。一经平减，不无沙泥停滞，计日积厚一钱，累年即将盈尺矣。是以岁修之举，不可不预算也」。此渠乃学堂公业，与民间私产有别，不能较及锱铢。况堂中经费尚绌，实难再筹。岁修之资众擎则易举，是不得不望于众业者。议于每年兴作之时，由堰」长定期传知沾渠水利各业户，按地多寡，均匀出夫，按段疏浚，务期通畅而止。如遇暴雨时行之时，在于各户轮派水夫四人，由堰长督率，昼夜巡视，抢险防」护，不得推抗，以免溃决」。

一、田间水道，不得阻滞也，干渠灌田水口，其数有定，不能按户开宅，其相隔较远不临渠身之田，必须上流下接，由近及远，以次接灌，则田间水道，不惟己田行」水之路径，亦乃邻田假道所必需。一经勘定，永远遵行，田主不得借口阻滞，致距较远之地，独抱向隅。田亩遇有展转接受，应将借道行水路径，注明约内」，以免争执滋事」。

一、开塘蓄水，以备不虞也。现于渠之下游，开挖池塘一处，若遇旱干之时，渠水来源不旺，不敷荫注，则地居下游者，不无觖望。兹特备预不虞，俾水缺之时，得有」挹注，用资补助，而免偏枯」。

一、兵民一律，以期不允也。查沿渠各地，内有营中公产，向为旱地，今则得沾水利，俄成沃田矣。查此田乃营中私置公业，正饷之外，津贴之下也，其与」国家赐作兵屯，不再支领正饷者不同。故一切赋税，向俱照依民间，一律办理。今兵丁既较往昔倍增其利，则堰课培修等项，应与民间一体照办，不得两歧，以示」大公」。

一、预权轻重，以定限制也。查旁渠旧有水堆，向系拦用大河之水，若果河流畅旺，水力有余，原河渠堆并用，两不相妨，第恐天旱水缺，其势万难兼颜，语云：两害相」权，当择其轻。不得不舍堆以救田，彼时自应先尽渠中应用，以资灌田，水堆不得拦截相争，致碍田禾，先本后末，理固宜然，预示限制，以杜纷争」。

一、禁挖沙坡，以固渠埂也。查荒草坪沟口一带沙坡，逼近渠埂，该处虽异石田，究非沃壤。该地主图见小利，间岁一种，冀得升斗之粮。第坡势既陡，沙脉复松，夏」秋雨淋，水沙杂下，殊于渠道有害。今由学堂每岁于堰课项下，津贴该地主稻谷三斗，嗣后不得再行挖种，仍由学堂艺植树木，将来阅时既久，树根蟠结，草」长土紧，与渠道大有脾益。仍俟学费充裕，给价承买，以断纠葛」。

一、预立水限，以示均平也。南岸新开之田。惟资河水灌注，其用水不及平方五尺，北岸旧田，向分三坝；天福宫左右一带之田为上坝；文庙对岸之田为中坝，大」滩、画眉关一带之田为下坝。统计不及南岸新田三分之二，其需水亦不过如新田平方五足矣。且上坝、下坝，尚有石峡沟、官塘沟雨水汇流资助，则分用」大河之水，仅止中坝一处。常年水源，本属不可胜用，无虑缺少。所虑奇旱为灾，沟水或致缺乏，官堰地据上游，竭泽其易，则中坝、下坝之田，必致无水可灌，殊」非公溥之道。今特预立水限，除常年之外，设遇奇旱之年，官堰与北岸民堰，按五日轮流分灌，庶北岸旧有之田，水利一体均沾，以杜纷争，而示大公」。

以上所拟，系体察情形，因地制宜，大概章程，未必果能尽善，仍当随时斟酌。以期事归实际，理合登明」。

经理

驿丞张国钧

把总刘福臣

外委张以信

廪生陈世虞

廪生吴从周

文生何秉璋

武生周鼎铭、李连科、福盛魁

堰长何连才」

光绪三十年岁次甲辰六月谷旦」

三十《朱子桥墓志》

民国三十年（1941）刻。志边长 0.93 米，宽 1.03 米。盖文草书“绍兴朱子桥先生墓志铭”。志文楷书 47 行，满行 44 字。叶恭绰撰并书，于右任篆盖，郭希安刻石。原存长安区，1982 年移藏西安碑林博物馆。

释文：

绍兴朱子桥先生墓志铭

三原于右任篆盖

番禺叶恭绰敬撰并书」

吾人处泯棼之世，痛运会之迁流，人心之陷溺，恒思得一二大仁大勇者，出当大任，以斡旋风气，挽回浩劫，藉拯生」民之苦否；亦资其德望，为吾人之檠栝与准绳。顾其人恒不易得，得或未能竟厥施，徒令知人论世者追惜而深慕」。如吾友朱公子桥者，其不在斯世，岂止一时一地之损失而已！

公讳庆澜，字子桥，籍浙江之绍兴。父星桥公，为山东」刑幕。有阴德。晚生公，旋逝。公孤贫力学，少而果毅开敏。十九岁，为小吏于山东，继调奉天，荐擢知县。所至搏击豪强」，肃清匪盗，不辞劳怨，为长官所赏，命任绥靖营统领，是为公统兵之始。尝于牛庄夜捕盗，误死美国领事，上官谓可」诿罪曹属。公不从，慨以自承，因革职留任，闻者壮之。旋以剿蒙匪功开复，以道员候补任前路防营统领，兼奉天乡」镇巡警局总办、东三省营务处会办。部曲剿匪，误杀日兵，无所屈挠。获窝盗虐民之宗室洪其文立斩之，为御史所」劾，奉旨免议，声震朝野。时朝议方练新军，乃自请任军职，授第二标标统，驻锦州。锐意练兵，所部精整，为诸军冠。宣」统元年，四川总督赵尔巽奏充陆军协统，旋擢第十七镇统制。广选专才置戏下，隐为西南军队桢干。武昌起义，川」军响应，公被举为四川副都督。因反对增兵，引退北行。说冯、段诸将领翊赞共和。民国二年，任黑龙江督署参谋长」，嗣转护军使兼民政长，寻除镇安右将军兼巡按使。首营国防工事于边界，收回松花江航权，商民名其初航之船」曰庆澜，以志焉。时百废具兴，四境安谧。政府迭颁勋位、勋章。俄皇东巡，亦以宝星为赠。逮洪宪事起，袁氏封公一等」子爵，拒不受，遂以去职。帝制覆，两粤尚相持。公奉命长粤，说龙济光退出，乃安抚滇军，使之用命。复澄清吏治，严扫」贪污，整理币制。倡建朱九江祠，为士林矜式。会陆荣廷踞粤，公约程璧光率海军南下，与滇军偕对陆，陆去。乃迎」国父回粤，以所部数万人听指挥。军政府之建立，实基于是。旋践粤人治粤之议，以省长印交省议会，只身北行。公」自是专注意于民生大计，创设华成盐垦公司于苏北射阳河北岸，化斥卤为膏腴，附近百万居民赖以饶给。公荷」锄带笠，日与灶丁佃农伍。尝日走百里仅一食，不以为苦。当道屡征不起。越五年，俄国革命，我国谋收回中东铁路」权利，辟东省特别行政区，以公为长官，兼护路军总司令。公以其关系之大也，诺焉。至则厘收沿路俄人所占地百」十万亩，设广益、崇德男女两中学及俄文学校。平息绥芬河、满洲里匪患，强邻惮服焉。旋调胶澳督办，不拜，益致力」于社会事业。先后创办平津、关外义振，移山东难民十余万至东北耕作。陕旱成灾，公又倡募三元活一命之急振」。时粮运阻于内战，公乃乞车一列，循津浦铁路转洛阳入陕。公露立车首，驰行开道。军士见者，咸曰：此朱将军也。无」阻之者。至陕，所存活无算。次年，长江大水灾，公亲历灾区，四出筹振，集公私款至七千万元，标本兼治。其施工之钜」，获救之众，前所未有。党国初定，征公为黄河水利委员长暨监察院监察委员，皆未就。继任为振务委员会委员长」，乃不辞。手订各救济事业之根本大计，次第实施。旋奉命出玉门关宣慰蒙番，并施甘、青之振。于各县设育幼所，殆」遍。初，奉天变起，继以上海、芦沟各战。公受三省民众后援会之托，援助地方军民甚力。嗣形势复变，乃专力振务。主」持第五救济区事，于西安、扶风先设灾童教养院，规划黄龙山垦区，安插难民。奔走指挥，惨淡经营，心力交瘁，遂咯」血，心弱气喘，胫大于股。医言须节劳静摄，不顾也。既力疾赴渝，复扶病归陕，遂卒。卒前取亲友乞书联轴，悉书之。复」书遗教四幅，处分苏陕农垦及教养院事甚悉，无一语及私。呜呼！公可谓尽瘁事国，忘身殉道者矣。公平生果决强」忍，知而必行，从不计较成败利钝，不知人间有趋避事，最恶巧滑畏葸及欺饰。故所至，皆以勤廉正直率所属，为众」敬惮，佥壬敛迹。间亦受人之欺，然论者无不谅其心迹也。始在黑龙江官，银号例年纳大吏二十万元，公却之，以设」蒙文学校及女子教养院。在粤，复却借款回扣数十万元及严禁赌税。其救灾也，闻讯即行，无间寒暑昼夜，夷险通」阻，躬与灾民共寝食。所至以工代振，兼施教养。所构工程，如陕之泾惠渠，豫之伊、洛、沙各河堤，皖之广成等圩堤，湘」、鄂之湖堤暨长江两岸长堤，及西安大、小雁塔、兴教寺、宝鸡大桥，皆坚致如法，中外翕颂焉。素服大雄教义，深达宏」慈普度之旨。故勇于任事，不戁不悚。久废肉食，持戒綦严。凡弘法利生之事，无役不与，不能备举。如创兴极乐寺，印」行碛砂宋藏，设立菩提学会，恢复慈恩宗、密宗各祖庭，筹办僧伽疗病院，皆其著者，可谓难能也矣。卒时为民国三」十年一月十三日，世寿六十八。元配戴夫人，继配徐夫人，皆相公致力社会，有贤称。子八：榕、桐、杞、桦、模、树、权、松，女一」，德君。榕，陆军步兵少将，任军职东北，身被俘禁，去秋舰致东京，中途蹈海死。德君有才德，恒从公左右，赞襄奉侍。余」诸子亦岐嶷颖发。孙男女十四人。呜呼！以公之体魄强固，乃劳瘁过度，未享中寿，真所谓以死勤事者矣。推公舍身」利群之素愿于此，固无所憾。但千万茕茕无告及吾徒后死，致无穷之望于公者，今一旦溘然而止，得不令人痛且」惜乎！其家将以今年六月葬公于西安终南山之原，从公志也。徐夫人以人乞铭墓，乃为铭曰」：

道术堙阏纲维裂，阘茸腥羶百萌孽。随波餔糟丛驵猾，凌藉蚩蚩尽其血。呼天抢地无处活，惟公雄慈实人杰。誓扫」氛翳谢磷涅，冰雪莹清雷电掣。一生赴义咸若热，奋起孤穷树旌节。兼资文武工断截，抚民乃若春煦接。豺狼狐鼠」皆缩慴，掉头竟去意不屑。倾身尽智拯灾劫，精诚所注天为夺。百千万命救之澈，教养生聚殚施设。燠寒宵昼劳且」结，愿宏力殚伤蹶垤，遂以生命殉职业。虽归净土大解脱，下视尘寰定伤别。公之志谊日月揭，勋绩煌煌在方牒。敢」书贞珉告来叶，禹墨之行谁比烈。

关中郭希安刻」

中华民国三十年六月」

后　记

《秦岭碑刻的田野调查与价值研究》为国家社会科学基金2011年度西部项目。本课题分三个阶段完成：

第一阶段为田野调查。这一阶段有五位课题组成员参加。五位成员分工协作，分别调查了西秦岭成县西狭颂景区、徽县博物馆、成县博物馆、天水市文庙、麦积山、伏羲庙、玉泉观等；秦岭北麓宝鸡市陈仓区博物馆、磻溪宫、石鼓山、凤县全县、太白县全县，岐山县博物馆、五丈原诸葛亮庙等；太白山，张子祠，周至楼观台，户县文庙、大观楼、重阳宫、草堂寺，长安博物馆、净业寺、兴教寺、香积寺、至相寺，蓝田辋川、水陆庵，临潼博物馆、华清池、骊山，渭南临渭区秦岭延伸段、华县全县、华阴市弘农杨氏墓、西岳庙、华山，潼关博物馆、杨震墓等；秦岭南麓汉中市博物馆、略阳县全县、勉县全县、留坝县全县、洋县全县、城固县全县、佛坪县全县、西乡县秦岭延伸段；安康市石泉县全县、宁陕县全县、旬阳县秦岭延伸段、汉阴县秦岭延伸段；商洛市丹凤县全县、洛南县全县、山阳县全县、镇安县全县、柞水县全县、商南县全县等。共收集碑刻资料7000余种，大大超过预计数量。

第二阶段为资料的整理与学术分析。课题组通过查找地方志书、金石文献等历史资料，完善有关秦岭碑刻的资料。分别查阅了秦岭相关市县的地方旧志资料，如：宋清顺治《汉中府志》，清康熙《城固县志》《户县志》，乾隆《宝鸡县志》《洛南县志》《临潼县志》，道光《留坝厅志》《略阳县志》《石泉县志》，光绪《旬阳县志》《洋县志》，民国《天水县志》《华阴县志》等；还查找了相关的金石文献，如：宋欧阳修《集古录》、赵明诚《金石录》、田概《京兆金石录》，明赵崡《石墨镌华》、丰道生《金石遗文》，清毕沅《关中金石记》、毛凤枝《关中金石文字存逸考》、陆增祥《八琼室金石补正》等；还查找了与秦岭有关的地方史籍，如宋王象之《舆地纪胜》，元朱象先《古楼观紫云衍庆集》，明李时芳《华岳全集》，清毕沅《关中胜迹图志》等；同时也参考了近、现代人编纂出版的陈垣《道家金石略》、陈显远《汉中碑石》、张沛《安康碑石》、刘雁翔《伏羲庙志》、刘兆鹤《户县碑刻》、张江涛《华山碑石》、王忠信《楼观台碑石》、国家文物局编《中国文物地图集》等，为本课题的完成奠定了坚实的资料基础。在对以上实地调查所得资料和传世文献所记资料整理的基础上，完成了一部82万字的阶段性成果《秦岭碑刻经眼录》，2014年由三秦出版社出版。

第三阶段为主体成果撰写阶段。在上述资料调查与整理的基础上，通过对资料的消化分析，从2013年下半年开始，课题组进入撰写主体成果阶段。第一编第一、二、三章初稿由王志平撰写，第四、五章由吴敏霞撰写。第二编除各章的“研究述要”外，第六、七章初稿由高叶青提供，第八、十章初稿由袁宪提供，第九、十一、十二、十三、十四、十五章初稿由党斌提供；第六、七、十、十三、十五章“研究述要”由王志平撰写，第八、九、十一、十二、十四章“研究述要”由吴敏霞撰写。第三编第十六、十九章初稿由杨志飞提供，第十七章初稿由高叶青提供，第十八章初稿由党斌提供，第二十章由吴敏霞撰写。全书初稿完成后，由于参与人员众多，体例繁杂不尽一致，由课题负责人吴敏霞与王志平二人进行全书章节的初步统稿，统一体例，调整结构，充实内容，对有些章节进行了较大的改动，最后由课题负责人吴敏霞最终统稿审定，并完成附录“秦岭重要碑刻释录”。

在本课题的研究过程中，课题组成员还取得了一批阶段性成果，分别为：吴敏霞、党斌合作撰写的《秦岭碑刻及其研究状况报告》，刊载于2013年《陕西文化发展报告》蓝皮书；党斌撰写的《秦岭南麓碑刻的考察》，发表于2013年《东亚汉学研究》；吴敏霞撰写的《秦岭碑刻特点概说》，发表于《考古与文物》2014年第5期；吴敏霞撰写的《秦岭碑刻的类别及内容略述》，发表于《人文杂志》2013年第11期；吴敏霞撰写的《搜不尽的秦岭碑刻》，发表于《中国社会科学报》2013年10月14日；吴敏霞撰写的《秦岭碑刻发展历史述论》，发表于2014年《东亚汉学研究》；吴敏霞撰写的《秦岭古代交通碑刻述论》等；并向陕西省规划办提交了《〈秦岭碑刻的田野调查与价值研究〉项目扎实推进 阶段性成果突出》成果要报。

《秦岭碑刻的田野调查与价值研究》终于要付梓了，个中艰辛，酸甜备至。有寻找碑刻实物的艰难险阻，有查找资料的辛勤劳苦，有寻访得手的欣喜若狂，有未获空手的惆怅若失。绵延几千里，漂茫数万平，即使一年四季寻访，也许十年、二十年不足长，十人、二十人不足多，且不尽事事遂愿，人人如意。止一部《秦岭碑刻经眼录》即花费了数人二年半多的时间，才得以最终出版，其工程量之宏大、任务之艰巨、花费时日之绵长，可见一斑。

在本课题完成的过程中，陕西省社会科学院有关领导及相关部门给予了极大的关心与支持；课题组成员不辞劳苦，查找编辑资料，为课题的最终完成立下了汗马功劳。特别是王志平教授，在本职工作极其繁忙的情况下，给予本课题极大的支持与帮助；相关专家学者在本课题的完成过程中，提出了建设性的意见与建议；出版社的编辑同志尽职尽责，对于此书的出版给予了高度关心与支持，在此一并致以诚挚的谢意！

吴敏霞

丙申年初于陕西省社科院